CB064063

A PRAÇA E A TORRE

NIALL FERGUSON
A PRAÇA E A TORRE

REDES, HIERARQUIAS E A
LUTA PELO PODER GLOBAL

Tradução
Angela Tesheiner e Gavin Adams

CRÍTICA

Copyright © Niall Ferguson, 2017
Copyright © Editora Planeta do Brasil, 2018
Todos os direitos reservados
Título original: *The Square and the Tower*

Coordenação editorial: Estúdio Sabiá
Preparação: Dan Duplat
Revisão: Valéria Sanalios e Nana Rodrigues
Índice: Andrea Jocys
Diagramação: Abreu's System
Capa: André Stefanini

Dados Internacionais de Catalogação na Publicação (CIP)
Angélica Ilacqua CRB-8/7057

Ferguson, Niall
  A praça e a torre / Niall Ferguson ; tradução de Angela Tesheiner e Gavin Adams. – São Paulo: Planeta do Brasil, 2018.
  608 p.

  ISBN: 978-85-422-1500-7
  Título original : The square and the tower

  1. Redes sociais – História 2. Civilização – Aspectos sociais – História 3. Poder (Ciências sociais) 4. História I. Título II. Tesheiner, Angela III. Adams, Gavin

18-1837   CDD: 302.309

Índices para catálogo sistemático:
1. Redes sociais – História

2019
Todos os direitos desta edição reservados à
EDITORA PLANETA DO BRASIL LTDA.
Rua Bela Cintra, 986 – 4º andar
Ed. Rashid Saliba – Consolação
01415-002 – São Paulo-SP
www.planetadelivros.com.br
atendimento@editoraplaneta.com.br

Se eu rompesse [o meu silêncio], perderia as forças; mas, enquanto me mantivesse calado, conteria o meu inimigo numa teia invisível.
George MacDonald

Sumário

Prefácio: O historiador interconectado   11

PARTE I
Introdução: Redes e hierarquias

1. O mistério dos *illuminati*   23
2. A nossa era interconectada   31
3. Redes, redes para todos os lados   36
4. Por que as hierarquias?   43
5. Das sete pontes aos seis graus   46
6. Laços fracos e ideias virais   52
7. Variedades de redes   58
8. Quando as redes se encontram   64
9. Sete conceitos   68
10. Os *illuminati* iluminados   71

PARTE II
Imperadores e exploradores

11. Uma breve história da hierarquia   81
12. A primeira era interconectada   87
13. A arte da negociação da Renascença   90
14. Descobridores   93
15. Pizarro e os incas   99
16. Quando Gutenberg conheceu Lutero   104

PARTE III
Letras e lojas

17. As consequências econômicas da Reforma — 115
18. Trocando ideias — 117
19. Redes do Iluminismo — 124
20. Redes da revolução — 129

PARTE IV
A restauração da hierarquia

21. O vermelho e o negro — 145
22. Da multidão à tirania — 148
23. Ordem restaurada — 153
24. A casa de Saxe-Coburgo-Gota — 158
25. A casa de Rothschild — 162
26. Redes industriais — 170
27. Da pentarquia à hegemonia — 177

PARTE V
Cavaleiros da Távola Redonda

28. Uma vida imperial — 181
29. Império — 184
30. Taiping — 195
31. "Os chineses precisam ir embora" — 200
32. A União Sul-Africana — 206
33. Apóstolos — 213
34. Armagedom — 221

PARTE VI
Pestes e flautistas

35. Greenmantle — 229
36. A peste — 241
37. O princípio do líder — 250
38. A queda da internacional dourada — 254
39. O Círculo dos Cinco — 263
40. Breve encontro — 274
41. Ella no reformatório — 281

PARTE VII
Possua a selva

42. A longa paz	295
43. O general	297
44. A crise da complexidade	304
45. A rede de poder de Henry Kissinger	311
46. Adentrando o vale	326
47. A queda do império soviético	333
48. O triunfo do homem de Davos	338
49. Quebrando o Banco da Inglaterra	343

PARTE VIII
A Biblioteca de Babel

50. 11/9/2001	361
51. 15/9/2008	369
52. O Estado administrativo	375
53. Web 2.0	379
54. Desmanche	388
55. Tuitando a revolução	393
56. 9/11/2016	408

PARTE IX
Conclusão: Enfrentando a Cyberia

57. Metrópolis	421
58. Apagão da rede	424
59. FANG, BAT e UE	440
60. A praça e a torre redux	447
Posfácio: A praça e a torre originais: *Redes e hierarquias na Siena do* Trecento	453
Apêndice	461
Notas	467
Bibliografia	515
Lista de ilustrações	551
Índice remissivo	555
Sobre o autor	589

Prefácio
O historiador interconectado

Vivemos num mundo interconectado, ou é isso que nos dizem constantemente. A palavra *network* (rede), raramente utilizada antes do fim do século XIX, é hoje usada em excesso tanto como verbo quanto como substantivo na língua inglesa. Para o jovem ambicioso que está por dentro das coisas, vale sempre a pena ir à próxima festa, não importa quão tarde seja, a fim de ampliar a rede de contatos (*networking*). Dormir talvez seja tentador, mas o medo de perder uma oportunidade é aterrador. Por outro lado, para o velho descontente que está do lado de fora, a palavra "rede" tem outra conotação. Cresce a suspeita de que o mundo é controlado por redes poderosas e exclusivas: os banqueiros, a elite governante, o Sistema, os judeus, os maçons, os *illuminati*. Quase tudo o que é escrito seguindo essas linhas é bobagem. No entanto, parece improvável que as teorias conspiratórias fossem tão persistentes se essas redes não existissem de nenhuma forma.

O problema com os que defendem essas teorias conspiratórias é que, estando do lado de fora e sentindo-se lesados, eles invariavelmente têm dificuldades para entender e interpretar o modo como as redes operam. Em particular, eles tendem a partir do princípio de que redes de elite controlam em segredo e com facilidade as estruturas formais do poder. A minha pesquisa – assim como a minha própria experiência – indica que não é esse o caso. Pelo contrário, as redes informais costumam ter uma relação altamente ambivalente, às vezes até hostil, com as instituições estabelecidas. Os historiadores profissionais, em contraste, tendiam até há bem pouco tempo a ignorar, ou pelo menos subestimar, o papel das redes. Mesmo hoje, a maioria dos historiadores acadêmicos prefere estudar os tipos de instituição que criam e conservam arquivos, como se aquelas que não deixam um rastro de papel organizado simplesmente não contassem. Reitero que a minha pesquisa e a experiência me ensinaram a ter cautela diante da tirania dos arquivos. Muitas vezes, as maiores mudanças na história são os feitos de grupos de pessoas organizados de maneira informal e com pouca documentação.

Este livro é sobre o fluxo e refluxo irregular da história. Ele distingue as longas épocas em que as estruturas hierárquicas dominaram a vida humana das eras mais raras e dinâmicas em que as redes foram favorecidas, graças em parte às mudanças na tecnologia. Em termos simples: quando a hierarquia é a ordem do dia, o poder de cada um equivale ao do seu degrau na escada organizacional de um Estado, corporação, ou instituição sistematizada de modo similar. Quando as redes têm a vantagem, o poder de cada um equivale ao da sua posição em um ou mais grupos sociais estruturados horizontalmente. Como veremos, essa dicotomia entre hierarquias e redes é uma simplificação exagerada. Mesmo assim, algumas revelações pessoais talvez ilustrem a sua utilidade como ponto de partida.

Na noite de fevereiro de 2016 em que escrevi o primeiro esboço deste prefácio, compareci à festa de lançamento de um livro. O anfitrião era o ex-prefeito de Nova York. O autor cuja obra havíamos nos reunido para prestigiar era um colunista do *Wall Street Journal* e havia sido no passado escritor de discursos presidenciais. Eu estava lá a convite do editor-chefe da Bloomberg News, a quem conheço porque frequentamos a mesma faculdade em Oxford há mais de um quarto de século. Na festa, saudei e conversei brevemente com cerca de dez pessoas, entre elas: o presidente do Conselho de Relações Exteriores; o diretor executivo da Alcoa Inc., uma das maiores empresas industriais dos Estados Unidos; o editor das páginas de comentários do *Wall Street Journal*; um apresentador da Fox News; uma participante do Colony Club de Nova York e o marido dela; um jovem redator de discursos que se apresentou dizendo que havia lido um dos meus livros (sem dúvida, a maneira correta de iniciar uma conversa com um professor).

Em certo nível, o motivo pelo qual eu estava naquela festa era óbvio. O fato de eu ter trabalhado em várias universidades bem conhecidas – Oxford, Cambridge, Nova York, Harvard e Stanford – automaticamente me torna parte de múltiplas teias de ex-alunos de faculdade. Como consequência do meu trabalho como escritor e professor, também me juntei a várias redes econômicas e políticas como o Fórum Econômico Mundial e as reuniões de Bilderberg. Sou membro de três clubes em Londres e um em Nova York. Atualmente, faço parte da comissão de diretores de três entidades corporativas: uma administradora de bens global, um *think tank* inglês e um museu em Nova York.

Entretanto, apesar de eu ser relativamente bem relacionado, não tenho quase nenhum poder. Um aspecto interessante da festa foi que o ex-prefeito usou a oportunidade, em seu curto discurso de boas-vindas, para indicar (sem muito entusiasmo) que estava cogitando entrar, como candidato independente, na disputa para eleger o próximo presidente dos Estados Unidos. Porém, como cidadão britânico, eu não poderia nem mesmo votar nessa eleição. E o meu apoio de forma nenhuma aumentaria as chances dele ou de qualquer outro candidato. Devido à minha posição como acadêmico, a esmagadora maioria dos norte-americanos imagina que sou completamente desvinculado da vida real das pessoas comuns. Diferentemente dos meus antigos colegas de Oxford, não controlo as admissões de graduandos. Quando dava aulas em Harvard, eu podia dar notas boas ou medíocres a meus alunos, mas não tinha de fato nenhum poder para impedir nem mesmo o mais fraco deles de se formar. Eu tinha apenas um entre muitos votos do corpo docente sênior quando eram decididas as admissões para o doutorado; mais uma vez, nenhum poder. Exerço algum poder sobre as pessoas que trabalham para a minha firma de consultoria, mas em cinco anos despedi no total um empregado apenas. Sou pai de quatro filhos, mas a minha influência – o que se dirá do meu poder – sobre três deles é mínima. Até o caçula, aos 5 anos, já está aprendendo a desafiar a minha autoridade.

Em resumo, simplesmente não sou uma pessoa muito hierárquica. Por escolha, sou mais o tipo que opera em redes. Quando era aluno de graduação, desfrutei da falta de estratificação da vida universitária, em especial da profusão de sociedades organizadas de modo informal. Juntei-me a muitas delas e compareci, com pouca regularidade, às reuniões de poucas. Minhas duas experiências favoritas em Oxford foram tocar o contrabaixo em um quinteto de jazz – um conjunto que até hoje se orgulha de não ter um líder – e participar das reuniões de um pequeno clube conservador de debates chamado Canning. Optei por me tornar acadêmico porque, quando tinha vinte e poucos anos, eu preferia ardentemente a liberdade ao dinheiro. Ao ver meus contemporâneos e seus pais empregados em estruturas de administração verticais tradicionais, estremeci. Ao observar os mestres de Oxford que me ensinavam – membros de uma entidade corporativa medieval, cidadãos de uma antiga república de letras, soberanos em seus estudos livrescos –, senti o impulso irresistível de seguir os seus vagarosos passos em sapatos de couro. Quando a vida acadêmica se provou bem menos remunerada do que as mulheres na minha vida esperavam, batalhei para ganhar dinheiro sem me submeter à indignidade de um emprego real. Como jornalista, eu optava por trabalhar como *freelancer*, no máximo como empregado em tempo parcial, de preferência a ser colunista contratado. Quando passei para a televisão, eu escrevia e me apresentava como um agente independente, e mais tarde construí a minha própria empresa de produção. O espírito empreendedor combina com o meu amor pela liberdade, embora eu diga que fundei empresas mais para me manter livre do que para enriquecer. O que aprecio mais é escrever livros sobre assuntos que me interessam. Os melhores projetos – a história dos bancos dos Rothschild, a carreira de Siegmund Warburg, a vida de Henry Kissinger – chegaram até mim por meio da minha rede de contatos. Apenas muito recentemente me dei conta de que são também livros *sobre* redes.

Alguns entre os meus contemporâneos buscaram fortuna; poucos a obtiveram sem pelo menos um período de trabalho escravo, em geral a serviço de um banco. Outros buscaram poder; esses também escalaram a hierarquia de seus partidos e decerto se espantam hoje com as indignidades por que passaram um dia. Há humilhações nos primeiros anos da vida acadêmica, sem dúvida, mas nada comparável a ser estagiário da Goldman Sachs ou modesto voluntário de campanha para um candidato derrotado de um partido da oposição. Entrar na hierarquia significa se rebaixar, pelo menos a princípio. Hoje, porém, alguns dos meus colegas de classe de Oxford estão no topo de poderosas instituições no papel de ministros ou diretores executivos. As decisões que tomam têm o potencial de afetar de forma direta a distribuição de milhões, se não bilhões de dólares, e às vezes até o destino de nações. A esposa de um contemporâneo de Oxford que entrou na política certa vez se queixou para ele sobre as longas horas de trabalho, a falta de privacidade, o baixo salário e os raros feriados de que ele desfrutava – além da insegurança no emprego, que é inerente numa democracia. "Mas o fato de que eu aturo tudo isso", respondeu ele, "apenas prova quão *maravilhoso* é o poder".

Será que é mesmo? É melhor hoje fazer parte de uma rede, que dá influência, do que de uma hierarquia, que oferece poder? Qual descreve melhor a sua posição? Todos nós somos necessariamente membros de mais de uma estrutura hierárquica. Somos quase todos cidadãos de pelo menos um Estado. Muitos de nós somos empregados de pelo menos uma corporação (e uma quantidade surpreendentemente alta das corporações do mundo é ainda controlada pelo Estado de maneira direta ou indireta). A maioria das pessoas com menos de 20 anos de idade no mundo desenvolvido provavelmente está em algum tipo ou outro de instituição educacional; não importa o que essas instituições aleguem, a estrutura delas é fundamentalmente hierárquica. (É verdade que a presidente de Harvard tem poder bastante limitado sobre um professor com estabilidade no emprego; mas ela e a hierarquia dos reitores que lhe respondem exerce uma grande quantidade de poder sobre todos os outros, desde o mais brilhante professor até o mais humilde aluno do primeiro ano.) Um número significativo de jovens em todo o mundo – mesmo que seja bem menor do que na maior parte dos últimos quarenta séculos – está cumprindo serviço militar, por tradição a mais hierárquica das atividades. Se você "responde" a alguém, mesmo que seja apenas a um conselho administrativo, então faz parte de uma hierarquia. Quanto mais pessoas respondem a você, mais longe você está do pé da montanha.

Contudo, a maioria de nós pertence a mais redes do que a hierarquias, e com isso não quero dizer apenas que temos contas no Facebook, no Twitter ou em uma das outras redes de computador que surgiram na internet nos últimos dez anos. Temos redes de parentes (poucas famílias no mundo ocidental de hoje são hierárquicas), de amigos, de vizinhos, de pessoas que compartilham os nossos interesses. Somos ex-alunos de instituições educacionais. Somos torcedores de times de futebol. Somos membros de clubes e sociedades, ou apoiadores de instituições de caridade. Até a nossa participação nas atividades de instituições com estrutura hierárquica como igrejas ou partidos políticos têm maior relação com redes do que com trabalho, pois participamos como voluntários e não temos expectativa de compensação monetária.

Os mundos das hierarquias e redes se encontram e interagem. Dentro de qualquer grande corporação há redes bem distintas do "organograma" oficial. Quando um chefe é acusado de favoritismo por alguns funcionários, a insinuação é que alguns relacionamentos informais estão tomando precedência sobre o processo formal de promoções administrado pelo "Departamento de Recursos Humanos" no quinto andar. Quando funcionários de firmas diferentes se encontram para beber após o trabalho, eles passam da torre vertical da corporação para a praça horizontal da rede social. De modo crucial, quando um grupo de indivíduos se reúne, e cada um tem poder em uma estrutura hierárquica diferente, essa rede de contatos pode levar a consequências profundas. Em seus romances sobre o casal Palliser, Anthony Trollope captou de forma memorável a diferença entre poder formal e influência informal ao descrever políticos da era vitoriana se condenando mutuamente em público na Câmara dos Comuns e depois trocando confidências íntimas na rede de clubes de Londres aos quais pertenciam. Neste livro, quero demonstrar que essas redes são encontradas em quase toda a história humana e que são muito mais importantes do que a maioria dos livros de história leva seus leitores a acreditar.

Antigamente, como já mencionei, historiadores não primavam pela reconstrução de redes do passado. Elas eram negligenciadas em parte porque a pesquisa histórica tradicional utiliza sobremaneira como fonte de material os documentos produzidos por instituições hierárquicas como os Estados. As redes mantêm registros, mas estes não são tão fáceis de se encontrar. Recordo que, quando eu era um inexperiente aluno de pós-graduação, entrei nos Arquivos do Estado de Hamburgo e me indicaram uma sala desconcertante cheia de *Findbücher* – os enormes volumes com capas de couro, manuscritos em alemão arcaico mal legível, que constituíam o catálogo do arquivo. Esses, por sua vez, levavam a inúmeros relatórios, livros de atas e correspondências produzidos por todas as diferentes "delegações" da burocracia um tanto antiquada da cidade-Estado hanseática. Lembro-me vividamente de folhear os livros que correspondiam ao período que eu estava pesquisando e, para meu horror, descobrir que não havia uma única página que fosse do menor interesse. Imagine o meu intenso alívio, após algumas semanas de total desolação, quando me levaram para uma pequena sala com painéis de carvalho que abrigava os papéis particulares do banqueiro Max Warburg, cujo filho Eric eu conhecera por pura sorte num chá da tarde no consulado britânico. Em poucas horas, compreendi que a correspondência de Warburg com os membros da sua própria rede oferecia maior informação sobre a história da hiperinflação alemã do início da década de 1920 (meu tópico escolhido) do que todos os documentos do *Staatsarchiv* juntos.

No entanto, por muitos anos, como a maioria dos historiadores, fui casual na maneira como pensava e escrevia sobre as redes. Na minha mente, havia um vago diagrama que conectava Warburg aos outros membros da elite de negócios alemão-judaica por meio de vários laços de parentesco, parcerias e "afinidade eletiva". Mas não me ocorreu pensar de modo rigoroso naquela rede. Contentei-me em pensar, de forma preguiçosa, nos seus "círculos" sociais, um termo muito imperfeito da arte. E receio que eu não tenha sido muito mais sistemático quando escrevi, anos mais tarde, a história dos bancos interconectados dos Rothschild. Concentrei-me demais na complexa genealogia da família, com seu sistema nada incomum de casamentos entre primos, e muito pouco na rede mais ampla de agentes e bancos afiliados que não foi menos importante em tornar aquela família a mais rica do mundo no século XIX. Em retrospecto, eu deveria ter prestado mais atenção àqueles historiadores de meados do século XX, como Lewis Namier e Ronald Syme, pioneiros em prosopografia (biografia coletiva), sobretudo como um modo de diminuir o papel da ideologia como ator histórico autônomo. No entanto, os esforços deles não chegaram a constituir uma análise formal de rede. Além disso, eles foram suplantados por uma geração de historiadores sociais (socialistas) que estava determinada a apontar as classes ascendentes e decadentes como propulsoras da mudança histórica. Eu havia aprendido que as elites de Vilfredo Pareto – desde os "notáveis" da França revolucionária até os *Honoratioren* da Alemanha guilhermina – em geral tinham mais importância dos que as aulas de Karl Marx para o processo histórico, mas não aprendera como analisar as estruturas de elite.

    Este livro é uma tentativa de me redimir desses pecados de omissão. Conta a história da interação entre redes e hierarquias desde a Antiguidade até o passado bem recente. Junta noções teóricas de inúmeras disciplinas, que vão da economia à sociologia, da neurociência ao comportamento organizacional. A sua tese central é que as redes sociais sempre foram mais importantes na história do que foi concebido pela maioria dos historiadores, com sua fixação em organizações hierárquicas como os Estados – e especialmente em dois períodos. A primeira "era interconectada" seguiu a introdução da prensa tipográfica na Europa no fim do século XV e durou até o fim do século XVIII. A segunda – a nossa própria época – começou na década de 1970, embora eu argumente que a revolução tecnológica que associamos com o Vale do Silício tenha sido mais consequência do que causa de uma crise das instituições hierárquicas. O período intermediário, do fim da década de 1790 até o fim dos anos 1960, observou a tendência oposta: as instituições hierárquicas reestabeleceram o controle e conseguiram fechar ou cooptar as redes. O zênite do poder organizado de modo hierárquico ocorreu, na verdade, em meados do século XX – a era dos regimes totalitários e da guerra total.

Suspeito que eu não teria chegado a essa conclusão se não houvesse me decidido a escrever a biografia de um dos indivíduos mais adeptos das redes nos tempos modernos: Henry Kissinger. Foi quando cheguei à metade do projeto – com o volume I terminado e o volume II parcialmente pesquisado – que uma hipótese interessante me ocorreu. E se o sucesso, a fama e a notoriedade de Kissinger resultaram não só de seu poderoso intelecto e formidável força de vontade, mas também de sua habilidade excepcional para construir uma rede eclética de relacionamentos, não apenas com colegas nas administrações de Nixon e Ford, mas também com pessoas fora do governo: jornalistas, donos de jornais, embaixadores estrangeiros, chefes de Estado – e até produtores de Hollywood? Muito deste livro sintetiza (espero que sem simplificações exageradas) a pesquisa de outros estudiosos, todos os quais credito da maneira devida, mas em relação à rede de Kissinger ofereço uma tentativa inicial e, acredito, original de descrever a questão.

Um livro é em si o produto de uma rede. Eu gostaria de agradecer, antes de tudo, ao diretor e aos membros da Instituição Hoover, onde este livro foi escrito, assim como aos supervisores e doadores da entidade. Numa época em que a diversidade intelectual é a forma de diversidade que parece ser a menos valorizada nas universidades, a Hoover é um bastião raro, se não único, da inquisição livre e do pensamento independente. Eu também gostaria de agradecer aos meus antigos colegas de Harvard, que continuam a contribuir para o meu pensamento em minhas visitas ao Belfer Center na Escola Kennedy e no Centro de Estudos Europeus, e aos meus novos colegas na Escola Paul H. Nitze de Estudos Internacionais Avançados do Kissinger Center, na Universidade Johns Hopkins, e na Faculdade Shwarzman da Universidade Tsinghua em Pequim.

Obtive assistência de pesquisa inestimável de Sarah Wallington e Alice Han, assim como de Ravi Jacques e Olivia Ward-Jackson. Manny Rincon-Cruz e Keoni Correa ajudaram imensamente a melhorar a qualidade dos gráficos de redes e dos comentários. Recebi notas bastante perspicazes sobre trabalhos e apresentações relacionados de (para nomear apenas alguns dos que levaram suas ideias ao papel) Graham Allison, Pierpaolo Barbieri, Joe Barillari, Tyler Goodspeed, Micki Kaufman, Paul Schmelzing e Emile Simpson. Os primeiros rascunhos foram lidos por diversos amigos, colegas e especialistas cujo conselho busquei. Aqueles que reservaram algum tempo para me mandar as suas observações foram Ruth Ahnert, Teresita Alvarez-Bjelland, Marc Andreessen, Yaneer Bar-Yam, Joe Barillari, Alastair Buchan, Melanie Conroy, Dan Edelstein, Chloe Edmondson, Alan Fournier, Auren Hoffman, Emmanuel Roman, Suzanne Sutherland, Elaine Treharne, Calder Walton, e Caroline Winterer. Sobre a conclusão do livro, recebi comentários preciosos de William Burns, Henri de Castries, Mathias Döpfner, John Elkann, Evan Greenberg, John Micklethwait e Robert Rubin. Por compartilharem suas ideias e me darem permissão de citar suas obras não publicadas, eu também gostaria de agradecer a Glenn Carroll, Peter Dolton, Paula Findlen, Francis Fukuyama, Jason Heppler, Matthew Jackson e Franziska Keller. Pela ajuda com a história dos *illuminati*, sou grato a Lorenza Castella, Reinhard Markner, Olaf Simons e Joe Wäges.

Como de hábito, Andrew Wylie e seus colegas, em especial James Pullen, representaram a minha pessoa e a minha obra com grande habilidade. E mais uma vez tive o privilégio de ter um livro meu editado por Simon Winder e Scott Moyers, que estão entre os mais criteriosos editores atualmente trabalhando no mundo de língua inglesa. Também não devo me esquecer do meu copidesque, Mark Handsley, e meu fiel revisor e amigo da Virgínia, Jim Dickson, e meu pesquisador de imagens, Fred Courtright.

Finalmente, meus agradecimentos aos meus filhos, Felix, Freya, Lachlan, e Thomas, que nunca reclamaram quando a atividade de escrever livros tomou precedência sobre o meu tempo com eles, e que se mantêm uma fonte de inspiração, assim como de orgulho e deleite. Minha esposa, Ayaan, tem tolerado com paciência o meu uso repetitivo das palavras "rede" e "hierarquia" em nossas conversas. Ela me ensinou mais do que imagina sobre ambas as formas de organização. Eu lhe agradeço também, com amor.

Dedico este livro a Campbell Ferguson, meu saudoso pai, cujo nome terá sido transmitido, a depender das minhas esperanças e preces, ao seu sexto neto quando este livro tiver sido publicado.

I
Introdução:
Redes e hierarquias

1
O mistério dos *illuminati*

Era uma vez, há quase dois séculos, uma rede secreta que tentou mudar o mundo. Fundada na Alemanha apenas dois meses antes das treze colônias britânicas na América do Norte terem declarado a sua independência, a organização se tornou conhecida como a *Illuminatenorden* – a Ordem dos *Illuminati*. Seu objetivo era ambicioso. De fato, seu fundador a chamara originalmente de *Bund der Perfektibilisten* (a Liga dos Perfectíveis). Como um dos membros da ordem recorda, nas palavras do fundador, esta era para ser:

> uma associação que, por meio dos métodos mais sutis e seguros, terá como meta a vitória da virtude e da sabedoria sobre a estupidez e a malevolência; uma associação que fará as descobertas mais importantes em todos os campos da ciência, que ensinará os seus membros a se tornarem nobres e grandiosos, que lhes assegurará a recompensa garantida de sua perfeição completa neste mundo, que os protegerá de perseguições, da destruição e da opressão, e que atará as mãos do despotismo em todas as suas formas.[1]

O objetivo derradeiro da ordem era "trazer a luz do entendimento com o sol da razão, que dissipará as nuvens da superstição e do preconceito". "Minha meta é dar supremacia à razão", declarou o fundador da ordem.[2] Seus métodos eram, em retrospecto, educacionais. "A única intenção da liga", segundo os seus Estatutos Gerais (1781), era "a educação, não por meios declamatórios, mas favorecendo e recompensando a virtude".[3] Contudo, os *illuminati* operariam como uma fraternidade estritamente secreta. Seus membros adotavam codinomes, em geral de procedência grega ou romana: o próprio fundador era "Irmão Spartacus". Haveria três níveis ou graus de afiliação – Iniciante,

Minerval* e Minerval Iluminado –, mas aos níveis inferiores eram dadas apenas as noções mais vagas sobre as metas e métodos da ordem. Rituais complexos de iniciação foram criados – entre eles, o juramento de guardar segredo, cuja violação seria punida com o método de morte mais penoso. Cada célula isolada de iniciantes recebia instruções de um superior, cuja verdadeira identidade eles não conheciam.

A princípio, os *illuminati* eram bem poucos. Havia apenas alguns membros fundadores, a maioria dele estudantes.[4] Dois anos após ser criada, o número total de membros da ordem era 25. Em dezembro de 1779, ainda não passava de sessenta. Em poucos anos, porém, esse número subiria para mais de 1.300.[5] Em seus primeiros dias, a ordem estava confinada a Ingolstadt, Eichstätt e Frisinga, com alguns membros em Munique.[6] No início da década de 1780, a rede dos *illuminati* se estendera pela maior parte da Alemanha. Além disso, uma lista impressionante de príncipes alemães se juntara à ordem: Fernando, príncipe de Brunswick-Luneburgo-Wolfenbüttell; Carlos, príncipe de Hesse--Cassel; Ernesto II, duque de Saxe-Coburgo-Altenburgo; e Carlos Augusto, grão-duque de Saxe-Weimar-Eisenach;[7] assim como dezenas de nobres, entre eles Franz Friedrich von Ditfurth, e a estrela ascendente do clero da Renânia, Carlos Teodoro von Dalberg.[8] Outros membros da ordem serviam como conselheiros de muitos dos *illuminati* mais elevados.[9] Intelectuais também se tornaram *illuminati*, notadamente o erudito Johann Wolfgang Goethe, os filósofos Johann Gottfried Herder e Friedrich Heinrich Jacobi, o tradutor Johann Joachim Christoph Bode e o pedagogo suíço Johann Heinrich Pestalozzi.[10] Embora não tenha se juntado ao grupo, o dramaturgo Friedrich Schiller baseou o personagem republicano revolucionário Posa, que aparece em *Don Carlos* (1787), num dos líderes dos *illuminati*.[11] A influência do movimento é às vezes detectada na ópera *A flauta mágica* (1791) de Wolfgang Amadeus Mozart.[12]

Entretanto, em junho de 1787, o governo da Baviera promulgou o primeiro de três decretos que baniram efetivamente os *illuminati*, condenando-os como "traidores e hostis à religião".[13] Um comitê de investigação cuidou de

---

* Alusão a Minerva, nome romano da deusa da sabedoria, Palas Atena. A insígnia dos *illuminati* consistia de uma coruja, animal que representa a deusa, sentada nas páginas de um livro aberto.

livrar a academia e a burocracia de quaisquer membros da ordem. Alguns fugiram para a Baviera. Outros perderam seus empregos ou foram exilados. Pelo menos dois foram encarcerados. O próprio fundador buscou refúgio em Gota. Para todos os efeitos, os *illuminati* deixaram de operar ao fim de 1787. Entretanto, sua infâmia sobreviveu muito além disso. O rei Frederico Guilherme II da Prússia foi alertado de que os *illuminati* continuavam a ser uma força perigosamente subversiva em toda a Alemanha. Em 1797, o eminente físico escocês John Robison publicou *Proofs of a Conspiracy against All the Religions and Governments of Europe, carried on in the Secret Meetings of the Free Masons, Illuminati, and Reading Societies* [Provas de uma conspiração contra todas as religiões e governos da Europa, perpetrada em reuniões secretas de maçons, *illuminati* e sociedades de leitura], em que alegava que, "por cinquenta anos, sob o pretexto enganoso de iluminar o mundo com a tocha da filosofia e de dissipar as nuvens da superstição civil e religiosa", uma "associação" vinha "trabalhando zelosa e sistematicamente, até se tornar quase irresistível", com o objetivo de "ERRADICAR TODOS OS ESTABELECIMENTOS RELIGIOSOS E DERRUBAR TODOS OS GOVERNOS EXISTENTES DA EUROPA". O ápice dos esforços da associação, de acordo com Robison, foi nada menos do que a Revolução Francesa. Em suas *Memoirs Illustrating the History of Jacobinism* [Memórias ilustrando a história do jacobinismo], também publicadas em 1797, um ex-jesuíta francês chamado Augustin de Barruel fez a mesma alegação. "Mesmo os atos mais horrendos perpetrados durante a Revolução Francesa, tudo foi previsto e planejado, combinado e premeditado [...] o fruto de uma vilania concebida em detalhe." Os próprios jacobinos, argumentava Barruel, eram herdeiros dos *illuminati*. Essas alegações – que receberam o elogio de Edmond Burke[14] – logo chegaram aos Estados Unidos, onde foram adotadas por, entre outros, Timothy Dwight, o presidente de Yale.[15] Por boa parte dos séculos XIX e XX, os *illuminati* desempenharam o papel involuntário de protoconspiradores daquilo que Richard Hofstader chamou de forma memorável de "estilo paranoico" da política americana, cujos expoentes alegavam sempre defender os desfavorecidos contra uma "vasta rede pérfida internacional e extraordinariamente eficiente criada para perpetrar atos da natureza mais demoníaca".[16] Para dar apenas dois exemplos, os *illuminati* foram retratados na obra do anticomunista John Birch e no livro *New World Order* (1991) do cristão conservador Pat Robertson.[17]

O mito dos *illuminati* vem persistindo até os dias de hoje. É verdade que alguns dos textos inspirados pela ordem ganharam as páginas da ficção, notadamente nos casos da trilogia *Illuminatus*, publicada na década de 1970 por Robert Shea e Robert Anton Wilson; do romance *O pêndulo de Foucault* (1988), de Umberto Eco; do filme *Lara Croft: Tomb Raider* (2001); e da história de suspense *Anjos e demônios* (2000) de Dan Brown.[18] O que é mais difícil de explicar é a crença popular de que os *illuminati* existem de verdade e são tão poderosos hoje quanto o seu fundador pretendia que se tornassem. Por certo, há muitos *websites* que afirmam representar os *illuminati*, mas nenhum deles tem aparência muito profissional.[19] Mesmo assim, diz-se que muitos dos presidentes dos Estados Unidos foram membros dos *illuminati*, incluindo não apenas John Adam e Thomas Jefferson,[20] mas também Barack Obama.[21] Um ensaio que representa bem o gênero (que é bem vasto) desses textos descreve os *illuminati* como uma "Elite de Poder superabastada com a ambição de criar uma sociedade escrava":

> Os *illuminati* são donos de todos os bancos, firmas petrolíferas, as empresas mais poderosas de indústria e comércio, infiltram-se na política e na educação, e dominam a maioria dos governos – ou pelo menos os controlam. São até mesmo donos de Hollywood e da Indústria Musical [...] [O]s *illuminati* dirigem a indústria do tráfico de drogas também [...] Os principais candidatos à presidência são cuidadosamente escolhidos a partir das linhagens de sangue ocultas das treze famílias de *illuminati* [...] A meta principal é criar Um Governo Único, com eles no topo, para levar o mundo a uma situação de escravidão e ditadura [...] Eles querem criar uma "ameaça externa", uma Invasão Alienígena falsa, para que os países deste mundo estejam dispostos a se unir em UM ÚNICO.

A versão-padrão da teoria conspiratória (ver figura 1) conecta os *illuminati* à família Rothschild, à Távola Redonda, ao Grupo Bilderberg, e à Comissão Trilateral – sem esquecer o administrador de fundos de investimentos livres, doador para políticos e filantropo George Soros.[22]

Um número espantosamente alto de pessoas acredita nessas teorias, ou no mínimo as leva a sério.[23] Pouco mais da metade (51%) de mil norte-americanos entrevistados numa pesquisa de 2011 concordaram com a afirmação de que "muito do que acontece no mundo de hoje é decidido por um grupo

O MISTÉRIO DOS *ILLUMINATI*

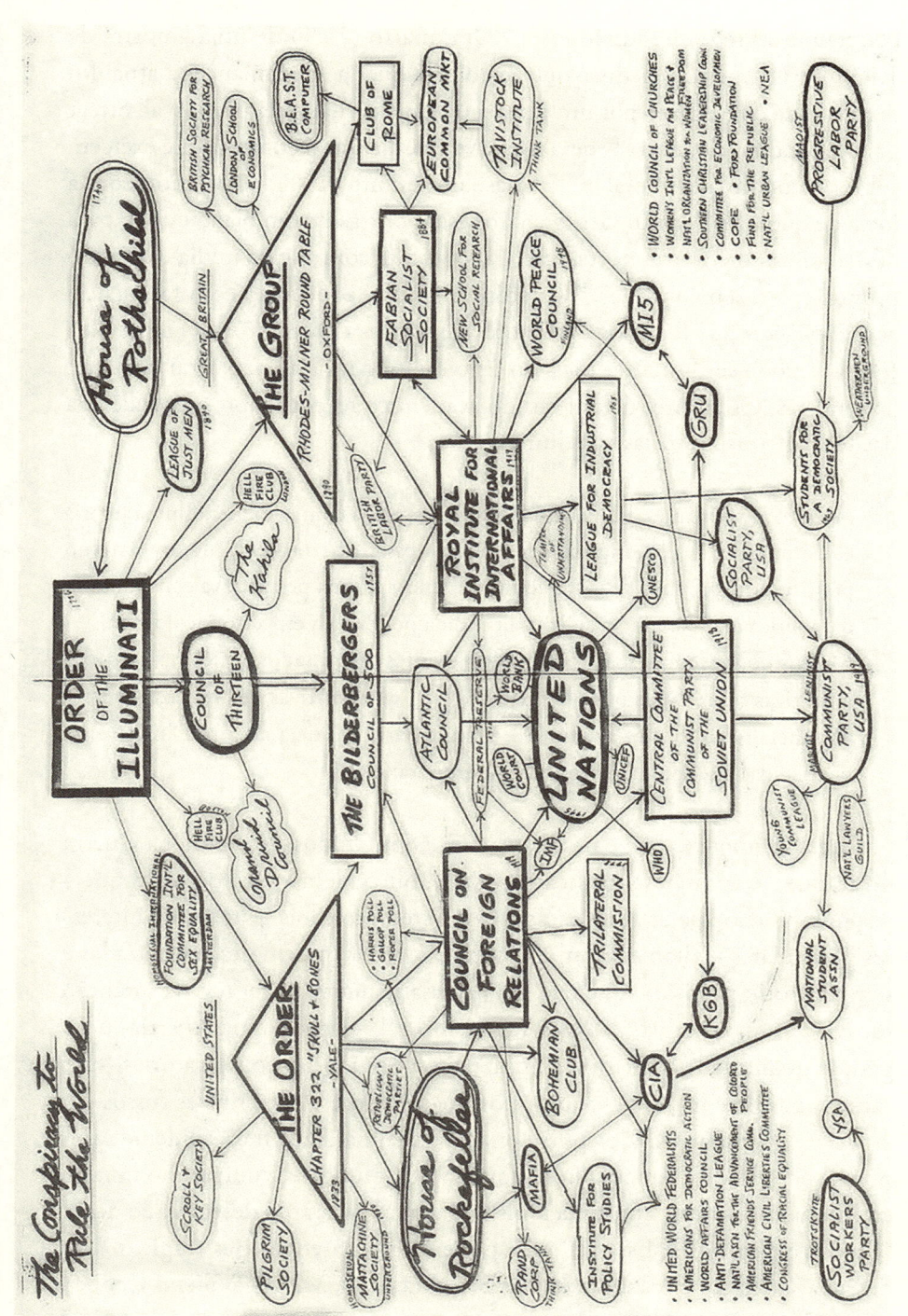

1. "A conspiração para governar o mundo."

pequeno e secreto de indivíduos".²⁴ Um quarto (25%) de uma amostra de 1.935 norte-americanos disse que acreditava que "a crise financeira atual foi orquestrada em segredo por um pequeno grupo de banqueiros de Wall Street para expandir o poder da Federal Reserve e aumentar o controle que exercem sobre a economia mundial".²⁵ E quase um quinto (19%) concordou com a ideia de que "o bilionário George Soros está por trás de um plano oculto para desestabilizar o governo norte-americano, tomar controle da mídia e deixar o mundo sob o seu controle".²⁶ O próprio Soros é conectado com frequência aos *illuminati* por famosos defensores de teorias conspiratórias como Alex Jones.²⁷ Pode ser loucura, mas é o tipo de loucura que não atrai somente extremistas. Os autores de um estudo acadêmico recente sobre a prevalência das teorias conspiratórias concluíram que:

> metade da população dos Estados Unidos concorda com pelo menos uma [teoria conspiratória] [...] Longe de ser uma expressão aberrante de algum extremo político ou o produto de vasta desinformação, ter uma perspectiva conspiratória da política é uma tendência bem difundida por todo o espectro ideológico [...] Muitos dos sistemas de crença predominantes dos Estados Unidos, sejam eles narrativas sobre Deus ou sobre Satanás [...] ou narrativas de esquerda sobre o neoliberalismo [...] se apoiam em grande parte na ideia de forças invisíveis e deliberadas que moldam eventos contemporâneos.²⁸

E esse fenômeno não é peculiar aos Estados Unidos. Na época da Guerra do Iraque, proporções significativas do público alemão acreditavam que a responsabilidade pelos ataques do 11 de Setembro cabia a "redes de interesses particulares – altamente interconectadas, mas também descentralizadas e sem território próprio – que não são necessariamente o produto da intenção individual ou coletiva [...]".²⁹ Também na Inglaterra e na Áustria, uma grande quantidade de eleitores diz acreditar em teorias conspiratórias – até mesmo nas inventadas pelos próprios pesquisadores.³⁰ Escritores russos em especial se sentem atraídos por teorias sobre uma conspiração liderada por norte-americanos,³¹ embora nenhum lugar do mundo se equipare ao mundo muçulmano, onde o "conspiracionismo" tem se mostrado desenfreado desde o 11 de Setembro.³² Essas crenças podem ter consequências trágicas. Um defensor norte-americano de teorias conspiratórias, Milton William Cooper, foi baleado ao resistir à prisão por sonegação de impostos e transgressões ligadas a porte de armas de fogo. A sua resistência à autoridade se baseava na crença de que o governo federal era controlado pelos *illuminati*.[33] A julgar pelas estatísticas globais sobre o terrorismo e as suas motivações, é bem mais provável que os muçulmanos que acreditam num plano norte-americano sionista contra a religião deles partam para a violência do que os *Truthers* [buscadores da verdade] dos Estados Unidos.

A história dos *illuminati* ilustra o problema central que se enfrenta ao escrever sobre as redes sociais, em especial aquelas que tentam se manter secretas. Como o assunto atrai lunáticos, é difícil para um historiador levá-lo a sério. Mesmo aqueles que o fazem encaram a dificuldade apresentada pelo fato de que redes raramente mantêm registros que possam ser acessados com facilidade. Os arquivistas da Baviera preservaram registros da campanha contra os *illuminati*, inclusive documentos autênticos confiscados de membros da ordem, mas apenas em tempos recentes pesquisadores passaram a editar de forma sistemática – e árdua – o que sobrou da correspondência e dos regulamentos dos *illuminati*, documentos encontrados em vários locais diferentes, inclusive entre os arquivos das lojas maçônicas.[34] Esse tipo de obstáculo explica por que um dos eminentes historiadores de Oxford insistia em que só sabia escrever "sobre o que se acredita e o que se diz sobre as sociedades secretas, não sobre essas sociedades em si".[35] No entanto, nenhum caso ilustra melhor a significância histórica das redes do que os *illuminati*. Eles por certo não causaram a Revolução Francesa – nem mesmo suscitaram grandes problemas na Baviera. Porém eles se tornaram importantes porque a sua reputação se tornou viral numa época em que a desordem política precipitada pelo Iluminismo – promovida por uma rede de intelectuais de imensa influência – atingia o ápice revolucionário em ambos os lados do oceano Atlântico.

Este livro tenta encontrar um meio-termo entre a historiografia convencional, que tende a atenuar o papel das redes, e os defensores de teorias conspiratórias, que têm o hábito de exagerar esse papel. Ele propõe uma nova narrativa histórica, em que é possível que mudanças importantes – desde a Era das Descobertas e a Reforma, se não antes – sejam compreendidas, em essência, como desafios desestabilizadores apresentados às hierarquias estabelecidas pelas redes. O livro também desafia as suposições confiantes que alguns comentaristas fazem hoje em dia de que há algo inerentemente benigno no distúrbio que as redes causam na ordem hierárquica. E estuda a experiência dos séculos XIX e XX para identificar modos como as energias revolucionárias transmitidas pelas redes podem ser contidas.

2
A nossa era interconectada

As redes, ao que parece, estão em todo lugar hoje em dia. Na primeira semana de 2017, o *The New York Times* publicou 136 matérias com a palavra "rede". Pouco mais de um terço dessas matérias eram sobre redes de televisão, doze eram sobre redes de computador, e dez eram sobre vários tipos de redes políticas, mas havia também matérias sobre redes de transporte, redes financeiras, redes terroristas, redes de assistência médica – para não mencionar as redes sociais, educacionais, criminais, elétricas, de telefone, de rádio e de inteligência. Ler tudo isso é contemplar um mundo "em que tudo está conectado", por mais clichê que isso soe. Algumas redes conectam militantes, outras conectam médicos, outras ainda conectam caixas automáticos. Há uma rede do câncer, uma rede dos guerreiros do *jihad*, uma rede de baleias orcas. Algumas redes – descritas por demasiadas vezes como "vastas"[1] – são internacionais, enquanto outras são regionais; algumas são etéreas, outras são subterrâneas. Há redes de corrupção, redes de túneis, redes de espionagem; há até uma rede para fraudar os resultados de jogos de tênis. Vozes que atacam as redes em batalha com vozes que defendem as redes. E tudo isso é coberto sem cessar por redes de cabos e satélites.

Em *A casa soturna*, era o nevoeiro que era ubíquo. Atualmente, são as redes que, nas palavras de Charles Dickens, sobem o rio e descem o rio. "A alternativa a se interconectar em redes é o fracasso", nós lemos na *Harvard Business Review*.[2] "Uma das razões principais por que as mulheres ficam para trás em questões de liderança", afirma o mesmo periódico, "é a menor probabilidade de que elas tenham amplas redes para apoiá-las e promovê-las como líderes em potencial".[3] Outro artigo da *HBR* demonstra que "administradores de portfólios de fundos mútuos fizeram apostas concentradas maiores em empresas às quais estavam ligados por uma rede educacional", e que esses investimentos renderam melhor* do que a média.⁴ Entretanto, nem todos concluiriam a partir disso que a rede de "velhos amigos" é uma força benigna que valesse ser copiada por velhas amigas. Em finanças, tem-se revelado que alguns "especialistas em redes" são canais de troca de informações privilegiadas ou de manipulação da taxa de juros.⁵ Também se culpou as redes pela crise financeira global de 2008: especificamente, a rede cada vez mais complexa que transformou os bancos do mundo num sistema de transmissão e amplificação de prejuízos em hipotecas de alto risco nos Estados Unidos.⁶ O mundo descrito por Sandra Navidi em *Superhubs* talvez pareça fascinante para alguns. Nas palavras dela, uns "poucos selecionados" – ela nomeia vinte indivíduos – "presidem sobre o bem mais exclusivo e poderoso: uma rede singular de relacionamentos pessoais que abarca o planeta". Esses relacionamentos são forjados e mantidos num número ainda menor de instituições: o Instituto de Tecnologia de Massachusetts, a Goldman Sachs, o Fórum Econômico Mundial, três entidades filantrópicas – entre elas a Iniciativa Global Clinton – e o restaurante Four Seasons em Nova York.⁷ Contudo, uma das mensagens principais da campanha eleitoral vitoriosa de Donald J. Trump em 2016 era que essas instituições eram os próprios "interesses especiais globais" que estavam por trás da "elite política governante corrupta e falida" personificada por Hillary Clinton, a candidata que ele derrotou.⁸

Nenhum relato da eleição presidencial norte-americana de 2016 estaria completo sem uma discussão dos papéis desempenhados pelas redes de mídia, desde a Fox News até o Facebook e também o Twitter, a rede preferida do candidato vitorioso.** Uma das muitas ironias da eleição foi que a campanha de Trump, impelida pelas redes, direcionava grande parte do seu poder de fogo contra a rede de elite de Clinton – uma rede a que o próprio Trump havia pertencido no passado, como indica a presença dos Clinton no terceiro casamento dele. Poucos anos antes da eleição, uma entidade chamada "A Rede Trump" – montada em

---

* O retorno foi de 21% quando tanto o administrador do portfólio quanto o diretor executivo haviam frequentado a mesma universidade e obtido o mesmo diploma com alguma sobreposição cronológica, em comparação com 13% quando não havia semelhante conexão.

** À época em que este livro foi escrito, Donald J. Trump tinha 33,8 milhões de seguidores no Twitter. Por seu lado, ele segue apenas 45 indivíduos ou instituições.

2009 para vender produtos como suplementos vitamínicos com o endosso de Trump – havia ido à falência. Se Trump houvesse perdido a eleição, ele teria lançado a Trump TV como rede de televisão. Um dos muitos motivos por que ele não perdeu foi o fato de a rede de inteligência da Rússia ter feito todo o possível para prejudicar a reputação da rival de Trump, utilizando o website WikiLeaks e a rede de televisão RT como seus principais instrumentos. Nas palavras de um relatório secreto parcialmente revelado pelas agências de inteligência norte-americanas, "o presidente russo Vladimir Putin ordenou uma campanha de influência em 2016" com a intenção de "denegrir a secretária de Estado Clinton, e prejudicar o seu potencial de se eleger e chegar à presidência", refletindo a "clara preferência" do Krêmlin por Trump. Em julho de 2015, segundo o relatório, "a inteligência russa conseguiu acesso às redes do Comitê Democrático Nacional e manteve esse acesso até pelo menos junho de 2016", publicando sistematicamente os e-mails que obteve por meio do website WikiLeaks. Ao mesmo tempo, "a máquina de propaganda russa dirigida pelo Estado – composta por seu aparato de mídia doméstico; por entidades visando um público global, como RT e Sputnik; e por uma rede de *trolls* quase governamentais – contribuiu para a campanha de influência ao servir como plataforma para mensagens do Krêmlin a públicos russos e internacionais.[9]

Outro motivo pelo qual Trump venceu, porém, foi o fato de a rede terrorista muçulmana conhecida como Estado Islâmico ter perpetrado múltiplos ataques nos doze meses anteriores à eleição, inclusive dois nos Estados Unidos (em San Bernardino e Orlando). Esses ataques aumentaram a atratividade das promessas de Trump de "expor", "desmontar" e "remover uma a uma [...] as redes de apoio ao islamismo radical neste país", além de "desmantelar totalmente a rede de terror global do Irã".[10]

Vivemos, em resumo, na "era das redes".[11] Joshua Ramo a chama de "a Era do Poder das Redes".[12] Adrienne Lafrance prefere "a Era do Enredamento".[13] Parag Khanna propõe até uma nova disciplina – a "Conectografia" – para mapear "a Revolução das Redes Globais".[14] "A sociedade das redes", de acordo com Manuel Castells, "representa uma mudança qualitativa na experiência humana".[15] As redes estão transformando a esfera pública e, com ela, a própria democracia.[16] Para melhor ou para pior, porém? "A tecnologia das redes atuais [...] favorece de verdade os cidadãos", escrevem Jared Cohen e Eric Schmidt, da Google. "Nunca antes tantas pessoas estiveram conectadas por uma rede de resposta instantânea", com implicações que realmente "mudam o jogo" da política em todos os lugares.[17] Uma visão alternativa é a de que as corporações globais como a Google estão obtendo de modo sistemático o "domínio estrutural" ao explorar as redes, a fim de erodir a soberania nacional e a política coletivista que a torna possível.[18]

Pode-se fazer a mesma pergunta sobre o efeito das redes sobre o sistema internacional: para melhor ou para pior? Para Anne-Marie Slaughter, faz sentido reconfigurar a política global combinando o "jogo de xadrez" da diplomacia tradicional entre Estados com a nova "teia [...] de redes", explorando as vantagens da última (como transparência, adaptabilidade e escalabilidade).[19] As estadistas do futuro, ela argumenta, serão "agentes da teia brandindo poder e exercendo liderança com os governos" em "estratégias de conexão".[20] Parag Khanna aguarda com expectativa e prazer um "mundo em uma cadeia de ofertas" em que corporações globais, megacidades, "aerotrópolis" e "comunidades regionais" se envolvam num "cabo de guerra" interminável, mas essencialmente pacífico, em prol de vantagens econômicas que lembrem "um extenso *videogame* com múltiplos jogadores".[21] Contudo, é duvidoso – não somente para Joshua Ramo, mas também para seu mentor, Henry Kissinger – que essas tendências revelem grande probabilidade de aumentar a estabilidade global. "A difusão das comunicações em rede nos setores social, financeiro, industrial e militar", escreveu Kissinger:

> tem [...] revolucionado as vulnerabilidades. Superando a maioria das normas e regulamentos (e, sem dúvida, a compreensão técnica de muitos reguladores), ela tem criado, em certos aspectos, o estado da natureza [...] a fuga da qual, segundo Hobbes, provia a força motivadora para criar uma ordem política [...] [A] assimetria e um tipo de desordem mundial congênita são construídos nas relações entre as potências informáticas tanto no âmbito da diplomacia como no da estratégia [...] Com a ausência da articulação de certas normas de conduta internacional, uma crise surgirá da dinâmica interna do sistema.[22]

Se a "primeira guerra informática mundial" já começou, como alguns afirmam, então se trata de uma guerra entre redes.[23]

A possibilidade mais alarmante de todas é que uma única rede global acabe por tornar o *Homo sapiens* redundante e, a seguir, extinto. Em *Homo Deus*, Yuval

Harari sugere que a era das "redes de cooperação em massa" de grande escala e fundamentada na linguagem escrita, dinheiro, cultura e ideologia – produtos de redes neurais humanas à base de carbono – está cedendo espaço para uma nova era de redes de computadores à base de silicone fundamentada em algoritmos. Nessa rede, logo descobriremos que somos tão importantes para os algoritmos quanto os animais são para nós. A desconexão da rede se traduzirá na morte para o indivíduo, já que a rede cuidará da nossa saúde 24 horas por dia. Contudo, a conexão acabará por significar a extinção da espécie: "Os parâmetros que nós mesmos consagramos nos condenarão a nos juntarmos aos mamutes e aos golfinhos-do-yang-tsé no esquecimento".[24] Com base no julgamento desolador de Harari do passado humano, isso seria bem o que merecemos.[25]

Este livro trata mais do passado do que do futuro; ou, para ser preciso, é um livro que busca aprender sobre o futuro estudando sobretudo o passado, em vez de entreter arroubos de imaginação ou de projeções casuais de tendências recentes naquilo que está por vir. Há aqueles (em especial no Vale do Silício) que duvidam que a história tenha muito a lhes ensinar numa época de inovações tecnológicas tão velozes.[26] De fato, muito do debate que acabei de resumir pressupõe que as redes sociais sejam um fenômeno novo e que há algo sem precedentes sobre a sua ubiquidade atual. Isso está errado. Mesmo enquanto falamos sem parar sobre elas, a realidade é que a maioria de nós tem apenas uma compreensão muito limitada de como as redes funcionam, e quase nenhum conhecimento de onde elas vieram. Em grande medida, não percebemos quão predominantes elas são no mundo natural, ou o papel vital que têm desempenhado na nossa evolução como espécie, ou como têm sido parte integral do passado humano. Como resultado, tendemos a subestimar a importância das redes no passado, e partir do pressuposto errôneo de que a história não tem nada a nos ensinar sobre esse assunto.

Sem dúvida, nunca houve redes tão amplas como as que vemos hoje em dia. E os fluxos de informação – ou de doença – nunca foram tão rápidos. Porém dimensão e velocidade não são tudo. Nunca compreenderemos as redes vastas e aceleradas de nosso próprio tempo – em especial, não teremos nenhuma ideia de se a era das redes será jubilosamente emancipadora, ou horrivelmente anárquica – se não estudarmos as redes menores e mais lentas do passado. Pois essas também foram ubíquas. E, às vezes, eram mesmo muito poderosas.

3
Redes, redes para todos os lados

Nas palavras do físico Geoffrey West, o mundo natural é feito, a um ponto desconcertante, de "redes otimizadas e ramificadas que preenchem os espaços", desde o sistema circulatório humano até uma colônia de formigas, e todas essas redes evoluíram de forma a distribuir energia e materiais entre reservatórios macroscópicos e lugares microscópicos numa ordem de grandeza surpreendente de vinte e sete graus. Os sistemas circulatório, renal e neural dos animais são todos redes naturais. Assim como os sistemas vasculares das plantas e as redes de microtúbulos e de mitocôndrias no interior das células.[1] O cérebro do verme nematódeo *Caenorhabditis elegans* é a única rede neural já mapeada de modo abrangente, mas cérebros mais complexos receberão o mesmo tratamento no devido tempo.[2] De cérebros de vermes a cadeias alimentares (ou "teias alimentares"), a biologia moderna encontra redes em todos os níveis de vida na Terra (ver figura 2).[3] O sequenciamento do genoma revelou uma "rede reguladora de genes" em que os "nódulos são genes e os elos são cadeias de reações".[4] O delta de um rio também é uma rede, mapeada pelo atlas da escola. Tumores formam redes.

Alguns problemas são solucionáveis por meio da análise das redes. Cientistas que buscavam explicar a floração abundante de algas que afligiu a baía de San Francisco, na Califórnia, em 1999, tiveram que mapear as redes de vida marinha antes de conseguir identificar a verdadeira causa do fenômeno. Um mapeamento similar de redes neurais foi necessário para estabelecer que é no hipocampo que a memória humana reside.[5] A velocidade com que uma doença infecciosa se espalha está tão ligada à estrutura da rede da população exposta quanto à virulência da própria doença, como deixou claro uma epidemia entre adolescentes de Rockdale County, no estado da Geórgia, vinte anos atrás.[6] A existência de poucos centros altamente concentrados faz com

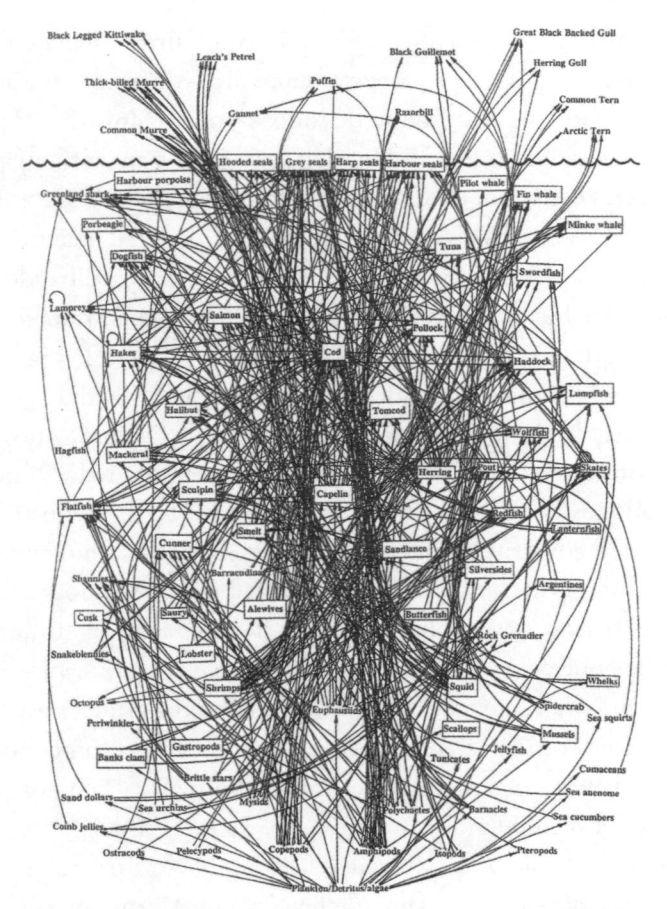

2. Teia alimentar parcial da plataforma continental escocesa, no Atlântico noroeste. As setas vão das espécies que são presas às espécies predadoras.

que o alastramento da doença aumente exponencialmente após uma fase inicial de crescimento lento.[7] Em outras palavras, se o "número de reprodução básica" (quantas outras pessoas são infectadas pela primeira vez por um indivíduo infectado típico) é mais do que um, então uma doença se torna epidêmica; se é menor do que um, ela tende a desaparecer. No entanto, esse número de reprodução básica é determinado tanto pela estrutura da rede que a doença infecta como pela sua capacidade natural de contágio.[8] As estruturas de rede também estipulam as condições de velocidade e precisão com as quais a doença é diagnosticada.[9]

Na Pré-História, o *Homo sapiens* evoluiu como um primata cooperativo, com a habilidade singular de se conectar em redes – de se comunicar e agir de forma coletiva – que nos distinguiu de todos os outros animais. Nas palavras do biólogo evolucionário Joseph Henrich, não somos apenas chipanzés com cérebros maiores e menos pelos; o segredo do nosso sucesso como espécie "reside [...] nos *cérebros coletivos* das nossas comunidades".[10] Diferentemente dos chipanzés, aprendemos de forma social, ensinando e compartilhando. Segundo o antropólogo evolucionário Robin Dunbar, o nosso cérebro maior, com seu neocórtex mais desenvolvido, evoluiu de forma a nos permitir funcionar em grupos sociais relativamente grandes, de cerca de 150 indivíduos (em comparação com cerca de cinquenta entre os chipanzés).[11] De fato, a nossa espécie deveria ser conhecida como *Homo dictyous* ("homem das redes"), pois – para citar os sociólogos Nicholas Christakis e James Fowler – "os nossos cérebros parecem ter sido construídos para as redes sociais".[12] O termo cunhado pelo etnógrafo Edwin Hutchins é "cognição distribuída". Os nossos ancestrais eram "coletores forçados a colaborar entre si" que se tornaram interdependentes uns dos outros para obter comida, abrigo e calor.[13] É provável que o desenvolvimento da linguagem falada, assim como os avanços associados da capacidade e da estrutura cerebral, fosse parte desse mesmo processo, evoluindo a partir de hábitos dos macacos como o da limpeza mútua dos pelos.[14] O mesmo pode ser dito de práticas como arte, dança e rituais.[15] Nas palavras dos historiadores William H. McNeill e J. R. McNeill, a primeira *world wide web* (rede mundial) surgiu na verdade há cerca de 12 mil anos. O homem, com a sua rede neural incomparável, nasceu *para* se conectar.

As redes sociais, portanto, são estruturas que os humanos formam de maneira natural, começando com o próprio conhecimento e as várias formas de representação que utilizamos para comunicar esse conhecimento, assim como, sem dúvida, as árvores genealógicas às quais todos nós necessariamente pertencemos, mesmo que apenas alguns dentre nós tenham um conhecimento genealógico detalhado. As redes incluem os padrões de assentamento, migração e miscigenação que distribuíram a nossa espécie pela superfície do mundo, assim como os milhares de cultos e modismos que produzimos de tempos em tempos com premeditação e liderança mínimas. Como veremos, as redes sociais se apresentam em todos os formatos e tamanhos, de sociedades secretas exclusivas a movimentos de código aberto. Algumas têm caráter espontâneo e auto-organizador; outras são mais sistemáticas e estruturadas. Só o que aconteceu – começando com a invenção da linguagem escrita – é que novas tecnologias vêm facilitando o nosso impulso inato e antigo de nos conectarmos.

Entretanto, existe um mistério. Pela maior parte da história registrada, as hierarquias dominaram as redes em escala e em esfera de ação. Homens e mulheres se organizavam sobretudo em estruturas hierárquicas, com o poder concentrado no topo, nas mãos de um chefe, senhor, rei ou imperador. Em contrapartida, a rede de um indivíduo regular era reduzida em tamanho. O típico camponês – e esse termo descreve a grosso modo a maioria dos humanos pela maior parte da história registrada – estava preso num agrupamento chamado família, dentro de um agrupamento ligeiramente maior chamado aldeia, sem quase nenhuma conexão com o mundo mais amplo. Era assim que a maioria dos humanos vivia até recentemente, cerca de cem anos atrás. Mesmo hoje em dia, os habitantes das cidades da Índia estão, no máximo, conectados numa "colcha de retalhos social [...] uma união de pequenas congregações onde cada congregação é apenas grande o suficiente para receber cooperação de todos os seus membros e onde as congregações estão interligadas".[16] Um papel importante nessas comunidades isoladas é desempenhado por indivíduos "centrais de difusão" chamados em geral de fofoqueiros.[17]

Tão opressoras são as redes tradicionais de pequena escala que alguns indivíduos prefeririam se retirar para o isolamento absoluto. A canção "Naebody" [Ninguém] de Robert Burns celebra a autossuficiência como um tipo de desconexão desafiadora:

> Tenho minha própria esposa,
> Não divido com ninguém;
> Não levo o corno de ninguém,
> Não dou corno em ninguém.
>
> Tenho um centavo para gastar,
> Tome, obrigado a ninguém;
> Não tenho nada a emprestar,
> Não empresto de ninguém.

Não sou senhor de ninguém,
Não serei escravo de ninguém;
Tenho uma boa espada larga,
Não levo insulto de ninguém.

Serei feliz e livre,
Não ficarei triste por ninguém;
Ninguém se importa comigo,
Não me importo com ninguém.*

Do Cavaleiro Solitário ao Estranho sem Nome, esses indivíduos insulares têm sido heróis recorrentes do cinema de faroeste. No filme *Gosto de sangue* (1984), dos irmãos Coen, o narrador habita um mundo de individualismo desenfreado e brutal. "Vá em frente, reclame", diz ele, "conte os seus problemas ao vizinho, peça ajuda – e veja-o fugir. Na Rússia, eles mapearam tudo para que todos ajudem a todos – pelo menos, essa é a teoria. Mas o que eu conheço é o Texas. E por aqui... é cada um por si".[18]

Mesmo assim, esse individualismo extremo é a exceção. Como John Donne expressou de forma memorável em "Devoções para ocasiões emergentes":

> Nenhum homem é uma ilha isolada; cada homem é uma partícula do continente, uma parte da terra; se um torrão é arrastado para o mar, a Europa fica diminuída, como se fosse um promontório, como se fosse a casa dos teus amigos ou a tua própria; a morte de qualquer homem diminui-me, porque sou parte do gênero humano. E por isso *não perguntes por quem os sinos dobram; eles dobram por ti.*

---

* *I hae a wife o' my ain, / I'll partake wi' naebody; / I'll tak Cuckold frae nane, / I'll gie Cuckold to naebody. //*
I hae a penny to spend, /There, thanks to naebody; / I hae naething to lend, / I'll borrow frae naebody. //
I am naebody's lord, / I'll be slave to naebody; / I hae a gude braid sword, / I'll take dunts frae naebody. //
I'll be merry and free, / I'll be sad for naebody; / Naebody cares for me, I care for naebody.
[N.T.]

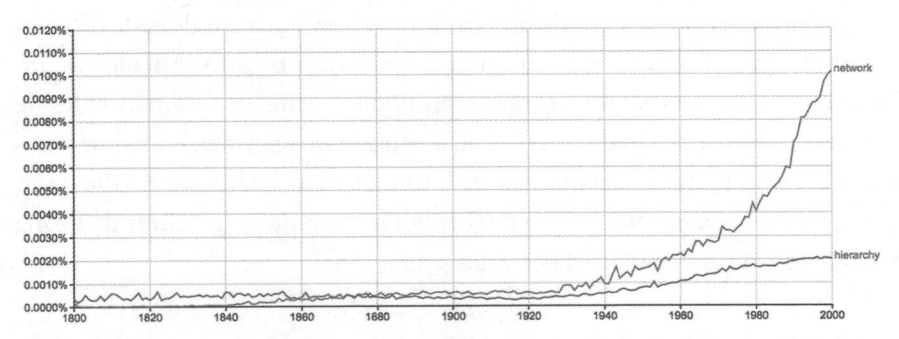

3. N-grama do Google mostrando a frequência com que as palavras *network* ("rede") e *hierarchy* ("hierarquia") apareceram em publicações de língua inglesa entre 1800 e 2000.

O homem é, de fato, um animal social, e o misantropo é evitado tanto quanto ele mesmo evita os outros. O mistério é por que e como nós, que nos interconectamos por natureza, temos estado há tanto tempo sob o domínio de hierarquias com estruturas verticais e institucionalizadas com rigidez.

A palavra "hierarquia" deriva do grego antigo – ιεραρχία ("hierarquia"), literalmente o "governo do alto sacerdote" – e foi utilizada a princípio para descrever as ordens celestiais dos anjos e, de forma mais geral, para caracterizar uma ordem estratificada de governança espiritual ou temporal. Até o século XVI, em contraste, a palavra "rede" não significava nada além de uma trama feita com fios entrelaçados. Ocasionalmente, Shakespeare utiliza os termos *net* [armadilha] e *web* [teia] de forma metafórica – o plano de Iago contra Otelo é uma "armadilha que há de a todos pegar" –, mas *network* [rede] em si não aparece em nenhuma de suas peças.[19] Cientistas dos séculos XVII e XVIII disceniram que havia redes na natureza – das teias de aranha ao sistema circulatório humano de veias e artérias –, mas foi somente no século XIX que o termo passou a ser utilizado de modo mais metafórico, por geógrafos e engenheiros para descrever hidrovias e ferrovias, e por escritores para caracterizar os relacionamentos entre as pessoas. O poeta Coleridge (1817) falou de uma "rede de propriedades"; o historiador Freeman (1876), de uma "rede de posses feudais".[20] Mesmo assim, até em torno de 1880, era mais provável que os livros publicados em inglês contivessem a palavra *hierarchy* ["hierarquia"] do que *network* (ver figura 3). É possível submeter de maneira retrospectiva os relacionamentos políticos e sociais descritos no romance

Phineas Finn (1869), de Anthony Trollope, a uma análise de redes,[21] mas a palavra "rede" não aparece nem mesmo uma vez no texto. Apenas no fim do século XX as "redes" começaram a proliferar: primeiro foram as redes de transporte e elétricas, depois as redes de telefone e de televisão, e finalmente as redes de computador e sociais on-line. E somente em 1980 a palavra *network* começou a ser usada como verbo para conotar o ato de se socializar de forma deliberada para o benefício da carreira profissional.

4
Por que as hierarquias?

O turista que visita Veneza deveria reservar uma tarde para um passeio pela ilha formosa e tranquila de Torcello. Lá, dentro da Cattedrale di Santa Maria Assunta, há uma ilustração perfeita do que chamamos de hierarquia (ver gravura 1): um mosaico do século XI do Juízo Final em cinco patamares, com Cristo no topo e os fogos do inferno na parte mais baixa.É assim, a grosso modo, que a maioria das pessoas pensa nas hierarquias: como organizações estruturadas de forma vertical, caracterizadas por comando, controle e comunicação centralizados e de cima para baixo. Historicamente, as hierarquias começaram por meio de clãs e tribos com base familiar, dos quais (ou contra os quais) instituições mais complicadas e estratificadas se desenvolveram, com uma divisão formalizada e com categorização de trabalho.[1] Entre as variedades de hierarquia que proliferaram no período pré-moderno, estavam regimes urbanos com regulamentos rígidos que dependiam do comércio e Estados maiores, mais monárquicos, com base na agricultura; os cultos de governo central conhecidos como igrejas; os exércitos e as burocracias dentro dos Estados; as associações cujas operações buscavam controlar o acesso a profissões qualificadas; as corporações autônomas que, a partir do início do período moderno, buscavam explorar as economias de grande escala e esfera de atuação ao internalizar certas transações de mercado; corporações acadêmicas como as universidades; e os Estados transnacionais superdimensionados conhecidos como impérios.

O incentivo crucial que favoreceu a ordem hierárquica foi que esta tornava o exercício do poder mais eficiente: o controle centralizado nas mãos do "grande homem" eliminava ou, pelo menos, reduzia as discussões demoradas sobre o que fazer, que a qualquer momento poderiam se agravar e se transformar num conflito de destruição mútua.[2] Segundo o filósofo Benoît Dubreuil, delegar o poder judicial e penal – o poder de punir transgressores – a um indivíduo ou uma elite foi a solução mais adequada para as sociedades predominantemente agrárias que exigiam que a maioria das pessoas se calassem e trabalhassem nos campos apenas.[3] Peter Turchin prefere enfatizar o papel das campanhas de guerra, argumentando que as mudanças na tecnologia militar encorajaram o alastramento de Estados e exércitos organizados de forma hierárquica.[4]

Além disso, o absolutismo tinha o potencial de ser uma fonte de coesão social. "Há um fio invisível, como uma teia de aranha, e este sai direto do coração de Sua Majestade Imperial Alexandre III", explicou o policial czarista Nikiforitch ao jovem Maksim Górki em torno de 1890. "E há outro que passa por todos os ministros, por Sua Excelência o Governador, e por todos os níveis até chegar a mim e ao soldado mais raso. Tudo está conectado e unido por esse fio [...] com poder invisível".[5] Górki viveu para ver Stálin transformar o fio invisível em arames de aço com controle social além dos sonhos mais desvairados dos czares.

No entanto, o defeito da autocracia também é óbvio. Nenhum indivíduo, não importa quão talentoso seja, tem a capacidade de enfrentar todos os desafios da administração imperial, e quase nenhum consegue resistir às tentações corruptoras do poder absoluto. As críticas ao Estado hierárquico são tanto políticas quanto econômicas. Desde o século XVIII, o mundo ocidental vem assumindo, apesar de certos contratempos, uma perspectiva mais positiva da democracia do que tinham os teóricos da Antiguidade ou da Renascença, ou pelo menos uma perspectiva mais positiva sobre um governo limitado por tribunais independentes e alguma forma de corpo representativo. Além do apelo inerente da liberdade política, regimes mais inclusivos são associados, ao que parece, a um desenvolvimento econômico mais duradouro.[6] Eles também são mais eficientes em lidar com a complexidade à medida que as populações crescem e as tecnologias avançam. E são menos vulneráveis à decapitação: quando um único homem governa, seu assassinato pode causar o desmoronamento de todo o sistema hierárquico. Ao mesmo tempo, economistas desde Adam Smith argumentam que a ordem espontânea do mercado livre é inerentemente melhor para distribuir recursos do que um governo monopolista privado ou poderoso demais.

Na prática, é claro, uma grande proporção dos governantes autocráticos da história deixou uma parcela considerável de poder para o mercado, embora eles regulassem, taxassem e, de vez em quando, interrompessem as suas operações. É por isso que na cidade arquetípica medieval, e também do início da era moderna – como Siena, na Toscana –, a torre que representa o poder secular se eleva, projetando a sua sombra, bem ao lado da praça onde se davam as transações de mercado e outras formas de câmbios públicos (ver gravura 6). Portanto, seria um erro seguir Friedrich Hayek na concepção de uma simples dicotomia entre o Estado e o mercado. Isso não apenas porque o governo define a estrutura legal dentro da qual o mercado opera, mas também porque, como o falecido Max Boisot defendia, os próprios mercados e burocracias são somente tipos ideais de redes de compartilhamento de informações, como clãs e feudos.[7]

Redes informais, contudo, são diferentes. Nessas redes, de acordo com o sociólogo organizacional Walter Powell, "transações não ocorrem nem por meio de trocas discretas nem por decreto administrativo, mas por meio de redes de indivíduos envolvidos em ações recíprocas, preferenciais e de apoio mútuo [...] [que] não incluem nem os critérios explícitos do mercado nem o paternalismo familiar da hierarquia".[8] Estudantes do controle cooperativo há muito tempo têm consciência do papel das redes de diretorias interligadas em algumas economias. No Japão, os grupos de *keiretsu* são apenas um exemplo de redes similares de negócios. Esses arranjos lembram a famosa observação de Adam Smith de que "as pessoas do mesmo ramo raramente se encontram, mesmo para celebrações e divertimento, mas a conversa termina numa conspiração contra o público, ou num esquema para aumentar os preços".* Alguns estudiosos de política também se deram conta, com certa preocupação, de que as redes ocupam alguns terrenos intermediários.[9] Será que os participantes de uma rede estão negociando de maneira clandestina, mesmo que seja na forma de troca de presentes em vez de notas bancárias?[10] Será que as redes são só corporações de estrutura informal?[11] Os autores de teorias sobre redes vêm buscando respostas para essas perguntas há muitos anos, embora o trabalho deles tenha, com frequência, passado despercebido – em especial, até bem recentemente, por historiadores.

---

* *The Wealth of Nations*, livro I, capítulo 10. Traduzido literalmente, *keiretsu* significa "combinação sem cabeça". É o nome dado à estrutura corporativa em que várias organizações se juntam, em geral comprando algumas ações umas das outras. É comum que as empresas envolvidas sejam parceiras, por exemplo, numa cadeia de suprimentos.

5
Das sete pontes aos seis graus

O estudo formal das redes principiou em meados do século XVIII, no apogeu da cidade de Königsberg, no leste da Prússia, onde morava o filósofo Immanuel Kant. Entre as atrações de Königsberg estavam as sete pontes sobre o rio Pregel, que conectavam as margens às ilhas no meio do rio, ligando também as ilhas entre si (ver figura 4). Era um quebra-cabeça familiar aos nativos da cidade o fato de que era impossível cruzar todas as setes pontes apenas uma vez, sem passar mais de uma vez por alguma delas.* O problema atraiu a atenção do grande matemático suíço Leonhard Euler, que em 1735 inventou uma teoria de redes para demonstrar formalmente por que essa caminhada era impossível. No grafo simplificado (ver figura 5), há quatro "nódulos" – que representam as duas margens principais do rio, a ilha maior e a ilha menor – e sete "arestas", que representam as pontes que as conectam. Euler demonstrou formalmente que a possibilidade de um trajeto que siga cada aresta apenas uma vez depende do *grau* dos nódulos (o número de arestas tocando cada nódulo). O grafo deve ter dois nódulos com um número ímpar de arestas ou nenhum. Como o grafo das pontes de Königsberg tem quatro nódulos (um com cinco arestas, os outros com três), a existência de um caminho euleriano não é possível. Uma caminhada que atravesse cada ponte apenas uma vez seria possível somente se uma das arestas – a ponte que liga as duas ilhas – fosse removida; nesse caso, só dois nódulos teriam grau ímpar. Desde o tempo de Euler, as unidades básicas da teoria de grafos – que ele a princípio chamou

---

* Infelizmente, a caminhada diária de Kant – tão pontual que se dizia que as pessoas acertavam seus relógios a partir dela – não incluía as sete pontes. Segundo o poeta Heinrich Heine, ele preferia caminhar oito vezes, ida e volta, por uma rua flanqueada por árvores, desde então conhecida como "Caminho dos Filósofos".

de "geometria de posicionamento" – têm sido nódulos (ou vértices) e arestas (ou elos).

Cientistas do século XIX aplicavam esse modelo a tudo, desde a cartografia até circuitos elétricos e isômeros de componentes orgânicos.[1] A ideia de que houvesse também redes *sociais* por certo ocorreu a alguns dos grandes pensadores nessa época, em especial a John Stuart Mill, Auguste Comte e Alexis de Tocqueville – sendo que este último compreendeu que a rica vida associativa dos primórdios dos Estados Unidos foi crucial para o funcionamento da democracia norte-americana. No entanto, ninguém tentou formalizar esse conceito. Pode-se dizer, portanto, que o estudo das redes sociais data de 1900, quando o professor de escola fundamental e cientista social amador Johannes Delitsch publicou uma matriz que mapeava as amizades de 53 meninos a quem lecionara na sua turma de 1880-81.[2] Delitsch identificou uma relação próxima entre as afinidades sociais dos meninos e o seu desempenho escolar – que, naqueles dias, determinava onde cada aluno se sentava na sala de aula. Um trabalho similar foi feito três décadas mais tarde em Nova York, onde o psiquiatra idiossincrático antifreudiano Jacob Moreno, nascido na Áustria, utilizou sociogramas para estudar os relacionamentos entre garotas "delinquentes" de um reformatório em Hudson, no estado de Nova York. A pesquisa de Moreno – publicada em 1933 com o título *Who Shall Survive?* [Quem sobreviverá?] – demonstrou que o aumento no número de garotas fugitivas em 1932 era possível de ser explicado em termos das posições das fugitivas na rede social de "atrações e repulsões" da escola, que eram tanto raciais quanto sexuais (ver gravura 2). Moreno alegou que aquelas eram "as forças sociais que dominam a humanidade". O livro era, na crença dele, "uma nova bíblia, a bíblia da conduta social, das sociedades humanas".[3]

Trinta anos mais tarde, o linguista e biógrafo Eugene Garfield concebeu uma técnica gráfica similar para visualizar a história dos campos científicos ao criar um "historiógrafo" de citações. Desde então, índices de citações e "fatores de impacto" se tornaram medidas das conquistas acadêmicas em ciências. São também um modo de mapear o processo de inovação científica – revelando, por exemplo, os "colegas invisíveis" implícitos pelas redes de citações, que se mostram bastante diferentes dos verdadeiros colegas que empregam a maioria dos cientistas.[4] Contudo, essas medidas talvez demonstrem simplesmente que cientistas tendem a citar as obras de outros cientistas que pensam de

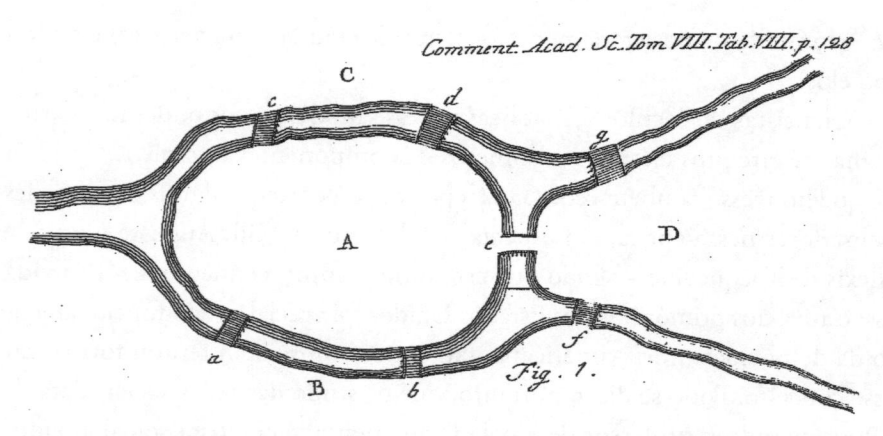

4. A figura 1 de *Solutio problematis ad geometriam situs pertinentis* (1741), de Euler. Os que desejarem testar o teorema de Euler literalmente não têm mais como fazê-lo, já que duas das sete pontes originais não sobreviveram ao bombardeio da cidade na Segunda Guerra Mundial, e outras duas foram demolidas após a cidade ter passado para o controle soviético, com o nome de Kaliningrado.

forma semelhante. Como diz o velho ditado, cada qual com seu igual. Essa verdade sobre as citações se aplica também de modo mais geral. É grande a probabilidade de que, quando dois nódulos estão ligados a um terceiro, eles também estarão ligados um ao outro, pois (nas palavras do economista James E. Rauch) "duas pessoas que me conhecem têm maior probabilidade de se conhecerem uma a outra do que duas pessoas selecionadas de modo aleatório".[5] Diz-se que uma tríade, com todos os três membros conectados por sentimentos positivos, é "equilibrada" e exemplifica que "o amigo do meu amigo é meu amigo". Outra tríade, em que dois membros não gostam um do outro apesar de ambos conhecerem o terceiro, é às vezes chamada de "tríade proibida". (Uma variante, com dois membros em termos amigáveis e um que é hostil, representa o caso desconfortável em que "o inimigo do meu amigo também é meu amigo".)[6]

Portanto, é possível ver a "homofilia" – a nossa tendência a gravitar em torno de pessoas semelhantes a nós (ou, para usar um termo mais preciso, a "assortatividade") – como sendo a primeira lei das redes sociais. Everett Rogers e Dilip Bhowmik foram os primeiros sociólogos a aventar a ideia de que haveria desvantagens na homofilia, ao estreitar o espectro do ambiente do indivíduo; haveria, segundo eles, uma "heterofilia ideal". Seria a homo-

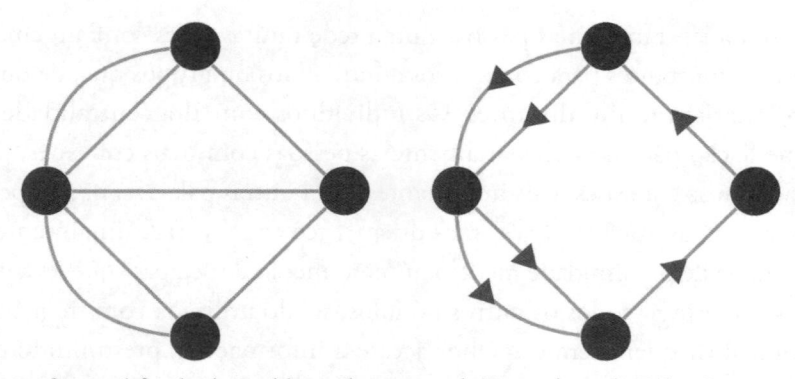

5. Grafo simplificado do problema das pontes de Königsberg de Euler. Somente ao se remover a aresta do meio (a ponte ligando as duas ilhas na figura 4) é possível solucionar o problema.

filia uma espécie de autossegregação? Na década de 1970, Wayne Zachary esquematizou a rede de amizades entre os membros de um grupo de caratê da universidade. O estudo revelou com clareza dois agrupamentos distintos dentro do clube. A homofilia pode ser baseada numa posição social compartilhada (características atribuídas como religião, educação, profissão, ou padrões de comportamento) ou valores compartilhados, na medida em que esses são distinguíveis dos traços adquiridos.[7] Um exemplo familiar é a tendência dos alunos de escolas norte-americanas se autossegregarem por raça e etnia (ver gravura 3), embora pesquisas recentes deem a entender que essa tendência varie de forma significativa entre grupos raciais.[8]

Poderiam esses grafos nos mostrar quais indivíduos são importantes? Foi somente no século XX que acadêmicos e matemáticos definiram formalmente a importância de "centralidade". As medidas de maior importância numa análise de rede formal são a centralidade de grau, a centralidade de intermediação e a centralidade de proximidade. A centralidade de grau – o número de arestas que irradiam de um nódulo específico – expressa o que se poderia chamar de sociabilidade: o simples número de relacionamentos que um indivíduo tem com outros. Formalizada pelo sociólogo Linton Freeman no fim da década de 1970, a centralidade de intermediação mede a extensão com que as informações passam por um nódulo em particular. Assim como pessoas fazendo baldeação para o trabalho, buscando individualmente a rota mais curta para chegar ao seu destino em face do tráfego concentrado em algumas intersecções congestionadas, também as pessoas numa rede muitas vezes confiam em indivíduos importantes para conectá-los a indivíduos ou grupos que, de outro modo, estariam muito distantes. Os indivíduos com alta centralidade de intermediação não são necessariamente as pessoas com mais conexões, mas aquelas com as conexões mais importantes. (Em outras palavras, não importa quantas pessoas você conhece, mas quem você conhece.) E, finalmente, a centralidade de proximidade mede o número médio de "etapas" que leva para um nódulo atingir todos os outros nódulos, sendo utilizada com frequência para descobrir quem tem o melhor acesso a informações, presumindo que estas sejam distribuídas de maneira extensa.[9] Cada um de maneira diferente, os indivíduos em redes sociais com alta centralidade de grau, centralidade de intermediação ou centralidade de proximidade agem como "polos".

Os meados do século XX também testemunharam avanços importantes em como entendemos as propriedades agregadas de uma rede, que são por vezes invisíveis do ponto de vista de qualquer nódulo individual. No Instituto de Tecnologia de Massachusetts, R. Duncan Luce e Albert Perry propuseram o uso de coeficientes de "agrupamento" para medir o quanto um grupo de nódulos está conectado, descrevendo como caso extremo um grupo exclusivo em que cada nódulo está conectado a todos os outros da rede. (Tecnicamente, o coeficiente de agrupamento é a proporção de tríades sociais que estão de todo conectadas, o que significa que cada membro de qualquer trio está conectado aos outros dois.) A "densidade" de uma rede é uma medida similar de interconexão.

A importância dessas medidas se tornou evidente em 1967, quando o psicólogo social Stanley Milgram conduziu um experimento famoso. Ele enviou cartas para residentes, selecionados de modo aleatório, de Wichita, no Kansas, e Omaha, em Nebraska. Milgram pediu aos destinatários que reenviassem a carta recebida diretamente ao destinatário final pretendido – respectivamente, a esposa de um aluno da Harvard Divinity School e um corretor da Bolsa em Boston – caso conhecessem pessoalmente a dita pessoa, ou que a reenviassem para alguém que acreditavam conhecer o destinatário final, desde que conhecessem o intermediário a ponto de se tratarem pelo primeiro nome. Milgram pediu também que lhe mandassem um cartão-postal "rastreador" que explicasse o que haviam feito. Ao todo, segundo Milgram, 44 das 160 cartas de Nebraska acabaram por chegar ao seu destino.[10] (Um estudo mais recente deduz que foram apenas 21.)[11] As cadeias completas permitiram a Milgram calcular o número de intermediários necessários para que a carta chegasse à sua meta: uma média de cinco.[12] Essa descoberta fora antecipada pelo autor húngaro Frigyes Karinthy, autor do conto "Láncszemek" ("Cadeias", publicado em 1929), no qual um personagem aposta que consegue se conectar a qualquer indivíduo no mundo que seus companheiros escolham, por intermédio de não mais que cinco conhecidos, sendo apenas um deles conhecido pessoalmente. O conceito também foi sustentado por experimentos separados feitos por outros pesquisadores, em especial o cientista político Ithiel de Sola Pool e o matemático Manfred Kochen.

Uma rede que conecta dois nódulos por meio de cinco intermediários tem seis arestas. A frase "seis graus de separação" não foi cunhada até a peça de 1990 de John Guare com esse título, mas tem, portanto, uma longa pré-história. Assim como o conceito de "mundo pequeno" (tornado famoso pela atração *It's a Small World* [É um mundo pequeno] da Disneylândia, criada em 1964), ou o conceito mais técnico de proximidade, a frase condensa muito bem a sensação crescente de interconexão em meados do século XX. Desde então, houve muitas variações sobre o tema: seis graus de Marlon Brando, seis graus de Monica Lewinsky, seis graus de Kevin Bacon (que foi transformado num jogo de tabuleiro), seis graus de Lois Weisberg (a mãe de um dos amigos do jornalista e escritor Malcolm Gladwell), e o equivalente acadêmico, seis graus de Paul Erdös, ele mesmo um pioneiro da teoria das redes, como vimos.[13] Uma pesquisa recente sugere que o número está agora mais próximo de cinco do que de seis, o que leva a crer que as mudanças tecnológicas desde a década de 1970 tenham talvez sido menos transformadoras do que se costuma supor.[14] Porém, para os diretores das empresas da "Fortune 1000" – lista mantida pela revista *Fortune* das mil maiores empresas norte-americanas, em ordem de rendimentos –, o número é 4,6.[15] Para os usuários do Facebook, era 3,74 em 2012,[16] e somente 3,57 em 2016.[17]

6
Laços fracos e ideias virais

O que torna esse tipo de descoberta tão intrigante é que tendemos a pensar em nossas redes de amigos como agrupamentos relativamente pequenos ou como congregações de pessoas semelhantes com ideias parecidas, isoladas de outros grupos cujos membros têm afinidades diferentes entre si. O fato de que estamos todos a apenas seis graus de separação de Monica Lewinsky é explicado pelo que o sociólogo Mark Granovetter chamou, de maneira paradoxal, de "a força dos laços fracos".[1] Se todos os laços fossem como os fortes laços homofílicos entre nós e os nossos amigos mais íntimos, o mundo necessariamente seria fragmentado. No entanto, laços mais fracos – com os "conhecidos" aos quais pouco nos assemelhamos – são a chave para o fenômeno do "mundo pequeno". O foco inicial de Granovetter se situava no modo como pessoas que procuravam emprego recebiam maior auxílio de meros conhecidos do que de seus amigos íntimos, mas mais tarde ele se deu conta de que, numa sociedade com relativamente poucos laços fracos, "as ideias novas se espalharão de forma lenta, os esforços científicos sofrerão limitações, e subgrupos separados por raça, etnia, geografia ou outras características terão dificuldade em alcançar um *modus vivendi*".[2] Os laços fracos, em outras palavras, são as pontes vitais entre agrupamentos díspares que, de outra forma, não se conectariam de forma nenhuma.[3]

A observação de Granovetter era sociológica, com base em entrevistas e dados semelhantes, e sujeita a refinamento baseado em estudos de campo. Estes revelaram, por exemplo, que laços fortes importam mais para os pobres do que os laços fracos, dando a crer que as redes bem integradas do mundo proletário tendem a perpetuar a pobreza.[4] Foi apenas em 1998 que os matemáticos Duncan Watts e Steven Strogatz demonstraram *por que* um mundo caracterizado por agrupamentos homofílicos seria ao mesmo tempo um mundo pequeno. Watts e Strogatz classificaram as redes em termos de duas propriedades relativamente independentes: a centralidade de proximidade média de cada nódulo e o coeficiente de agrupamento geral da rede. Começando com uma treliça em que cada nódulo estava conectado somente aos dois vizinhos mais próximos, eles mostraram que a adição aleatória de apenas algumas arestas a mais bastava para aumentar de maneira drástica a proximidade de todos os nódulos, sem aumentar de modo significativo o coeficiente de agrupamento geral.[5] Watts havia começado o trabalho estudando o trilo sincronizado de grilos, mas o significado das descobertas feitas com Strogatz para a população humana era óbvio. Nas palavras de Watts, "a diferença entre o grafo de um mundo grande e o de um mundo pequeno é uma questão de apenas algumas arestas aleatórias necessárias – uma mudança que é, para todos os efeitos, indetectável ao nível dos vértices individuais [...] [A] natureza altamente concentrada dos grafos de mundo pequeno talvez leve à intuição de que uma dada doença está 'distante' quando, pelo contrário, está efetivamente bem próxima".[6]

Também para os economistas os avanços na ciência das redes tiveram implicações importantes. A economia-padrão havia imaginado mercados mais ou menos indiferenciados frequentados por agentes individuais que teriam informações perfeitas e maximizariam os serviços. O problema – solucionado pelo economista inglês Ronald Coase, que explicou a importância dos custos de transação* – era explicar por que existiam empresas. (Não somos todos estivadores, contratados e pagos dia a dia como Marlon Brando em *Sindicato de ladrões*, pois nos empregar regularmente dentro de empresas reduz os custos – que sobem quando trabalhadores são contratados pela diária.) No entanto, se os mercados são redes, com a maioria das pessoas habitando agrupamentos

---

*   Coarse argumentou em "The Problem of Social Cost" (1960, 15) que, "a fim de pôr em prática uma transação de mercado, é necessário descobrir com quem se deseja negociar, informar as pessoas do desejo de negociar e dos termos do negócio, conduzir negociações que levem a um acordo, emitir um contrato, realizar a inspeção necessária para garantir que os termos do contrato sejam cumpridos e assim por diante". Organizações como firmas e mesmo Estados existem para diminuir ou eliminar esses custos de transação com, por exemplo, contratos padronizados de emprego de longo termo. Unidades maiores conseguem fazer isso com mais eficácia, daí o termo "economia de escala".

mais ou menos interconectados, o mundo econômico seria muito diferente, em especial porque os fluxos de informação são determinados pelas estruturas das redes.[7] Muitas trocas não são apenas transações que ocorrem só uma vez, em que o preço é uma questão de oferta e procura. O crédito é uma função da confiança, que por sua vez é maior dentro de um agrupamento de pessoas semelhantes (por exemplo, uma comunidade de imigrantes). Isso tem repercussões não só para os mercados de empregos, o caso estudado por Granovetter.[8] As redes fechadas de vendedores podem conspirar contra o público e desencorajar as inovações. Redes mais abertas podem promover inovações à medida que ideias novas chegam aos agrupamentos, graças à força de laços fracos.[9] Essas observações levaram à questão de como exatamente as redes são formadas em primeiro lugar.[10]

Na prática, parece claro como as redes se formam. Desde os comerciantes do Magreb no século XI descritos por Avner Greif[11] até os empresários e administradores modernos estudados por Ronald Burtt, acadêmicos vêm produzindo uma literatura abundante sobre o papel das redes de negócios na geração de capital social[12] e na promoção de inovações – ou no desestímulo a elas. Na terminologia de Burt, a competição entre indivíduos e empresas é estruturada por redes com "buracos estruturais" – as lacunas entre os agrupamentos, onde os laços fracos estão ausentes – como "oportunidades empresariais para obter acesso a informações, tempo adequado, referências e controle".[13] Os intermediários – pessoas que são capazes de "transpor os buracos" – são (ou deveriam ser) "recompensados pelo seu trabalho de integração", pois, graças à posição que ocupam, eles detêm uma probabilidade maior de ter ideias criativas (ou uma probabilidade menor de sofrer de "mentalidade de grupo"). Em instituições inovadoras, esses intermediários são sempre apreciados. Entretanto, na maioria das competições entre um intermediário-inovador e uma rede inclinada ao "fechamento" (ou seja, à insularidade e à homogeneidade), a segunda sempre vence.[14] Esse conceito se aplica tanto a filósofos acadêmicos quanto aos funcionários de uma empresa eletrônica norte-americana.[15]

Todo um subcampo de "comportamento organizacional" ocupa agora um lugar fundamental na maioria dos currículos de mestrados de administração de empresas. Entre as descobertas recentes na área, estão: que os administradores têm maior probabilidade de operar em rede do que os que não são administradores;[16] que uma "rede menos hierárquica talvez seja melhor para gerar solidariedade e homogeneidade em uma cultura organizacional";[17] e que os intermediários têm maior probabilidade de sucesso em transpor os buracos estruturais se eles "se encaixarem culturamente no grupo organizacional", enquanto aqueles que estão "inseridos na estrutura" se dão melhor quando são "culturalmente distintos". Em resumo, os "intermediários assimilados" e os "não conformistas integrados" tendem a ter mais sucesso do que os seus colegas.[18] Aqui também a teoria das redes oferece perspectivas com usos que vão além do típico local de trabalho corporativo satirizado pela comédia *The Office*, criada por Ricky Gervais para a televisão. Afinal, é raro que as redes de escritório sejam grandes. Contudo, o tamanho da rede é importante por causa da Lei de Metcalfe – que recebe o nome do inventor da Ethernet, Robert Metcalfe –, que (em sua forma original) afirmava que o valor de uma rede de telecomunicações era proporcional ao quadrado do número de dispositivos de comunicação compatíveis conectados. De fato, isso é verdade em se tratando de redes em geral: em termos simples, quanto maior o número de nódulos numa rede, mais valiosa é a rede para os nódulos de forma coletiva. Como veremos, isso significa lucros espetaculares para grandes redes de acesso aberto e, em contrapartida, lucros limitados para redes secretas e/ou exclusivas. Contudo, até nas maiores redes há nódulos que agem como intermediários ou polos.

A expressão "tornar-se viral" é hoje em dia um entediante lugar comum, o cálice sagrado dos anunciantes e profissionais de marketing.[19] Mesmo assim, a ciência das redes oferece a melhor maneira de entender por que algumas ideias se espalham rapidamente. As ideias – e, de fato, estados emocionais e condições como a obesidade – são transmissíveis por meio de uma rede social, bem como um vírus contagioso. No entanto, as ideias (ou "*memes*", para utilizar o neologismo evolucionista) são, em geral, menos contagiosas do que os vírus. Os vírus biológicos e de computador tipicamente realizam uma "busca de transmissão" pela rede, já que têm como objetivo se espalhar o máximo possível, visando cada vizinho de cada nódulo que infectam. Nós, por outro lado, por instinto selecionamos os membros da nossa rede a quem queremos comunicar uma ideia ou de quem provavelmente aceitaríamos uma como crível.[20] Uma das primeiras contribuições para esse assunto foi a chamada "teoria do fluxo comunicacional em duas etapas", associada aos sociólogos Paul Lazarsfeld e Elihu Katz, que afirmaram na década de 1950 que as ideias

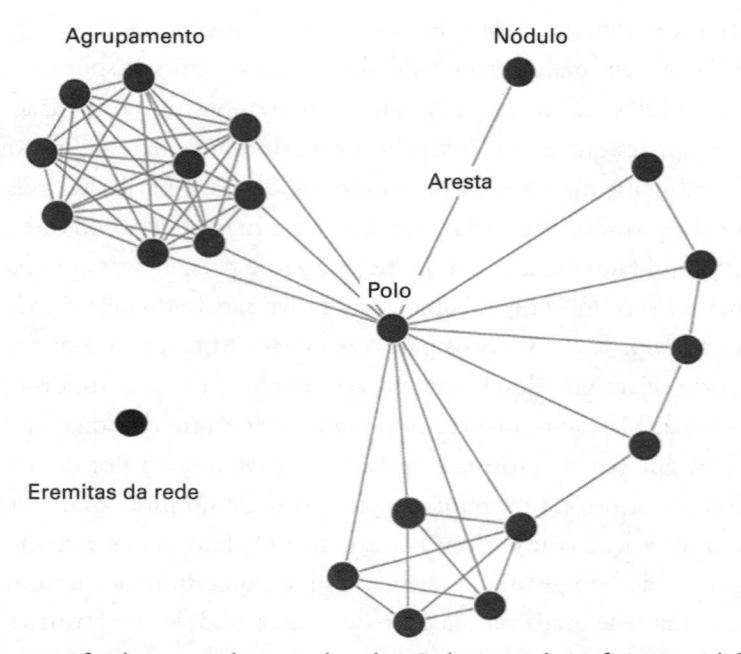

6. Os conceitos fundamentais da teoria de redes. Cada ponto do grafo é um nódulo, cada linha é uma aresta. A centralidade de grau e a centralidade de intermediação do ponto rotulado "Polo" são as mais altas. Os nódulos rotulados "Agrupamento" têm densidade ou coeficiente de agrupamento local maiores do que outras partes do grafo.

fluíam da mídia para a população geral por meio de "líderes" de opinião.[21] Outros pesquisadores do fim do século XX buscaram medir a velocidade com que notícias, boatos e inovações se moviam. Pesquisadores mais recentes vêm demonstrando que até os estados emocionais são transmissíveis por uma rede."[22] Embora distinguir entre os efeitos de rede endógenos e exógenos não seja nada fácil,[23] a evidência desse tipo de contágio é clara: "Alunos com companheiros de quarto estudiosos se tornam mais estudiosos. Comensais sentados junto de pessoas que comem muito ingerem mais comida".[24] No entanto, segundo Christakis e Fowler, não conseguimos transmitir ideias e comportamentos muito além dos amigos dos amigos dos nossos amigos (em outras palavras, apenas três graus de separação). A razão disso é que a transmissão e recepção de uma ideia ou comportamento requer uma conexão mais forte do que o reenvio de uma carta (no caso do experimento de Milgram) ou da comunicação de que uma certa oportunidade de emprego existe. Meramente conhecer pessoas não é o mesmo que ser capaz de influenciá-las para que estudem mais ou comam demais. A imitação é, sem dúvida, a forma mais sincera de elogio, mesmo quando é inconsciente.

O ponto principal, como no caso de epidemias de doenças, é que a estrutura da rede pode ser tão importante quanto a própria ideia ao se determinar a velocidade e extensão de difusão.[25] No processo de se tornar viral, papel crucial é desempenhado pelos nódulos que não são meros polos ou intermediários, mas "porteiros" – pessoas que decidem se vão ou não passar a informação para a parte delas da rede.[26] Elas tomarão a decisão com base, em parte, em como imaginam que aquela informação afetará a imagem delas. A aceitação de uma ideia, por sua vez, talvez exija que esta seja transmitida por mais de uma ou duas fontes. Um contágio cultural complexo, diferentemente de uma simples epidemia de doença, precisa primeiro atingir uma massa crítica de pessoas com alto grau de centralidade (números relativamente altos de amigos influentes) que adotem logo a ideia.[27] Nas palavras de Duncan Watts, a chave para estimar a probabilidade de uma cascata semelhante a um contágio está em "*não* se concentrar no estímulo em si, mas na estrutura da rede que o estímulo atinge".[28] Isso ajuda a explicar por que, para cada ideia que se torna viral, há inúmeras outras que desaparecem na obscuridade por terem começado a partir do nódulo, agrupamento ou rede errados.

7
Variedades de redes

Se todas as estruturas de redes sociais fossem as mesmas, viveríamos num mundo muito diferente. Por exemplo, um mundo em que nódulos se conectassem uns aos outros de forma aleatória – de modo que os números de arestas por nódulo fossem posicionados em distribuição normal ao longo de uma curva de Gauss – teria algumas propriedades de um "mundo pequeno", mas não seria como o nosso.* Isso se deve ao fato de que muitas redes do mundo real seguem distribuições como as de Pareto: isto é, elas têm mais nódulos com uma grande quantidade de arestas e mais nódulos com muito poucas do que seria o caso numa rede aleatória. Trata-se de uma versão do que o sociólogo Robert K. Merton batizou de "o efeito Mateus", em referência ao Evangelho de São Mateus: "Porque a qualquer que tiver será dado, e terá em abundância; mas ao que não tiver até o que tem ser-lhe-á tirado."** Na ciência, sucesso gera sucesso: àquele que já tem prêmios, mais prêmios serão dados. Algo similar é observado na "economia das superestrelas".[1] Da mesma maneira, à medida que muitas grandes redes se expandem, os nódulos ganham novas arestas em proporção ao número que já possuem (o grau de "aptidão"). Em resumo, há um "apego preferencial". Devemos esse conceito aos físicos László Barabási e Réka Albert, que foram os primeiros a aventar a ideia de que a maioria das redes no mundo real seguiria uma distribuição de lei de potência ou seria "livre

---

* As redes aleatórias foram estudadas pela primeira vez por Paul Erdös, matemático muito citado e famoso por ser prolífico, e também por Alfréd Rényi, um de seus muitos coautores. Um grafo aleatório é construído ao se posicionar n nódulos em um plano, para depois se juntar pares deles de forma aleatória até que m arestas sejam utilizadas. Os nódulos podem ser escolhidos mais de uma vez, ou nenhuma.
** Mateus 25:29.

de escalas".* À medida que essas redes evoluem, alguns nódulos se tornarão polos com muito mais arestas do que outros nódulos.² Há uma abundância de redes desse tipo, das diretorias de empresas listadas na *Fortune 1000* às citações em periódicos de física, e também de *links* de e para páginas da internet.³ Nas palavras de Barabási:

> Há uma hierarquia de polos que mantém essas redes unidas, um nódulo com muitas conexões seguido de perto por outros bem menos conectados, seguidos, por sua vez, por dezenas de nódulos ainda menores. Nenhum nódulo central aparece no meio da teia de aranha, controlando e monitorando cada elo e nódulo. Não há nenhum nódulo em particular cuja remoção romperia a teia. Uma rede livre de escala é uma teia sem uma aranha.⁴

No caso extremo (o modelo em que o vencedor leva tudo), o nódulo mais apto consegue todos ou quase todos os elos. Com maior frequência, há um padrão de "o apto enriquece" em que "um nódulo com muitas conexões [é] seguido de perto por vários outros menos conectados, seguidos, por sua vez, por dezenas de nódulos ainda menores".⁵ É possível encontrar outras estruturas de redes intermediárias: por exemplo, as redes de amizades de adolescentes norte-americanos não são nem aleatórias nem livres de escala.⁶

Em uma rede aleatória, como Erdös e Rényi demonstraram há muito tempo, cada nódulo dentro de uma rede tem aproximadamente o mesmo número de elos que os outros nódulos. O melhor exemplo disso no mundo real é a rede de rodovias nacionais dos Estados Unidos, em que cada cidade grande,

---

* Diz-se que distribuições que seguem uma lei de potência têm "caudas gordas", já que a probabilidade relativa de um grau muito alto ou muito baixo é maior do que se os laços se formassem ao acaso. Tecnicamente, o termo "livre de escala" se refere ao fato de "que a frequência relativa dos nódulos de grau d, comparada com os nódulos de grau d', é a mesma que a frequência relativa dos nódulos com grau kd em comparação com os nódulos de grau kd', quando redimensionada por um fator arbitrário $k > 0$". Numa rede livre de escala, não há nenhum nódulo típico, e mesmo assim a "escala" de diferença entre nódulos aparenta ser a mesma em todos os lugares. Em outras palavras, o mundo livre de escala é caracterizado pela geometria fractal: a vila é uma grande família, a cidade é uma grande vila e o reino é uma grande cidade.

a grosso modo, têm o mesmo número de estradas conectando-as umas às outras. Um exemplo de rede livre de escala é a rede de tráfego aéreo dos Estados Unidos, em que muitos aeroportos pequenos estão conectados a aeroportos de tamanho médio, que, por sua vez, se conectam a alguns polos enormes e bem movimentados. Outras redes são mais altamente centralizadas sem serem necessariamente livres de escala. Uma maneira de entender a tragédia que se desdobra em *Hamlet* de Shakespeare é traçar a rede de relacionamentos entre os personagens, em que Hamlet e seu padrasto, Cláudio, têm de longe o grau mais alto de centralidade (isto é, número de arestas: ver figura 7).

Considerem, então, todos os modos nos quais uma rede pode diferir da versão aleatória (ver figura 8). Uma rede poderia ser bastante determinista e não aleatória, como uma malha ou uma estrutura cristalina, em que cada nódulo tem o mesmo número de arestas que todos os outros (embaixo à esquerda). Uma rede poderia ser modular – redes modulares são divisíveis em um número de agrupamentos separados, mas, ainda assim, unidos por algumas arestas que

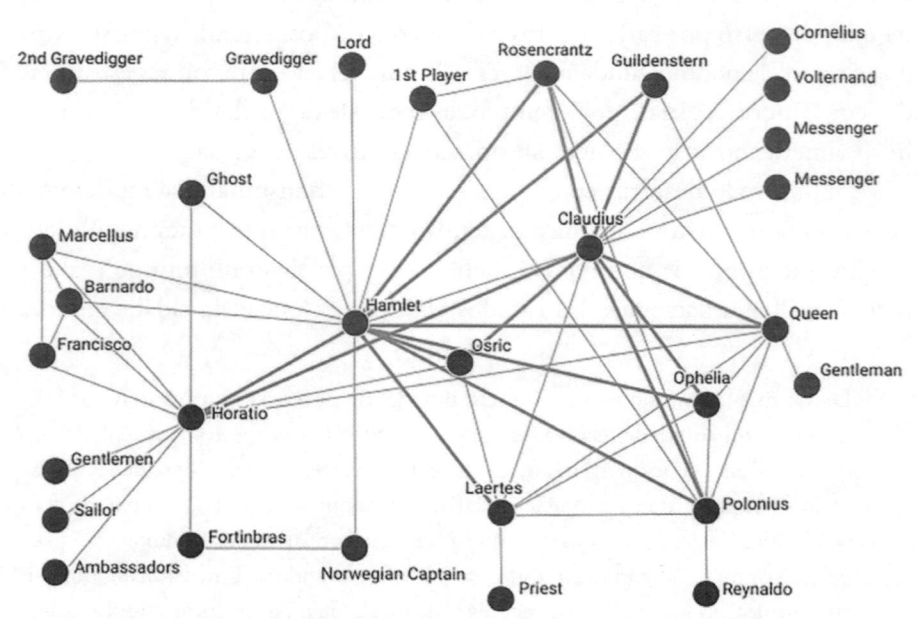

7. Uma rede simples (mas trágica): *Hamlet*, de Shakespeare. Hamlet lidera em termos de centralidade de grau (16, em comparação com 13 de Cláudio). A "zona da morte" na peça abrange os personagens conectados tanto a Hamlet quanto a Cláudio.

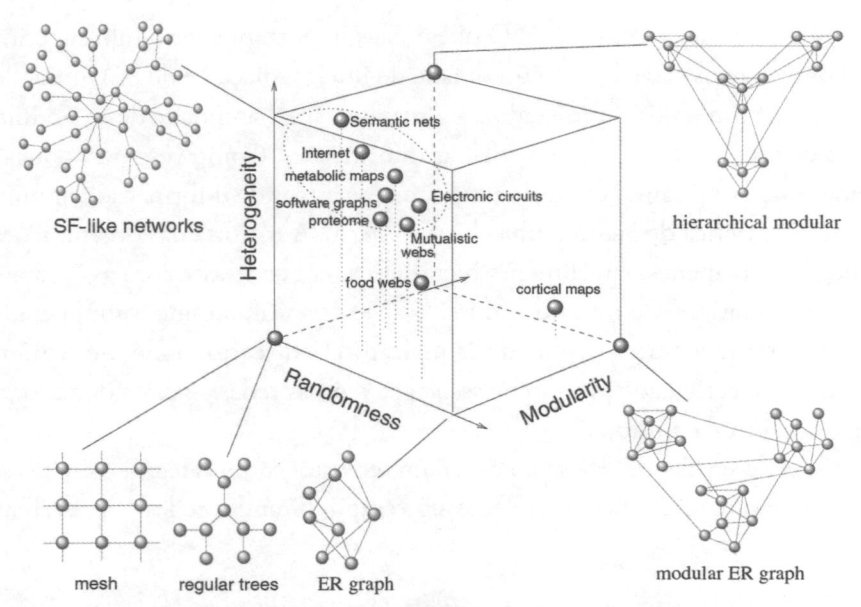

8. Variedades de redes (SF: livres de escala; ER: Erdös-Rényi, i.e. aleatórias).

as conectam (embaixo à direita). Uma rede também poderia ser heterogênea, com cada nódulo diferindo muito em termos de centralidade, como as redes livres de escala que caracterizam as comunidades on-line (no alto à esquerda). Algumas redes são tanto hierárquicas quanto modulares, como os complexos sistemas genéticos que regulam o metabolismo, que colocam subsistemas específicos sob o controle de outros (no alto à direita).[7]

Agora é possível ver com clareza que, longe de ser o oposto de uma rede, uma hierarquia é apenas um tipo especial de rede. Como a figura 9 demonstra, as arestas numa rede hierárquica ideal seguem um padrão regular, como o de uma árvore invertida (ou o das raízes de uma árvore). Para construir uma rede hierárquica, comece pelo nódulo superior e acrescente um número específico de nódulos. Para cada nódulo subordinado, adicione outra vez o mesmo número de subordinados, e assim por diante. O truque é sempre acrescentar nódulos para baixo, mas nunca conectá-los lateralmente. As redes construídas dessa forma têm propriedades especiais. Por exemplo, não há ciclos, quer dizer, nenhum trajeto que leve de um nódulo de volta a si mesmo. Há somente um trajeto conectando dois nódulos, deixando claras as cadeias de comando e de comunicação. O que é mais importante, o nódulo superior tem o nível mais elevado de centralidade de intermediação e de proximidade – ou seja, é um sistema projetado para maximizar a habilidade desse nódulo tanto de acessar quanto de controlar as informações. Como veremos, poucas hierarquias atingiram o controle total sobre os fluxos de informação, embora a União Soviética de Stálin tenha chegado perto. A maioria das organizações é, na prática, apenas parcialmente hierárquica, em contraste com as "hierarquias cooperativas" do mundo natural.[8] Talvez seja útil, mesmo assim, pensar numa hierarquia pura como sendo "antialeatória", de certo modo, no sentido de que a conectividade promíscua associada com as redes – acima de tudo, o agrupamento – é proibida.

Essas variedades de redes não deveriam ser vistas como categorias estáticas. As redes raramente estão congeladas no tempo. Grandes redes são sistemas

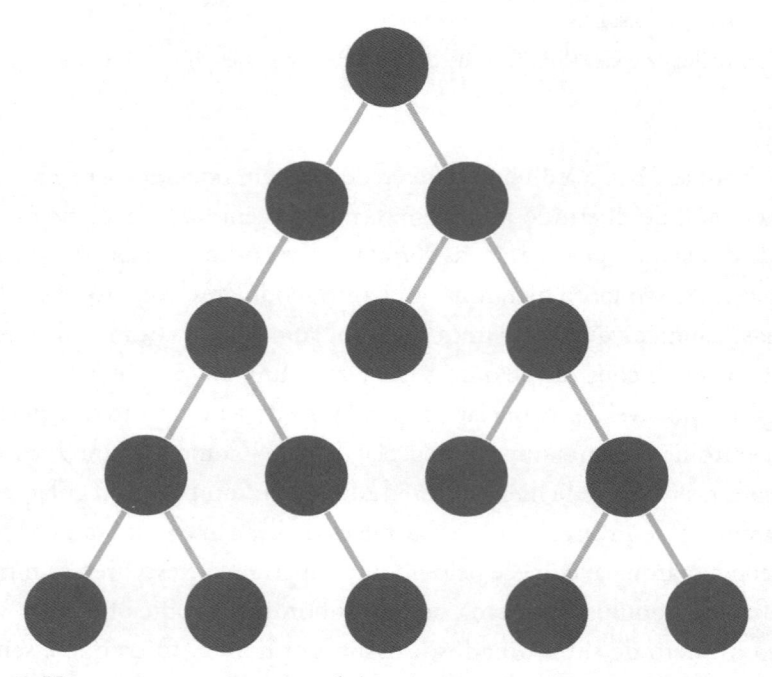

9. Hierarquia: um tipo especial de rede. No exemplo mostrado aqui, o nódulo no topo tem os níveis mais altos de centralidade de intermediação e centralidade de proximidade. Os outros nódulos podem se comunicar com a maioria dos outros nódulos apenas por meio desse polo governante.

complexos com "propriedades emergentes" – a tendência de estruturas, padrões e propriedades novos se manifestarem em "transições de fase" que não são nada previsíveis. Como veremos, uma rede aparentemente aleatória pode evoluir com velocidade assombrosa dentro de uma hierarquia. O número de etapas entre a multidão revolucionária e o Estado totalitário provou, mais de uma vez, ser surpreendentemente baixo. Da mesma maneira, é possível que as estruturas aparentemente rígidas de uma ordem hierárquica se desintegrem com rapidez impressionante.[9] Sabemos agora que o acréscimo aleatório de um número bem pequeno de arestas novas é capaz de reduzir de modo radical a separação média entre os nódulos. Não seriam necessárias muitas arestas adicionais na figura 9 para destruir o que é quase um monopólio de comunicações do nódulo governante. Isso ajuda a explicar por que imperadores e reis ao longo da história se preocupam com conspirações. Cabalas, camarilhas, células, congregações, confrarias: todos esses termos têm conotações sinistras no contexto de uma corte monárquica. As hierarquias há muito tempo têm se mostrado preocupadas com a ideia de que a fraternização entre subordinados pode ser o prelúdio de um golpe de Estado.

8
Quando as redes se encontram

O desafio conceitual final – e o mais importante para o historiador – é considerar como redes diferentes interagem umas com as outras. O cientista político John Padgett e seus coautores propuseram uma analogia bioquímica, argumentando que inovação e invenção organizacionais são ambas resultados da interação entre redes, que assumiria três formas básicas: "transposição", "refuncionalidade" e "catálise".[1] Em si, uma rede social vigorosa tenderá a resistir às mudanças nas regras de produção e nos protocolos de comunicação. É quando uma rede social e seus padrões são transpostos de um contexto e colocados para funcionar em outro que a inovação e até mesmo a invenção têm a oportunidade de ocorrer.[2]

Como veremos, Padgett utilizou esse conceito para explicar as mudanças nas estruturas econômica e social em Florença na época dos Médici, quando as parcerias bancárias foram incorporadas à política da cidade. No entanto, é um conceito que, com certeza, tem aplicabilidade mais geral. As redes são importantes não apenas como mecanismos de transmissão de novas ideias, mas como as próprias fontes de novas ideias. É improvável que todas as redes inspirem mudanças; pelo contrário, algumas redes densas e aglomeradas têm a tendência de resistir a elas. Contudo, o ponto de contato entre diversas redes pode ser o local para se procurar por originalidade.[3] A pergunta é qual seria a natureza desse ponto de contato. As redes se encontram e se fundem de forma amigável, mas também atacam umas às outras, como aconteceu (num exemplo discutido adiante) quando o serviço de inteligência soviético penetrou com sucesso nas redes de elite dos alunos de Cambridge na década de 1930. Em tais disputas, o resultado será determinado pelas forças e fraquezas relativas das redes rivais. Quão adaptáveis e resistentes são elas? Quão vulneráveis ao contágio desordenador? Quão dependente de um ou mais "superpolos", cuja destruição ou captura reduziria de forma significativa a estabilidade de toda a rede? Barabási e seus colegas simularam ataques a redes sem escala e descobriram que elas conseguiam sustentar a perda de uma fração significativa de nódulos, e até de um único polo. Porém um ataque direcionado contra múltiplos polos era capaz de romper a rede por completo.[4] De forma ainda mais dramática, uma rede sem escala poderia com muita facilidade acabar vítima de um vírus contagioso que matasse nódulos.[5]

Contudo, por que uma rede atacaria outra, em vez de se ligar a ela de maneira pacífica? A resposta é que a maioria dos ataques a redes sociais não são iniciados por outras redes, mas são ordenados, ou pelo menos encorajados, por entidades hierárquicas. A interferência russa na eleição norte-americana de 2016 é um exemplo disso: segundo o serviço de inteligência dos Estados Unidos, como já indicado, foi autorizada pelo presidente Putin, um dos autocratas mais despudorados do mundo, mas foi direcionada não somente contra o Comitê Nacional Democrata, mas contra todo o complexo de redes de mídia dos Estados Unidos. Devido à sua estrutura relativamente descentralizada, ao modo como combina agrupamentos e laços fracos, e por serem capazes de se adaptar e evoluir, as redes tendem a ser mais criativas do que as hierarquias. Historicamente, como veremos, as inovações tendem a vir mais das redes do que das hierarquias. O problema é que as redes não são dirigidas com facilidade "para um objetivo comum [...] que exija concentração de recursos no espaço e no tempo dentro de grandes organizações, como exércitos, burocracias, grandes fábricas, corporações organizadas de modo vertical".[6] As redes podem ser espontaneamente criativas, mas não são estratégicas. A Segunda Guerra Mundial não teria sido ganha por uma rede, mesmo que redes superiores (de cientistas atômicos e de criptógrafos) tenham desempenhado papel importante na vitória dos Aliados. Não apenas isso, mas as redes também são capazes de criar e espalhar ideias tanto ruins quanto boas. Nos casos de contágio social ou de "cascatas" de ideias, as redes podem espalhar o pânico com a mesma prontidão com que comunicam a sabedoria das multidões – tanto o furor de queimar bruxas quanto a mania inofensiva de fotografar gatos, com igual facilidade.

É verdade que as redes de hoje são mais bem projetadas do que a rede elétrica dos Estados Unidos de 1990, que era tão frágil que a falha de uma única linha de transmissão de força no oeste do Oregon levou à queda de outras centenas de linhas e geradores. Entretanto, sabemos que mesmo uma rede robusta corre o risco de parar de funcionar à medida que cresce e evolui: o congestionamento e atrasos normais nos aeroportos dos Estados Unidos são um exemplo disso, pois empresas aéreas competem para servir os polos, mas acabam por atravancá-los.[7] Sem falar da internet, há pouca dúvida de que um ataque direcionado à infraestrutura elétrica e de transportes norte-americana levaria a consequências desestabilizantes devastadoras. Como afirmou Amy Zegart, os Estados Unidos são, ao mesmo tempo, o ator mais poderoso e mais vulnerável no teatro da guerra cibernética. "As ameaças cibernéticas de amanhã", ela alerta, "seriam capazes de desativar os carros que dirigimos, os aviões em que voamos, capazes de desligar a força ou o suprimento de água a cidades em todo o país por dias ou semanas ou ainda mais tempo, capazes de incapacitar as nossas forças armadas, ou mesmo de voltar as nossas armas contra nós mesmos".[8] E, apesar disso, os Estados Unidos "não se mostram dispostos a reconhecer os fatos básicos sobre as novas tecnologias cibernéticas ou as nossas vulnerabilidades cibernéticas, muito menos a tomar as medidas necessárias para localizar e desencorajar ataques futuros, além de defender-se contra eles".[9] A epidemia de maio de 2017, quando o *ransomware* chamado WannaCry infectou centenas de milhares de computadores em 150 países, criptografando seus discos rígidos e exigindo pagamento em bitcoins, expôs a vulnerabilidade não somente de países europeus, mas também, por ironia, da Rússia a ataques criminosos.

A realidade é que temos mesmo muita dificuldade para compreender as implicações do crescimento das redes em nosso tempo. Para cada artigo que exalta os seus efeitos positivos em aumentar o poder dos jovens e vivificar a democracia – por exemplo, nas revoluções árabes de 2010-12 –, há outro alertando sobre os efeitos negativos de engrandecer o poder de forças perigosas – por exemplo, o islamismo político. Para cada livro que profetiza uma "singularidade" em que um "cérebro global" ou "superorganismo planetário" surgirá da internet,[10] há outro que prevê colapso e extinção.[11] Anne-Marie Slaughter imagina que "os Estados Unidos e as outras potências descobrirão de forma gradual o meio-termo ideal do poder das redes: nem concentrado demais nem distribuído demais", e aguarda com otimismo a emergência de "um sistema mais plano, mais veloz, mais flexível, que opere ao nível tanto dos cidadãos quanto dos Estados".[12] Escrevendo antes do 11 de Setembro,

Graham Allison estava relativamente confiante em que os Estados Unidos teriam uma vantagem intrínseca num mundo de redes globais.[13] Todavia, Joshua Ramo é bem menos otimista. "A ideia simples, que um dia foi tentadora, de que conexão é liberação está errada", ele escreve. "Conectar-se agora é ser aprisionado numa tensão poderosa e dinâmica." A inabilidade de velhos líderes de compreender a Era das Redes é "o motivo pelo qual a legitimidade [deles] [...] vem decaindo, o motivo pelo qual a nossa grande estratégia é incoerente, o motivo pelo qual a nossa época é, de fato, revolucionária". Aos olhos de Ramo, "a ameaça fundamental aos interesses norte-americanos não é a China ou a Al-Qaeda ou o Irã. É a própria evolução das redes".[14]

Em apenas um aspecto parece haver consenso: poucos futurologistas preveem que as hierarquias já instituídas — as elites políticas tradicionais em particular, mas também as corporações estabelecidas há bastante tempo — terão grande sucesso no futuro.[15] Francis Fukuyama destoa dessa tese ao defender que a hierarquia deverá prevalecer ao fim de tudo, no sentido de que as redes sozinhas não conseguem prover uma estrutura institucional estável para o desenvolvimento econômico ou para a ordem política. De fato, ele argumenta que "a organização hierárquica [...] talvez seja a *única* maneira possível de organizar uma sociedade de baixa confiança".[16] Em contrapartida, o operativo político iconoclasta Dominic Cummings, inglês, aventa a hipótese de que o Estado do futuro precisará funcionar mais como o sistema imunológico humano ou como uma colônia de formigas do que como um Estado tradicional — em outras palavras, mais como uma rede, com propriedades emergentes e a capacidade de auto-organização, sem planos ou coordenação central, apoiando-se, em vez disso, em experimentos probabilísticos, reforçando os sucessos e descartando os fracassos, e tornando-se resistente em parte por meio da redundância.[17] Isso talvez seja menosprezar tanto a resistência das velhas hierarquias quanto as vulnerabilidades das novas redes — para não falar da capacidade delas de se fundir para formar estruturas de poder ainda mais novas, com habilidades potencialmente maiores até do que aquelas dos Estados totalitários do último século.

9
Sete conceitos

Para o historiador, portanto, os conceitos da teoria das redes, em todas as suas formas, têm implicações profundas. Eu tentei resumi-las aqui sob sete enunciados:

1. *Nenhum homem é uma ilha.* Concebidos como nódulos das redes, pode-se entender os indivíduos em termos de seus relacionamentos com os outros nódulos: as arestas que os conectam. Nem todos os nódulos são iguais. Localizado em uma rede, pode-se compreender um indivíduo em termos não apenas do grau de centralidade (o número de relacionamentos que possui), mas também do grau de intermediação (a probabilidade de ser uma ponte entre outros nódulos). (Outras medidas incluem a centralidade de autovetores, que mede a proximidade a nódulos populares ou de prestígio, embora esta não seja discutida no que se segue.[1]) Como veremos, uma medida importante, mas negligenciada, da relevância histórica de um indivíduo é até que ponto essa pessoa era uma ponte de rede. Às vezes, como no caso da Revolução Americana, os papéis cruciais acabaram sendo desempenhados por pessoas que não eram líderes, mas conectores.
2. *Cada qual com seu igual.* Graças à homofilia, pode-se entender as redes sociais parcialmente em termos de um semelhante atraindo o semelhante. No entanto, não é sempre autoevidente quais atributos ou preferências compartilhadas levam as pessoas a se agruparem. Além disso, devemos ser claros sobre a natureza das ligações em rede. Os elos entre os nódulos seriam relações entre conhecidos ou amizades? Estamos olhando para uma árvore genealógica ou para um círculo de amigos ou para uma sociedade secreta? Será que algo além do

conhecimento – dinheiro, digamos, ou algum outro recurso – é trocado dentro da rede? Nenhum grafo de rede conseguiria fazer justiça à rica complexidade das interações humanas, mas às vezes sabemos o suficiente para diferenciar as direções das arestas (por exemplo, A dá ordens a B, e não vice-versa), seus módulos (por exemplo, A conhece B, mas dorme com C), e seus pesos (por exemplo, A se encontra com B de vez em quando, mas vê C todos os dias).
3. *Laços fracos são fortes.* Também é importante saber quão densa é a rede, e quão conectada está a outros agrupamentos, mesmo que seja apenas por meio de alguns laços fracos. É um componente de uma rede maior? Há "eremitas da rede", nódulos que estão completamente "fora das redes" como o misantropo de Burns? Existem intermediários que buscam explorar os buracos estruturais de uma rede? A rede exibe características de "mundo pequeno" – e, em caso positivo, quão pequeno é o mundo (ou seja, quantos graus de separação existem entre os nódulos)? Quão modular é a estrutura da rede?
4. *A estrutura determina a viralidade.* Muitos historiadores ainda tendem a partir do princípio de que a difusão de uma ideia ou ideologia é uma função de seu conteúdo inerente em relação a algum contexto especificado de maneira vaga. Nós precisamos agora reconhecer, porém, que algumas ideias se tornam virais devido a aspectos estruturais da rede por que se espalham. Elas têm menos probabilidade de se difundir numa rede hierárquica organizada de cima para baixo, em que laços horizontais entre indivíduos do mesmo nível são proibidos.
5. *As redes nunca dormem.* As redes não são estáticas, mas dinâmicas. Não importa se são aleatórias ou livres de escala, elas são suscetíveis a transições de fase. Podem evoluir em sistemas adaptáveis complexos com propriedades emergentes. Mudanças bem pequenas – o acréscimo de somente umas poucas arestas – são capazes de alterar o comportamento da rede de maneira radical.
6. *As redes se enredam.* Quando as redes interagem, é possível que o resultado seja inovação e invenção. Quando uma rede abala uma hierarquia ossificada, é capaz de derrubá-la com uma velocidade de tirar o fôlego. No entanto, quando uma hierarquia ataca uma rede frágil, o resultado pode ser o colapso dessa rede.

7. *Os ricos se tornam mais ricos.* Devido ao apego preferencial, a maioria das redes sociais é profundamente desigual.

Quando entendemos esses conceitos essenciais da ciência das redes, a história da humanidade se mostra bastante diferente: nem tanto "um lance fodido depois do outro", no fraseado humorístico do dramaturgo Alan Bennett,[2] nem mesmo um lance depois de outra foda, mas bilhões de lances ligados uns aos outros de milhares de maneiras possíveis (inclusive, mas por certo não unicamente, por relações sexuais). Além disso, quando observada em seu contexto histórico apropriado, a época atual se mostra menos desconcertante e sem precedentes, e mais familiar. Como veremos, é a segunda era em que instituições hierárquicas aposentadas foram desafiadas por redes modernas, cujo impacto foi amplificado por novas tecnologias. Com base em analogias históricas, como se tornará claro, deveríamos provavelmente esperar que as redes causem distúrbios contínuos às hierarquias que não conseguirem se reformar, mas também que haja potencial para algum tipo de restauração da ordem hierárquica quando se tornar evidente que as redes sozinhas não são capazes de prevenir que se caia na anarquia.

10
Os *illuminati* iluminados

Com esses conceitos de teoria de redes em mente, podemos agora revisitar a história (em vez de a teoria conspiratória) dos *illuminati*. O fundador da ordem foi, de fato, um obscuro acadêmico do sul da Alemanha chamado Adam Weishaupt. Nascido em 1748 – portanto, tendo apenas 28 anos quando a fundou –, Weishaupt era o filho órfão de um professor de direito da Universidade de Ingolstadt, na Baviera central. Graças ao patrocínio do barão Johann Adam Ickstatt, que havia sido nomeado reitor pelo eleitor Maximiliano III José e instruído a reformar a universidade dominada pelos jesuítas, Weishaupt foi capaz de seguir os passos do pai. Em 1773, ele foi nomeado professor de direito canônico e, um ano mais tarde, diretor da faculdade de direito.[1]

O que será que induziu o jovem professor a estabelecer, três anos mais tarde, uma sociedade secreta e, em muitos aspectos, revolucionária? A resposta é que, sob a influência de Ickstatt, Weishaupt havia se tornado um leitor entusiasta das obras de filósofos mais radicais do Iluminismo francês, em especial Claude-Adrien Helvétius, cujo livro mais conhecido era *De l'Esprit* (1758), e Paul-Henri Thiry, pseudônimo do barão D'Holbach, autor de *Le Système de la nature* (1770). Quando garoto, Weishaupt havia sido educado por jesuítas, uma experiência que ele não apreciou. As tendências ateístas de Helvétius e de D'Holbach o impressionaram bastante. No entanto, na conservadora Baviera, onde o clero católico já fomentava um "Contrailuminismo", tais ideias eram perigosas. Weishaupt, um jovem que recebeu uma cadeira acadêmica que antes havia sido monopolizada por jesuítas, vivia sob pressão. A ideia de uma sociedade secreta, que mascarasse os seus propósitos verdadeiros até de seus recrutas, fazia sentido. O próprio Weishaupt afirmou que obteve essa ideia de um aluno protestante chamado Ernst Christoph Henninger, que lhe contara sobre as associações de alunos em Jena, Erfurt, Halle e Leipzig, onde ele havia estudado anteriormente.² Em outros aspectos, de maneira paradoxal, os *illuminati* seguem o modelo dos jesuítas, uma rede poderosa e nada transparente que foi dissolvida pelo Papa Clemente XIV em 1773. O primeiro rascunho que Weishaupt escreveu de "Uma escola da humanidade" sugeria que todos os membros mantivessem um diário para registrar ideias e sentimentos, entregando um resumo deste a seus superiores; em troca, eles teriam uma biblioteca, assistência médica, seguro e outros benefícios.³ Chamar o pensamento de Weishaupt de eclético seria um eufemismo: seus planos para a ordem também incluíam elementos dos antigos mistérios gregos eleusinos e do zoroastrismo (como o uso do antigo calendário persa). Outra fonte de inspiração foram os *Alumbrados*, um movimento espiritual da Espanha do século XVII.

Caso os *illuminati* tivessem se mantido fieis ao projeto original de Weishaupt, teriam sido esquecidos há muito tempo, se é que algum dia se teria ouvido falar deles. A chave para seu crescimento e posterior notoriedade foi sua infiltração nas lojas maçônicas alemãs. Embora as raízes da maçonaria estejam em irmandades de pedreiros medievais, pelo século XVIII ela já era uma rede em rápido crescimento que, começando na Escócia e na Inglaterra, promovia uma sociabilidade masculina exaltada por mitologias e rituais, sem ser restringida pelas diferenças de classe entre aristocracia e burguesia.* A maçonaria se espalhara com velocidade por toda a Alemanha, inclusive os Estados do sul, apesar dos esforços da Igreja Católica de proibir seus fiéis de se tornarem maçons.⁴ Foi Franz Xaver Zwackh, um dos alunos de Weishaupt, quem sugeriu recrutar novos *illuminati* no interior das lojas maçônicas alemãs, aproveitando o descontentamento crescente de muitos maçons com seu próprio movimento.

O final da década de 1770 foi uma época de agitação dentro da maçonaria alemã, com alguns puristas se colocando contra a falta de discrição e o declínio do respeito pelo mito de sua "descendência" dos cavaleiros templários, como afirmado pelo "Rito da Estrita Observância".⁵ Um dos que se mostravam insatisfeitos com a aparente degeneração das ordens maçônicas e sua transformação em ociosos clubes de jantares era Adolph Franz Friedrich Ludwig,

---

* Ver uma discussão completa sobre a maçonaria na parte 3, no capítulo "Redes da revolução".

barão de Knigge, filho de um oficial de Hanôver, educado em Göttingen e maçom desde 1772.⁶ Knigge ansiava por algo mais exclusivo e edificante do que aquilo que era oferecido nas lojas que frequentava em Cassel e Frankfurt, um desejo que expressou a outro maçom aristocrata, o marquês Costanzo di Costanzo, em 1780. Para assombro de Knigge, o marquês revelou que tal organização de elite já existia, e que ele mesmo, sob o nome Diomedes – era membro dela. Uma caracterização precisa dos *illuminati* depois de 1777 – quando o próprio Weishaupt foi iniciado na loja "Zur Behutsamkeit" em Munique – é que se tratava de "uma rede clandestina inserida dentro da maçonaria [...] como uma planta parasita".⁷ Um parasita semelhante era a doutrina rosa-cruz, movimento mais esotérico do que o Iluminismo sobre o qual se escreveu muito no início do século XVII, mas que recebeu forma concreta como "Fraternidade Dourada Rosa-Cruz" dentro de muitas lojas maçônicas alemãs mais ou menos na mesma época.

    O recrutamento de Knigge foi um lance decisivo por dois motivos. O primeiro: ele era um indivíduo muito mais bem conectado do que Weishaupt. O segundo: Knigge entendia o que maçons aristocratas como ele desejavam.⁸ Knigge – que adotou o nome Philo ao se juntar aos *illuminati* – se surpreendeu ao descobrir o estado embrionário da organização (e também o atraso da Baviera quando a visitou).⁹ "A ordem ainda não existe", Weishaupt confessou com franqueza; "apenas em minha mente [...] Perdoa-me pela minha pequena fraude?" Knigge não apenas perdoou Weishaut, mas acolheu com entusiasmo a iniciativa, vendo nos *illuminati* um instrumento para reformar de modo radical a própria maçonaria.¹⁰ Ele revisou e expandiu drasticamente a estrutura que Weishaupt havia arquitetado, subdividindo os três níveis ou classes de *illuminati* e acrescentando-lhes uma grande quantidade de rituais maçônicos. A classe preparatória Minerval foi dividida em duas: Minerval e *illuminatus* menor. A segunda classe maçônica foi também dividida em duas: *illuminatus* maior ou "Iniciante Escocês", e *illuminatus dirigens* ou "Cavaleiro Escocês". A terceira classe dos Mistérios foi ainda estratificada em "Mistérios Menores" (com o título de *presbyter* ou *princeps*) e "Mistérios Maiores" (com os títulos de *magus*, ou "docetista", e *rex*, ou "filósofo"). Dos *illuminati* nesta última posição seriam escolhidos os mais altos funcionários da ordem: inspetores, provinciais, prefeitos e diretores de sacerdotes. Esses graus mais altos substituiriam o ápice original do sistema de Weishaupt, os "Areopagitas".¹¹

Ao mesmo tempo em que esses complexos "graus" eram criados, a estrutura organizacional da ordem, em célere crescimento, se tornava mais elaborada, com diversas "igrejas" Minervais recebendo instruções de "Prefeituras". "Províncias" e "Inspeções".¹²

O primeiro paradoxo dos *illuminati*, portanto, é que se tratava de uma estrutura que ansiava por uma estrutura hierárquica complexa, ao mesmo tempo em que protestava contra as hierarquias existentes. Em seu "Discurso aos *illuminati dirigenti* recém-promovidos" (1782), Weishaupt expôs a sua visão de mundo. No seu estado natural, os homens haviam sido livres, iguais e felizes; a divisão em classes, a propriedade privada, a ambição pessoal e a formação de Estados vieram mais tarde, como a "grande e profana mola principal e as causas da nossa miséria". A humanidade deixou de ser "uma grande família, um único império" devido ao "desejo dos homens de se diferenciarem uns dos outros". Contudo, o Iluminismo, difundido pelas atividades das sociedades secretas, conseguiria superar essa estratificação da sociedade. E assim "os príncipes e as nações desapareceriam da face da Terra sem necessidade alguma de violência, a raça humana se tornaria uma única família, e o mundo se transformaria na habitação dos seres racionais".¹³ Isso não era fácil de conciliar com a campanha bem-sucedida de Knigge de recrutar príncipes e nobres maçons para a ordem.¹⁴

O segundo paradoxo dos *illuminati* era o relacionamento ambivalente com o cristianismo. O próprio Knigge era, aparentemente, deísta (ele admirava Spinoza, embora também publicasse os sermões que dava). Weishaupt talvez tenha tido a mesma inclinação, mas defendia a ideia de que apenas a elite da ordem – aqueles com o título *rex* – deveria ser explícita em sua simpatia por D'Holbach. Em alguns dos textos de Weishaupt, Jesus Cristo é retratado como "o libertador de seu povo e de toda a espécie humana" e o profeta da "doutrina da razão", cuja meta principal havia sido "introduzir a liberdade e igualdade em geral entre os homens sem nenhuma revolução". O argumento de "Aula na Primeira Câmara" de Knigge era de que os sacerdotes dos *illuminati* eram os portadores da autêntica mensagem amplamente igualitária de Cristo, uma mensagem que teria sido distorcida com o passar dos séculos.¹⁵ Todavia nenhum dos dois acreditava de verdade nisso; era tudo uma "fraude pia" (como Knigge admitia em conversas reservadas), que seria revelada como tal quando um *illuminatus* atingisse o grau mais alto. A meta derradeira dos *illuminati* era, portanto, uma "Reforma do Mundo" pseudorreligiosa com base nos ideais do Iluminismo.[16]

Foi nessas pedras – tanto organizacionais quanto religiosas – que os *illuminati* soçobraram. Knigge se queixou do "caráter jesuítico" de Weishaupt. Dois eminentes *illuminati* de Göttingen, Johann Georg Heinrich Feder e Christoph Meiners, o acusaram de apoiar as teorias políticas radicais de Jean-Jacques Rousseau. Outro *illuminatus*, Franz Carl von Eckartshausen, deixou a ordem quando tomou consciência da admiração que Weishaupt sentia por Helvétius e D'Holbach. Como arquivista de Carlos Teodoro, o príncipe eleitor palatino que herdou o eleitorado da Baviera com a morte de Maximiliano III José em 1777, Eckartshausen estava em posição de pressionar para que a ordem fosse banida. Em 1784, após prolongadas discussões em Weimar (algumas presenciadas por Goethe), Knigge foi forçado a renunciar.[17] Weishaupt passou a liderança para o conde Johann Martin zu Stolberg-Rossla, que, acredita-se, dissolveu a ordem em abril de 1785, apenas um mês depois do segundo decreto da Baviera contra as sociedades secretas,[18] embora haja alguma evidência de que ela continuou em atividade até meados de 1787 e Johann Joachim Christoph Bode não tenha desistido da ideia de revivê-la em Weimar até 1788.[19] Mesmo que não tivessem sido proibidos, é quase certo que os *illuminati* teriam desmoronado antes que a Revolução Francesa começasse. O próprio Weishaupt passou o resto da vida sob a proteção de Ernesto II, duque de Saxe-Gota-Altenburgo, a princípio em Gota mesmo, produzindo obras pomposas de autojustificação, como *A Complete History of the Persecutions of the Illuminati in Bavaria* [Uma história completa das perseguições aos *illuminati* na Baviera] (1785), *A Picture of Illuminism* [Um retrato do Iluminismo] (1786) e *An Apology for the Illuminati* [Uma apologia dos *illuminati*] (1786). Apesar de haver alguns pontos de continuidade dos *illuminati* na União Germânica de Karl Friedrich Bahrdt, eles não devem ser exagerados. Como Knigge indicou em sua própria obra de autodefesa, *Philo's endliche Erklärung* [A declaração final de Philo] (1788), os *illuminati* eram desde o início uma contradição de termos: uma organização a serviço do Iluminismo que se ocultava na obscuridade.

Para defensores da maçonaria convencional e oponentes da Revolução Francesa, porém, havia grandes incentivos para exagerar as dimensões e a malignidade dos *illuminati*. Em seus tratados de 1797, tanto John Robison quanto Augustin Barruel tiveram de se inspirar em algumas fontes alemãs altamente criativas para fazer que suas acusações contra os *illuminati* – em especial a alegação de que eles causaram a Revolução Francesa – soassem críveis. O mais próximo a um elo autêntico entre os *illuminati* e a revolução é que Honoré-Gabriel Riqueti, conde de Mirabeau, se encontrou com Jacob Mauvillon – que havia se tornado *illuminatus* pela insistência de Johann Joachim Christoph Bode – quando Mirabeau visitou Brunswick em meados da década de 1780. Contudo, a noção de que as lojas maçônicas francesas eram os canais pelos quais as ideias revolucionárias chegaram a Paris de Ingolstadt não sobrevive nem mesmo a um escrutínio superficial. As ideias revolucionárias haviam se originado, afinal, em Paris. As verdadeiras linhas de comunicação correram dos salões da capital francesa para a Baviera, por meio das bibliotecas de autoridades esclarecidas, como Ickstatt, mentor de Weishaupt, e não na direção oposta. Como veremos, havia uma rede internacional que conectava filósofos e outros acadêmicos por toda a Europa, e que se estendia de fato além do oceano Atlântico, até a América do Norte. Contudo, esta era primariamente uma rede de publicações, compartilhamento de livros e correspondência. As lojas maçônicas e as sociedades secretas desempenharam certo papel; os salões, as casas de publicação e as bibliotecas foram mais importantes.

Os *illuminati*, portanto, precisam ser entendidos não como uma conspiração onipotente, mantida por meios sinistros por mais de dois séculos, mas como um revelador pé de página da história do Iluminismo. Como uma rede dentro das redes bem maiores da maçonaria e da filosofia francesa, a ordem de Weishaupt foi exemplo de uma época em que era perigoso expressar ideias que desafiassem de maneira fundamental o *statu quo* religioso e político. Guardar segredo fazia sentido. No entanto, o segredo acabou por permitir que as autoridades exagerassem a ameaça revolucionária representada pelos *illuminati*. Na realidade, a rede maior do Iluminismo era a que tinha o potencial revolucionário, precisamente porque as ideias em questão circulavam com grande liberdade em livros e jornais – e teriam se espalhado de forma viral na Europa e na América mesmo se Adam Weishaupt nunca tivesse existido.

Os historiadores vêm tendo dificuldades para escrever essa história porque, como tantas outras redes, os *illuminati* não deixaram para trás um único arquivo em ordem, mas somente registros espalhados: até que os arquivos das lojas maçônicas se tornassem acessíveis, pesquisadores dependiam na maior parte de autobiografias e documentos confiscados e publicados pelos inimigos da ordem. Entre os materiais que, ao que se dizia, estavam em posse de Franz Xaver Zwackh, havia impressões de selos do governo que seriam utilizados para falsificações, dissertações em defesa do suicídio, instruções para fabricar gás venenoso e tinta invisível, uma descrição de uma sálvia especial para proteger documentos secretos e recibos por serviços de aborto, além da fórmula de um chá que induzia o aborto. Sabemos hoje que esses itens dificilmente representavam as atividades da ordem.[20] Mais típicas eram as correspondências gravadas com meticulosidade entre Bode e os *illuminati* da Turíngia que ele recrutou, que captam as tensões essenciais inerentes a uma sociedade secreta que desejava expandir o Iluminismo, uma rede hierárquica que exigia autorrevelações íntimas dos iniciantes mas lhes oferecia em troca apenas um pouco de "abracadabra".[21] Ao ter que enfrentar o poderio do Estado da Baviera no comando do eleitor Carlos Teodoro, os *illuminati* foram derrotados com facilidade. Contudo, o próprio eleitor tinha seus dias contados. Apenas dez anos após ter proibido as sociedades secretas, os exércitos da França revolucionária invadiram o Palatinado – que Carlos Teodoro também governava – e seguiram em direção à Baviera. De 1799 até a véspera da Batalha de Leipzig em 1813, a Baviera foi um satélite do que se tornou o império napoleônico. Enquanto isso, em Gota – onde o que restara dos *illuminati* encontrara refúgio –, o filho e herdeiro do duque Ernesto, Augusto, se distinguia por seu servilismo ao tirano francês.

Os *illuminati* não causaram a Revolução Francesa, muito menos a ascensão de Napoleão – embora por certo tenham se beneficiado disso (com exceção de Weishaupt, todos foram perdoados, e alguns, em especial Dalberg, se tornaram bem poderosos). Longe de prosseguir com o plano de um governo mundial até o presente, eles cessaram suas operações na década de 1780, e os esforços para reviver a ordem no século XX foram, em grande medida, falaciosos.*

---

* Leopold Engel reviveu os *illuminati* em março de 1901 em conjunto com Theodor Reuss, que mais tarde se associaria ao famoso mestre do ocultismo britânico Aleister Crowley. Durante e após a Segunda Guerra Mundial, foi a vez de um economista suíço chamado Felix Lazerus Pinkus e um banqueiro chamado Hermann Joseph Metzger ressuscitarem o nome. Até a morte de Annemarie Aeschbach, a cidade suíça de Stein, no cantão de Appenzell Exterior, alegava ser a sede moderna dos *illuminati*.

Mesmo assim, a história deles é parte integral do complexo processo histórico que levou a Europa do Iluminismo à Revolução, e desta ao Império – um processo no qual as redes intelectuais, sem dúvida nenhuma, desempenharam papel decisivo.

Apoiando-se no melhor que o mundo acadêmico moderno tem a oferecer, este livro busca resgatar das garras dos defensores de teorias conspiratórias a história das redes e demonstrar que as mudanças históricas muitas vezes podem e deveriam ser entendidas precisamente em termos desses desafios lançados pelas redes às ordens hierárquicas.

II
Imperadores e exploradores

11
Uma breve história da hierarquia

No filme épico de "faroeste espaguete" *O bom, o mau e o feio*, dirigido por Sergio Leone, Clint Eastwood e Eli Wallach estão em busca de ouro roubado dos Confederados. Eles descobrem que o tesouro está enterrado sob uma lápide de um enorme cemitério da Guerra de Secessão. Infelizmente, eles não têm ideia de qual lápide seria. Tendo antes se precavido e esvaziado o revólver de Wallach, Eastwood se volta para ele e diz a fala imortal: "Entenda, neste mundo há dois tipos de pessoa, meu amigo. Aqueles com armas carregadas. E aqueles que cavam. Você cava".

Esse é um exemplo moderno de uma antiga verdade. Pela maior parte da história, a vida tem sido hierárquica. Alguns poucos saboreiam os privilégios que resultam de monopolizar a violência. Todos os demais cavam.

Por que as hierarquias precedem as redes na história? A resposta óbvia é que até o primeiro grupo de hominídeos pré-históricos tinha uma divisão de trabalho e uma hierarquia de força física e capacidade intelectual imposta pela natureza. Por esse motivo, as tribos primitivas eram e são mais semelhantes a hierarquias cooperativas do que a redes distribuídas.[1] Até "coletores forçados a colaborar entre si" precisam de liderança.[2] Alguém precisa decidir quando é hora de parar de cuidar da higiene e de começar a caçar. Alguém precisa dividir a caça e assegurar que os jovens e velhos indefesos recebam a parte deles. E alguém precisa cavar.

À medida que passavam a formar grupos maiores e empregar modos mais complexos de caça e coleta, os seres humanos primitivos desenvolveram as primeiras estruturas conceituais – mitos explicativos de deuses com poderes sobre-humanos a respeito da natureza – assim como as primeiras práticas e substâncias que causavam alterações mentais.[3] Eles também aprenderam as primeiras artes rudimentares de guerra, produzindo quantidades impressionantes de armamentos básicos como machados, arcos e flechas.⁴ As primeiras comunidades agrárias do Neolítico (nascidas em torno de 10200 a.C.) tiveram evidentemente que devotar recursos consideráveis para se defender contra invasores (ou para organizar as suas próprias invasões). A estratificação da sociedade entre mestres e escravos, guerreiros e trabalhadores, sacerdotes e crentes, parece ter começado cedo. Com a evolução da escrita simbólica a partir das pinturas nas cavernas, nasceu a primeira forma de arquivo de dados externo ao cérebro, e assim uma nova ordem de cultos.

Em outras palavras, embora as antigas estruturas políticas variassem – sendo algumas mais autocráticas e outras mais corporativas –, elas tinham em comum uma estratificação social fundamental. O poder de punir transgressores era quase sempre delegado a algum indivíduo ou conselho de anciãos. A capacidade de declarar guerra com sucesso se tornou o atributo principal de um governante. O Estado, se dizia, foi o "resultado previsível da natureza humana".⁵ O mesmo se pode dizer da corrida armamentista, à medida que inovações na tecnologia militar – pontas de flecha mais duras, cavalos como veículos ofensivos – ofereciam atalhos ao poder e à riqueza.⁶ E o mesmo também se diz do advento de "um novo tipo de hierarquia dominada por um "Grande Homem" que não precisava ter força física, mas apenas ser rico o suficiente para pagar uma pequena facção de subordinados armados e leais".⁷

A hierarquia tem muitos benefícios, tanto para a economia quanto para o governo. Havia bons motivos para que a esmagadora maioria dos regimes do mundo antigo até o início do período moderno fosse hierárquica em sua estrutura. Assim como as corporações em tempos posteriores, os Estados primitivos buscavam explorar as economias de escala e reduzir os custos de transação, em especial no campo das ações militares. Também havia bons motivos para que tantos autocratas ambiciosos buscassem aumentar a sua legitimidade ao se identificarem com os deuses. Era mais fácil para os servos tolerarem a hierarquia se esta lhes parecesse ser resultado de um comando divino. No entanto, o governo do Grande Homem tinha e ainda tem desvantagens crônicas, como o desvio de recursos que normalmente ocorre para satisfazer os apetites do Grande Homem, de sua prole e de seus amigos. O problema recorrente e quase universal da história antiga era que, em geral, os cidadãos de Estados em guerra cediam poderes excessivos às elites guerreiras hereditárias, assim como às elites sacerdotais cuja função era inculcar doutrinas religiosas e outras ideias legitimadoras. Onde quer que isso acontecesse, as redes sociais se subordinavam firmemente às prerrogativas da hierarquia. A habilidade de ler e escrever era um privilégio. A função do homem e da mulher comuns era trabalhar. Eles viviam em suas aldeias, cada uma "isolada lateralmente" (nas palavras de Ernest Gellner) das outras, com exceção das vizinhas mais próximas – um estado de isolamento descrito de maneira expressiva como uma espécie de nevoeiro mental permanente no romance *O gigante enterrado*, de Kazuo Ishiguro.[8] Somente a elite governante era capaz de sustentar laços de redes por grandes distâncias: por exemplo, os faraós egípcios, cujas redes no século XVI a.C. se estendiam desde os governantes canaanitas locais até os governantes de cidades como Babilônia, Mitani e Hattusa.[9] Contudo, mesmo essas redes de elite representavam uma fonte de perigo à ordem hierárquica: já nos mais antigos arquivos históricos encontramos relatos a respeito de conspirações e tramas, como aquelas contra Alexandre, o Grande – grupos sombrios e malévolos dentro da rede.[10] Esse não era um mundo em que inovadores eram encorajados, mas um mundo em que os que se desviavam da norma eram executados. Não era um mundo em que a informação fluía para cima ou para os lados, mas de cima para baixo, ou nem mesmo isso. Como consequência, a antiga história arquetípica era como aquela da Terceira Dinastia de Ur (*c*. 2100-2000 a.C.) no sul da Mesopotâmia, capaz de construir um sistema de irrigação em larga escala, mas incapaz de solucionar o problema de salinização do solo e queda nos lucros da colheita.[11] (Um destino semelhante recaiu sobre o califado abássida, que não conseguiu manter a infraestrutura de irrigação no que hoje é o sul do Iraque por causa das recorrentes disputas de sucessão, uma patologia comum das hierarquias hereditárias.)[12]

Houve, é claro, experimentos com estruturas políticas mais distribuídas – o "mundo pequeno" da democracia ateniense,[13] a república romana –, porém esses experimentos não duraram muito, o que é significativo. No seu estudo clássico *The Roman Revolution* [A revolução romana], Ronald Syme defendeu que, de todo modo, a república havia sido governada por uma aristocracia romana cujos feudos permitiram que a Itália fosse levada à guerra civil. "A política e os atos do povo romano foram guiados por uma oligarquia, seus anais eram escritos com um espírito oligárquico", observou Syme, um neozelandês que Oxford transformou num cínico. "A história surgiu do registro escrito de consulados e dos triunfos dos *nobiles*, da memória transmitida das origens, alianças e feudos das suas famílias." Augusto chegou ao poder não apenas por ser talentoso, mas porque entendia a importância de ter "aliados [...] um séquito". Ao transformar o seu séquito em um "partido cesarista", Augusto foi capaz de concentrar, pouco a pouco, o poder em suas mãos, ao mesmo tempo que restaurava nominalmente a república. "Em certos aspectos", escreveu Syme, "o seu principado foi um sindicato". As "velhas estruturas e categorias" subsistiam: como a república antes dela, a monarquia de Augusto era a fachada por trás da qual a oligarquia reinava.[14]

Nos tempos de Roma, havia também, sem dúvida, as Rotas da Seda – "uma rede", nas palavras de Peter Frankopan, "que se espalh[ava] em todas as direções, caminhos ao longo dos quais peregrinos e guerreiros, nômades e mercadores [...] viajavam, bens e produtos agrícolas eram comprados e vendidos, e ideias eram trocadas, adaptadas e refinadas".[15] Entretanto, essa rede propiciava tanto o alastramento de doenças quanto as trocas comerciais, e os prósperos centros urbanos junto às estradas estavam sempre vulneráveis aos ataques de nômades como os *xiongnus* (hunos) e os citas.[16] A lição fundamental da teoria política clássica era que o poder deveria ser estruturado de forma hierárquica, e que o poder se concentraria naturalmente em menos mãos quanto maior uma unidade política se tornasse. De maneira notável, os impérios Romano e Qin-Han evoluíram em trajetórias paralelas, pelo menos até o século VI, em particular devido aos desafios similares que enfrentaram.[17] Uma vez que os gastos com a expansão territorial passaram a exceder os benefícios, a *raison d'être* do sistema imperial se tornou a paz e a ordem fornecida por seu grande exército e burocracia, cujos custos eram pagos por uma combinação de impostos e desvalorização cambial.

Por que, então, o império do lado ocidental da Eurásia não sobreviveu, ao contrário do Império Romano do Oriente? A resposta clássica é que Roma não conseguiu suportar as pressões crescentes da imigração – alguns diriam invasão – das tribos germânicas. Além disso, diferentemente do império chinês, Roma teve de lidar com o impacto desestabilizador de uma nova religião, o cristianismo, uma seita herética judaica que se espalhou pelo mundo romano graças aos esforços de Saulo de Tarso (o apóstolo Paulo) após a sua conversão no caminho para Damasco em torno de 31-36 d.C. As epidemias na década de 160 e em 251 criaram uma abertura para essa rede religiosa, pois o cristianismo não apenas oferecia uma explicação para as catástrofes, mas também encorajava comportamentos (como fazer caridade e cuidar dos enfermos) que levaram à sobrevivência desproporcional dos crentes.[18] O Império Romano era uma verdadeira hierarquia, com quatro ordens sociais principais – senatorial, equestre, decúria e plebeia –, mas o cristianismo parece ter permeado todas as camadas.[19] E o cristianismo foi apenas a mais bem-sucedida de muitas ondas religiosas que se alastraram pelo Império Romano: o culto do deus da tempestade Júpiter Doliqueno, surgido no norte da Síria, de lá se espalhou até o sul da Escócia a partir do início do século II d.C., particularmente graças à sua adoção por oficiais do exército romano.[20] Migração, religião e contágio: em torno do século V, essas ameaças nascidas de redes – que ninguém planejou ou comandou, mas que se espalharam de modo viral – haviam despedaçado a estrutura hierárquica do governo imperial romano, deixando apenas vestígios de uma velha ordem para assombrar as imaginações de europeus nos séculos que se seguiram. A partir do século VII, um novo culto monoteísta de submissão – o islamismo – irrompeu dos desertos da Arábia, transformando-se, entre Meca e Medina, de apenas mais uma fé liderada por um profeta em uma ideologia política militante que se impôs pela espada.

Embora fundados por profetas carismáticos, os dois grandes movimentos monoteístas atuaram como redes no que diz respeito à maneira viral como se espalharam. E, mesmo assim, após desestabilizarem por completo o governo romano, eles acabaram produzindo hierarquias teocráticas em Bizâncio e em Bagdá. O cristianismo ocidental – afastado da ortodoxia pelo Grande Cisma de 1054 – se viu sob a sua própria forma de controle hierárquico com a ascensão do papado romano e de um sistema eclesiástico estratificado. Politicamente, porém, o cristianismo ocidental permaneceu mais semelhante a uma rede: das ruínas do Império Romano do Ocidente, emergiu uma geometria fractal de Estados, a maioria deles minúsculos – sendo que alguns, na prática, eram aristocracias, e uns poucos eram cidades-Estados governadas por oligarquias. Em teoria, o imperador romano-germânico havia herdado o poder sobre a maioria dessas entidades; na prática, após a vitória do Papa Gregório VII sobre o imperador Henrique IV na Questão das Investiduras, era a Santa Sé que detinha a maior autoridade além das fronteiras, controlando as indicações de bispos e padres e sujeitando todos os lugares à lei canônica (uma revitalização do Código Justiniano do século VI). O poder temporal foi descentralizado de maneira substancial no sistema de títulos hereditários de terra e obrigações militares e fiscais conhecidas como feudalismo. Também aqui a autoridade era definida por lei: civil (derivada dos códigos romanos) no continente europeu e na Escócia, comum (baseada em precedente) na Inglaterra.

Em contraste, a lição aprendida na China a partir da experiência dos reinos em guerra foi que era possível obter a estabilidade somente em um império único e monolítico, com uma cultura (confucionismo) centrada na piedade filial (*xiao*). Não havia nenhuma autoridade religiosa superior ao imperador.[21] Não havia nenhuma lei além das leis criadas pelo imperador.[22] O poder regional e local era fiscalizado pela burocracia imperial recrutada e graduada com base em mérito e competência, com o sistema de exame de serviço civil oferecendo mobilidade para cima aos jovens com base em talento, e não em nascimento. Tanto no sistema ocidental como no chinês, porém, o obstáculo principal à formação de um Estado estável era a persistência de redes familiares, de clãs, ou tribais.[23] As disputas entre essas redes pelo controle dos arrendamentos gerados pelo governo resultaram em guerras civis periódicas, a maioria das quais podem ser caracterizadas como duelos dinásticos.

Por séculos, sábios refletiram na aparente impossibilidade de se ter ordem sem autoridade mais ou menos absoluta. Eles escreveram suas ideias em pergaminho ou papel, usando canetas ou pincéis, na certeza de que apenas uma minúscula minoria de seus compatriotas as leria, e que o melhor que podiam esperar em termos de imortalidade era que os seus escritos fossem copiados e preservados em uma ou mais das grandes bibliotecas da época. No entanto, o destino da biblioteca de Alexandria – destruída por uma série de ataques que chegaram ao auge em 391 d.C. – ilustrou como era frágil o arquivo de dados do mundo antigo. E a ausência quase total de trocas intelectuais entre a Europa e a China nos períodos antigo e medieval significou que o mundo estava ainda muito longe de ser uma rede única – a não ser por um único aspecto letal.

12
A primeira era interconectada

A população de toda a massa de terra da Eurásia foi devastada no século XIV pela peste negra, a praga bubônica causada pela bactéria *Yersinia pestis*, que foi transmitida, por intermédio de pulgas, ao longo das redes de comércio da Eurásia descritas anteriormente. Tão esparsas eram essas redes – tão poucos eram os laços entre os grupos de assentamentos – que a doença, altamente infecciosa, levou quatro anos para cruzar a Ásia a uma velocidade de menos de 1.000 quilômetros por ano.[1] Contudo, o impacto foi bem diferente na Europa, onde quase metade da população morreu (incluindo talvez três quartos da população do sul da Europa), em comparação com a Ásia. Por exemplo, a falta de mão de obra parece ter sido mais grave no extremo ocidente, levando a ganhos significativos em salários reais, em especial na Inglaterra. A diferença institucional principal entre o oeste e o leste da Eurásia após 1500, porém, era que as redes no oeste estavam relativamente mais livres da dominância hierárquica do que aquelas do leste. Nenhum império monolítico voltou a se erguer no Ocidente; prevaleceram múltiplos principados, muitas vezes fracos, com o papado e a estrutura imprecisa do Sacro Império Romano-Germânico como únicos remanescentes do poder imperial romano, enquanto Bizâncio era considerado o legítimo herdeiro dos imperadores. Em uma das antigas províncias romanas, a Inglaterra, o poder do monarca foi tão limitado que, a partir do século XII, os mercadores da capital se viram livres para administrar seus próprios negócios por meio de uma corporação autogovernada. No leste, as redes que mais importavam eram familiares: os laços do clã. Alguns argumentam que, numa Europa Ocidental mais individualista, outras formas de associação – irmandades em nome, mais do que de fato – passaram a ter maior importância.[2]

De todo jeito, devemos ter cuidado para não antecipar a "grande divergência" do Ocidente com o Oriente, que permanece sendo a característica mais marcante da história econômica entre o fim do século XV e o fim do século XX.[3] Se o povo da Europa Ocidental tivesse se mantido confinado às suas próprias costas – ou se os invasores mongóis do século XIII tivessem avançado mais para o oeste do que a planície Húngara –, a sua história seria bem diferente. A persistência das redes familiares na Europa do século XIV é bem ilustrada pela ascensão, em Florença, da família Médici, que passou a ocupar a posição singular de intermediários dentro da rede das famílias da elite florentina, explorando os vários buracos estruturais no sistema (ver figura 10).[4] A ascensão dos Médici foi parcialmente uma questão de casamentos estratégicos (inclusive até com membros de famílias hostis como os Strozzi,

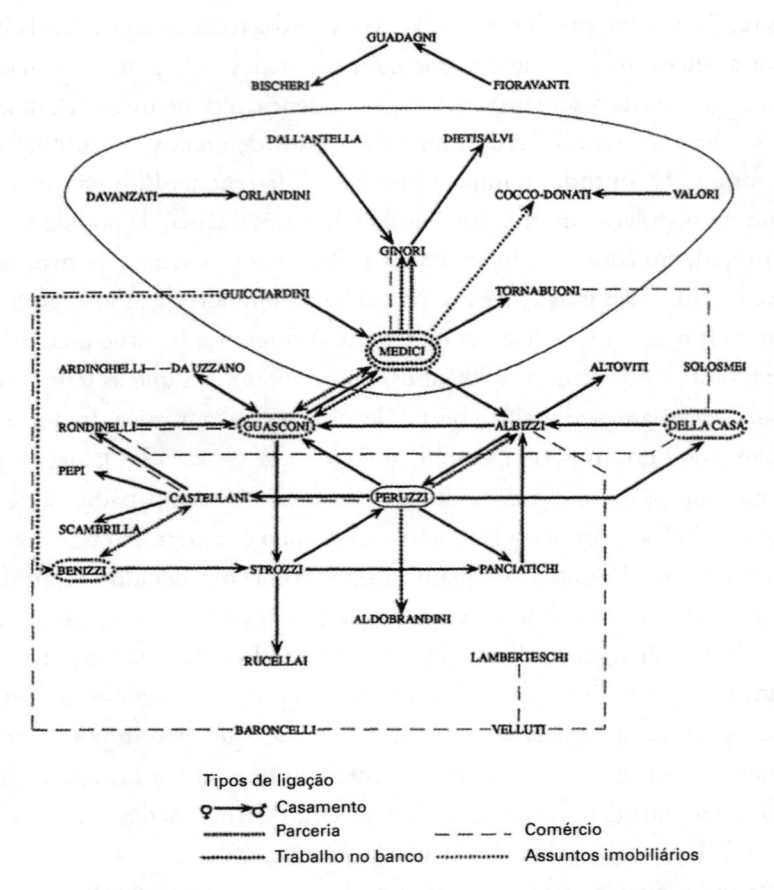

10. A rede dos Médici: uma estratégia dinástica do século XIV que se tornou uma família dominante em Florença.

os Pazzi e os Pitti): aqui, como na maioria das sociedades pré-modernas, a rede mais importante era a árvore genealógica.[5] Entretanto, no período após a Revolta dos Ciompi (1378-82), a elevação de banqueiros como os Médici à elite política florentina levou a uma inovação econômica significativa: a transposição dos métodos das associações domésticas da *Arte del Cambio* (banqueiros) para o plano internacional, até então dominado pela *Arte di Calimala* (mercadores de tecido) e o surgimento da parceria como base de um novo tipo de capitalismo financeiro.[6] Com o advento do governo Médici em 1434, nasceu o "homem da Renascença", um indivíduo culto, engajado simultaneamente em finanças, comércio, política, arte e filosofia – "parte negociante, parte político, parte patriarca, parte esteta intelectual".[7]

13
A arte da negociação da Renascença

Embora não tão conhecido quanto os Médici, Benedetto Cotrugli é um exemplo perfeito dos meios como as redes europeias evoluíram na era renascentista – meios que criaram uma nova classe cosmopolita de indivíduos interconectados. É tentador sugerir que a obra *Il libro dell'arte di mercatura* (Livro da arte do comércio), de Cotrugli, é o equivalente do século XV de *A arte da negociação*, de Donald Trump. No entanto, Cotrugli não era nenhum Trump. Entre muitos sábios conselhos, Cotrugli alerta os mercadores para que não se envolvam em política. "Não é vantajoso", ele escreve, "para um mercador ter que lidar com os tribunais, nem se envolver, acima de tudo, em política ou administração civil, pois essas são áreas perigosas".[1] Longe de se glorificar com vulgaridade verbal e demonstrações ostentatórias de riqueza, Cotrugli era um humanista altamente educado para quem o mercador ideal encarnava as virtudes clássicas do cidadão comum, já que estas haviam sido concebidas pelos gregos e romanos antigos e redescobertas pelos acadêmicos italianos da Renascença.

Quando jovem, Cotrugli havia, de fato, estudado na Universidade de Bolonha, mas (como observa com melancolia) "o Destino e a má sorte conspiraram para que, bem no meio do mais prazeroso dos estudos filosóficos, eu fosse afastado dos estudos e forçado a me tornar comerciante, atividade que fui obrigado a seguir, abandonando os doces deleites dos estudos, aos quais eu havia me dedicado por inteiro [...]".[2] Voltando para Ragusa (Dubrovnik nos dias atuais) a fim de dirigir os negócios da família, Cotrugli sentiu desgosto ao perceber o baixo nível intelectual do seu novo meio. Na ausência de qualquer tipo de educação formal sobre negócios, não havia nada mais do que um sistema "inadequado, mal organizado, arbitrário, e fragmentado" de aprender no serviço, "ao ponto em que a minha compaixão despertou, e me doía que essa atividade útil e necessária houvesse caído nas mãos de pessoas tão indisciplinadas e grosseiras, que agem sem moderação ou ordem, ignorando e pervertendo a lei".[3] De muitas maneiras, o livro de Cotrugli foi uma tentativa não apenas de subir o padrão da educação sobre negócios, mas também de elevar a categoria dos negócios em si. Embora seja mais bem conhecida dos acadêmicos como a primeira obra a descrever o método de contabilidade de partidas dobradas – mais de trinta anos antes do ensaio mais famoso *De computis et scripturis* (1494), de Luca Pacioli –, *Il libro dell'arte di mercatura* é mais notável pela amplitude do assunto que trata. Cotrugli oferece muito mais do que somente conselhos práticos sobre contabilidade. Ele oferece todo um modo de vida. Não é uma cartilha estéril, mas uma exortação a seus companheiros mercadores para que aspirem a se tornar homens de negócios da Renascença.

O livro de Cotrugli também dá ao leitor moderno um vislumbre fascinante de um mundo que desapareceu. Nascido em Ragusa, Cotrugli e seu irmão Michele eram importadores de lã da Catalunha e também de tinturas, pagando em prata dos Bálcãs ou, o que era mais comum, em notas de câmbio. Durante a sua carreira como negociante, ele morou em Barcelona, Florença, Veneza, e, finalmente, Nápoles, onde viveu entre 1451 e 1469. Foi uma vida verdadeiramente mediterrânea; de fato, Cotrugli conhecia o mar bem o bastante para escrever outro livro sobre o assunto, *De navigatione*, que dedicou ao senado veneziano. Ele também serviu Ferdinando, rei de Aragão, como embaixador em Ragusa e mestre da Casa da Moeda de Nápoles. A vida no século XV era precária até para um comerciante bem-sucedido. Em 1460, Cotrugli foi acusado de exportar barras de prata ilegalmente; foi julgado, mas parece ter sido absolvido. *Il libro dell'arte di mercatura* foi escrito na área rural de Sorbo Serpico enquanto Cotrugli fugia de um surto da praga em Nápoles. Tinha cinquenta e poucos anos quando morreu, em 1469.

No entanto, foi uma vida bem vivida. Cotrugli talvez não tenha chegado às bibliotecas de Bolonha, mas sentia orgulho considerável de sua vocação comercial. De fato, partes de sua obra soam como uma defesa dos mercadores contra as acusações – de usura, ambição, e avareza – lançadas com frequência contra eles pelos fanáticos religiosos da época. Cotrugli se declarou "atônito de que o câmbio, tão útil, fácil e inteiramente necessário para a administração dos assuntos humanos, fosse condenado por tantos teólogos".[4] (Numa época em que a usura ainda era ilegal, ele tomava o cuidado de definir usurários como "aqueles que, na maturação de uma dívida, não a estendem sem juros aos que pediram empréstimos e não têm como pagar de imediato".)[5] Além de promover uma contabilidade rigorosa, Cotrugli foi um dos primeiros a acreditar na diversificação como um meio de administrar e reduzir riscos. Ele imagina um mercador florentino formando várias parcerias com mercadores em Veneza, Roma e Avignon, investindo parte de seu capital em lã e outra parte em seda. "Pondo a mão em tantas transações de maneira segura e ordenada", observa ele, "só terei a lucrar com elas, pois a mão esquerda ajudará a direita".[6] E ainda: "Não se deve nunca arriscar demais num único lance, por terra ou por mar: por mais rico que se seja, no máximo quinhentos ducados por navio, ou mil por uma grande galé".[7]

Cotrugli foi um nódulo em uma rede comercial florescente de crédito e débito – daí ele condenar "aqueles que mantêm apenas uma coluna de contas, que é o quanto eles devem a si mesmos e não o quanto outros esperam deles", a quem ele chama de "o pior tipo de mercador, o mais vil e o mais iníquo".[8] "Um mercador", escreve Cotrugli, "deveria ser o mais universal dos homens, e o que *tem mais conexões, mais do que seus colegas, com tipos diferentes de homens e de classes sociais*" (ênfase minha). Como consequência, "tudo o que um homem sabe pode ser útil para o mercador", inclusive a cosmografia, geografia, filosofia, astrologia, teologia e direito. Em resumo, "O livro da arte do comércio" pode também ser visto como um manifesto em prol de uma nova sociedade de indivíduos cultos interconectados.

14
Descobridores

Os avanços alcançados na Itália e na região em torno mostra que, em termos de desenvolvimento cultural e econômico, a Europa já estava divergindo do resto do mundo antes do fim do século XV. No entanto, a inovação decisiva que prefigurou a era em que a Europa dominou o mundo não foi tanto a Renascença italiana quanto a era da exploração ibérica. Por iniciativa do infante dom Henrique, o Navegador (1415-60), marinheiros de Portugal passaram a se aventurar cada vez mais longe da Europa – primeiro para o sul, seguindo a costa oeste africana, e depois cruzando toda a extensão dos oceanos Atlântico, Índico e, finalmente, Pacífico. Essas viagens incrivelmente ousadas e perigosas criaram uma rede de novas rotas de comércio oceânico que, em breve, transformariam a economia global de uma colcha de retalhos de mercados regionais em um único mercado mundial. Embora fossem patrocinados pela realeza, os próprios exploradores formavam uma rede social, compartilhando conhecimentos sobre construção de navios, navegação, geografia e combate em batalha. Como é comum na história, novas tecnologias impulsionaram a formação dessas novas redes, ao mesmo tempo que as redes aceleravam o ritmo das inovações. Navios melhores, astrolábios melhores, mapas melhores e armas melhores – tudo isso contribuiu para as conquistas impressionantes da era da exploração. O mesmo se deu com a transmissão até o outro lado do Atlântico de doenças eurasianas para as quais os nativos americanos não tinham resistência. Isso fez que, no Novo Mundo mais do que na Ásia, essa também fosse uma era de conquistas.

A partir de 1434, quando Gil Eanes conseguiu ultrapassar o cabo Bojador – o "cabo saliente" do que hoje é a costa nordeste do Saara Ocidental –, os marinheiros que haviam treinado nos penhascos de Sagres foram aos poucos aumentando o alcance da navegação portuguesa, se aventurando para além da vista da costa. Na primavera de 1488, Bartolomeu Dias chegou a Kwaaihoek, hoje na província sul-africana do cabo Oriental, descobrindo o cabo da Boa Esperança no caminho de volta para Portugal. Uma década mais tarde, Vasco da Gama continuou a jornada até Moçambique e – guiado por um navegador local – até Calecute (Kozhikode), em Querala, na Índia, no outro lado do oceano Índico. Em fevereiro de 1500, Pedro Álvares Cabral partiu na mesma trajetória, mas, navegando na direção sudoeste para evitar as calmarias equatoriais do golfo da Guiné, acabou alcançando a costa do Brasil. Não satisfeito com essa descoberta, ele prosseguiu para Calecute, e de lá – após violenta altercação com mercadores muçulmanos rivais – navegou ainda mais para o sul da costa indiana até Cochim (Kochi). Entre 1502 e 1511, os portugueses estabeleceram de forma sistemática uma rede de postos fortificados de comércio que incluía a ilha de Kilwa Kisiwani (Tanzânia), Mombaça (Quênia), Cananor (Querala), Goa (Índia) e Malaca (Malásia).[1] Todos esses locais eram completamente desconhecidos para gerações anteriores de europeus.

Em agosto de 1517, oito navios portugueses chegaram à costa de Guangdong. A ocasião merece ser mais bem lembrada, pois foi um dos primeiros contatos entre europeus e o império chinês desde a época de Marco Polo, no fim do século XIII.* O comandante da flotilha portuguesa era Fernão Peres de Andrade; também a bordo estava o farmacêutico Tomé Pires, que fora nomeado emissário da coroa portuguesa para a corte Ming. Talvez o motivo da expedição ter sido em grande parte esquecida é que nada parece ter resultado dela. Após negociar em Tamão (hoje Nei Lingding), no estuário do rio das Pérolas, os portugueses partiram de novo em setembro de 1518. Onze meses mais tarde, três navios portugueses retornaram, desta vez sob o comando de Simão de Andrade, irmão de Fernão. Em janeiro de 1520, Tomé Pires partiu para o norte, na esperança de conseguir uma audiência com o imperador Zhengde, mas teve seus pedidos negados repetidas vezes, até que, com a morte do imperador em 19 de abril de 1521, foi feito prisioneiro. Logo depois disso, outra frota portuguesa, comandada por Diogo Calvo, chegou a Tamão. Autoridades chinesas pediram que ele partisse. Como Calvo recusou, uma batalha foi deflagrada. Nem mesmo a chegada de dois navios adicionais

---

* Os primeiros mercadores a alcançarem a China nesse período foram Jorge Álvares, em 1514, e o italiano Rafael Perestrello, em 1515-16.

de Malaca conseguiu impedir a derrota humilhante às mãos de uma frota chinesa sob o comando do almirante Wang Hong, da dinastia Ming. Todos os navios portugueses afundaram, com exceção de três. Um ano mais tarde, em agosto de 1522, os portugueses tentaram mais uma vez, quando três navios comandados por Martim Coutinho chegaram a Tamão. Embora eles levassem consigo a incumbência do rei de conseguir a paz, lutas irromperam de novo, e dois navios portugueses foram afundados. Os marinheiros portugueses capturados foram colocados em cangas (pesados jugos de madeira sobre o pescoço) e executados em setembro de 1523. Tomé e outros membros da missão diplomática original foram forçados a escrever cartas para a terra natal, transmitindo a exigência das autoridades chinesas de que os portugueses devolvessem Malaca aos seus antigos donos.

Em resumo, a experiência foi desapontadora – um lembrete de que a expansão marítima europeia estava longe de ser um processo tranquilo e inexorável. De fato, é fácil esquecer quão perigosas foram todas as viagens descritas acima. Na primeira viagem de Vasco da Gama a Calecute, ele perdeu metade da tripulação, inclusive o próprio irmão. Cabral partiu com doze navios em 1500; apenas cinco sobreviveram. Por que, então, os portugueses assumiram riscos tão grandes? A resposta é que as recompensas a serem obtidas ao estabelecer – e então monopolizar – uma nova rota de comércio com a Ásia valiam os riscos. É bem sabido que a procura na Europa por especiarias asiáticas como pimenta, gengibre, cravo, noz-moscada e macis cresceu de maneira rápida no século XVI. Os diferenciais de preço entre os mercados asiático e europeu eram enormes a princípio. Poucos sabem até que ponto os portugueses estavam essencialmente forçando a sua entrada no mercado interno asiático existente. O que fluía para a China de Ming não era só pimenta da Sumatra, mas também ópio, galhas (para fabricar taninos utilizados na medicina chinesa como adstringente), açafrão, coral, tecidos, cinabre, mercúrio, pau-preto, *pachak* para incenso, olíbano e marfim. Da China fluíam cobre, salitre, chumbo, alume, estopa, cabos, utensílios de ferro, piche, seda e seus derivados (por exemplo, damasco, cetim e brocado), porcelana, almíscar, prata, ouro, pérolas, baús com detalhes em ouro, madeira folhada a ouro, saleiros e leques pintados.[2] Havia outros motivos para navegar por metade do mundo, é claro. O conhecimento médico asiático, em alguns aspectos, era superior ao europeu naquela época; é evidente que Tomé Pires tinha esperanças de aprender mais sobre isso. Havia também o motivo religioso de espalhar o cristianismo, que se tornou mais importante com a chegada à Ásia dos jesuítas, uma ordem (uma rede) católica fundada pelo soldado espanhol Inácio de Loyola na década de 1530. Finalmente, havia a vantagem indubitável que se obteria ao se estabelecer relações diplomáticas com o imperador chinês. Mesmo assim, sem o imperativo comercial, é duvidoso que esses outros motivos tivessem bastado para impulsionar homens a atravessar distâncias tão imensas e passar por tantas dificuldades.

Os portugueses não chegaram com muitos produtos próprios para oferecer aos consumidores asiáticos (embora houvessem levado alguns escravos e ouro de seus postos avançados no oeste da África). Essa não era a questão. Eles também não chegaram como conquistadores determinados a adquirir território ou novos súditos para o rei. O que os portugueses possuíam era uma série de vantagens tecnológicas que viabilizavam a proposta de estabelecer uma rede nova e superior de mercado.[3] O estudo de textos árabes, abissínios e indianos significava que eram capazes de ensinar de maneira sistemática o uso correto de quadrantes e astrolábios por meio de textos como o *Regimento do estrolabio & do quadrante* (1493) e o *Almanach perpetuum* (1496) do astrônomo sefardita Abraão Zacuto, um dos muitos judeus que haviam se mudado para Portugal depois de serem expulsos da Espanha em 1492. Artesãos portugueses como Agostinho de Goes Raposo, Francisco Góis e João Dias aperfeiçoaram a construção de instrumentos náuticos. A caravela portuguesa – e seus sucessores, a grande nau (1480) e o galeão (1510) – eram também significativamente melhores do que outros veleiros da época. Finalmente, com o planisfério de Cantino de 1502, os portugueses fizeram um avanço revolucionário na cartografia: a primeira projeção moderna da geografia do mundo, com descrições em grande parte corretas dos principais continentes do mundo, fora a Austrália e a Antártica (ver gravura 7).

O que aconteceu quando essa rede extraordinariamente inovadora e dinâmica buscou estabelecer um novo "nódulo" no sul da China ilustra o que pode dar errado quando uma rede encontra uma hierarquia institucionalizada e entrincheirada. O imperador chinês governava de uma posição superior. "Eu tomei com reverência o mandato do Céu, e governo os chineses e os *yi*", escreveu o imperador Yongle ao governante de Ayudyha, na Tailândia, em 1419. "Em meu governo, eu encarno o amor do Céu e da Terra, e a preocupação com o bem-estar de todas as coisas, e olho para todos com igualdade, sem distinguir um do outro." O papel correto dos potentados menores era "respeitar o Céu e servir o superior", pagando tributos.[4] O imperador Yongle havia, de fato, favorecido a navegação oceânica. Foi no seu reinado que o almirante Zheng He levou a frota do tesouro até a costa leste africana.[5] Entretanto, os sucessores de Yongle haviam cedido à preferência da burocracia imperial pela autarquia, de modo que o comércio além-mar foi proibido formalmente. Aos olhos dos Ming, os intrusos portugueses eram *Fo-lang-chi* (do termo "*ferengi*", da Índia e do sudeste da Ásia, derivado da palavra árabe para os "francos" nas Cruzadas). Não era um termo afetuoso. Os chineses viam os estrangeiros como "pessoas com corações imundos". Os boatos que circulavam afirmavam que eles assavam e comiam as crianças.

Os portugueses não estavam enganados sobre o fato de a China representar uma oportunidade econômica genuína. Um mercado ilícito já florescia tanto no Sião quanto em Malaca por meio de Yueh-kang (perto de Zhangzhou, em Fujian). Enquanto os mandarins da administração imperial – magistrados estudiosos como Qiu Dao-long e He Ao – talvez desejassem minimizar a interação com estrangeiros, os eunucos que dominavam a corte imperial ansiavam por produtos exóticos importados, assim como pela prata estrangeira a ser obtida com o comércio. No entanto, os portugueses abusaram da sorte quando tinham na mão cartas muito fracas. Simão de Andrade demonstrou um desprezo crasso pelas sensibilidades locais. Sem o consentimento das autoridades imperiais, ele construiu um forte em Tamão, enforcou um marinheiro português – o que violava a lei chinesa –, excluiu navios não portugueses do porto e, ao ser desafiado, derrubou o chapéu de um mandarim. Ao comprar crianças chinesas como servas, ele alimentou a suspeita de que os *Fo-lang-chi* eram mesmo canibais. A burocracia chinesa, por sua parte, tratou Tomé Pires com desdém e arrogância. Após completar a longa viagem até Pequim, Pires e seus companheiros foram ordenados a se prostrar diante de uma parede da Cidade Proibida no primeiro e no décimo quinto dia de cada mês lunar. Eles não sabiam que o imperador Zhengde estava ocupado demais com as suas próprias libertinagens para contemplar por um único momento a ideia de lhes conceder a audiência que desejavam.

Contudo, o maior erro de Portugal foi subestimar o sistema tributário. Sendo a essência de uma estrutura hierárquica, ele estendia a influência do imperador chinês muito além da fronteira imperial. Os portugueses agora viam o centro comercial vital de Malaca como se pertencesse a eles. Essa não era a visão do rajá de Bintang (Bentan), o filho do rei fugitivo de Malaca, Mahmud Shah. Em Pequim, o seu embaixador alertou as autoridades chinesas de que os portugueses estavam conspirando para "tomar o país para nós [...] que éramos ladrões", segundo uma carta de Christovão Vieyra, um dos marinheiros portugueses que mais tarde foram aprisionados pelos chineses. Esse aviso foi escutado pelos oficiais imperiais: Mahmud Shah havia sido um tributário confiável.[6]

Por que, então, os portugueses acabaram por prevalecer, ao ponto de estabelecerem Macau como parte de sua rede em 1557 – uma aquisição que mantiveram em seu poder por mais de quatrocentos anos? A resposta é que dois fatores se alteraram. Em primeiro lugar, a proibição chinesa ao comércio se provou impossível de aplicar. Outros homens vieram de Portugal – Leonel de Sousa e Simão d'Almeida – e conseguiram estabelecer uma posição segura no mercado de Guangdong. Com os incentivos certos, autoridades como Wang Po, o vice-comissário do circuito de defesa marítima de Guangdong, foram transformados de inimigos em parceiros de negócios. Em segundo lugar, apesar de os chineses terem vencido os primeiros confrontos navais, eles apreciavam a superioridade dos navios e canhões portugueses. O que foi crucial é que, em comparação com os piratas nativos da Ásia Ocidental, os portugueses passaram a ser vistos pelos oficiais de Ming como o mal menor. Em junho de 1568, Tristam Vaz da Veiga ajudou a marinha chinesa a defender Macau contra uma frota de cerca de cem navios piratas.[7] Depois de 1601, as forças portuguesas e chinesas lutariam juntas para expulsar novos invasores vindos dos Países Baixos.

15
Pizarro e os incas

À medida que a rede marítima de Portugal se espalhava para o leste, a da Espanha rumou para o oeste e o sul. De acordo com o Tratado de Tordesilhas (1494), a Espanha reivindicou a posse da América, com a exceção de uma faixa do Brasil. Havia outra diferença. Enquanto os descobridores portugueses, na maioria, se contentavam em estabelecer uma rede de postos fortificados de comércio, os espanhóis estavam dispostos a invadir o interior do continente em busca de ouro e prata. Uma terceira diferença foi que, enquanto os impérios asiáticos que os portugueses encontraram foram capazes de resistir às suas incursões, fazendo somente pequenas concessões territoriais, os impérios americanos atacados pelos espanhóis desmoronaram com uma velocidade surpreendente. Isso se deveu muito mais aos efeitos devastadores das doenças infecciosas eurasianas trazidas pelos espanhóis que cruzaram o Atlântico do que a qualquer avanço tecnológico. Em outros aspectos, porém, o que aconteceu quando Francisco Pizarro e seus 167 liderados encontraram o inca Atahualpa em Cajamarca em novembro de 1532 foi semelhante ao que havia acontecido em Guangdong uma década antes. Em essência, uma rede europeia atacou uma hierarquia não europeia.

Os conquistadores eram um grupo diversificado. Eram fortes, sem dúvida, já que a longa marcha em direção ao sul foi tão árdua quanto qualquer travessia do Atlântico. Com seus cavalos, armas (arcabuzes) e espadas de ferro, estavam mais bem armados do que os povos indígenas do Peru, cuja arma favorita era uma clava de madeira. Como os descobridores portugueses, a sua motivação primária era econômica: eles vieram não para fazer comércio, mas para saquear o ouro e a prata abundantes do Império Inca. A primeira expedição de Pizarro sozinha obteve 6.087 quilos de ouro de 22,5 quilates, o que valeria 265 milhões de dólares hoje em dia, e 11.793 quilos de prata (7 milhões de dólares). Como os portugueses, os espanhóis trouxeram sacerdotes cristãos com eles (seis frades dominicanos, dos quais um sobreviveu). E, como os portugueses, os espanhóis utilizaram violência para sobrepujar a resistência: isso incluía tortura, estupro em massa, incêndios e matança indiscriminada. No entanto, a característica mais marcante dos conquistadores foi a sua propensão para brigar entre si, às vezes de forma violenta. A animosidade do irmão de Pizarro, Hernando, contra Diego de Almagro foi apenas um entre muitos conflitos. Não foi a força dos invasores espanhóis que destruiu o Império Inca, mas a fraqueza do próprio império.

Como a arquitetura de Pachacámac, Cusco e Machu Picchu demonstra até hoje, os imperadores incas reinavam sobre uma civilização substancial e sofisticada, que eles chamavam de *Tahuantinsuyo*. Por um século, eles exerceram o domínio sobre 36.260 quilômetros quadrados de território andino, com uma população que hoje estimamos ter tido entre 5 milhões e 10 milhões de pessoas. O reino montanhoso era mantido unido por uma rede de estradas, escadarias e pontes, muitas das quais ainda podem ser utilizadas.[1] A agricultura, baseada no cultivo de batatas e na produção de lã de lhama, era eficiente. Era uma sociedade relativamente rica, embora usasse ouro e prata para ornamentação e não como dinheiro, preferindo utilizar *quipucamayoc* (feito de cordão e contas) para propósitos de contabilidade e administração.[2] O etos do governo inca era cruelmente hierárquico. O culto de adoração ao Sol se combinava a sacrifícios humanos e punições draconianas. A aristocracia vivia do lucro gerado por uma classe de servos. É verdade que essa não era uma civilização tão sofisticada quanto a da China: carecia de linguagem escrita, sem falar de literatura ou de um código de leis.[3] Mesmo assim, parece improvável que, sozinhos, Pizarro e seus homens conseguissem superar a desvantagem numérica que enfrentavam, que em Cajamarca era de cerca de 240 por 1. Duas fraquezas se provaram fatais. A primeira, e mais importante, foi a varíola, que mais do que dizimou a população nativa ao se alastrar em direção ao sul, se movendo bem mais rápido do que os espanhóis que a trouxeram para o Novo Mundo. A segunda foi a divisão interna: à época da conquista espanhola, Atahualpa lutava uma guerra sucessória contra o meio-irmão, Huáscar, para decidir qual deles era o legítimo herdeiro de Huayna Cápac. Pizarro não teve nenhuma dificuldade para recrutar auxiliares locais.

No entanto, seria "conquista" o termo correto para descrever o que se seguiu? Por certo, Pizarro foi capaz de humilhar, roubar e finalmente assassinar Atahualpa, assim como reprimir a revolta de Manco Inca em 1536, uma sequência de eventos descrita de forma bem vívida na obra *Nueva corónica y buen gobierno* (1600-15), de Felipe Guamán Poma de Ayala. No entanto, o nome inca-hispânico do autor do livro conta a sua própria história. Diferentemente do ocorrido na América do Norte, onde a população indígena era menor e os colonos europeus muito mais numerosos, na América do Sul a ordem do dia era a fusão. Para dar um exemplo simples, Francisco Pizarro tomou como amante a irmã favorita de Atahualpa, que a tinha oferecido em casamento a ele. Após a morte de Pizarro, ela se casou com um cavaleiro chamado Ampuero e partiu para a Espanha, levando a filha, Francisca, que mais tarde seria legitimada por decreto imperial. Francisca Pizarro Yupanqui em seguida se casou com o tio dela, Hernando Pizarro, na Espanha, em outubro de 1537. Pizarro também teve um filho, que nunca foi legitimado, chamado Francisco, com uma esposa de Atahualpa que ele tomara como amante. Isso foi algo típico na maneira como a primeira geração de conquistadores estabeleceu uma nova "teia familiar multicultural", projetada para dar legitimidade a sua posição no topo dos sistemas hierárquicos que haviam conquistado (ver figura 11). Um termo mais adequado talvez fosse "cossocialização". (O mais conhecido cronista da conquista espanhola, Garcilaso de la Vega, também era filho de um dos conquistadores e da princesa inca Palla Chimpu Ocllo.)[4] Estratégias similares foram empregadas por outros colonos europeus no Novo Mundo; por exemplo, os fazendeiros franceses e os comerciantes de peles que se estabeleceram em Kaskaskia, no estado norte-americano de Illinois, nos idos de 1700.[5] Os "conquistadores" europeus não apenas dominaram os sistemas existentes de governo e administração de terras; eles se fundiram geneticamente com as sociedades indígenas.[6]

Mesmo assim, o legado duradouro dessa abordagem na América do Sul não foi uma cultura que reconhecesse o fato da socialização genética,[7] mas sim uma cultura que classificava as pessoas de acordo com a "pureza do sangue" (*limpieza de sangre*), um conceito que os espanhóis trouxeram com eles para o Novo Mundo como legado da expulsão dos mouros e dos judeus. As classificações de *casta* ilustradas em pinturas do século XVIII na Nova Espanha começam com o que é mais ou menos familiar – *De español e yndia nace mestizo* ("De um homem espanhol e uma mulher indígena nasce um mestiço"), *De español y negra sale mulato* ("De um homem espanhol e uma

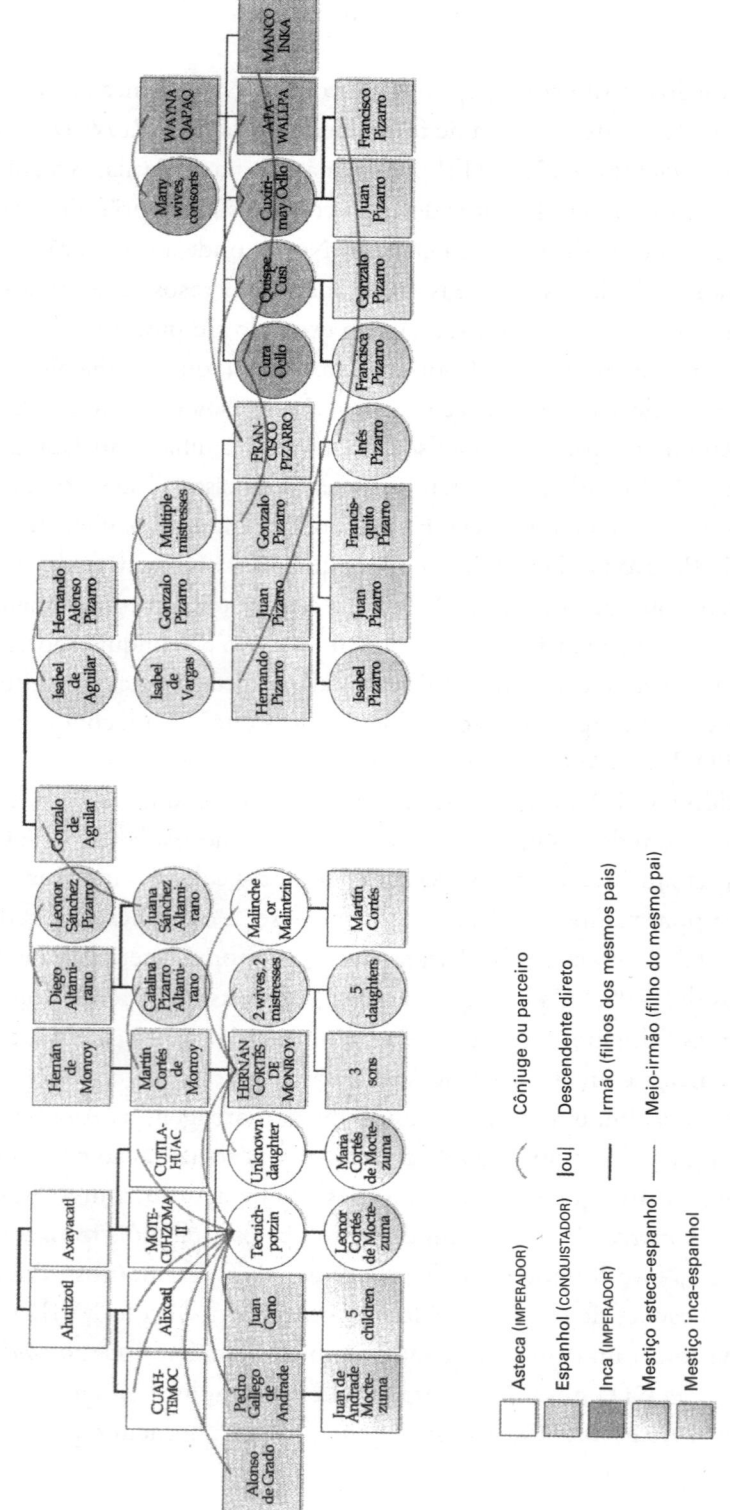

11. Uma rede de "conquistas": os casamentos entre os conquistadores e as famílias das elites asteca e inca.

mulher negra um mulato é gerado") –, mas logo se tornam bizarras. Dizia-se que a união de um espanhol com uma mulher mulata, por exemplo, produzia um *morisco* (de "mouro", termo que havia sido empregado na Espanha para se referir a ex-muçulmanos convertidos ao cristianismo após a Reconquista). Da união de um mulato com um indígena é produzido um *calpamulato*. Outras variantes na série de dezesseis pinturas feitas em 1770 pelo artista mexicano José Joaquín Magón incluíam *lobo, cambuja, sambahiga, cuarterón, coyote* e *albarazado*. Havia até uma categoria chamada *tente en el aire* ("suspenso no ar").[8] A quantidade de fenótipos diferentes nessas classificações se estendia tipicamente entre dezesseis e vinte, embora algumas fontes do início do século XIX listassem mais de cem. O sistema de *casta* era mais do que mero interesse antropológico, apesar de refletir uma tentativa sincera de aplicar teorias contemporâneas de hereditariedade. Embora a possibilidade de "purificação" existisse – um mestiço poderia, ao se casar com uma hispânica pura, gerar uma *castiza*, que, por sua vez, poderia gerar um hispânico ao se casar com outro hispânico –, o sistema como um todo demonstrava (pois nunca foi integrado formalmente no código de leis colonial) a discriminação contra aqueles com pouca ou nenhuma ancestralidade hispânica. Assim, um novo tipo de hierarquia foi imposto à cama de gato de casamentos consanguíneos que era a América Espanhola.

16
Quando Gutenberg conheceu Lutero

A teia ibérica de descobridores e conquistadores foi uma das duas redes que transformaram o mundo moderno em seus primórdios. Na Europa Central, no mesmo período, uma nova tecnologia ajudou a desencadear a enorme ruptura religiosa e política que conhecemos como Reforma, assim como a abrir caminho para a Revolução Científica, o Iluminismo, e muitos outros fatores contrários às intenções originais da Reforma. Métodos de impressão já existiam na China muito antes do século XV, mas nenhum tipógrafo chinês havia sido capaz de fazer o que Johannes Gutenberg fez, que foi criar um setor econômico inteiramente novo. A primeira máquina de impressão de Gutenberg foi estabelecida em Mainz em algum momento entre 1446 e 1450. A nova tecnologia de tipos móveis se difundiu rapidamente entre alemães habilidosos em círculos concêntricos em torno de Mainz, pois era preferível sob o ponto de vista econômico ter múltiplos tipógrafos locais, em vez de uma produção centralizada, devido ao alto custo do transporte da matéria impressa. Em 1467, Ulrich Hahn havia estabelecido a primeira máquina de impressão em Roma. Seis anos mais tarde, Heinrich Botel e Georg Von Holz haviam aberto uma tipografia em Barcelona. Em 1475, Hans Wurster começou a fazer impressões em Módena. Em 1496, Hans Pegnitzer e Meinard Ungat estabeleceram uma tipografia em Granada, meros quatro anos depois que Maomé XII, o último dos monarcas nasridas, entregou a Alhambra a Fernando e Isabel. Em 1500, cerca de um quinto das cidades suíças, dinamarquesas, holandesas e alemãs já havia adotado a imprensa.[1] A Inglaterra demorou a se atualizar, mas finalmente o fez. Em 1495, apenas dezoito títulos de livros foram produzidos na Inglaterra. Já em 1545, havia quinze estabelecimentos tipográficos, e o número de títulos impressos anualmente havia subido para 119. Em 1695, cerca de setenta estabelecimentos tipográficos produziram 2.092 títulos.

Sem Gutenberg, Lutero poderia muito bem ter se tornado somente mais um herético queimado na fogueira pela Igreja, como Jan Hus.[2] Suas 95 teses originais – que, antes de mais nada, eram uma crítica a práticas corruptas como a venda de indulgências – foram, a princípio, enviadas em forma de carta ao arcebispo de Mainz, em 31 de outubro de 1517. Não é de todo claro se Lutero também pregou uma cópia do documento na porta da Igreja de Todos os Santos em Wittenberg, mas isso pouco importa. Esse método de publicação havia sido suplantado. Em alguns meses, versões do texto original em latim haviam sido impressas em Basileia, em Leipzig e em Nuremberg. Quando Lutero foi condenado oficialmente como herege pela Dieta de Worms em 1521, seus escritos já haviam se espalhado por todas as regiões de língua alemã da Europa. Trabalhando com o artista Lucas Cranach e o ourives Christian Döring, Lutero revolucionou não apenas o cristianismo ocidental, mas também o próprio sistema de comunicações. No século XVI, tipógrafos alemães produziram quase 5 mil edições das obras de Lutero, às quais se acrescentam mais 3 mil, caso se inclua outros projetos em que ele esteve envolvido, como a Bíblia de Lutero. Dessas 4.790 edições, quase 80% eram em alemão, e não em latim, a língua internacional da elite eclesiástica.[3] A impressão foi crucial para o sucesso da Reforma. As cidades com pelo menos uma prensa móvel em 1500 tinham uma probabilidade bem maior de adotar o protestantismo do que as cidades onde não havia impressão, mas eram cidades com múltiplas prensas competindo entre si que tinham maior probabilidade de se tornarem protestantes.[4]

A prensa móvel foi chamada, com justiça, de "um ponto decisivo sem retorno na história humana".[5] A Reforma desencadeou uma onda de revoltas religiosas contra a autoridade da Igreja Católica. Ao se espalhar de sacerdotes e acadêmicos reformistas para as elites urbanas e, em seguida, para camponeses analfabetos, ela levou ao tumulto primeiro a Alemanha e depois todo o noroeste da Europa. Em 1524, uma revolta geral dos camponeses foi deflagrada. Em 1531, havia príncipes protestantes o suficiente para que formassem uma aliança (a Liga de Schmalkalden) contra o imperador romano-germânico, Carlos V. Embora tenham sido derrotados, os protestantes eram poderosos o bastante para preservar a Reforma em alguns territórios dispersos, e, pela Paz de Ausburgo (1555), estabelecer o princípio crucial de *cuius regio, eius* *religio**** (cunhado em 1582 pelo jurista alemão Joachim Stephani), que deixou efetivamente aos líderes regionais a decisão de se os súditos seriam luteranos ou católicos. A divergência religiosa continuou a fervilhar em silêncio, porém, e explodiu mais uma vez na Guerra dos Trinta Anos, um conflito que transformou a Europa Central em um ossuário.

Foi apenas depois de uma conflagração prolongada e sangrenta que as monarquias da Europa foram capazes de reimpor o controle sobre as novas seitas protestantes, mas esse controle nunca seria tão completo quanto o do papa havia sido. A censura persistia, mas era irregular e até os autores mais heterodoxos conseguiam encontrar alguém que imprimisse os seus trabalhos. Em especial no noroeste da Europa – na Inglaterra, na Escócia e na República Holandesa –, reestabelecer o catolicismo se provou impossível, mesmo quando Roma voltou as tecnologias e estratégias de formação de redes da Reforma contra ela mesma, além do conjunto mais tradicional de torturas e punições cruéis que por muito tempo havia sido um ponto forte da Igreja.

Por que o protestantismo demonstrava tanta resistência à repressão? Uma resposta a essa pergunta é que, ao proliferarem por todo o norte da Europa, as seitas protestantes desenvolveram estruturas de redes espantosamente elásticas. Os protestantes sofreram uma perseguição brutal na Inglaterra durante o reinado de Maria I, provações e padecimentos celebrados em obras como *Acts and Monuments* ("Book of Martyrs") [Atos e monumentos ("Livro dos mártires")], de John Foxe. Entretanto, os 377 protestantes condenados que escreveram a Foxe, ou que receberam cartas dele, ou que foram mencionados nelas ou em fontes relacionadas, podem ser vistos como membros de uma forte rede centrada em alguns "polos" fundamentais: mártires como John Bradford, John Careless, Nicholas Ridley e John Philpot.[6] As execuções de não menos do que catorze dos vinte nódulos principais (ordenados por centralidade de intermediação)** por certo reduziram a conectividade dos sobreviventes, mas

---

* Isso se traduz melhor como "para cada governante, a religião que ele escolhe". O tratado permitia que os vários príncipes do Sacro Império Romano-Germânico escolhessem o luteranismo ou o catolicismo para os domínios que governam. A fraqueza principal do acordo era que este excluía de maneira explícita de suas disposições outros ramos do protestantismo, como, por exemplo, o calvinismo.

** Um lembrete: essa é a medida de até que ponto o nódulo serve para conectar seções diferentes da rede, isto é, agindo como um polo.

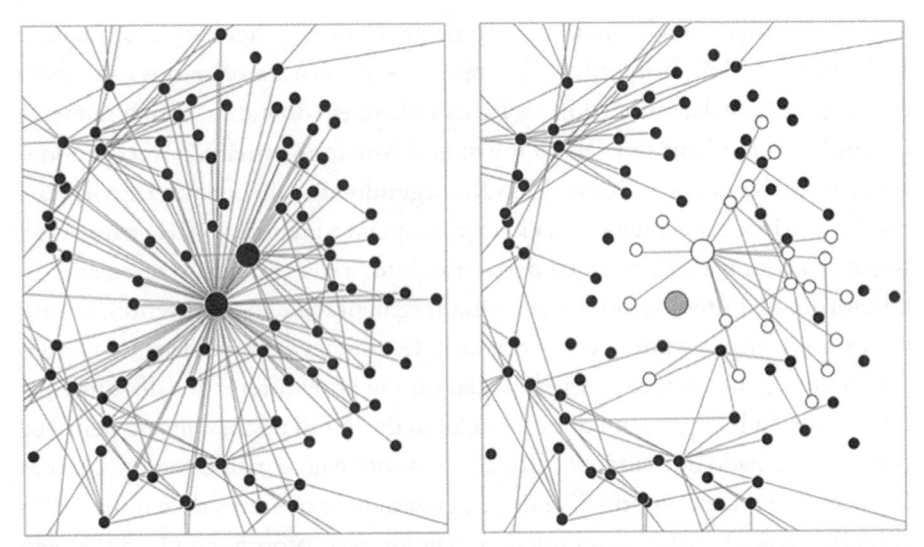

12. A rede protestante inglesa logo antes (esquerda) e depois (direita) da execução de John Bradford, em 1º de julho de 1555. A morte de Bradford (o grande nódulo de cor preta à esquerda, cinza à direita) seccionou toda uma sub-rede centrada na mãe dele (os nódulos de cor branca à direita).

não destruíram a rede, pois outras figuras com alta centralidade de intermediação, entre elas emissários de cartas e apoiadores financeiros como Augustine Berner e William Punt, assumiram o controle do processo.[7] Poucas coisas simbolizaram melhor a crise da ordem hierárquica do século XVII do que os vãos esforços da filha mais velha de Henrique VIII de desfazer a revolução religiosa que o pai havia adotado de maneira oportunista a fim de se divorciar da mãe dela.

Já faz meio milênio desde que os navios portugueses chegaram à costa de Guangdong e que Lutero pregou sua tese na porta da Igreja de Todos os Santos em Wittenberg. O mundo em 1517, quando os grandes distúrbios da exploração europeia e da Reforma avançavam, era um mundo de ordens hierárquicas. O imperador Zhengde e o inca Huayna Capac eram apenas dois membros de uma elite global de déspotas. Foi em 1517 que o sultão otomano Selim I – Selim, o Severo – conquistou o Sultanato Mameluco – que se estendia da península Arábica à Síria, à Palestina e ao próprio Egito. Ao leste, o xá safávida Ismail governava toda a região que nos dias modernos chamamos de Irã e Azerbaijão, o sul do Daguestão, a Armênia, Khorasan, o leste da Anatólia e a Mesopotâmia. Ao norte, Carlos I – herdeiro das Casas de Habsburgo, Valois-Borgonha e Trastámara – governava os reinos espanhóis de Aragão e Castela, assim como os Países Baixos; em dois anos, com o nome de Carlos V, ele também seria eleito imperador romano-germânico, sucedendo o avô, Maximiliano I. Em Roma, Leão X – segundo filho de Lorenzo de Médici – era o papa. Francisco I reinava na França, enquanto Henrique VIII governava a Inglaterra com nada menos que poder absoluto; à sua vontade, o reino adotou a Reforma de Lutero (embora de forma fragmentada e inconsistente). Como vimos, a hierarquia é um tipo especial de rede, em que a centralidade do nódulo governante é maximizada. A rede social que se pode inferir dos documentos oficiais dos Tudor, que contêm cartas de mais de 20 mil pessoas, ilustra bem esse ponto. No reinado de Henrique VIII, a pessoa com o grau mais elevado é Thomas Cromwell (o secretário principal do rei, guardião do selo privado e ministro da Fazenda), com 2.149 correspondentes, seguido pelo próprio rei (1.134) e pelo Cardeal Thomas Wolsey, seu lorde chanceler (682). Entretanto, em termos de centralidade de intermediação, o rei vinha em primeiro lugar.[8]

Um aspecto fascinante desse mundo hierárquico era a similaridade do exercício de poder em todos esses impérios e reinos, a despeito do fato de que as conexões entre os mundos europeus e não europeus eram tênues, quando existiam. (Fora da Europa, onde os monarcas se envolviam em um torneio perpétuo de guerra e diplomacia dinástica, não havia uma rede de déspotas.) Selim, o Severo, era famoso por ser impiedoso em relação aos seus grão-vizires, tendo executado tantos deles que "Que você se torne um vizir de Selim" se tornou uma maldição turca. Henrique VIII tratava seus ministros e esposas com frieza não menos famosa, enquanto Basílio III, grande príncipe de Moscou, se mostrava igualmente pronto para sentenciar cortesãos poderosos à morte – e, assim como Henrique, se divorciou da primeira esposa porque ela não conseguiu lhe gerar um herdeiro. No leste da África, o imperador da Etiópia, Dawit II, entrou em guerra com o emirado muçulmano de Adal de maneira não muito diferente dos conflitos entre governantes cristãos e muçulmanos que, por muito tempo, haviam se alastrado pelo litoral mediterrâneo. Hoje, os historiadores reconhecem, no mundo de 1517, um pouco mais de trinta impérios, reinos e grão-ducados com extensão e coesão que se aproximam da noção de Estado. Em todos eles – até na única república, Veneza –, o poder se concentrava nas mãos de um único indivíduo, em geral um homem (a rainha

Joana de Castela era a única governante mulher do mundo naquele ano). Alguns reis herdaram seus tronos por nascimento. Outros foram eleitos (embora nenhum tenha sido eleito democraticamente). Alguns, como Jungjong, da dinastia Joseon (Coreia), ascenderam ao trono por meio de violência. Havia reis jovens (Jaime V da Escócia tinha só 5 anos em 1517) e velhos (Sigismundo I, rei da Polônia e grão-duque da Lituânia, viveu até os 85 anos). Alguns governantes titulares eram fracos, em particular o imperador Go-Kashiwabara, do Japão, onde o verdadeiro poder se encontrava nas mãos do xógum Ashikaga Yoshiki. O poder relativo de proprietários menores de terra variava de lugar para lugar. Alguns reinos, como Ryukyu, durante o governo de ShōShin, eram pacíficos. Outros – em particular, a Escócia – estavam sendo assolados pela discórdia. Contudo, a maioria dos primeiros monarcas modernos apreciava um tipo de poder pessoal sem entraves – inclusive o poder de vida e morte sobre os súditos – que hoje em dia existe somente em alguns poucos Estados da Ásia Central e Oriental. Apesar de separados por milhares de quilômetros, autocratas asiáticos de sucesso como Krishnadevaraya, o imperador de Vijayanagara – o mais poderoso governante hindu no início do século XVI –, se comportavam de maneira impressionantemente similar aos seus contemporâneos da Europa renascentista, orgulhando-se de suas proezas marciais e judiciais, patrocinando as artes e a literatura.

A partir do início da década de 1500, esse mundo de hierarquias se viu sob um ataque duplo de redes revolucionárias. Armados de sua tecnologia de navegação superior e buscando novas oportunidades comerciais, os "descobridores" e "conquistadores" da Europa Ocidental viajaram para outros continentes em números cada vez maiores, derrubando – com a ajuda dos patógenos que os acompanharam –, todos os governantes estabelecidos da América e estabelecendo uma rede global de entrepostos fortificados que corroeram mais lentamente a soberania dos regimes asiáticos e africanos. Ao mesmo tempo, disseminado tanto por meio da prensa móvel quanto pelos púlpitos, um vírus religioso que passou a ser conhecido como protestantismo perturbou uma hierarquia eclesiástica cuja linhagem podia ser traçada até São Pedro. As consequências da Reforma foram sentidas primeiro na Europa, e se provaram, sem dúvida, terríveis.[9]

As guerras religiosas causaram caos de forma recorrente dentro dos reinos e entre eles de 1524 a 1648. Com a autoridade de Roma tendo sido desafiada com sucesso, o norte da Europa testemunhou uma epidemia de inovação religiosa: os luteranos logo foram desafiados pelos calvinistas e zwinglianistas, que rejeitaram a crença luterana de que, no ritual da sagrada comunhão, os elementos consagrados do pão e do vinho são o verdadeiro corpo e sangue de Cristo. Diferentemente dos cismas anteriores dentro do cristianismo (a disputa sobre o arianismo no século IV, a grande divisão entre cristianismo ocidental e oriental em 1054, o período dos papas rivais entre 1378 e 1417), as divisões da Reforma tendiam a se multiplicar: a fissiparidade era, de fato, um dos traços que a definiam. O caso mais extremo foi o dos anabatistas, que defendiam que o batismo deveria ser um ritual consciente e voluntário, ao qual as crianças eram jovens demais para serem submetidas. Em fevereiro de 1534, um grupo de anabatistas, liderado por Jan Bockelson (João de Leiden) e Jan Matthys, tomou o poder na cidade de Münster, na Vestfália, e fundou o que hoje se poderia chamar de "o Estado Cristão": um regime radicalmente igualitário, iconoclasta e teocrático, supostamente baseado numa interpretação literal da Bíblia. Queimando todos os livros com exceção da Bíblia, os anabatistas proclamaram a "Nova Jerusalém", legalizaram a poligamia e se prepararam para entrar em guerra contra os céticos em antecipação à Segunda Vinda de Cristo. Em meados do século XVII, no período republicano (Commonwealth) da Inglaterra, os dissidentes protestantes que rejeitavam o "meio-termo" anglicano entre o luteranismo e o catolicismo haviam formado várias seitas rivais, em particular os quinto-monarquistas (assim chamados devido à profecia no Livro de Daniel de que quatro monarquias antigas precederiam o reino de Cristo), os muggletonianos (cujo nome vem de Lodowicke Muggleton, um dos dois alfaiates de Londres que alegaram ser os últimos profetas previstos pelo livro do Apocalipse), os *quakers* (ou quacres, que significa "os que tremem", pois diziam que "tremiam ante a palavra do Senhor"), e os *ranters* ("faladores", assim nomeados por causa da sua adoração barulhenta e supostamente hedonista).

Teria a Reforma sido um desastre? Em 1648, data da Paz da Vestfália (ver gravura 9),* ela por certo havia sido responsável por uma quantidade

---

* A Paz da Vestfália é citada com frequência como um momento em que as estruturas hierárquicas foram reimpostas na Europa depois do cataclismo da Guerra dos Trinta Anos. Ela consistiu de três tratados distintos, um entre a República Holandesa e a Espanha, outro entre o Império Romano-Germânico e a França (e seus aliados), apavorante de mortes violentas e, muitas vezes, horrivelmente cruéis. Nas Ilhas Britânicas, ela acabou por levar a uma revolução política. Esse processo havia começado, segundo uma interpretação inovadora, como resultado das maquinações do conde de Bedford e do puritano (ou seja, protestante devotado) conde de Warwick, cada um dos quais buscava restringir o rei Carlos I por razões tanto políticas quanto religiosas. Essa "junta" aristocrática desejava não apenas a revolução religiosa, mas a transformação do rei inglês em pouco mais do que um doge de Veneza, subordinado à oligarquia deles.[10] Depois de 1642, as tensões entre a "corte" e o "país" – e entre Inglaterra, Escócia e Irlanda – se agravaram ao ponto de chegarem à guerra civil, que o rei perdeu. Após ele ter sido decapitado em 30 de janeiro de 1649, a Inglaterra foi declarada uma "Commonwealth", uma república. Fiel às predições da teoria política clássica, ela não durou muito: em 1653, o Exército Novo dissolveu o chamado Parlamento Manco e nomeou Oliver Cromwell "lorde protetor". Essa instituição também não sobreviveu por muito tempo: em maio de 1660, apenas dois anos depois da morte de Cromwell, um novo parlamento decretou que Carlos II havia, na realidade, sido rei desde que o pai fora executado. É possível que cerca de 100 mil pessoas na Inglaterra e no País de Gales tenham perdido a vida na Guerra Civil. As taxas de mortalidade eram provavelmente maiores na Escócia, e muito maiores na Irlanda. De fato, é provável que esta última tenha sofrido perdas mais graves de população em termos relativos do que na Grande Fome da década de 1840, e, por certo, tanto quanto a Alemanha na Guerra dos Trinta Anos.

As guerras e perseguições que a Reforma desencadeou foram, com certeza, muito além do que Lutero havia pretendido. Da posição estratégica dos católicos, cuja Contrarreforma pelo menos manteve o protestantismo fora do sul da Europa (e fora dos impérios da Espanha e de Portugal), a moral era bem clara: os desafios à hierarquia papal e episcopal por uma rede que

---

e o terceiro entre o Império e a Suécia (e seus aliados). Embora mais de cem delegações tenham participado das negociações nas cidades vizinhas de Münster (católica) e Osnabrück (parcialmente luterana), é comum que se diga que a Paz da Vestfália estabeleceu uma estrutura baseada em Estados soberanos coexistentes, mas em competição, que concordaram em não intervir nos assuntos domésticos (por exemplo, religiosos) uns dos outros. Esse princípio já havia sido estabelecido pela Paz de Augsburgo quase um século antes, mas foi reafirmado por Vestfália.

se intitulava o "sacerdócio de todos os crentes" levaram de imediato a uma anarquia sangrenta. Os aristocratas britânicos aprenderam uma lição diferente. Após a tentativa frustrada de Jaime II de restaurar o catolicismo, eles chegaram à conclusão de que os poderes do monarca deveriam ser limitados de forma permanente por parlamentares que eles dominavam por meio de redes de clientelismo,[11] e que o "entusiasmo" religioso deveria ser restringido o máximo possível por uma Igreja anglicana que manteria uma *via media* entre o puritanismo e o "papismo". Havia muita verdade nas duas perspectivas. No entanto, eles negligenciaram benefícios vitais e igualmente involuntários dos distúrbios que Lutero havia desencadeado.

III
Letras e lojas

17
As consequências econômicas da Reforma

O fracasso da Contrarreforma em tentar derrotar a "Internacional Calvinista"[1] teve vastas consequências econômicas e culturais. Antes da Reforma, havia relativamente pouco que distinguisse o desempenho econômico do noroeste da Europa do desempenho, por exemplo, dos impérios chinês e otomano. Depois da revolução de Lutero, os Estados protestantes começaram a mostrar sinais de maior dinamismo econômico. Por que isso aconteceu? Uma resposta é que, apesar do desejo de Lutero de purificar a Igreja, a Reforma levou a uma realocação de recursos, em larga escala, das atividades religiosas para as atividades seculares. Dois terços dos mosteiros nos territórios protestantes da Alemanha foram fechados, com essas terras e outros bens sendo, na maioria, apropriados por governantes seculares e vendidos a súditos ricos, como também aconteceu na Inglaterra. Parcela crescente de alunos universitários desistiu de quaisquer planos de optar pela vida monástica, voltando a atenção para vocações mais terrenas. A construção de igrejas diminuiu; a construção secular aumentou. Como se observou, com correção, a Reforma teve consequências que não haviam sido de jeito nenhum intencionais, e, nesse sentido, foi "um movimento religioso que contribuiu para a secularização da Europa".[2]

Ao mesmo tempo, a revolução da impressão que tornou a Reforma possível teve suas próprias consequências involuntárias. Entre 1450 e 1500, o preço dos livros caiu em dois terços, e o preço continuou a cair depois disso. Em 1383, pagar um escriba para escrever um único missal para o bispo de Westminster havia custado o equivalente a 208 dias de salário. Já na década de 1640, graças à impressão, mais de 300 mil almanaques populares eram vendidos anualmente na Inglaterra, cada um com entre 45 e cinquenta páginas e custando apenas dois *pennies*, numa época em que o salário diário de um trabalhador não especializado era 2,5 *pennies*. Em média, o preço real dos livros na Inglaterra caiu em 90% entre o fim do século XV e o fim do século XVI.³ O que aconteceu foi mais do que uma explosão na venda de livros. Entre 1500 e 1600, as cidades onde prensas móveis haviam sido estabelecidas ao fim do século XV cresceram pelo menos 20% (e algumas até 80%) mais rápido do que cidades similares que não as adotaram tão cedo. Pode-se creditar a difusão da impressão por entre 18% e 80% do crescimento urbano entre 1500 e 1600.⁴ Dittmar chega a defender a ideia de que "o impacto no bem-estar causado pelos livros impressos foi equivalente a 4% da renda na década de 1540, e 10% da renda em meados do século XVII", o que seria significantemente mais do que o impacto no bem-estar causado pelos computadores pessoais na nossa época, estimado em não mais do que 3% da renda em 2004.⁵ O declínio no preço de um PC entre 1977 e 2004 seguiu uma trajetória bem similar ao declínio no preço de um livro entre as décadas de 1490 e 1630. No entanto, a revolução anterior, mais lenta, na tecnologia de informações parece ter sido a de maior impacto econômico. A melhor explicação para essa diferença é o papel da impressão na disseminação de conhecimentos até então indisponíveis que eram fundamentais para o funcionamento de uma economia moderna. O primeiro texto impresso conhecido sobre matemática foi a *Treviso Arithmetic* (1478). Em 1494, a *Summa de arithmetica, geometria, proportioni et proportionalità* de Luca Pacioli foi publicada em Veneza, enaltecendo os benefícios da contabilidade de partidas dobradas. Livros sobre tecnologias de manufatura como produção de cervejas e vidraria logo se seguiram, garantindo o alastramento rápido das melhores práticas.

Isso não foi tudo. Antes da Reforma, a vida cultural na Europa havia girado expressivamente em torno de Roma. Depois da revolução de Lutero, a rede da cultura europeia mudou por completo. Com base em dados sobre locais de nascimento e morte dos pensadores europeus, é possível traçar a emergência de duas redes interpoladas: um regime de "o vencedor leva tudo", centrado de forma maciça nos arredores de Paris, e um regime de "os mais capazes se tornam mais ricos", em que muitos subcentros competiam entre si em agrupamentos espalhados pela Europa Central e pelo norte da Itália.⁶ Depois de 1500, nem todos os caminhos levavam a Roma (ver gravura 10).

18
Trocando ideias

Enquanto alguns massacravam, outros estudavam. Apesar das revoltas desencadeadas pela Reforma – que ainda precipitaria uma rebelião escocesa em apoio à dinastia católica dos Stuart, deposta em 1745 –, a história intelectual europeia nos séculos XVII e XVIII foi caracterizada por redes que impulsionaram uma sucessão de ondas de inovação, das quais a Revolução Científica e o Iluminismo foram as mais importantes. Em cada caso, o compartilhamento de ideias novas dentro das redes de acadêmicos gerou avanços impressionantes nas ciências naturais e na filosofia. Como ocorrera com o alastramento da tecnologia de impressão, havia um padrão geográfico para o alastramento da ciência que pode ser reconstruído com base nas carreiras de cientistas individuais. No século XVI, o polo principal da rede científica era Pádua, que estava no centro de um agrupamento de outras cidades universitárias italianas. Havia laços desse agrupamento com outras nove cidades importantes no sul da Europa, e também com as distantes Oxford, Cambridge e Londres. Dois nódulos alemães – Wittenberg e Jena – estavam conectados somente um ao outro. No decorrer do século XVII, juntaram-se a Pádua quatro outros polos de atividade científica: Londres, Leiden, Paris e Jena. Copenhague se tornou um dos muitos nódulos novos na periferia geográfica.[1]

As redes de correspondência nos permitem uma perspectiva mais profunda da evolução da Revolução Científica. Ismaël Boulliau foi um astrônomo e matemático francês que também se interessava por história, teologia e estudos clássicos. A sua correspondência era volumosa: 4.200 cartas entre os anos 1632-93, e mais outras oitocentas dele ou para ele que não estão incluídas na *Collection Boulliau* (Coleção Boulliau). Também era abrangente, se estendendo muito além da França para a Holanda, a Itália, a Polônia, a Escandinávia e o Oriente Médio.[2] Comparável em escala foi a correspondência de Henry

Oldenburg, o primeiro secretário da Real Sociedade de Londres, que escreveu ou recebeu 3.100 cartas entre 1641 e 1677. Além da Inglaterra, a rede de Oldenburg incluía a França, a Holanda, a Itália, o Oriente Médio e diversas colônias inglesas.[3] Em termos quantitativos, é preciso dizer que não havia nada de novo nisso. As figuras na liderança da Renascença e da Reforma aparentemente produziram uma quantidade comparável de cartas: sobreviveram mais de 3 mil de Erasmo, mais de 4 mil de Lutero e de Calvino cada, e mais de 6 mil de Inácio de Loyola, o fundador da Companhia de Jesus. Uma quantidade consideravelmente maior de cartas foi produzida por alguns mercadores e aristocratas.[4] A diferença era que, com o advento de instituições como a Real Sociedade de Londres, a correspondência científica passou a tomar a forma de um esforço coletivo.

Uma boa ilustração de como a ciência de espalhou por essas redes foi a pesquisa de Antonie van Leeuwenhoek sobre o tratamento da gota, que revelou a eficácia de um remédio que foi primeiro observado na colônia holandesa de Batávia (hoje parte da Indonésia). O relatório de Leeuwenhoek à Real Sociedade de Londres disseminou o novo conhecimento não apenas aos membros dessa sociedade, mas muito mais além. A correspondência com indivíduos que não eram membros – clássicos laços fracos – deu acesso ao agrupamento intelectual que se havia formado em Londres e em seus arredores.[5] Os Estatutos da Real Sociedade eram explícitos a respeito de propiciar ao seu presidente, conselho e membros, e a seus sucessores, a liberdade de "gozar de informações e conhecimento mútuos com todos e *com toda espécie de estranhos e estrangeiros, sejam individuais ou em colegiado, corporativos ou políticos*, sem qualquer assédio, interrupção ou interferência de nenhum tipo" (ênfase acrescentada).[6] A única condição era que o compartilhamento de informações deveria beneficiar a sociedade e ser do interesse dela. Começando com Oldenburg, muitos secretários sucessivos desempenharam papel crucial (embora com graus variados de sucesso) na administração da extensa correspondência da sociedade. Na gestão de Edmond Halley, permitiu-se que as cartas que chegavam (entre elas as de Leeuwenhoek) se acumulassem sem ser lidas, mas sob o controle de seu sucessor, o físico James Jurin, a sociedade atuou como polo para uma rede internacional de acadêmicos com vocação científica que incluía médicos, cirurgiões, professores, sacerdotes e farmacêuticos, um quarto deles baseados na Europa e cerca de 5% nas colônias da

América do Norte. Em dezembro de 1723, Jurin leu a sua "Proposal for Joint Observations on the Weather" [Proposta de observação conjunta do clima], que defendia observações meteorológicas coordenadas por meio de uma rede de correspondentes. Sua premissa era que "uma verdadeira Teoria do Clima não pode ser alcançada pelo conhecimento das alterações sucessivas em um único lugar, qualquer que seja", mas "exige a assistência conjunta de muitos observadores".[7] Nos meses que se sucederam, ele recebeu observações de Berlim, Leiden, Nápoles, Boston, Luneville, Upsália e São Petersburgo.

Em contraste, a Academia de Ciências de Paris era, na origem, propriedade privada da coroa. Reuniu-se pela primeira vez em 22 de dezembro de 1666 na biblioteca do rei, e tinha uma política oficial de sigilo. Todas as discussões e deliberações eram em particular, e os que não eram membros eram barrados das sessões.[8] Os membros estavam, portanto, efetivamente afastados da rede pan-europeia que, com seu rápido crescimento, geraria a Revolução Científica. Boa parte da Europa católica mantinha posição semelhante. Não foi por acidente que os intelectuais portugueses foram capazes de se juntar à rede científica mais ampla que era conhecida como "os Estrangeirados".[9] Apropriadamente, foi a emergência de uma rede científica cosmopolita que levou ao nascimento da própria teoria das redes, com o trabalho de Euler sobre o problema das pontes de Königsberg (ver a introdução deste livro). Nascido em Basileia, onde foi aluno de Johann Bernoulli, Euler chegou à fama após terminar em segundo lugar na competição dos Problemas do Prêmio da Academia de Paris quando tinha apenas 20 anos. Ele estava trabalhando na Academia Imperial Russa de Ciências de São Petersburgo quando solucionou o problema de Königsberg, mudando-se para Berlim por convite de Frederico, o Grande, em 1741 (embora os dois acabassem não se dando bem e Euler tenha mais tarde retornado à Rússia).

Não eram apenas teoremas matemáticos que estavam sendo trocados no século XVIII. As redes criadas pelo comércio e pela migração transatlânticos, a essa altura, cresciam de modo exponencial, enquanto os mercadores e colonos europeus exploravam os custos de transporte em rápida queda e a disponibilidade de terra efetivamente grátis na América no Norte, assim como o trabalho escravo barato no oeste da África. A economia do Atlântico no século XVIII havia sido descrita como "uma enorme rede de comércio em que não somente todos conheciam todos, mas também todos tinham amigos que tinham amigos".[10] Seria mais correto pensar em redes múltiplas interconectadas, com os portos principais como polos.[11] Uma boa ilustração disso é a maneira como mercadores escoceses acabaram por desempenhar papel predominante no comércio de vinho da ilha da Madeira no decorrer do século XVIII. Em 1768, um terço dos 43 mercadores estrangeiros que residiam na ilha era formado por escoceses, inclusive cinco dos dez maiores exportadores de vinho. Embora alguns dos mercadores de vinho fossem aparentados, a maioria dos elos na rede era entre "correspondentes" e "conexões". É verdade que a frouxidão relativa desses laços trazia algumas desvantagens, no sentido de que os dirigentes tinham as dificuldades costumeiras para fazer seus agentes seguirem suas instruções. Os fluxos de informação eram volumosos, mas muitas vezes contaminados por mexericos fúteis; os custos de transação eram altos, visto que os mercadores barganhavam constantemente entre si.[12] Por outro lado, essa rede era dinâmica e respondia às alterações do mercado.[13]

Uma solução foi combinar os desafios da formação de redes com algum elemento da administração hierárquica. Formalmente, os diretores da Companhia das Índias Orientais [East India Company – EIC] em Londres controlavam uma parte substancial do comércio entre a Índia e a Europa Ocidental. Na realidade, como os registros de mais de 4.500 viagens dos mercadores da companhia demonstram, os capitães dos navios muitas vezes faziam viagens paralelas ilícitas, comprando e vendendo por conta própria.[14] Ao fim do século XVIII, o número de portos na rede de comércio resultante era maior do que uma centena, variando entre entrepostos abertos como Madras e mercados regulamentados como Cantão (Guangzhou).[15] Com efeito, o comércio privado fornecia os elos fracos que uniam agrupamentos regionais que, de outra forma, permaneceriam desconectados.[16] Essa rede tinha uma vida própria que os diretores da companhia em Londres simplesmente não controlavam. De fato, essa foi uma das chaves para o sucesso da EIC: assemelhava-se mais a uma rede do que a uma hierarquia. De forma significativa, a rival holandesa proibiu os empregados de fazerem comércio privado. Isso talvez explique por que ela acabou sendo suplantada.[17] Só quando os mercadores da EIC encontraram portos organizados de modo muito hierárquico, como Baticaloa – que a família real cingalesa monopolizava –, a estratégia de formação de redes fracassou.[18] Quando a EIC se retirou do comércio intra-asiático para se concentrar nas trocas entre a Ásia e a Europa, a densidade de sua rede marítil-

| A. 1620-4 | B. 1660-4 | C. 1720-4 |
| D. 1760-4 | E. 1796-1800 | F. 1820-4 |

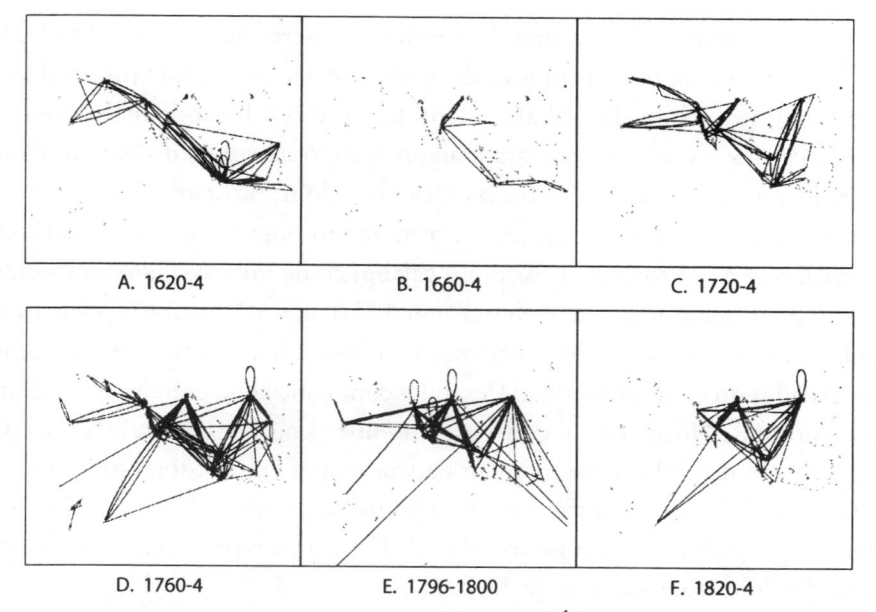

13. A rede de comércio da Companhia Britânica das Índias Orientais, 1620-1824. Os mercadores se beneficiavam da infraestrutura da EIC, mas a Companhia se beneficiava da habilidade dos mercadores de construir uma rede entre múltiplos portos.

ma se provou crucial.[19] Apenas quando o modelo de negócios da companhia passou do comércio para a taxação dos indianos é que a estrutura se tornou mais hierárquica. De fato, à época de Robert Clive, a EIC já assumia o caráter de um governo colonial com capacidade bélica considerável.

Para o tipo de família ambiciosa e aventureira que, no passado, havia sido tão comum nas Terras Baixas da Escócia, esse era um mundo de oportunidades.[20] Os Johnstone saíram de Waterhall, em Dumfriesshire, que Daniel Defoe chamou de "uma região selvagem e montanhosa onde não se pode esperar nada além do que é desolado e lúgubre". Dos onze filhos de James e Barbara Johnstone que sobreviveram até a maturidade, quase todos passaram parte considerável da vida fora da Escócia. Quatro irmãos – James, William, George e John – acabaram sendo eleitos para a Câmara dos Comuns; de 1768 a 1805, havia sempre pelo menos um Johnstone no parlamento. O segundo filho, Alexander, comprou uma grande plantação de cana-de-açúcar em Granada, que ele rebatizou de "Westerhall". Um dos irmãos mais jovens, Sir William Johnstone Pultney, liderou a associação de investidores que, em 1792, adquiriu o Genesee Tract, mais de 1 milhão de acres no oeste do Estado de Nova York. À época da sua morte, ele também havia acumulado propriedades em Dominica, Granada, Tobago e Flórida. Os três Johnstone mais jovens – John, Patrick e Gideon – passaram algum tempo no subcontinente indiano a serviço da Companhia das Índias Orientais. John prosperou, aprendendo tanto o persa quanto o bengalês, e acumulando uma fortuna considerável. Patrick teve a má sorte de perecer no calabouço de Fort William conhecido como o "buraco negro de Calcutá" em 1756, aos 19 anos. Os Johnstone também serviram nas colônias britânicas na América do Norte: George como governador do oeste da Flórida, Alexander como oficial do exército no Canadá e no norte de Nova York, e Gideon como oficial naval na costa atlântica. O mais jovem dos Johnstone também passou tempo em Baçorá, em Maurício e no cabo da Boa Esperança. Em certo ponto da carreira, ele vendeu água do rio Ganges para os peregrinos indianos.[21] (Veja uma representação gráfica da rede dos Johnstone na gravura 11.)

    Os polos da rede mercantil global eram cidades portuárias como Edimburgo, Londres, Kingston, Nova York, Cidade do Cabo, Baçorá, Bombaim e Calcutá. No entanto, não eram apenas mercadorias e ouro que fluíam pelos caminhos marítimos que ligavam essas metrópoles. Escravos também cruzavam o Atlântico aos milhões. Centenas deles trabalharam na plantação de Johnstone em Granada; foi um Johnstone que perdeu no tribunal o caso que deu fim ao reconhecimento legal da escravidão na Escócia; era um Johnstone (John) o proprietário de Belinda, a última pessoa reconhecida pelos tribunais da Escócia como sendo legalmente uma escrava. Contudo, as ideias – inclusive as de emancipação – também fluíram pela rede comercial do século XVIII. Margaret Johnstone era uma jacobita fervorosa que escapou da prisão no Castelo de Edimburgo, morrendo no exílio na França. William Johnstone era membro do clube de Edimburgo conhecido como Sociedade Seleta, com Adam Smith, David Hume e Adam Ferguson, que valorizavam muito o intelecto de William. O filho deste, John, aderiu à Sociedade de Edimburgo pela Abolição do Comércio de Escravos Africanos. Os tios James e John também se opuseram à escravidão; William assumiu o outro lado da questão. George flertou com o apoio à Revolução Americana e foi enviado às colônias em 1778, como membro da malfadada comissão de paz. Os Johnstone conheciam tanto Alexander Hamilton quanto sua nêmesis, Aaron Burr, que certa vez visitou o lar de Betty em Edimburgo.²² Os Johnstone talvez tenham sido um caso extremo de família globalizada. Porém, mesmo em Angoulême, cidade provinciana francesa ao norte de Bordeaux, no século XVIII uma proporção surpreendentemente alta de habitantes havia viajado ou vivido fora da França (ver gravura 14).

19
Redes do Iluminismo

A palavra impressa havia tornado a Reforma possível, bem como impulsionado a Revolução Científica. Talvez seja paradoxal que o Iluminismo deva o mesmo, se não mais, à antiquada palavra escrita à mão. Com certeza, os *philosophes* publicaram seus trabalhos, muitos de maneira prolífica. Contudo, algumas das trocas de ideias mais importantes foram feitas por meio de cartas particulares. De fato, é a sobrevivência de tanto dessa correspondência – dezenas de milhares de cartas trocadas entre mais de 6 mil autores – que permite que acadêmicos modernos reconstruam a rede do Iluminismo.

Somos tentados a pensar no Iluminismo como um fenômeno cosmopolita, ligando *philosophes* e *literati* por toda a Europa, de Glasgow a São Petersburgo. Entretanto, as correspondências dos principais pensadores do século XVIII se revelam, a uma inspeção mais detalhada, estar agrupadas de modo mais nacional.[1] A rede de Voltaire de mais de 1.400 correspondentes, por exemplo, era 70% francesa.[2] Sabemos a procedência e o destino de cerca de 12% das cartas de Voltaire. Dessas, mais da metade (57%) foram enviadas a Paris ou de lá vieram. Por certo, Voltaire trocou cartas com Jonathan Swift e Alexander Pope, mas apenas algumas. Seus principais correspondentes na Inglaterra eram figuras obscuras: Sir Everard Fawkener, um comerciante de seda, e George Keate, um poeta pouco conhecido em Ferney.

Voltaire era um de muitos "polos" dos iluministas – dois outros eram Jean-Jacques Rousseau, e o editor da *Encyclopédie*, Jean-Baptiste le Rond d'Alembert –, cujas redes de egos eram os componentes maiores de uma rede mais ampla que contemporâneos viam como uma *société littéraire ou savante* [sociedade de literatos ou de sábios].[3] Era uma rede centrada geometricamente em Paris. Doze por cento de uma amostra de cerca de 2 mil de seus membros morreram lá, assim como 23% daqueles que contribuíram para

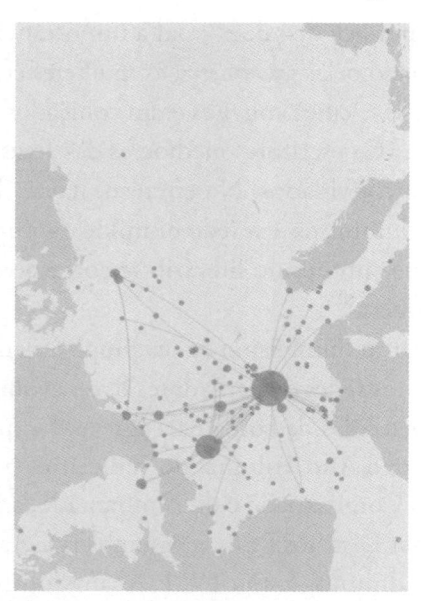

14. A rede de correspondentes de Voltaire. Tratava-se de uma rede mais francocêntrica do que interpretações tradicionais do Iluminismo como um movimento internacional nos levariam a imaginar.

a *Encyclopédie*.[4] Era também uma sociedade rarefeita, que incluía dezoito príncipes e princesas, 45 duques e duquesas, 127 marqueses e marquesas, 113 condes e condessas e 39 barões e baronesas.[5] Os aristocratas compunham cerca de 0,5% da população francesa do século XVIII, mas cerca de um quinto da chamada "república das letras". Além disso, para uma rede que era com frequência associada a uma visão crítica da ordem estabelecida, essa república abrangia uma quantidade impressionante de altas autoridades da realeza.[6] Finalmente, embora tendamos a supor continuidades significativas entre a Revolução Científica e o Iluminismo, havia, na realidade, poucos cientistas praticantes na rede, embora muitos fossem membros de instituições como a Academia Francesa e a Academia Real de Ciências. Era uma república de letras mais do que uma república de números, uma rede de ensaístas mais do que de experimentadores.

As redes de correspondência contam apenas uma parte da história do Iluminismo, é claro. Aqueles que conheciam Voltaire, Rousseau ou D'Alembert se mostravam tão ávidos para encontrá-los quanto para lhes escrever. Aquela era também uma "república de salões"; daí a importância do papel de intermediação desempenhado pelas *salonnières*, as mulheres cujos lares se tornaram centros de trocas sociais, e cujos convites eram cobiçados por intelectuais com aspirações à grandeza.[7] Os escritores medíocres das áreas menos abastadas de Paris raramente eram convidados. No entanto, havia "laços fracos" entre a rede imponente dos iluministas e a rede humilde da imprensa marrom: oito membros do chamado submundo literário se correspondiam com Voltaire, Rousseau ou D'Alembert.[8]

Cada nação chegou ao Iluminismo da sua própria maneira. Em Paris, como em Edimburgo, as novas redes de pensadores livres evoluíram nos interstícios das instituições estabelecidas da coroa e da Igreja. A capital escocesa sediava os Tribunais de Sessão, o Alto Tribunal do Judiciário, o Tesouro Público, os menores Tribunais do Comissariado e do Almirantado, a Faculdade dos Advogados, a Convenção dos Distritos Reais, a Assembleia Geral da Igreja da Escócia e a Universidade de Edimburgo. Em 1751, Adam Smith se tornou professor universitário (embora em Glasgow, e não na capital). Em 1752, David Hume foi nomeado arquivista da Biblioteca dos Advogados. Na França, assim como na Escócia, o patrocínio aristocrático era outra fonte crucial de apoio material para a vida intelectual. Entre 1764 e 1766, Smith foi tutor do jovem duque de Buccleuch. Os grandes pensadores de Edimburgo, como os seus colegas franceses, não eram, na maioria, revolucionários. Nem eram, por outro lado, reacionários. A maioria deplorava o jacobitismo e apreciava a ordem hanoveriana. (Um dos esboços propostos para a Cidade Nova de Edimburgo era no formato da bandeira da Grã-Bretanha.)[9] Mesmo assim, a ação intelectual da época não estava em instituições estabelecidas, mas nos novos clubes informais da Cidade Velha: a Sociedade Filosófica (fundada em 1737 com o título mais enfadonho de Sociedade de Edimburgo para o Aprimoramento das Artes e das Ciências e Particularmente do Conhecimento Natural) e a Seleta Sociedade (1754-62). E, assim como os *dévots* da França deploravam e buscavam levar a julgamento os *philosophes*, também os tradicionalistas presbiterianos viam os *literati* da Escócia como "demônios do inferno". Em apenas algumas gerações, os herdeiros instigadores da revolução calvinista do século XVI haviam se tornado guardiões de um austero estabelecimento religioso, a "Kirk" (Igreja da Escócia). John Home foi julgado publicamente pelo sínodo presbiteriano da Igreja da Escócia e, como sentença, foi suspenso do clero por ter escrito a peça *Douglas* (1757).* Aqui, assim como em toda a Europa protestante, a prensa móvel se provou ser uma caixa de Pandora.

Como os iluministas franceses, os *literati* escoceses pensavam em termos globais, mas agiam em termos nacionais, a julgar pela correspondência de dez eminentes escoceses, inclusive Hume e Smith (ver figura 15).** Dez vezes mais cartas chegaram a Glasgow e Edimburgo, ou partiram dessas cidades, do que as que chegaram a Paris ou foram de lá enviadas. No entanto, Londres tinha importância maior do que Glasgow: tratava-se de uma rede britânica, não escocesa. De qualquer forma, o Iluminismo não era um curso de correspondência; nem eram as suas luzes-guias meros correspondentes. Como tutor do duque de Buccleuch, Adam Smith visitou Paris, onde conheceu (entre outros eruditos) D'Alembert, o fisiocrata François Quesnay e Benjamin Franklin. A república das cartas era móvel. Os grandes pensadores do século XVIII também eram pioneiros do turismo.

Para aspirantes a intelectuais que nasceram e cresceram a um oceano de distância, não havia, sem dúvida, nenhuma alternativa a não ser passar pelo menos algum tempo na Grã-Bretanha e na França. Benjamin Franklin personificava o Iluminismo colonial. Décimo quinto filho de um imigrante puritano do Northamptonshire, Franklin era um polímata autodidata, tanto em casa no laboratório quanto na biblioteca. Em 1727, ele formou a "Junta", um clube para que homens como ele se encontrassem e trocassem ideias. Dois anos mais tarde, ele começou a publicar o jornal *Pennsylvania Gazette*. Em 1731, estabeleceu a primeira biblioteca pública norte-americana. Doze anos mais tarde, fundou outra instituição, a Sociedade Filosófica Americana. Em 1749, Franklin se tornou o primeiro presidente da Academia, Escola de Caridade e Faculdade de Filadélfia. No entanto, com uma população de apenas 25 mil pessoas, Filadélfia não era nenhuma Edimburgo, muito menos Paris, que era mais de vinte vezes maior. Até 1763, Franklin não tinha nenhum

---

* Os anciãos da Kirk consideraram ofensivas as seguintes frases: "Difícil é o destino dele; pois ele não teve culpa! Há um destino neste mundo estranho. Ele muitas vezes decreta uma punição não merecida: que os estudiosos nos expliquem a razão disso".

** Os outros eram Hugh Blair, Gilbert Elliot (lorde Minto), Adam Ferguson, Henry Home (lorde Kames), John Home, Allan Ramsay, Thomas Reid e William Robertson.

15. Paródia de *Escola de Atenas* de Rafael, feita por James Scott, no estilo de Sir Joshua Reynolds (1751). A rede do Iluminismo era baseada em turismo tanto quanto em correspondências.

correspondente fora das colônias americanas. Foi somente depois de sua viagem a Londres naquele ano que a parcela de não americanos entre os seus correspondentes pulou de zero para quase a quarta parte. Embora Franklin nunca tenha se correspondido com seu quase contemporâneo Voltaire, as visitas do primeiro à Europa garantiram que ele se tornasse parte totalmente integral da rede do Iluminismo. Ele foi eleito membro da Real Sociedade, e também da Real Sociedade das Artes, em 1756. Além de ter realizado múltiplas viagens a Londres, Franklin visitou tanto Edimburgo quanto Paris, e também viajou pela Irlanda e pela Alemanha.[10] Tudo isso ocorreu antes de ele emergir como um dos colonos rebeldes dispostos a contemplar a independência da terra-mãe, cortando os laços hierárquicos que subordinavam as colônias americanas à soberania do "rei no Parlamento" na distante Londres. Ironicamente, para a geração de Franklin de intelectuais das colônias, Londres permaneceu sendo "a capital da América", mesmo que tivessem passado a se ressentir das restrições políticas que Londres impunha a eles.[11]

20
Redes da revolução

Nas grandes revoluções políticas do fim do século XVIII, como nas revoluções religiosas e culturais anteriores, o papel das redes foi vital. Mais uma vez, papel crucial foi desempenhado pela palavra escrita e impressa. Em livros, panfletos, jornais, mas também em incontáveis cartas manuscritas, os argumentos em favor de mudanças políticas radicais eram defendidos, as críticas à autoridade real eram explicitadas. Aos olhos dos "homens das letras", a caneta frequentemente parecia mesmo ser mais poderosa do que a espada, e o escritor – poeta, dramaturgo, romancista, polemista – emergia como um dos heróis da época, auxiliado pelo editor destemido. Não é de estranhar que os impostos sobre a impressão se tornaram objeto de rebeldia irada.[1] Unidos por uma verdadeira trama de redes sociais, os escribas e os impressores do mundo ocidental pareciam determinados a se libertar do governo hereditário por meio de seus textos. De Boston a Bordeaux, a revolução foi, em grande parte, a conquista das redes de autores, os melhores dos quais eram também oradores cujas palavras gritadas conseguiam reunir multidões na praça e incitá-las a invadir as torres do velho regime.

Contudo, as revoluções, para terem sucesso, precisam de guerreiros tanto quanto de escritores. Além disso, as redes revolucionárias precisavam ser resistentes; não poderiam se despedaçar com facilidade quando o poder hierárquico reagisse com repressão. Nesse contexto, o caso de Paul Revere há muito tempo tem sido significativo. O poema de Henry Wadsworth Longfellow não é mais decorado pelas crianças nas escolas nos Estados Unidos, e ninguém se lembra mais de *Cavalgada à meia-noite de Paul Revere*, de Thomas Edison, um dos primeiros filmes norte-americanos, mas a história permanece familiar.[2] "Uma lanterna se for por terra, duas se for por mar" – o sinal vital do campanário da Igreja do Norte a Revere – é uma das muitas frases que ainda ressoam:

> Uma carreira de cascos numa rua-aldeia,
> Uma figura à meia-noite, um vulto no escuro,
> E de sob os cascalhos, ao passar, uma faísca
> Acesa por um corcel que voa destemido e veloz:
> Isso foi tudo! No entanto, pela penumbra e pela luz,
> O destino de uma nação cavalgava naquela noite;
> E a faísca acesa por aquele corcel, em sua cavalgada,
> Abrasou a terra em chamas com o seu calor.*

A faísca ardente de Longfellow é uma metáfora, é claro, de um processo de transmissão de notícias que entendemos instintivamente – ou que pensamos que entendemos:

> Assim por toda a noite cavalgou Paul Revere;
> E assim por toda a noite soou o seu grito de alerta
> A todas as aldeias e fazendas do Middlesex –
> Um grito de desafio, e não de medo,
> Uma voz na escuridão, uma batida à porta,
> E uma palavra que ecoará para sempre!**

Entretanto, como observou Malcolm Gladwell, não é imediatamente óbvio por que Revere foi tão bem-sucedido em comunicar a informação de que tropas do rei seriam enviadas a cidades no noroeste de Boston – Lexington e Concord – a fim de prender os líderes dos colonos, John Hancock e Samuel Adams, na primeira e confiscar as armas da milícia colonial na segunda. Revere cavalgou apenas 21 quilômetros, batendo às portas e avisando da chegada dos soldados em cada cidade. Contudo, a notícia se espalhou ainda mais longe do

---

* *A hurry of hoofs in a village-street, / A shape in the moonlight, a bulk in the dark, / And beneath from the pebbles, in passing, a spark / Struck out by a steed that flies fearless and fleet: / That was all! And yet, through the gloom and the light, / The fate of a nation was riding that night; / And the spark struck out by that steed, in his flight, / Kindled the land into flame with its heat.* [N.T.]

** *So through the night rode Paul Revere; / And so through the night went his cry of alarm / To every Middlesex village and farm, – A cry of defiance, and not of fear, / A voice in the darkness, a knock at the door, / And a word that shall echo forevermore!* [N.T.]

que ele seria capaz de alcançar a cavalo, chegando a Lincoln pela 1 hora da manhã, a Sudbury às 3 horas e a Andover – a 64 quilômetros de Boston – às 5 horas. Isso não foi obtido por nenhuma outra tecnologia além do boca a boca. Em seu livro sobre a cavalgada de Revere, David Hackett afirma que ele "tinha um talento incrível para ser o centro dos eventos [...] [e] mobilizar os atos de muitos outros".[3] Gladwell defende que, diferentemente de William Dawes (que realizou uma jornada semelhante), Revere foi capaz de causar um "boca a boca epidêmico" por causa da "Lei dos Poucos".[4] Revere foi um desses tipos raros: um "conector", "gregário" e "incontrolavelmente social por natureza".[5] No entanto, ele também era "um especialista", um acumulador de conhecimentos, que não apenas tinha "o maior Rolodex (um tipo de fichário) de Boston nos tempos coloniais", mas também estava "envolvido de modo ativo em obter informações sobre os ingleses".[6]

Essa versão da cavalgada de Paul Revere é atraente, mais incompleta. Ela omite o fato de que a autenticidade de Revere como mensageiro rebelde já havia sido bem estabelecida em abril de 1775. Ele não era exatamente membro dos *literati*, mas um talentoso entalhador e prateiro, e havia se tornado famoso na Nova Inglaterra por sua descrição exagerada do Massacre de Boston.[7] Em 6 de outubro de 1774, foi Paul Revere quem viajou de Boston até Filadélfia a cavalo para entregar ao Congresso Continental as incendiárias Resoluções Suffolk – que clamavam pelo não pagamento de impostos e pelo boicote aos produtos ingleses, em retaliação pelos "Atos Intoleráveis" e pelo Ato de Quebec.[8] Em 13 de dezembro, Revere seguiu a cavalo até Portsmouth, em New Hampshire, para alertar a comissão de correspondências daquela cidade de que era possível que as tropas do rei chegassem em pouco tempo para confiscar as armas e a munição armazenada na ilha de New Castle, ao largo do porto de Portsmouth.[9] Revere já havia estado em Concord em 8 de abril, levando o aviso – com mais de uma semana de antecedência – de que "os soldados chegarão em Concord qualquer dia desses, e se eles vierem [...] haverá uma operação sangrenta".[10] Em 16 de abril (como o próprio Revere recordou mais tarde), ele cavalgou até Lexington para avisar Hancock e Adams que problemas estavam a caminho, e que "era possível que eles fossem o objetivo" da mobilização iminente dos soldados.[11] Além de William Dawes, havia outras fontes de informações sobre a movimentação britânica, especialmente porque os cidadãos de Somerville, Cambridge e Menotomy escutavam o avançar dos soldados, a despeito dos melhores esforços do general Thomas Gage.[12] Revere e Dawes trabalhavam juntos, não em competição, e também cavalgaram juntos – com um terceiro homem, o dr. Samuel Prescott – de Lexington a Concord, revezando-se para bater às portas dos fazendeiros.

Revere foi capturado quando estava próximo a Lincoln.[13] Foi o quarto mensageiro ilegal que os soldados do rei apreenderam. Além disso, Revere teve sorte de escapar com vida. A certa altura, um oficial agitado "bateu com a pistola na cabeça" de Revere e ameaçou lhe "estourar o crânio" se ele não respondesse às perguntas que lhe fazia. Somente o caos crescente à medida que tiros começaram a ser disparados persuadiu os captores a libertá-lo, mas sem o seu cavalo.[14] Após caminhar com cuidado de volta a Lexington, Revere se mostrou aturdido ao encontrar Hancock e Adams ainda tentando decidir o que fazer, três horas depois de ele lhes ter dito que os soldados estavam a caminho.[15] Se Revere não tivesse conseguido retornar a Cambridge, e se não tivesse sobrevivido às Guerras Revolucionárias para contar a história (ele viveu até os 83 anos), é duvidoso que a sua cavalgada houvesse se tornado tão famosa e memorável.

A rede de Paul Revere também merce um escrutínio mais profundo.[16] Na realidade, ele foi um dos dois intermediários – ou laços fracos – entre agrupamentos que poderiam, sem eles, ter permanecido desconectados demais para ter se integrado a um movimento revolucionário. A colônia de Massachusetts vinha se tornando mais socialmente estratificada na era pré-revolucionária. Boston era uma sociedade cada vez mais hierárquica, com lacunas significativas entre a elite "brâmane" aristocrática, a classe média formada por artesãos e fazendeiros e os trabalhadores pobres e os servos por contrato. Dessa forma, o relacionamento próximo entre Revere, um mero artesão, e o dr. Joseph Warren, um médico, era vital. Havia cinco associações em Boston que eram mais ou menos simpáticas à causa do partido "Whig": a Loja de Saint Andrew, a loja maçônica que se reunia na taberna Green Dragon; os Nove Leais, que era o núcleo dos Filhos da Liberdade; a Convenção do Lado Norte, que se reunia na taberna Salutation; o clube Long Room em Dassett Alley; e a Comissão de Correspondências de Boston. No total, 137 homens faziam parte de um ou mais desses grupos, mas a grande maioria (86%) constava de uma única lista, e ninguém constava de todas cinco. Apenas Joseph Warren estava em quatro grupos; Paul Revere fazia parte de três, assim como Samuel Adams e

Benjamin Church. Em termos de "centralidade de intermediação", porém, Warren e Revere tinham importância crucial (ver figura 16).

Uma análise de rede revela, dessa maneira, que Paul Revere era metade do duo que cruzava a divisão de classes entre artesãos e profissionais em Massachusetts nos anos revolucionários. No entanto, essa análise, por mais perspicaz que seja, não consegue discernir qual das associações às quais Revere e Warren pertenciam era a mais importante. Uma conjetura plausível é que a maçonaria era a rede principal da Revolução Americana.

Em *Freemasonry in the American Revolution* [Maçonaria na Revolução Americana], publicado em 1924, Sydney Morse (ele mesmo um maçom) argumentou que a maçonaria "juntou em conferências secretas e dignas de confiança os líderes patriotas" numa "luta pela liberdade". Segundo Morse, foram maçons que afundaram a escuna *Gaspee* em 1772, organizaram a Festa do Chá de Boston e dominaram as instituições que levaram à revolução, inclusive o Congresso Constitucional.[17] Paul Revere era um dos nomes citados com mais frequência por Morse.[18] Embora tenha sido repetida na década de 1930 pelo historiador francês Bernard Faÿ, essa afirmação foi ignorada por muito tempo pelos principais historiadores da Revolução Americana.[19] Quando Ronald E. Heaton pesquisou o histórico dos 241 "pais fundadores" dos Estados Unidos, descobriu que apenas 68 haviam sido maçons.[20] Somente oito dos 56 signatários da Declaração de Independência norte-americana pertenciam às lojas maçônicas.* Por anos, a visão popular era que seria "duvidoso que os maçons *qua* maçons tenham desempenhado um papel significativo na Revolução Americana".[21] Entretanto, essa conclusão é, em si, duvidosa. À parte de todo o resto, ela pressupõe que todos os pais fundadores dos Estados Unidos tinham igual importância, mas uma análise de rede demonstra que Revere e

---

* Eram eles: Benjamin Franklin, da Loja de Tun Tavern, em Filadélfia; John Hancock, da Loja de Saint Andrew, em Boston; Joseph Hewes, registrado como visitante maçônico da Loja Unanimity nº 7, em Edenton, na Carolina do Norte, em dezembro de 1776; William Hooper, da Loja de Hanôver, em Masonborough, na Carolina do Norte; Robert Treat Payne, presente na Grande Loja de Roxbury, em Massachusetts, em junho de 1759; Richard Stockton, mestre do estatuto da Loja de Saint John, em Princeton, em Massachusetts, em 1765; George Walton, da Loja de Solomon nº 1, em Savannah, no estado da Geórgia; e William Whipple, da Loja de Saint John, em Portsmouth, em New Hampshire.

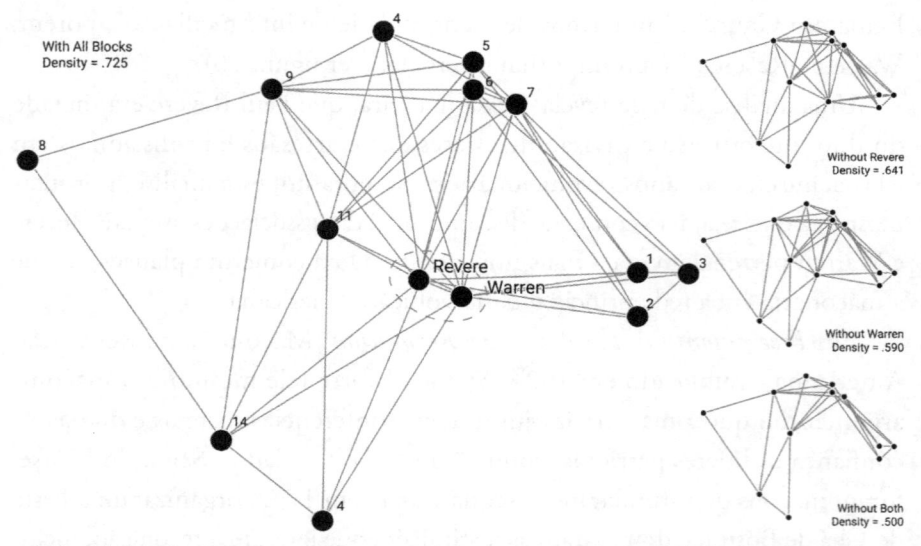

16. A rede revolucionária em Boston, *c*. 1775. Observe a centralidade de intermediação de Paul Revere e Joseph Warren. Remover um deles ou ambos reduziria de forma significativa a densidade da rede. Os indivíduos estão agrupados em nódulos únicos segundo a participação compartilhada em clubes. Apenas Revere e Warren pertenciam a mais do que dois.

Warren eram os revolucionários mais importantes em Boston, a cidade mais importante na revolução. Tal conclusão também subestima a relevância da maçonaria como ideologia revolucionária. As evidências levam a crer que ela foi, no mínimo, tão importante quanto foram as teorias políticas seculares ou doutrinas religiosas para animar os homens que realizaram a revolução.[22]

A maçonaria equipou a Era da Razão com uma mitologia poderosa, uma estrutura organizacional internacional e um ritual complexo calculado para ligar os iniciados como irmãos metafóricos. Como muitos outros fatores que transformaram o mundo do século XVIII, ela tinha origem escocesa. Os canteiros (artífices que lavram a pedra de cantaria) europeus por certo haviam se organizado em lojas na Idade Média (como outros ofícios medievais), criando uma distinção entre aprendizes, companheiros e mestres, mas essas organizações não demonstraram grande formalização até o fim do século XIV. Em 1598, as lojas escocesas receberam um novo conjunto de regulamentações, conhecido como Estatutos de Schaw, cujo nome vem de William Schaw, o mestre-diretor dos Trabalhos da Coroa. Foi somente depois de meados do século XVII, porém, que a maçonaria se transformou em algo mais do que uma rede frouxa de associações de artesãos qualificados, com lojas em Kilwinning e Edimburgo recebendo maçons "especulativos" ou "aceitos" (ou seja, não praticantes). Na narrativa de James Anderson,* nativo de Aberdeen, o Arquiteto Supremo do Universo havia dotado Adão das habilidades necessárias para entalhar pedras – geometria e "artes mecânicas" –, que ele então passou para os descendentes, que, por sua vez, as transmitiram aos profetas do Velho Testamento. Os escolhidos de Deus eram "bons maçons antes de possuírem a terra prometida", e Moisés era o seu "grão-mestre". A conquista suprema dos primeiros maçons foi o grande templo de Salomão em Jerusalém, construído por Hiram Abif, "o maçom de maior sucesso na Terra".[23]

Como muitas redes bem-sucedidas, a maçonaria tinha um elemento hierárquico. Todos os maçons pertenciam a lojas locais, a maioria das quais estavam interligadas sob uma ou outra das grandes lojas formadas no século XVIII em Londres, Edimburgo, York, Dublin e, mais tarde, no continente europeu e nas colônias americanas. Cada loja tinha um mestre, guardiões e outras autoridades. Maçons em potencial precisavam ser indicados por outros membros e aprovados por unanimidade, e, mesmo antes de serem iniciados como "aprendizes ingressantes" nos rituais e segredos da maçonaria, tinham que concordar em se comprometer com as "Responsabilidades" descritas nas *Constituições* de Anderson. Os ritos de iniciação em si eram complexos – e os de promoção para os cargos mais elevados de companheiro e mestre maçom eram ainda mais –, envolvendo gestos, um juramento e uma roupa cerimonial. No entanto, uma característica interessante das "Responsabilidades" era não serem muito exigentes. Todos os maçons precisavam ser "homens bons e sinceros, nascidos livres, e de idade madura e discreta; não podem ser servos, nem mulheres, nem homens imorais ou escandalosos, mas de boa reputação". Nenhum maçom poderia ser "um ateu estúpido, nem um libertino sem religião". Os maçons eram iguais como irmãos dentro da loja, embora a maçonaria não tirasse "nenhuma honra de um homem que a possuísse anteriormente", e aqueles em nível social mais elevado muitas vezes mantinham posições mais

---

* Essa narrativa não deixou de ser desafiada. Por exemplo, Andrew Michael Ramsay, também escocês, traçou as origens da maçonaria até a Palestina da era das Cruzadas.

prestigiosas.²⁴ Isso era muito relevante, visto que parte do apelo das lojas era precisamente que elas permitiam a socialização entre nobres e burgueses. Por outro lado, os maçons não eram proibidos de participar de rebeliões políticas. É verdade que as *Constituições* estipulavam que "um maçom é um súdito pacífico do poder civil, onde quer que ele resida ou trabalhe, e nunca deve se preocupar com tramas e conspirações contra a paz e o bem-estar da nação". Mas o envolvimento em rebeliões não era explicitamente motivo para que alguém fosse expulso de uma loja.²⁵

Embora o próprio Anderson fosse sacerdote presbiteriano, uma inferência possível de ser feita a partir de seus critérios religiosos bastante lenientes era que a maçonaria era compatível com o deísmo. De fato, algumas lojas coloniais permitiam a entrada de judeus.²⁶ Nem todos estavam preparados para ir tão longe assim na direção do ceticismo religioso do Iluminismo – daí a separação, em 1751, entre os "Antigos" e os "Modernos". Os Antigos preferiam a edição de 1738 das *Constituições* de Anderson, que obrigavam os maçons a obedecer aos preceitos cristãos, não importando onde eles morassem. Os Modernos, estranhamente, preferiam a edição de 1723 das *Constituições*, que exortava os maçons a se conformarem à religião de sua terra natal. Esse cisma chegou a Massachusetts em 1761, cerca de 28 anos após a grande loja de Saint John ter sido estabelecida como a primeira loja maçônica em Boston. Enquanto aquela loja fora fundada com a permissão de Londres, a nova grande loja "Antiga" de Saint Andrew recebeu autorização de Edimburgo. Embora tivessem relações acrimoniosas a princípio, a separação não durou muito; as duas lojas se fundiram em 1792. Entretanto, na época da revolução, o cisma parece ter refletido uma verdadeira divisão social e política, na qual a loja de Saint Andrew – fundada pelos homens que haviam sido excluídos das lojas de Saint John por serem inferiores em termos sociais – se tornou um viveiro da sedição, em especial depois que Joseph Warren foi nomeado mestre (e, mais tarde, grão-mestre de uma nova grande loja para os Antigos de Boston).²⁷ A taberna Green Dragon, que a loja de Saint Andrew comprou em 1764, se transformou no quartel-general do movimento revolucionário em Boston.²⁸ De fato, o livro de atas da loja de novembro e dezembro de 1773 indica o envolvimento de tantos membros na Festa do Chá de Boston que as reuniões precisaram ser adiadas por causa do baixo número de membros presentes.²⁹ Quando Warren – que foi morto em combate em 1775 – foi enterrado pela segunda vez, o amigo e companheiro Mason Perez Morton o louvou como sendo um virtuoso "patriota incomparável" na vida pública e um "modelo para a humanidade" na vida privada. Warren havia tombado "em nome da causa da virtude e da humanidade", mas era como maçom que ele deveria ser lembrado. "Que exemplo brilhante ele deixou [como grão-mestre]", declarou Morton, "de viver dentro do Compasso e agir dentro do Esquadro". De todas as associações às quais Warren havia pertencido, afirmou Morton, "a nenhuma ele atribuiu valor tão alto" quanto à maçonaria. De fato, Morton comparou de maneira explícita a morte de Warren "às mãos de rufiões" à do fundador do templo de Salomão, Hiram Abif (que, segundo a doutrina maçônica, foi assassinado quando se recusou a divulgar as senhas secretas dos mestres maçons.)[30] Revere tampouco era um maçom de base; em 1788, ele se tornou vice-grão-mestre da Grande Loja de Massachusetts.[31]

Defensores de teorias de conspiração e escritores de ficção barata há muito tempo têm demonstrado fascinação pela ideia de que a maçonaria era a rede secreta por trás da Revolução Americana. Isso talvez ajude a explicar as dúvidas de historiadores respeitáveis. Por certo, não devemos exagerar a homogeneidade da maçonaria colonial. Também havia legalistas nas lojas de Boston, como Benjamin Hallowell, comissário da aduana, e seu irmão Robert – ambos membros da loja de Saint John –, e pelo menos seis outros membros da loja de Saint Andrew. No entanto, não se pode simplesmente ignorar a concentração de membros revolucionários na loja de Saint Andrew. Entre seus membros estavam não apenas Warren e Revere, mas também Isaiah Thomas, editor do *Massachusetts Spy* e do *New England Almanac*, William Palfrey, secretário dos Filhos da Liberdade, e Thomas Crafts, dos Nove Leais.[32] A grande loja dos Antigos formou dezenove lojas novas durante as Guerras Revolucionárias; só a loja de Saint Andrew aceitou trinta membros novos em 1777, 25 em 1778 e 41 no decorrer dos dois anos seguintes. Num jantar em junho de 1782, a loja entreteve o conselho municipal de Boston e o cônsul francês em Faneuil Hall.[33] Treze anos mais tarde, em 4 de julho de 1795, foi Paul Revere, trajando vestimentas maçônicas, que lançou a pedra fundamental da Casa do Estado de Massachusetts. Revere encorajou o público a "viver dentro do compasso dos bons cidadãos" a fim de mostrar ao "mundo da humanidade [...] que desejamos nos erguer ao nível deles, para que, quando partirmos, sejamos recebidos no templo onde reina o silêncio e a paz".

Poucos dias antes, o sacerdote havia contado a Revere e seus oficiais que os maçons eram "os filhos da RAZÃO, os DISCÍPULOS da SABEDORIA e os IRMÃOS da humanidade".[34] Isso ilustra a harmonia que havia na época entre a maçonaria e pelo menos alguns sacerdotes do início da república. Um bom exemplo de sacerdote-maçom foi o reverendo Willian Bentley, ministro congregacional que morava em Salem. Em 1800, Bentley visitou Boston para participar do aniversário da morte de George Washington, jantando com os companheiros maçons Revere e Isaiah Thomas.[35]

Apenas trinta anos mais tarde, a atmosfera seria bem diferente. Uma das consequências do "Grande Despertar" da religião na Nova Inglaterra foi uma erupção de violentos sentimentos antimaçônicos, o que levou a um grave declínio em novas iniciações na loja de Saint Andrews e semelhantes.[36] Aqui encontramos outra explicação para a desaprovação posterior do papel maçônico na Revolução Americana: em essência, não era um aspecto da fundação da república que os norte-americanos do século XIX desejavam recordar. No entanto, a evidência circunstancial é bem persuasiva. Benjamin Franklin não apenas se tornou o grão-mestre da sua loja em Filadélfia; ele também foi o editor (em 1734) da primeira edição das *Constituições* de Anderson. George Washington não apenas se juntou à loja nº 4 em Fredericksburg, na Virgínia, aos 20 anos de idade; em 1783, ele também se tornou mestre de uma recém-fundada loja de Alexandria, a nº 22.

Na sua primeira posse presidencial, em 30 de abril de 1789, Washington fez seu juramento sobre a bíblia da loja maçônica nº 1, de Saint John, em Nova York. O juramento foi supervisionado por Robert Livingston, o chanceler de Nova York (o cargo judicial mais elevado do estado), outro maçom – na verdade, o primeiro grão-mestre da Grande Loja de Nova York. Em 1794, Washington posou para o artista Joseph Williams, que pintou um retrato em que ele aparece trajando as vestes maçônicas de gala completas que o presidente havia usado para lançar a pedra fundamental do Capitólio dos Estados Unidos um ano antes.[37] O avental de George Washington merece ser tão famoso no folclore da Revolução Americana quanto a cavalgada de Paul Revere, pois é duvidoso que qualquer um desses homens teria tido a influência que tiveram se não fosse pela sua participação na irmandade maçônica. Historiadores mais recentes vêm levantando dúvidas sobre as origens maçônicas da iconografia do Grande Selo dos Estados Unidos, reconhecido globalmente desde a sua incorporação na nota de 1 dólar em 1935.[38] Contudo, o olho da Providência, que tudo vê, coroando a pirâmide inacabada na face principal do selo, lembra bastante o olho que nos fita a partir do avental de Washington em litografias do século XIX do primeiro presidente em trajes maçônicos (ver gravura 12).

As revoluções científicas, filosóficas e políticas do século XVIII estavam entrelaçadas porque as redes que as transmitiam estavam entrelaçadas. Os realizadores da Revolução Americana eram homens de muitos talentos. Embora estivessem na periferia das redes europeias que produziram as revoluções científicas e filosóficas da época – a despeito de imitarem propositadamente a vida em associação com as lojas maçônicas que havia na Grã-Bretanha –, os "pais fundadores" dos Estados Unidos provaram que eram, em termos políticos, os homens mais inovadores de sua era. De muitas maneiras, a intenção da Constituição que emergiu das discussões deles na década de 1780 era institucionalizar uma ordem política anti-hierárquica. Com profunda ciência dos destinos que acometeram os experimentos republicanos no mundo antigo e no início da Europa moderna, os fundadores criaram um sistema que tanto separava quanto desenvolvia o poder, restringindo bastante a autoridade executiva do presidente eleito. No primeiro artigo de *The Federalist Papers* [Os ensaios federalistas], Alexander Hamilton identificou com clareza o perigo principal que a jovem nação norte-americana enfrentaria:

> [Uma] ambição perigosa se oculta com mais frequência por trás da máscara ilusória do zelo pelos direitos das pessoas do que sob a aparência proibida do zelo pela firmeza e eficiência do governo. A história nos ensinará que a primeira tem encontrado uma estrada bem mais reta à introdução do despotismo do que a segunda, e que, desses homens que vêm subvertendo as liberdades das repúblicas, a maioria começou a carreira cortejando obsequiosamente o povo; a princípio, demagogos, e, ao final, tiranos.[39]

Esse era um tema ao qual ele retornou em 1795. "Basta consultar a história das nações", escreveu Hamilton, "para perceber que todos os países, em todas as épocas, são amaldiçoados com a existência de homens que, movidos por uma ambição irregular, não hesitam em fazer tudo o que imaginam que contribuirá para o seu próprio progresso e importância [...] nas repúblicas, demagogos bajuladores ou tumultuadores, adorando ainda o ídolo – poder – onde quer que ele seja colocado [...] e lucrando a partir das fraquezas, vícios, vulnerabilidades, ou preconceitos" das pessoas.[40]

O fato de o sistema norte-americano ter funcionado tão bem espantou visitantes europeus, em particular os franceses, onde a república criada em 1792 durou precisamente doze anos. O teórico social e político francês Alexis de Tocqueville considerou a vitalidade da vida das associações norte-americanas, em conjunto com a natureza descentralizada do sistema federal, como as chaves do sucesso da nova democracia. De fato, foi surpreendente que esse sistema tenha surgido em colônias povoadas por refugiados religiosos de um país que havia abandonado o seu experimento republicano em 1660. Como Tocqueville observou, "enquanto a hierarquia de níveis [havia] classific[ado] de maneira despótica os habitantes da terra-mãe", os colonos norte-americanos haviam "apresent[ado] o novo espetáculo de uma comunidade homogênea em todas as suas partes".[41] Foi essa característica peculiarmente igualitária da sociedade colonial que tornou possível a extraordinária rede densa de associações civis que, segundo Tocqueville, foi a base do sucesso do experimento norte-americano. É possível dizer que o país que ele descreveu no livro II, capítulos 5 e 6, de *Democracia na América* foi o primeiro regime interconectado. "Em nenhum país do mundo", declarou Tocqueville, "o princípio de associação foi empregado ou aplicado com mais sucesso a uma quantidade maior de assuntos do que nos Estados Unidos":

> Além das associações permanentes que são estabelecidas por lei sob os nomes de municípios, cidades e condados, um vasto número de outras são formadas e mantidas pela ação de indivíduos privados. O cidadão dos Estados Unidos é ensinado desde a infância a confiar nos seus próprios esforços a fim de resistir aos males e dificuldades da vida; ele encara a autoridade social com um olhar de desconfiança e nervosismo, e busca seu auxílio apenas quando é incapaz de prosseguir sem ele [...]. Nos Estados Unidos, as associações são implantadas a fim de promover a segurança pública, o comércio, a indústria, a moralidade e a religião. Não há nada que a vontade humana perca a esperança de obter por meio do poder combinado de indivíduos unidos em sociedade.[42]

Tocqueville via as associações políticas dos Estados Unidos como um contrapeso indispensável ao perigo da tirania que era inerente à democracia moderna – ainda que fosse a tirania da maioria. Entretanto, a maior força do sistema norte-americano, argumentou ele, estava nas associações não políticas:

Norte-americanos de todas as idades, todas as condições e todas as mentalidades se unem constantemente. Eles não somente têm associações comerciais e industriais das quais participam, mas também de mil outros tipos: religiosas, morais, sérias, fúteis, bem gerais e bem particulares, imensas e minúsculas; os norte-americanos utilizam as associações para dar festas, fundar seminários, construir pousadas, erigir igrejas, distribuir livros, enviar emissários aos antípodas; dessa maneira, eles criam hospitais, prisões e escolas. Enfim, se é uma questão de trazer à luz uma verdade ou desenvolver um sentimento com o apoio de um grande exemplo, eles se associam.[43]

O contraste com as estruturas políticas e sociais da sua França nativa fascinavam Tocqueville. Por que a revolução de lá – localizada em um dos polos cruciais do Iluminismo – produziu resultados tão desapontadoramente diferentes?

IV
A restauração da hierarquia

21
O vermelho e o negro

No romance *O vermelho e o negro* (1830) de Stendhal, Julien Sorel ingressa na carreira de clérigo, ao perceber ser essa a que oferece a melhor esperança de sucesso na França da monarquia restaurada dos Bourbon. Sorel, filho de carpinteiro, teria preferido o sistema de meritocracia de "carreiras abertas ao talento" que havia caracterizado o reinado de Napoleão Bonaparte. Ele tem fim trágico, não tanto como vítima de seus próprios hábitos mulherengos, porém mais por conta da rígida hierarquia social da era da Restauração. No entanto, Stendhal é mais clemente em relação à natureza impetuosa de Sorel do que ao esnobismo dos Bourbon. "Não há mais senão uma só nobreza, é o título de duque; marquês é ridículo; [mas] à palavra duque todos voltam a cabeça", diz uma das epígrafes do livro (muitas das quais Stendhal simplesmente inventou). "Serviços! Talentos! Mérito!... Qual nada!", diz outra. "Faça parte de um grupo." E ainda: "Andando a cavalo, o governador dizia: Por que não serei ministro, presidente do conselho, duque? Eis como faria a guerra... Desse modo, poria os inovadores na cadeia...".[1]

A proposta dos Bourbon de restaurar as hierarquias do *Ancien Régime* (antigo regime) se provou insustentável. Em 1830, outra revolução francesa destronou Carlos X. Dezoito anos mais tarde, uma terceira revolução acarretou a mesma sorte ao seu sucessor da casa de Orléans, Luís Filipe. Finalmente, em 1870, a invasão alemã e mais uma revolução derrubaram o imperador Napoleão III, abrindo caminho para a terceira e mais duradoura das cinco (até hoje) Constituições republicanas da França. Grande parte da fascinação por essa era da história europeia é precisamente a precariedade de cada nova tentativa de reestabelecer a ordem monárquica. Contudo, o século XIX foi uma época em que – a passos lentos, mas determinados – as energias revolucionárias que haviam sido desencadeadas pela prensa de tipos móveis eram contidas em novas estruturas de poder. Se não fosse trazendo os Bourbon de volta, então como seria?

Revoluções com base em redes – a Reforma, a Revolução Científica e o Iluminismo – haviam transformado de maneira profunda a civilização ocidental. Revoluções políticas, não somente nos Estados Unidos e na França, mas também por toda a Europa e na América, haviam prometido uma nova era democrática baseada no ideal da fraternidade universal prenunciada pela maçonaria e invocada com entusiasmo na "Ode à alegria" de Schiller. Essa promessa não foi cumprida. Para entender por que a vantagem passou de volta das redes às hierarquias, precisamos mais uma vez evitar a noção de uma falsa dicotomia entre as duas. Mesmo a estratificação opressora na França da década de 1820 ostentava uma arquitetura de redes que lhe era característica. Como vimos, a maioria das redes são hierárquicas em alguns aspectos, no sentido de que alguns nódulos são mais centrais do que outros, enquanto hierarquias são apenas tipos especiais de redes em que os fluxos de informação ou recursos estão restritos a certas arestas a fim de maximizar a centralidade do nódulo governante. Isso é precisamente o que frustra Julien Sorel a respeito da França dos Bourbon: há tão poucas maneiras de escalar a pirâmide social, que ele se vê obrigado a depender demais de alguns poucos benfeitores. Além disso, um tema central do romance de Stendhal é o que a teoria das redes chama de tríade impossível. Para conquistar o coração de Mathilde de Mole, filha de seu patrão aristocrata, Sorel finge preferir a sra. de Fervaques, uma viúva. Embora Sorel corteje a ambas, elas são incapazes de conspirar contra ele. Quando uma ex-amante, a sra. de Rênal, o denuncia ao pai de Mathilde, ele tenta assassiná-la. Na prisão, Sorel recebe visitas em separado tanto de Mathilde quanto da sra. de Rênal. Escrevendo em 1961, o crítico literário René Girard cunhou a frase "desejo mimético": Mathilde só deseja Sorel quando percebe que ele é desejado por outra mulher.

As redes são mais simples nas ordens hierárquicas, às vezes porque aqueles no topo empregam de forma consciente o princípio de dividir e governar, às vezes porque numa ordem hierárquica apenas uma pequena quantidade de polos importa de verdade. Ao tentar remontar a ordem política na Europa após o tumulto da Revolução Francesa e das Guerras Napoleônicas, os estadistas que se reuniram no Congresso de Viena criaram outro tipo de rede simples: uma "pentarquia" de cinco grandes potências que, por sua própria natureza, tinham um número finito de maneiras pelas quais conseguiriam obter o equilíbrio. O seu sucesso era baseado em parte nessa simplicidade em si. O equilíbrio de poder, como veremos, tomava como certo que a maioria dos Estados europeus não importava: o equilíbrio dependia das relações entre Áustria, Grã-Bretanha, França, Prússia e Rússia, e apenas essas cinco nações (ver gravura 13).

A reafirmação da ordem hierárquica no século XIX não anulou as redes intelectuais, comerciais e políticas que haviam sido criadas nos três séculos anteriores. Essas sobreviveram. De fato, a vida religiosa no mundo protestante se tornou mais animada e litigiosa, graças a uma sucessão de "despertares" e "revivificações". A Revolução Industrial – em muitos aspectos, a mais transformadora das revoluções – pode ser comparada com grande facilidade com as outras revoluções do século XVIII, já que ela também foi o produto de uma rede de inovadores, sendo alguns treinados cientificamente, e outros autodidatas fazendo experimentos. E mesmo que a maçonaria tenha decaído após 1800, a sua meta de expandir e institucionalizar a ideia de irmandade (para além do sentido limitado de filhos homens de um mesmo pai) foi compartilhada por vários movimentos novos, não apenas pelo movimento sindical, mas também por muitas organizações nacionalistas, em especial as fraternidades estudantis da Alemanha. A diferença era que as hierarquias reais, aristocráticas e eclesiásticas se tornaram constantemente melhores no que dizia respeito a anexar todas essas redes, utilizando as suas energias criativas e subjugando-as à sua vontade.

22
Da multidão à tirania

Nem todos perceberam tão rápido quanto Edmund Burke que a revolução na França seria bem mais sangrenta do que a nos Estados Unidos. Na época do Terror, a diferença era inegável. A tentativa de substituir Luís XVI pela "vontade do povo" desencadeou uma onda de violência mortal mútua como jamais havia ocorrido na França desde o Massacre da Noite de São Bartolomeu, em 1572 (ver gravura 8). Pode-se dizer que a violência revolucionária começou em 21 de abril de 1789, com uma revolta no *faubourg* (bairro) de Saint-Antoine, em que cerca de trezentas pessoas que demonstravam apoio à autoproclamada Assembleia Nacional foram mortas pelas tropas do rei. Três meses mais tarde, em um combate mais famoso, em torno de cem pessoas perderam a vida quando soldados defendendo a Bastilha abriram fogo. Dessa vez, a situação se inverteu porque alguns dos defensores se juntaram à multidão revolucionária. A decapitação do comandante da guarnição de Flesselles marcou um agravamento importante do conflito, assim como o enforcamento e o desmembramento públicos dos oficiais Foulon de Doué e Bertier de Sauvigny, genro de Doué, na Place de Grève em 22 de julho (a cabeça do primeiro e o coração do segundo foram fincados em varas e carregados em desfile pelas ruas).

Assim que o povo parisiense pegou em armas, uma onda de agitação se espalhou também pelas regiões rurais. Temendo uma trama da nobreza para reafirmar o seu poder por meio dos misteriosos "bandoleiros", por toda a França os camponeses recorreram à violência naquele verão, no que se tornou conhecido como *la grande peur* – o Grande Medo. A princípio, registros feudais eram queimados e adegas de vinhos dos castelos eram saqueadas, mas, tanto em escala quanto em duração, tratava-se de mais do que uma tradicional *jacquerie*, ou revolta de camponeses. A velocidade contagiante com que o Grande Medo se alastrou é bem notável e difícil de explicar, dadas as condições relativamente pobres de comunicação nas províncias da França na época – outra ilustração de como os boatos se tornam virais mesmo sem tecnologias sofisticadas de informação.¹ Em comparação com o que estava por vir, o Grande Medo foi brando. Embora muitos proprietários de terra fossem ameaçados e humilhados, houve apenas três assassinatos: um representante nobre da Assembleia dos Estados Gerais, um oficial acusado de açambarcar comida (em Ballon, ao norte de Le Mans) e um oficial da Marinha (em Le Pouzin, ao norte de Avignon). Contudo, a epidemia de castelos incendiados foi impressionante. Num período de menos de duas semanas, entre 27 de julho e 9 de agosto, nove castelos foram completamente destruídos, e oitenta sofreram danos só na província do Dauphiné, no sudeste da França.²

Seria supérfluo aqui fazer mais do que listar os maiores massacres que precederam o Terror de 1793-94: a marcha das mulheres e o ataque ao palácio real em Versalhes em outubro de 1789, a Guarda Nacional atirando contra a multidão no Campo de Marte em julho de 1791, os Massacres de Setembro de 1792 (quando os *sans-culottes* invadiram as prisões de Paris, assassinando centenas de presos), o conflito para reprimir os contrarrevolucionários na Vendeia (1793-6), sem esquecer a revolta extremamente sangrenta dos escravos em São Domingos (Haiti). A questão é que, diferentemente das colônias inglesas na América – mas como na maioria das revoluções desde então –, a insurreição levou de forma inexorável à anarquia e, em seguida, à tirania, como havia sido predito pela teoria política clássica. Enquanto os colonos americanos desenvolviam as suas próprias redes de associação cívica, fora das quais a Revolução Americana e os Estados Unidos cresceram de modo orgânico, a multidão francesa estava estruturada de maneira bem diferente. O Comitê de Segurança Pública era em si uma tentativa de impor ordem na sangria desorganizada da *canaille* – a ralé.³ Entretanto, nenhum dos expedientes dos jacobinos ou de seus sucessores no Diretório bastou para estabilizar nem a capital nem o país como um todo. Extermínios em massa horripilantes, como os afogamentos deliberados de milhares de pessoas em Nantes, eram indícios de uma ruptura quase total da ordem social e política, comparável em caráter às piores atrocidades das revoluções árabes dos nossos tempos. Em nome de uma falsa utopia, os sadistas corriam soltos.

O homem que restaurou a ordem na França (embora ele tenha feito o oposto no resto da Europa) possuía uma energia sobrenatural. A ascensão de

Napoleão Bonaparte da obscuridade na Córsega ao comando da artilharia do exército revolucionário da Itália – uma promoção que ele recebeu no auge do Terror – foi possível, sem dúvida, devido ao colapso do sistema aristocrático que lhe teria barrado o caminho antes de 1789. Como Julien Sorel, do romance de Stendhal, Bonaparte era tanto ambicioso quanto mulherengo; diferentemente de Sorel, ele combinava a falta de escrúpulos com a sorte da oportunidade. Contudo, foi o que o homem fez com o tempo – em cada minuto acordado – que foi realmente prodigioso. Numa época de caos, é o administrador detalhista que ascende – o homem que, por instinto, toma todas as tarefas para si. "Estou extremamente insatisfeito com a maneira como o carregamento das dezesseis peças [de canhão] foi realizado", rabiscou o recém-promovido general de brigada em uma das oitocentas cartas e despachos que escreveu no período de apenas nove meses em 1796. "Estou surpreso que esteja tão atrasado no cumprimento das ordens", queixou-se ele ao *chef de bataillon* (chefe do batalhão). "É sempre necessário lhe dizer a mesma coisa três vezes." A sua visão se estendia da estratégia em larga escala – foi nessa época que ele elaborou o esboço do plano para invadir a Itália – às minúcias (o aprisionamento de um cabo que se ausentou sem licença em Antibes, ou a localização precisa dos tocadores de tambor no campo de manobras).[4]

Napoleão era o que hoje chamaríamos de viciado no trabalho. Trabalhava dezesseis horas por dia, todos os dias. Em abril de 1807 – um mês de tranquilidade atípica em seu reinado –, ele conseguiu mesmo assim escrever 443 cartas. Àquela altura, ele ditava toda a sua correspondência, com exceção das cartas de amor. "As ideias correm mais rápido", ele afirmou certa vez, "e assim adeus às cartas e às linhas!" Em certa ocasião, sem se apoiar em anotações, ele ditou ao seu ministro do Interior nada menos do que 517 artigos que estabeleciam as regras para uma nova academia militar em Fontainebleau.[5] Como regra geral, ele passava apenas dez minutos à mesa do jantar, exceto quando comia com a família nos domingos à noite; nessas noites, ele permanecia por até meia hora. Ao deixar a mesa, levantava-se "como se tivesse recebido um choque elétrico".[6] Como um de seus sobrecarregados secretários recordou, Napoleão dormia "em muitas sonecas curtas, interrompidas quando bem entendia, tanto durante a noite quanto durante o dia".[7] Ele viajava com o mesmo vigor implacável. Em julho de 1807, foi de carruagem de Tilsit, na Prússia, até Saint-Cloud, na França, uma viagem de cem horas na qual, na sua impaciência, ele se recusou a fazer paradas. Chegou lá nas primeiras horas da manhã e convocou imediatamente o conselho de ministros.⁸ Dois anos mais tarde, ele cavalgou de Valladolid, na Espanha, até Paris, "fustigando o cavalo de seu ajudante de ordens ao mesmo tempo que cravava as esporas no seu"; levou apenas seis dias para percorrer mais de 965 quilômetros.⁹ Também a pé estava sempre com pressa, deixando os outros, ofegantes, para trás. Mesmo quando se banhava ou quando lhe faziam a barba, não perdia tempo: alguém estava sempre à mão para lhe ler os jornais mais recentes, inclusive as traduções dos artigos invariavelmente hostis da imprensa britânica.¹⁰ Foi a combinação de energia infatigável e atenção aos detalhes que permitiu a Napoleão dar fim à anarquia da Revolução Francesa. A lei foi codificada; o sistema monetário, reformado; o crédito público, restaurado. No entanto, a par dessas conquistas duradouras, havia uma infinidade de minúsculos fatores: o número de servos que os oficiais poderiam tomar no caso de uma invasão à Inglaterra; o uniforme que os rebeldes irlandeses vestiriam caso se juntassem à causa francesa; a necessidade de o cabo Bernaudat, da décima terceira linha, beber menos; a identidade do ajudante de palco que quebrou o braço da cantora Mademoiselle Aubry na Ópera de Paris.¹¹

Com sua presunçosa autoconfiança, Napoleão se empenhou para governar não apenas a França, mas toda a Europa como se fosse um único vasto exército que pudesse ser comandado – dominado por pura força de vontade. Em muitos aspectos, ele foi o último dos absolutistas iluministas: uma versão francesa de Frederico, o Grande. Entretanto, também foi o primeiro dos ditadores modernos. No que dizia respeito à tecnologia, havia pouca diferença real entre os exércitos que Frederico e Napoleão comandaram. Porém, tudo o que este último fez foi numa escala maior* e em velocidade mais rápida. Os dois grandes teóricos militares da época, Carl von Clausewitz e Antoine-Henri de Jomini, chegaram a conclusões um pouco diferentes a partir do sucesso de Napoleão. Para Clausewitz, o gênio de Napoleão estava na habilidade de con-

---

* Quando Carl von Clausewitz entrou em combate pela primeira vez como alferes na Batalha de Valmy, em 1792, 64 mil homens de um lado lutaram contra 30 mil do outro numa batalha que durou um dia. Em 1813, quando Clausewitz participou como major-general na Batalha de Leipzig, 365 mil homens lutaram contra 195 mil numa batalha que durou três dias.

centrar forças rapidamente no centro de gravidade do inimigo (o *Schwerpunkt*) e derrotá-lo numa batalha decisiva, a *Hauptschlacht*. Para Jomini, o segredo estava na sua habilidade de explorar as vantagens das linhas interiores superiores de operações (*lignes d'opérations*). Jomini pensava que Napoleão estava empregando princípios universais de campanhas militares.[12] Clausewitz viu que o estilo de campanha de Napoleão era historicamente específico por causa do modo como se apoiava no nacionalismo popular que a Revolução Francesa havia desencadeado.[13] Em *Guerra e paz*, publicado 48 anos depois da morte de Napoleão no exílio na ilha desolada de Santa Helena, no sul do Atlântico, Liev Tolstói zombou de suas pretensões imperiais. Como um único homem poderia por seu comando enviar centenas de milhares de homens da França para a Rússia, colocando as vidas de incontáveis outros em crise? E, no entanto, foi bem isso que Napoleão fez. O problema era que, por mais que ele se envolvesse nos adornos do governo legítimo, apropriando-se da iconografia e dos emblemas das realezas egípcia, romana e dos Habsburgo, Napoleão nunca conseguiria obter o único fator do qual os sistemas hierárquicos, em última análise, dependiam (e insistiam em ter): legitimidade.

23
Ordem restaurada

Em geral, imagina-se que a nossa era possua apenas a tendência, a pressão, à dissolução. O seu significado parece estar em dar um fim às instituições unificadoras e vinculadoras que ainda permanecem desde a Idade Média [...] Dessa mesma fonte, vem a inclinação irresistível ao desenvolvimento de grandes ideias e instituições democráticas que, por necessidade, causam as grandes mudanças que estamos testemunhando.

O ensaio de 1833 de Leopold von Ranke sobre as "grandes potências" da Europa é uma obra seminal da historiografia do século XIX. Enquanto muitos dos seus contemporâneos permaneciam convencidos de que as energias revolucionárias que haviam dominado a Europa desde a Reforma alemã até a Revolução Francesa foram inexoráveis, Ranke percebeu que uma nova ordem internacional tomava forma para contrabalançar a tendência aparentemente universal à dissolução. Essa ordem tinha base no que ele chamava de pentarquia de cinco grandes potências: Áustria, Grã-Bretanha, França, Prússia e Rússia. Essa ordem havia começado a emergir durante o século XVIII, mas tinha sido demolida pela tentativa de Napoleão de dominar a Europa. Entretanto, quando este foi derrotado, a pentarquia pôde se completar:

> Longe de meramente se satisfazer com negociações, o nosso século tem produzido os resultados mais positivos. Completou uma grande liberação, não no sentido de uma dissolução, mas num sentido construtivo e unificador. Não apenas criou, antes de tudo, as grandes potências; ele renovou o princípio de todos os Estados, religiões, e o direito; e revitalizou o princípio do Estado individual [...]. Nesse único fato está a característica da nossa era [...]. [Com Estados e nações,] a união de todos depende da independência da cada um [...]. Uma predominância posi-

tiva decisiva de um sobre o outro levaria à ruína dos outros. Uma fusão de todos destruiria a essência de cada um. Do desenvolvimento separado e independente emergirá a verdadeira harmonia.[1]

Que um equilíbrio novo e estável de poderes foi criado pelos estadistas que se reuniram no Congresso de Viena é uma verdade quase que universalmente reconhecida desde a época de Ranke. Em seu primeiro livro, *O mundo restaurado*, Henry Kissinger argumentou que o período de paz relativa desfrutado pela Europa entre 1815 e 1914 foi consequência em grande parte da "legitimidade aceita em geral" dessa ordem das cinco potências.[2] Na opinião de Kissinger, essa foi a conquista de dois diplomatas especialmente talentosos: o príncipe de Metternich, ministro austríaco das relações exteriores, e lorde Castlereagh, ministro britânico da mesma pasta. O objetivo de Metternich – uma ordem legítima reconstruída em que o próprio liberalismo fosse ilegítimo – era fundamentalmente diferente do de Castlereagh, que constituía, em essência, um esquema para um equilíbrio de poder em que a Grã-Bretanha desempenhasse o papel de "equilibrador".[3] Um motivo crucial para o sucesso deles e o fracasso de Napoleão foi a inabilidade do último de reconhecer os próprios limites e de estabilizar a própria posição após se casar com a filha do imperador da Áustria.[4] Um dos maiores desafios de Metternich e Castlereagh foi o surgimento do czar Alexandre I como revolucionário em potencial, com aspirações a se tornar o "árbitro da Europa" após a derrota de Napoleão na Rússia. O resultado final foi uma espécie de sucesso trágico. No fim, a Grã-Bretanha não pôde garantir que sustentaria uma ordem europeia contrarrevolucionária do tipo que Metternich queria criar, e que ele induziu o czar a crer que fosse sua própria ideia. Crises políticas na Espanha, em Nápoles e, mais tarde, no Piemonte, foram, aos olhos de Metternich, ameaças mortais à nova ordem; aos britânicos, aparentavam ser pequenas dificuldades locais, em que intervir poderia acabar desequilibrando com facilidade a mesma ordem.[5] Em outro congresso, convocado em Troppau (Opava), Metternich foi capaz de representar a sua fatídica "batalha contra o nacionalismo e o liberalismo" como um esforço europeu, e não somente austríaco.[6] Castlereagh percebeu com clareza que a Rússia se mostraria igualmente disposta a intervir do lado do nacionalismo se, como nos Bálcãs, fosse direcionada contra o Império Otomano. Em 12 de agosto de 1822, Castlereagh, cansado das críticas que recebia dos Whigs e dos Radicais, e desesperado com o peso intolerável que lhe caía sobre os ombros, cometeu suicídio, cortando a própria artéria carótida com um canivete. Tudo o que restou após o Congresso de Verona foi "o princípio legitimador" – ao mesmo tempo contrarrevolucionário e antifrancês – como base da "Santa Aliança" entre Áustria, Prússia e Rússia.[7]

Contudo, a ideia de um equilíbrio de potências não morreu com Castlereagh. Embora o "compromisso continental" da Grã-Bretanha fosse intermitente no século que se seguiu, foi suficiente – até 1914 – para impedir que qualquer uma das potências do continente europeu desafiasse, como fez a França sob Napoleão, a legitimidade fundamental da ordem pentárquica. Em essência, a estabilidade europeia se baseava num equilíbrio entre as quatro potências continentais, que a Grã-Bretanha preservava por meio de ocasionais intervenções diplomáticas ou militares. Nas palavras de Kissinger, a Grã-Bretanha era o "equilibrador". O resultado foi uma ordem europeia que durou até o fim do século. Foi somente a queda de Otto von Bismarck e a não renovação do Tratado Secreto de Resseguro entre a Alemanha e a Rússia – "talvez o fio mais importante da trama do sistema de Bismarck de alianças interpoladas"[8] – que tornou o sistema tão rígido ao ponto de se tornar frágil, e até inflamável.[9]

Pesquisas subsequentes, é claro, modificaram esse retrato de muitas formas. Alguns argumentam que houve uma "transformação" fundamental da política internacional à medida que as velhas regras que contemplavam conflito e competição eram substituídas por outras, novas, que buscavam harmonia e equilíbrio.[10] Outros insistem em que velhas relações rancorosas persistiam; apenas "interesses próprios limitados" impediram uma guerra em grande escala.[11] Permanece o ponto crítico, porém, de que foi estabelecida em Viena uma nova hierarquia que separou as "grandes potências" – a princípio os quatro vitoriosos de Waterloo, e mais tarde (depois de 1818) os vitoriosos mais a França derrotada – dos Estados menores.[12] Assim, o Artigo VI da Quádrupla Aliança (novembro de 1816) estipulou que os quatro signatários se encontrariam em reuniões periódicas "com o propósito de se consultarem quanto aos seus interesses, ou para a contemplação de medidas [...] que sejam considerados as mais salutares para os propósitos e a prosperidade das Nações e para a manutenção da Paz da Europa".[13] Talvez a Espanha se queixasse e a Baviera resmungasse, mas não havia muito mais que pudessem fazer. Talvez Castlereagh alertasse que as grandes potências poderiam se tornar "um Conselho Europeu para a administração dos negócios do mundo". Talvez Friedrich Gentz, secretário de Metternich, se preocupasse com que essa nova "ditadura" viesse a se tornar "uma fonte de abuso, injustiça e opressão para os Estados de menor categoria" – temor também compartilhado pelo jovem lorde John Russell. Gradualmente, porém, os líderes das grandes potências se acostumaram a exercer uma hegemonia coletiva.[14] Como afirmou Gentz, relembrando os acontecimentos de 1815, o sistema do Congresso havia, de fato, unido

> a soma total dos Estados numa federação sob a direção das maiores potências [...]. Os Estados de segunda, terceira e quarta categorias se submetem em silêncio e sem estipulação prévia alguma às decisões tomadas em conjunto pelas potências preponderantes; e a Europa parece formar finalmente uma grande família política, unida sob os auspícios de um areópago criado por ela mesma.[15]

Mesmo que não fossem unânimes em algumas questões – Castlereagh não endossava a estratégia contrarrevolucionária de Metternich –, havia o consenso implícito de que qualquer tentativa futura de hegemonia por um deles encontraria resistência, e de que uma guerra geral deveria ser evitada.[16] É claro, uma análise mais profunda revela que o sistema sempre foi mais complexo e em maior desenvolvimento do que a pentarquia de Ranke presumia. O Império Otomano era mais do que apenas um objeto passivo da política das grandes potências; foi precisamente isso que tornou a "Questão do Oriente" (que era, em essência, sobre o seu futuro) tão intratável.[17] Os novos Estados que foram criados no século XIX – não somente o Reich alemão (que aumentou de maneira significativa um dos Cinco Grandes) e o reino da Itália, mas também a Bélgica, a Bulgária, a Grécia, a Romênia e a Sérvia – alteraram de forma importante a natureza da rede. Entretanto, não havia como negar que algo novo havia sido estabelecido – e não havia como negar que funcionava. No século entre os tratados de Utrecht (1713-15) e o Congresso de Viena, foram travadas 43 guerras na Europa envolvendo algumas ou todas das onze potências reconhecidas da época (que incluíam a Espanha, a Suécia, a Dinamarca, a Holanda e a Saxônia). Entre o período de 1815-1914, houve dezessete guerras desse tipo, se ainda contarmos a Espanha e a Suécia como potências. A probabilidade de participação em guerras por qualquer potência diminuiu em cerca de um terço.[18] Houve, com efeito, guerras mundiais no século XVIII como houve no século XX – a Guerra dos Sete Anos foi um verdadeiro conflito global –, mas não houve nenhuma guerra mundial no século XIX.

Em termos diferentes, a ordem internacional era agora, de maneira clara, um sistema hierárquico, mas com cinco polos desempenhando o papel dominante. Esses cinco nódulos eram capazes de se conectar numa variedade de combinações distintas – e podiam até brigar entre si –, mas entre 1815 e 1914 eles nunca foram todos à guerra. Embora o sistema não fosse estável o bastante para evitar a guerra por completo, os conflitos entre Waterloo e o Marne foram bem menos destrutivos do que aquele que ocorreu antes e aquele que viria a seguir. Mesmo a maior guerra europeia do século XIX – a Guerra da Crimeia (1853-56), que lançou a Grã-Bretanha e a França contra a Rússia – foi de ordem de magnitude menor do que as Guerras Napoleônicas. Além disso, as grandes potências tinham entre elas mais reuniões do que desavenças. Entre 1814 e 1907, ocorreram sete congressos e dezenove conferências entre as grandes potências.[19] A diplomacia, pontuada por pequenas doses de guerra, se tornou a situação normal, em contraste notável com as duas décadas antes de 1815, quando o exato oposto havia sido a norma. Como veremos, nenhuma explicação das origens da Primeira Guerra Mundial está completa se não conseguir explicar por que esse deixou de ser o caso em 1914.

24
A casa de Saxe-Coburgo-Gota

A restauração da ordem na Europa depois de Napoleão, porém, exigiu mais do que apenas uma nova hierarquia diplomática que posicionasse cinco Estados acima de todo o resto. De comparável importância foi o modo como a instituição da própria monarquia foi relegitimada. Nesse processo, um papel muitas vezes negligenciado foi desempenhado por uma espécie antiquada de rede, no caso as genealogias entrelaçadas da realeza europeia. Uma família em particular teve papel crucial na reconciliação do princípio da hereditariedade com os novos ideais do governo constitucional que muitos dos liberais do século XIX apoiavam. Coburgo era um dos pequenos Estados alemães que havia sido ameaçado de extinção quando Napoleão arrasou o Sacro Império Romano-Germânico e criou a Confederação do Reno. Contudo, os filhos da duquesa viúva Augusta conseguiram seguir uma trilha cuidadosa entre a França e a Rússia, e foram devidamente recompensados quando, sob pressão da Rússia, o ducado foi devolvido ao filho mais velho, Ernesto, em 1807. Com exceção da única filha (Sofia, que se casou com o conde Mensdorff), todos os filhos de Augusta se casaram com figuras da realeza, ou obtiveram títulos de realeza por direito próprio, ou os asseguraram para os filhos. Uma filha se casou com o irmão de Alexandre I da Rússia; outra com o duque de Württemberg; uma terceira se casou com o duque de Kent, um dos irmãos de Jorge IV da Grã-Bretanha. No entanto, foi o filho mais novo de Augusta, Leopoldo, o verdadeiro fundador da dinastia de Saxe-Coburgo. Leopoldo sofreu um terrível revés quando sua primeira esposa, a princesa Carlota, filha de Jorge IV, morreu ao dar à luz um natimorto em novembro de 1817, apenas um ano e seis meses após o casamento. Contudo, as circunstâncias se alteraram para Leopoldo quando, tendo antes cogitado aceitar o trono da Grécia, ele aceitou o título de "rei dos belgas" em 1831. Tronos eram oferecidos com tanta frequência aos membros da sua família que, em 1843, Leopoldo "achou engraçado" quando "um norte-americano muito rico e influente de Nova York me garant[iu] que eles tinham grande necessidade de um governo que fosse capaz de assegurar proteção à propriedade, e que o sentimento de muitos era em favor da monarquia em vez do desgoverno das multidões, como era o que tinham, e que eles desejavam muito que algum ramo da família Coburgo estivesse inclinado a ir para tal lugar. *Qu'en dites-vous* (o que você me diz sobre isso), [ele perguntou à sobrinha], não é lisonjeiro?"[1] A sobrinha de Leopoldo era a rainha Vitória.

Como o *The Times* observou em 1863, a história dos Saxe-Coburgo demonstrava "o quanto um sucesso leva a outro na vida dos príncipes".[2] Entre os netos de Augusta de Saxe-Coburgo estavam não apenas a rainha Vitória e seu marido, Alberto, mas também Fernando, que se casou com a rainha de Portugal, e o filho de Leopoldo, de mesmo nome e herdeiro do trono da Bélgica. Os Saxe-Coburgo eram ainda ligados por casamento à família Orléans e aos Habsburgo.* Além disso, a filha mais velha de Vitória e Alberto não foi a única a se casar com membros da realeza: todos menos um dos seus nove filhos também o fizeram. Dessa forma, além de Frederico Guilherme da Prússia, entre os genros da rainha Vitória estavam o príncipe Cristiano de Schleswig-Holstein e Henrique de Battenberg, cujo irmão Alexandre se tornou príncipe da Bulgária, enquanto a princesa Alexandra da Dinamarca e a princesa Maria, filha do czar Alexandre II e irmã do czar Alexandre III, contavam-se entre as noras. Quando o futuro Nicolau II chegou a Londres para a sua primeira visita à Inglaterra, em 1893, uma reunião de família tinha passado a se assemelhar com uma reunião de cúpula internacional:

> Entramos em Charing Cross. Lá fomos recebidos por: tio Bertie [o futuro Eduardo VII], tia Alix [Alexandra da Dinamarca], Georgie [o futuro Jorge V], Luísa, Vitória e Maud [suas irmãs, sendo que a última delas viria a se casar com o príncipe Carlos da Dinamarca, mais tarde Haakon VII da Noruega] [...].

---

* Leopoldo I se casou com uma das filhas de Luís Filipe, Leopoldo II desposou Maria Henriqueta, arquiduquesa da Áustria, e sua irmã, Carlota, se casou com o malfadado arquiduque Maximiliano, que por pouco tempo foi o imperador do México.

Duas horas mais tarde, Apapa [Cristiano IX da Dinamarca], Amama e o tio Valdemar [da Dinamarca] chegaram. É maravilhoso ter tantos da nossa família reunidos [...].

Às 4h30, fui ver a tia Maria [esposa de Alfredo, duque de Saxe-Coburgo] na Clarence House e tomei chá no jardim com ela, tio Alfredo e Ducky [a filha deles, Vitória Melita].³

Quando esta última se casou com Ernesto Luís, herdeiro do Grão-Ducado de Hesse-Darmstadt, no ano seguinte (ver figura 17), entre os convidados estavam um imperador e uma imperatriz, um futuro casal de imperador e imperatriz, uma rainha, um futuro rei com sua futura rainha, sete príncipes, dez princesas, dois duques, duas duquesas e um marquês. Eram todos aparentados.

Sem dúvida, na década de 1880, os Coburgo tinham inimigos. No período seguinte à abdicação de Alexandre de Battenberg como príncipe da Bulgária,⁴ foi possível para Herbert von Bismarck zombar do "clã" Coburgo. "Na Família Real Inglesa e seu paralelos mais próximos", disse ele ao czar, "há uma espécie de veneração ao princípio da família não diluída, e a rainha Vitória é vista como um tipo de liderança absoluta de todos os ramos do clã Coburgo. A família está associada por meio de codicilos, que são mostrados aos obedientes parentes distantes. (Aqui o czar riu com entusiasmo.)"⁵ Entretanto, o clã durou mais que o poder dos Bismarck. Em 1894, a rainha Vitória demonstrou alegria ao ser chamada de "vovó" pelo futuro czar Nicolau II, após o noivado deste com ainda outra de suas netas, Alice de Hesse.⁶ Com "Willy" (Guilherme II da Alemanha, neto de Vitória) se correspondendo animadamente com os primos "Nicky" e "George",⁷ por algum tempo pareceu que a visão que havia inspirado Leopoldo I tinha se concretizado: de Atenas a Berlim, de Bucareste a Copenhague, de Darmstadt a Londres, de Madrid a Oslo, de Estocolmo a Sofia e até em São Petersburgo, os Saxe-Coburgo governavam. Quando o futuro Eduardo VIII nasceu, em 1894, Vitória insistiu em que o seu bisneto fosse batizado Alberto – talvez para carimbar o selo da conquista familiar:

Esta será a linha Coburgo, como antes os Plantageneta, os Tudor (de Owen Tudor), os Stewart & os Brunswick de Jorge I – sendo ele o bisneto de Jaime I & essa sendo a Dinastia Coburgo – retendo os Brunswick & todos os outros que os precederam, juntando-se a eles.⁸

17. A casa de Saxe-Coburgo-Gota. A rainha Vitória e membros da sua família em Coburgo, a 21 de abril de 1894, reunidos para o casamento de dois de seus quarenta netos: a princesa Vitória Melita e Ernesto Luís, grão-duque de Hesse. Sentada à esquerda da rainha está a sua filha mais velha, Vitória, imperatriz viúva da Alemanha; à sua direita, está sentado o seu neto, o *kaiser* Guilherme II. De pé atrás do *kaiser*, de barba e chapéu-coco, está o czar Nicolau II da Rússia, cujo noivado com outra neta de Vitória, a princesa Alexandra (Alix) de Hesse (de pé ao seu lado), tinha acabado de ser anunciado. Atrás do czar, à esquerda, está o filho mais velho da rainha Vitória, o príncipe de Gales, mais tarde rei Eduardo VII. Nas figuras na fileira de trás aparece outra neta da rainha Vitória, a princesa Maria, que se tornou rainha da Romênia em 1914. Entre os netos não retratados aqui estão as futuras rainhas da Grécia, da Noruega e da Espanha. (Fotografia de Edward Uhlenhuth.)

25
A casa de Rothschild

O polemista francês que comparou os Saxe-Coburgo aos Rothschild na década de 1840[1] estava mais próximo da verdade do que imaginava. Essas duas dinastias do sul da Alemanha tinham relacionamento quase simbiótico uma com a outra desde os tempos do noivado de Leopoldo de Saxe-Coburgo com a princesa Carlota em 1816.[2] Os Saxe-Coburgo, com sorte e habilidade, haviam ascendido ao topo durante e após o período vitorioso de Napoleão. A partir de origens bem mais humildes, os Rothschild fizeram o mesmo. De mais ou menos 1810 a 1836, os cinco filhos de Mayer Amschel Rothschild se elevaram das margens do gueto de Frankfurt para conquistar uma posição de poder novo e inigualável nas finanças internacionais. Apesar das numerosas crises políticas e econômicas que enfrentaram e dos esforços dos competidores para alcançá--los, ainda ocupavam a mesma posição quando o mais jovem deles morreu, em 1868; mesmo depois disso, a predominância dos Rothschild erodiu de forma lenta. Tão extraordinário parecia esse feito aos seus contemporâneos que estes com frequência tentavam explicá-lo em termos místicos. Segundo um relato escrito na década de 1830, os Rothschild deviam a sua fortuna à posse de um misterioso "talismã hebreu". Foi isso que haveria permitido a Nathan Rothschild, fundador da casa de Londres, se tornar "o leviatã dos mercados financeiros da Europa".[3] Histórias semelhantes eram contadas na zona de assentamento judeu na Rússia ainda na década de 1890.[4]

As conquistas dos Rothschild marcaram época. Nunca antes tinha havido uma concentração maior de capital financeiro do que o acumulado pela família Rothschild nas décadas de meados do século XIX. Em 1828, o seu capital combinado já excedia o de seus rivais mais próximos, os Baring, por uma ordem de grandeza. Uma explicação estritamente econômica de seu sucesso enfatizaria as inovações que eles introduziram no mercado internacional para débitos governamentais, e as formas como o capital acumulado de forma rápida lhes permitiram se expandir para os mercados de letras comerciais, produtos de base, barras de ouro e seguros. Entretanto, é importante também entender a estrutura característica que os Rothschild deram a seus negócios, que era, ao mesmo tempo, uma parceria estritamente governada pela família e uma multinacional – uma única "preocupação comum geral" com "casas" afiliadas em Frankfurt, Londres, Viena, Paris e Nápoles. Os Rothschild resistiram às forças centrífugas em parte graças aos casamentos consanguíneos. Depois de 1824, tenderam a se casar com outros Rothschild. Dos 21 casamentos envolvendo descendentes de Mayer Amschel entre 1824 e 1877, nada menos do que quinze foram *entre* seus descendentes diretos. Embora o casamento entre primos não fosse nada incomum no século XIX – em especial entre as dinastias comerciais germano-judaicas –, esse fato era extraordinário. "Esses Rothschild harmonizam uns com os outros da maneira mais incrível", observou o poeta Heinrich Heine. "Estranhamente, até escolhem cônjuges entre eles mesmos, e os fios de relacionamentos entre eles formam nós tão complicados que historiadores do futuro terão dificuldade de desembaraçar."[5] Referências inseguras à "nossa família real" sugerem que os próprios Rothschild tinham consciência do paralelo com os Saxe-Coburgo.[6]

Contudo, de igual importância a tudo isso foi a velocidade com que os Rothschild construíram a sua rede – não apenas de agentes e financistas menores associados por toda a Europa, mas de "amigos em altos patamares" da política. "Você sabe, querido Nathan", escreveu Salomon em outubro de 1815, "o que o pai costumava dizer sobre se apoiar em um homem do governo".[7] E de novo: "[V]ocê se lembra do princípio do pai de que é preciso estar pronto para tentar tudo a fim de se conectar com uma figura tão grande assim do governo."[8] E Mayer Amschel não lhes havia deixado nenhuma dúvida sobre como melhor cortejar tais políticos: "O nosso falecido pai nos ensinou que, se um homem poderoso assume uma dívida financeira com um judeu, ele pertence ao judeu [*gehört er dem Juden*]".[9] Entre os clientes mais importantes dos Rothschild nesse período estavam Karl Buderus, o principal oficial de finanças do eleitor de Hesse-Cassel; Carl Theodor von Dalberg, o ex-*illuminatus* que havia sido primaz da Confederação do Reno de 1806 até 1814; Leopoldo de Saxe-Coburgo, consorte da princesa Carlota e, mais tarde, rei dos belgas; John Charles Herries, supremo comissário britânico em outubro de 1811, mais tarde (por pouco tempo) ministro das finanças e presidente da Diretoria de Comércio; Charles William Stewart, terceiro marquês de Londonderry, irmão de lorde Castlereagh; o duque de Orléans, mais tarde Luís Filipe, rei da França; o príncipe Metternich, ministro austríaco; e o príncipe Esterházy, embaixador austríaco em Londres.

Uma das maneiras cruciais pelas quais os Rothschild cativavam a elite política (além de sobrepujar os competidores nos negócios) era ter uma rede de informações e comunicações excepcional. Nesse período, os serviços postais eram lentos e pouco seguros: cartas enviadas de Paris a Frankfurt em geral levavam apenas 48 horas para chegar em 1814; mas o correio de Londres às vezes levava até uma semana para chegar a Frankfurt, e o serviço de Paris até Berlim levava nove dias em 1817.[10] Os irmãos, sendo correspondentes compulsivos, logo dispensaram o correio, confiando, em vez disso, nos seus próprios mensageiros, que incluíam agentes em Dover com autorização de fretar barcos para os negócios dos Rothschild.[11] Há muito tempo se acredita que Nathan Rothschild foi o primeiro homem em Londres a saber da notícia da derrota de Napoleão em Waterloo, graças à velocidade com que um mensageiro dos Rothschild foi capaz de passar o quinto e conclusivo boletim extraordinário (emitido em Bruxelas durante a noite de 18 para 19 de junho) por meio de Dunquerque e Deal até chegar à Nova Corte, em torno de 24 horas mais tarde – pelo menos 36 horas antes de o major Henry Percy entregar o despacho oficial de Wellington ao Gabinete.[12] Recentemente, essa história foi posta em dúvida, mas o fato permanece de que Rothschild recebeu a notícia cedo o bastante – mesmo que tenha sido em 21 de junho – para "aproveitar a informação precoce [...] da vitória". Um relato do resultado da batalha foi enviado mais tarde naquele dia pelo correspondente em Londres do *Caledonian Mercury*, que citava como fonte uma "boa autoridade – que enviou uma carta de Gante, recebida por Rosschild [*sic*], o grande corretor cujas informações são invariavelmente as melhores".[13] Em meados da década de 1820, os Rothschild faziam uso regular de mensageiros particulares: só no mês de dezembro de 1825, a casa de Paris enviou dezoito mensageiros a Calais (e de lá para Londres), três para Saarbrücken, um para Bruxelas e um para Nápoles.[14] A partir de 1824, pombos-correios também foram utilizados, embora os irmãos aparentemente não confiassem nas aves tanto quanto, por vezes, se supôs.

O desenvolvimento dessa rede rápida e segura de comunicações teve muitos benefícios. Em primeiro lugar, ela permitia aos Rothschild oferecer um serviço postal de primeira classe à elite europeia. Quando em visita a Londres em 1822, o visconde de Chateaubriand recebeu "uma comunicação importante" da duquesa de Duras por meio de um "*protégé* dela, Rothschild".[15] Em 1823, "receber notícias dos Rothschild" era parte integral da rotina da condessa Nesselrode.[16] Os entusiastas mais eminentes do serviço postal dos Rothschild a partir de 1840 talvez fossem a jovem rainha Vitória e o seu consorte, o príncipe Alberto.[17] Em segundo lugar, o serviço de mensageiros deles também significava que os Rothschild estavam em posição de fornecer um serviço de notícias único. Os principais eventos políticos, assim como informações confidenciais, podiam ser transmitidos de uma cidade a outra bem adiante dos canais oficiais. Em 1817, James se ofereceu para passar detalhes das comunicações diplomáticas francesas de Paris a Londres para que elas alcançassem Nathan antes de chegar ao embaixador francês.[18] Em 1818, um diplomata britânico a caminho do Congresso de Aquisgrana se mostrou "muito impressionado" com o modo como Nathan lhe passou "informações corretas quanto aos detalhes do nosso grupo, e com o seu conhecimento sobre as pessoas que provavelmente o formariam, entre as quais alguns nomes que, creio eu, ainda não haviam sido revelados ao Ministério das Relações Exteriores".[19] Quando o duque de Berry (terceiro filho do rei francês Carlos X) foi assassinado em fevereiro de 1820, foram os Rothschild que revelaram a história em Frankfurt e Viena.[20] Do mesmo modo, quando a princesa Carlota morreu, em 1821, foram de novo os Rothschild que levaram a notícia a Paris.[21] Como primeiro-ministro, George Canning não aprovava o fato de que os Rothschild tinham acesso constante aos relatórios dos embaixadores, mas ele dificilmente poderia se dar ao luxo de ignorar itens tão importantes das informações dos Rothschild como a capitulação turca em Akkerman.[22] Os Rothschild também foram os primeiros a revelar as notícias sobre a revolução francesa de julho de 1830 a lorde Aberdeen em Londres e a Metternich na Boêmia.[23] Não tardou para que os próprios estadistas e diplomatas começassem a empregar a rede de comunicações dos Rothschild, em parte porque era mais rápida do que os sistemas de mensageiros oficiais utilizados para transmitir correspondências diplomáticas, mas também porque mensagens de natureza não vinculativa podiam ser enviadas de um governo a outro de forma indireta por meio da própria correspondência particular dos irmãos.

Sem dúvida, se os Rothschild houvessem confiado somente nas suas cinco casas para passar informações, o sistema teria sido bastante limitado. No entanto, eles logo desenvolveram um alcance que se estendia muito além das suas bases europeias originais. Como nenhum dos netos de Mayer Amschel desejava (ou tinha permissão para) estabelecer uma nova "casa", isso foi feito por meio da construção de um grupo seleto de agentes assalariados empregados para lidar com os interesses do banco em outros mercados: em especial em Madrid, São Petersburgo, Bruxelas e, mais tarde, Nova York, Nova Orleans, Havana, México e San Francisco. As linhas de comunicação entre esses agentes formavam uma rede nova e complexa de informações e negócios.[24] Era inevitável que homens como August Belmont, em Nova York, ou Daniel Weisweiller, em Madrid, desfrutassem de autonomia considerável por estarem mais distantes e possuírem conhecimento local maior; contudo, eles sempre permaneceram como agentes dos Rothschild em primeiro lugar e acima de tudo, e não lhes era permitido se esquecer disso. E essa rede não tinha nenhuma influência formal; de comparável importância era a rede – maior, mas mais frouxa – de laços com outros bancos, assim como com corretores da bolsa, bancos centrais e jornais financeiros.

Os contemporâneos dos Rothschild não demoraram a compreender que uma nova espécie de poder financeiro havia surgido. Em 1826, o francês liberal Vincent Fournier-Verneuil foi o primeiro a denunciar que o governo francês era o marionete corrupto da "aristocracia das finanças, a mais árida e menos nobre de todas as aristocracias", em cujo topo estava ninguém menos do que "o sr. barão R...".[25] Dois anos mais tarde, Thomas Duncombe, membro do grupo dos radicais no Parlamento, se queixou à Câmara dos Comuns britânica sobre:

> um novo poder formidável, até estes dias desconhecido na Europa: dono de uma fortuna ilimitada, ele se gaba de ser o árbitro da paz e da guerra, e de que o crédito das nações depende da sua concordância; seus correspondentes são inumeráveis; seus mensageiros são mais rápidos do que os dos príncipes soberanos e dos soberanos absolutos; ministros de Estado estão em sua lista de pagamento. Supremo nos gabinetes da Europa continental, ele deseja dominar os nossos [...].[26]

Em meados da década de 1830, uma revista norte-americana ofereceu uma avaliação similar, embora em termos menos pejorativos: "Os Rothschild são os prodígios do mundo bancário moderno [...] mantendo um continente inteiro na palma da mão [...]. Nenhum gabinete se move sem o conselho deles".[27] Thomas Raikes observou em seu diário mais ou menos nessa mesma época: "Os Rothschild se tornaram os soberanos metálicos da Europa. De seus diferentes estabelecimentos em Paris, Londres, Viena, Frankfurt e Nápoles, eles obtiveram um controle sobre o câmbio europeu que nenhum grupo conseguiu antes, e agora parecem segurar o cordão da bolsa pública. Nenhum soberano hoje conseguiria obter um empréstimo sem o auxílio deles".[28] Um cartunista alemão anônimo fez, em essência, a mesma observação (embora de forma mais vívida) ao retratar a caricatura grotesca de um judeu – claramente um híbrido dos Rothschild – como *Die Generalpumpe* (uma brincadeira com o duplo sentido da palavra alemã *pumpen*, que significa tanto "bombear" como "emprestar"). Os Rothschild, sugeria o cartunista, são um motor monstruoso, bombeando dinheiro ao redor do mundo.[29]

Uma acusação frequente na década de 1820 era que os Rothschild se alinhavam em termos políticos com as forças de reação e restauração. Segundo uma das fontes, eles haviam se tornado *la haute Trésorerie de la Sainte Alliance* [a alta tesouraria da Santa Aliança].[30] De fato, quando o príncipe alemão itinerante Pückler-Muskau descreveu Nathan pela primeira vez numa carta à esposa, ele o apresentou como "o principal aliado da Santa Aliança".[31] Uma caricatura retratou Nathan como o corretor de seguros da "Aliança Oca",* que ajudava a impedir o incêndio político na Europa.[32] Em 1821, ele até recebeu uma ameaça de morte por causa da "sua conexão com potências estrangeiras e, em especial, pelo auxílio prestado à Áustria, devido aos planos daquele governo contra as liberdades da Europa".[33] Ainda em agosto de 1820, o representante de Bremen à Assembleia da Confederação Germânica em Frankfurt observou que "a Áustria precisa da ajuda dos Rothschild para a sua atual demonstração de força diante de Nápoles, e a Prússia há muito tempo teria dado fim à sua Constituição se a Casa dos Rothschild não lhe tivesse possibilitado adiar esse dia maligno".[34] Para o escritor liberal Ludwig Börne, eles eram "os piores

---

* *Hollow Alliance* (Aliança Oca, ou Aliança Vazia), um trocadilho com *Holy Alliance* (Santa Aliança). [N.T.]

inimigos da nação. Eles fizeram mais do que qualquer outro para solapar os fundamentos da liberdade, e é inquestionável que a maioria dos povos da Europa estaria, a esta altura, na posse total da liberdade se homens como os Rothschild [...] não oferecessem aos autocratas o apoio do seu capital".³⁵

No entanto, esses julgamentos exageravam a extensão da aderência política dos Rothschild à visão de Metternich da restauração conservadora. Como o representante de Bremen a Frankfurt observou corretamente:

> Essa casa, por meio de enormes transações financeiras e conexões bancárias e de crédito, obteve, de fato, a posição de uma potência de verdade; ela adquiriu o controle do mercado financeiro geral ao ponto de estar numa posição tanto de atrapalhar como de promover, conforme se sinta inclinada, os movimentos e operações de potentados, e até das maiores potências europeias.³⁶

Os Rothschild subscreviam, pelo preço certo, empréstimos para a Áustria. No entanto, faziam o mesmo para os Estados mais liberais também. Quando o imperador austríaco comentou que Amschel Rothschild era "mais rico do que eu", não estava brincando.³⁷ No décimo segundo canto de *Don Juan*, Lord Byron indagou: "Quem mantém o equilíbrio do mundo? Quem reina / sobre o Congresso, seja monarquista ou liberal?"* E respondeu (com pontuação zombeteira): "Judeu Rothschild, e seu amigo cristão, Baring".** Os banqueiros eram "os verdadeiros senhores da Europa".***³⁸ O ponto crucial é que Byron via Rothschild como tendo influência sobre regimes tanto monarquistas quanto liberais. Em seu ensaio "Rothschild and the European States" [Rothschild e os Estados europeus, 1841], Alexandre Weill foi sucinto: enquanto "Rothschild precisou dos Estados para se tornar Rothschild", ele agora "não mais precisa do Estado, mas o Estado ainda necessita dele".³⁹ Um ano mais tarde, o historiador liberal Jules Michelet escreveu em seu diário: "O sr. Rothschild conhece a Europa príncipe por príncipe, e conhece a bolsa de valores cortesão por cortesão. Ele tem todas as contas deles na cabeça, as dos

---

* *"Who hold the balance of the world? Who reign / O'er Congress, whether royalist or liberal?"* [N.T.]

** *"Jew Rothschild, and his fellow Christian, Baring."* [N.T.]

*** *"the true lords of Europe."* [N.T.]

cortesãos e as dos reis; conversa com eles sem sequer consultar os livros. Para um deles, ele diz: "A sua conta irá para o vermelho se você nomear essa pessoa como ministro".⁴⁰ Aqui estava outro aspecto no qual a ordem hierárquica não havia sido exatamente "restaurada", mas rearranjada, após 1815. O grupo de parentesco estendido que era a Casa de Saxe-Coburgo-Gota talvez desse à nova ordem a legitimidade da genealogia real. No entanto, era a nova e rica Casa de Rothschild – com as suas novas redes de crédito e informações – que dava segurança ao monarquismo europeu.

26
Redes industriais

Antes de atingir esse nível, Nathan Rothschild havia começado a carreira na Inglaterra de maneira humilde, comprando tecidos manufaturados para exportar ao continente europeu. Os registros que sobreviveram desses primeiros anos fornecem um retrato vívido de uma economia nos estágios iniciais da primeira revolução industrial. Entre 1799, quando ele chegou à Inglaterra pela primeira vez, e 1811, quando estabeleceu formalmente a firma de N. M. Rothschild em Londres, Nathan viajou não apenas pelos arredores do Lancashire, mas também para Nottingham, Leeds, Stockport e até Glasgow em busca de tecidos para enviar a compradores na Alemanha. Ele não se restringiu a comprar tecidos acabados. "Assim que cheguei a Manchester", ele contou mais tarde ao parlamentar Thomas Fowell Buxton, "investi todo o meu dinheiro, os produtos eram baratos; e consegui um bom lucro. Logo descobri que havia três modos de lucrar: a matéria prima, a tintura e a manufatura. Eu disse ao fabricante: 'Vou lhe fornecer a matéria-prima e a tintura, e você me fornece os produtos manufaturados'. Assim, obtive lucro em três negócios em vez de um, e consegui vender mais barato do que qualquer outro".[1] Com a nova tecnologia para fiar e tecer se espalhando rápido por todo o norte da Inglaterra e pelo centro da Escócia, e com muitos pequenos produtores competindo entre si, as oportunidades para um intermediário atrevido eram imensas. Como ele explicou em dezembro de 1802:

> Nas terças e quintas, os tecelões que vivem no campo, a 32 quilômetros de Manchester, trazem os seus produtos – alguns trazem vinte ou trinta peças, outros mais, outros menos –, que eles vendem aos mercadores daqui a crédito de dois, três ou seis meses. No entanto, como há alguns deles que, em geral, precisam de dinheiro e que estão dispostos a sacrificar um pouco do lucro para obtê-lo,

uma pessoa que vai lá com dinheiro na mão consegue, às vezes, comprar por 15% ou 20% menos.[2]

Além disso, à medida que os seus negócios expandiam e ele começou a exportar para outras firmas além da do pai, Rothschild passou a oferecer não apenas preços baixos, mas também termos de crédito razoáveis, dizendo ao mesmo comprador que ele via o seu dinheiro como estando "tão seguro em suas mãos como se eu o tivesse no meu bolso".[3] Se as compensações eram vastas, assim também eram os riscos. Os preços e as taxas de juros eram altamente voláteis. Os fornecedores deixavam de entregar com quase igual frequência com que os compradores deixavam de pagar. Além disso, com a erupção das hostilidades econômicas entre a Inglaterra e a França depois que Napoleão proibiu todo o comércio continental com a Inglaterra em 1806 e 1807, Rothschild teve que recorrer ao contrabando.

Assim como as revoluções intelectuais e políticas do século XIX, a Revolução Industrial foi o produto das redes. Nenhum governante a ordenou, embora algumas ações governamentais (em particular as leis discriminando contra importações de tecido da Índia) a tenham ajudado. Em adição às redes de crédito como aquela a que Nathan Rothschild pertencia, havia também as redes de capital, que permitiam a empresários e investidores juntar informações e recursos, e as redes tecnológicas, que permitiam a troca de inovações que aumentavam a produtividade. James Watt não teria conseguido aprimorar o seu motor a vapor se não tivesse pertencido a uma rede que também incluía o professor Joseph Black, da Universidade de Glasgow, e os membros da Sociedade Lunar, de Birmingham.[4] A maioria das empresas que fabricavam tecidos eram pequenas ou relativamente fáceis de financiar, mas iniciativas intensivas de capital como as empresas do Canal, de capital coletivo, ou como as empresas de seguros dependiam de maneira expressiva das redes de investidores.[5] Como na era pré-industrial, exportações e importações internacionais eram, em grande parte, administradas por redes comerciais. Em todas essas redes, parentesco, amizade e religião compartilhada desempenhavam parte importante. O mesmo ocorreu quando as novas tecnologias de fabricação cruzaram o Atlântico até os Estados Unidos.[6] Como a figura 18 demonstra, não havia nenhuma ligação direta entre Watt e Oliver Evans, o inventor de Filadélfia que patenteou um motor a vapor de alta pressão superior. Havia, de fato, quatro graus de separação entre eles.[7] No entanto, o ímpeto para inovar – a "mentalidade das melhorias" – se espalhou quase (segundo um acadêmico) como uma crença religiosa.[8] Em cada estágio da Revolução Industrial, as redes desempenharam papel crucial, não apenas na disseminação de novos processos, mas, o que era mais importante, ao combinar o capital e a capacidade intelectual de várias pessoas. Assim como o desenvolvimento de motores a vapor cada vez mais eficientes foi o esforço coletivo de uma rede, e não de heroicos inventores individuais, da mesma forma as descobertas posteriores no campo da aeronáutica deveram muito a membros ilustres da Sociedade Norte-Americana de Engenheiros Civis, da Sociedade Norte-Americana de Engenheiros Mecânicos e da Associação Norte-Americana para o Progresso da Ciência, como os irmãos Wright. Naquele "mundo pequeno", Octave Chanute, autor de *Progress in Flying Machines* [Progresso nas máquinas

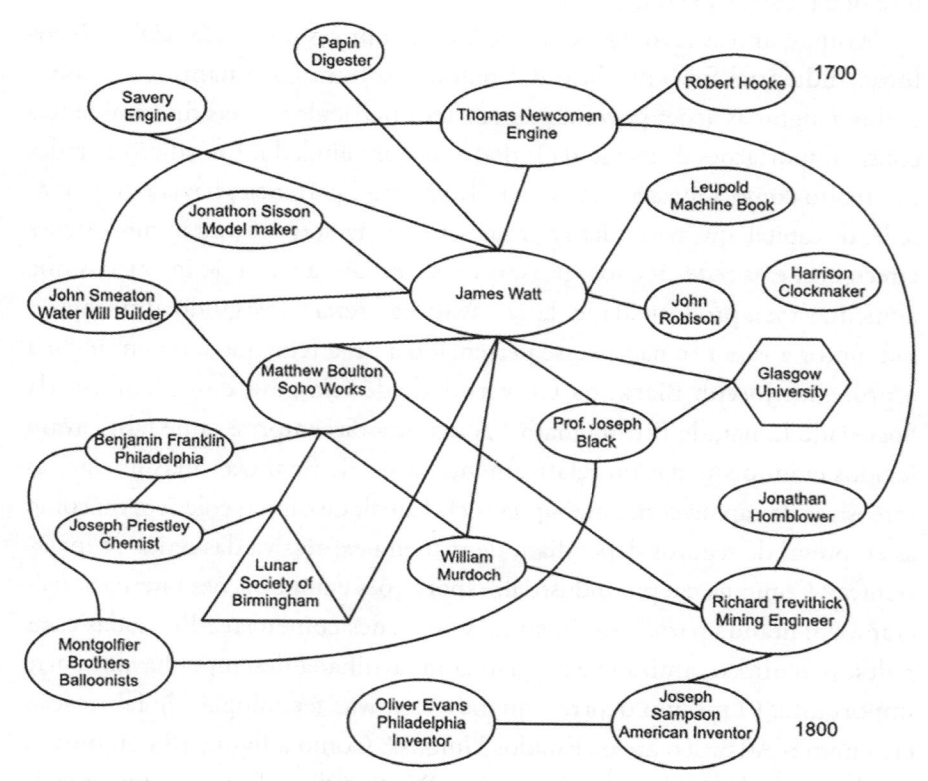

18. A "rede do vapor": James Watt, Matthew Bolton, e a rede social da tecnologia do motor a vapor, *c.* 1700-1800.

voadoras] (1894), foi o conector mais importante – o Paul Revere do primeiro avião.[9] O enigma central da história britânica na era da industrialização é o porquê de a revolução econômica não ter sido associada à revolução política. Colocando a questão de maneira diferente, por que as redes que surgiram na Inglaterra e na Escócia no fim do século XVIII eram poderosas o bastante para gerar a fábrica moderna, mas não poderosas o bastante para derrubar as hierarquias monárquica, aristocrática e eclesiástica do Reino Unido? Por todo o continente europeu em 1848, as pessoas que haviam assinado petições sobre uma queixa ou outra eram arrastadas por outra onda de revoluções – desta vez se estendendo até Berlim e Viena, e levando à queda de Metternich.[10] Não havia nada próximo disso na Inglaterra. Henry Peter Brougham, famoso orador do partido dos Whigs, fundou uma Sociedade para a Difusão de Conhecimento Útil, não uma sociedade para difusão de ideias republicanas. Até mesmo os cartistas, ao organizarem a campanha para expandir o grupo, eram ordeiros em suas reuniões e demonstravam poucos elementos revolucionários. Parte da explicação é que a política do século XVIII fez bastante para inculcar nas "ordens inferiores" a ideia de que, como "bretões", eles tinham um compromisso patriótico com a ordem social existente.[11] Os maiores distúrbios da era hanoveriana foram as Revoltas de Gordon, anticatólicas, descritas de maneira bem vívida em *Barnaby Rudge*, de Charles Dickens. Outra parte da resposta é que a elite britânica se adaptou com habilidade considerável às condições da era industrial, que eram de rápido desenvolvimento. Vitória e Alberto, de modo geral, eram liberais no que dizia respeito às inclinações políticas de uma forma que os seus parentes em Hanôver não eram. Além disso, a nova elite financeira personificada pelos Rothschild era mais flexível em termos políticos do que muitos dos seus críticos apreciavam.

Uma boa ilustração de por que a Inglaterra evitou a revolução é o caso das campanhas pela abolição do comércio de escravos e da escravatura. O movimento abolicionista começou fora do parlamento, entre minorias religiosas (em particular, os *quakers*) e novas organizações, como a Sociedade para a Efetivação da Abolição do Comércio de Escravos e, mais tarde, a Sociedade pela Mitigação e Abolição Gradual da Escravatura. Ele chegou à Câmara dos Comuns bem quando a revolução estava começando na França. William Wilberforce fez seu discurso seminal "On the Horrors of the Slave Trade" [Sobre os horrores do comércio de escravos] na Câmara dos Comuns em 12 de maio de 1789, apenas uma semana após a abertura da Assembleia dos Estados Gerais em Paris. Nada menos do que 400 mil pessoas assinaram petições exigindo a abolição em 1792, aproximadamente 12% da população adulta masculina – no caso de Manchester, mais perto da metade.[12] Em 1816, o número de assinaturas em petições contra o reinício do comércio de escravos na França era 1,375 milhão.[13] A agitação foi ainda maior em 1833, quando o Parlamento recebeu petições com quase 1,5 milhão de assinaturas, inclusive uma com 800 metros de comprimento, assinada por 350 mil mulheres e costurada numa única lista pela filha de Thomas Fowell Buxton, Priscilla.[14] O movimento abolicionista foi um autêntico fenômeno com base nas redes. Entretanto, diferentemente das colônias norte-americanas e da França, essa rede nunca ameaçou levar o país a uma revolução. Um motivo óbvio para isso era que a questão envolvia os interesses de pessoas muito distantes das Ilhas Britânicas: escravos africanos e agricultores das Antilhas. Um segundo motivo foi que, embora ela tenha arrastado o processo de decisão na década de 1790, a elite política respondeu com relativa rapidez à pressão que vinha de fora do Parlamento, abolindo o comércio de escravos em 1807 e, em seguida, emancipando quase 800 mil escravos em possessões britânicas em 1833. O terceiro e derradeiro motivo foi que os agricultores das Antilhas formavam um grupo de interesse pequeno demais para exercer o poder de veto.

Há muito tempo que se debate se os produtores de açúcar do Caribe já estavam em crise às vésperas da abolição ou se tiveram o acesso ao trabalho escravo interrompido no seu ápice econômico, pois os historiadores vêm se esforçando para compreender a velocidade com que a Grã-Bretanha passou de jogador dominante no comércio de escravos no Atlântico a opositor declarado e ativo.[15] É evidente que, apesar do consumo crescente na Inglaterra, os preços do açúcar estavam em declínio contínuo durante o século XVIII. De forma significativa, eles chegaram ao ápice durante a Revolução Francesa e as Guerras Napoleônicas – quando a interrupção da produção causada pela revolta dos escravos em São Domingos foi contrabalançada apenas em parte pelo rendimento elevado das plantações em Cuba, assim como em Maurício e na Índia –, mas ela caiu de novo antes de 1807, e baixou ainda mais com a declaração de paz. Em comparação, não havia nenhuma tendência de queda no preço médio de um escravo. Contudo, o argumento de que essas tendências acabaram com as plantações de açúcar das Antilhas – de que "a abolição foi o resultado direto da crise [nas Antilhas]"[16] – não é convincente. Com a demanda crescente de açúcar em toda a Europa, as oportunidades que mantiveram a escravatura operante em Cuba, para não mencionar no Brasil, também existiam para as plantações britânicas, com exceção da abolição, que inevitavelmente aumentou os custos de mão de obra. O verdadeiro problema para os agricultores britânicos era a diversificação rápida da economia do Reino Unido, à medida que as importações de algodão para manufatura e reexportação superaram em pouco tempo as importações de açúcar em termos de importação. Já no fim da década de 1820, os produtos de algodão compunham metade das exportações britânicas. Manchester, a capital da indústria têxtil britânica, tinha maior influência política em Londres do que a Jamaica, e podia com facilidade fazer vista grossa à continuação do comércio de escravos e à escravatura no sul dos Estados Unidos, de onde vinha uma parcela cada vez maior do algodão cru do Lancashire. Apropriadamente, foi Nathan Rotschild – o comerciante de algodão que se tornou banqueiro – quem financiou o empréstimo de 15 milhões de libras necessário para compensar os proprietários de escravos depois do Ato do Parlamento de Abolição da Escravatura de 1833.[17] De fato, Nathan jantou com Thomas Fowell Buxton logo depois que a legislação que libertava os escravos foi aprovada.[18] Mais tarde, os filhos de Nathan desempenhariam um papel de liderança na campanha pela emancipação judaica na Grã-Bretanha; a rainha Vitória elevaria o neto Nathaniel à Câmara dos Lordes.

Em 1815, a Grã-Bretanha era uma sociedade excepcionalmente desigual. A riqueza fundiária estava concentrada em demasia nas mãos de uma aristocracia hereditária – mais do que na maioria dos países europeus, inclusive no *Ancien Régime* da França. O sistema de impostos era regressivo ao extremo, com a maior parte dos rendimentos sendo proveniente de juros sobre o consumo e a maior parte dos gastos indo para o Exército, a Marinha, e para detentores ricos de cargos executivos e títulos públicos. No entanto, nenhum dos movimentos extraparlamentares do início do século XIX – nem o abolicionismo, nem o movimento pela reforma eleitoral que se seguiu – jamais ameaçou de maneira séria a ordem estabelecida. O motivo disso é que a hierarquia britânica, diferentemente da francesa, sabia quando se curvar com o vento. Os abolicionistas viram a ascensão da rainha Vitória ao trono em 1837 como uma oportunidade para a reforma, não um obstáculo a ela, e a jovem monarca logo se viu sob pressão para apoiar a campanha. Ela deixou essa tarefa ao príncipe consorte, que fez seu primeiro discurso em público, apenas três meses após o casamento deles, numa reunião da Sociedade pela Extinção do Comércio de Escravos e pela Civilização da África. "Arrependo-me profundamente", afirmou o príncipe Alberto, "de que os esforços benevolentes e persistentes da Inglaterra para abolir o tráfico atroz de seres humanos (de uma só vez, a ruína da África e a mancha mais escura sobre a Europa civilizada) não tenham ainda levado a nenhuma conclusão satisfatória. Contudo, eu confio com sinceridade em que este grande país não relaxará em seus esforços até que tenha finalmente, e para sempre, posto fim a uma situação tão repugnante ao espírito do cristianismo e aos melhores sentimentos da nossa natureza".[19]

27
Da pentarquia à hegemonia

Nos anos após 1815, o caos que se desencadeara na década de 1790 foi posto sob controle. A anarquia em rede da França foi amansada pela imposição de uma nova ordem hierárquica sob Napoleão. O desafio da Revolução Francesa aos outros Estados europeus foi finalmente superado pela imposição de um novo "acordo" sob a supervisão coletiva das cinco grandes potências, entre elas uma monarquia francesa restaurada. Por todo o século XIX, a monarquia permaneceu o formato político predominante no mundo. Dentro de cada Estado europeu, não somente a legitimidade do princípio hereditário foi restaurada; foi também um novo modelo de estratificação social em que uma elite real cosmopolita entrou em relação simbiótica com uma nova elite plutocrática (e aristocracias nacionais mais veneráveis, com ingratidão, escarneceram de ambas). A "restauração", nesse sentido, era uma descrição imperfeita, e aqueles (em especial os Bourbon na França) que tentaram um retorno absoluto ao *Ancien Régime* não duraram muito tempo.

O relógio não voltaria atrás. Nem deixaria de seguir em frente. A Revolução Industrial aumentou tanto as rendas quanto as populações. Pela primeira vez na história, as cidades do noroeste da Europa cresceram mais do que as do leste da Ásia. As novas tecnologias de fabricação provaram que tinham mais vantagens além da produção mais eficiente de roupas. Os equipamentos militares também começaram a ser industrializados com navios recobertos de ferro e armas mais letais. As economias nacionais decaíram cada vez mais sob a influência das grandes corporações industriais, cujos proprietários e administradores, em conjunto com os banqueiros que as financiavam, começaram a constituir uma nova elite social e política, embora esta ainda estivesse conectada intimamente ao velho regime. O mapa do mundo em 1900 era um quebra-cabeça imperial, com onze impérios ocidentais controlando parcelas desproporcionais (58% ao todo) do território terrestre, para não mencionar a sua população (57%) e produção econômica (74%).[1] Até os Estados Unidos adquiriram colônias no ultramar.

Com certeza, esse não era o futuro pelo qual Paul Revere havia cavalgado até Lexington. Os "casacas vermelhas" haviam vencido. Às vésperas da Primeira Guerra Mundial, a Grã-Bretanha – um reino com população de 45,6 milhões e superfície terrestre de pouco acima de 193 mil quilômetros quadrados – governava sobre mais de 375 milhões de pessoas e 28,5 milhões de quilômetros quadrados. Talvez o fator mais notável sobre esse vasto império fosse o pouco rigor com que era guarnecido. Em 1898, havia 99 mil soldados postados na Inglaterra, 75 mil na Índia, e 41 mil em outras regiões do império. A Marinha exigia outros 100 mil homens, e o Exército nativo da Índia contava com 148 mil. Esses números representavam frações minúsculas da população imperial total. O império também era governado com pouco rigor. Entre 1858 e 1947, era raro haver mais do que mil membros do "pactuado" Serviço Civil da Índia (Indian Civil Service – ICS), em comparação com uma população total que, ao fim do governo britânico, excedia 400 milhões de habitantes. E essa alocação mirrada de pessoal não era exclusiva da Índia. A elite administrativa inteira do serviço colonial africano, espalhada por mais de uma dúzia de colônias com uma população de cerca de 43 milhões de habitantes, totalizava pouco mais de 1.200 pessoas.[2] Como isso era possível? Como é possível que o maior império da história do mundo fosse, ao mesmo tempo – no termo derrogatório cunhado pelo socialista alemão Ferdinand Lassalle em 1862 –, um Estado "vigia noturno"?

V
Cavaleiros da Távola Redonda

28
Uma vida imperial

No romance *Os 39 degraus*, de John Buchan, uma organização sinistra conhecida como Pedra Negra planeja roubar os planos da Inglaterra sobre a "disposição da Frota Naval britânica de entrar em mobilização". Apenas depois de uma série de assassinatos e uma das perseguições mais complexas da ficção popular, o plano é frustrado pelo herói incansavelmente patriótico de Buchan, Richard Hannay. Depois de Rudyard Kipling, Buchan foi o escritor que melhor capturou o etos do imperialismo britânico do início do século XX.[1] Como muito do que escreveu, *Os 39 degraus* arranja o mundo numa hierarquia de tipos raciais, com os inteligentes e musculosos escoceses no topo, os resistentes sul-africanos a seguir, depois os norte-americanos com a sua insuficiência militar, os alemães – sexualmente suspeitos – no meio, os judeus abaixo dos alemães, e basicamente todos os outros por baixo.* Entretanto, como quase sempre acontece na ficção de Buchan, os verdadeiros protagonistas de *Os 39 degraus* não são indivíduos, mas redes: sociedades secretas, como a Pedra Negra, e nobres grupos de cavalheiros imperiais envolvidos em contraespionagem improvisada – nesse caso, um escocês em retorno da Rodésia, um norte-americano autônomo e um ingênuo político proprietário de terras.

Nascido em Perth em 1875, filho de um pastor da Igreja Livre Presbiteriana da Escócia e criado em Kirkcaldy, Buchan conquistou o tipo de ascensão profissional que o Reino Unido e o seu império ofereciam a escoceses ambiciosos desde o tempo de James Boswell. Depois de ter completado o estudo secundário na Hutcheson's Grammar School, em Glasgow, ele estu-

---

* Edmund Ironside, o soldado que se diz ter sido a inspiração para o personagem Richard Hannay, "professava aversão especial por irlandeses, judeus, latinos e 'raças inferiores', isto é, a maior parte da humanidade".

dou *Literae Humaniores* (o curso de graduação em literatura grega e romana, também conhecido como "os Grandes") na Brasenose, em Oxford, onde estudava, foi aprovado com distinção e louvor, e conquistou a presidência da União de Oxford, a prestigiada sociedade de debates que continua a preparar futuros primeiros-ministros para os conflitos parlamentares. Entre 1901 e 1903 – durante e após a Guerra dos Bôeres –, serviu como secretário político particular de lorde Milner, o alto-comissário da África do Sul. Em 1907, ele se casou bem: com Susan Grosvenor, prima do duque de Westminster. Não se contentando em ser um autor prolífico, Buchan estudou direito e passou no exame da ordem. Tornou-se sócio da editora Thomas Nelson & Sons e foi também, por algum tempo, o editor da revista *The Spectator*. Durante a Primeira Guerra Mundial, poupado ou afastado da linha de frente por problemas de saúde, ele dirigiu o novo Departamento de Informações e, depois da guerra, esteve na Câmara dos Comuns por oito anos como membro do Partido Unionista, representando as universidades escocesas. Durante todo esse tempo, escreveu de maneira infatigável: em média, um romance de suspense por ano, além de uma história da Grande Guerra em vários volumes. A sua apoteose veio em 1935, quando recebeu um título de nobreza (o de lorde Tweedsmuir de Elsfield) e foi nomeado governador-geral do Canadá.[2]

Em resumo, Buchan escalou a hierarquia imperial, ascendendo pelas vias acadêmica, social, profissional, política e, finalmente, oficial – mesmo que não tenha chegado tão alto quanto havia planejado (vice-rei da Índia ou, pelo menos, uma posição no Gabinete). Contudo, não se deve tentar compreender a carreira de Buchan à parte da rede a que ele pertencia: o "Jardim da Infância" ou "Távola Redonda", grupo associado a Milner. Essa é outra daquelas redes históricas que se tornaram notórias, graças, em grande parte, aos textos de Carroll Quigley,* influente historiador de Georgetown, que a chamava de "uma sociedade secreta que foi, por mais de cinquenta anos [...], uma das forças mais importantes na formulação e execução da política imperial britânica e

---

* O curso de Quigley sobre o desenvolvimento de civilizações era bastante popular na Escola do Serviço de Relações Exteriores em Georgetown, onde ele ensinou entre 1941 e 1972. (Entre seus alunos estava o jovem Bill Clinton.) Não está bem claro por que ele se tornou tão obcecado com a rede de Milner. Porém, o seu histórico irlandês--bostoniano sem dúvida incutiu nele uma antipatia visceral pelo imperialismo britânico.

estrangeira".³ O objetivo dessa sociedade, segundo Quigley, era "unir o mundo e, acima de tudo, todo o mundo de língua inglesa em uma estrutura federal em torno da Inglaterra", e seus métodos eram de "influência secreta política e econômica por trás das cenas e [...] o controle das agendas jornalística, educacional e de propaganda".⁴ Escrevendo no fim da década de 1940, Quigley reconheceu que a Távola Redonda havia "sido capaz de ocultar a sua existência com muito sucesso, e muitos dos seus membros mais influentes, satisfeitos em possuir a realidade em vez da aparência do poder, são desconhecidos até dos estudiosos mais dedicados da história britânica". Apesar disso:

> Ela planejou a Incursão de Jameson de 1895; causou a Guerra dos Bôeres de 1899-1902; criou e controla o Fundo Rhodes; criou a União da África do Sul em 1906-10; estabeleceu o periódico sul-africano *The State* em 1908; fundou o periódico do Império Britânico *The Round Table* em 1910, e este permanece sendo o porta-voz do grupo; tem sido a influência isolada mais poderosa nas faculdades All Souls, Balliol e New College, em Oxford, por mais de uma geração; tem controlado o *The Times* por mais de cinquenta anos, com exceção dos três anos entre 1919 e 1922; divulgou a ideia e o nome "*Commonwealth* Britânica" (ou Comunidade Britânica das Nações) no período entre 1908 e 1918; foi a principal influência sobre a administração de guerra de Lloyd George entre 1917 e 1919, tendo dominado a delegação britânica que foi à Conferência de Paz de 1919; teve muito a ver com a formação e a administração da Liga das Nações e do sistema de mandatos; fundou o Instituto Real de Assuntos Internacionais em 1919, e ainda o controla; foi uma das principais influências sobre a política britânica em relação à Irlanda, à Palestina e à Índia no período entre 1917 e 1945; exerceu influência muito importante sobre a política de apaziguamento da Alemanha durante os anos 1920-40; e controlou e ainda controla, em medida bastante considerável, as fontes e o texto da história da política imperial britânica e de relações exteriores desde a Guerra dos Bôeres.⁵

Qualquer que seja a verdade sobre essas afirmações impressionantes, a última delas por certo não se aplica mais. É agora, portanto, possível aos acadêmicos escrever de maneira aberta e desapaixonada sobre a Távola Redonda, embora os defensores de teorias conspiratórias continuem, sem dúvida, a repetir no futuro as alegações de Quigley.

29
Império

Mesmo que a Távola Redonda não tenha governado o mundo, é inegável que um número muito pequeno de homens ingleses dirigia uma grande parte do mundo. Repetindo: como isso era possível?

Uma parte da resposta a essa questão está na maneira como os britânicos absorveram em seu império as estruturas existentes de poder local. Em Tanganica, por exemplo, Sir Donald Cameron lutou para reforçar os laços do "camponês [...] até o seu líder, do líder ao subchefe, do subchefe ao chefe, e do chefe ao gabinete distrital". Na África Ocidental, lorde Kimberley pensou que era melhor "não ter nada a ver com os 'nativos educados' como um todo. Eu lidava somente com os chefes hereditários". "Todos os orientais têm os lordes em alta conta", insistia George Lloyd, antes de assumir seus deveres como alto-comissário recém-nomeado no Egito. Todo o propósito do império, argumentou Frederick Lugard, arquiteto do Império Britânico da África Ocidental, era "manter governos tradicionais como um baluarte da segurança da sociedade em um mundo em mutação [...]. A categoria realmente importante é a posição social".[1] Lugard inventou toda uma teoria de "governo indireto", segundo a qual seria possível manter o domínio britânico a custo mínimo ao se delegar todo o poder local às elites existentes, retendo apenas o essencial da autoridade central (em especial, os cordões da bolsa do tesouro) em mãos britânicas. Em seu livro *The Dual Mandate in British Tropical Africa* [O mandato dual na África Tropical Britânica] (1922), Lugard definiu governo indireto como o "uso sistemático das instituições habituais dos povos como agências do governo local".[2] Acima de todas essas hierarquias tradicionais de posições sociais, os britânicos acrescentaram a sua própria meta-hierarquia imperial. O protocolo na Índia era governado de maneira estrita pelo "mandado de precedência", que em 1881 consistia em não menos do que 77 categorias separadas. Por todo o império, oficiais aspiravam a se tornar membros da Distintíssima Ordem de São Miguel e São Jorge, fosse como CMG ("Call Me God" [Me chame de Deus]), fosse como KCMG ("Kindly Call Me God" [Por favor, me chame de Deus]) ou, o que era reservado para o nível mais alto dos governadores, como GCMG ("God Calls Me God" [Deus me chama de Deus]). Lorde Curzon declarou que havia "um apetite insaciável [entre] a comunidade de língua inglesa em todo o mundo por títulos e precedência". Ele poderia ter acrescentado que condecorações, divisas e medalhas eram desejadas com ardor quase igual. Apesar de todo o seu sucesso material, John Buchan sentia-se torturado pelo montante escasso de tais "trinques".

No entanto, o Império Britânico não teria conseguido atingir extensões tão vastas, nem teria durado tanto tempo, caso tivesse se apoiado apenas na hierarquia – sem falar no esnobismo. As redes revolucionárias não evaporaram no século XIX. Pelo contrário, com a disseminação da doutrina de Karl Marx entre os intelectuais e operários, nasceu uma das maiores redes da era moderna: a rede socialista. Outros movimentos revolucionários, do anarquismo ao feminismo e ao nacionalismo radical, também floresceram no fim do século XIX. Contudo, as estruturas hierárquicas da época – os impérios e os Estados-nações – foram capazes de dominar com bastante facilidade essas redes, mesmo quando elas recorriam ao terrorismo. Isso se deu porque as novas tecnologias de comunicação criadas pela Revolução Industrial – a ferrovia, o navio a vapor, o telégrafo e, mais tarde, o telefone, assim como os serviços de correio nacionais e os jornais – não apenas geraram redes muito maiores do que conseguiram os socialistas, mesmo quando estes obtiveram êxito em unir a miríade de formas de organizações trabalhistas que proliferavam nas economias industriais,[3] mas também se prestavam bem ao controle centralizado.

É obvio que a energia a vapor e os cabos elétricos aceleraram as comunicações. Nos dias dos veleiros, levava de quatro a seis semanas para cruzar o Atlântico; com a introdução dos navios a vapor, esse tempo foi reduzido a duas semanas nos meados da década de 1830 e apenas dez dias na de 1880. Entre as décadas de 1850 e 1890, o tempo de viagem da Inglaterra até a Cidade do Cabo caiu de 42 para dezenove dias. Além disso, os navios a vapor se tornaram maiores além de mais rápidos: no mesmo período, a arqueação bruta média mais ou menos dobrou. Assim, não apenas levava menos tempo para cruzar os oceanos entre a metrópole e o império, mas também custava bem menos.

O custo de enviar um alqueire de trigo de Nova York a Liverpool caiu pela metade entre 1830 e 1880, e foi reduzido a um quarto entre 1880 e 1914. Maravilhas ainda maiores eram realizadas pelo telégrafo. A partir de 1866, era possível passar informações para o outro lado do Atlântico à velocidade de oito palavras por minuto.

A tendência de o controle se tornar centralizado não é tão imediatamente óbvia. A rede ferroviária britânica havia sido construída depois de 1926 com intervenção apenas mínima do Estado, mas as ferrovias britânicas abertas durante o império, embora também fossem construídas por empresas do setor privado, dependiam de generosas subsidiárias governamentais, que, com efeito, garantiram que pagariam dividendos. A primeira linha na Índia, ligando Bombaim a Tana, a 38 quilômetros de distância, foi aberta oficialmente em 1853; em menos de cinquenta anos, seriam construídos quase 40.250 quilômetros de trilhos. Essa rede tinha, desde a concepção, um propósito tanto estratégico quanto econômico. O mesmo se pode dizer do telégrafo, que estava desenvolvido na Índia em 1857 de forma suficiente para desempenhar uma parte decisiva na supressão da rebelião daquele ano, que começou como um motim dos soldados nativos. (Um dos rebeldes, a caminho da execução, identificou o telégrafo como "a maldita corda que me enforca".) Entretanto, a inovação crucial na centralização das comunicações foi a construção de cabos submarinos duráveis. De modo significativo, foi um produto imperial – uma espécie de borracha da Malásia chamada guta-percha – que tornou isso possível, permitindo que o primeiro cabo cruzando o canal da Mancha fosse instalado em 1851, seguido do primeiro cabo transatlântico quinze anos mais tarde. Quando a primeira linha de telégrafo bem-sucedida foi instalada de um lado ao outro do Atlântico, estava claro que se tratava do nascer de uma nova era. O fato de o cabo ir da Irlanda até a Terra Nova deixou evidente qual potência tinha a maior probabilidade de dominar a era do telégrafo. Em 1880, havia ao todo 157.020 quilômetros de cabo atravessando os oceanos do mundo, ligando a Grã-Bretanha à Índia, ao Canadá, à Austrália e à África. Agora, era possível retransmitir uma mensagem de Bombaim a Londres ao preço de 4 xelins por palavra em poucos minutos. Nas palavras de Charles Bright, um apóstolo da nova tecnologia, o telégrafo era "o sistema mundial de nervos elétricos". Como afirmou um eminente comentarista imperial, a revolução vitoriana nas comunicações globais conseguiu "a aniquilação das distâncias".

Ela também tornou possível a aniquilação a longas distâncias. "O tempo em si torna-se inexistente devido ao telégrafo", proclamou o *Daily Telegraph*.⁴ O mesmo destino sofriam os rebeldes que se atreviam a desafiar a ordem do mundo imperial.

No entanto, apesar de todas as vantagens estratégicas da rede de cabos globais que cresceu de forma tão velozmente na segunda metade do século XIX, ela permaneceu em grande parte nas mãos do setor privado. Não foi a rainha Vitória quem realizou o sonho dos telegramas transatlânticos, mas um escocês audacioso chamado John Plender. Nascido em Vale of Leven, Plender fez sua primeira fortuna com o comércio de algodão em Glasgow e Manchester, e foi a sua experiência como mercador – aguardando constantemente as notícias do outro lado do oceano – que o persuadiu a investir primeiro na Companhia de Telégrafos Magnéticos Inglesa e Irlandesa, e depois na Companhia de Telégrafos do Atlântico. O segundo investimento azedou quando o cabo que a empresa instalou com tanto cuidado em 1858 foi danificado – por culpa do "chefe eletricista" mal qualificado, que tentou melhorar a clareza da transmissão aumentando a voltagem por um fator superior a três. Plender tentou de novo em 1865, com a fusão da Companhia de Telégrafos do Atlântico com a nova Companhia de Construção e Manutenção de Telégrafos. Enfrentou um segundo desastre quando o cabo – mais bem insulado, mas muito mais pesado – se rompeu e afundou para o leito do oceano na metade do caminho até o outro lado do Atlântico. Sem se abater, Plender e seu sócio, o engenheiro ferroviário inglês Daniel Gooch, fundaram uma nova empresa, a Companhia dos Telégrafos Anglo-Americana Ltda., para assumir a iniciativa e, na terceira tentativa, o trabalho foi concluído. Gooch – que supervisionou pessoalmente a instalação bem-sucedida do cabo a partir do *Great Eastern*, o maior navio a vapor da época – descreveu o júbilo com que ele e a tripulação foram recebidos ao chegarem a Heart's Content, na Terra Nova:

> Lá [...] estava a maior excitação que já testemunhei. Todos pareciam loucos de alegria, pulando para dentro da água e gritando como se desejassem que o som fosse ouvido em Washington. Assim que o cabo tocou em terra, um sinal foi dado na costa, e todos os navios no porto comemoraram com uma salva de tiros. Não sei com quantas armas eles atiraram, mas o barulho foi tremendo, e a fumaça logo escondeu os navios da nossa vista. A reverberação do som das armas nas monta-

nhas em torno da baía foi magnífica [...]. Assim que ele [o cabo] alcançou [...] a casa de madeira que hoje é usada como escritório do telégrafo [...], outra cena de grande excitação se seguiu. Os operadores do velho cabo pareciam dispostos a lhe comer a ponta; um deles chegou mesmo a colocá-la na boca e chupá-la.[5]

Dois dias mais tarde, Gooch viu alguns membros da sua tripulação lendo a manchete telegrafada do *The Times* que celebrava a conquista. "Um deles, depois disso, falou a outro: 'Estou dizendo, Bill, somos benfeitores da nossa raça'. 'Sim', respondeu Bill, 'nós somos', e saiu desfilando com as costas retas e a cabeça pelo menos 5 centímetros mais alta."[6]

Apesar de, em 1868, o governo britânico ter nacionalizado a rede doméstica de telégrafos, não houve nenhuma tentativa de fazer o mesmo com os cabos transatlânticos. Pender não perdeu tempo. Em 1860, ele fundou a Companhia dos Telégrafos de Falmouth, Gibraltar e Malta, a Companhia de Telégrafos Submarinos Indo-Britânica e o Telégrafo Submarino da China. Em poucos anos, Londres estava conectada pelo telégrafo a Malta, Alexandria, Bombaim, Cingapura e Hong Kong. Em 1872, duas outras empresas de Pender haviam conectado Bombaim a Adelaide via Cingapura. Tendo combinado os elementos fundamentais do seu império florescente de telégrafos para formar a Companhia Oriental de Telégrafos, Pender continuou a expandir os seus negócios de forma implacável, conectando Lisboa a Pernambuco em 1874, e na década de 1880 estendeu o seu alcance à África. Ao todo, ele fundou 32 empresas de telégrafos, a maioria delas acabando como subsidiárias da Companhia Oriental de Telégrafos. À época da sua morte em 1896, Pender controlava empresas que eram proprietárias de um terço de todo o sistema telegráfico global (ver gravura 15).

Os inventores experimentavam. Os homens de negócios investiam e competiam. Os governos assumiam interesses estratégicos. E as instituições internacionais – como a União Internacional dos Telégrafos, estabelecida em 1865 – regulamentavam ou, pelo menos, harmonizavam.[7] Contudo, o que emergiu, em última análise, foi um duopólio privado da telegrafia internacional: a partir de 1910, quando a empresa norte-americana Western Union adquiriu a Companhia Anglo-Americana, a primeira passou a controlar o tráfego transatlântico, enquanto a Companhia Oriental de Telégrafos reinava no resto do mundo. O polo de todo o sistema era Londres, mas o governo de lá não precisava ter posse direta da rede, assim como não precisava governar diretamente os Estados principescos da Índia. Podia-se confiar em Pender, membro liberal e depois liberal-unionista do Parlamento a partir de 1860, KCMG em 1888 e GCMG em 1892, fazendo parte integralmente daquela elite britânica obcecada com prestígio social, retratada de modo tão mordaz em *The Way We Live Now* [O modo como vivemos agora], de Trollope.

A sequência de eventos que levou da ousada iniciativa de Pender à criação de uma rede global de telégrafos era característica do imperialismo do século XIX. Um processo similar havia levado ao desenvolvimento das plantações de borracha na Malásia, fonte da guta-percha, sem a qual a rede de cabos oceânicos teria sido tecnicamente impossível. Foi um voluntarioso aventureiro internacional, Henry Wickham, que – após fracassar como mercador e agricultor – enviou as sementes da seringueira *Hevea brasiliensis* do Brasil para Londres. No entanto, seus esforços foram subsidiados por Sir Clements Markham, secretário da Sociedade Real Geográfica, e o verdadeiro trabalho de pesquisa e desenvolvimento foi feito no Jardim Botânico Real de Kew (cujo diretor era Joseph Hooker, amigo de Charles Darwin), e também nos de Ceilão e Cingapura. Finalmente, o investimento nas plantações em larga escala no sudeste da Ásia, em especial nos estados da Malásia, foi deixado a cargo do capital privado. As autoridades coloniais da Malásia se envolveram apenas quando os preços despencaram após a Primeira Guerra Mundial.[8]

Um dos motivos principais para a dimensão e a durabilidade do Império Britânico, portanto, foi o toque relativamente leve da autoridade central. Embora a sua teoria seja hierárquica – de fato, como fez John Buchan, teóricos raciais vitorianos classificavam a humanidade de acordo com os "níveis herdados de inteligência" –, a prática era delegar poder considerável aos governantes locais e a redes privadas. Diferentemente do curto império europeu de Napoleão, o Império Britânico não era dirigido por um gênio da microadministração, mas por um clube de amadores cavalheirescos, cuja superioridade aparentemente sem esforço dependia do empenho pouco celebrado dos agentes locais e dos colaboradores nativos. Quase todos os aspectos da expansão britânica foram administrados dessa maneira, desde as finanças[9] até o trabalho missionário.[10] A "sede" era em Londres, mas o "homem no local" desfrutava de autonomia considerável, desde que não demonstrasse nenhum sinal de "virar nativo". Em alguns casos, a influência britânica se espalhou com quase nenhum direcionamento central. Um exemplo é o alastramento do sistema de monitoração da educação primária na América Latina, uma região onde o imperialismo informal era a regra. Esse sistema de ensino, que havia sido desenvolvido por Joseph Lancaster e Andrew Bell para ser utilizado na Inglaterra e na Índia britânica, foi levado à América do Sul no século XIX por uma combinação de políticos hispano-americanos que o observaram em Londres, e James Thomson, representante itinerante da Sociedade Escolar Britânica e Estrangeira e da Sociedade Bíblica Britânica e Estrangeira, assim como da espanhola Real Sociedad Económica de Amigos del País.[11]

No entanto, a tendência econômica do fim do século XIX era, de maneira inequívoca, em direção a lucros cada vez maiores em escala. Em quase todos os setores industriais havia uma tendência pronunciada à concentração. As empresas se tornaram menos numerosas; umas poucas se tornaram vastas. Com algumas exceções notáveis, como a parceria bancária dos Rotschild, as maiores empresas deixaram de ter como proprietários e administradores as famílias dos fundadores. Nas margens do rio Clyde, assim como em todo o mundo industrial, empresas de sociedade anônima se tornaram a forma dominante de empreendimento em larga escala.[12] Andrew Carnegie, que imigrou da Escócia para os Estados Unidos, foi um bonaparte industrial cuja empresa de aço com o nome dele foi um dos gigantes da era de ouro norte-americana. "O preço que a sociedade paga pela lei da competição", explicou ele em um ensaio publicado em 1889:

> assim como o preço que ela paga por confortos e luxos baratos, é [...] ótimo; mas as vantagens dessa lei também são ainda melhores, pois é a essa lei que devemos o nosso maravilhoso desenvolvimento material, o qual deixa o aprimoramento de condições em seu rastro. Porém, não importa se a lei é benigna ou não, devemos dizer sobre ela o que dizemos da mudança nas condições dos homens [...]. Ela existe; não temos como evitá-la; nenhum substituto a ela foi encontrado; e, mesmo que a lei às vezes seja difícil para o indivíduo, é melhor para a raça, pois assegura a sobrevivência do mais apto em todos os departamentos. Portanto, aceitamos como condições às quais devemos nos acostumar, dando-lhes as boas-vindas, a grande desigualdade de ambiente, a concentração de negócios industriais e comerciais nas mãos de poucos e a lei de competição entre esses como sendo não apenas benéficas, mas essenciais para o progresso futuro da raça

[...]. Uma situação em que os melhores interesses da raça são promovidos [...] inevitavelmente enriqueçam alguns poucos.¹³

No entanto, Carnegie não tinha intenções de fundar uma dinastia; na realidade, ele detestava a fortuna herdada e doou quase toda a sua fortuna. A sua empresa, Carnegie Steel Company, em si o resultado de uma fusão em 1892, foi absorvida pela vasta (mas não monopolizadora) Corporação do Aço dos Estados Unidos nove anos mais tarde. A concentração de capital não estava restrita aos campos da telegrafia e do aço. O sistema financeiro internacional cresceu ao ponto de se assemelhar a uma rede livre de escalas, com uma enorme porção da riqueza financeira concentrada em um punhado de centros financeiros, dos quais Londres era *primus inter pares*.¹⁴ O mesmo se aplicava às notícias. À primeira vista, o mundo estava inundado por inúmeros jornais locais; a uma inspeção mais profunda, o suprimento de notícias nacionais e internacionais passou a ser dominado por um cartel de três agências europeias de notícias – Reuters, Havas e Wolff's Telegraphisches Bureau –, cujos relatos eram simplesmente reimpressos pela vasta maioria dos jornais.¹⁵

Ao fim do século XIX, até o mundo acadêmico demonstrava sinais de centralização. As redes frouxas internacionais da Revolução Científica foram transformadas pelo crescimento acelerado em importância das universidades alemãs.¹⁶ A educação alemã parecia imitar o Exército da Prússia em termos da rigidez de sua estrutura hierárquica. Nos *Gymnasien*, escolas de ensino secundário de elite, os rapazes se sentavam nas salas de aula segundo a posição que ocupavam na classificação acadêmica.¹⁷ Nas grandes universidades – Göttingen, Heidelberg, Jena, Marburgo, Tübingen –, os professores eram autoritários, tiranizando os alunos de graduação. Em termos de aumentar a qualidade e a quantidade de pesquisas publicadas em campos que variavam da literatura clássica à química orgânica, o sistema funcionava. Embora o império germânico estivesse atrasado em relação ao britânico em termos de quilômetros quadrados de território além-mar, ele seguia adiante no campo científico e, mais tarde, industrial.

A elite britânica era relativamente aberta. Os aristocratas investiam em ferrovias, juntavam-se a diretorias de bancos, casavam os filhos com o "dinheiro novo" judeu ou norte-americano. Um aspecto contrastante da vida no Reich alemão era que a modernidade econômica parecia ter sido enxertada em uma

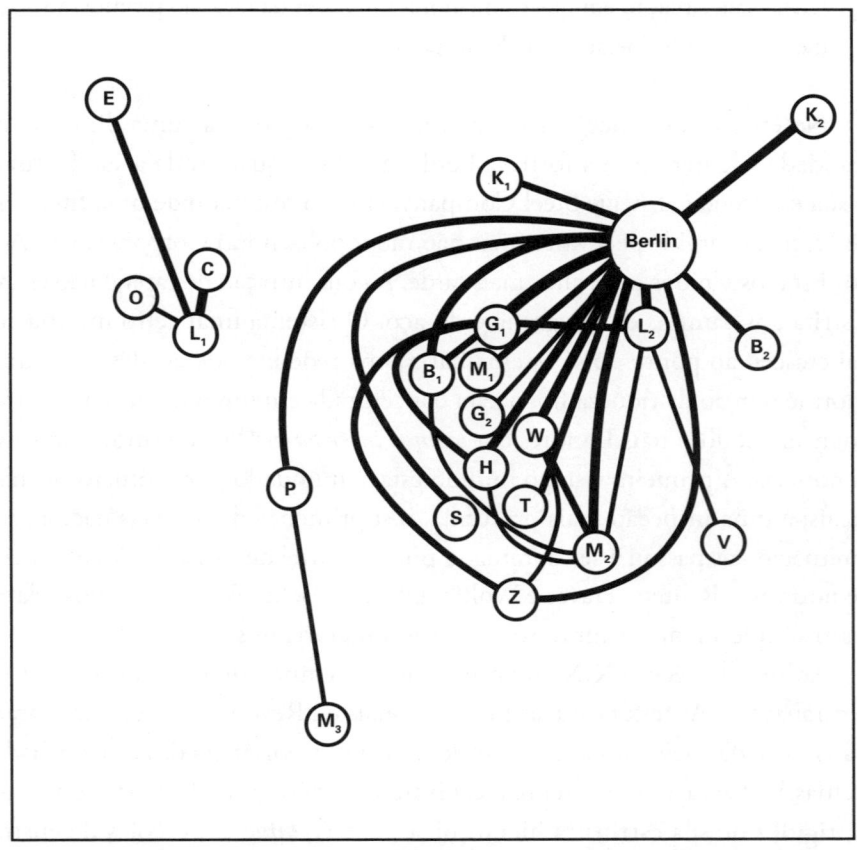

19. Redes de prática científica do século XIX. Amsterdam A_1 Avignon B_1 Basileia B_2 Bath B_3 Berlim B_4 Bolonha B_5 Bonn B_6 Breslávia, C_1 Caen C_2 Cambridge C_3 Copenhague, D Dijon, E Edimburgo, F_1 Ferrara, F_2 Florença, F_3 Friburgo, G_1 Gênova G_2 Giessen G_3 Glasgow G_4 Göttingen, H_1 Halle H_2 Heidelberg H_3 Helmstedt, J Jena, K_1 Kiel, K_2 Königsberg, L_1 Leiden L_2 Leipzig L_3 Londres L_4 Lyons, M_1 Marburgo M_2 Módena M_3 Montpellier M_4 Munique, N Nuremberg, O Oxford, P_1 Pádua P_2 Paris P_3 Pavia P_4 Pisa, R Roma, S_1 São Petersburgo S_2 Estocolmo S_3 Estrasburgo, T_1 Tübingen T_2 Turim, U Upsália, V_1 Veneza V_2 Viena V_3 Viena, W_1 Wittenberg W_2 Würzburg, Z Zurique (Apenas os principais centros aparecem na imagem acima.)

estrutura social pré-industrial, em que a classe *Junker* da Prússia ainda dava a impressão de reter a supremacia.

Os estudos sobre as comunidades rurais no centro e no leste da Europa no século XIX nos lembram que, para uma grande proporção da população europeia, a modernidade era um panorama distante, mesmo em 1850 – e, quanto mais se viajava em direção ao leste, mais atrás no tempo se ia também. As comunidades alemãs fora do Reich habitavam um mundo que os londrinos provavelmente encontrariam apenas nos contos de fadas dos Irmãos Grimm.* No vale austríaco do rio Gail, padrões de "endogamia estrutural" dominavam as decisões sobre matrimônio e genealogia, como ocorria desde o século XVI.[18] No latifúndio de Pinkenhof, na província báltica russa da Livônia, múltiplas famílias viviam juntas em casas de fazenda feitas de madeira, lideradas por um chefe escolhido que direcionava o trabalho nos campos.[19] Entretanto, a realidade era que a industrialização e a democratização – introduzidas para a maioria dos alemães com a fundação do Reich em 1871 – apresentaram desafios fundamentais à nova ordem. No romance *Der Stechlin* de Theodor Fontane, publicado em 1899, a fábrica local de vidro em Glasgow simboliza o colapso iminente da velha ordem rural na Marca de Brandemburgo. Como o velho *Junker* Dubslav Von Stechlin lamenta:

> Eles [...] mandam [os alambiques que fabricam] para outras fábricas e logo em seguida começam a destilar todo tipo de produtos terríveis nesses balões verdes: ácido clorídrico; ácido sulfúrico; ácido nítrico fumegante [...]. E cada gota queima e abre um buraco, seja em linho, seja em tecido ou couro; em tudo; tudo é queimado e tostado. E quando penso que meus *Globsowers*** desempenham uma parte nisso, e que suprem com muita alegria as ferramentas para a grande conflagração mundial [*Generalweltanbrennung*] – ah, *meine Herren*, isso me enche de dor.[20]

As redes dos notáveis – *Honoratioren* –, cujas famílias haviam dominado as estruturas do poder local por gerações,[21] passaram a sofrer ataques constantes não apenas dos novos partidos políticos nacionais, mas também das burocra-

---

* A coleção de 1812 de histórias infantis tradicionais alemãs de Jacob e Wilhelm Grimm, *Kinder- und Hausmärchen*, provou ser uma das publicações mais bem-sucedidas do século XIX. Os irmãos eram estudiosos dedicados do folclore, tendo estudado em Marburgo com o eminente jurista Karl von Savigny. Como era típico da geração deles, combinavam romantismo, liberalismo e nacionalismo. Jacob foi eleito para a Assembleia Nacional à época das Revoluções de 1848.
** *Globsowers* eram os empregados da fábrica de vidro. [N.T.]

cias crescentes nos níveis nacional, regional e local. O grande sociólogo Max Weber (cuja luta para se provar como o tipo ideal de professor teutônico o levou a um colapso nervoso) entendia esse avanço como uma racionalização do processo político e uma "desmistificação" do mundo. Contudo, ele também discerniu o poder que os demagogos seriam capazes de exercer em um panorama político cada vez mais desnudado das redes tradicionais.

30
Taiping

À medida que os impérios europeus estendiam as suas redes de ferro, aço e borracha por terra e por sob os mares, as dinastias imperiais sobreviventes do mundo oriental – em particular, os impérios Otomano e Qing – se debatiam com o dilema de até que ponto imitar os seus métodos. A estrutura de poder no Império Qing era bastante diferente das dos impérios ocidentais. O poder local continuava a ser dominado por redes de parentesco, como havia sido por muitos séculos.¹ No entanto, como vimos na parte 2, no capítulo "Uma breve história da hierarquia", os oficiais imperiais eram selecionados com base no exame competitivo meritocrático, cujo efeito era isolar os oficiais de lealdades outras que não a mais importante, ao imperador.²

Com justiça, a China dos Qing tem sido chamada de uma "monarquia burocrática", governada por "homens cujas carreiras [eram] medidas pelo prestígio e poder, pela mobilidade e segurança, dentro de uma ordem hierárquica".³ O pesadelo de cada dinastia sucessiva era o tipo de rebelião impulsionada pelas redes que surgiam periodicamente nas províncias. De fato, havia uma tradição entre oficiais confucianos de imaginar a ameaça recorrente de uma nebulosa "Sociedade do Lótus Branco", um grupo de budistas leigos que traçava as suas origens até o famoso monge Huiyuan em 402 d.C. Durante todo o período das eras Yuan, Ming e Qing, houve uma tendência a identificar qualquer tipo de não ortodoxia como sendo Ensinamentos do Lótus Branco, "ensinamentos heréticos" (*xiejiao*) ou "cristianismo" (*tianzhujiao*).⁴ Assim como a França revolucionária havia sido assolada pelo "grande medo" de 1789, também na China – apenas duas décadas antes – um pânico acerca de "almas roubadas" se alastrou pelo império, com aldeões acusando não apenas mendigos e monges itinerantes, mas também oficiais e até o imperador de surrupiar almas humanas por meio de magia.⁵ O imperador Qianlong conseguiu tirar vantagem do clima de pânico, reafirmando a sua autoridade sobre a burocracia imperial. No entanto, a mania relacionada ao roubo de almas revelava uma fraqueza séria no sistema: que a sua capacidade burocrática estava espalhada de maneira escassa para os padrões europeus, e que a sua legitimidade estava aberta ao questionamento. No século XIX, o sistema era forte o bastante para estender o governo de Qing em direção ao norte e ao oeste, muito além do território histórico central do governo Ming e de seus predecessores[6], mas fraco demais para resistir às invasões europeias, em especial as britânicas, que começaram na década de 1840 – e apenas forte o bastante para sobreviver a uma crise interna que eclipsou por completo o Lótus Branco e os episódios de roubo de almas: a Rebelião Taiping.

Na Europa, o século XIX foi, como vimos, um período de paz relativa. Em todos os aspectos, a guerra civil que assolou o império Qing entre 1850 e 1865 foi o maior conflito do século XIX, causando, de modo direto ou indireto, as mortes de entre 20 milhões e 70 milhões de pessoas, dizimando cerca de metade da população chinesa. Foi muito mais mortífero até do que a Guerra da Tríplice Aliança (1864-70) do Paraguai com a Argentina, o Brasil e o Uruguai, ou a Guerra de Secessão dos Estados Unidos (1861-65), respectivamente o segundo e o terceiro maiores conflitos do século. Centenas de cidades chinesas foram destruídas. Massacres de civis e execuções em massa de prisioneiros se tornaram a norma. Epidemias (em particular de cólera) e fome seguiram implacáveis no rastro das batalhas. A significância de Taiping na história das redes é tripla. Em primeiro lugar, a rebelião nasceu de um culto que, a princípio, atraiu seguidores apenas de grupos marginais, mas depois se espalhou de forma viral por partes substanciais da área central da China dos Han. Em segundo lugar, influências externas (de novo, na maior parte inglesas) tanto precipitaram o conflito como atuaram para derrotar os insurgentes. Em terceiro lugar, o efeito devastador da guerra civil levou a um verdadeiro êxodo chinês – um fluxo de pessoas quase tão grande quanto a emigração de pessoas das partes mais pobres da Europa na mesma época. Por sua vez, isso estimulou uma revolta populista menos violenta, mas, em alguns casos, com maiores consequências, dentro dos Estados Unidos e em outros lugares. Esses foram os resultados involuntários da conectividade maior.

A revolta começou na província de Guangxi, muito ao sul da capital dos Qing, no início de 1851, quando um exército rebelde de 10 mil homens derrotou os soldados do governo na cidade de Jintian (Guiping, nos dias de hoje). A princípio, um papel importante foi desempenhado pela minoria étnica Zhuang, que constituía cerca de um quarto do exército Taiping. De Guangxi, os rebeldes avançaram até Nanjing, que Hong Xiuquan, autointitulado "Rei Celestial", declarou como sua capital. Em 1853, eles controlavam todo o vale Yangzi. Os líderes do movimento eram forasteiros. Hong era membro da comunidade Hakka ("pessoas convidadas"), um subgrupo dos Han que habitava o sul da China, cultivando terras fronteiriças. Ele havia sido reprovado quatro vezes no exame de serviço civil no nível provincial. Yang Xiuqing era um mercador de lenha de Guangxi.

É possível contar a história de Taiping como uma revolta popular contra uma dinastia estrangeira, personificada pelo imperador Xian Feng (que governou entre 1850 e 1861) e a imperatriz viúva Cixi (entre 1835 e 1908). Por causa da sua recusa em usar o cabelo no estilo Manchu (raspado na frente, trançado atrás), os rebeldes Taiping receberam o apelido de "cabelos compridos" (Chángmáo). Eles escolheram Nanjing como quartel-general, pois essa havia no passado sido a capital dos Ming. Os seus objetivos eram, em certos aspectos, revolucionários, reivindicando a "propriedade comum" e igualdade para as mulheres (inclusive a abolição dos "pés de lótus", hábito de manter os pés das mulheres amarrados para lhes modificar o formato). No entanto, é difícil acreditar que o movimento Taiping teria obtido tanto sucesso se não fosse pelas influências externas que estavam, ao mesmo tempo, trabalhando para enfraquecer o governo Qing. A primeira dessas influências foi a exportação agressiva de ópio da Companhia das Índias Orientais para a China. A segunda foram os armamentos que os europeus estavam igualmente dispostos a vender. A pura brutalidade da política britânica só se justifica com dificuldade. "Sem convite, e por métodos que nem sempre eram os mais gentis", concedeu lorde Elgin, "nós rompemos as barreiras atrás das quais essas nações antigas tentavam ocultar do mundo exterior os seus mistérios, e talvez também, no caso da China pelo menos, os trapos e a podridão de suas civilizações em declínio".[7]

Um pouco mais respeitosos das tradições chinesas eram os missionários protestantes – homens como Robert Morrison, da Sociedade Missionária de Londres, que havia chegado a Cantão (Guangzhou) em 1807, e William Milne, cotradutor da primeira bíblia em chinês, publicada em 1833. No entanto, a influência dos missionários causava tantas perturbações quanto a dos vendedores de narcóticos e armamentos. Tendo sido exposto ao cristianismo por Milne, Hong Xiuquan sucumbiu a delírios religiosos após um colapso nervoso induzido por exames. Convencido de ser o irmão mais novo de Jesus Cristo, ele concebeu o seu movimento como uma "Sociedade de Adoradores de Deus" e se autonomeou governante do "Reino Celestial da Grande Paz" (*Taiping Tianguo*). O parceiro de Hong, Yang Xiuqing, alegava ser a voz de Deus. Outro líder Taiping, Hong Rengan, havia sido batizado como luterano pelo missionário sueco Theodore Hamberg, um de muitos missionários que publicaram um relato da rebelião. O missionário batista norte-americano Issachar Jacox Roberts se tornou conselheiro tanto de Hong Xiuquan quanto de Hong Rengan. Outro missionário simpático ao movimento foi Charles Taylor, da Missão Episcopal Metodista do Sul dos Estados Unidos.[8]

Em resumo, o movimento de Taiping foi uma forma mutante do cristianismo, que adotou não apenas um pouco da linguagem do cristianismo, mas também algumas práticas cristãs, em particular o batismo e a iconoclastia. O que os missionários não haviam previsto era a prontidão com que os fiéis orientais adotariam os elementos mais militantes da religião, como se intencionassem reproduzir conscientemente a Guerra dos Trinta Anos na China. Um estandarte na sala do trono de Taiping era inequívoco: "A ordem veio de Deus para matar o inimigo e unir todas as montanhas e rios em um único reino". Nada justificava de maneira mais clara a decisão do imperador Yongzheng em 1724 de expulsar a onda anterior de cristãos, sendo a maioria jesuítas que haviam chegado à região no século XVII. Vista de longe, a Rebelião Taiping poderia facilmente ser confundida com uma revolução similar àquelas que a Europa havia testemunhado em 1848. A uma análise mais profunda, assemelhava-se bem mais a uma guerra religiosa anterior. Hong Xiuquan foi, em certos aspectos, uma versão chinesa mais bem sucedida de João de Leiden, o Anabatista.

É fácil esquecer quão perto Taiping chegou de tornar o seu reino uma realidade. Em 1860, as forças de Taiping capturaram Hangzhou e Suzhou. O fracasso da tentativa de capturar Xangai e a subsequente retirada para Nanjing foram resultado, em grande parte, de ainda outra intervenção estrangeira. Em agosto de 1860, Xangai foi defendida por uma força de soldados imperiais de Qing e de oficiais ocidentais sob o comando do norte-americano Frederick

Townsend Ward. Após a morte de Ward, o "Exército Sempre Vitorioso" foi liderado numa sucessão de vitórias pelo oficial inglês Charles "Chinês" Gordon. O último exército Taiping, liderado por Li Fuzhong, só foi eliminado por completo em agosto de 1871. Esse resultado foi, em certos aspectos, análogo à derrota da Confederação pelos Estados Unidos na Guerra de Secessão. Em ambos os casos, estadistas britânicos contemplaram seriamente algum tipo de intervenção do lado da rebelião, mesmo que apenas para reconhecer os rebeldes como beligerantes. Em ambos os casos, eles optaram por apoiar o statu quo. No caso norte-americano, essa foi uma decisão baseada em parte na manifesta superioridade econômica do Norte. No caso chinês, ela refletia a visão de que, depois de vencer a Segunda Guerra do Ópio (1856-60) e humilhar o governo imperial em Pequim, a Grã-Bretanha tinha interesse em reforçar o império dos Qing como uma estrutura fraca na qual se podia confiar para aceitar uma subordinação econômica informal. A descrição que lorde Palmerston fez de Taiping como "revoltosos não apenas contra o imperador, mas contra todas as leis humanas e divinas" não era baseada em nenhum grande respeito pela dinastia Qing, mas no reconhecimento de que até hierarquias em declínio eram úteis, e eram também preferíveis, no cômputo geral, às redes revolucionárias.

31
"Os chineses precisam ir embora"

Como as redes imperialistas de viagem e comunicação permaneciam nas mãos do setor privado, elas eram relativamente abertas. Nas décadas de 1860 e 1870, o acesso aos navios transatlânticos e aos escritórios de telégrafos era racionado pelo preço e nada mais – e, graças aos avanços tecnológicos, os preços tanto de viajar como de se comunicar caíam de modo regular. O acesso a notícias do exterior, enquanto isso, estava disponível a qualquer um que soubesse ler um jornal – ou que pudesse ouvir alguém que o lesse em voz alta. Isso era de grande importância, pois significava que, em todo o mundo, as pessoas que viviam na miséria tinham opções que haviam estado fora do alcance dos seus ancestrais. Elas ouviam falar de lugares melhores. E podiam ir até eles.

A pobreza, sozinha, raramente basta para compelir emigrações em massa. O que é necessário é a desordem política em casa e a perspectiva de um habitat mais estável aonde for possível chegar. O período entre cerca de 1840 e 1940 exibiu em torno de 150 milhões de pessoas vivendo nas duas extremidades do continente eurasiano – Europa e China – com ambos os fatores. Revoluções, guerras, e as misérias que as acompanham, coincidiram com um declínio pronunciado nos custos de transporte. O resultado foi um êxodo – ou, para ser preciso, três êxodos, cada um de magnitude comparável. A mais conhecida migração (55-58 milhões de pessoas) foi a da Europa para a América, principalmente para os Estados Unidos. As menos familiares foram os grandes fluxos de chineses e indianos para o sudeste da Ásia, para a orla do oceano Índico e para a Australásia (48-52 milhões), e dos russos e outros para a Manchúria, a Sibéria e a Ásia Central (46-51 milhões).[1] Um enigma histórico é por que não houve um fluxo maior de chineses para os Estados Unidos. Embora o oceano Pacífico seja muito mais largo do que o Atlântico, a passagem de Xangai para San Francisco não era cara a ponto de ser impossível comprá-la, e as oportunidades econômicas na florescente Califórnia eram numerosas e tentadoras sob o aspecto financeiro. Não havia nada para impedir que grupos de migrantes chineses exercessem o mesmo papel que os agrupamentos irlandeses e italianos desempenhavam na costa leste, atraindo mais e mais pessoas a atravessar o mar para chegar à terra prometida. A resposta ao enigma é a política. Se não tivesse sido por uma reação negativa populista contra a imigração chinesa aos Estados Unidos, o fluxo através do Pacífico teria, com certeza, sido maior – e a população sino-americana, nos dias atuais, também seria proporcionalmente maior.

Hoje, poucos se lembram do nome de Denis Kearney, líder do Partido dos Homens Trabalhadores da Califórnia e autor do slogan "Os chineses precisam ir embora!". Embora fosse ele mesmo um imigrante irlandês nos Estados Unidos, Kearney era parte de um movimento de partidos nativistas e de associações "anti-*coolies*" (sendo *coolies* um termo pejorativo usado na época para se referir aos chineses) que buscavam dar fim à imigração chinesa para os Estados Unidos. O relatório da Comissão Especial Mista para Investigar a Imigração Chinesa, de 1877, oferece um vislumbre da época. "A costa do Pacífico deve, no devido tempo, se tornar ou mongol ou norte-americana" era a opinião da comissão. Os chineses trouxeram com eles os hábitos do governo despótico, a tendência a mentir no tribunal, o gosto pela sonegação de impostos e "capacidade cerebral insuficiente [...] para proporcionar [a] força motora para o autogoverno". Além disso, as mulheres chinesas eram "trazidas e vendidas para a prostituição e tratadas pior do que cães", enquanto os chineses eram "cruéis e indiferentes aos enfermos". Dar a cidadania a seres tão inferiores, declarou o relatório da comissão, "praticamente destruiria as instituições republicanas da costa do Pacífico".[2]

A realidade, quase não se precisa dizer, era muito diferente. De acordo com as "Seis Empresas" de chineses em San Francisco – instituições corporativas que representavam a população chinesa da cidade –, havia evidências convincentes de que a imigração chinesa foi uma bênção para a Califórnia. Os chineses não apenas forneciam mão de obra para as ferrovias e as fazendas em rápido desenvolvimento no Estado, mas também tendiam a aprimorar as vizinhanças onde se assentavam. Além disso, não havia nenhum sinal de um papel desproporcional dos chineses no jogo ou na prostituição, enquanto as estatísticas demonstravam que os irlandeses eram um ônus maior para o hospital e para o asilo dos pobres da cidade do que os chineses.³ Mesmo assim, uma forte coalizão de "homens trabalhadores e artesãos", pequenos negociantes e *Grangers* (grupo que queria passar a carga fiscal para os grandes negócios e para os ricos) apoiou a causa de Kearney. Como um sagaz observador contemporâneo escreveu, parte do apelo de Kearney era que ele não atacava apenas os chineses, mas também as grandes empresas de ferrovias e de navios a vapor que lucravam ao empregá-los, sem mencionar a corrupta elite governante de dois partidos que administrava a política de São Francisco:

> Nem democratas nem republicanos fizeram nada, e nem dão impressão de que farão algo, para remover esses males ou para melhorar as condições das pessoas. Elas só estavam buscando (assim pensavam os homens) locais e oportunidades de emprego, e podiam sempre ser compradas por uma corporação poderosa. Os trabalhadores precisam se ajudar; é preciso que haja novos métodos e uma nova partida [...]. Os velhos partidos, embora ambos denunciem a imigração chinesa em todas as convenções que realizam e professem legislar contra ela, não a conseguiram controlar [...]. Em resumo, tudo era propício para um demagogo. O destino foi generoso aos californianos ao lhes enviar um demagogo de tipo cruel, barulhento e confiante, mas sem perspicácia política nem talento construtivo.⁴

Talvez tenha faltado a Kearney perspicácia e "talento construtivo", mas não há como negar o que ele e seu séquito foram capazes de conseguir. Começando em 1875, com a Lei Page proibindo a imigração de mulheres asiáticas para "propósitos obscenos ou imorais", os legisladores norte-americanos não descansaram até que a imigração chinesa para os Estados Unidos cessasse por completo. O Ato de Exclusão Chinesa de 1882 suspendeu a imigração chinesa por dez anos, introduziu "certificados de registro" para trabalhadores de partida (na prática, licenças para a reentrada), exigiu que oficiais chineses examinassem os viajantes da Ásia, e criou, pela primeira vez na história dos Estados Unidos, o crime de imigração ilegal, com a possibilidade de deportação como parte da pena. O Ato Foran (1885) baniu a "contratação de mão de obra estrangeira", o que significava a prática de corporações norte-americanas de contratar *coolies* chineses e pagar pela passagem deles para os Estados Unidos. Em 1888, foi aprovada legislação que bania todos os chineses de viajarem para os Estados Unidos, exceto "professores, estudantes, mercadores, ou viajantes por lazer".

Ao todo, entre 1875 e 1924, mais de doze itens de legislação serviram para restringir e, por fim, suspender por completo a imigração chinesa.[5]

A lição desse episódio é bem clara. Assim como as redes globais de comunicações e transporte haviam possibilitado as migrações em massa do século XIX,[6] as redes políticas de populismo e nativismo nasceram para resistir a elas. Apesar de toda a sua rudeza e linguagem bombástica, Denis Kearney e seus aliados selaram de maneira eficaz a fronteira norte-americana ao longo da costa do Pacífico dos Estados Unidos; de fato, uma caricatura da época os mostrava construindo um muro de lado a lado do porto de San Francisco (ver gravura 16). Nas décadas de 1850 e 1860, cerca de 40% de todos os emigrantes chineses haviam viajado além da Ásia, embora o número dos que chegavam aos Estados Unidos tivesse sido, na verdade, relativamente pequeno. (Entre 1870 e 1880, 138.941 imigrantes chineses lá chegaram, apenas 4,3% do total, uma parcela eclipsada pelo vasto êxodo europeu que atravessou o Atlântico no mesmo período.)[7] O que a exclusão fez foi garantir que a imigração chinesa não prosseguisse, como certamente teria acontecido, mas diminuísse e, mais tarde, cessasse.

Os impérios europeus, liderados pelos britânicos, haviam tornado a globalização uma realidade ao fim do século XIX. Com a distância "aniquilada" pelas novas tecnologias de transporte a vapor e de telégrafos, a movimentação internacional de produtos, pessoas, capital e informações alcançou volumes sem precedentes. No entanto, as redes que passaram a existir na época do império – em particular, as redes de migração que criaram com tanta velocidade uma "Little Italy" e uma "Chinatown" em tantas cidades ao redor do mundo – tiveram consequências imprevistas nas políticas locais. Damos o nome genérico de "populismo" à reação negativa contra o livre comércio, a migração livre e o capital internacional, que era um aspecto tão característico das políticas norte-americana e europeia. No entanto, cada país e, de fato, cada região tinha os seus elementos populistas característicos. Se havia ressentimentos contra os chineses na costa oeste na década de 1870, os irlandeses eram o alvo do escárnio no leste, enquanto os populistas alemães e franceses direcionavam o seu antagonismo contra os judeus que migravam da Europa Oriental para o oeste. Nas décadas de 1890 e 1900, com a onda de imigração de judeus da zona de assentamento na Rússia para os Estados Unidos, o antissemitismo se alastrou para o outro lado do Atlântico. De forma paradoxal, os oponentes

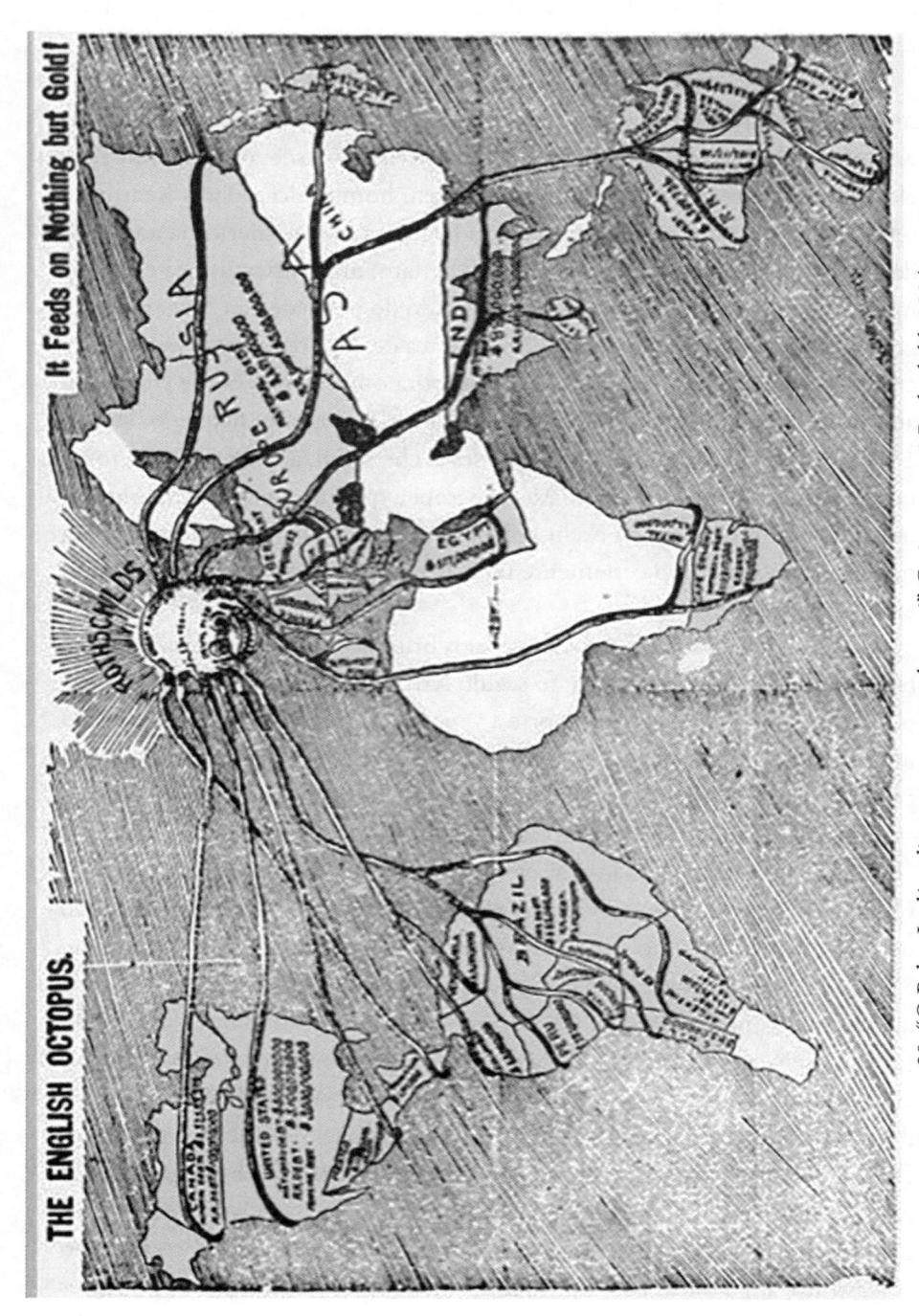

20. "O Polvo Inglês: alimenta-se apenas de ouro!" Caricatura anti-Rothschild, 1894.

da imigração ao mesmo tempo menosprezavam a pobreza dos recém-chegados e exageravam o poder dos seus supostos líderes. Os chineses em San Francisco eram, simultaneamente, indigentes pulguentos e monopolistas do negócio de lavanderias. Os judeus em Nova York eram tanto seres imundos infestados de vermes como mestres manipuladores do sistema financeiro global. Poucas imagens ilustram melhor a crença cada vez mais popular numa poderosíssima rede judaica de finanças do que a caricatura "The English Octopus" [O polvo inglês], publicada no panfleto populista de 1894 *Coin's Financial School*, escrito por William H. Harvey, crítico do padrão ouro e conselheiro de William Jennings Bryan, o populista agitador que concorreu três vezes, sem sucesso, a presidente dos Estados Unidos pelo Partido Democrata. Aqui estava a rede imperial, reconcebida de uma forma que acabaria por incendiar mais do que as imaginações dos antissemitas (ver figura 20).

32
A União Sul-Africana

É um equívoco comum pensar que a reação populista negativa do fim do século XIX teve algo a ver com as origens da Primeira Guerra Mundial. Os dois fatos, na verdade, não tiveram quase nenhuma ligação. O catalisador dos movimentos populistas em ambos os lados do Atlântico foi a crise financeira de 1873. Em termos de sucesso eleitoral, a era populista estava praticamente no fim em meados da década de 1890. Àquela altura, as várias políticas e preocupações populistas – protecionismo, restrição à imigração, bimetalismo, antissemitismo – haviam sido absorvidas total ou parcialmente por partidos políticos estabelecidos (de modo mais óbvio, pelos democratas nos Estados Unidos e pelos conservadores na Alemanha). Os populistas na sua forma original não haviam sido imperialistas – pelo contrário, eles tinham visto o império como um projeto das elites cosmopolitas que desdenhavam, e identificado corretamente os laços íntimos entre o imperialismo, o livre comércio, a imigração livre, a movimentação livre de capital e o padrão-ouro. O problema dos populistas não era o seu diagnóstico: em um mundo globalizado e conectado por redes, a desigualdade estava mesmo crescendo porque a mão de obra imigrante estava erodindo os salários dos trabalhadores nascidos no próprio país, enquanto os lucros das grandes concentrações de capital industrial e financeiro fluíam para uma elite minúscula. O problema era que as soluções dos populistas pareciam ser insuficientes: como as tarifas impostas nas exportações, o impacto da exclusão dos migrantes chineses foi quase imperceptível na vida dos trabalhadores norte-americanos. Enquanto isso, os críticos do padrão-ouro perderam muito de sua força à medida que novas descobertas enormes de ouro – em especial na África do Sul – diminuíram as pressões deflacionárias que vinham instigando o populismo, forçando para baixo os preços da agricultura e outros. Na virada do século, a iniciativa havia passado dos populistas para os progressistas – ou social-democratas, como eram conhecidos na Europa, onde a mão de obra organizada era muito mais suscetível às teorias de Karl Marx e seus discípulos. As soluções dos progressistas – que incluíam taxação direta mais alta, pensões estatais, regulamentação maior do mercado de mão de obra, enfraquecimento dos monopólios privados e da propriedade pública de utilidades – eram, em última análise, mais convincentes e negociáveis em termos políticos do que tinham sido as dos populistas.

Para todas as elites do mundo, o avanço sustentado da esquerda política era mais inquietante do que havia sido a onda populista. Ainda mais alarmantes eram as facções utópicas extremistas que floresceram no *fin de siècle* (fim do século): não somente marxistas, mas também anarquistas e nacionalistas que, de Cork a Calcutá, de Sarajevo a Saigon, ameaçavam a própria integridade dos impérios. No entanto, os intelectuais metropolitanos da era do império acreditavam que tinham uma solução. Alguns falavam de "imperialismo liberal", outros de "imperialismo social", mas foi difundida, na virada do século, a noção de que os impérios poderiam aspirar a algo mais grandioso do que a exploração da periferia empobrecida. Caso conseguissem tratar das necessidades das classes trabalhadoras do coração do império, então as várias ameaças subversivas se dissipariam.

Alfred Milner foi um insólito redentor da ideia imperial. Filho de um acadêmico anglo-germânico que havia ensinado inglês na Universidade de Tübingen, Milner foi moldado, acima de tudo, pela Faculdade Balliol, de Oxford, onde estudou os Grandes com Benjamin Jowett e se tornou amigo do historiador da economia Arnold Toynbee. Suas perspectivas acadêmicas eram brilhantes, mas optou por ir a Londres, tentando carreiras em direito, jornalismo e política, até encontrar a sua profissão como um burocrata do governo, primeiro como secretário particular do unionista liberal George Goschen, depois como subsecretário de finanças no Egito, e então como presidente da Diretoria da Receita Nacional, posto que ocupou por cinco anos. Herbert Asquith mais tarde retratou Milner como "um expansionista e, até certo ponto, um protecionista, com ênfase em questões sociais e industriais de sentimento semissocialista".[1] Essa descrição foi acurada. Entretanto, por uma ironia considerável, Milner se tornou, depois de 1897, agente de um dos capitalistas mais implacáveis da história do Império Britânico, Cecil Rhodes, um homem que não traçava uma distinção clara entre o crescimento dos seus próprios negócios e os do Império Britânico na África, e que tendia a ter arroubos de fantasia sobre as melhores maneiras de promover os interesses de ambos. Segundo Quigley, Rhodes formou em 1891 uma "Junta de Três" com o jornalista William T. Stead e o cortesão Reginald Brett, mais tarde visconde Esher. Esse triunvirato governaria a "Sociedade dos Eleitos", que seria auxiliada por uma "Associação de Ajudantes".[2] Esses esquemas estavam em consonância com o esboço do testamento de Rhodes, que instruía Nathaniel Rotschild – o primeiro membro da família a ser elevado à nobreza – a estabelecer, à memória de Rhodes, uma versão imperialista da ordem jesuíta.*[3]

Milner foi nomeado alto-comissário da África do Sul em 1897, no rastro da crise que se seguiu à malograda "Incursão de Jameson" contra a república africânder no Transvaal. Na opinião de Quigley, a equipe de dezoito homens que Milner recrutou – conhecida como o seu "Jardim da Infância" – se tornou o núcleo de uma das redes mais poderosas do século XX.[4]

A realidade era menos empolgante. Os membros iniciais da equipe de Milner eram Robert Brand, Lionel Curtis, John Dove, Patrick Duncan, Richard Feetham, Lionel Hichens, J. F. (Peter) Perry e Geoffrey Robinson (depois chamado Dawson). Em 1905, juntou-se a eles Philip Kerr, e mais tarde também a marquesa de Lothian e Dougal Malcolm. Outros membros eram Leo Amery, Herbert Baker, John Buchan, George Craik, William Marris, James Meston, Basil Williams e Hugh Wyndham, mais tarde nomeado barão Leconfield.[5] Milner recrutou Perry e Robinson do Gabinete Colonial, onde haviam trabalhado previamente com ele; Perry recrutou Brand; Duncan havia sido secretário particular de Milner na Receita Nacional. Muitos dos outros vieram como resultado das conexões de Oxford. De fato, Brand, Curtis, Dove, Feetham, Hichens, Kerr, Malcolm, Williams e Wyndham tinham todos frequentado a New College, a *alma mater* de Milner. Trabalhando, socializando e vivendo juntos – a partir de 1906 na Casa Moot em Parktown, em Joanesburgo, uma construção arquitetada por Herbert Baker –, o grupo não se assemelhava a

---

* Rhodes disse a Rotschild que o seu patrimônio deveria ser empregado para fundar uma sociedade de elite dedicada a promover os interesses do Império Britânico. "Ao considerar a questão, sugiro usar constituição jesuíta se viável", Rhodes escrevinhou, "e inserir Império Britânico como religião católica romana". O resultado final foram as Bolsas de Estudo Rhodes de Oxford.

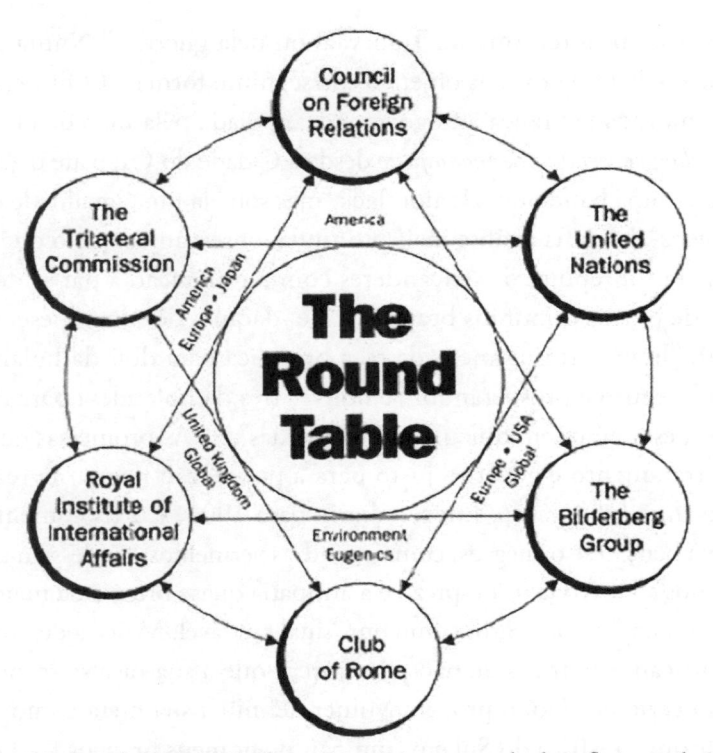

21. O mito da rede de lorde Milner. Esta visão exagerada da influência de Milner foi bastante incentivada pelo historiador Carroll Quigley, de Georgetown. A escolha de uma estrela de seis pontas não é acidental, já que as associações religiosas do hexagrama (como na Estrela de Davi ou no Selo de Salomão) acrescentam o ingrediente vital do misticismo à teoria conspiratória.

nada mais sinistro do que colegas do penúltimo ano de Oxford divertindo-se com suas leituras em férias prolongadas.[6] Foram os críticos de Milner no parlamento do Cabo que o acusaram de "montar uma espécie de jardim da infância [...] para governar o país".[7] Embora esse apelido tenha prevalecido, os membros preferiam "Távola Redonda", mais romântico, que se tornou o título do seu jornal (*Round Table*) depois que a maioria retornou a Londres.

Para um grupo de servidores públicos com inclinações acadêmicas, o círculo de Milner se mostrava notadamente pronto para recorrer à força para atingir seus objetivos. Há evidência persuasiva de que foi Milner quem forçou o ritmo em direção à guerra após chegar à África do Sul. Ainda em fevereiro de 1898, ele havia concluído que "não há saída para os problemas políticos

[...] a não ser pela reforma no Transvaal ou pela guerra".⁸ Numa carta de 1899, ele estabeleceu os seus objetivos da seguinte forma: "O fim *derradeiro* é uma comunidade branca autogovernada, apoiada pela mão de obra negra *bem tratada* e *governada de modo justo* desde a Cidade do Cabo até o Zambeze. Deve haver uma bandeira, a Union Jack, mas sob ela uma igualdade de raças e linguagens".⁹ A uma análise mais profunda, observamos que o que Milner desejava era sobrepujar os africânderes com a imigração a partir do Reino Unido e de outros domínios brancos. ("Se, daqui a dez anos", escreveu ele em 1900, "houver três homens da raça britânica para dois da holandesa, o país estará seguro e prosperando. Se houver três da holandesa para dois dos britânicos, estaremos em dificuldades perpétuas".)¹⁰ As promessas de Milner de bom tratamento e governo justo para a população negra, na realidade, significavam a subjugação. Em seu diário para 1901, Curtis comentou que "seria uma bênção se os negros, como os índios vermelhos, tendessem a morrer antes de nós". Dove via o "desprezo e a antipatia quase brutais da maioria dos homens brancos" pelos negros como um "sinal saudável. Marca a determinação dos sul-africanos brancos de não permitirem que a sua raça se torne mestiça".¹¹ Em certa ocasião, o próprio Milner definiu a sua meta como sendo a de transformar a África do Sul em "um país de homens brancos [...] não um país cheio de brancos pobres, mas um em que uma população branca bem aumentada consiga viver com decência e conforto".¹²

Podemos ver agora até que medida o regime de Milner lançou os alicerces do que acabaria por se tornar o odioso sistema do *apartheid*. Não foi assim que Milner visualizou a questão. Aos olhos dele, a subordinação dos africanos negros era a menos controversa das suas metas. O objetivo era a diluição do poder africânder e o "estabelecimento na África do Sul [como ele expressou em 1904] de uma grande comunidade civilizada e progressista, da Cidade do Cabo a Zambeze, independente na administração de seus próprios negócios, mas permanecendo ainda, por seu próprio desejo resoluto, membro da grande comunidade das nações livres unidas sob a bandeira britânica. Esse tem sido o objetivo de todos os meus esforços". Uma África do Sul unida, dominada pelos britânicos, por sua vez contribuiria para "a grande ideia da Unidade Imperial [...] um grupo de Estados, todos independentes em suas preocupações locais, mas todos unidos para a defesa de seus interesses comuns e o desenvolvimento de uma civilização comum".¹³ Tendo derrotado os bôeres em uma guerra impiedosa, arrebanhando as mulheres e crianças para dentro de campos letais de concentração, Milner e os seus jovens seguidores trabalharam de maneira incansável para concretizar essa visão. Eles criaram um Conselho Intercolonial, que ligava o Transvaal à Colônia do Rio Orange; amalgamaram as estradas de ferro; criaram uma união das alfândegas; organizaram uma União Sul-Africana em publicações como *The State*; escreveram os primeiros rascunhos do que viria a se tornar a Constituição da União Sul-Africana em 1910.[14]

Entretanto, como um eminente historiador do Império Britânico observou com correção, a visão de Milner de uma África do Sul governada pela Grã-Bretanha era uma "fantasia imperial".[15] O estilo ditatorial de Milner não impediria a revivificação da política africânder sob a liderança de Louis Botha e Jan Smuts.[16] Não havia maneira de fazer com que assentamentos ingleses em larga escala funcionassem; dada a abundância de mão de obra africana barata, já havia um problema de "brancos pobres" mesmo antes da Guerra dos Bôeres.[17] As contradições internas do "projeto império" foram expostas quando, a pedido dos empresários que controlavam as indústrias de mineração na África do Sul, Milner trouxe 50 mil "*coolies*" chineses para trabalhar nas minas de ouro. Isso desencadeou uma onda de protestos contra a "escravidão chinesa" tanto na África do Sul quanto na Grã-Bretanha. De fato, a questão se tornou uma arma que os liberais empregaram com sucesso para derrotar os unionistas na eleição de 1906, e provocou o inevitável fim de Milner.[18] O seu sucessor, lorde Selborne, aceitou que a união sob a liderança de Smuts era a única viável dali por diante, sobretudo como meio de minimizar a interferência dos liberais de Londres. A África do Sul moderna havia sido forjada, mas não como um novo Canadá ou Austrália da imaginação de Milner.

Na maior parte da história, o sucesso é descrito com exageros, pois os vitoriosos escrevem a história dos perdedores. Na história das redes, o oposto muitas vezes se aplica. Redes de sucesso evadem a atenção pública; redes que fracassam atraem essa atenção, e é a sua notoriedade, mais do que as suas conquistas, que leva aos exageros na sua representação. Isso foi verdade no que diz respeito aos *illuminati* na Alemanha do fim do século XVIII. Também foi verdade no caso do Jardim da Infância e da Távola Redonda de Milner. O político francês Joseph Caillaux, do Partido Radical, acusou o círculo de Milner de tramar "a restauração do poder cambaleante da casta à qual eles pertencem e o fortalecimento da supremacia da Grã-Bretanha no mundo".

Wilfrid Laurier, primeiro-ministro canadense, se queixou de que o Canadá estava sendo "governado por uma junta instalada em Londres, conhecida como 'Távola Redonda'". Até o "Ministro do Povo", Lloyd George, falou de "uma combinação muito poderosa – a seu próprio modo, talvez a mais poderosa do país".[19] Contudo, nada disso é evidência do poder do Jardim da Infância; muito pelo contrário. Até imperialistas das mais simples variedades tinham suas dúvidas sobre Milner. A *National Review*, revista conservadora norte-americana, denunciou uma "camarilha que encoraja todas as forças centrífugas do Império Britânico". O *Morning Post*, jornal inglês igualmente de direita, não era mais simpático ao que chamava de "uma falange ou guarda palaciana de idealistas, com a qual se pode contar, com um tipo de perversão espiritual, para assumir uma posição injuriosa aos interesses britânicos em todas as questões". O primeiro-ministro do Partido Liberal, Sir Henry Campbell-Bannerman, se aproximou mais do alvo ao se referir em tom parcialmente jocoso à *religio milneriana*. Quigley e seus herdeiros norte-americanos cometeram o erro de tomar de forma literal as ambições soberbas de Milner e de seu círculo, e de levar a sério a condenação de seus críticos, omitindo apenas a observação de que uma das principais críticas destes últimos era o fracasso quase total de Milner.

33
Apóstolos

As universidades de Oxford e Cambridge são muito parecidas – aos turistas, são quase indistinguíveis. A antiga rivalidade entre as duas talvez dê a observadores de fora a impressão de ser baseada firmemente no narcisismo sobre pequenas diferenças. Oxford chama o segundo trimestre de "Hilary", enquanto Cambridge diz "Lent" (Quaresma). Os alunos de graduação recebem tutoriais; os de Cambridge, supervisões. Os alunos de Oxford remam seus botes de pé de dentro do bote, com a popa (que eles chamam de *box*, "caixa") voltada para a frente; os remadores de Cambridge põem-se de pé sobre essa estrutura da popa dos botes, que têm *design* diferente. Tais diferenças triviais são inumeráveis. Entretanto, há distinções filosóficas profundas entre as duas universidades. Sem dúvida, a distância intelectual entre Isis (nome dado ao rio Tâmisa na altura em que passa pela cidade de Oxford) e Cam (rio que atravessa a cidade de Cambridge) não foi tão grande como nos anos antes e depois da Primeira Guerra Mundial. Enquanto a rede de Milner de homens de Oxford vislumbrava um futuro atlético, marcial, imperial e heterossexual, em Cambridge se aspirava a quase que o exato oposto. A rede que evoluiu lá e em torno dos "Apóstolos" de Cambridge era delicada, pacifista, liberal e homossexual.

A "Sociedade de *Conversazione*" havia sido fundada em 1820 por alunos da Faculdade St. John, mas a sua sede institucional logo se tornaria Trinity, a maior e mais rica de todas as faculdades de Cambridge. Entre os fundadores da sociedade estavam o poeta Alfred Tennyson e Oscar Browning,[1] assim como o "filósofo moral" Henry Sidgwick e Frederick Denison Maurice, teólogo e fundador do movimento do Socialismo Cristão.[2] Em alguns aspectos, as raízes dessa sociedade vinham da "aristocracia intelectual" de Cambridge (como Noel Annan expressou mais tarde): sobrenomes como Keynes, Strachey e Trevelyan pareciam conferir afiliação automática a ela.[3] Em outros aspectos, com o seu sistema complexo de eleição e rituais um tanto tolos, era só outra fraternidade, apenas para homens, do tipo das que ainda se viam em Harvard, Princeton e Yale na mesma época. Nenhuma sociedade comparável daquele tempo era tão exclusiva em termos intelectuais. Os "Apóstolos" eram escolhidos primariamente com base na sua atitude filosófica. E em nenhuma outra sociedade o senso de prioridade despertava um sentimento tão forte de alienação da ordem estabelecida – em última análise, em quase todos os aspectos. "Seria uma monomania", perguntou um "Apóstolo" a outro no início da década de 1900, "essa superioridade moral colossal que sentimos?"[4] Sua sociedade era "real", os Apóstolos gostavam de dizer em tom jocoso, e o resto do mundo é "fenomenal". Quando o filósofo J. Ellis McTaggart se casou anos mais tarde, brincou que estava meramente tomando uma "esposa fenomenal". Eles eram, em uma palavra, insuportáveis.

No total, houve em torno de 255 Apóstolos entre 1820 e 1914. Os critérios para se tornar membro eram tão exaltados que, em alguns anos, não houve nenhuma nova eleição.[5] Os recrutas em potencial eram conhecidos como "embriões" e eram avaliados em uma sucessão de chás da tarde que eram famosos pelas situações embaraçosas que geravam. Nas raras ocasiões em que um aluno de graduação era considerado merecedor, ele "nascia" dentro da sociedade dos Apóstolos, o que exigia o inevitável juramento aterrorizante de sigilo. A partir de então, esperava-se que ele frequentasse as reuniões semanais todas as noites de sábado durante o ano letivo, em que os membros, falando postados no tapete em frente à lareira, liam ensaios com títulos como "Beauty" [Beleza] ou "'Ethics in Relation to Conduct" [Ética em relação à conduta] e votavam sobre questões (tradicionalmente não relacionadas aos textos). "Irmão" era a forma correta de tratamento quando um Apóstolo se dirigia a outro. Também presentes, e compartilhando as obrigatórias torradas com anchovas ("baleias"), estavam os chamados "Anjos" – ex-membros que haviam renunciado ("recebido asas") ao se formar. A possibilidade de amizades intensas e helenísticas entre membros de diferentes gerações era um dos elementos de que os Apóstolos se orgulhavam.[6] Os Anjos que haviam permanecido em Cambridge como acadêmicos – os filósofos Bertrand Russell e A. N. Whitehead, por exemplo – compareciam com regularidade às reuniões.

A política dos Apóstolos do século XIX não era tão diferente da dos seus contemporâneos de Oxford. Em 1864, dizia-se que eles eram "Tory na política, evangélicos na religião".⁷ De fato, alguns deles se tornaram membros conservadores do Parlamento. Cerca de 14% dos Apóstolos se tornaram ministros do Parlamento ou servidores públicos; entre um quarto e um terço seguiram carreira no direito.⁸ O anti-imperialismo posterior da sociedade também não estava muito em evidência antes de 1900. As figuras de liderança do grupo competiam entre si por posições elevadas no Serviço Civil da Índia, que eram distribuídas com base num exame angustiante.⁹ Os Apóstolos, a exemplo da elite britânica como um todo, se mostravam divididos na questão referente ao Home Rule [governo autônomo] irlandês.¹⁰ No entanto, já nos seus primeiros anos – em parte por causa do sigilo das suas práticas –, a sociedade tinha a reputação de ser radical. Ainda em 1830, Richard Chevenix Trench teve de refutar a alegação de que os Apóstolos eram uma "sociedade secreta fundada com o propósito de derrubar todos os governos estabelecidos".¹¹ Aquele espírito subversivo se tornou mais pronunciado a partir de 1900, com o advento de uma geração centrada no filósofo G. E. Moore, o Sócrates do novo século.

Não era que Moore fosse político; pelo contrário, ele encorajava os discípulos a ver a política com desprezo.¹² A paixão de Moore era pelas virtudes privadas. As palavras-chave do seu *Principia Ethica*, publicado em 1903, eram sensibilidade, relações pessoais, liberação das emoções, instintos criativos e honestidade agressiva consigo mesmo.¹³ Essas ideias – que encontraram articulação literária nos romances de outro Apóstolo, E. M. Forster – fascinaram três jovens brilhantes: Lytton Strachey, Leonard Woolf e John Maynard Keynes, que, em 28 de fevereiro de 1903, tornou-se o Apóstolo nº 243.¹⁴ Strachey foi o oitavo de dez filhos do general Sir Richard Strachey, que havia servido na Índia, com a segunda esposa, uma escocesa chamada Jane Maria Grant. Com estatura diminuta e voz aguda, era o menos militar dos filhos do general. Woolf, menos exuberante e frequentemente deprimido, foi o terceiro dos dez filhos de Sidney Woolf, um advogado judeu. Keynes era um verdadeiro aristocrata no sentido de Cambridge: o pai, *don* [supervisor] da universidade, desejava apenas que o filho mais velho ganhasse todos os prêmios de matemática que a instituição tinha a oferecer. Entretanto, não era de matemática que o jovem Maynard gostava de verdade. Era de homens.

Strachey e Keynes não eram apenas *gays*; eram militantemente homossexuais, vendo a sua preferência sexual como superior à heterossexualidade comum e divertindo-se com críticas misóginas quando qualquer mulher entrava no seu exaltado círculo social. Era uma tradição apostólica que datava da época de Browning, de quem o *Dictionary of National Biography* [Dicionário de Biografias Nacional] se arriscou a escrever que, "quando em Roma, ele guiou jovens italianos, como o fez com os jovens ingleses, em direção às aberturas que desejavam". Em 1903, essa cultura ia além das piadas. Strachey e Keynes brigaram pelo formoso – mas, a bem da verdade, sem conteúdo – Arthur Hobhouse, lhe assegurando o "nascimento" como Apóstolo por motivos essencialmente estéticos. Eles se gabavam da dedicação que tinham à "Alta Sodomia", que não excluía encontros com membros de classes inferiores quando a oportunidade surgia. Em 1909, as suas demonstrações públicas de afeto atraíam atenções adversas.[15] A julgar pela correspondência inicial entre Rupert Brooke e James Strachey, a Sociedade *Conversazione* agora se ocupava principalmente de intercâmbios sexuais em vez de intelectuais.[16] Os Apóstolos da geração anterior, nas palavras de Sidgwick, haviam acreditado na "busca da verdade com devoção e sinceridade absolutas por um grupo de amigos íntimos".[17] Keynes e Strachey buscaram apenas os amigos íntimos.

Nem todos os Apóstolos eram *gays*, é verdade. No entanto, uma proporção crescente era. E mesmo aqueles (como Woolf) que não eram endossavam os ideais um tanto solipsistas dos "irmãos" *gays*. A geração mais velha, argumentou Desmond MacCarthy em um ensaio lido para a sociedade em dezembro de 1900, havia sido prisioneira das velhas instituições: "a família, o Estado, as leis da honra etc". Contudo, estas "não conseguiram produzir provas convincentes da sua autoridade" à nova geração. Eles levavam "tudo de maneira mais *pessoal*".[18] "Apenas conecte" era o novo comando categórico, e seria a frase fundamental do romance mais belo de Forster, *Howard's End* (1910). Por certo, a rede rarefeita da Sociedade *Conversazione* era tão inebriante quanto as hierarquias burocráticas de White Hall eram tediosas. Tendo conquistado o seu lugar no Serviço Civil da Índia, Keynes se "cansou" dela. "Agora a sensação de novidade passou", ele se queixou:

> Estou entediado em nove décimos do meu tempo, e irracionalmente irritado no outro décimo sempre que as coisas não correm como eu quero. É enloquecedor ter trinta pessoas capazes de nos reduzir à impotência quando temos plena certeza de estarmos certos. Então a preocupação, que parece característica dos oficiais, de salvar a própria pele é fatal.[19]

Entretanto, Keynes é hipócrita ao condenar os seus colegas do Serviço Civil da Índia pelo "temor de assumir responsabilidades". Rememorando as suas "crenças anteriores" em 1938, Keynes foi mais longe:

> Nós repudiávamos por completo a obrigação pessoal de obedecer a regras gerais. Alegávamos ter o direito de julgar cada caso individual por seus méritos, e a sabedoria para fazê-lo com sucesso. Essa era uma parte muito importante da nossa fé, mantida de maneira violenta e agressiva, e para o mundo exterior essa era a nossa característica mais óbvia e perigosa. Repudiávamos por completo as morais habituais, as convenções e a sabedoria tradicional. Ou seja, éramos, no sentido estrito do termo, defensores da imoralidade. As consequências de sermos descobertos, é claro, tinham que ser consideradas pelo que valiam. Porém não reconhecíamos nenhuma obrigação moral que recaísse sobre nós, nenhuma sanção interna, à qual nos conformássemos ou à qual obedecêssemos.[20]

Escrevendo um ano mais tarde, Forster captou a implicação perigosa da filosofia de Moore quando levada e esses extremos: "Se eu tiver que escolher entre trair o meu país e trair o meu amigo, rezo para que tenha a coragem de trair o meu país [...]. O amor e a lealdade a um indivíduo podem ir contra as exigências de um Estado. Quando isso acontecer – abaixo o Estado, é o que digo".[21]

Mesmo antes do momento da verdade em 1914, alguns membros da sociedade haviam se cansado de tudo isso. Rupert Brooke talvez tivesse um físico de Adônis, mas não era *gay* e foi logo visto em companhia de mulheres da Sociedade Fabiana.[22] Após ter "nascido", o filósofo vienense Ludwig Wittgenstein deu uma olhada nos Apóstolos e fugiu, renunciando a entrar nela depois de uma única reunião. Strachey o persuadiu a voltar atrás, mas Wittgenstein não compareceu a outras reuniões.[23] Com a deflagração da guerra, o encanto se desfez. A maioria dos Apóstolos não se alistou. Em contraste, Brooke se alistou com entusiasmo e – num navio-hospital francês perto da ilha de Skyros, no dia de São Jorge, em 1915 – sofreu uma das mortes mais famosas da história inglesa.[24] A situação se complicou com a introdução do serviço militar obrigatório. Keynes, que trabalhava no Departamento do Tesouro, não precisava de dispensa, mas requereu uma em termos formais em virtude de objeção de consciência. "Eu trabalho para um governo que abomino por fins que considero criminosos", ele se queixou a Duncan Grant.[25] Em particular, Keynes utilizou sua influência e recursos para apoiar outros Apóstolos que se declararam objetores de consciência, em especial James Strachey e Gerald Shove,[26] mas isso não foi o bastante para Lytton Strachey, que, em certa noite de fevereiro de 1916, deixou sobre o prato de Keynes, ao jantar, o recorte de um jornal jingoísta com um simples recado: "Caro Maynard, por que você ainda está trabalhando no Tesouro?".[27]

Não apenas a rede dos Apóstolos foi perturbada. Interpolando-se com ela em muitos pontos – Forster, Keynes, Strachey e Woolf, para listar apenas quatro dos dez[28] – estava outra rede com afinidades intelectuais, o Grupo de Bloomsbury. Diferentemente da Sociedade *Conversazione*, Bloomsbury admitia a entrada de mulheres – por exemplo, das irmãs Stephen, Vanessa e Virginia – e acabou, de fato, revolvendo em torno de casais: Vanessa e Clive Bell (que residiam em 46 Gordon Square), e Virginia e Leonard Woolf (que, em 1915, se mudaram para Richmond). O efeito da guerra foi transferir um dos componentes centrais de Bloomsbury – composto predominantemente de escritores e artistas – para fora de Londres, para uma grande casa de fazenda em Charleston, no Sussex, para onde Vanessa Bell e Duncan Grant se mudaram em 1916. Novas análises da rede de Bloomsbury feitas por Peter Dolton deixam claro que Lytton Strachey tinha o grau mais elevado de centralidade de intermediação tanto em 1905 quanto em 1925. No período posterior, Duncan Grant, Maynard Keynes e Virginia Woolf vieram em segundo, terceiro e quarto lugares depois de Strachey.[29] Entretanto, a característica marcante de Bloomsbury não foi quantos dos seus membros gostavam de caminhar pelas colinas de South Downs. Assim como com os Apóstolos, foram mais uma vez as relações sexuais que definiram a rede. Grant dormiu não apenas com Keynes, Lytton Strachey, Adrian Stephen e Vanessa Bell, mas também com David Garnett. Vanessa Bell não dormiu apenas com Grant, mas também com Roger Fry e, às vezes, até com o próprio marido, Clive. Keynes dormiu com Grant, Garnett, Strachey e, mais tarde, com a bailarina russa Lydia Lopokova. As complicações das vidas amorosas de Bloomsbury eram intermináveis. O amor de Garnett por Vanessa Bell não era recíproco. Ottoline Morrell tinha o mesmo problema com Virginia Woolf; Dora Carrington com Lytton Strachey; Lytton Strachey com Mark Gertler; e Mark Gertler com Dora Carrington. Como Dolton descreve: "Vanessa Bell era casada com Clive Bell, mas vivia

APÓSTOLOS

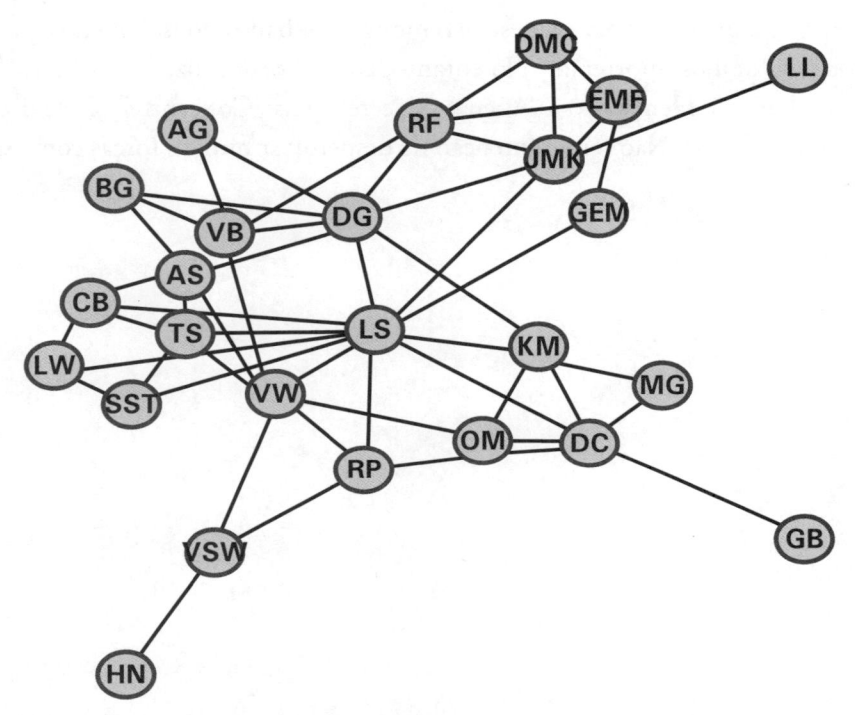

22. O Grupo de Bloomsbury em torno de 1925. No centro da rede: Clive Bell (CB), Vanessa Bell (VB), E. M. Forster (EMF), Roger Fry (RF), David "Bunny" Garnett (BG), Duncan Grant (DG), John Maynard Keynes (JMK), Desmond McCarthy (DMC), Lytton Strachey (LS), Leonard Woolf (LW), Virginia Woolf (VW). O "grupo externo": Thoby Stephen (TS), Saxon Sydney-Turner (SST), Adrian Stephen (AS), Gerald Brenan (GB), Dora Carrington (DC), Angelica Garnett (AG), Ottoline Morrell (OM), Ralph Partridge (RP), Harold Nicolson (HN), Vita Sackville-West (VSW), Mark Gertler (MG), Katherine Mansfield (KM), Lydia Lopokova (LL) e G. E. Moore (GEM).

com Duncan Grant. Leonard Woolf era casado com Virginia Woolf, e Harold Nicolson era casado com Vita Sackville-West, mas foram Vita e Virginia que se apaixonaram uma pela outra".[30]

Em *Howard's End*, a brilhante Margaret tenta explicar os princípios de Bloomsbury ao marido de pouca imaginação, Henry. "Apenas conecte! Esse era todo o seu sermão. Simplesmente, conecte a prosa e a paixão, ambas serão exaltadas e o amor humano será visto no seu auge. Não viva mais em fragmentos. Apenas conecte, e a besta e o monge, roubados do isolamento que é vida para ambos, morrerão." No entanto, como Forster diz, "ela fracassou". Pois o lema de Henry não é "Apenas conecte", mas "Concentre". E ele diz a ela sem rodeios: "Não tenho intenção de desperdiçar minhas forças com esse tipo de coisas".[31]

34
Armagedom

O fracasso do Jardim da Infância de Milner na África do Sul havia revelado os limites da expansão imperial britânica. A fragmentação dos Apóstolos e de Bloomsbury mostrou que Cambridge, se não também Oxford, haviam perdido toda a simpatia pelo projeto do império em si. E, mesmo assim, em 1914, os "bretões" – para não falar nada dos seus súditos imperiais – foram à guerra em resposta ao desafio postado pelo poder econômico crescente e pela ambição geopolítica do Reich alemão. A vitória derradeira da Grã-Bretanha naquela guerra foi, em grande parte, resultado da unidade entre os povos de língua inglesa que Milner e seus acólitos haviam encorajado. Austrália, Canadá, Nova Zelândia e até a África do Sul, todos fizeram contribuições econômicas e militares significativas para o esforço de guerra britânico entre 1914 e 1918, como fez o império como um todo, e a Índia em particular.[1] As lamentações de Bloomsbury se tornaram audíveis apenas depois do fim da guerra, com a publicação de dois textos polêmicos devastadores: *Eminent Victorians* [Vitorianos eminentes], de Strachey, e *Economic Consequences of the Peace* [As consequências econômicas da paz], de Keynes.

Não há necessidade aqui de reentrar no tribunal lotado que é a historiografia da Primeira Guerra Mundial.[2] Como os advogados de *A casa soturna*, de Dickens, os historiadores continuam a analisar os documentos empoeirados (num caso que às vezes tem merecido o nome dickensiano de *Alemanha contra Alemanha*). Entretanto, não haverá nenhum veredito final nesse caso, pois a busca que já dura séculos pela "culpa da guerra" é uma empreitada fútil. Uma guerra geral europeia foi deflagrada em 1914 pelo simples motivo de que a ordem estabelecida em Viena em 1815 se estilhaçou. A pergunta histórica correta a fazer é "por que isso aconteceu", não "de quem é a culpa".

No início da década de 1900, a pentarquia de Ranke de cinco grandes potências havia evoluído para cinco grandes impérios, cada qual extraindo rendimentos modestos das redes internacionais já descritas, de comércio, migração, investimentos e informações. Por algum tempo após a Guerra da Crimeia, parecia que um *modus vivendi* havia surgido entre as velhas hierarquias de governo hereditário e as novas redes de globalização. Os governos que administravam os grandes impérios europeus eram, a uma extensão impressionante, Estados "vigias noturnos", fazendo apenas demandas mínimas das economias de mercado com as quais coexistiam. Eles talvez insistissem em controlar alguns serviços como o postal, o telegráfico ou o ferroviário, além dos exércitos e das forças navais, mas deixavam muito mais nas mãos do setor privado. Nas grandes cidades europeias, hierarquias reais e imperiais viviam em grande proximidade social das novas elites de crédito, de comércio e de comentários: de fato, condes casavam suas filhas com banqueiros judeus. Os otimistas, de Andrew Carnegie a Norman Angell, se sentiam seguros de que os imperadores não seriam tão tolos de colocar tudo isso em risco.[3]

Isso provou ser uma ilusão. Segundo o relato clássico de Henry Kissinger, a pentarquia deixou de ser estável porque, "com a Alemanha unificada e com a França se revelando um adversário fixo, o sistema perdeu a flexibilidade".[4] A partir de 1871, o sistema dependia do prodigioso diplomata Bismarck para mantê-lo em equilíbrio. O estratagema principal era o Tratado Secreto de Resseguro que Bismarck havia assinado com o ministro russo das Relações Exteriores, Nikolay Girs, em junho de 1887, pelo qual tanto a Alemanha quanto a Rússia concordavam em manter a neutralidade caso uma delas se envolvesse em uma guerra com um terceiro país, a não ser que a Alemanha atacasse a França ou que a Rússia atacasse o Império Austro-Húngaro. O tratado comprometia a Alemanha à neutralidade se a Rússia tentasse tomar o controle dos estreitos que conduzem ao mar Negro, mas a questão real era desencorajar os russos de buscar um tratado de defesa mútua com a França, que foi exatamente o que aconteceu depois que a queda de Bismarck levou à não renovação do Tratado Secreto de Resseguro. "De maneira paradoxal", nas palavras de Kissinger, "era precisamente aquela ambiguidade que [havia] preserv[ado] a flexibilidade do equilíbrio europeu. E o seu abandono [...] fez principiar uma sequência de confrontos cada vez maiores, culminando na

Primeira Guerra Mundial".[5] Após a saída de Bismarck, argumentou Kissinger, o sistema de grandes potências "agravou", em vez de "abrandar", as disputas. Com o tempo, "os líderes políticos perderam o controle sobre as suas próprias táticas" e, "no fim, o planejamento militar derrotou a diplomacia".[6] A partir de 1890, em outras palavras, havia uma probabilidade significativa de um conflito que colocasse a Alemanha e o Império Austro-Húngaro contra a França e a Rússia. O que houve de surpreendente não foi que tal guerra tenha acontecido em 1914, mas que não tivesse acontecido mais cedo.

Embora seja antiquada entre os historiadores, a abordagem de Kissinger encontra apoio considerável entre os cientistas políticos e teóricos de rede. Com certeza, o aumento acentuado no número de disputas militarizadas após 1890 sustenta o seu argumento de que houve algum tipo de mudança em torno daquela época.[7] O mesmo faz um elegante ensaio do matemático Tibor Antal e dos físicos Paul Krapivsky e Sidney Redner, que demonstra que – em termos de teoria de redes – a evolução do sistema de grandes potências depois de 1890 seguia, de modo paradoxal, em direção ao "equilíbrio social": duas alianças mais ou menos iguais emergiram. O equilíbrio nesse caso foi um "resultado natural", mas não um bom resultado, já que nenhum dos lados era dissuadido pelo outro (ver figura 23).[8]

Sem dúvida, existem interpretações alternativas. Uma hipótese é que o sistema fracassou porque as grandes potências permitiram que potências inferiores nos Bálcãs as arrastassem para um conflito.[9] Foi o complexo de alianças menores que desestabilizou o sistema.[10] Entretanto, simplesmente não é plausível que tenham sido os seus laços com a Romênia e com o Japão, muito menos com a Espanha e com Portugal, que levaram as grandes potências ao Armagedom em 1914.[11] Países inferiores só importavam porque eles aumentavam a probabilidade de um conflito entre as grandes potências. A anexação austro-húngara da Bósnia em 1908 e o assassinato (patrocinado pela Sérvia) do herdeiro do trono austro-húngaro seis anos mais tarde criou uma conjuntura singular, pois – diferentemente de crises anteriores a respeito do Marrocos ou das guerras anteriores dos Bálcãs – três das grandes potências viam a guerra como a única alternativa a um pesado golpe diplomático.[12] A opinião em Viena e Berlim não era irracional: a Rússia se mostrava determinada a explorar a crise bósnia com a ideia de um enfraquecimento permanente, se não do desmembramento, do Império Austro-Húngaro.[13] Visto que o pró-

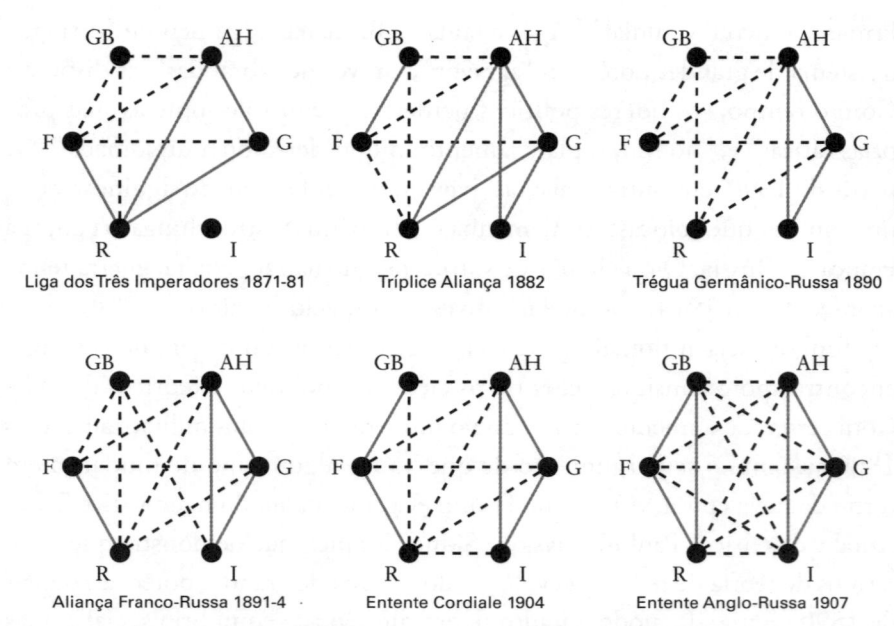

23. A evolução das maiores alterações nos relacionamentos entre os protagonistas da Primeira Guerra Mundial, 1872-1907. GB = Grã-Bretanha, AH = Império Austro--Húngaro, G = Alemanha, I = Itália, R = Rússia, F = França.

ximo na linha de sucessão ao trono de Habsburgo havia sido vítima do que se suspeitava ser um ato de terrorismo patrocinado pelo Estado, os austríacos tinham todo o direito "metternichiano" de exigir satisfações da Sérvia. O notório ultimato austríaco a Belgrado não era diferente, de nenhum modo significativo, do tipo de demanda que havia sido feita dos Estados de segunda categoria na década de 1820.* Ao mesmo tempo, nenhuma das outras duas potências, França e Grã-Bretanha, conseguiu conceber argumentos poderosos o bastante para dissuadir as outras de ir à guerra pelos Bálcãs: os franceses porque haviam assumido um compromisso acrítico na aliança com a Rússia, e os ingleses porque não conseguiam ver um meio de desencorajar a Alemanha que não provocasse a Rússia e a França.[14] Se algum indivíduo merece ser culpado pelo fracasso sistêmico que ocorreu, foi o secretário britânico das Relações Exteriores, Sir Edward Grey. A Grã-Bretanha deveria ter sido a potência

---

* Não era mais irracional ou injustificável do que a demanda feita pelos Estados Unidos ao regime afegão após os ataques do 11 de Setembro.

equilibradora numa crise como essa. Em 29 de julho de 1914, Grey alertou o embaixador alemão de que a Grã-Bretanha provavelmente interviria se uma guerra continental eclodisse, mas que, se a mediação fosse aceita, "ele seria capaz de assegurar para a Áustria todo tipo de satisfação possível; já não havia mais nenhuma possibilidade de uma retirada humilhante da Áustria, visto que os sérvios seriam, em todo caso, punidos e compelidos, com o consentimento da Rússia, a se subordinar aos desejos da Áustria.[15] Dois dias mais tarde, ele disse aos alemães que, se eles oferecessem uma proposta razoável, ele a apoiaria e diria à França e à Rússia que, se estas não a aceitassem, a Grã-Bretanha não teria "nada mais a ver com as consequências".[16] No entanto, a essa altura já era tarde demais, pois os alemães haviam recebido notícias da mobilização geral russa, após a qual o tempo para a diplomacia havia acabado. É possível imaginar um secretário das Relações Exteriores – um Castlereagh, quem sabe – enviando essas mensagens uma semana antes, e evitando a conflagração. A verdade era que Grey, em particular, tinha compromissos demais com a França e a Rússia para desempenhar esse papel.

Tão efetivo era o sistema imperial de comando, controle e comunicações em 1914 que, quando os imperadores (ou melhor, seus ministros) decidiram ir à guerra por causa de duas questões arcanas – a soberania da Bósnia e Herzegovina e a neutralidade da Bélgica –, eles foram capazes de, por mais de quatro anos, mobilizar mais de 70 milhões de homens, entre soldados e marinheiros. Na França e na Alemanha, cerca de um quinto da população pré-guerra – cerca de 80% dos homens adultos – acabou vestindo uniforme militar. O triunfo da hierarquia sobre as redes foi simbolizado pelo fracasso completo da Segunda Internacional dos partidos socialistas de impedir a Primeira Guerra Mundial. Quando os líderes do socialismo europeu se encontraram em Bruxelas no fim de julho de 1914, conseguiram fazer pouco mais do que admitir a própria impotência. A observação do humorista vienense Karl Kraus de que os eventos de 1914 foram possibilitados pela coexistência de tronos e telefones foi perspicaz.[17] Graças ao poder tecnológico, os monarcas da Europa foram capazes de mandar os seus jovens súditos para marchar em direção ao Armagedom com o mero envio de telegramas para eles. E os muitos comentaristas – entre eles, Keynes – que pensavam que essa guerra não duraria muito tempo menosprezaram gravemente a habilidade do Estado imperial de manter o morticínio industrializado.

Numa guerra global contra o Império Britânico, o Reich alemão estava em severa desvantagem, simbolizada pela facilidade com que, nas primeiras horas de 5 de agosto de 1914, um navio lança-cabos inglês cortou cinco cabos submarinos que iam de Emden até Vigo, Tenerife, os Açores e os Estados Unidos. A partir de então, os telegramas dos alemães à sua embaixada em Washington precisaram ser enviados por cabos transatlânticos norte-americanos a partir da Suécia ou da Dinamarca, ambos os quais passavam pela estação retransmissora da Companhia Oriental dos Telégrafos em Porthcurno, na Cornualha, onde eram interceptados e enviados para a Sala 49 do Almirantado para serem decifrados. Como vimos, a Grã-Bretanha dominava as redes de comunicações: não apenas o telégrafo, mas também os sistemas monetários e financeiros, dos quais Londres era o polo indisputado, assim como (embora em grau menor) a marinha mercante. Também em termos de poder naval a Alemanha não havia conseguido diminuir a diferença entre os dois países. Havia, portanto, apenas um pequeno número de maneiras como os alemães poderiam sonhar em vencer a Primeira Guerra Mundial: derrotando de maneira decisiva os exércitos britânico, francês e russo em terra, interrompendo as importações deles por meio de ataques submarinos ou abalando os seus impérios ao instigar revoluções dentro deles – na prática, ativando as redes anti-imperialistas a fim de desestabilizar as estruturas hierárquicas do império. Como vimos, eles chegaram perto de obter sucesso em todos os três quesitos. Entretanto, a tática mais ousada deles foi a trama romantizada em *Greenmantle*, de John Buchan, sequência de *Os 39 degraus*.

"Há uma *jehad* [sic] em preparação", Sir Walter Bullivant, líder da inteligência britânica, diz a Hannay no início de *Greenmantle*. "O Oriente está esperando uma revelação. Ela lhe foi prometida. Alguma estrela – homem, profecia ou bugiganga – virá do Ocidente. Os alemães sabem, e essa é a carta com que vão surpreender o mundo."[18] Para o leitor moderno, a ideia de um chamado orquestrado pelos alemães para que os muçulmanos se insurjam numa guerra santa contra o Império Britânico parece inverossímil. É com alguma surpresa que descobrimos que Buchan baseou *Greenmantle* em eventos reais.

VI
Pestes e flautistas

35
Greenmantle

No conto do flautista de Hamelin, um caçador de ratos exoticamente vestido é contratado por uma cidade para atrair para fora dos limites da cidade os ratos que infestam o lugar, o que logra tocando sua flauta mágica. Os ratos se deixam levar pela música do flautista e são levados ao rio Weser, onde se afogam. Porém, quando os citadinos se recusam a lhe pagar integralmente, ele usa o mesmo truque com as crianças da cidade, que o seguem até uma caverna. Todas, menos três, nunca mais são vistas. A história data do século XIII e pode ter se baseado em eventos reais, ainda que não esteja inteiramente claro o que teria causado a perda de tantas crianças. Uma hipótese plausível é que a história fale sobre a peste bubônica, que sabidamente era transmitida por ratos, ainda que não houvesse menção a eles na versão original; os roedores foram uma adição da segunda metade do século XVI.

Também o século XX foi uma época de pestes – e de flautistas. Como se sabe, a fase final da Primeira Guerra Mundial coincidiu com uma pandemia, uma versão letal do vírus da gripe espanhola que varreu o mundo, matando dezenas de milhões de pessoas, particularmente os jovens.* Não foi

---

* De maneira pouco comum, esse tipo de gripe era mais letal para pessoas entre 20 e 40 anos. Estima-se que 675 mil norte-americanos morreram da gripe espanhola durante a pandemia, dez vezes mais do que na Primeira Guerra. Dos soldados norte-americanos que morreram na Europa, metade deles morreu de gripe espanhola. A mobilização em massa de jovens que se seguiu à entrada dos EUA na guerra indubitavelmente contribuiu para o rápido avanço da doença, que atacava os pulmões e essencialmente causava o sufocamento das vítimas em seu próprio sangue. Os primeiros casos norte-americanos da doença ocorreram em um campo militar do Kansas no início de 1918. Em junho tinha alcançado a Índia, a Austrália e a Nova Zelândia. Dois meses depois uma segunda onda veio atingir quase que simultaneamente Boston, em Massachusetts, Brest, na França, e Freetown, em Serra Leoa.

essa a única peste do período entre 1917 e 1923. Uma variação mutante do marxismo desenvolvida pelos bolchevistas russos também varreu o maciço eurasiano. Novas e extremas formas de nacionalismo produziram virulentos movimentos fascistas em quase todos os países europeus. Tais ideologias eram tão contagiosas que mesmo os afortunados ingleses nos isolados claustros da Universidade de Cambridge foram infectados. Havia uma peste econômica também: a peste da inflação, que trouxe destruição não apenas à Alemanha mas também à Áustria, à Polônia e à Rússia. Quando confrontados com tais pestes, os povos buscaram os flautistas: homens que ofereciam liderança carismática e soluções drásticas. Como o povo da Hamelin medieval, porém, aqueles que deram poder aos flautistas pagaram com a vida de suas crianças.

O planeta antes disso tudo tinha sido um mundo de impérios. O conflito que estourou entre os impérios europeus no verão de 1914 era, como vimos, o resultado de um colapso da ordem internacional que emergira depois das Guerras Napoleônicas, que tinham elevado uma rede de cinco nós das grandes potências sobre todos os outros Estados. Para reduzir a guerra ao essencial, a Grã-Bretanha fracassou em desempenhar o papel de prover o equilíbrio quando as duas combinações rivais – Rússia mais França e Alemanha mais Áustria-Hungria – foram à guerra por causa de um assassinato realizado por terroristas sérvios no território Habsburgo recentemente adquirido e aparentemente trivial da Bósnia e Herzegovina. Quando ficou claro que a planejada ofensiva alemã contra a França requeria a violação da neutralidade belga, a Grã-Bretanha interveio no outro lado, nem tanto para cumprir o tratado de 1839 que tinha feito da Bélgica um país neutro, mas mais para impedir a vitória alemã sobre a França e a Rússia. Em termos militares, os alemães poderiam ter tido a capacidade de vencer uma guerra continental, a despeito da fraqueza de seus aliados. Eles certamente conseguiram infligir um número impressionante de mortes ao exército francês nos primeiros seis meses de guerra – mais do que fora necessário para produzir o colapso francês em 1870 e 1940. Mas a capacidade sem par da Grã-Bretanha de mobilizar recursos em termos de finanças, manufatura, navegação e braços era suficiente para manter a guerra em andamento a despeito do implacável atrito na capacidade de luta francesa – manter a guerra em andamento, mas não acabá-la. A própria guerra era contagiosa. As vastas possessões do ultramar dos impérios em combate asseguraram a rápida globalização do conflito. Outros Estados entraram nele também. Antes do fim de 1914, Montenegro, Japão e o Império Otomano entraram na guerra. Em maio de 1915 a Itália tardiamente escolheu o lado da Entente; a Bulgária se juntou às Potências Centrais (Alemanha e Áustria-Hungria). Portugal e Romênia tomaram armas com a Entente em 1916. Em 1917 os Estados Unidos eram apenas um de doze novos combatentes: os outros eram Bolívia, Brasil, China, Cuba, Equador, Grécia, Libéria, Panamá, Peru, Sião (atual Tailândia) e Uruguai. Todos estavam alinhados com as Potências Centrais.[1] Ao final do primeiro ano da guerra, seu exemplo foi seguido por Costa Rica, Guatemala, Haiti, Honduras e Nicarágua. Na Europa, apenas os Países Baixos, a Espanha, a Suíça e os países escandinavos mantiveram-se neutros (ver figura 17).

Mesmo antes de o impasse militar da Frente Ocidental tornar-se aparente, o governo alemão tinha começado a fazer experimentos com o que viria a ser uma arma decisiva para ganhar a guerra. A ideia era desestabilizar os impérios do outro lado através do contágio de um "vírus" ideológico. Com a ajuda de seus aliados otomanos, os alemães buscaram desencadear uma *jihad* dentro do Império Britânico, assim como no francês.[2] O enredo de *Greenmantle*, de John Buchan – que pode parecer ao leitor moderno como um de seus textos mais distantes da realidade –, era portanto baseado em eventos reais[3]. Os alemães estavam certos de que algo assim funcionaria. Mas já sua primeira tentativa de começar uma revolução falhou. O ponto crítico é que apenas algumas das ideias revolucionárias de 1914-18 tornaram-se virais, no sentido de se espalharem rápido o bastante e longe o suficiente para desestabilizar e derrubar uma hierarquia imperial. A conclamação à *jihad* não solapou o controle britânico ou o francês nas áreas muçulmanas que controlavam, mas o contra-ataque britânico na forma de patrocínio do nacionalismo árabe logrou sim solapar o Império Otomano, da mesma forma que a campanha alemã de difusão do bolchevismo destruiu o Império Russo – para depois se espalhar em direção ao Ocidente e destruir o próprio Império Alemão. Para entender por que essa primeira iniciativa falhou enquanto a segunda obteve êxito e a terceira deu certo para então sair pela culatra, precisamos lembrar que as estruturas de rede são tão importantes quanto os vírus na determinação da velocidade e extensão do contágio.[4]

Ideias exóticas têm melhor chance de sucesso se acompanhadas de aprovação real. O *kaiser* alemão, Guilherme II, tinha uma inclinação orientalista que o levou a romantizar fortemente o islã. Uma visita ao Oriente Médio em 1898 impressionou-o tanto que ele se imaginava como o "*hajji* Guilherme", confidenciando a seu primo czar Nicolau II que tinha se sentido profundamente "envergonhado frente aos muçulmanos e que se eu tivesse vindo ao mundo sem nenhuma religião certamente teria me tornado maometano!"[5] Tal tipo de islamofilia estava na moda também entre eruditos alemães como Carl Heinrich Becker.[6] Ademais, havia razões estratégicas para atrair o Império Otomano para a esfera de influência alemã. Ainda que não fosse membro da pentarquia de Ranke, a "Sublime Porta"* era na prática parte integral da rede das grandes potências europeias. De fato, seu futuro tinha sido um tópico central da diplomacia do século XIX: a chamada "Questão Oriental". "Ou a bandeira alemã tremulará sobre as fortificações do Bósforo", Guilherme declarava em 1913, "ou eu sofrerei o mesmo triste destino do grande exilado na ilha de Santa Helena" (numa alusão a seu herói, Napoleão).[7] Parecia haver oportunidades econômicas na Turquia também, daí o esquema alemão para uma ferrovia ligando Berlim e Bagdá, cuja construção estava bem adiantada (ainda que com algumas dificuldades financeiras e técnicas) no verão de 1914.[8]

Para Guilherme, no entanto, era a noção do islã como aliado que era especialmente atraente. Encorajado por Max von Oppenheim – o *Legationsrat* no consulado alemão no Cairo –, Guilherme ficou fascinado com a ideia de que os súditos muçulmanos do Império Britânico pudessem levantar-se contra este através da convocação de uma *jihad*.[9] De fato, esse foi o primeiro pensamento do *kaiser* ao saber que a Grã-Bretanha não permaneceria neutra na guerra que estava estourando no continente europeu. Irritado com o "cercamento da Alemanha", Guilherme rascunhou o que seria o enredo de *Greenmantle*. "Nossos cônsules na Turquia e Índia, agentes etc., devem incendiar todo o mundo muçulmano com feroz rebelião contra essa odiosa nação de lojistas, mentirosos e sem consciência; pois, se formos sangrados até a morte, a Inglaterra pelo menos perderá a Índia.[10] A ideia foi formulada

---

* Diplomatas europeus contemporâneos frequentemente se referiam ao governo otomano como *Sublime Porte*, uma tradução francesa do turco *Bâbıâli* ("Portão Alto" ou "Portão do Eminente"), o nome do portão em Istambul que guarnecia os edifícios que abrigavam os principais departamentos do governo, incluindo o Ministério das Relações Exteriores.

em agosto por Helmuth von Moltke, chefe do Estado-Maior, que escreveu um memorando sobre a necessidade de "despertar o fanatismo do islã" nas populações muçulmanas dos impérios que lutavam do lado oposto. Em outubro de 1914, Oppenheim respondeu com um documento secreto de 136 páginas intitulado "Memorando sobre a realização da revolução dos territórios islâmicos de nossos inimigos", onde descrevia o islã como "uma de nossas armas mais importantes". Ele previa revoltas religiosas na Índia e no Egito, assim como no Cáucaso russo.[11] Becker juntou-lhe sua voz em um panfleto intitulado *Deutschland und der Islam* [A Alemanha e o islã].

Essa ideia era muito menos fantástica do que hoje possa parecer. É verdade que de nenhuma forma se concebia que o Império Otomano fosse juntar-se às Potências Centrais.[12] De fato, Hans Freiherr von Wangenheim, o embaixador alemão, e o general Liman von Sanders, o chefe da missão militar no império, tinham dúvidas acerca dos benefícios de uma aliança otomana. Mas os "Jovens Turcos" – que detinham o controle do império desde a restauração forçada do governo constitucional do sultão Abdul Hamid II em 1908 – tinham boas razões para aliar-se a Berlim. Os líderes dos Jovens Turcos, Ismail Enver e Mehmed Taalat, argumentavam que as potências da Entente – Grã-Bretanha, França e Rússia – eram aquelas com planos mortais em território otomano, enquanto os alemães e os austríacos eram mediadores honestos que poderiam sancionar a restauração de pelo menos alguns dos territórios perdidos desde a década de 1870.[13] Com o encorajamento do *kaiser*, uma aliança foi apressadamente concluída em 2 de agosto.[14] Ademais, Enver e seus colegas estavam perfeitamente convencidos de que o sentimento religioso poderia ser explorado como uma fonte de poder otomano. Eles viam-no como um vínculo crucial entre turcos e árabes.[15] Eles também entendiam que isso legitimava sua campanha genocida contra os cristãos dentro do império, particularmente contra os armênios. Como reportou Wangenheim em meados de agosto, "a revolução do mundo islâmico desejada por vossa majestade está preparada e tem estado assim já há algum tempo. As medidas já foram tomadas em estrito segredo".[16] Sua única preocupação era que qualquer massacre de armênios fosse atribuído aos alemães.[17]

Em 14 de novembro de 1914, na mesquita Fatih, em Istambul, Urgüplü Hayri Bey, o Seykhul Islam do Império Otomano, presenteou o sultão Mehmed Reshad V com a Espada do Profeta, em uma cerimônia que formalmente lançou uma *jihad* contra a Entente.[18] Com uma "imensa multidão" fora da mesquita, um decreto religioso (*fatwa*) foi lido em voz alta, num documento que tomava a forma de uma série de perguntas:

> Súditos muçulmanos da Rússia, da França, da Inglaterra, e de todos os países que a estes se aliam em seus ataques terrestres e marítimos contra o califado com o propósito de aniquilar o islamismo, devem estes súditos também tomar parte na Guerra Santa contra os respectivos governos de que dependem?
> Sim.
> Os muçulmanos que na presente guerra encontram-se sob Inglaterra, França, Rússia, Sérvia, Montenegro e aqueles países que prestam ajuda a esses Estados guerreando contra a Alemanha e a Áustria, aliados da Turquia, merecem ser punidos pela ira de Deus como causa de prejuízo e estrago ao califado e ao islamismo?
> Sim.[19]

Esse era, sem dúvida, um tipo incomum de *jihad*, pois se aplicava apenas aos infiéis que viviam em impérios europeus específicos, e não ao alemão e ao austríaco. Também envolvia atacar muçulmanos que lutassem pela Entente.[20] Cidadãos belgas eram alvos legítimos, mas não os norte-americanos vivendo na Turquia.[21] Por outro lado, já não havia como negar o esforço que as autoridades muçulmanas despenderam em disseminar seu chamado às armas.[22] Ademais, a Agência de Inteligência para o Oriente do Gabinete das Relações Exteriores alemão tinha sido capaz de recrutar um número impressionante de colaboradores muçulmanos, entre eles o clérigo tunisiano Salih al Sharif al Tunisia e o erudito egípcio 'Abd al'Aziz Shawish.[23]

Do ponto de vista de Max von Oppenheim, as perspectivas para uma *jihad* global eram brilhantes. Oppenheim era como um personagem de Buchan da vida real. Oppenheim era neto do banqueiro judeu Simon Oppenheim. Tendo feito fama como escritor de viagens e arqueologista amador,* ele tinha logrado traduzir seu conhecimento do mundo muçulmano em uma glamorosa vida dupla: em Berlim ele era o intelectual favorito do *kaiser*, enquanto no Cairo desfrutava dos prazeres do Oriente, incluindo seu próprio harém.

---

* Foi Oppenheim que descobriu e escavou o extremamente rico sítio de Tell Halaf, no nordeste da Síria, o local da antiga cidade-Estado Guzana ou Gozan, dos arameus.

Queixando-se do "estado de degradação a que o mundo do islã chegou", Oppenheim escreveu em 1915 um panfleto contra os impérios da Entente que era evidentemente destinado a ampla circulação. Na Índia, no Egito e no Sudão, "centenas de milhões de muçulmanos" tinham caído "nas garras do inimigo de Deus, o infiel Inglês". O povo do Magreb tinha sido subjugado pelos franceses, aqueles "inimigos de Deus e seu Apóstolo". Muçulmanos da Crimeia, do Cáucaso e da Ásia Central sofriam sob o jugo czarista. Os italianos oprimiam os senussis, que eram uma ordem sufi e tribo de Trípoli.[24] Havia chegado o tempo de todos esses muçulmanos reagirem. Oppenheim e seus colaboradores publicaram inúmeros panfletos nesse tom em múltiplas línguas.[25]

Os alemães não se contentaram em escrever propaganda. Em 1915, vestido de beduíno, Oppenheim saiu de Damasco para difundir sua mensagem na Síria rural, alcançando até a península do Sinai e os arredores de Medina.[26] Seu protegido Carl Prüfer buscou alimentar o sentimento antibritânico no Egito. O major Friedrich Klein foi despachado para o sul do Iraque para fazer contato com os *mujtahids* xiitas de Karbala e Najaf. O cônsul Wilhelm Wassmuss fez trabalho similar no Irã.[27] Edgar Pröbster, cônsul alemão na cidade marroquina de Fez, foi enviado de submarino para convencer o xeique dos senussis a tomar armas contra a Entente e, em uma segunda expedição, obter o mesmo feito com as tribos marroquinas hiba e suss. Missões alemãs chegaram até o Sudão e o Chifre da África.[28] A mais ambiciosa de todas foi a expedição ao Afeganistão, liderada por Oskar Ritter von Niedermayer, um oficial de artilharia bávaro que tinha viajado largamente pelo Oriente, e Werner Otto von Hentig, um diplomata que servira em Pequim, Constantinopla e Teerã. Seus objetivos eram persuadir o rei afegão, Amir Habibullah, a declarar completa independência da influência britânica e entrar na guerra do lado das Potências Centrais.[29] Acompanhado de um grupo de turcos liderados pelo capitão Kazim Orbay, três revolucionários indianos e vários homens de tribos pachtos, Niedermayer e Hentig chegaram a Cabul em 7 de setembro de 1915. O componente final da estratégia alemã foi o esforço sustentado para ganhar o apoio dos prisioneiros de guerra muçulmanos dos exércitos da Entente, que estavam recolhidos todos juntos em um campo chamado *Halbmondlager* (Campo do Crescente) em Wünsdorf – o local da primeira mesquita da Alemanha, uma estrutura elaborada de madeira baseada no Domo da Rocha de Jerusalém.[30] Panfletos como aqueles escritos por um desertor argelino chamado tenente Boukabouya também eram lançados sobre as trincheiras onde sabidamente lutavam tropas coloniais francesas. Soldados alemães foram treinados para gritar através da terra de ninguém, em árabe: "Por que você está lutando contra nós? Somos seus irmãos, somos muçulmanos como vocês".[31]

Não que tais esforços estivessem fadados a falhar. É verdade que Wangenheim suspeitava que o apelo do sultão-califa "tiraria poucos muçulmanos do calor de seu conforto".[32] Mas os planos de Oppenheim não podem ser desprezados como mera "fantasia".[33] Como ferramenta de mobilização de diversos grupos dentro do Império Otomano, o chamado à *jihad* foi de muitas maneiras um sucesso. "Se nossos inimigos desejarem sujar a nossa terra com seus pés imundos", Enver escreveu a Nakibzade Talib, bei de Basra, em 10 de agosto de 1914, "estou convencido de que a honra e a força islâmicas e otomanas os destruirão".[34] Isso foi verdade. A invasão fracassada em Gallipoli poderia concebivelmente ter obtido sucesso se o Império Otomano fosse ainda o "homem doente da Europa". A religião foi certamente uma das fontes do moral turco naquela sangrenta campanha. O chamado para a *jihad* também provocou uma forte reação positiva das tribos xiitas do médio Eufrates – os Al Fatla, os Bani Hasan, os Bani Huchaym e os Khaza'il –, assim como entre as tribos do baixo Eufrates da confederação Muntafiq. Em 19 de novembro de 1914, o grande *mujtahid* Muhammad Kadhin Yazdi escreveu ao xeique Khaz'al de Muhammara, explicitamente urgindo-o a "despender todo o esforço para repelir os Infiéis".[35]

Mas resta o fato de que a visão alemã de uma revolta muçulmana generalizada contra a Entente não se materializou. Por que foi assim? Parte da explicação seria uma mistura da incompetência alemã e da contraespionagem britânica e francesa. O explorador Leo Frobenius por pouco não foi capturado a caminho da Eritreia, e acabou deportado de volta à Europa pelas autoridades italianas.[36] Alois Musil, um orientalista austríaco enviado para apaziguar os líderes árabes Ibn Saud e Ibn Rashid, então em luta, não apenas falhou em fazê-lo mas também errou totalmente em suas interpretações acerca das intenções deles.[37] No Irã, o livro de códigos de Wassmuss caiu em mãos britânicas, juntamente com uma caixa que continha "milhares de panfletos violentamente inflamatórios, impressos em inglês, urdu, híndi, punjabi e sikh, endereçados ao Exército indiano, com um "apelo especial aos maometanos deste exército, urgindo-os a juntar-se à Guerra Santa contra o infiel inglês".[38]

Mas havia um problema mais profundo. A realidade era que o chamado da *jihad* simplesmente não ressoou muito além das províncias centrais otomanas.[39] Por exemplo, tendo permitido a exploração de Abadan pela Anglo-Persian Oil Company, o xeique Khaz'al optou por ignorar o apelo do grande *mujtahid* pela unidade muçulmana e ficou com os britânicos. Ainda que alguns oficiais franceses inicialmente se preocupassem com que seus súditos norte-africanos pudessem ser influenciados pela propaganda alemã, logo ficou óbvio que eles estavam também prontos a acreditar que – nas palavras do tenente Si Brahim, quando falava a seus soldados norte-africanos em Arles – "ao tomar armas por nosso país" eles estavam "a defender os interesses de sua fé, a honra de suas casas e a integridade das terras do islã".[40] Na Líbia, os senussis tomaram armas, mas apenas em troca de dinheiro, e sua luta se dissolveu assim que encontraram efetiva resistência britânica. No Afeganistão, a missão alemã foi posta a esperar por semanas. Depois, o emir convocou a Loya Jirga de líderes tribais, que votaram por permanecer neutros na guerra.[41] Já na Índia, os britânicos não tiveram dificuldades em persuadir lideranças muçulmanas – notadamente o Aga Khan, o Nawab Bahadur de Dacca e o Conselho da Liga Muçulmana de Toda a Índia – de que o chamado da *jihad* era uma jogada cínica alemã.[42]

Em resumo, o "pan-islamismo" que tinha sido propagandeado por homens como Oppenheim se revelou nada mais que uma miragem no deserto. Nenhuma quantidade de panfletos poderia ativar uma rede que simplesmente não existia" fora da imaginação dos orientalistas. Como Oppenheim, com quem se pareceria de certa forma, a viajante Gertrude Bell chamou o islamismo de "a corrente elétrica através da qual a transmissão de sentimentos é efetuada", e argumentou que "a potência é aumentada pelo fato de que há pouco ou nenhum senso de nacionalidade territorial para contrabalançar". Administradores coloniais mais experientes eram céticos. "Como um fator de política britânica", argumentou Ronald Storrs, secretário oriental do consulado-geral britânico no Egito, "a doutrina do califado – da teocracia pan-islâmica – foi certamente a criação do *India Office*".[43] Mesmo isso era injusto com os agentes na Índia. Em um memorando de junho de 1916, Holderness – subsecretário do *India Office* – argumentou que "tanto a partir da história do maometanismo quanto de eventos da guerra presente [...] o pan-islamismo como uma força-motivo pode ser facilmente superestimado". Holderness astutamente identificou no mundo islâmico a "falta de coesão e suas divisões sectárias e animosidades", argumentando que, no geral, os muçulmanos são "inspirados pela nacionalidade mais do que por credo".⁴⁴ Isso revelou-se verdade na importante região de Hejaz, sede dos locais sagrados de Meca e Medina.

Os alemães tinham buscado provocar os súditos dos três impérios inimigos para que se levantassem em revolta religiosa. Isso fracassou, e talvez em nenhum lugar tanto quanto na própria Meca. Os britânicos perseguiram um objetivo mais limitado, que era persuadir súditos árabes do Império Otomano a realizar a secessão. Isso funcionou. Mesmo antes de a guerra começar, Hussein bin Ali, o sexagenário xerife de Meca, tinha enviado seu segundo filho, Abdullah, com a mensagem de que ele poderia considerar uma rebelião contra seus senhores otomanos. Conservador em termos sociais, Hussein desconfiava profundamente dos Jovens Turcos em Istambul, com seus esquemas modernizantes. De fato, ele suspeitava que eles estivem conspirando para derrubá-lo e terminar a soberania de sua família haxemita sobre Hejaz.⁴⁵ Em 24 de setembro de 1914, o secretário de Estado para a Guerra, lorde Kitchener, enviou uma carta secreta por meio de Storrs, no Cairo, para Abdullah, perguntando a Hussein se "ele, seu pai e os árabes de Hejaz seriam contra ou a favor de nós", no caso de a Turquia se juntar às Potências Centrais. A carta terminava com uma indireta ousada: "Pode ser que um árabe de raça verdadeira passe a assumir o califado de Meca ou Medina e assim o bem advenha com a ajuda de Deus do meio de todo o mal que agora ocorre".⁴⁶

O que Kitchener provavelmente tinha em mente era estabelecer Hussein no mesmo tipo de relação subordinada ao Império Britânico que se tornara familiar no sul da Ásia e na África subsaariana no século XIX. Mas isso não era o que vislumbrava Hussein. O domínio otomano sobre os árabes estava longe de estar morto,⁴⁷ mas a alternativa para isso não era o domínio britânico e sim a independência árabe. Essa era a opção em discussão quando Faiçal, o filho mais velho de Hussein, encontrou-se secretamente com representantes da sociedade secreta nacionalista militar Al Ahd e o movimento civil Al Fatat. A oferta otomana era essencialmente obediência ou deposição. Os arabistas ofereciam mais: se Hussein pudesse persuadir os britânicos a aceitar o vasto Estado árabe independente definido no seu Protocolo de Damasco (que incluía não só toda a península Arábica mas também a Mesopotâmia e muito da Síria), então eles poderiam juntar-se à revolta contra o sultão e fazê-lo "rei dos árabes" quando a guerra terminasse.⁴⁸ A importante decisão de Sir Henry

McMahon, alto-comissário no Egito, de obter um tratado com Hussein – ainda que só depois de longas barganhas sobre as fronteiras precisas do "Califado Árabe" – foi em parte uma resposta ao chamado da *jihad* alemã e otomana, assim como o pânico induzido pelas sucessivas derrotas em Gallipoli e Kut al Amara.⁴⁹ Nas palavras de Gilbert Clayton, oficial de inteligência do Exército britânico residente no Cairo, "Se obtivermos sucesso nisso teremos roubado aos alemães e turcos o apoio árabe, e teremos impedido toda a possibilidade deles de instigar o ódio contra nós, e contra os franceses e italianos, uma *jihad* genuína, planejada a partir dos Lugares Sagrados do islamismo [...] Creio que se deu importância demais àquilo que eu chamaria de vantagens 'positivas' de uma aliança com os árabes, e que as muito grandes vantagens 'negativas' de negá-la aos alemães e turcos têm recebido pouca atenção".⁵⁰ O acordo britânico com os haxemitas, ao lado dos acordos separados com a França no que toca à Mesopotâmia e à Síria* e com o movimento sionista para a criação de um Estado nacional na Palestina, lançou os fundamentos políticos novos para a região que hoje conhecemos como "Oriente Médio".⁵¹ Duraria um século.

A revolta árabe que começou em 5 de junho de 1916 derrotou os alemães em seu próprio jogo e virou a maré contra os otomanos.⁵² Mas, para entender por que a Grã-Bretanha obteve êxito (com apoio francês) onde os alemães e otomanos falharam, precisamos compreender mais do que os famosos sucessos militares de T. E. Lawrence, o mais ávido proponente da independência árabe.⁵³ É preciso também compreender que Lawrence estava trabalhando com uma ativa rede – aquela dos árabes nacionalistas – enquanto Oppenheim e seus confederados tentavam ativar uma rede dormente e largamente desconectada: a Ummah de todos os muçulmanos. O erro fatal que os alemães cometeram foi subestimar as estruturas formais do domínio otomano antes mesmo do início da guerra.⁵⁴ Oppenheim gostava de achar que conhecia o

---

* McMahon aceitou as fronteiras propostas por Hussein com as seguintes exclusões: ele deixou de fora a Cilícia (hoje sudeste da Turquia) e aquelas "porções da Síria a oeste dos distritos de Damasco, Homs, Hama e Aleppo" nas quais a França tinha declarado interesse, e sustentou o interesse britânico pelas províncias de Bagdá e Basra na Mesopotâmia. Os planos anglo-franceses para a Síria e a Mesopotâmia foram incorporados ao notório acordo de maio de 1916 entre Sir Mark Sykes e François Georges-Picot, que previam a completa partição do Império Otomano do pós-guerra.

mundo muçulmano, mas ele leu de maneira completamente equivocada as intenções dos haxemitas. Proclamar uma guerra santa global sem antes garantir a segurança dos lugares sagrados foi um erro elementar digno de um teutônico caricaturado pela pena de Buchan; da mesma forma que bastou a um herói buchanesco "viver entre os árabes, e imitar seu fundamento mental", tal como fizera Lawrence.

36
A peste

Todos os planos alemães para ganhar a guerra por subterfúgio falharam, exceto um. A "Conspiração Hindu Alemã" de enviar armas para nacionalistas indianos foi um fracasso, assim como o financiamento para a invasão da Índia a partir do Sião. O carregamento alemão de 25 mil rifles russos para a Irlanda não logrou fazer do Levante da Páscoa uma revolução. Mais desesperado de todos foi o tosco lance de trazer o México para a guerra propondo a reconquista do Novo México, do Texas e do Arizona, cujos detalhes foram interceptados pela inteligência britânica e passados aos Estados Unidos, pois, como vimos, os telegramas transatlânticos dos alemães tinham que passar por uma estação de distribuição britânica. Mas o plano alemão que funcionou foi tão exitoso que quase revolucionou o mundo todo. Esse foi o plano de enviar o líder bolchevique Vladímir Ilitch Lênin, então vivendo no exílio na Suíça, de volta para a Rússia, no esteio da revolução de fevereiro de 1917 que derrubou o czar Nicolau II.

Tendo sido alertado do potencial da doutrina do "derrotismo revolucionário" de Lênin por dois revolucionários profissionais chamados Alexander Helphand ("Parvus") e Alexander Kesküla, o governo alemão deu a Lênin não apenas a passagem ferroviária de Zurique a Petrogrado – via Frankfurt, Berlim, Sassnitz e Estocolmo – mas também um vultoso financiamento para subverter o novo governo provisório.* Em vez de prender Lênin e seus dezenove associados ao chegar, como eles muito mereciam, o novo governo provisório

---

* Estima-se que 50 milhões de marcos de ouro (12 milhões de dólares) foram canalizados para Lênin e seus associados, grande parte lavados através de um negócio de importação de propriedade de uma mulher chamada Ievguênia Sumenson. Ajustando a cifra com base na inflação do salário não qualificado, seria o equivalente a 800 milhões de dólares.

russo hesitou. Os bolcheviques puseram-se a trabalhar, comprando um novo quartel-general na área central da cidade (antiga residência da bailarina Mathilde Kchesinskaia, notória cortesã real) e uma prensa particular, e literalmente dando dinheiro na mão de quem fosse às manifestações. Muitas narrativas ainda não dão conta que a Revolução Bolchevique foi uma operação financiada pela Alemanha, ainda que muito facilitada pela incompetência dos liberais russos.[1] Lênin teria encontrado seu fim depois do fracasso da primeira tentativa de golpe no início de junho e seu desmascaramento como agente alemão no jornal *Jivoe Slovo*, o que levou à acusação formal contra ele e outros dez líderes bolcheviques. Mas Aleksandr Kerênski, o ministro da Justiça socialista revolucionário que tomou o controle do governo provisório em 7 de julho, não tinha instinto matador. Convencido por um intermediário nada confiável de que o novo comandante em chefe, o general Lavr Kornilov, planejava um golpe de Estado, Kerênski demitiu-o de seu posto e permitiu que o comitê executivo provisório (Ispolkom) do soviete (conselho de trabalhadores) de Petrogrado desse aos bolcheviques o que equivalia a uma anistia. Leon Trótski, um talentoso jornalista menchevique que tinha tentado a sorte junto a Lênin, foi solto da cadeia. Na segunda semana de outubro, uma vez que estava convencido de que as acusações contra ele tinham sido retiradas, Lênin retornou da Finlândia, para onde tinha fugido depois das Jornadas de Julho. Daí por diante, ele e seus confederados planejaram a derrubada do governo provisório e dar "todo o poder aos sovietes" de forma aberta. Nas primeiras horas do dia 25 de outubro de 1917, depois de superar um plano mal executado de cair sobre eles novamente, os bolcheviques deram um golpe de Estado eles próprios. Cada lado tentou cortar as linhas de telefone do outro, mas foi o número de apoiadores armados que decidiu a questão. O governo provisório tinha o Batalhão Feminino da Morte a seu lado, mas os bolcheviques tinham mais homens e a vantagem adicional dos canhões da Fortaleza de São Pedro e São Paulo, que eles apontaram para o Palácio de Inverno.[2]

Sabe-se muito bem que menos pessoas foram mortas na Revolução de Outubro que na filmagem do filme de Serguei Eisenstein em comemoração dos dez anos do evento.* Mas seria um erro diminuir o significado do evento

---

* Houve de fato luta muito mais intensa em Moscou, incluindo uma feroz luta corpo a corpo dentro do Krêmlin.

original. A primeira coisa surpreendente sobre a Revolução Bolchevique foi a velocidade com que se espalhou. Faixas e cartazes bolcheviques começaram a aparecer no Exército russo do Norte já em 18 de abril.

Quando o governo provisório se preparava para a ofensiva na Galícia, oficiais relataram surtos de *chkurni bol'chevizm* ("bolchevismo de pele", adotado por aqueles homens que desejavam salvar a própria pele). O comandante do 12º Exército reclamou da "agitação fortalecida dos bolcheviques, que teceram um firme ninho" – uma imagem reveladora.³ Reforços de Petrogrado chegaram à linha de frente com faixas bolcheviques proclamando "Pelo fim da guerra e do governo provisório!".⁴ Um único desertor, chamado A. I. Semachko, conseguiu recrutar quinhentos homens do Primeiro Regimento de Metralhadoras para a causa bolchevique.⁵ Ainda que a epidemia fosse momentaneamente impedida pelo fiasco das Jornadas de Julho, a prisão de Kornilov, ordenada por Kerênski, reestabeleceu a credibilidade dos bolcheviques nas patentes inferiores. O Quinto Exército sofreu uma onda de deserções. "Comissários" bolcheviques tomaram o controle de seu equipamento telegráfico. Para os agentes de inteligência, parecia que a "onda bolchevique" estava varrendo toda a disciplina.⁶ No fim de setembro, o apoio ao partido de Lênin tinha crescido o suficiente nas maiores cidades russas para obter o controle dos sovietes de Moscou e Petrogrado. Também era forte na base naval de Kronstadt e na Frota Báltica. Apenas entre o vasto campesinato e os cossacos os bolcheviques não tinham apoiadores – o que explica o rápido salto da Rússia para a guerra civil urbana/rural ao longo do ano de 1918.* Essencialmente, o vírus bolchevique viajava de trem e telégrafo, e os soldados, marinheiros e trabalhadores letrados eram os mais sensíveis a ele. O busílis da questão para os alemães era que, como o gás de mostarda que é soprado de volta pelo vento que muda, a peste bolchevique também poderia infectar seus próprios soldados, marinheiros e trabalhadores. Quando ficou claro – como no verão de 1918 – que mesmo o colapso total da Rússia não poderia reverter a derrota das Potências Centrais, governos ao estilo soviético foram proclamados em Budapeste, Munique e Hamburgo. A bandeira vermelha foi desfraldada até na Prefeitura de Glasgow.

---

* Nas eleições para a Assembleia Constituinte de 12 de novembro de 1917, os Socialistas Revolucionários (SR) ganharam 40% dos 41 milhões de votos, contra 24% dos bolcheviques. Os camponeses consideravam o SR como o seu partido.

Exultante, Lênin sonhava com a "União das Repúblicas Soviéticas da Europa e da Ásia". Trótski, de modo extravagante, declarou que "o caminho para Paris e Londres passa pelas cidades do Afeganistão, do Punjabi e de Bengala".[7] Mesmo as distantes Seattle e Buenos Aires experimentaram fortes greves. Esta era uma pandemia proletária.

A segunda coisa a causar surpresa foi quão impiedosamente os bolcheviques fizeram de sua rede revolucionária um sistema hierárquico, em muitos aspectos mais dura que o antigo regime czarista. O Partido Bolchevique cresceu exponencialmente depois de 1917, mas mesmo ao expandir tornava-se mais centralizado – um resultado antecipado por Lênin em seu tratado pré-guerra *O que fazer?* Dificuldades em 1918 legitimaram o desejo de Lênin de desempenhar o papel de Robespierre, assumindo poderes ditatoriais no espírito da "revolução em perigo". No dia 17 de julho de 1918 o czar deposto e sua família foram executados no porão da casa onde estavam presos em Iekaterinburg. Quatro dias depois, ocorreu a execução em massa de 428 socialistas revolucionários em Iaroslav.[8] A única maneira de assegurar que os camponeses entregassem seus grãos para alimentar o Exército Vermelho, Lênin insistia, era ordenar a execução exemplar dos chamados *kulaks*, os supostos camponeses capitalistas gananciosos a quem interessava aos bolcheviques demonizar. Como fazer uma revolução sem esquadrões de fuzilamento?", perguntava Lênin.[9] Se não podemos executar um guarda branco sabotador, que sorte de grande revolução é essa? Nada senão conversa e uma cuia de mingau". Convencido de que os bolcheviques não "sairiam vencedores" se não empregassem "o mais duro tipo de terror revolucionário", ele explicitamente clamou por "terror em massa contra os *kulaks*, os padres e os guardas brancos". "Operadores do mercado negro" deveriam ser fuzilados "ali mesmo". Em agosto de 1918 ele enviou um telegrama revelador aos líderes bolcheviques em Penza:

> Os levantes dos *kulaks* em [seus] cinco distritos devem ser esmagados sem piedade... Deve-se fazer disso um exemplo. 1) Enforquem (e quero dizer enforquem *de modo que as pessoas possam ver*) não menos de cem notórios *kulaks*, homens ricos, sanguessugas. 2) Publiquem seus nomes. 3) Tomem toda a sua produção de grãos. 4) Identifiquem reféns... Façam isso para que por centenas de verstas à volta as pessoas vejam, tremam, saibam e gritem: eles estão matando e continuarão a matar os sanguessugas *kulaks*... P.S. Encontrem pessoas mais duras.[10]

Os *kulaks*, declarou Lênin, eram "sanguessugas", "aranhas e vampiros". As coisas só pioraram depois da fracassada tentativa de assassinato contra Lênin em 30 de agosto por uma socialista revolucionária chamada Fanny Kaplan.

No coração da nova tirania estava a "Comissão Extraordinária de Toda a Russia para o Combate da Contrarrevolução e da Sabotagem" – abreviada para Tcheká. Sob Felix Dzerjinski, os bolcheviques criaram um novo tipo de polícia política que não tinha problemas em simplesmente executar suspeitos. "A Tcheká", como um de seus fundadores explicou, "não é uma comissão de investigação, uma corte ou um tribunal. É um órgão de luta na frente interna da guerra civil... Ela não julga, ela ataca. Ela não perdoa, ela destrói todos os que são capturados do outro lado da barricada".[11] O jornal bolchevique *Krasnaia Gazeta* declarou: "Sem piedade, sem poupar, mataremos nossos inimigos às dezenas de milhares. Que sejam milhares, que se afoguem em seu próprio sangue. Pelo sangue de Lênin... que haja um dilúvio de sangue da burguesia – mais sangue, tanto quanto possível".[12] Dzerjinski se prontificou a realizar a tarefa. Em setembro de 1919, para dar exemplo, 67 contrarrevolucionários foram sumariamente executados. No topo da lista figurava Nikolai Chtchepkin, membro liberal da Duma (parlamento) que tinha sido formada depois de 1905. O anúncio de sua execução foi feito na mais veemente linguagem, acusando Chtchepkin e seus supostos confederados de "esconder-se como aranhas sedentas de sangue [e] lançando suas teias em todos os lugares, desde o Exército Vermelho até as escolas e as universidades".[13] Entre 1918 e 1920, mais de 300 mil execuções políticas como essa foram realizadas.[14] Incluíam-se nelas não apenas as de membros de partidos rivais, mas também as de companheiros bolcheviques que ousavam desafiar a nova ditadura da liderança do Partido. Em 1920 já havia mais de uma centena de *kontsentratsionie lagueri* para "reabilitação" de "elementos não confiáveis". Sua localização era cuidadosamente escolhida para expor os prisioneiros às condições mais duras possível – lugares como o mosteiro Kholmogori, na desolação gelada das margens do mar Branco. Assim nasceu o Gulag.

Iosif Vissarionovitch Djugachvili – Stálin ("Homem de Ferro"), para seus camaradas – não era o herdeiro que Lênin queria como líder (*vojd'*) do sistema soviético. A ele faltavam o carisma e o charme de outros líderes bolcheviques. Quando Lênin fez de Stálin "secretário-geral" do Comitê Central em abril de 1922, no entanto, ele subestimou gravemente suas habilidades como burocrata. Como única pessoa com posições em três das mais poderosas instituições do Partido – o *politburo*, o *orgburo* e o *secretariat* – e como funcionário com mais pessoal, Stálin dedicou-se a estabelecer seu controle por uma combinação de rigor administrativo e malícia pessoal. Ele rapidamente estabeleceu seus seguidores fiéis nas localidades e, crucialmente, na polícia secreta. Também desenvolveu uma lista de funcionários veteranos conhecida como *nomenklatura,* de modo que (como disse ao 12º Congresso do Partido, em abril de 1923) "pessoas que ocupam essas posições são capazes de implementar diretivas, compreender essas diretivas, aceitar essas diretivas como suas e trazê-las à vida".[15] Tudo isso somado dava poder a ele sobre muito mais do que os gastos dos funcionários; seu "departamento secreto", oculto atrás de portões de aço, se tornou uma agência interna de denúncia e investigações do Partido. E o sistema telefônico do governo – a *vertutchka* – e a unidade criptográfica de telegramas lhe deram controle sobre as comunicações, inclusive o poder de grampear conversas alheias.

Como Lênin, Stálin foi produto de uma rede clandestina revolucionária. Ele sofreu sua parte de agruras como jovem conspirador contra o regime czarista. Foi uma forma distintiva dos ditadores do século XX que, talvez por causa de suas próprias raízes no submundo, eles vissem conspirações contra si por toda parte. Os supostos espiões e sabotadores condenados em tribunais-espetáculo como o Processo de Chakhti (1928), o Processo do Partido Industrial (1930) e o Processo Metro-Vickers (1933) foram vítimas dos mais espetaculares e inumeráveis procedimentos pseudolegais e extralegais. Ao definir o menor resmungo como traição ou contrarrevolução, o sistema stalinista podia enviar hostes de cidadãos soviéticos ao Gulag. Documentos hoje disponíveis nos Arquivos do Estado Russo mostram como o sistema funcionava. Berna Klauda era uma senhorinha de Leningrado; ela pouco tinha de elemento subversivo. Em 1937, no entanto, foi sentenciada a dez anos no Perm Gulag por expressar sentimentos antigovernamentais.[16] "Agitação antissoviética" era o menor dos crimes pelos quais alguém poderia ser condenado. Mais sério era "atividade contrarrevolucionária"; pior ainda, "atividade terrorista trotskista". De fato, a absoluta maioria das pessoas condenadas por essas acusações eram culpadas – se culpadas de qualquer coisa – de contravenções triviais: uma palavra atravessada a um superior, uma piada entreouvida sobre Stálin, uma reclamação sobre algum aspecto do onipresente sistema, ou no máximo alguma infração econômica menor, tal como "especulação" (comprar e revender mercadorias). Apenas uma ínfima fracção dos prisioneiros políticos eram genuinamente opostos ao regime – de maneira reveladora, menos de 1% dos prisioneiros no campo em 1938 tinham ensino superior; um terço eram analfabetos. Em 1937 havia cotas de prisões da mesma forma que havia cotas para a produção de aço. Os crimes eram simplesmente criados para satisfazer punições. Os prisioneiros tornaram-se meros resultados, referidos pela NKVD* como "Contas" (prisioneiros homens) e "Livros" (prisioneiras grávidas). No auge do sistema Gulag, havia 476 campos espalhados por toda a União Soviética, cada um composto de centenas de campos individuais. Ao todo, por volta de 18 milhões de homens, mulheres e crianças passaram pelo Gulag sob Stálin. Levando em conta os 6 milhões ou 7 milhões de cidadãos soviéticos que foram enviados ao exílio, a parcela da população que experimentou algum tipo de servidão penal sob Stálin aproxima-se de 15%.[17]

Ninguém estava a salvo. Lênin tinha introduzido a prática do "expurgo" periódico do Partido, para se livrar dos "vagabundos, vândalos, aventureiros, bêbados e ladrões".[18] Stálin, que compulsivamente desconfiava de seus camaradas comunistas, foi muito mais além. Poucos grupos foram mais duramente perseguidos na década de 1930 do que os Velhos Bolcheviques, que haviam sido camaradas de Stálin nos dias decisivos da revolução e da guerra civil. Funcionários veteranos do Partido viviam em estado de perpétua insegurança, nunca sabendo se poderiam ser vítimas da paranoia de Stálin. Aqueles que tinham sido mais leais ao Partido estavam tão sujeitos à prisão como um criminoso notório qualquer. Leninistas leais eram acusados de "sabotadores" fiéis às potências imperiais ou "trotskistas" em complô com o arquirrival de Stálin que caíra em desgraça (e que o ditador finalmente conseguiu fazer matar em 1940). O que começara como uma ofensiva contra funcionários corruptos ou ineficientes em 1933 escalou depois para o assassinato do chefe do Partido em Leningrado, Serguei Kirov, em dezembro de 1934, em um expurgo sangrento e permanente. Um após outro, homens e mulheres que tinham estado na vanguarda da revolução foram presos, torturados e interrogados

---

* *Narodni Komissariat Vnutrenikh Del*, Comissariado do Povo para Assuntos Internos. A Tcheká tinha sido rebatizada GPU em 1922, daí OGPU (1923). Em 1943 se tornou a NKVD.

até que fossem induzidos a confessar algum "crime" e denunciar ainda mais camaradas, e então fuzilados. Entre janeiro de 1935 e junho de 1941, houve pouco menos de 20 milhões de prisões e pelo menos 7 milhões de execuções na União Soviética. Apenas em 1937-38, a cota de "inimigos do povo" a ser executados foi colocada em 356.105, ainda que o número real de pessoas tenha sido o dobro.[19] Dos 394 membros do Comitê Executivo da Internacional Comunista em janeiro de 1936, 223 tinham sido vítimas do Terror de Abril de 1938, como também foram os 68 líderes comunistas alemães que tinham fugido para a União Soviética depois de 1933.

No auge do Terror de Stálin, o "bem-estar público" significava a total insegurança privada. Literalmente ninguém se sentia seguro – menos ainda os chefes da NKVD. Guenrikh Iagoda foi fuzilado como trotskista em 1938; Nikolai Iejov, seu sucessor, foi fuzilado como espião britânico em 1940; Lavrenti Béria foi fuzilado logo após a morte de Stálin. Aqueles que sobreviveram à vida "sob a mira de uma arma" não foram necessariamente os conformistas. Foram apenas os afortunados. Entre os presos estavam 53 membros da Sociedade dos Surdos-Mudos. A acusação contra essa alegada "organização fascista" era que ela havia conspirado com o serviço secreto alemão para explodir Stálin e outros membros do Politburo com uma bomba caseira durante a parada no Dia da Revolução na Praça Vermelha. Trinta e quatro deles foram fuzilados; o resto foi enviado aos campos por dez ou mais anos. O que de fato tinha acontecido foi que o presidente dessa sociedade tinha informado que alguns de seus membros estavam vendendo bugigangas em trens locais para conseguir viver. A denúncia levou ao envolvimento da NKVD. O próprio presidente da sociedade foi em seguida implicado na alegada conspiração, e a própria investigação caiu em suspeita. A polícia local foi então presa.[20]

No fim dos anos 1930, Stálin tinha transformado a União Soviética em um vasto campo de escravos, sendo ele próprio seu comandante. Era possível para ele sentar-se no balcão de sua *datcha* em Sotchi e ditar ordens que seriam imediatamente telegrafadas a Moscou, onde seriam transformadas em um edito formal, que seria então distribuído para baixo na pirâmide hierárquica do Partido Comunista Soviético e, se necessário, a partidos comunistas no exterior. Funcionários locais não ousavam ignorar tais ordens, temendo que seu fracasso em obedecer a elas seria subsequentemente descoberto, levando a investigação, processo, condenação e possivelmente execução.[21] O poder de Stálin consistia em três elementos distintos: controle total da burocracia do Partido, controle total dos meios de comunicação – com a rede telefônica do Krêmlin como nó central – e controle total da polícia secreta que empregava homens eles próprios amedrontados. Nenhum déspota oriental jamais teve tanto poder pessoal completo sobre um império, pois nenhuma hierarquia tinha logrado fazer da participação em redes extraoficiais – mesmo suspeita de participação – algo tão aterradoramente perigoso.

37
O princípio do líder

Também o fascismo começou como uma rede, especialmente na Alemanha, onde o apoio popular a Hitler cresceu exponencialmente durante a Depressão. A maioria dos regimes fascistas, começando com Benito Mussolini na Itália, se iniciou a partir de nomeações reais ou aristocráticas e então rapidamente centralizou o poder. O nacional-socialismo foi diferente. Nenhum outro partido fascista chegou perto de obter o sucesso eleitoral dos nacional-socialistas. Em termos de votos, o fascismo foi um fenômeno desproporcionalmente alemão; somem-se todos os votos individuais dados na Europa para um partido fascista ou para outro extremo nacionalista entre 1930 e 1935, e a enorme porcentagem de 96% dos votantes foram de língua alemã.[1] No esteio da hiperinflação de 1923, muitos votantes deixaram os partidos da classe média de centro-direita e centro-esquerda, desiludidos com os acordos espúrios entre os negócios e o trabalho que pareciam dominar a política na República de Weimar. Houve uma proliferação de rachas partidários e, de interesse especial, um lento processo de fissão que era o prelúdio da explosão política de 1930, quando a cota de votos pulou sete vezes a mais do que tinha sido em 1928. O crescimento de filiados ao partido experimentou qualidade exponencial semelhante. Em 1928, o NSDAP [sigla alemã do Partido Nacional-Socialista dos Trabalhadores Alemães] tinha 96.918 membros. Em janeiro de 1933 a filiação tinha aumentado oito vezes, para 849.009, e triplicou nos dois anos subsequentes, quando oportunistas se apressaram em filiar-se ao partido vencedor. Ele continuou a crescer até o final do Terceiro Reich, de 2,5 milhões em 1935 para 5,3 milhões em 1939; 7,1 milhões em 1941; 7,3 milhões em 1943; e mais de 8 milhões em maio de 1945. A base de leitores do jornal do partido, o *Völkische Beobachter*, seguiu trajetória semelhante. Tendo atingido 330 mil em 1933, excedeu 1 milhão em 1940 e vendeu mais ou menos 1,7 milhão de cópias por dia em 1944.²

Ao contrário das velhas afirmações de que se tratava de um partido rural, ou do norte, ou das classes médias, o NSDAP atraiu apoio por toda a Alemanha e ao longo de todo o espectro social. Análises em nível dos distritos eleitorais mais importantes não deixam ver o essencial e exageram as diferenças entre as regiões. Pesquisas mais recentes baseadas na unidade eleitoral menor (o *Kreis*) revelaram o extraordinário alcance do voto nazista.³ Há uma qualidade quase fractal na imagem que emerge, onde cada distrito eleitoral como que se parece com o mapa nacional, e pontos de intenso apoio (Oldenburg na Baixa Saxônia, Alta e Média Franconia na Baviera, a porção setentrional de Baden, a Prússia Oriental) espalhados por todo o país. É verdade que lugares com alta relativa de votos nazistas eram mais prováveis em regiões centrais, no norte ou no leste, e aquelas de baixa votação nazista eram mais prováveis no sul e no oeste.⁴ Mas o ponto mais importante é que os nazistas obtiveram certo sucesso eleitoral em quase qualquer tipo de ambiente político, cobrindo o espectro eleitoral de maneira não vista antes ou depois. O voto nazista não variou proporcionalmente com a taxa de desemprego ou com a cota de trabalhadores na população. Dois quintos dos eleitores nazistas em alguns distritos eram da classe trabalhadora, para consternação da liderança comunista. O único constrangimento significativo ao crescimento do voto nazista foi a resiliência comparativamente maior do Partido do Centro Católico quando comparado a partidos até então apoiados por alemães protestantes.⁵

Em suma, o nacional-socialismo era um movimento e Hitler, seu líder carismático, se tornou viral entre 1930 e 1933. Para muitos observadores, parecia um despertar religioso. Como explicou um *Sturmabteilung:* "Nossos oponentes cometeram um erro fundamental ao nos igualar ao Partido Econômico, aos partidos democráticos ou marxistas. Todos esses partidos eram apenas grupos de interesse, lhes faltava alma, vínculos espirituais. Adolf Hitler emergiu como quem sustentava uma nova religião política".⁶ Os nazistas desenvolveram conscientemente uma liturgia, com o 9 de novembro (data da Revolução de 1918 e do fracassado *putsch* de 1923) como Dia de Luto completo com fogueiras, coroa de flores, altares, relíquias manchadas de sangue e até um livro de mártires nazistas. Os iniciados no grupo de elite *Schutzstaffel* (SS) tinham que repetir o catecismo com frases como "Acreditamos em Deus, acreditamos na Alemanha que ele criou... e no Führer... que Ele nos enviou".[7] Não era apenas que Cristo fosse mais ou menos abertamente suplantado na iconografia e liturgia do "culto marrom". Como a revista da SS *Das Schwarze Korps* argumentava, a própria fundação ética do cristianismo tinha que ser descartada também: "A doutrina abstrusa do Pecado Original... de fato toda uma noção de pecado proposta pela Igreja... é algo intolerável ao homem nórdico, já que é incompatível com a ideologia 'heroica' de nosso sangue".[8] Os oponentes do nazismo também reconheceram o caráter pseudorreligioso do movimento. Como o exilado católico Eric Voegelin afirmou, o nazismo era "uma ideologia semelhante às heresias cristãs de redenção aqui e agora... fundidas às doutrinas pós-iluministas de transformação social". O jornalista Konrad Heiden chamou Hitler de "um puro fragmento da alma da massa moderna". Um social-democrata anônimo chamou o regime nazista de "contraigreja".[9] Mas o nazismo não era literalmente religioso: o solo institucional a partir do qual floresceu era uma rede preexistente da vida secular associacional na Alemanha. Quanto mais densa a vida associacional de uma cidade, tanto mais rápido o partido nazista crescia.[10]

Como a Igreja e o partido bolchevique antes dele, o partido nazista se tornou mais hierárquico ao crescer. Desde *Mein Kampf* Hitler acreditava firmemente no *Führerprinzip* – o princípio do líder – e seus seguidores aprenderam a "trabalhar para o Führer". No cume do Terceiro Reich figurava o próprio Hitler. Abaixo dele vinha a elite de oficiais de confiança: homens como Martin Bormann, Joseph Goebbels e Heinrich Himmler. Subordinados aos líderes nacionais estavam os *Gauleiter*, ou líderes regionais, responsáveis pelos territórios coincidentes com os estados alemães, os *Kreisleiter*, responsáveis por cidades inteiras ou áreas metropolitanas, e os *Ortsgruppenleiter e Stützpunktleiter*, os líderes locais. Mais abaixo estavam os *Zellenleiter* (líderes de células) e os *Blockleiter*, os líderes de bairros. Em 1936 existiam 33 *Gaue*, 772 *Kreise* e 21.041 *Ortsgruppen* e *Stützpunkten*. Em 1943, em parte por causa da expansão do Reich, os números aumentaram para 43 *Gaue*, 869 *Kreise*, 26.103 *Ortsgruppen*, 106.168 *Zellen* e quase 600 mil grupos de bairros.[11] Mas seria errado julgar a Alemanha de Hitler como simplesmente uma pirâmide à maneira da União Soviética de Stálin. Onde Stálin favorecia controle obsessivo-compulsivo, Hitler preferia um estilo mais caótico de governo, no qual a velha hierarquia do governo do Reich competia com a nova hierarquia do partido e, mais tarde, com a ainda mais nova hierarquia do Serviço de Segurança (*Sicherheitsdienst*). Historiadores por vezes representam esse sistema como um "caos policrático", no qual ordens ambíguas e jurisdições sobrepostas originaram uma "radicalização cumulativa", e indivíduos e agências individuais competiam entre si para executar o que interpretavam como o desejo do Führer. O resultado era uma mistura de ineficiência, corrupção e crescente violência contra todos os grupos considerados fora da "comunidade étnica" – o *Volksgemeinschaft* –, especialmente os judeus.

38
A queda da internacional dourada

Nada havia de original no antissemitismo de Hitler. O nazismo floresceu em especial rapidamente em pequenas cidades com uma tradição de antissemitismo violento que pode ser retraçada até o século XIV.¹ Mais recentemente, como vimos, populistas tanto de direita como de esquerda tinham regularmente dirigido seu fogo ao suposto poder excessivo da finança judaica através do século XIX, e não apenas na Alemanha. Teorias raciais sobre a inferioridade ou a malignidade judaicas eram prevalentes nos dois lados do Atlântico muito antes de 1933. A novidade foi a ferocidade com que Hitler operou seu ódio contra os judeus até o amargo fim do genocídio.² Muito antes da matança em massa ser discutida como uma possibilidade pela liderança nazista, no entanto, o regime já havia revelado um paradoxo. A despeito de repetidas afirmações de sua propaganda de que a Alemanha sofria com as depredações da "internacional dourada" dos banqueiros judeus, que de alguma forma obscura eram aliados do "bolchevismo judeu" da Internacional Comunista,³ o regime nazista foi capaz de enfraquecer e expropriar a elite judaica alemã com muita facilidade. A imagem da aranha gigante, que os nazistas apropriaram dos populistas norte-americanos na década de 1890, figurava ameaçadoramente na primeira página do *Der Stürmer*, sugando o sangue dos indefesos trabalhadores alemães capturados em sua teia (ver figura 24). Mas Hitler foi capaz de esmagá-la sob seu calcanhar. Um dos triunfos da propaganda nazista foi manter o alemão comum convencido de que existia uma poderosa conspiração judaica, capaz de iniciar uma guerra mundial,⁴ ao mesmo tempo que o confrontava com a realidade da fraqueza judaica.

Não se tratava de teoria da conspiração argumentar que os judeus desempenharam papel de destaque na economia alemã desde a década de 1830 até a de 1930. Esse foi o caso. No exclusivo mundo dos bancos privados, nomes como Warburg, Arnhold, Friedländer-Fulds, Simon e Weinberg estavam entre os mais distintos. Os bancos de sociedade anônima Deutsche Bank e Dresdner Bank eram dirigidos por Oskar Wassermann e Herbert Gutman, respectivamente, enquanto o Berliner Handels-Gesellschaft foi controlado por Carl Fürstenberg até sua morte, em 1933. O Darmstädter und Nationalbank (Danat-Bank), que foi à falência em 1931, foi dirigido ao longo da década de 1920 por Jakob Goldschmidt. A influência judaica não estava confinada à finança. Dois dos maiores estabelecimentos comerciais na Alemanha tinham nomes judeus, Wertheim e Tietz.[5] A maior empresa de engenharia elétrica, a Allgemeine Elektricitäts-Gesellschaft, tinha sido fundada por Emil Rathenau. Havia muitos judeus alemães ricos menos conhecidos. Antes da Primeira Guerra Mundial, os judeus perfaziam menos de 1% da população, mas mais de um quinto dos milionários prussianos eram judeus.[6] Ademais, os judeus estavam sobrerrepresentados na governança corporativa alemã. Em 1914 cerca de 16% dos membros das diretorias das companhias públicas alemãs tinha origem judaica, aumentando para um quarto no centro da rede corporativa, onde indivíduos detinham três ou mais posições em diferentes diretorias. Mais de dois terços das grandes corporações alemãs tinham pelo menos um diretor judeu.[7] O mesmo argumento pode ser sustentado sobre as alturas cerebrais da vida acadêmica e cultural alemã, onde os judeus eram também proeminentes, se não mais. A visível exceção estava na vida política, para a qual contribuíam de maneira mínima. Como apontou Hugo Valentin em 1936:

> Nos vinte gabinetes que formaram o governo de [1918 a 1933], havia dois ministros judeus [...] E quatro de origem judaica [...] dentre cerca de 150 ministros [...] Dentre cerca de 250 altos funcionários nos ministérios do Reich, incluindo secretários de Estado e membros de diretorias de governo, antes da vitória de Hitler havia no máximo quinze judeus ou homens de origem judaica. O número de secretários de Estado judeus na administração entre 1918 e 1933 era de apenas dois. Dentre os cerca de trezentos altos funcionários dos ministérios prussianos cerca de dez eram judeus ou de berço judeu. Dentre os doze *Oberpräsidente* prussianos, 35 *Regierungspräsidente*, e mais de quatrocentos *Landräte* [...] não havia um único judeu. De todos os funcionários do governo na Alemanha [em 1925] 0,16% eram judeus; dos altos funcionários, 0,29%; dos funcionários intermediários e baixos funcionários, 0,17%.[8]

24. *Die Ausgesaugten ("Os definhados"). Um cartum nazista retrata uma aranha judia gigante sugando o povo alemão. Publicado na primeira página do* Der Stürmer, *nº 8, de fevereiro de 1930.*

Por que eram os judeus tão proeminentes na vida econômica alemã? Seria meramente porque eles eram mais bem educados, na média? Seria sua mensurável centralidade na densa rede corporativa alemã de diretorias entrelaçadas simplesmente uma função de sua super-representação como banqueiros, que por sua vez os levava a ocupar múltiplas posições nas diretorias? Ou será que havia uma vantagem especial em pertencer a uma comunidade que se ancorava na religião e na tradição, levando a níveis de maior confiança e "incrustação social" [*social embeddedness*]? Em uma fascinante análise do sistema corporativo alemão no início do século XX, Paul Windolf argumenta que:

Tanto os gerentes judeus como os não judeus estavam integrados a essa instituição do capitalismo cooperativo (Alemanha S.A.). Os membros judeus não criaram uma rede própria, que fosse separada da rede corporativa mais ampla. Ao contrário, os membros judeus e não judeus tinham contato uns com os outros através de suas posições nas diretorias de supervisão das grandes firmas. Ambos os grupos estavam integrados a essa rede [...] Mesmo que houvesse uma clara tendência de homofilia, os judeus tinham, na média, mais contatos com não judeus do que com membros de seus próprios grupos.[9]

Essa informação nos compele a buscar explicações mais intangíveis, como a genética, ou os benefícios educacionais da vida familiar judaica, ou algum tipo de "ética judaica" weberiana ainda mais alinhada com o capitalismo que a ética protestante. Mas tais argumentos também são problemáticos, mesmo porque os judeus na República de Weimer cada vez menos se casavam com judeus. Na Alemanha como um todo, a porcentagem de judeus casando fora de sua própria fé aumentou de 7% em 1902 para 28% em 1933. Em 1905 alcançou o pico de um terço.[10] (As porcentagens norte-americanas comparáveis eram de aproximadamente 20% na década de 1950 e 52% em 1990.)[11] Ainda que Hamburgo e Munique tivessem taxas mais altas de matrimônios mistos, as cifras eram também bem acima da média em Berlim, em Colônia e nas cidades saxãs de Dresden e Leipzig, assim como em Breslau, na Silésia.[12] Quando coletou informações de outras cidades europeias, Arthur Ruppin detectou uma taxa maior de matrimônios mistos apenas em Trieste. Ainda que relativamente altas, as taxas em Leningrado, Budapeste, Amsterdam e Viena figuravam abaixo daquelas das maiores cidades alemãs.[13] Dos 164 mil judeus que permaneceram na Alemanha em 1939, 15 mil eram cônjuges de casamentos mistos.[14] Quando os nazistas definiram as crianças de casamentos mistos como *Mischlinge*, eles estimaram que havia quase 300 mil delas, ainda que a cifra real deva estar entre 60 mil e 125 mil.[15] Poucas minorias submetidas à perseguição estiveram tão bem assimiladas socialmente – e sexualmente – como os judeus alemães em 1933.

Ainda que por vezes, depois de Hitler ascender ao poder, alguns judeus alemães tenham se sentido apanhados em uma rede de perseguição, na realidade eles eram vítimas de agências burocráticas múltiplas, hierarquicamente estruturadas, mas que competiam entre si.[16] Começou com o boicote a estabelecimentos judeus, instigado pela Organização de Células Empresariais Nazistas (*Nationalsozialistische Betriebszellenorganisation*), pela Liga dos Empregados e Artesãos de Classe Média (*Kampfbund für den gewerblichen Mittlestand*) e por seções da SA.[17] Nesses estágios iniciais, empresas maiores, como as lojas de departamento Tietz, foram poupadas.[18] O processo de "arianização" de firmas judaicas também avançou vagarosamente a princípio.[19] A experiência do banqueiro de Hamburgo Max Warburg ilustra as dificuldades da classe à qual ele pertencia. A elite judaica julgava ser parte inteiramente integrada da elite empresarial da Alemanha. Quando os membros não judeus aceitaram sua exclusão, nada havia a fazer. Na última reunião de Warburg como diretor da companhia marítima Hamburg-Amerika – um negócio estabelecido por outro judeu, Albert Ballin –, configurou-se um embaraçoso silêncio quando Warburg ironicamente fez um discurso em nome da diretoria agradecendo a si próprio pelos anos de serviço e desejando a seus familiares "uma velhice tranquila, boa sorte e muitas bênçãos".[20] Só depois dos *pogroms* de 11 de novembro de 1938 é que o processo de expropriação realmente tomou força, com a proibição formal de Hermann Göring de toda atividade empresarial judaica no Reich.[21] Os judeus alemães a quem se permitiu emigrar foram sistematicamente roubados pelas autoridades de quase todas as suas propriedades antes de receberem seus vistos de saída.[22] A partir de 1º de janeiro de 1939 todos os judeus deveriam adicionar a seus primeiros nomes "Israel" (para homens) ou "Sara" (para mulheres), se estes não figurassem numa lista de nomes "tipicamente judeus" publicada pelo Ministério do Interior. Os judeus estavam progressivamente à mercê da Gestapo, que iniciou o processo de agrupá-los nas chamadas *Judenhaüser*.[23]

Sete meses antes do início da guerra, em 30 de janeiro de 1939, Hitler declarou claramente qual seria o destino dos judeus, em um discurso no Reichstag, onde detalhou a teoria em que seu antisemitismo era baseado:

> Por centenas de anos a Alemanha foi boa ao receber estes elementos, ainda que eles não possuíssem nada exceto infecciosas doenças políticas e físicas. O que possuem hoje foi ganho em grande parte às custas da nação alemã, menos astuta, através das mais condenáveis manipulações.
>
> Hoje estamos apenas pagando a essas pessoas o que merecem […] A nação alemã foi, graças à inflação instigada e operada pelos judeus, privada de toda a

poupança acumulada ao longo de anos de trabalho honesto [...] Estamos determinados a prevenir o assentamento em nosso país de um povo estranho que foi capaz de tomar para si todas as posições de liderança da nação, e expulsá-los [...] A cultura alemã, como o nome indica, é alemã e não judaica, portanto sua gerência e cuidado será entregue aos membros de nossa própria nação...

O mundo tem espaço suficiente para assentamentos, mas precisamos nos livrar para sempre da opinião de que a raça judaica foi criada por Deus com o propósito de ser em certa porcentagem um parasita vivendo do corpo e do trabalho produtivo de outras nações. A raça judia terá de se adaptar à boa atividade construtiva como fazem as outras nações, ou mais cedo ou mais tarde sucumbirá a uma crise de magnitude inconcebível.

Uma coisa que gostaria de dizer neste dia que pode vir a ser memorável para nós alemães e para outros: no curso de minha vida eu fui muitas vezes um profeta, e geralmente fui ridicularizado por isso. Durante o tempo de minha luta pelo poder foi primeiramente a raça judaica que recebeu minhas profecias com risos, quando afirmei que um dia eu assumiria a liderança do Estado e, com isso de toda a nação, e que eu então resolveria o problema judaico, entre outros. Suas gargalhadas foram ruidosas, mas eu creio que já faz algum tempo que eles estão a rir com o outro lado de suas faces. Hoje eu novamente serei um profeta: se os financistas internacionais judeus dentro e fora da Europa conseguirem empurrar as nações para mais uma guerra mundial, então o resultado não será a bolchevização da Terra, trazendo com ela a vitória dos judeus, mas sim a aniquilação da raça judaica na Europa![24]

Não havia muito que os Rothschilds tinham se tornado a família mais rica do mundo e a mais famosa das dinastias judaicas – famosa o suficiente para que um filme inteiro fosse feito sobre eles pelo Ministério da Propaganda de Joseph Goebbels. Mas o poder atribuído a eles pelos nazistas revelou-se realmente fraco. Na Alemanha (onde o banco há muito tinha cessado de manter uma filial), suas fundações foram arianizadas.[25] As propriedades de alguns membros da família ainda residentes na Alemanha foram expropriadas, inclusive a casa histórica na Bockenheimer Landstrasse que fora a primeira propriedade urbana comprada por um Rothschild, logo após a emancipação dos judeus mais de um século antes. Imediatamente depois da anexação da Áustria em 1938, Louis von Rothschild – o chefe da casa de Viena – foi preso e levado ao quartel-general no

Hotel Metropol. Homens da SS foram vistos saqueando peças de arte de sua residência palaciana quase que imediatamente depois da prisão.[26] A empresa de S. M. von Rothschild foi colocada sob administração estatal e mais tarde vendida ao banco alemão Merk, Finck & Co. Foi mais difícil tomar a enorme siderúrgica Witkowitz, fundada por Rothschild, pois estava em território tcheco e sua propriedade tinha sido transferida para a British Alliance Assurance, mas o obstáculo foi varrido depois da partição da Tchecoslováquia em 1939, que pôs as instalações sob controle direto alemão.[27] Quando as legiões de Hitler conquistavam os Estados europeus um a um, a falsa legalidade da expropriação em tempos de paz deu lugar ao saque descontrolado. Uma a uma, as coleções de arte Rothschild foram tomadas; um chatô depois do outro ocupado. Foi Alfred Rosenberg – proeminente teórico racial nazista – que tomou a iniciativa de encontrar e saquear as coleções, argumentando que os Rothschilds "são uma família judia inimiga e todas as suas maquinações para salvar suas posses não devem nos demover".[28] É verdade que apenas dois membros da família pereceram como resultado direto da política nazista de genocídio, mas isso foi porque a maioria deles tinha conseguido fugir para além do alcance do império nazista: para a Inglaterra, o Canadá, os Estados Unidos.

Depois de tudo o que fora escrito sobre a rede de poder judaica, as únicas redes que realmente importavam foram aquelas que permitiram a emigração, e estas eram frequentemente laços familiares. Os Rothschilds tinham muitos deles. Para as famílias de circunstâncias mais modestas, um único parente bem colocado poderia bastar. No caso do professor Louis Kissinger, de Fürth, foi a tia de sua esposa, que vivia no condado de Westchester, em Nova York, que deu a seus filhos Heinz (mais tarde Henry) e Walter uma chance de vida nos Estados Unidos; a alternativa teria sido a morte na Alemanha, que foi o caso de mais de uma dúzia de seus parentes que não queriam ou não conseguiram sair. Como a imigração para os Estados Unidos se dava por um sistema estritamente limitado de cotas, apenas aqueles judeus alemães com parentes que se responsabilizassem por eles financeiramente tinham boas chances de escapar.[29] Para famílias menos afortunadas, a única esperança de sobrevivência era o cuidado de estranhos – assim como o cuidado de amigos de amigos. De acordo com suas detalhadas memórias da vida na Berlim da guerra, Erna Segel e seus filhos buscaram a ajuda de vinte desconhecidos. Em três ocasiões, desconhecidos tomaram a iniciativa de oferecer assistência. Em contraste, de dezessete velhos conhecidos a quem a família recorreu, apenas três lhes deram abrigo por mais de uma noite. No entanto, os velhos conhecidos desempenharam o papel de intermediários, apresentando-os às pessoas dispostas a oferecer acomodação de longo prazo. Dos doze contatos que levaram à assistência de longo prazo, seis foram conseguidos por velhos conhecidos.[30] Desafortunadamente, o caso dos Segel foi excepcional. Menos de um em dez dos 214 mil judeus alemães ainda no Reich ao início da guerra sobreviveram. Muito mais típico foi o caso descrito por Hans Fallada em seu romance de 1947 *Jeder stirbt für sich allein* (*Todos morrem por si e sozinhos*), sobre um menino judeu que é protegido por um dos residentes de seu prédio residencial, um juiz antinazista, mas perseguido por uma família de ardentes nazistas cuja brutalidade chega a levá-lo ao suicídio.

 O romance de Fallada (seu último) traz penetrantes cenas reveladoras da vida sob o totalitarismo. O livro é baseado na história de Otto Hampel, um trabalhador apolítico e pouco sofisticado que buscou resistir ao regime nazista depois da morte de seu filho na França. Hampel calculava que, se ele deixasse cartões-postais denunciando o regime em certos edifícios e caixas postais em Berlim, o efeito seria de catalisar o descontentamento popular. Por mais de um ano, Hampel e sua esposa, Elise, escreveram centenas de tais cartões-postais, com simples mensagens como: "Mãe! O Führer matou meu filho. Mãe! O Führer vai matar seus filhos também, ele não vai cessar até que tenha trazido tristeza a todas as casas do mundo". Porém as pessoas que encontravam os cartões estavam tão amedrontadas que imediatamente os entregavam às autoridades, o que levou a Gestapo a encontrar e prender os autores. Os Hampel foram julgados na Corte do Povo e sentenciados à morte pelo odioso juiz nazista Roland Freisler.[31] Como escritor de quem o governo desconfiava mas que mesmo assim permaneceu na Alemanha por todo o período nazista, Fallada retrata de maneira inesquecível como o regime nazista isolava os indivíduos, fazendo muito perigosa a confiança, mesmo entre vizinhos, e tornando impossível a tentativa de Hampel de espalhar a oposição viralmente. O segredo do sucesso totalitário é, em outras palavras, deslegitimar, paralisar ou matar de uma vez quase todas as redes sociais fora das hierarquias institucionais do partido e do Estado, especialmente redes que aspiravam a ação política independente. *Morrer sozinho em Berlim,* o título da mais recente tradução de seu romance, elegantemente encapsula a atomização que tornou o Terceiro Reich tão resiliente, mesmo depois que ficou óbvio que Hitler levava a Alemanha para uma derrota catastrófica.

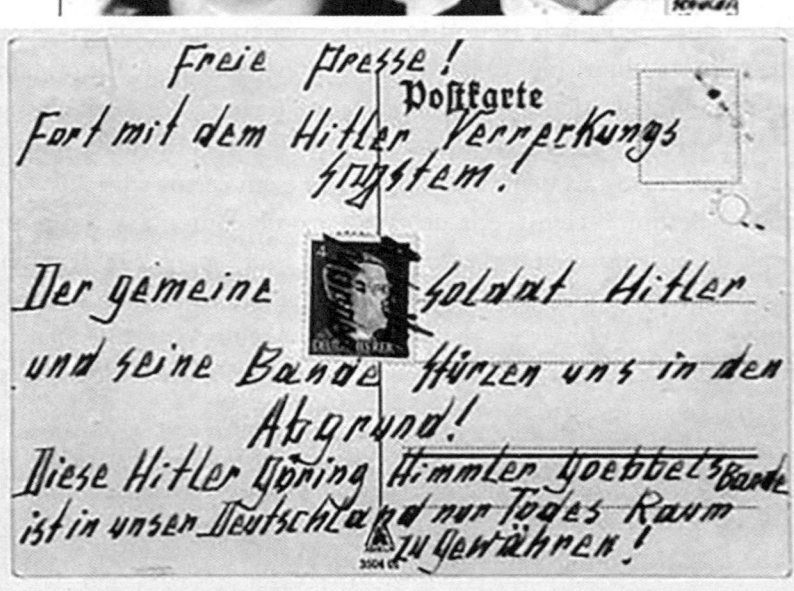

25. Sozinhos em Berlim: Otto Hampel e sua esposa, Elise, executados em 8 de abril de 1943 por "solapar o moral militar (*Wehrkraftzersetzung*) e por realizar "preparativos para alta traição". Seu crime foi escrever cartões-postais como este, no qual se lê: "Imprensa livre! Fora com o sistema de arruinamento! O soldado raso Hitler e sua gangue estão nos atirando no abismo. A única coisa que permite essa gangue Hitler Goering Himmler Goebbels em nossa Alemanha é o espaço mortal" (um trocadilho com o *Lebensraum* [espaço vital] nazista).

39
O Círculo dos Cinco

Tão repulsivos eram ambos os regimes totalitários – de Hitler e de Stálin – que é difícil imaginar por que uma pessoa vivendo em uma sociedade livre ficaria tentada a viver em um deles. Mas algumas pessoas ficaram. Ainda mais notável, algumas das mais exclusivas redes da Inglaterra se deixaram penetrar por agentes do fascismo e do comunismo. Como é notório, alguns setores da aristocracia britânica se deixaram atrair por Hitler e certamente favoreciam a política de apaziguá-lo em vez de confrontá-lo. De acordo com Duff Cooper, o duque de Westminster "falava duramente contra os judeus e [...] disse que afinal Hitler tinha entendido que éramos seus melhores amigos".¹ O marquês de Lothian, que havia se formado no "Jardim da Infância" sul-africano de lorde Milner, era outro aristocrata que simpatizava com o regime nazista, assim como o anglo-alemão conde de Athlone (que renunciara ao título alemão de príncipe de Teck durante a guerra), para não falar de Nancy Cunard, herdeira de companhia marítima, e das irmãs Mitford Unity e Diana, esta última tendo se casado com o líder fascista britânico Sir Oswald Mosley, em uma cerimônia privada no escritório de Goebbels.² Em fevereiro de 1935, Lothian afirmou aos leitores do *The Times* que Hitler tinha pessoalmente lhe assegurado que "a Alemanha quer é paridade, não a guerra; ela está absolutamente preparada para evitar a guerra". A preocupação de Hitler não estava na Europa Ocidental, de qualquer forma, mas na União Soviética. "Ele considera o comunismo essencialmente uma religião militante", explicou Lothian. Se um dia ele fosse "tentar repetir os triunfos militares do islamismo", seria a "Alemanha então considerada como um inimigo potencial ou como um bastião da Europa?³ A Universidade de Oxford – e especialmente a All Souls College – tinham uma boa quantidade de apaziguadores. Mas nada aconteceu lá que possa se comparar com o sombrio destino da mais exclusiva e iconoclasta rede de Cambridge, que seria infiltrada pela KGB.*

Na história das redes, poucos episódios são mais instrutivos do que o dos Espiões de Cambridge: os "Cinco Magníficos", como eram conhecidos pelos seus controladores no Centro Moscou, ou o "Homeintern", como fora apelidado por Maurice Bowra, deão de Wadham, em Oxford. Todos cinco pertenciam a uma rede que sentia orgulho de sua exclusividade. Mas essa rede de elite se deixou penetrar tão profundamente pela inteligência russa que por mais de uma década cinco de seus membros foram os agentes mais valiosos do serviço de inteligência soviético no exterior, passando inúmeros segredos – e agentes ocidentais – para Stálin.

Vimos no capítulo anterior como os membros da Sociedade *Conversazione* tinham se afastado dos valores vitorianos tanto sexual como politicamente depois de cerca de 1900. Ao tempo da Primeira Guerra Mundial, uma significativa proporção de Apóstolos concordava com a posição de E. M. Forster de que a amizade precede a lealdade ao Rei e à Pátria. Uma nova geração levou esse afastamento um passo além: da objeção consciente à traição. Anthony Blunt "nasceu" para a Sociedade em 1928. Ele, a seu turno, se tornou o mentor de Guy Burgess quatro anos depois. Ambos eram de Trinity. Ambos eram academicamente brilhantes. E ambos eram homossexuais. (Ainda que Burgess fosse tão extravagante quanto Blunt era discreto, alega-se que foram amantes por algum tempo.)[4] No entanto, o fato historicamente significativo sobre Blunt e Burgess era eles serem comunistas e por vontade própria oferecerem seus serviços a Stálin.

Certamente os Apóstolos não eram eles próprios comunistas, nem mesmo uma organização socialista. O marxismo existia por toda a universidade de Cambridge em 1930, em uma variedade de grupos estudantis explicitamente políticos – notadamente a Sociedade Socialista da Universidade de Cambridge, que tinha sido profundamente penetrada pelo Partido Comunista da Grã-Bretanha – e com o encorajamento de catedráticos marxistas como o

---

* A NKVD foi rebatizada NKGB em fevereiro de 1941, depois mudada novamente para NKVD em julho de 1941, e então revertida para NKGB em 1943. Depois da guerra, a agência foi sucessivamente batizada de MGB (1946), MVD (1953) e, finalmente, KGB (1954). Para evitar confusão, será referida nesta seção como KGB.

economista de Pembroke Maurice Dobb. Mas os Apóstolos eram mais do que meramente representantes do espírito do tempo. Dos 31 Apóstolos "nascidos" entre 1927 e 1939, nada menos que quinze eram marxistas, entre eles John Cornford, James Klugmann, Leo Long, Michael Straight e Alister Watson.[5] Os temas das conversas das noites de sábado refletiam essa politização: uma delas, proferida por Burgess em 28 de janeiro de 1933, foi: "Será o passado um tipo de sinalização?".[6] Burgess era um ativista sob vários aspectos. Como graduando, ele ajudou a organizar a greve dos empregados da cozinha de Trinity e outra de motoristas de ônibus em Cambridge. Os "Anjos" da geração anterior provavelmente estavam cientes do que se passava em sua sociedade antes tão apolítica. Se eles protestaram, nenhum registro restou.

Nem todos os espiões de Cambridge eram Apóstolos, é claro. Era o sonho de Burgess organizar um "Círculo dos Cinco", em imitação das células antinazistas que se dizia serem ativas na Alemanha de Hitler.[7] Os soviéticos sabiam muito bem que não bastava recrutar cinco agentes de uma única organização. Mesmo assim, estavam dispostos a recrutar na rede mais ampla à qual pertenciam Blunt e Burgess. Os agentes soviéticos Willi Münzenberg e Ernst Henri já tinham começado a "detectar talentos" em Cambridge no início da década de 1930, mas foi um agente chamado Arnold Deutsch* que realizou a visão de Burgess.[8] Deutsch (cujo codinome na KGB era OTTO) começou não com um Apóstolo mas com Kim Philby, um homem de Trinity, mas academicamente não de primeira. Nascido na Índia e batizado com o nome do maior livro de Kipling, *Kim*, Philby era filho de um funcionário do Serviço Civil da Índia que tinha se tornado conselheiro do rei Ibn Saud da Arábia Saudita, onde adotou hábitos locais e converteu-se ao islamismo. Talvez os soviéticos viram a possibilidade de uma nova conversão. Depois de Cambridge, por sugestão de Maurice Dobb, ele foi a Viena trabalhar para a Organização Internacional de Assistência dos Trabalhadores, apoiada pelos comunistas. Ali ele conheceu Litzi Friedmann e casou-se com ela, a primeira de suas quatro esposas. Friedmann o apresentou a Deutsch, que o recrutou e deu a ele o codinome SÖHNCHEN [Filhinho].[9] Philby então "nomeou" também seu amigo de

---

* Judeu tchecoslovaco que teve brilhante carreira acadêmica e conseguiu se estabelecer em Londres sem despertar suspeita por ser primo do fundador da rede de cinemas Odeon.

Cambridge Donald Maclean, que se tornou WAISE [Órfão]. Também na rede de Deutsch, que crescia rapidamente, o amigo de Maclean, James Klugmann (MER), ainda que não pudesse fazer muito o papel de espião como os outros, porque era muito conhecido como comunista. Burgess de alguma forma adivinhou que MacLean trabalhava para os soviéticos; de acordo com um relato, Deutsch teve que recrutar Burgess para mantê-lo calado. O insaciavelmente promíscuo Burgess recebeu o codinome MÄDCHEN [Garota].[10] Burgess então recrutou seu colega Apóstolo Blunt (batizado com o codinome nada surpreendente de TONY), que agora era professor em Trinity.[11] Blunt, a seu turno, recrutou Michael Straight (NIGEL), norte-americano que era também um Apóstolo e presidente eleito da União dos Estudantes da universidade.[12] Blunt também nomeou John Cairncross, graduando de Trinity de origem escocesa, que veio a ser MOLIÈRE (bizarra escolha, já que Cairncross tinha publicado artigos acadêmicos sobre o dramaturgo francês).[13]

Ainda outro recruta – mais ou menos simultaneamente dos Apóstolos e da KGB – era Leo Long, a quem Blunt supervisionava como subagente.[14] Finalmente, Alister Watson foi adicionado à folha de pagamento da KGB. O leitor atento terá notado que havia mais de cinco espiões de Cambridge. Havia pelo menos nove.

A estratégia de Deutsch era que todos os membros do "Círculo dos Cinco" deveriam renegar o marxismo e buscar posições dentro de instituições governamentais ou próximo a elas. Uma distinção notável no caso dos espiões de Cambridge foi quão prontamente suas negativas foram aceitas. Em 1937, Philby fingiu ser um simpatizante fascista cobrindo o lado nacionalista da Guerra Civil Espanhola, primeiro como *freelancer* e depois para o *The Times*.[15] Hoje sabemos que ele tinha sido enviado à Espanha como parte de um complô para assassinar Franco.[16] MacLean recebeu ordem de abandonar seus planos de escrever uma dissertação marxista e buscar um lugar no Home Office. Ele foi aceito em 1935, apesar de admitir que "não tinha se livrado inteiramente" de suas opiniões comunistas.[17] Cairncross tinha sido comunista desde seu tempo na Sorbonne, mesmo antes de ir para Cambridge. O *Foreign Office* [Ministério do Exterior] também o aceitou, sem objeções. Em 1934, Burgess tinha viajado de Berlim a Moscou, onde encontrara Osip Piatnitski, chefe do Departamento de Relações Internacionais da Internacional Comunista.[18] Porém, obedecendo a ordens de Deutsch, Burgess fingiu abrir mão do comunismo e abraçar o conservadorismo, buscando um trabalho no Escritório Central do Partido Conservador e acabando como assistente pessoal do parlamentar conservador John "Jack" Macnamara, que compartilhava suas preferências sexuais. Foi nessa posição que Burgess ajudou a recrutar Tom Wylie, secretário particular do subsecretário permanente da Guerra, Sir Herbert Cready.[19] A partir do final de 1936, Burgess era produtor das transmissões de atualidades da BBC; seu maior feito foi conseguir que o agente da KGB Ernest Henri falasse a favor da segunda frente aliada.[20] Em janeiro de 1939 Burgess entrou na Seção D (de "Destruição" ou, mais corretamente, "Truques Sujos") do Serviço Secreto de Inteligência (SIS, também conhecido como MI6), ainda que oficialmente estivesse lotado no Diretório da Divisão Exterior do Ministério da Informação.[21] Michael Straight recebeu ordem de deixar Cambridge e retornar aos Estados Unidos, fingindo luto pela morte de seu amigo e colega Apóstolo John Cornford na Guerra Civil Espanhola. Ele foi contratado como redator dos discursos do presidente Franklin D. Roosevelt e ocupou posições no Departamento do Interior e no Departamento de Estado dos Estados Unidos.

Por que agiram assim? A resposta ingênua seria dizer que eles eram todos homens de princípios, horrorizados com o fascismo, desiludidos com a política de apaziguamento, que viam em Stálin a única figura confiável para contrabalançar Hitler. Mas nenhum deles hesitou em 23 de agosto de 1939, quando o Pacto Ribbentrop-Molotov foi anunciado. (Apenas Goronwy Rees, galês que estudou em Oxford e que Burgess havia adicionado à lista de Deutsch, chegou à conclusão correta.) Ao contrário, os espiões de Cambridge foram especialmente ativos no período em que Hitler e Stálin estavam do mesmo lado – e, é claro, a Grã-Bretanha do outro. Depois de trabalhar como correspondente do *The Times* na França em 1940, Philby teve recusada sua tentativa de ingresso na Escola de Código e Criptografia de Bletchley Park, mas graças a Burgess lhe foi oferecido um trabalho na Seção D, o SIS. Quando a Seção D foi incorporada pela Executiva de Operações Especiais (SOE), Burgess foi demitido, mas Philby permaneceu como instrutor, e nessa posição continuou a suprir Moscou com avaliações da política do Reino Unido. Mais tarde ele foi transferido para a Seção V do SIS. Klugmann também estava na SOE (na seção iugoslava). John Cairncross estava em Bletchley Park. Tendo sido inicialmente rejeitado pelo Corpo de Inteligência por causa de suas inclinações comunistas de antes da guerra, Blunt ascendeu aos poucos dentro do MI5 (o Serviço de Segurança da Grã-Bretanha), graças ao apoio de seu amigo Victor Rothschild – também Apóstolo, além de homem de Trinity e membro da mais alta aristocracia – que aceitou a débil desculpa de Blunt de que tinha se interessado pelo marxismo apenas no que tocava a história da arte.[22] Blunt logo começou a contrabandear documentos do MI5, bem como da inteligência, acerca da ordem de batalha alemã, que ele recebia de Leo Long, agora trabalhando na seção MI14 do Gabinete da Guerra. Ao final de 1940 Blunt recrutou Burgess para o SIS, ainda que tivesse sido decidido que ele não seria agente do SIS.[23]

A escala da contribuição dos espiões de Cambridge para o esforço de guerra soviético foi enorme. Em 1941 Londres foi facilmente a residência mais produtiva da KGB, tendo suprido cerca de 9 mil documentos secretos. Entre 1941 e 1945, Blunt sozinho passou ao Centro Moscou 1.771 documentos.[24] No dia 26 de maio, onze dias antes da invasão aliada da Normandia, ele proveu aos soviéticos todo o plano de despiste pensado como parte da operação OVERLORD (Dia D), assim como (parece provável) as resenhas mensais de operações de inteligência britânicas contra o Eixo que Churchill recebia.[25] Philby (agora com o codinome STANLEY) também passava a seus superiores os "livros fonte" que listavam todos os agentes do SIS e buscou saciar a sede de Moscou por evidências de que Londres estava a negociar a paz em separado com os alemães.[26] Burgess contou aos russos detalhes das conversações entre Roosevelt e Churchill em Casablanca em janeiro de 1943, inclusive sua decisão de adiar a invasão da França até 1944, assim como passou informações sobre os planos dos Aliados para a Polônia no pós-guerra.

Nos seis primeiros meses de 1945 ele deu nada menos que 289 documentos "ultrassecretos" do Ministério do Exterior.[27] Depois do fim da guerra, com a eleição geral britânica, Burgess foi indicado assistente pessoal do jovem político trabalhista Hector McNeil, no Ministério do Exterior, uma posição que lhe deu acesso a material de nível ainda mais elevado, notadamente os papéis detalhando políticas preparadas para a Conferência de Moscou com os quatro aliados. Tudo isso foi entregue a seus superiores soviéticos. Tamanho foi o sucesso dos espiões de Cambridge – rica ironia – que seus mestres soviéticos deixaram de confiar neles, convencendo-se de que, em típica paranoia stalinista, toda a operação de Cambridge era uma brilhante operação dupla.[28]

Por que foi tão fácil para os soviéticos infiltrarem a inteligência britânica? A resposta simples é que houve uma falha crônica de contraespionagem. Como os espiões soviéticos sabiam muito bem, os procedimentos britânicos de verificação de pessoal do pré-guerra não eram adequados para detectar pessoas que propositadamente se distanciavam de formas externas de comunismo, como fez o Círculo dos Cinco. Havia um departamento de contraespionagem, a Seção V do SIS, mas, quando Victor Rothschild tentou envolver Anthony Blunt na Seção, o resultado foi pior do que não ter contraespionagem.[29] O idoso chefe do MI5, Sir Vernon Kell, insistia, mesmo em 1939, em que a atividade soviética no Reino Unido era "não existente, em termos tanto de inteligência como de subversão política".[30] Roger Hollis, mais tarde (1956-65) diretor-geral do MI05 –, era crítico do fracasso do SIS em monitorar a ameaça soviética, e com razão: em 1944 (inacreditavelmente) Philby conseguiu fazer-se chefe da nova Seção IX, dedicada à contraespionagem soviética e comunista.[31] Mas Hollis foi tão cego para os pecados de seu próprio serviço que por certo tempo ele foi suspeito de ser o "Quinto Homem" (como foi Rothschild). Mesmo em dezembro de 1946, o A4 – o departamento que vigiava o pessoal diplomático soviético – tinha apenas quinze agentes e nenhum carro.[32] Mesmo assim, como observou Philby mais tarde, ele e seus colegas traidores estavam protegidos também pelo "genuíno bloqueio mental que teimosamente criava a crença de que membros respeitados do Sistema não fariam uma coisa dessa".[33] De certo modo, era a rede mais ampla – a elite dos "*old boys*" das escolas e de Oxbridge – que tinha sido penetrada.

A partir de 1945 as evidências amontoaram-se, e acabaram por levar à exposição dos espiões de Cambridge. A defecção em Ottawa, em 1945, de Igor Gouzenko, um funcionário de criptografia da inteligência militar soviética, iniciou o processo de revelação. Ele contou que os soviéticos tinham infiltrado múltiplas instituições canadenses, chegando a obter amostras de urânio usadas nas bombas atômicas norte-americanas graças a Alan Nunn May, um físico que tinha sido contemporâneo de MacLean em Trinity Hall.[34] Na Seção IX do SIS, Philby estava em posição de manter a caçadora de espiões Jane Archer fora de seu rastro depois que ela foi transferida do MI5. Quando outro agente soviético – Konstantin Volkov, agente soviético em Istambul – tentou desertar, com a clara intenção de expor Burgess e MacLean, Philby interveio, providenciando para que Volkov fosse interceptado, raptado e enviado de volta a Moscou. Philby também contou a May que ele tinha sido desmascarado.[35] Ignorando essa sabotagem sistemática, o SIS promoveu Philby uma vez mais – desta vez para tornar-se o representante da agência no que era agora a cidade mais importante do mundo: Washington. Ainda mais bizarro, MacLean foi indicado chefe da mesa norte-americana no Ministério do Exterior. A promoção veio depois de ele ter sofrido um surto nervoso enquanto servia de conselheiro e chefe de chancelaria na embaixada no Cairo, onde MacLean e seu companheiro de bebida, Philip Toynbee, demoliram o apartamento de duas garotas que trabalhavam para a embaixada norte-americana, estraçalhando suas roupas de baixo em um frenesi embriagado. Ninguém em Londres tinha ideia de que o comportamento progressivamente errático de MacLean era resultado de intensa pressão, que se seguiu a duas tentativas frustradas de cortar seus laços com Moscou. Ninguém prestou atenção quando ele, bêbado, descreveu a si próprio como o "[Alger] Hiss inglês" – o espião comunista mais conhecido do Departamento de Estado norte-americano.[36]

Mas o caso de Burgess permanece o mais surpreendente. Mesmo que não tivesse sido espião soviético, suas bebedeiras, o uso de drogas e a indisciplina – sem mencionar suas farras sexuais desregradas – deveriam ter causado sua demissão. Ao invés disso, ele ganhava novos trabalhos: com o Departamento de Pesquisa de Informação do Ministério do Exterior em 1947, com o Departamento do Extremo Oriente e, então, em agosto de 1950, com a embaixada em Washington, como segundo-secretário. Foi por volta dessa data que um amigo de Burgess, Guy Liddell, o subdiretor-geral do MI5, afirmou confiante que ele "não era o tipo de pessoa que deliberadamente passaria informação a pessoal não autorizado". Na realidade, os Cinco estavam no auge de seu valor para os soviéticos quando estourou a Guerra da Coreia. Burgess estava vivendo com Philby em Washington e agindo como seu emissário para Valeri Makaiev em Nova York. De sua posição nas Divisões de Defesa do Tesouro, Cairncross enquanto isso fornecia a Moscou detalhes sobre o programa da bomba atômica britânica.[37] Philby teve a ousadia de propor a Liddell que ele poderia combinar o SIS e a representação da SS-MI5 em Washington.[38] Isso, no entanto, era uma jogada defensiva. Ele sabia que a rede estava lentamente se apertando. Além da nova inteligência propiciada pelos desertores, os norte-americanos estavam cuidadosamente extraindo mais e mais informação das mensagens de inteligência soviéticas interceptadas e decifradas por seu programa Venona. Percebendo que MacLean era o espião identificado como HOMER nos escritos decifrados, Philby avisou-o através de Burgess, que estava sendo enviado de volta a Londres depois de mais um episódio de indisciplina escandalosa. Burgess também informou Blunt.[39] Na meia-noite de sexta-feira, 25 de maio de 1951, numa operação de "exfiltração" comandada por Iuri Modin, o agente soviético do caso deles em Londres, Maclean e Burgess fugiram da casa de MacLean em Tatsfield até Southampton, onde embarcaram no iate *Falaise* para Saint-Malo – um serviço que não exigia passaporte –, prosseguindo de trem para Rennes, depois Paris e Berna, onde receberam passaportes falsos da embaixada soviética. Em Zurique os dois embarcaram em um avião rumo a Estocolmo via Praga, mas na capital tcheca mudaram de nomes e voaram a Moscou. Dois dos cinco pássaros voaram simplesmente porque o departamento do MI5 não tinha recursos para manter vigilância durante os finais de semana.[40]

O MI5 (sem mencionar o FBI e a CIA) tinha agora Philby na mira. Ele foi reconvocado de Washington (por insistência norte-americana) e oficialmente aposentado. Foi entrevistado, depois interrogado, mas se manteve firme e foi encorajado a isso por seus defensores no SIS. Em 1955, baseado em inteligência norte-americana, ele foi acusado no *Sunday News* de Nova York de ser o Terceiro Homem, e depois também no Parlamento. Ainda assim, foi protegido pelo governo de Anthony Eden, assim como por Nicholas Elliott dentro do MI6 e por James Angleton na CIA. Ousadamente, Philby promoveu uma entrevista coletiva à imprensa na sala de visitas de sua mãe, dizendo aos repórteres: "A última vez que falei com um comunista, sabendo que se tratava de um, foi em 1934".[41] Incrivelmente, seus ex-colegas no geral acreditaram nele a despeito de novas evidências circunstanciais do programa Venona de que Philby era o agente soviético STANLEY, bem como do testemunho do desertor da KGB Anatoli Golitsin e de Flora Solomon, que Philby tinha tentado recrutar para o lado soviético antes da guerra. Mesmo a segunda esposa de Philby, Aileen, agora suspeitava dele. (De acordo com um de seus amigos, ela deixou escapar em um jantar: "Eu sei que você é o Terceiro Homem!".) O alcoolismo dela e a crueldade mental dele levaram-na à morte em dezembro de 1957.[42] Mesmo assim permitiram que se mudasse para Beirute, onde trabalhou como jornalista e fonte informal do MI6. Sem pejo, ele agarrou a primeira oportunidade de trabalhar novamente para os soviéticos. Quando o

MI6 finalmente expôs Philby baseado em nova informação obtida em 1961-62, ele fez uma "confissão" a Elliott, afirmando que tinha cortado contato com os russos em 1946. Foi efetivamente permitido a Philby que escapasse para Moscou em janeiro de 1963.[43]

Talvez o maior mistério de todos acerca dos espiões de Cambridge – mais do que o fato de não terem sido detectados por tanto tempo – é que eles tinham poucas ilusões sobre o regime a que serviam. Em Moscou, Burgess continuou com seu comportamento usual, bebendo, fumando excessivamente e fazendo confusão, periodicamente gritando "eu detesto a Rússia" nos microfones escondidos em seu apartamento. Seu veredito sobre Moscou era que a cidade "parecia Glasgow em uma noite de sábado nos tempos vitorianos".[44] Philby escreveu suas memórias pró-soviéticas patrocinado pela KGB, teve um caso com Melinda Maclean, tentou o suicídio em 1970 e casou com uma russa, sua quarta esposa. Quando recebeu a Ordem de Lênin, ele a comparou com um título concedido pela rainha – "dos melhores"[45] –, mas se incomodava de nunca ter sido um simples "agente" na KGB. Burgess morreu em agosto de 1963, de complicações no fígado. MacLean também bebeu até a morte. O fígado de Philby de alguma forma aguentou até 1988. Os outros declinaram da possibilidade de fugir para o paraíso dos trabalhadores. "Eu sei perfeitamente bem como vive seu povo", Blunt disse a Modin depois que Burgess e MacLean fugiram, "e posso lhe assegurar que seria muito difícil, quase insuportável, para mim, fazer o mesmo".[46] Depois que Michael Straight admitiu que Blunt o tinha recrutado quando era da graduação em Trinity, Blunt fez sua confissão ao MI5 em 1964 – mas ele só foi publicamente desmascarado em novembro de 1979. (Em suas memórias, não publicadas até 2009, Blunt diz que se arrepende de ter trabalhado para a inteligência soviética, afirmando que fora "o maior erro de minha vida".) Finalmente, Cairncross foi exposto por documentos que Blunt não tinha removido do apartamento de Burgess, mas a evidência contra ele não era suficiente para a prisão, então foi discretamente aposentado e recebeu permissão para seguir carreira acadêmica nos Estados Unidos. Em 1964 ele confessou ao MI5 que tinha espionado para os soviéticos, mas não quis retornar ao Reino Unido, aceitando trabalhar na Organização Mundial das Nações Unidas para Agricultura e Alimentação em Roma. Em 1970 recebeu promessa de imunidade contra processo. Só em 1982 ele foi confirmado como o "Quinto Homem". E apenas em 1990 isso foi revelado ao público, depois de anos de especulações por vezes malucas incriminarem equivocadamente dez outros estudantes de Cambridge de conexões na inteligência, entre eles Hollis e Rothschild.⁴⁷ Assim, nenhum dos espiões de Cambridge foi julgado nem condenado, muito menos preso – ao contrário de George Blake, um espião soviético sem o tipo correto de conexões com o *establishment*, que foi sentenciado a 42 anos por seus crimes.

40
Breve encontro

"Apenas conecte" – ao contrário de "apenas deserte" – tinha sido um lema dos Apóstolos. Mas mesmo a mais breve conexão podia ser fatal, ou quase fatal, na União Soviética de Stálin, que os espiões de Cambridge tão lealmente serviram. Em uma noite de novembro em Leningrado, apenas meses após a guerra, o filósofo de Oxford Isaiah Berlin encontrou-se com a poetisa russa Anna Akhmatova. Para ambos, foi um encontro inesquecível, um tipo de comunhão intelectual e espiritual, tão sem conteúdo político quanto foi casto. Mas o encontro quase destruiu a vida de Akhmatova. Seria difícil encontrar uma ilustração mais perfeita do totalitarismo, o sistema hierárquico em sua forma mais acabada, do que isso. Dois intelectuais não podiam discutir literatura em um apartamento privado sem que Stálin pessoal e malignamente se interessasse pelo evento e usasse-o como evidência para justificar um incremento na perseguição.

Akhmatova havia muito vivia sob a nuvem da suspeição. Nascida com o nome de Anna Andreievna Gorenko, ela já era uma poetisa de renome antes da revolução. Seu primeiro marido, o escritor romântico nacionalista Nikolai Gumilev, tinha sido executado por atividades antissoviéticas em 1921.[1] A nuvem enegreceu depois da recepção de seu quarto livro de poesia, *Anno Domino MCMXXI*. Um crítico se referiu a ele como "contraditório" ou "imagem dupla" de sua heroína: "meio "prostituta" ardendo de paixão, meio "freira" capaz de orar a Deus e pedir perdão". Outro escreveu que toda a Rússia estava dividida entre os Maiakóvskis e as Akhmatovas, dando a entender que a condenava por ser uma conservadora contra o revolucionário Vladímir Maiakóvski.[2] Seu trabalho deixou de ser publicado depois de 1925.[3] Dez anos depois, seu filho, Liev Gumilev, e o terceiro marido, Nikolai Punin, foram ambos presos. Aconselhados por um amigo, o escritor Boris Pasternak, ela escreveu um apelo direto e desesperado a Stálin, implorando pela soltura "das duas únicas pessoas próximas de mim". Miraculosamente, Stálin atendeu a seu pedido, escrevendo em sua carta uma ordem para que fossem libertados.[4] Mas Gumilev foi preso novamente em março de 1938 e sentenciado a dez anos no campo de trabalhos forçados de Norilsk, no Ártico, o assentamento mais ao norte no mundo.[5] Apesar da breve reabilitação de Akhmatova em 1939, a reação à publicação de uma seleção de seus poemas (*De seis livros*, 1940) foi rápida: o chefe do Partido em Leningrado, Andrei Jdanov, ordenou o recolhimento do livro, condenando "a obscenidade de Akhmatova".[6] Foi durante esse período, entre 1935 e 1940, que a poetisa escreveu a maioria dos poemas de seu ciclo sobre o Terror, "Réquiem", em que evoca acerbamente a agonia dos milhões de pessoas que perderam seus entes queridos para a tirania sem coração de Stálin.[7]

Que houvesse uma forte conexão emocional entre Akhmatova e o brilhante jovem filósofo inglês não é surpreendente. Apesar de educado no St Paul's e no Corpus Christi College, em Oxford, Berlin tinha nascido em 1909 em Riga, em uma próspera família judia, e, como criança, havia testemunhado a Revolução Russa. No entanto, a família Berlin optou por deixar a União Soviética em 1920 e um ano depois veio a residir em Londres. Ainda que imerso na filosofia quando jovem acadêmico, ele nunca perdeu contato com suas raízes russas. Seus dotes linguísticos o levaram à posição temporária de primeiro-secretário da embaixada britânica em Moscou no verão de 1945. Foi em uma visita a Leningrado, acompanhado de Brenda Tripp, do Conselho Britânico, que Berlin conheceu Akhmatova em uma loja de livros usados de propriedade de Guenadi Rakhlin.[8] Em novembro de 1945 ela o convidou a seu apartamento em Fontanny Dom, no antes magnífico palácio dos Cheremetev, no Canal Fontanka. Este primeiro encontro foi interrompido depois de pouco. Mas Berlin fez uma segunda visita noturna no dia 20. Era depois da meia-noite, quando estavam sozinhos, que a conexão transformadora ocorreu. Ele contou dos antigos amigos perdidos que, como sua família, tinham fugido da revolução: o compositor Artur Lurié, o poeta Gueorgui Adamovitch, o mosaicista Boris Anrep, a bela socialite Salome Andronikova. Ela descreveu sua infância no mar Negro, seus casamentos, seu amor pelo poeta Osip Mandelstam (que morreu no Gulag em 1938), então recitou alguns cantos do *Don Juan* de Byron (em inglês ininteligível), seguidos de uma seleção de seus próprios poemas, incluindo o ainda inacabado "Poema sem um Herói" e "Réquiem", que ela leu de um manuscrito. Suas discussões literárias – sobre

Tchékhov, Tolstói, Dostoiévski, Kafka, Púchkin, Aleksandr Blok, Marina Tsvetaeva, Pasternak – entraram noite adentro até a manhã seguinte, deixando uma impressão indelével nos dois. Eles falaram sobre música também. Nada poderia ilustrar quanto o regime soviético tinha destruído as redes literárias e artísticas da Europa de antes da década de 1920 do que Akhmatova – como Pasternak, que Berlin também conheceu – não conhecer quase nada sobre o trabalho mais recente de escritores e artistas que ela tinha conhecido, e ainda menos sobre o trabalho de novatos. Ser poeta na Rússia de Stálin era estar isolado de redes. De sua parte, Berlin ficou impressionado com que Akhmatova ainda existisse: "Foi como se de repente eu tivesse sido convidado a conhecer a senhorita Christina Rossetti", ele escreveu mais tarde.⁹ Berlin foi apenas o segundo visitante estrangeiro desde a Primeira Guerra Mundial. Se ela tivesse deixado a Rússia antes da ascensão de Stálin, ela não estaria fora de lugar em Bloomsbury. Como confessou a Berlin, ela "se apaixonava com facilidade". Ela compartilhava com Bloomsbury um excessivo interesse nas "personalidades e atos dos outros [...] compostos de agudas percepções críticas sobre o centro moral tanto das personagens como das situações [...] a par de uma obstinação dogmática em atribuir motivos e intenções". Toda a sua vida, Berlin refletiu, era "de ininterrupta acusação da realidade russa". "Mas ela não deixaria a Rússia, ela estava pronta a morrer em seu país, não obstante os horrores à sua espera; ele nunca a abandonaria", mesmo que "Leningrado depois da guerra não fosse mais que um vasto cemitério, as covas de seus amigos: era como o momento após um incêndio em uma floresta – as poucas árvores chamuscadas faziam a desolação ainda mais desolada".

Os dois encontraram-se de novo, brevemente, em 5 de janeiro de 1946, antes que Berlin deixasse a Rússia. Ele não se surpreendeu totalmente quando ela lhe deu, inscrito em um volume de seu trabalho anterior, "o poema que veio depois a formar o segundo do ciclo intitulado *Cinque* [e que] em sua versão inicial tinha sido inspirado por nosso encontro anterior". O encontro tinha sido emocionante para ele também. Ele mais tarde escreveu que o encontro o "afetara profundamente e mudou minha visão de modo permanente". Ele a considerou autêntica, e sua poesia, "uma obra genial". Seu encontro tinha, ele mais tarde declarou, lhe devolvido sua "pátria". Pode bem ser que foi o estímulo que o desviou da filosofia e o direcionou para a história do pensamento político, onde ele produziu seu melhor trabalho em defesa da liberdade individual e contra o determinismo histórico. "Não foi um caso amoroso normal", como escreveram certos comentadores. "Não houve contato físico. Deve ter sido o encontro mais puro entre duas personalidades humanas jamais registrado. Duas mentes extraordinárias parecem ter por um momento juntas se engajado perfeitamente em incitar uma à outra a galgar as alturas do amor mútuo e da compreensão. De fato, pode tratar-se de um tipo de *ne plus ultra*, a tão platônica idéia da comunicação humana."[10] Como escreveu Pasternak a Berlin no ano seguinte, Akhmatova tinha desenvolvido um tipo de paixão com Berlin: "A cada três palavras dela, uma era sobre você". E tão dramática e misteriosamente! De noite, por exemplo, em um táxi, voltando de alguma recepção ou noitada, inspirada e cansada, e algo nas nuvens (ou inebriada), dizia em francês: *Notre ami* (esse é você) *a dit, ou a promis* etc. etc."[11] "Cinque" foi certamente inspirado em Berlin.[12] Alguns também acreditaram que ela viu em Berlin seu herói, que tinha estado tão notavelmente ausente em "Réquiem",[13] ainda que a "terceira e última dedicatória na obra-prima de Akhmatova – "Poema sem um herói" – possa não ter sido escrita apenas com Berlin em mente:

> Basta, eu me congelei no medo demasiadamente,
> Então agora convocarei a *Chacona* de Bach
> E com ela um homem para vir comigo
> Não é para que ele seja meu esposo,
> Mas o que juntos fizermos acontecer
> Vai perturbar o século XX.
> Eu o recebi por engano
> Como que tocada por um destino oculto
> E, com ele, o pior de tudo ficou mais próximo.
> Ao longo do Canal Fontanka ele caminhará,
> Chegando tarde pela noite e neblina,
> Ele beberá meu vinho para saudar o Ano-Novo.
> E ele se lembrará da Eva da Epifania,
> O ácer, os raios das velas de casamento,
> E o poema em sua fuga mortal.
> Mas não as primeiras lilases da primavera,
> Nem as doces preces dos amantes, nem ainda um anel –
> Será destino que ele me trará nessa noite.[14]

Como evoca a linha final, são essas as consequências para Akhtamova de seus encontros com seu "visitante do futuro". Pouco surpreendente, dado o seu passado e o status oficial de Berlin – tornado mais suspeito pela aparição inesperada e incongruente do filho do primeiro-ministro, o vulgar Randolph Churchill, na frente da casa de Akhmatova por ocasião da primeira visita de Berlin.[15] Stálin pode nunca ter dito as palavras "Então nossa freira tem recebido espiões britânicos", mas a suposição não seria desarrazoada no tenso clima do pós-guerra.[16] Dentro de dias, a polícia secreta atabalhoadamente tinha instalado microfones no teto da casa de Akhmatova. Eles forçaram uma mulher polonesa que estava traduzindo seu trabalho a dar detalhes sobre as visitas de Berlin.[17] O perigo aumentou mais ainda no mês de abril, quando Akhmatova aceitou um convite para uma leitura de poesia na Casa dos Sindicatos em Moscou. A recepção extática da audiência, repetida em Leningrado quatro meses depois, alarmou-a; e com razão.[18] A vigilância sobre ela e seus amigos intensificou-se. Stálin interveio mais uma vez, desta vez não para salvá-la mas para fazer crítica literária, observando como poderiam se contar os bons poemas de Akhmatova do pós-guerra "nos dedos de uma só mão".[19] Em 14 de agosto o Comitê Central passou uma resolução "nas revistas *Zvezda* e *Leningrad*" que atacava seus editores por publicar os trabalhos "ideologicamente danosos" de Akhmatova e do satirista Mikhail Zochtchenko. Ambos os autores foram violentamente denunciados em um encontro do sindicato dos escritores de Leningrado pelo antigo arqui-inimigo de Akhmatova, Jdanov, que tinha sido instado a agir por Gueorgui Aleksandrov, o chefe do Departamento de Propaganda e Agitação do Comitê Central, que tinha, por sua vez, sido levado a tomar a iniciativa por uma denúncia de um empregado de seu departamento.[20] Os termos do ataque de Jdanov eram reveladores:

> [O trabalho de Akhmatova] é a poesia de uma aristocrata mimada, vacilando, em frenesi, entre o *boudoir* e a capela [...] Seria difícil dizer se ela é uma freira ou uma mulher decaída; melhor dizer talvez que é um pouco dos dois, seus desejos e preces entrelaçados [...] Esse tom de solidão e desespero, que é estranho ao espírito da literatura soviética, percorre todo o trabalho de Akhmatova... O trabalho de Akhmatova é um tema do passado distante; é estranho à vida soviética e não pode ser tolerado nas páginas de nossas publicações [...] Esses trabalhos só podem semear pessimismo, desesperança, desânimo, um desejo de escapar dos problemas essenciais da vida e das atividades sociais para dentro de um mundo pequeno e estreito de experiências pessoais.[21]

Em um estado totalitário, mesmo experiências pessoais eram proibidas. Akhmatova foi publicamente humilhada, mas – para alívio de Berlin – não foi presa e sua modesta pensão e sua ração de alimento foram apenas temporariamente suspensas.[22] Porém nenhuma comunicação entre os dois seria mais possível. Portanto, Berlin não foi informado de que o filho dela, Liev – libertado do Gulag para lutar como artilheiro antiaéreo na "Grande Guerra Patriótica" –, tinha sido novamente preso em 1949 e sentenciado a mais dez anos em um campo no Cazaquistão. Nem teve notícia de que seu terceiro marido, Punin, fora preso mais uma vez e subsequentemente morrera no Gulag.* Em 1954, no pequeno degelo que sobreveio à morte de Stálin, um grupo de estudantes britânicos, entre eles o jovem Harry Shukman, a viu na Casa dos Escritores de Leningrado. Akhmatova acreditava que Berlin os tinha enviado, mas na realidade ele nada sabia da visita.[23] Quando o *New Republic* publicou um relato sensacionalista do encontro dele com Akhmatova, Berlin ficou furioso.[24] Ele teria ficado ainda mais irado se soubesse que seu autor, Micahel Straight, era um dos estudantes de Cambridge que Anthony Blunt tinha persuadido a espionar para os soviéticos. Três anos depois, em agosto de 1956, quando Berlin retornou à Rússia, Akhmatova disse a ele, através de Pasternak, que ela não desejava encontrá-lo caso seu filho – recentemente libertado – pudesse sofrer devido a isso, ainda que (um tanto ilogicamente) tenham se falado uma vez ao telefone. Não ajudava o fato de que Berlin tinha acabado de casar, o que claramente caiu como um golpe na inveteradamente romântica poetisa.[25] Sua visita a Oxford nove anos depois, onde ela recebeu um título honorário, foi cheio de *pathos*. Ela assegurou a Berlin que, por causa da raiva que causaram em Stálin, seu encontro tinha iniciado a Guerra Fria e assim transformado a história. Berlin, averso a confrontos, não discutiu com a já idosa e alquebrada senhora.[26] Para seu crédito, ele foi sempre fiel ao espírito original tanto do *Conversazione* quanto de Bloomsbury, apesar de nunca ter pertencido a nenhuma dessas redes, nem mesmo quando um abominável grupinho de seus contemporâneos de Cambridge traiu esse espírito.

---

* *Berlin tinha um tio, Leo, cidadão soviético, que também foi preso em 1952, acusado de pertencer a um círculo de espiões britânicos. Sob tortura, ele confessou ser espião britânico. Depois de um ano na cadeia, foi solto após a morte de Stálin, mas sofreu um ataque do coração logo depois de ver passar na rua um de seus torturadores.*

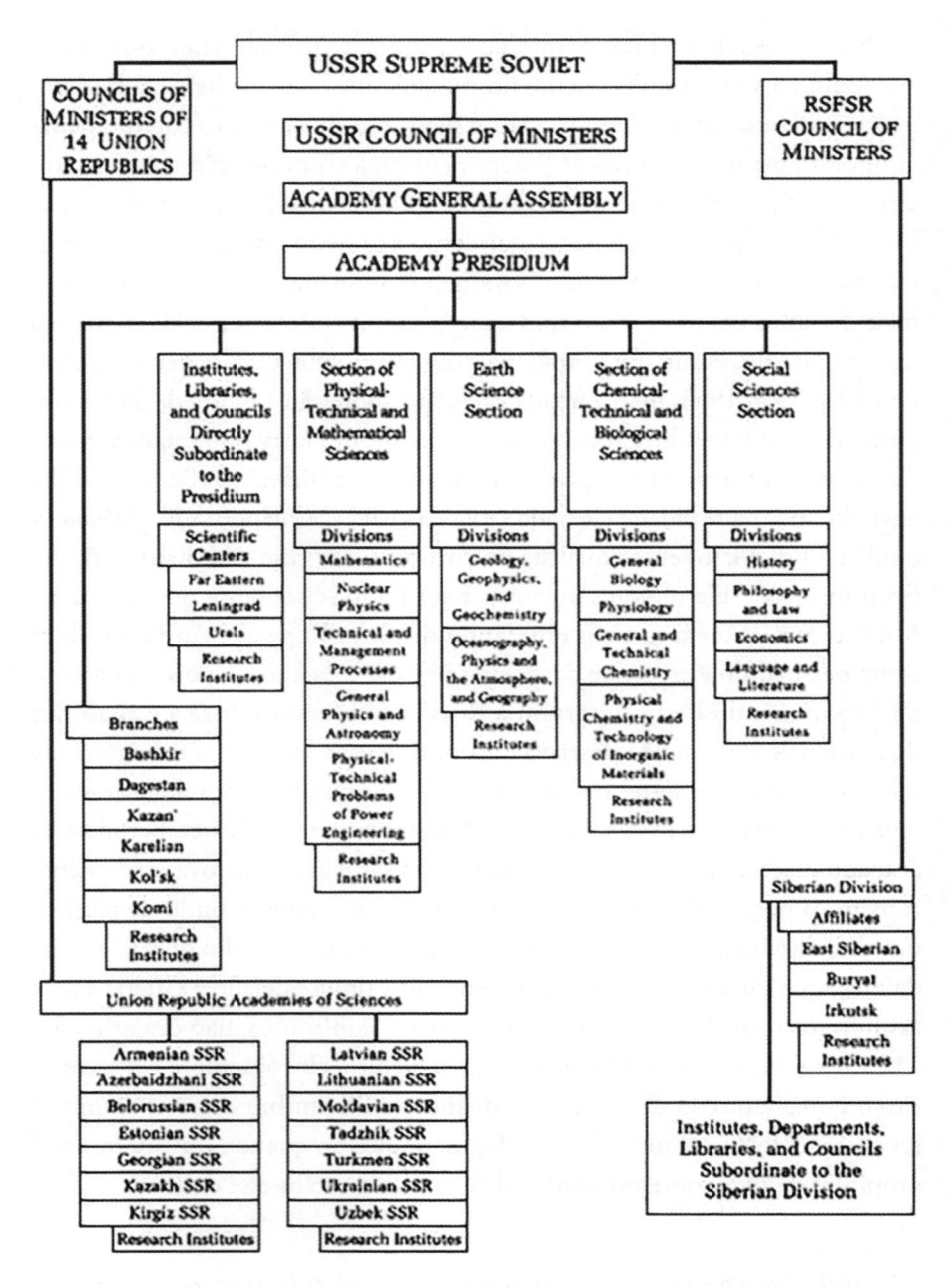

26. *A organização soviética da ciência sob Stálin ("Sistema de Pesquisa da Academia de Ciências das Repúblicas Soviéticas").*

41
Ella no reformatório

Os meados do século XX foram o zênite da hierarquia. Ainda que a Primeira Guerra Mundial tivesse acabado com o colapso de não menos que quatro grandes impérios dinásticos – o Romanov, o Habsburgo, o Hohenzollern e o Otomano –, eles foram substituídos com estonteante prontidão pelos novos e mais fortes "Estados impérios", que combinavam a extensão do império com a insistência na homogeneidade etnolinguística e na autocracia. As décadas de 1930 e 1940 não apenas testemunharam a emergência dos Estados mais centralizados e controladores de todos os tempos (a União Soviética de Stálin, o Terceiro Reich de Hitler e a República Popular de Mao Tsé-tung); em resposta à Depressão e ao avanço de outro conflito global, os maiores Estados democráticos se tornaram também mais centralizados em suas estruturas administrativas. Entre 1939 e 1945 o complexo de conflitos que chamamos de Segunda Guerra Mundial levou a uma mobilização sem precedentes de jovens. Por toda a superfície da Eurásia, da América do Norte e da Australásia, homens entre a adolescência e os 30 anos receberam instruções de apresentar-se para treinamento nas forças armadas. Mais de 110 milhões de pessoas, quase todas homens, serviram nas forças armadas dos países beligerantes. Ao final da guerra, um quarto da força de trabalho britânica estava em uniforme, bem como 18% da força de trabalho norte-americana e 16% da soviética. Enormes proporções desses vastos exércitos nunca retornaram para casa. O total de mortes militares na Segunda Guerra Mundial foi cerca de 30 milhões (a contagem de mortes civis foi ainda maior). Aproximadamente um em quatro militares alemães perdeu a vida; a mortalidade no Exército Vermelho foi quase tão alta. Assim, os flautistas da Europa lideraram uma geração de garotos para suas mortes.

Mas os exércitos eram apenas as maiores das pirâmides organizacionais de meados do século XX. As hierarquias predominavam nas esferas econômica, social e cultural. Eram os planejadores centrais que mandavam, seja trabalhando para governos ou para grandes negócios, seja com a missão de destruir ou de produzir. Nos Estados Unidos, a General Motors de Alfred Sloan definiu a corporação na "forma-M", que rapidamente passou a ser o padrão da organização empresarial por todo o mundo desenvolvido (ver figura 27).

No esteio da Segunda Guerra Mundial, o sistema internacional também foi reconfigurado hierarquicamente. Em teoria, todas as nações-Estado gozavam de igual representação nas Nações Unidas. Na prática, dois sistemas de alianças pesadamente armadas rapidamente emergiram, com os Estados Unidos e a União Soviética como membros dominantes. Tinham presença no Conselho de Segurança das Nações Unidas a seu lado três vencedores da guerra: Grã-Bretanha, China e (de modo pouco plausível, uma vez que tinha sido uma das primeiras conquistas das forças do Eixo) a França. Ainda que a Guerra Fria rapidamente viesse a fazer do Conselho de Segurança um lugar de impasse – "um quarto sem vista", como um diplomata venezuelano memoravelmente o descreveu – , em princípio o padrão de Viena tinha sido aplicado e uma nova pentarquia de grandes potências fora criada.

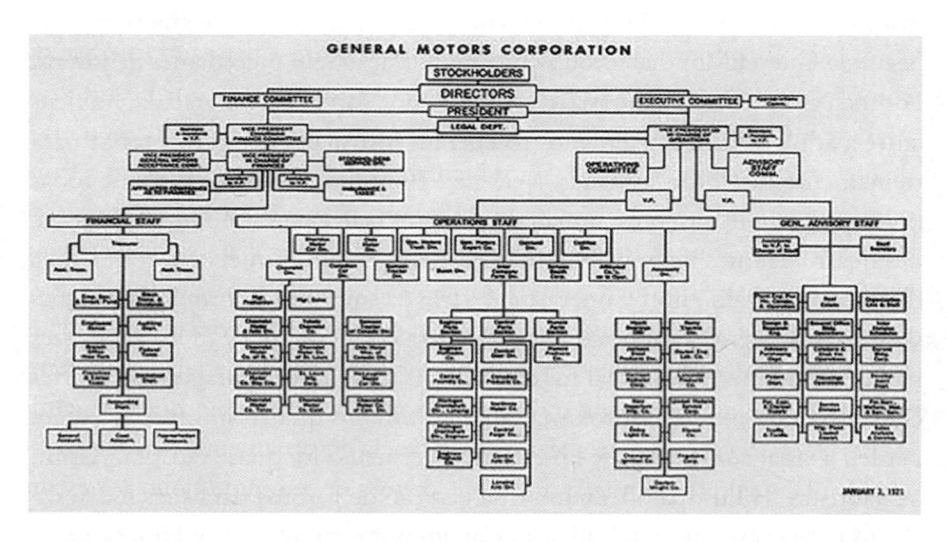

27. "Estudo de Organização" para a General Motors, de Alfred Sloan (1921).

Para os homens que lutaram nas guerras mundiais, era, sem dúvida, natural trazer para a vida civil pelo menos alguns dos modos de operação que tinham aprendido de uniforme. No entanto, a experiência de guerra convencional em massa não é explicação suficiente para as estruturas verticalmente dispostas [*top-down*] de tantas organizações do século XX. Havia também uma conjuntura tecnológica que favorecia o controle a partir de cima. O satirista vienense Karl Kraus tinha acertado: a tecnologia das comunicações de meados do século XX beneficiou pesadamente as hierarquias. Apesar do rádio e do telefone terem criado vastas novas redes, estas eram redes com estrutura radial [*hub and spoke*], relativamente fáceis de cortar, grampear ou controlar. Como a imprensa, o cinema e a televisão, o rádio não era uma tecnologia de rede real, porque geralmente envolvia comunicação unidirecional a partir do provedor de conteúdo para o ouvinte. Aqueles que usavam tecnologia sem fio eram geralmente vistos como excêntricos – *radio hams* –, e essa tecnologia nunca foi comercializada com sucesso. Com razão, Goebbels descreveu o rádio como "a arma espiritual de um Estado totalitário". Stálin poderia ter adicionado que o telefone era um presente de Deus para a realização das escutas.

É importante notar que essas tecnologias também se prestavam ao controle social em sociedades mais livres. Nos Estados Unidos – onde a telefonia transcontinental foi lançada em 25 de janeiro de 1915[1] – o sistema telefônico rapidamente caiu sob a autoridade de um monopólio nacional na forma da AT&T de Theodore Vail.[2] Ainda que o sistema norte-americano (conhecido como "sistema Bell", em homenagem ao inventor nascido em Edimburgo Alexander Graham Bell) tenha permanecido muito descentralizado em termos de uso (em 1935 menos que 1,5% das chamadas telefônicas cruzavam a fronteira entre estados), em termos de propriedade e de padronização tecnológica tratava-se de um único sistema.[3] "Competição", declarou Vail, "significa tensão, guerra industrial; significa contenção".[4] Sua visão de "um sistema de cabos universal para a transmissão de informação (comunicação escrita ou pessoal), de todos, em todos os lugares, para cada um, no lugar em que esteja, um sistema universal e tão extenso como o sistema ferroviário de um país, que se estende de porta a porta".[5] Vail estava aberto à vigilância governamental da rede já que era hostil a qualquer inovação que viesse de fora de seu monopólio.[6] A escuta telefônica – um problema simples em qualquer sistema circuito-disjuntor – começou na década de 1890 e foi julgada constitucional pela Suprema Corte no caso de Roy Olmstead, contrabandista que foi condenado com evidência coletada em um grampo. Precedentes existiam. O Serviço Postal Norte-Americano tinha sido autorizado a apreender material obsceno, que poderia, claro, apenas ser detectado abrindo correspondência privada. A inteligência militar norte-americana tinha chegado a um acordo com a Wertern Union para interceptar telegramas desde a década de 1920, ainda que, em 1929, o secretário de Estado, Henry L. Stimson, tenha se recusado a ler as mensagens telegráficas militares japonesas seguindo a antiquada noção de que, como afirmou, "Cavalheiros não leem a correspondência alheia". Pearl Harbour e tudo o mais que veio a seguir varreu tais escrúpulos para longe. A Agência de Segurança Nacional, estabelecida em 1952, conduziu uma varredura em larga escala do tráfego telegráfico norte-americano para capturar espiões soviéticos. Enquanto isso, o Birô Federal de Investigação (FBI) sob J. Edgar Hoover não conhecia limites no grampo de telefones. Em outubro de 1963, por exemplo, o procurador-geral, Robert F. Kennedy, autorizou que o FBI instalasse um grampo na casa e nas linhas do escritório do reverendo Martin Luther King Jr., num programa de vigilância que continuou até junho de 1966.[7]

O rádio não era tão centralizado, em parte graças à resistência de Herbert Hoover ao controle federal das ondas de rádio durante seu mandato como secretário do Comércio. O Ato do Rádio de 1927 dava à Comissão Federal do Rádio (FRC) o poder de dividir o espectro e de decidir quais postulantes receberiam licenças para irradiar estações em frequências específicas, níveis de energia, locações e horários.[8] Sete anos depois, a nova Comissão Federal de Comunicações tomou essa função para si. Dali por diante, as licenças seriam dadas por três anos de cada vez para aquelas companhias que pudessem persuadir a FRC de que sua estação serviria "a conveniência, interesse ou necessidade públicos", critérios que nunca tinham sido aplicados aos jornais. Como consequência, a liberdade de expressão foi severamente circunscrita pelos dois reguladores (por causa da importância da publicidade como fonte de renda) e por interesses comerciais.[9]

Ainda que muitos intelectuais temessem que os Estados Unidos estivessem desenvolvendo tendências totalitárias no início da Guerra Fria, havia, é claro, uma profunda diferença entre a vida norte-americana e a soviética. Cidadãos norte-americanos brancos gozavam da ampla gama de direitos civis e políticos garantidos pela Constituição e poderiam confrontar intrusões do governo nos tribunais se quisessem. Para muitos negros norte-americanos, no entanto, os benefícios da vida nos Estados Unidos da América comparados à vida na União Soviética eram menos evidentes, um ponto muito explorado, hipocritamente, pela propaganda soviética. Um corolário do conformismo social do fim da década de 1940 ao início da de 1960 era a discriminação racial institucionalizada. Então, como agora, afro-americanos estavam significativamente mais vulneráveis a enfrentar dificuldades no sistema penal. Em abril de 1933, o juiz do condado de Westchester, George W. Smyth, sentenciou uma menina "de cor" de 15 anos chamada Ella Fitzgerald a cumprir pena na Escola de Treinamento para Meninas de Nova York em Hudson, no estado de Nova York, pois ela era "ingovernável e não obedecia aos justos e legais comandos de sua mãe". Não era um lugar feliz. Quando Jacob Morno desenhou seus primeiros "sociogramas" em 1933, foi para ajudar a explicar uma onda de fugitivos da escola (veja a introdução deste livro). Na década de 1930, mesmo a teoria da rede servia o *panopticon**. Felizmente, Fitzgerald escapou para Manhattan e para a carreira estelar como cantora. Seus equivalentes na Rússia eram mais brutalmente tratados.

A sociedade norte-americana era famosa com justiça no século XIX pela riqueza de sua vida associativa. De fato, como vimos, Alexis de Tocqueville tinha visto isso como uma das fundações do sucesso do país como democracia. Mas a mesma facilidade com que redes sociais poderiam se formar nos Estados Unidos criou uma vulnerabilidade que foi impiedosamente explorada por redes estrangeiras importadas para o país durante o grande fluxo de imigrantes do sul da Itália que ocorreu ao final do século XIX e no início do século XX: a Máfia. O processo foi glamorizado no romance de Mario Puzo *O poderoso chefão* e os filmes nele baseados. A história não era de todo ficcional, certamente.** Havia as "Cinco Famílias" que controlavam a maior parte do jogo, agiotagem, esquemas de proteção e (durante a Lei

---

* Criado pelo teórico utilitarista inglês Jeremy Bentham no final do século XVIII, o *panopticon* foi uma prisão ou asilo onde todos os detentos podiam ser observados por um único vigia sem que estes pudessem saber se eram vigiados ou não.

** Após ver o filme, Sammy, "o Touro" Gravano, afirmou: "Eu saí do cinema estupefato [...] Eu flutuei para fora do local. Talvez fosse ficção, mas, para mim, então, era a nossa vida. Era incrível. Eu me lembro de ter falado com um monte de caras, e todos eles pensaram exatamente o mesmo."

Seca) bebida clandestina na área metropolitana de Nova York. Suas origens remontavam às comunidades de imigrantes do sul da Itália, como a Little Italy, no Lower East Side de Manhattan e no East Harlem. O personagem de ficção Vito Corleone foi baseado em parte em Frank Costello (nascido Francesco Castiglia), da família Luciano/Genovese, e em parte em Carlo Gambino, da família Gambino. O cantor Johnny Fontane era claramente Frank Sinatra. Os gângsteres judeus também foram baseados em gente real: o brutal operador de cassino Moe Greene, em Benjamin "Bugsy" Siegel, e o mais cerebral Hyman Roth, em Meyer Lansky. E Puzo não exagerou muito quanto à extensão da influência da Máfia nos Estados Unidos. Antes da Segunda Guerra Mundial, Lansky e Siegel tinham formado "A Comissão" com Salvatore "Lucky" Luciano em uma tentativa de impor algum tipo de governança central não apenas nas Cinco Famílias de Nova York mas também no crime organizado por todos os Estados Unidos. O reinado de Luciano tinha efetivamente acabado em 1936, quando foi preso e condenado pelo promotor (mais tarde governador) Thomas E. Dewey por operar uma rede de prostituição. Mas seu lugar foi logo tomado por Costello. Não há dúvida, também, de que em 1950 as várias famílias mafiosas estavam profundamente envolvidas em negócios legítimos – desde empresas de entretenimento a cassinos na Cuba pré-revolucionária – assim como em organizações trabalhistas e políticas. Por exemplo, a campanha de John F. Kennedy pode ter contado com ajuda da Máfia para derrotar Richard Nixon em 1960, e Kennedy certamente compartilhava uma amante, Judith Campbell Exner, com o gângster de Chicago Sam Giancana. Entre agosto de 1960 e abril de 1961, a CIA buscou assassinar Fidel Castro usando matadores da Máfia. (Não parece provável, porém, que a Máfia tenha sido responsável pelo assassinato de Kennedy, uma teoria da conspiração que tem provado ser bastante resistente tanto frente às investigações oficiais quanto ao estudo acadêmico. Piedosamente, Puzo resistiu à tentação de colocar o fato em seu romance).

Mas tem havido uma tendência a exagerar a sofisticação organizacional da Máfia, precisamente porque há muito pouca documentação confiável acerca de suas operações fora os testemunhos de uma minoria de *mafiosi* que violaram a *omertà* (algo como "hombridade"), o código do silêncio que proíbe aos iniciados, sob pena de morte, trair seus camaradas para as autoridades. Foi Joseph Valachi que revelou que os iniciados preferem falar não de Máfia, mas sim de *Cosa Nostra* – "a nossa coisa" –, quando testemunhou perante o Subcomitê Permanente do Senado sobre Ações Governamentais em 1963. Vinte e um anos depois o informante ítalo-brasileiro Tommaso Buscetta descreveu aos promotores a estrutura hierárquica de uma família mafiosa típica: no topo, o chefe (*capofamiglia* ou *rappresentante*), abaixo dele um *capo bastone* ou *sotto capo*, e, aconselhando o chefe, um ou mais conselheiros (*consiglieri*). As fileiras inferiores eram organizadas em grupos (*decina*) de mais ou menos dez "soldados" (*soldati, operai* ou *picciotti*), cada qual liderado por um *capodecina*. Testemunhando após sua prisão em 1996, Giovanni Brusca – o mafioso siciliano apelidado *Il Porco*, que tinha assassinado o promotor antimáfia Giovanni Falcone em 1992 – descreveu seu próprio rito de iniciação em 1976. Convidado para um "banquete" em uma casa de campo, ele foi confrontado com vários *mafiosi* sentados ao redor de uma mesa sobre a qual estavam dispostos um revólver, uma adaga e um pedaço de papel com a imagem de um santo. Depois que Brusca confirmou seu comprometimento com a vida criminosa, o mafioso mais velho furou seu dedo com uma agulha e ordenou que espalhasse o sangue sobre a figura do santo, que então foi queimada: "Se você trair a *Cosa Nostra*", disseram, "sua carne arderá como esse santo". Tais histórias são fascinantes, sem dúvida, mas quanto crédito elas merecem? Uma possibilidade é de que tais estruturas e rituais sejam na verdade de origem recente, se é que existiram mesmo.

Mafia foi originalmente uma cultura ou modo de vida que emergiu das peculiaridades da história siciliana. A palavra deriva do adjetivo *mafiusu* ("bravata" ou "arrogância"), cuja etimologia (talvez árabe, remanescente da dominação muçulmana) tem sido inconclusivamente debatida há tempos. A palavra ganhou foro corrente em 1865 por uma peça de teatro obscura, *I mafiusi di la Vicaria* ("Os mafiosos da Vicaria"), e foi usada oficialmente pela primeira vez pelo aristocrata toscano conde Filippo Gualterio dois anos depois. Mas o termo realmente preferido pelos sicilianos era "Sociedade Honorável" (*Onorata Società*). O historiador Diego Gambetta caracterizou essa sociedade como, em essência, um "cartel de firmas privadas de proteção".[10] Ela emergiu no final do século XIX, depois da integração da Sicília ao Reino da Itália – de fato um império piemontês – em um tempo em que quase não havia força policial e os proprietários de terra usavam exércitos privados para proteger suas terras e produzir. Isso então evoluiu para um sistema geral de fazer cumprir contratos, com o homicídio como sanção por quebra de acordos. "Sociedades" similares emergiram em outros lugares do sul da Itália: a *Camorra*, operando na região da Campânia, a *'Ndrangheta*, na Calábria, a *Sacra Corona Unita*, na Apúlia. A pobreza renitente dessas regiões demonstra que organizações como essas não são bases ótimas de ordem social. Mas chamá-las de "organizações" pode ser errôneo. Em suas *Lettere meridionali*, publicadas em meados da década de 1870, o historiador e político napolitano Pasquale Villari declarou: "A Máfia não tem estatutos escritos, não é uma sociedade secreta, quase nem é uma organização. É formada por geração espontânea".[11] Tão sutil era a Máfia na Sicília que foi relativamente fácil livrar-se dela durante o regime fascista quando Cesare Mori era o "'Prefeito de Ferro'" de Palermo (1925-29).[12]

Por vezes se afirmou que, depois da queda da Sicília para os Aliados no verão de 1943, o Governo Militar Aliado (AMG) de alguma forma conspirou com a Máfia para promover a restauração de seu antigo poder na ilha, com "'Lucky' Luciano desempenhando um papel de mediação. Tais afirmações carecem de fundamento. A realidade é que os oficiais aliados produziram avaliações extremamente agudas da cultura da criminalidade que encontraram, que reemergiu de onde quer que tivesse se ocultado durante o reinado de Mussolini. Em outubro de 1943, por exemplo, o vice-cônsul de Palermo, capitão W. E. Scotten, argumentou que a Máfia não era uma entidade centralmente organizada mas algo mais próximo de uma rede, ligada por um código de honra e segredo. "A Máfia não pode ser descrita como uma organização formal, com uma hierarquia reconhecida de líderes", escreveu Scotten:

> A organização que existe é mais horizontal do que vertical. Trata-se de uma associação de criminosos cujo elo comum é seu mútuo interesse em frustrar a interferência das autoridades. Trata-se de uma conspiração contra as forças da lei que toma forma essencialmente numa conspiração de silêncio conhecida como *omertà*, um código imposto sobre suas vítimas e sobre o público em geral, que assim são forçados a se tornar cúmplices involuntários. A Máfia, em certo sentido, mais do que uma associação, é também um sistema social, um modo de vida, uma profissão. Assim, a dificuldade, do ponto de vista da polícia, reside na natureza peculiar da Máfia. Se ela tivesse organização formal, a progressiva remoção de seus líderes a partir do topo causaria seu colapso.[13]

Enquanto as forças de ocupação lutavam para lidar com os imensos problemas administrativos de gerenciar uma Sicília pós-fascista e pós-guerra, oficiais como Scotten confrontaram uma dolorosa realidade: faltavam os recursos para se livrar dessa cultura estranha e violenta. De fato, em certa medida eles tinham que conviver com ela para restaurar algum tipo de ordem na ilha. O escritor britânico Norman Lewis formou impressões similares.[14] Essa foi a Máfia que operou nas cidades norte-americanas da década de 1920 até a década de 1960. Apesar da entusiástica cobertura jornalística sobre a "Assassinato S.A." [*Murder Inc.*], as famílias retratadas em *O poderoso chefão* estavam mais próximas de suas origens sicilianas, no sentido de que seus esquemas ilegais eram relativamente descentralizados. Não havia um *capo di tutti capi*. Tão logo as famílias tentaram alguma formalização de seu sistema, elas acabaram, como Scotten compreendera. A era retratada em *O poderoso chefão* figurava nesse sentido um tempo de *hubris*, quando o crime organizado tentou simultaneamente se tornar mais organizado e menos criminal. Quando o Ato das Organizações Corruptas e Influenciadas pelos Esquemas Ilegais (RICO Act) se tornou lei em 1970, a Máfia norte-americana foi demolida com surpreendente facilidade. No curso da década de 1980, 23 chefes de todo o país foram condenados, com treze subchefes e 43 capitães. A rede cometeu o erro fatal de se tornar a hierarquia retratada nos filmes.

Ao mesmo tempo que redes ilegais floresciam e penetravam a elite política norte-americana, redes perfeitamente legais eram objeto de assédio pelas autoridades. Quando os negros norte-americanos começaram sua campanha por direitos civis iguais, foram confrontados com níveis chocantes de opressão tanto legal quanto ilegal. O movimento dos direitos civis teve por origem as igrejas negras, as universidades negras e as filiais sulinas da Associação Para o Avanço das Pessoas de Cor, fundada em 1909.[15] Foi precisamente esse tipo de profundas raízes institucionais que tornou o movimento tão difícil de ser impedido: estas eram redes mantidas e renovadas a cada domingo. Como disse Martin Luther King, "Os momentos de convite nas manifestações de massa, quando pedíamos voluntários, eram muito parecidos com os momentos de convite que ocorrem todos os domingos de manhã nas igrejas negras, quando o pastor projeta a convocação aos presentes para que se juntem à igreja. Nas décadas de 1920, 30 e 40, as pessoas se apresentaram para juntar-se a nosso exército".[16] O grampo de seu telefone foi apenas uma minúscula parte da campanha para sabotar e derrotar o movimento dos direitos civis. Mas a campanha fracassou. Em contraste, os norte-americanos brancos desse período lutaram para organizar protestos, como ilustra o caso das manifestações do imposto sobre a propriedade de 1957 no condado de Los Angeles. Ainda que houvesse indignação ampla acerca dos impostos mais altos calculados para aquele ano, a campanha de oposição murchou porque os subúrbios de Los Angeles carecem do tipo de rede social e de liderança que emergiu nas igrejas negras do Sul.[17]

Os norte-americanos não tinham perdido a vontade de fazer redes, certamente. De fato, os meados do século testemunharam a emergência de uma das mais exitosas redes sociais na história norte-americana: a rede de autoajuda para alcoólatras, a Alcoólicos Anônimos. Fundada em Akron, em Ohio, em 1935, pelo corretor da Bolsa nova-iorquino William Wilson ("Bill W.") e por um médico de Akron, Robert Smith ("Dr .Bob"), a AA oferecia um caminho de doze passos de volta à sobriedade, mas sua força real estava nas redes terapêuticas de reuniões regulares, nas quais as experiências de dependência eram confessadas e compartilhadas.[18] Ainda que não tão significante intelectualmente como o encontro de Isaiah Berlin e Anna Akhmatova, o anterior encontro entre Wilson e Ebby Thacher, outro bêbado crônico, foi a primeira beira do que seria depois uma rede global.* "Meus pensamentos se aceleraram", lembrou Wilson, "quando antevia uma reação em cadeia entre os alcoólatras, cada qual levando esta mensagem e estes princípios para o seguinte".[19] Uma característica surpreendente da AA era e é seu caráter quase religioso e totalmente apolítico. (De fato era uma fração do Oxford Group, evangélico e cristão.) Se alguém tivesse informado J. Edgar Hoover de que o alcoolismo era de alguma forma ligado ao comunismo, os encontros da AA sem dúvida seriam rapidamente colocados sob vigilância. Na realidade, os grupos mais antigos de AA tendiam a excluir pessoas que – além do alcoolismo – não fossem socialmente respeitáveis, incluindo (como Wilson ironicamente colocou) "mendigos, vagabundos, asilados, prisioneiros, gays, loucos de pedra e mulheres decaídas". Foi apenas em 1949 que a organização resolveu admitir qualquer pessoa, a despeito de quaisquer outros fatores, desde que professasse o "desejo de parar de beber".[20]

---

* Hoje, há aproximadamente 115 mil grupos de AA registrados, somando mais de 2 milhões de membros em 150 países.

As patologias dos Estados totalitários, como as tendências autoritárias muito mais tênues que se desenvolveram nas democracias na mesma época, foram certamente um incentivo ao uso do álcool. Não eram apenas os espiões de Cambridge que bebiam como peixes. Preso dentro de uma hierarquia intolerante de cadeias de comando, temeroso de juntar-se a redes sociais que pudessem ser consideradas subversivas, o homem médio de meados do século buscou alívio nas garrafas. Na Rússia soviética a droga escolhida era a vodca. Na Alemanha nazista, onde a produção de álcool era sacrificada pelo rearmamento, drogas mais exóticas eram favorecidas, como o Pervitin (metanfetamina) e o Eudokal (um derivativo da morfina).[21] Nos Estados Unidos depois da Lei Seca, destilados eram consumidos em quantidades que hoje parecem surpreendentes. As gerações das guerras mundiais também fumaram tabaco com frequência suicida. Não obstante, os confortos obtidos por esses estimulantes eram fugidios. No livro *Admirável mundo novo*, de Aldous Huxley (1932), até os narcóticos são controlados pelo Estado Fordista Mundial, juntamente com todo o resto, da eugenia até a eutanásia; o destino do não conformista Bernard Marx é o banimento. No livro *1984*, de Orwell (1949), não há a mínima possibilidade de que Wilson Smith obtenha êxito em desafiar o domínio do Grande Irmão; seu destino é ser torturado e sofrer lavagem cerebral. Um notável número de heróis literários de meados do século foram esmagados, desde John Yossarian, personagem de Joseph Heller, até Ivan Denissovitch, de Alexander Soljenitsin, e Alec Leamas, de John le Carré – memoravelmente interpretado pelo ator alcoólatra Richard Burton. De maneira adequada, o que tinha começado como uma onda de pragas ideológicas artificiais terminou com uma pandemia de disfunções de pulmão e fígado.

VII
Possua a selva

42
A longa paz

Os impérios grandes e hierarquicamente organizados que travaram a Guerra Fria deixaram pouco espaço para a formação de redes dentro do conjunto de seus cidadãos, a não ser que estas fossem totalmente apolíticas. No entanto, quanto mais longe da metrópole imperial se viajava, menor se tornava o controle do planejador central. A Terceira Guerra Mundial não foi travada com mísseis nucleares na estratosfera, mas com armas semiautomáticas nas selvas do que se tornou conhecido como o Terceiro Mundo. Aqui, longe do alcance de qualquer rede ferroviária, rodoviária, telegráfica ou telefônica, as superpotências estavam privadas do comando, controle e comunicações das quais dependiam. A exposição de suas limitações em países distantes e empobrecidos trabalhou dialeticamente para produzir a crise de suas próprias estruturas políticas. As décadas de 1970 e 1980 testemunharam a ressurgência das redes e o colapso das hierarquias, culminando na rápida desintegração da União Soviética e seu império no Leste Europeu. O fato de que nesse mesmo período se deu o nascimento da internet pode fazer emergir uma tentadora possibilidade: a tecnologia ter novamente alterado o equilíbrio do poder, desta vez em detrimento do Estado totalitário e de suas crias autoritárias. Como veremos, no entanto, o processo histórico não é tão elegante. Mais do que ser a causa da crise da segunda metade do século XX, a internet parece ter sido consequência do colapso do poder hierárquico.

Historiadores da Guerra Fria há muito debatem sobre o porquê de ela ter permanecido fria – por que, em outras palavras, os Estados Unidos e a União Soviética não entraram em guerra como o Reino Unido e o Reich alemão já tinham feito por duas vezes. A resposta comum é que, com o advento das armas nucleares, os riscos da aposta tinham aumentado tanto que os estadistas em Washington e Moscou ficaram mais cuidadosos com as possíveis consequências do que seus colegas em Londres e Berlim de 1914 e 1939. Outra abordagem seria argumentar que as redes se tornaram mais estáveis do que nunca depois de 1945. Ambas as superpotências construíram redes amplas, densas e relativamente estáveis que combinavam compromissos de defesa mútuos com integração comercial.

Entre 1816 e 1950, o número de alianças por país tinha sido em média de pouco mais de 2,5. Em contraste, no período de 1951 até 2003 a média foi mais do que quatro vezes maior (10,5).[1] Um outro estudo aponta na direção do crescimento do comércio reduzindo o conflito.[2] De maneira interessante, o crescimento de alianças de segurança para fins estratégicos parece ter prefigurado o crescimento do comércio dentro delas.[3] Tais efeitos de rede, sem dúvida, desempenharam algum papel. Porém a característica definidora de quase todos os acordos – militares e econômicos – na Guerra Fria era sua estrutura hierárquica. Mesmo se as grandes potências do Conselho de Segurança não pudessem entrar em acordo, outros agrupamentos de poder eram possíveis: os seis signatários originais do Tratado de Roma de 1957, por exemplo, ou os membros originais do "Grupo dos Sete", que começaram em 1974 como um encontro informal dos agentes das finanças das cinco maiores economias do mundo: Estados Unidos, Reino Unido, Alemanha Ocidental, Japão e França.

Mas a ideia de que a Guerra Fria foi uma "longa paz" só faz sentido se confinarmos nossa atenção a tais países desenvolvidos. Se considerarmos o mundo como um todo, o período entre a década de 1950 e a de 1980 não foi de nenhuma forma pacífico na África, na Ásia e na América Latina. Guerras civis foram endêmicas nessas regiões do mundo, e muito frequentemente elas escalaram precisamente porque os grupos em guerra recebiam assistência militar de superpotências e, assim, agiam como seus agentes.[4] A Guerra Fria foi também um tempo de revoluções e golpes, quando os impérios europeus de além-mar se desintegravam. Foi a percepção de que tais crises políticas eram contagiosas que fez surgir a ideia do "efeito dominó".[5] Como colocou o presidente Dwight Eisenhower, depois da derrota francesa em Dien Bien Phu diante do Vietminh na Indochina: "Você tem uma fileira de peças de dominó. Você derruba a primeira... O que vai acontecer com a última é que certamente será muito rapidamente derrubada". Se as alianças da Guerra Fria criaram redes do tipo radiais (*hub and spoke*), o efeito dominó ameaçava de contágio os outros nódulos mais exteriores dessas redes. Prevenir a queda de peças de dominó demandava um tipo particular de habilidades militares que veio a se chamar "contrainsurgência", mas talvez seja mais vivamente descrito com a denominação de uma de suas antecessoras: "guerra na selva".

43
O general

Em seu romance *O general* (1936), C. S. Forester pintou um retrato repelente do arquetípico general britânico da geração da Primeira Guerra Mundial – a personificação da era da rígida hierarquia dos meados do século XX. Sua personalidade era:

> notável [até mesmo] na seleção de seus subordinados, e através destes aqueles vinham abaixo na hierarquia. Os homens que buscava eram aqueles sem medo de assumir responsabilidades, homens de energia inesgotável e com vontade de ferro, em quem se podia confiar para que executassem sua parte do plano de batalha até onde permitissem a carne e o sangue – de seus homens e deles próprios. Homens sem imaginação eram necessários para executar uma política militar sem imaginação, desenhada por homens sem imaginação. Qualquer coisa que aparentasse ser excêntrica ou original era suspeita, tendo em vista o plano de campanha. Todo general desejava que seus subordinados fossem oficiais que obedecessem meticulosamente às ordens, sem hesitação, frente às dificuldades ou perdas ou temor do futuro; todo general sabia o que era esperado dele mesmo (e aprovava isso) e tinha o cuidado de ter sob seu comando generais de quem poderia esperar o mesmo. Quando a força bruta tinha que ser sistematicamente aplicada, somente homens que pudessem se encaixar no sistema sem salvaguardas eram procurados.[1]

Seria difícil encontrar uma descrição mais exata de um regime hierárquico do que isso. Na década de 1940, no entanto, o Exército britânico tinha aprendido através de amarga experiência que um tipo de liderança diferente, mais dinâmica, era necessária. No curso de duas guerras mundiais, constatou-se que a excepcional eficácia do Exército alemão dependia não da rígida implementação de planos de batalha mas sim da descentralização na tomada de decisão e da flexibilidade dentro da névoa da guerra.² Em 1940, por exemplo, os tanques *Panzer* alemães, percorrendo livremente o território, exploraram as comunicações sem fio e a rede rodoviária francesa para penetrar profundamente atrás das linhas inimigas, que então entraram em colapso confusamente. Quanto mais inacessível o campo de batalha, mais importante era que oficiais (inclusive os suboficiais) estivessem livres dos constrangimentos do comando e do controle centralizados. Nenhuma campanha tornou isso mais obviamente claro do que as realizadas contra os japoneses na Ásia. Na Batalha da Birmânia, um novo tipo de general tinha emergido – a total antítese da personagem de Forester, o Blimp com sua vontade de ferro*. Na selva, "excentricidade e originalidade" eram valiosas.

 Nascido em 1912, filho de um plantador de chá, Walter Colyear Walker era jovem demais para ter testemunhado o massacre do Somme e de Ypres. Por toda a sua vida, Walker foi brigão ao máximo. Na escola, na Inglaterra, ele era da opinião de que o *bullying* era mais bem confrontado com "uma esquerda direto no nariz ou um golpe na mandíbula". Na escola militar de Sandhurst ele se irritava com as paradas e as marchas, ansiando por disparar seu rifle em vez de apenas limpá-lo. Como oficial no 1/8 Gurkhas, ele serviu com distinção em operações contra o faquir de Ipi**, no Vaziristão, onde se tornou um perito em técnicas de emboscada. Em 1944, Walker ganhou o comando dos 4/8 Gurkhas, que – depois de dois meses de retreinamento – ele transformou em uma formidável força de combate, ganhando por isso a medalha *Distinguished Service Order* (DSO). Os britânicos estavam aprendendo um novo tipo de guerra. "A experiência demonstra", lê-se no manual chamado *Livro da floresta*, de 1943, "que o comando deve ser descentralizado de modo que os líderes menos graduados sejam confrontados com situações em que precisem tomar decisões e agir sem demora sob sua própria responsabilidade...".³ Essa era a

---

* O Coronel Blimp era um personagem de um cartum satírico das posições reacionárias do *establishment* britânico das décadas de 1930 e 1940, como o isolacionismo, a impaciência com demandas populares e o baixo entusiasmo pela democracia. [N.T.]

** O faquir de Ipi, conhecido por seus seguidores como "Haji Sahib" (Respeitado Peregrino), declarou uma *jihad* contra os britânicos depois que um juiz colonial decidiu contra o casamento de uma moça menor de idade cuja família afirmou que ela havia sido raptada e convertida ao islamismo à força. O faquir obteve êxito em unir as tribos muçulmanas do Vaziristão em uma prolongada campanha de violência contra o domínio britânico.

palavra sagrada de Walker. Depois da guerra, como oficial do Estado-Maior em Kuala Lumpur, recebeu a incumbência de treinar o que se tornou conhecido como "Força Furão",* uma mistura de tropas britânicas, *gurkhas*, chinesas e de indígenas *dyaks*. Em 1948-49, quando os terroristas comunistas forçaram um estado de emergência na península Malaia, Walker comandou o Centro de Treinamento das Forças Terrestres do Extremo Oriente, estabelecendo o que mais tarde se tornou a Escola de Guerra na Selva, em Kota Tinggi.[4] A doutrina que emergiu da escola foi concretizada no texto *A conduta das operações antiterroristas na Federação Malaia*, que efetivamente se tornou o manual de contrainsurgência britânico.[5] A ideia central era que o objetivo principal da ação militar seria o de assegurar que "os ataques da guerrilha não perturbassem o processo de governo político legítimo".[6] O que isso significa na prática é a impiedosa extirpação dos comunistas obtida pela coleta coordenada de inteligência (por forças tanto militares quanto policiais), pequenas patrulhas agressivas e emboscadas meticulosamente planejadas.[7] Em 1958 Walker era responsável pela Operação Tigre, na qual a Brigada Gurkha 99 eliminou os últimos comunistas operando no estado de Johore. "Meu homem da contraespionagem", Walker declarou mais tarde, "tinha-me garantido que os TCs [terroristas comunistas] viriam, e, depois de 28 dias, eles de fato vieram e foram mortos no pântano". Homens que podiam esperar deitados pacientemente no calor escaldante por mais de quatro semanas eram preciosíssimos, aos olhos de Walker. Ele ficou furioso quando foi informado de um plano em curso em Londres que diminuía o contingente dos *gurkhas*, de sua força original de mais de 10 mil para 4 mil.[8] "A Federação Malaia é o último bastião contra o comunismo nesta parte do mundo", argumentou, usando a analogia do dominó: "Se a Federação Malaia cair, a situação do Sudeste da Ásia será irrecuperável".[9]

Foi nas densas selvas de Bornéu – a terceira maior ilha do mundo – que Walker pôde provar sua assertiva. Sem ferrovias, quase sem estradas, e com muito poucos campos de pouso, Bornéu foi um lugar onde a tomada de decisão descentralizada era a única forma possível. Tendo sido um tanto arbitrariamente dividida entre os impérios britânico e holandês, a ilha tinha uma grande fronteira interna entre os territórios britânicos de Sarawak, Brunei e Bornéu

---

* O furão (*ferret*) é um mamífero carnívoro ágil e rápido, alerta dia e noite, da mesma família do texugo e da marmota. [N.T.]

do Norte e o Bornéu Indonésio (previamente Holandês), conhecido como Kalimantan. O plano britânico para uma saída elegante era fundir Sarawak, Brunei e Bornéu do Norte com a Federação Malaia e Cingapura para assim formar a Confederação da Malásia. Antes que isso ocorresse, no entanto, explodiu uma revolta em Brunei apoiada pela Indonésia contra a fusão planejada, e, em abril de 1963, iniciou-se o que veio a ser conhecido como *Konfrontasi* ("Confronto"), quando tropas atravessaram a fronteira em direção ao leste de Sarawak e destruíram uma delegacia de polícia em Tebedu, perto de Kuching.

O presidente Sukarno, da Indonésia, sonhava construir uma Grande Indonésia incluindo toda a ilha de Bornéu. A tarefa de Walter Walker, como comandante (e depois diretor de operações) das forças britânicas em Bornéu, era desfazer esse sonho com o mínimo de custo. Ao deslocar-se para seu novo comando, Walker escreveu uma diretiva baseada em sua experiência da Emergência Malaia, explanando o que chamou de "Seis Ingredientes para o Sucesso":

> operações unificadas; informação exata e a tempo, o que significa uma máquina de inteligência de primeira classe; velocidade, mobilidade e flexibilidade; segurança de nossas bases, onde quer que estejam ou venham a estar (campos de pouso, base das patrulhas etc.) [...] domínio da selva [e] [...] ganhar os corações e mentes do povo, especialmente da população indígena.[10]

28. O general Sir Walter Walker, herói do *Konfrontasi* em Bornéu, pioneiro da contrainsurgência. Sua máxima era: "Possua a selva".

Esse era um manifesto para a guerra em rede – a antítese do antigo modo de operação hierárquico do Exército britânico. Uma das palavras favoritas de Walker era "conjunticidade" [*Jointmanship*]. Uma lição-chave que aprendera na península Malaia foi a importância da "unidade – entre as próprias forças armadas, entre as forças armadas e a polícia, e entre as forças de segurança como um todo" e da "administração civil em todos os níveis".[11] Os quartéis-generais do Exército, da Força Aérea e da Marinha foram agrupados e induzidos a trabalhar em conjunto com as autoridades civis e a polícia.[12] Walker fazia uma analogia do novo comando com "um triunvirato – civil, policial, soldadesca –, todos sob a direção única de um diretor de operações militar", cuja tarefa era "assegurar que o sistema operasse como dois pares de tesouras, nenhuma subordinada à outra, mas as duas operando o sucesso uma da outra".[13] As comunicações foram também integradas da maneira que a tecnologia do rádio da época permitia.[14]

No nível prático, a ênfase de Walker foi na "completa mobilidade e flexibilidade".[15] Em áreas avançadas, pelo menos dois terços da guarnição estavam "sempre lá fora em algum papel ofensivo, dominando a selva e emboscando trilhas dia e noite, de modo que o inimigo nunca soubesse onde estávamos e sempre corresse o risco de ser contatado e sofrer ataque". A chave, como memoravelmente escreveu, era ser dono da selva:

> Não se obtém resultados meramente atacando e atirando no inimigo para então retornar à base. Ele tem que ser engajado em seu próprio jogo, vivendo na selva por semanas a fio, ganhando os corações e as mentes das pessoas e plantando nossos próprios agentes nas vilas sabidamente hostis. Sob tais condições, sua base deve ser carregada nas suas costas, e essa base consiste em uma folha de plástico ultraleve, uma porção de arroz e um bolso cheio de munição. A selva tem que pertencer a você; você precisa possuí-la; você precisa controlá-la e dominá-la.[16]

Três inovações especialmente eficientes de Walker foram o uso de batedores de fronteira, de forças especiais e de helicópteros. Os homens das áreas de fronteira foram cruciais. Nas palavras de J. P. Cross, o oficial encarregado de seu treinamento: "Se os povos da fronteira puderem ser persuadidos a lutar, sentindo que estão tomando parte ativa e positiva em sua própria defesa, e que o governo os apoia, o confronto provavelmente falhará. Os batedores de fronteiras foram, portanto, essenciais para a vitória".[17] A visão de Walker era de que "os batedores caminhavam a esmo como uma tela, em linha, sendo os olhos e ouvidos das forças convencionais, com um ferrão. Isso permitiu a eles que se fundissem com a paisagem, quando tiravam suas botas de selva que lhes davam status e caminhavam sem seus rifles, que faziam bem ao seu moral, de modo que eles pareciam ser agricultores, pescadores, negociantes, madeireiros etc.". Cross treinou seus homens não apenas para que se misturassem aos locais, mas também para memorizar qualquer traço de atividade hostil que encontrassem e para rastrear o inimigo "usando táticas de pânico contra ele, sumindo na selva, seguindo-o e capturando retardatários, deixando sinais de modo que aqueles que venham atrás imediatamente compreendam o que está se passando".[18] Trabalhando com os batedores de fronteiras estavam por volta de setenta homens do Regimento 22 SAS, cujo papel era "viver entre as pessoas, ganhar sua confiança e dar assistência em questões médicas e outras", além de ao mesmo tempo "detectar incursões".[19] Finalmente, Walker usou intensamente os helicópteros à sua disposição (nunca mais de oitenta) para transportar armas mais pesadas de um ponto de conflito para outro, dando a impressão de que havia artilharia em todas as bases avançadas.[20]

    Poucos hoje se lembram da derrota da *Konfrontasi* na escuridão de Bornéu. Isso é assim porque ela foi muito completa. Como disse Walker, "Dominar e possuir a selva ao longo de 1.000 milhas, em uma profundidade de 100 milhas, contra esse inimigo, e esmagá-lo todas as vezes que tentou uma incursão, não foi uma tarefa fácil para os treze batalhões envolvidos".[21] As perdas foram limitadas: tropas britânicas e da *Commonwealth* acusaram 114 óbitos e 181 feridos, comparados com as perdas indonésias confirmadas de 590 mortos, 222 feridos e 771 capturados. O significado desses números baixos está no contraste entre o que aconteceu em Bornéu e o que estava acontecendo simultaneamente 700 milhas ao norte, no Vietnã, onde as forças norte-americanas estavam nos estágios iniciais do que viria a ser um esforço desastrosamente dispendioso e, ao final, fracassado, de preservar a independência do Vietnã do Sul. Como notara Walker em um artigo publicado em 1969, seu objetivo em Bornéu tinha sido "prevenir que o conflito escalasse para uma guerra aberta, similar ao Vietnã do Sul hoje". Ele tinha obtido êxito ao ganhar não apenas "as rodadas iniciais da batalha na selva" mas também "a guerra psicológica nos *kampongs** e nas vilas das tribos do interior".²² Acima de tudo, ele tinha feito isso possuindo a selva, pois:

> um exército que se desloca secretamente, quase sempre em grupos pequenos, fazendo contato apenas no momento preciso da batalha, não pode ser emboscado. Essa era a maneira como os Vietcongues normalmente se deslocavam. Foi a maneira como nossos soldados aprenderam a se mover: e o fizeram melhor que o inimigo. Eles foram mais guerrilheiros do que a própria guerrilha em todos os departamentos do jogo através de bom treinamento, baseado em experiência operacional.²³

Como veremos (na parte 8, no capítulo "11/9/2001"), demorou uma geração inteira para que os militares norte-americanos aprendessem a arte da guerra em rede – ainda que eles acabassem por fazê-lo nas selvas de concreto, e não nas florestas tropicais antes possuídas por Walter Walker.

* De *kampung*, palavra indonésia e malaia para designar barraco ou vila. [N.T.]

44
A crise da complexidade

"O que sabem da Inglaterra aqueles que só a Inglaterra conhecem?", Kipling memoravelmente perguntou em *A bandeira inglesa*. Para guerreiros imperiais como Walter Walker, que quase não conhecia a Inglaterra, o problema era diferente. Walker conhecia a selva. O país para o qual retornara em 1965, quando foi nomeado chefe adjunto do Estado-Maior, das Forças Aliadas da Europa Central, era terra incógnita. Missões em Paris, Brunssum (nos Países Baixos) e finalmente Kolsås (na Noruega) eram burocráticas e representavam um anticlímax. Como comandante-chefe das Forças Aliadas do Norte da Europa (de 1969 até sua aposentadoria em 1972), Walker via como seu papel alertar para a iminente *Konfrontasi* soviética na Escandinávia. (Ele mais tarde publicou dois livros a respeito, intitulados, sem ambiguidade, *O urso na porta de trás* e *O próximo dominó*). Isso não lhe granjeou amigos entre os políticos em Londres, que a essa altura tinham descoberto os benefícios da *détente* com os soviéticos, inclusive porque isso lhes dava uma desculpa para mais cortes no orçamento da defesa.

O general do romance de C. S. Forester passou a aposentadoria pateticamente jogando *bridge* em uma cadeira na cidade de Bath. Mas Walker não era o tipo de velho soldado que se aposenta para desaparecer. Em julho de 1974 ele escreveu uma carta ao jornal *Daily Telegraph* na qual avisava em termos pessimistas sobre o "cavalo de Troia em nosso meio, com seus aliados se remexendo como larvas dentro de sua barriga", e clamava por "liderança dinâmica, vigorosa e envolvente [...] acima da política partidária" para "salvar" o país. De acordo com sua visão, o Exército Republicano Irlandês (IRA) – então realizando uma devastação com carros-bomba e assassinatos no Reino Unido – era uma organização testa de ferro do comunismo. "A Irlanda do Norte deveria ser agora declarada área operacional, talvez até zona de guerra", argumentou, "onde assassinos em potencial, portando ou fazendo uso de armas, deveriam estar sujeitos a tribunal sumário e executados". Quando perguntado pelo jornal *Evening News* se o Exército deveria fazer uma intervenção no país, Walker replicou: "Talvez o país possa escolher o domínio das armas ao invés da anarquia". Afirmando que contava com o apoio do almirante da Armada, Sir Varyl Begg, e do marechal da Força Aérea, Sir John Slessor, Walker planejou uma organização "anticaos", conhecida primeiramente como Unison e mais tarde como Assistência Civil, cujo propósito declarado era criar uma força de "homens confiáveis, leais e sensatos" para manter os serviços essenciais em caso de greve geral. Suspeitando que o primeiro-ministro, Harold Wilson, fosse comunista – o Quarto e o Quinto Homens ainda não tinham sido detectados, afinal –, Walker era um dos muitos conservadores atraídos pela oposição tanto à imigração quanto à integração europeia defendida por Enoch Powell. Sem hesitar, Walker ficou do lado do líder Ian Smith, da Rodésia, fez seis visitas ao regime do *apartheid* na África do Sul, e condenava homossexuais por "usar o esgoto principal do corpo humano como parquinho de brincar". (Na publicação *Who is Who* ele listou suas atividades recreativas como "normais").[1]

Tudo isso era muito fácil de satirizar. A casa de Walker em Somerset se tornou "Lambrook-les-Deux-Églises" (uma alusão ao retiro do presidente francês Charles de Gaulle, Colombey-les-Deux-Églises). Não ajudava que um dos apoiadores declarados de Walker fosse o comediante Michael Bentine, que tinha participado do programa de televisão *The Goon Show* e que agora estava à frente de um programa infantil chamado *Potty Time* [A hora do penico], irradiado pela Thames Television.

Na série de TV *The Fall and Rise of Reginald Perrin* [Ascensão e Queda de Reginald Perrin] (1976-9), o personagem Jimmy (major James Anderson, da reserva), irmão de Reggie, era uma paródia cruelmente engraçada de tipos como Walker:

REGGIE: Contra quem você vai lutar quando esse seu balão subir?
JIMMY: As forças da anarquia. Destruidores da lei e da ordem. Comunistas, maoistas, trotskistas, neotrotskistas, criptotrotskistas, líderes sindicais, sindicalistas comunistas, ateus, agnósticos, gente estranha de cabelo comprido, gente estranha de cabelo curto, vândalos, *hooligans*, torcedores de futebol, mimimis de agentes de liberdade condicional, estupradores, papistas, papistas estupradores, médicos estrangeiros –

psicólogos, que deveriam ser todos presos –, Wedgwood Benn, cerveja de jarra, roque punk, cheiradores de cola, a série televisiva *Play For Today*, os sem-teto, Clive Jenkins, Roy Jenkins, Up Jenkins, cacete em todo o mundo, restaurantes chineses – por que você acha que o Castelo de Windsor está cercado de restaurantes chineses?

REGGIE: Mas está mesmo cercado?

JIMMY: Sim.

REGGIE: Entendi. Mas você percebe o tipo de pessoa que você vai atrair, não, Jimmy? Valentões, brutamontes, psicopatas, policiais expulsos da corporação, seguranças, seguranças expulsos de seus trabalhos, racistas, gente que ataca os paquistaneses, ou homossexuais, ou chineses, gente que ataca qualquer um, almirantes da reserva, almirantes bichas, vice-almirantes, fascistas, neofascistas, criptofascistas, monarquistas, neomonarquistas, criptomonarquistas.

JIMMY: Você acha mesmo? Eu achava que poderia ser difícil conseguir apoio.

Assim, o mestre da guerra na selva acabou como material para os roteiristas de comédia. O Walker real se apagou mais tragicamente, vítima de duas operações malsucedidas que o deixaram desabilitado.

Não obstante, com todos os seus absurdos, homens como Walter Walker estavam corretos quando diziam que *havia algo de podre* no Estado da Inglaterra, mesmo que não fosse a conspiração comunista de sua imaginação febril, menos ainda a liberação social e sexual que eles tanto deploravam. A Grã-Bretanha de meados da década de 1970 era de fato uma bagunça. A inflação estava entre as mais altas do mundo. Havia distúrbios trabalhistas. O mesmo cinismo frívolo que fazia tão boa comédia naquele tempo também fazia a vida cotidiana no Reino Unido ruim. O problema não eram "as forças da anarquia". Era o colapso de um Estado britânico centralizado que tinha sido construído na era das guerras mundiais.

Para a maioria da elite civil britânica – não apenas os funcionários públicos em Whitehall*, mas também os catedráticos de Oxford e Cambridge e o

---

*   Essa rua é conhecida como o centro do governo da Grã-Bretanha; nela estão situados diversos órgãos governamentais. [N.T.]

grupo dos "grandes e bons" com seus títulos de nobreza –, a lição das vitórias de 1918 e 1945 era clara: o planejamento central funcionava. No período do pós-guerra, todo burocrata, parecia, tinha um plano que podia ser concebido e gerenciado a partir de um centro político e meramente implementado pelas localidades.[2] Desde a habitação até a saúde, do leite na escola à hidroeletricidade na Escócia, tudo pedia planejamento. A autoconfiança dos tecnocratas da época é bem ilustrada pelo MONIAC (Computador Analógico de Renda Monetária Nacional), um serviço hidráulico desenhado por Bill Phillips, nascido na Nova Zelândia, que deveria supostamente simular os efeitos da política econômica keynesiana sobre a economia do Reino Unido. Só a partir da década de 1970 começou a ficar aparente que, em tempos de paz, mesmo os mais cuidadosos planos acabavam por desabar nos impasses da estagflação e corrupção. No seu ápice, o planejamento do Alto Modernismo causou toda sorte de devastação,

29. William Phillips com o MONIAC – Monetary National Income Analogue Computer [Computador Analógico da Renda Monetária Nacional], um modelo hidráulico da economia do Reino Unido construído em 1949 na Inglaterra.

desde a coletivização da agricultura soviética até a construção de Brasília e as vilas compulsórias *ujamaa* na Tanzânia. Mesmo assim, conseguia sempre sobreviver a todas as catástrofes, talvez porque seu efeito era o de matar qualquer oposição. Era nessa decrepitude que o sistema planejado podia ser desafiado.[3]

O problema para os planejadores era que o sistema hierárquico que tinha servido bem à atividade da guerra total – uma atividade caracterizada pelo monopsônio, com o Estado como único comprador, e a padronização, pois a destruição é muito mais fácil do que a produção – era totalmente equivocado para uma sociedade de consumo. Àqueles que lutaram nas guerras mundiais fora prometida prosperidade, além da vitória. Na prática, isso somente poderia ocorrer se milhões de lares fossem liberados de fazer bilhões de escolhas, às quais centenas de milhares de empresas podiam responder. O resultado foi a crescente complexidade, na qual "interações laterais se tornaram muito mais importantes, e os limites entre subsistemas dentro de [qualquer] organização [...] mais fluidos".[4] Como argumentou o físico Yaneer Bar-Yam, "um grupo de indivíduos cujo comportamento coletivo é controlado por um único indivíduo não consegue se comportar de maneira mais complexa do que o indivíduo que exerce controle". O plano quinquenal pode ter funcionado na União Soviética de Stálin, onde o indivíduo era pouco mais do que uma engrenagem de um sistema de agricultura, produção industrial pesada, guerra total e escravidão penal coletivizada. Era certo que quebraria na Grã-Bretanha do primeiro-ministro Harold Wilson. Como princípio geral, quando a "complexidade das demandas sobre sistemas coletivos humanos se tornara maior do que o ser humano [...] a hierarquia não mais conseguia impor as necessárias correlações/coordenações sobre indivíduos. Ao contrário, interações e mecanismos característicos de redes em sistemas complexos como o cérebro se tornam necessárias".[5]

A transição para um mundo mais conectado se manifestou em uma miríade de formas na década de 1970. O ímpeto era menos tecnológico e mais organizacional. Friedrich Hayek foi um dos primeiros a redescobrir a velha intuição de Adam Smith de que a ordem espontânea do mercado era necessariamente superior a "qualquer uma que pudesse ser obtida por organização deliberada". Como observou Hayek, "sustentar que precisamos deliberadamente planejar a sociedade moderna porque ela se tornou tão complexa é portanto paradoxal, e o resultado um completo mal-entendido [...] O fato é que, ao contrário, nós podemos preservar tal ordem de tal complexidade [...] apenas indiretamente aplicando e melhorando as regras que conduzem à formação de ordem espontânea".[6] Outros descobriram isso por si sós, da maneira difícil. Na Ford Motor Company, os altos executivos começaram a notar que o volume de informação que eles tinham que manusear era acachapante, ao mesmo tempo que as linhas de montagem estavam tão minuciosamente otimizadas que pequenas mudanças no desenho de um carro demandavam longas interrupções na produção. Eles tinham "ficado bons demais".[7] Conglomerados verticalmente integrados sofriam a pressão de se partirem para formar aquilo que os historiadores chamaram de "a segunda revolução do mercado"[8] porque não conseguiam competir com seus rivais mais ágeis que terceirizavam suas cadeias de suprimentos.[9] A passagem para longe da hierarquia foi acelerada pela progressiva consciência das elites políticas ocidentais, que seria também estimulada pelo crescente comércio internacional. Sonhos de autarquias, típicas de meados do século, deram vez a uma era contente e confiante em que vantagens comparativas podiam uma vez mais ser exploradas. O termo "globalização" – definido como "ato de tornar mundial em termos de escopo ou aplicação" – fez sua primeira aparição no dicionário Merriam–Webster em 1951.[10] Em 1983, Theodore Levitt publicou seu seminal artigo "The Globalization of Markets" [A globalização dos mercados] na publicação *Harvard Business Review*.[11]

Mas não era totalmente verdade que o plano nacional estava sendo substituído pelo mercado global. Como apontou Walter Powell em seu luminoso artigo de 1990, o crescimento das redes de negócios em níveis nacional e internacional representou algo mais do que simplesmente o triunfo dos mercados sobre a corporação hierárquica. "Nos mercados", ele argumenta, "a estratégia-padrão é conseguir a melhor barganha possível na troca imediata. Em redes, a opção preferida é frequentemente criar endividamento e confiar no longo prazo":[12]

> Na alocação de recursos em modos de rede, as transações não ocorrem através de trocas discretas nem de decisão administrativa, mas por meio de redes individuais engajadas em ações recíprocas, preferenciais e de apoio mútuo. As redes podem ser complexas: elas não envolvem nem os critérios explícitos do mercado nem o paternalismo familiar da hierarquia. A premissa básica das relações em rede é que

uma parte é dependente de recursos controlados por outra parte, e que há ganhos na conjunção dos recursos. Em essência, as partes em uma rede concordam em abrir mão de seu próprio interesse às custas do outro.[13]

Isso tem vantagens óbvias e é certamente um arranjo mais flexível do que uma hierarquia. Mas também implica algo de conspiração entre membros da rede contra novos ingressantes.[14] Essa ideia teve importantes implicações nas tentativas de adaptar o setor público ao novo ambiente da década de 1970. Era bem óbvio que, na hierarquia centralizada personificada pelo onisciente mas incompetente "homem de Whitehall" não mais funcionava. Não estava claro como as forças do mercado seriam introduzidas nos monopólios naturais ou impositivos que tinham sido criados nos tempos felizes da "nacionalização". Começando no Chile de Augusto Pinochet e na Grã-Bretanha de Margaret Thatcher, o termo de uso específico era "privatização". Na prática, no entanto, as hierarquias tendiam a ser substituídas por redes de pessoas bem conectadas e não por mercados realmente competitivos.[15] Provavelmente sempre fora uma ilusão que as "forças do mercado" pudessem de alguma forma vir a se impor sobre instituições tão intratáveis como o National Health Service [o Serviço Nacional de Saúde] ou o British Rail [o Sistema Ferroviário]. A realidade é que os planos grandiosos deram lugar a redes unidas por laços de confiança e de sistemas de oferta de presentes.[16] Os resultados no geral foram melhores, no sentido de que as empresas privatizadas se tornaram mais eficientes, mas as controladoras, as *quangos* [organizações quase não governamentais] e os "círculos mágicos", nunca poderiam esperar ter legitimidade popular.

45
A rede de poder de Henry Kissinger

Nada ilustra melhor a eficácia e a ilegitimidade simultâneas da ordem emergente das redes do que a carreira de Henry Kissinger. Refugiado da Alemanha nazista que encontrou seu lugar como acadêmico de história, filosofia e geopolítica enquanto servia o Exército norte-americano, Kissinger era um dos muitos catedráticos de Harvard que foram trazidos para o governo durante a Guerra Fria. Sua nomeação como conselheiro da segurança nacional em dezembro de 1968 veio como uma surpresa para muita gente (até o próprio Kissinger), pois, no curso da maior parte da década anterior, ele estivera intimamente identificado com Nelson Rockefeller, o próspero rival de Nixon dentro do Partido Republicano. Acamado, o presidente Eisenhower expressou seu ceticismo com a nomeação. "Mas Kissinger é um acadêmico", exclamou quando soube da indicação de Nixon. "Você pede a acadêmicos que estudem coisas, mas você deve colocá-los no comando de nada."[1] Isso era subestimar o acadêmico em questão.

Kissinger chegou à Casa Branca com uma intolerância já bem desenvolvida – compartilhada pelo novo presidente – com a burocracia. (Essa alergia começou no Exército, onde ele tinha desempenhado o papel, sem posição hierárquica mas poderoso, de agente da contrainteligência, e continuou no curso de seu tempo em Harvard, onde seu instinto era o de estabelecer novas instituições e não fazer reverência aos acadêmicos mais velhos e catedráticos.) "O espírito da política e o da burocracia são diametralmente opostos", ele escreveu em sua tese de doutorado. "A essência da política é a sua contingência; seu sucesso depende da correção de uma estimativa que é em parte conjectural. A essência da burocracia é a busca da segurança; seu sucesso é calculabilidade [...] A tentativa de conduzir política burocraticamente leva a uma busca por calculabilidade que tende a ser prisioneira de eventos."[2] No curso das décadas de 1950 e 1960, Kissinger reclamou da tendência de todo presidente a ser "confrontado pela burocracia com fatos consumados, que ele pode ratificar ou modificar, mas que excluem uma consideração real de alternativas".³ Em um artigo de 1966 intitulado "Domestic Structure and Foreign Policy" [Estrutura doméstica e política externa], Kissinger observou que a burocracia governamental "se esforçava deliberadamente para reduzir os elementos relevantes de um problema a uma performance média padrão". Isso se tornava um problema quando "o que [a burocracia] define como rotina não contempla a gama mais significativa de questões ou quando prescreve modos de ação que se tornam irrelevantes para o problema". Ao mesmo tempo, havia uma tendência de "competições burocráticas" interdepartamentais para se tornar a única maneira de gerar decisões, ou para os vários elementos da burocracia fazerem "uma série de tratados de não agressão entre si e assim reduzir o tomador de decisão a um benevolente monarca constitucional". O que a maioria das pessoas não entendia nos discursos presidenciais sobre a política externa, Kissinger argumentava, era por normalmente serem redigidos para "resolver algum debate interno em Washington".⁴ Na primavera de 1968, Kissinger chegou a afirmar que "não existe política externa norte-americana"; somente "uma série de movimentos que produziam resultados corretos" que "podiam não ser aqueles que se tinha planejado produzir" e para os quais "organizações de pesquisa e inteligência, tanto estrangeiras quantos nacionais, tentam imprimir racionalidade e consistência [...] que simplesmente não têm". O "mais alto nível em que as pessoas ainda pensam" em um departamento de governo, argumentava, era "o nível médio da burocracia – aquela do secretário adjunto e seus conselheiros imediatos [...] Acima disso, a rotina diária da operação da máquina absorve a maior parte da energia". Sob tais circunstâncias, "decisões não são tomadas até que se pareçam com uma questão administrativa".⁵

A melhor ilustração do argumento de Kissinger foi o fracasso abjeto da estratégia norte-americana no Vietnã. Ele escreveu após várias visitas ao Vietnã do Sul que "não há [...] uma política para o Vietnã; há uma série de programas de agências individuais preocupadas com o Vietnã. Esses programas convergem ou não para a conciliação, conforme o caso, se há um conflito de interesses entre as agências em operação". Havia três problemas com isso. Primeiro, o sistema somente funcionava quando havia duas agências opostas, uma em cada lado da questão; tudo dava errado quando um grupo pequeno, dedicado, punha mãos à obra sem oposição. Segundo, não poderia haver planejamento porque ninguém tinha tempo para isso. ("Planejamento envolve conjecturas sobre o futuro e casos hipotéticos. Eles estão tão atarefados com casos reais que relutam em assumir casos teóricos.") Terceiro, aqueles que formulam políticas sofrem de "insegurança nata", pois lhes falta o conhecimento de seus conselheiros; eles portanto buscam refúgio na "busca de um consenso administrativo". Tudo isso gerou resultados catastróficos no momento em que os Estados Unidos buscaram negociar o fim do conflito com os formidavelmente intransigentes norte-vietnamitas. Sempre havia uma tentação em Washington, a de não tomar decisão nenhuma e simplesmente ver, depois de a negociação ter começado, "o que o outro lado tem a oferecer".

> Portanto, nos períodos de diplomacia preliminar, nossa opinião é muito rígida e dura, mas isso muda rapidamente quando um negociador é nomeado, porque ele age como porta-voz do lado oposto. Não é seu problema preocupar-se com o plano geral. Ele se preocupa com o sucesso das negociações, e você obtém sucesso nas negociações levando seriamente em conta o que o outro lado tem a dizer.[6]

"Pragmatismo e burocracia", como colocou Kissinger, tinham "se combinado para produzir um estilo diplomático marcado pela rigidez antes das negociações formais e pela excessiva confiança nas considerações táticas quando as negociações começam".[7]

Foi essa crítica da burocracia que levou Kissinger e um grupo de colegas de Harvard com as mesmas ideias a aconselhar o novo presidente eleito contra a nomeação de um poderoso chefe de gabinete, com prerrogativas de controlar o acesso ao presidente. Um alto executivo, argumentavam, precisava misturar "elementos da hierarquia e acesso difuso". Seria muito melhor nomear um assessor estratégico com a mais ampla gama de responsabilidades possível.[8] Será que Kissinger tinha em mente sua própria pessoa quando fez essa recomendação? Provavelmente não; quando a escreveu, o máximo que poderia esperar seria o posto de secretário adjunto, caso Nixon oferecesse a Rockefeller o Departamento da Defesa. Não obstante, o papel de estrategista-chefe foi o que acabou desempenhando, mesmo que não com esse nome, e ainda que seu mandato se limitasse estritamente à política externa.

A maioria dos escritores que estudaram sua carreira subsequente em Washington tenderam a explicar o rápido crescimento da influência de Kissinger, para o bem e para o mal, em termos da estreita relação com Nixon ou de seu talento para a luta interna contra a burocracia que ele tinha condenado como acadêmico. Porém isso obscurece a característica mais marcante do modo de operar de Kissinger. Enquanto aqueles ao seu redor permaneciam atados pelas regras da burocracia hierárquica que os empregava, Kissinger de saída devotou considerável energia a construir uma rede que se estendia horizontalmente em todas as direções para além do Washington Beltway*: na direção da imprensa e até da indústria do entretenimento dentro dos Estados Unidos e, talvez de maneira mais importante, na direção de governos-chave estrangeiros através de uma variedade de "canais não oficiais". Kissinger aplicou a essa tal tarefa sua capacidade inata de fazer conexões emocionais e também intelectuais mesmo com o mais distante dos interlocutores, uma habilidade em que ele tinha se esmerado muito antes de sua nomeação por Nixon.

Como vimos (no capítulo 40), uma característica do sistema soviético que durou muito após a morte de Stálin foi a sistemática destruição das redes privadas e o isolamento de indivíduos. Os poucos encontros de Anna Akhmatova com Isaiah Berlin custaram caro à escritora. Mesmo no fim da década de 1960, quando cidadãos soviéticos encontravam norte-americanos – o que raramente ocorria –, tinham que tomar cuidado. As conferências científicas Pugwash eram uma rara exceção. Hoje, depois de ganhar o Prêmio Nobel da Paz em 1995, as conferências Pugwash são quase sinônimo de desarmamento e solução de conflitos através da chamada *track two diplomacy* [diplomacia não oficial].[9] Durante a Guerra Fria, no entanto, essas conferências tinham caráter mais ambíguo, dado que os acadêmicos soviéticos que para lá acorriam tinham que ser previamente aprovados pelo Comitê Central do Partido Comunista e por vezes até pelo Politburo.[10] Nesse sentido, como colocou o físico Victor Weisskopf, "através de Pugwash nós [cientistas norte-americanos] tínhamos uma linha bem direta de comunicação com o governo soviético".[11] Um veredito menos positivo dizia que as conferências "serviam de escutas para a propaganda antiamericana e pró-soviética".[12]

Quando Kissinger foi à sua primeira conferência Pugwash em Stowe, em Vermont, em 1961, ele experimentou tanto a propaganda soviética quanto a troca significativa de ideias com eles. De início, os soviéticos mantinham a linha do Partido, mas Kissinger logrou desarmar pelo menos um deles com seu característico humor mordaz. Logo antes de tomar o caminho do aeroporto, o historiador russo Vladimir Khvostov e o físico Igor Tamm se aproximaram

---

* O Washington Beltway é o mundo político e social da capital dos EUA, visto como insular e exclusivo. [N.T.]

dele e fizeram uma série de perguntas de inspiração oficial sobre a política norte-americana em relação a Berlim. Uma garantia das Nações Unidas dos direitos dos norte-americanos em Berlim Ocidental seria aceitável? Kissinger respondeu que os Estados Unidos "não concordariam com um status que poderia ser mudado a cada ano por uma maioria na assembleia-geral. Tamm perguntou-me sobre uma garantia de cinco anos. Eu disse que era muito pouco. Ele então ofereceu dez anos. Eu retruquei que, se continuássemos assim, eu ia sugerir cento e cinquenta anos e talvez pudéssemos entrar em acordo na metade do caminho. Ele riu e disse que entendíamos um ao outro". O *Homo sovieticus* gostava desse tipo de tirada humorística.[13] Em momentos assim, Pugwash era uma rede quase única que perfurava a Cortina de Ferro.

Cinco anos depois, em uma conferência Pugwash no balneário polonês de Sopot, Kissinger ficou muito surpreso com a violência do ataque soviético contra a China. "A China não é mais comunista, mas sim fascista", o matemático Stanislav Emelianov disse a ele durante um passeio de barco até o porto de Gdansk. "Os guardas vermelhos faziam-no lembrar de nada menos que a Juventude Hitleriana. Os Estados Unidos e a URSS têm interesse comum em prevenir a expansão chinesa". Candidamente, Emelianov admitiu que ele não tinha visto o governo soviético tão confuso desde a reação ao discurso de desestalinização de Krutchev.[14] Foi em uma Pugwash que Kissinger recebeu o convite para ir a Praga depois da Polônia, onde encontrou Antonín Šnejdárek, o ex-chefe de operações de inteligência tcheca na Alemanha e que agora era diretor do Instituto de Política e Economia Internacionais do país. Os dois novamente se encontraram em Viena no encontro anual do Instituto de Estudos Estratégicos, sediado em Londres. Os tchecos francamente avisaram a Kissinger que os soviéticos não tinham nenhum desejo sincero de ajudar os norte-americanos a se desvencilhar do Vietnã. De fato, ele disse, a crise no Sudeste Asiático poderia vir a ser um "pretexto conveniente [para Moscou] para apertar seu controle sobre a Europa Oriental". (Kissinger não percebeu, mas essa discussão franca com Šnejdárek já tinha algo a ver com a futura Primavera de Praga, um degelo político que os tchecos já suspeitavam que seria inaceitável para o Krêmlin.)[15]

O mais revelador de todos esses encontros aconteceu em janeiro de 1967, quando Kissinger voltou a Praga. De novo, Šnejdárek avisou que Moscou "vinha ficando progressivamente mais sensível ao crescimento da liberdade de movimento dos países da Europa Oriental e especialmente ao esforço tcheco de diminuir sua dependência econômica de Moscou". Mas então ele surpreendeu Kissinger com uma questão que, admitiu, "nunca me tinha ocorrido": se ele achava que "um acordo China-Estados Unidos estava em andamento". Percebendo a surpresa do norte-americano, Šnejdárek explicou:

> Os soviéticos receberam o ataque chinês contra eles [uma peça-chave na Revolução Cultural de Mao] de maneira extremamente séria. Eles não conseguiam aceitar o fim da unidade do socialismo e muito menos perder sua posição de principais intérpretes de Lênin. A extensão dos seus esforços para influenciar desenvolvimentos internos chineses portanto nem sempre fora percebida. Eles apoiaram o aparato do Partido contra Mao...

Os maoistas, por seu lado, estavam agora desesperados para "expulsar fisicamente os soviéticos da China. Nada menos que uma ruptura completa com a União Soviética os faria se sentir seguros". É verdade, a Revolução Cultural parecia um rasgo ideológico, com os chineses se tornando os marxistas mais radicais. Mas:

> qualquer que seja o fervor ideológico de Mao, o material humano que ele tem disponível vai forçá-lo em uma direção nacionalista – assumindo que ele ainda esteja no comando de seu movimento. A despeito de suas falas malucas, os maoistas poderiam vir a ser mais flexíveis em relação aos EUA do que seus opositores. Eles vão ter que fechar a China de qualquer forma para reconstruir a autoridade governamental, e alguma forma de tratado de não agressão com os Estados Unidos pode se encaixar bem nesse desenho. É claro que eles odeiam os Estados Unidos também, mas [...] nenhum comunista esquece o pacto Hitler-Stálin.

Do ponto de vista tcheco, tal "pacto Johnson-Mao" era um cenário alarmante, porque, "se os Estados Unidos entrassem em acordo com a China, a pressão [soviética] sobre a Europa aumentaria". Temerosos de isolamento, os soviéticos trancariam aquilo que Šnejdárek obliquamente chamou de "as perspectivas de desenvolvimento nacional da Europa Oriental". Kissinger ficou pasmo; mas o medo do anfitrião tcheco de um "acordo EUA-Mao" parecia "genuíno e profundo".[16] Estudiosos há muito especulam qual estrategista concebeu a abertura para a China, que transformaria a paisagem geopolítica em 1972. Mas não foram os norte-americanos que pensaram nisso antes. Foram os estrategistas do bloco soviético que previram o novo mundo conjurado pela separação sino-soviética, e eles o fizeram mais de quatro anos antes da visita histórica de Nixon à China.

A partir de janeiro de 1969, Kissinger se dedicou a aplicar algumas das lições que tinha aprendido como acadêmico e intelectual público: em particular, a lição de que redes informais podiam oferecer canais diplomáticos superiores aos ministérios do exterior e embaixadas. Como um prelúdio à escrita do segundo volume de sua vida, eu tentei mapear as redes de Kissinger baseado em todas as memórias relacionadas a seu período no governo. Isso permite um esboço preliminar de suas redes e de outros, tal como lembradas pelo próprio Kissinger e seus contemporâneos no governo. Os gráficos retratam as redes dos egos de Richard Nixon e Henry Kissinger, baseados em suas memórias; as redes do ego das administrações de Nixon e de Ford, baseadas nas memórias de todos os membros; e a rede dirigida das administrações de Nixon e Ford, mostrando como membros proeminentes figuram na memória um do outro.[17] Nos primeiros três gráficos (ver figuras 30-2), a importância relativa é representada tanto pela proximidade ao nódulo central do "ego" (que no terceiro caso é combinado às identidades de todos os membros do gabinete que escreveram memórias) quanto pela área do nódulo. No quarto gráfico (ver figura 33), podemos ver quem mencionou quem e quão frequentemente o fizeram em termos de proximidade mútua, comprimento da aresta e direção da seta.

O exercício representa um ponto de partida para uma exploração mais detalhada. São inerentes ao estudo a retrospecção e a representação: em essência, vemos aqui a relativa importância de indivíduos nos anos Nixon e Ford tal como os membros das duas administrações se lembraram de suas relações e – igualmente importante, especialmente no período atingido pelo escândalo de Watergate – desejavam que fossem lembradas. Sem dúvida uma figura um pouco diferente emergiria de gráficos baseados em fontes diversas.* Não obstante, os gráficos servem para ilustrar alguns dos benefícios metodológicos para o historiador da análise social de rede.

---

*   Por exemplo, em *Quantifying Kissinger*, uma dissertação em redação da City University de Nova York, a autora Micki Kaufman busca uma análise da rede de correspondência de Kissinger, uma coleção do Arquivo da Segurança Nacional com mais de 18 mil documentos. Ela mostra, entre outras coisas, como a rede de Kissinger se expandiu depois de sua nomeação como secretário de Estado; mas também suas redes pessoais – diferentes daqueles canais burocráticos estabelecidos – facilitaram sua gestão de eventos geopolíticos-chave daquele tempo, como a Guerra-Árabe Israelense de 1973, a Guerra do Vietnã, a abertura para a China, a ação militar no Camboja e os esforços diplomáticos para resolver a Guerra Civil da Rodésia.

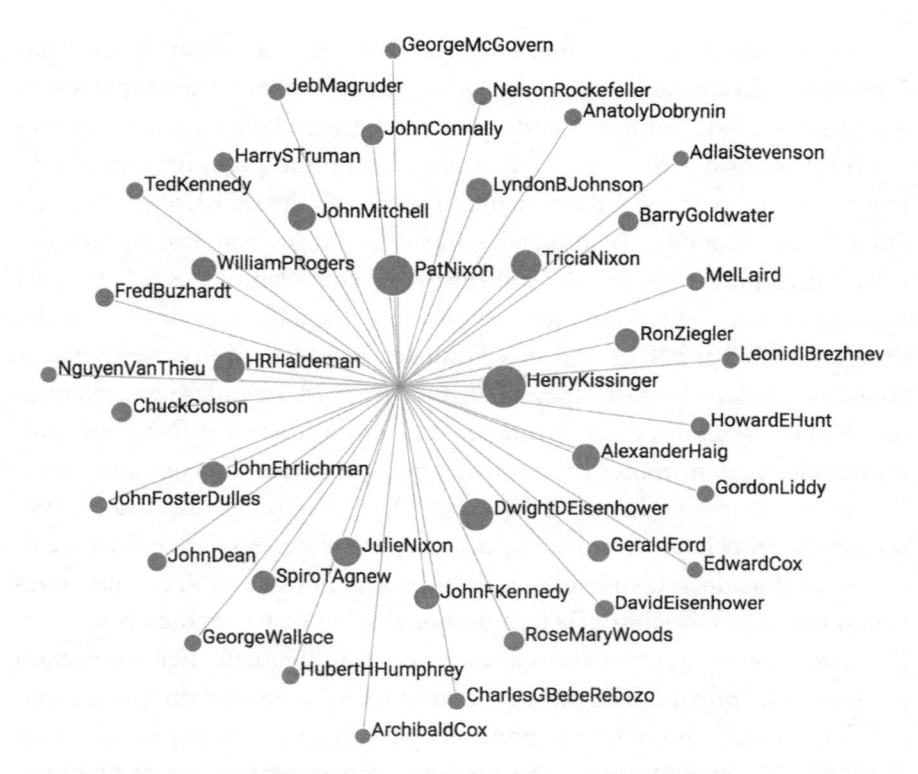

30. Rede do ego de Richard Nixon, com base em suas memórias.

Primeiro, aqui temos um corretivo valioso de quaisquer presunções que possamos estar tentados a ter sobre o que "interessava" na era Nixon-Ford. Kissinger está muito presente – tão importante para Nixon quanto para sua esposa, e é o segundo membro mais importante de duas administrações, mais do que Ford, que depois se tornou presidente. Depois, em termos de centralidade de intermediação (ver figura 33), vem o chefe de gabinete de Nixon, H. R. Haldeman, seguido do terceiro secretário do Tesouro de Nixon, George Shultz, e do conselheiro da Casa Branca John Dean. Também figurando alto nesses termos eram John Ehrlichman (assistente do presidente para assuntos domésticos) e Alexander Haig (assistente de Kissinger, depois adjunto e sucessor de Haldeman após Watergate).

É marcante também como os mortos permaneceram nas mentes dos memorialistas. Depois de Nixon e logo à frente de Kissinger, Lyndon Johnson (que falecera em janeiro de 1973) era a terceira figura mais citada em todas

A REDE DE PODER DE HENRY KISSINGER

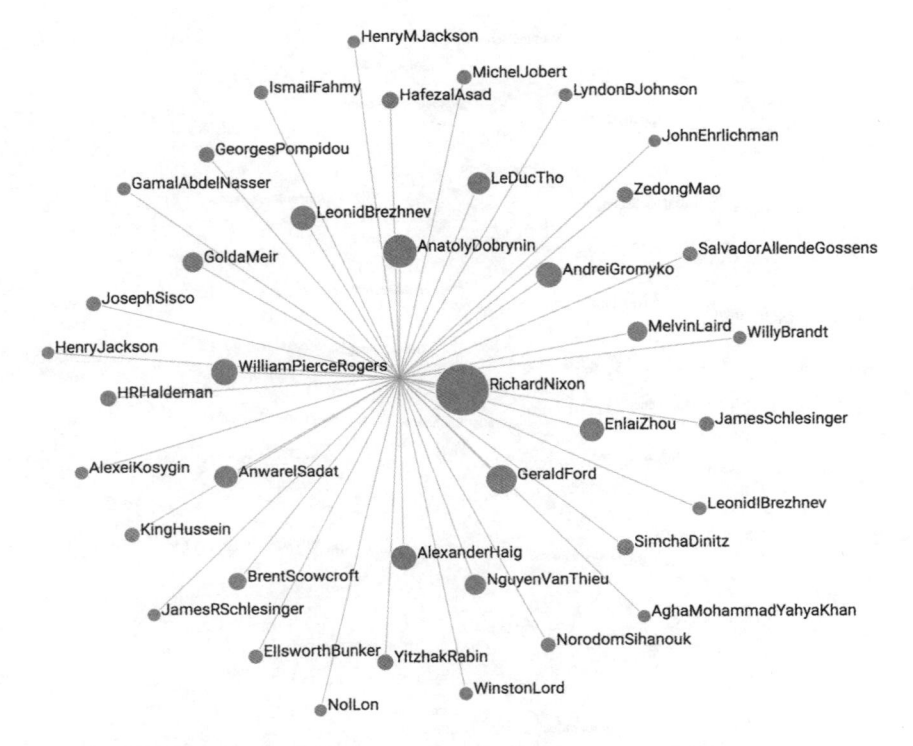

31. Rede do ego de Henry Kissinger, com base em suas memórias.

as memórias juntas, e John F. Kennedy vinha em sexto. Os ex-presidentes Dwight Eisenhower (falecido em março 1969), Franklin D. Roosevelt e Harry S. Truman (falecido em dezembro de 1972) vinham em décimo terceiro, vigésimo e trigésimo sétimo como os indivíduos mais citados. Stálin vinha em vigésimo quarto, Churchill em trigésimo primeiro. É talvez reconfortante para o historiador constatar que aqueles que escrevem autobiografias se remetam tanto às personalidades dominantes de suas juventudes.

Em terceiro lugar, vemos as diferenças entre "o mundo segundo Nixon" e "o mundo segundo Kissinger". O círculo interno de Nixon (ver figura 30) era o de um homem cuja experiência de presidência foi confinada em grande parte às paredes da Casa Branca. Afora sua esposa e suas filhas, ele se refere mais frequentemente em suas memórias a Kissinger, Dwight Eisenhower (de quem foi vice-presidente), Haldeman, Erlichman e Haig. Kissinger, em contraste, menciona líderes estrangeiros-chave tanto quanto

Possua a selva

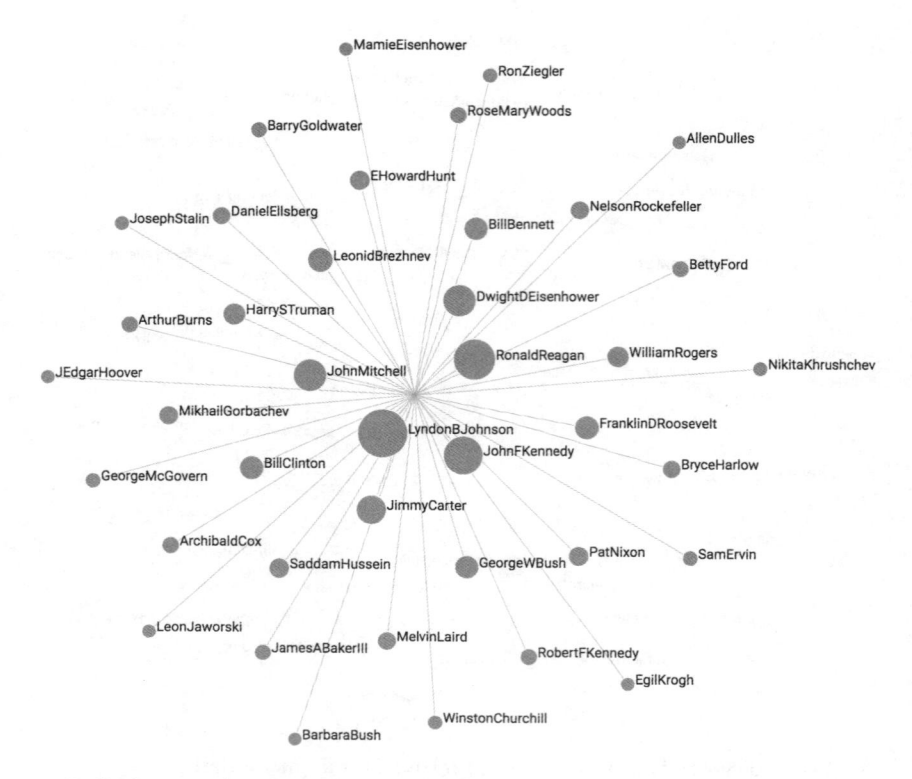

32. Rede dos egos das administrações Nixon e Ford, com base nas memórias de todos os membros.

os presidentes a quem serviu, e mais frequentemente que o secretário de Estado que o precedeu naquela posição, William Rogers (ver figura 31). O mais notável é que líderes estrangeiros estão muito presentes nas memórias de Kissinger: os soviéticos (seu embaixador em Washington, Anatoli Dobrinin, o primeiro-ministro, Andrei Gromiko, e o premiê, Leonid Brejnev) vinham primeiro, seguidos de Zhou Enlai, o premiê chinês, e Anuar Sadat, o presidente egípcio. Além de Brejnev e Dobrinin, apenas um líder estrangeiro figurava entre os quarenta indivíduos mais frequentemente citados por Nixon: Nguyen Van Thieu, o presidente sul-vietnamita. Em contraste, apenas dezesseis dos quarenta mais citados por Kissinger eram norte-americanos. Claro, poderíamos esperar que um assessor de segurança nacional e secretário de Estado passasse mais tempo com estrangeiros do que o presidente: essa é a natureza de seu trabalho. Ainda assim, é difícil

1. Mural na Cattedrale di Santa Maria Assunta, ilha de Torcello, Veneza. "Hierarquia" vem do grego ιεραρχία, "governo do alto sacerdote".

2. Um dos sociogramas de Jacob Moreno de um alojamento na Escola de Treinamento para Meninas de Nova York em Hudson, NY.

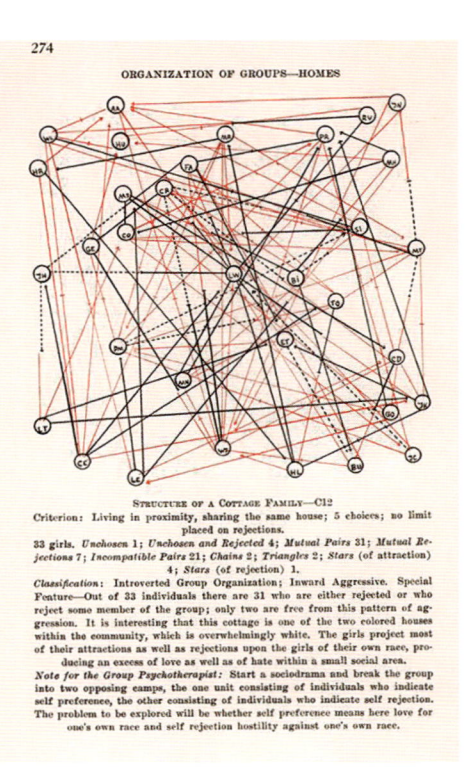

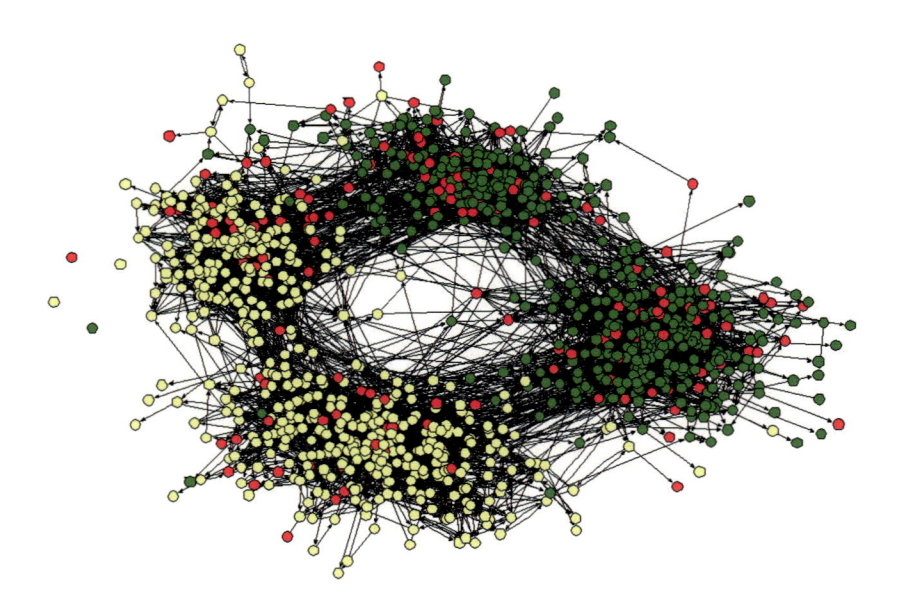

3. Homofilia em ação: a rede de amizades numa escola de ensino médio a partir dos dados da Pesquisa Longitudinal Nacional da Saúde de Adolescente a Adulta ("Add Health"). Dois nódulos estão conectados se um estudante classificou o outro estudante como amigo. Observe o agrupamento dos dois grandes grupos (nódulos amarelo e verde) e a distribuição mais aleatória do terceiro grupo. Note também os "eremitas da rede" – nódulos sem arestas, isto é, alunos sem amigos.

4. O governo federal dos Estados Unidos como uma hierarquia, 1862.

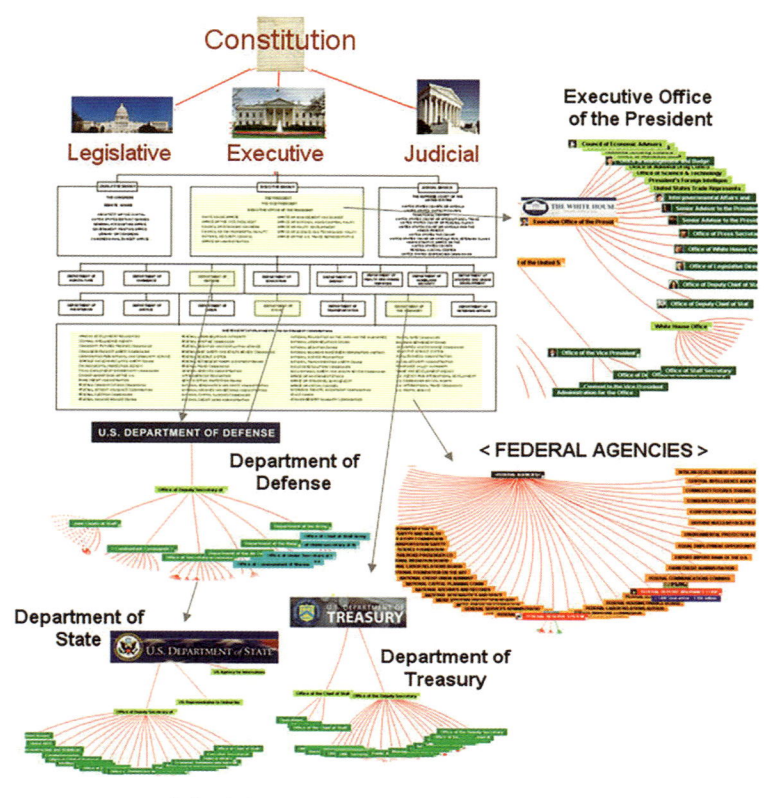

5. O governo federal dos Estados Unidos como uma hierarquia, *c.* 2010.

6. (*abaixo*) A praça e a torre: Piazza del Campo, em Siena, à sombra da Torre del Mangia, do Palazzo Pubblico.

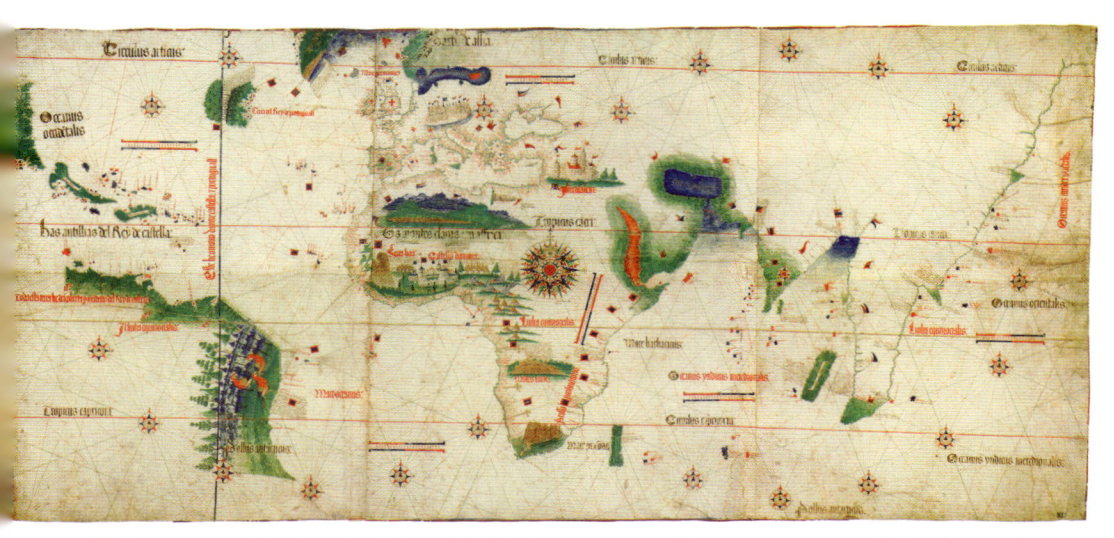

7. O planisfério de Cantino, 1502. Em 1515-17, usando os melhores mapas e astrolábios do mundo, Fernão Peres de Andrade viajou 10.900 quilômetros, de Lisboa a Cantão (Guangdong).

8. A Reforma como uma grande ruptura: o massacre dos huguenotes (protestantes) na Noite de São Bartolomeu, Paris, 1572.

9. A restauração da hierarquia? Gerard ter Borch, *Ratificação do Tratado de Münster, 15 de maio de 1648*.

10. (*à direita*) 37.062 localidades europeias, mapeadas com base nos dados de nascimento e morte de 120.211 indivíduos notáveis entre 1069 a.C. e 2012 d.C. O tamanho dos nódulos representa a importância das cidades.

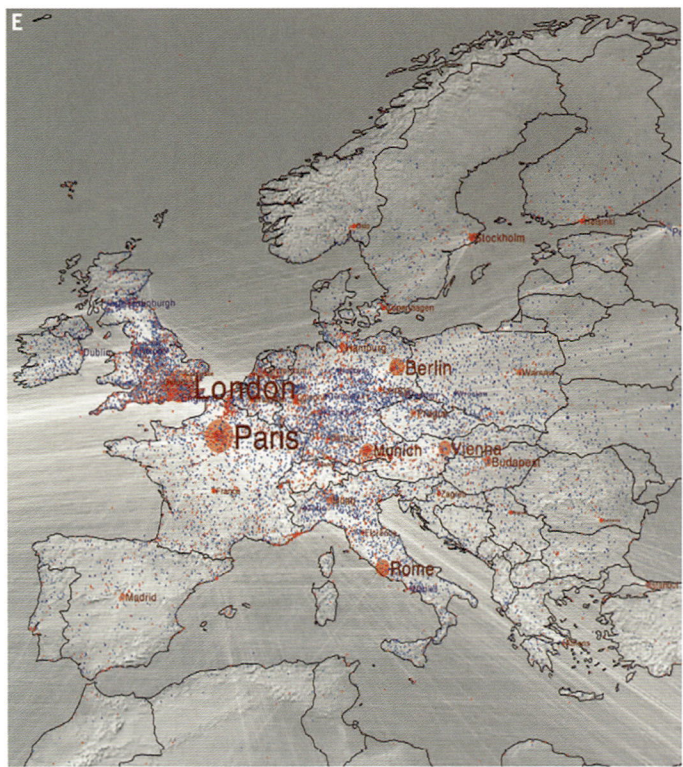

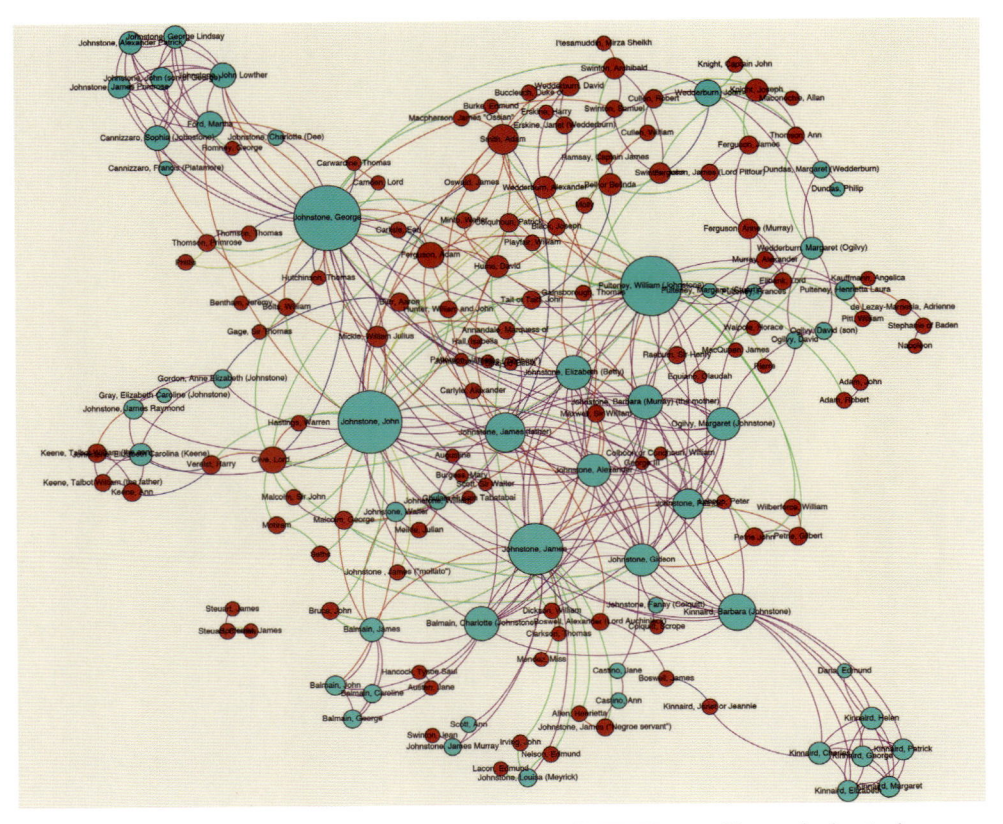

11. Uma rede do século XVIII: os Johnstone estão representados por nódulos azuis, enquanto seus relacionamentos (tanto amigos como rivais) estão em vermelho. Os vínculos familiares estão em púrpura, os profissionais em verde. Relações pessoais são traçadas em vermelho, as casuais em azul, e as relações entre escravizados e proprietários em amarelo. A dimensão dos indivíduos é representada de acordo com quão interconectados eles são.

12. (*à esquerda*) George Washington, um dos fundadores dos Estados Unidos e maçom.

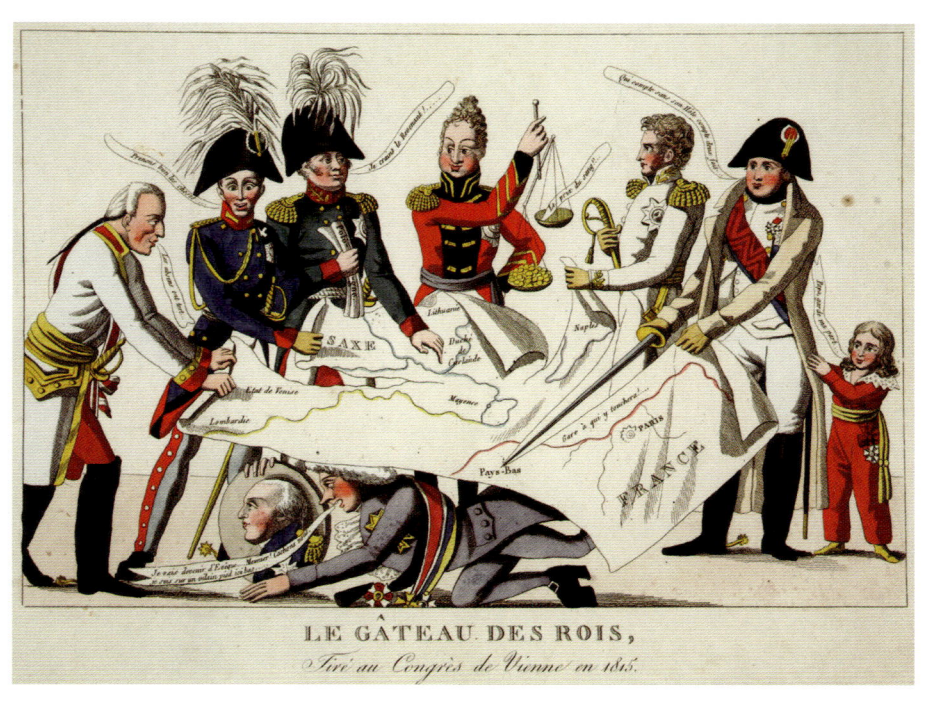

13. O Congresso de Viena: mas só era possível cortar o "bolo dos reis" com o auxílio da rede financeira dos Rothschild.

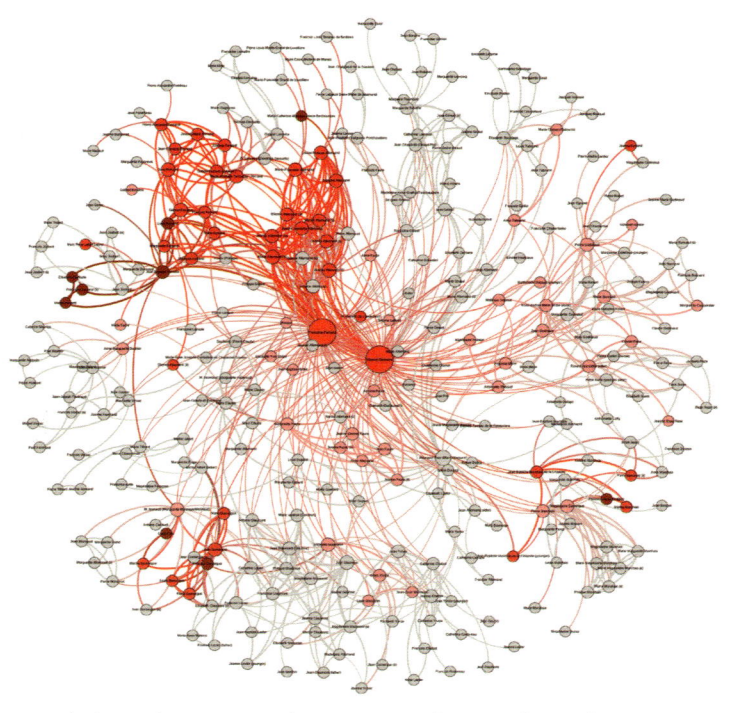

14. Angoulême: uma rede provinciana francesa do século XVIII. Indivíduos que viajaram para fora da França são representados em vermelho-escuro.

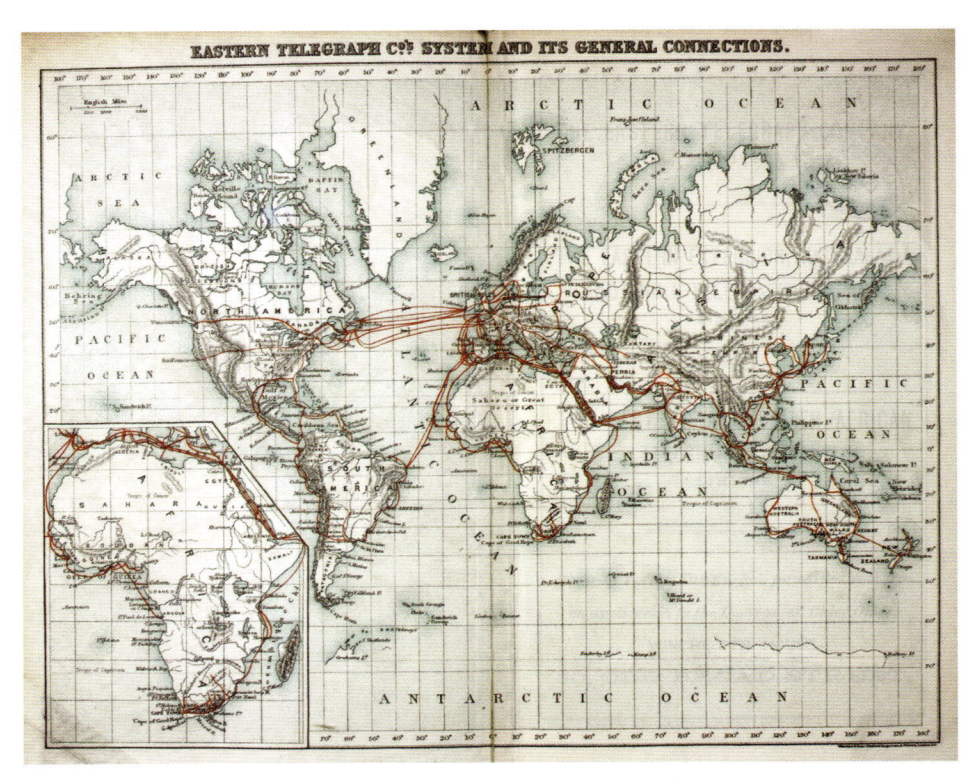

15. A rede da Companhia Oriental dos Telégrafos, 1901.

16. *A muralha antichinesa*, de Friedrich Gratz, em *Puck*, 1882. O Tio Sam usa "argamassa do Congresso" e tijolos carregados por irlandeses, afro-americanos e outros trabalhadores para construir um muro contra imigrantes chineses. Os tijolos têm as etiquetas "Preconceito", "Lei contra a Raça", "Inveja" etc.

17. (*acima*) A Europa em 1914: mapa satírico alemão.

18. (*à direita*) Primeira edição de *Greenmantle*, de John Buchan.

19. Stálin no leme: o hierarca supremo da era totalitária.

20. Isaiah Berlin e Anna Akhmatova, Leningrado, novembro de 1945.

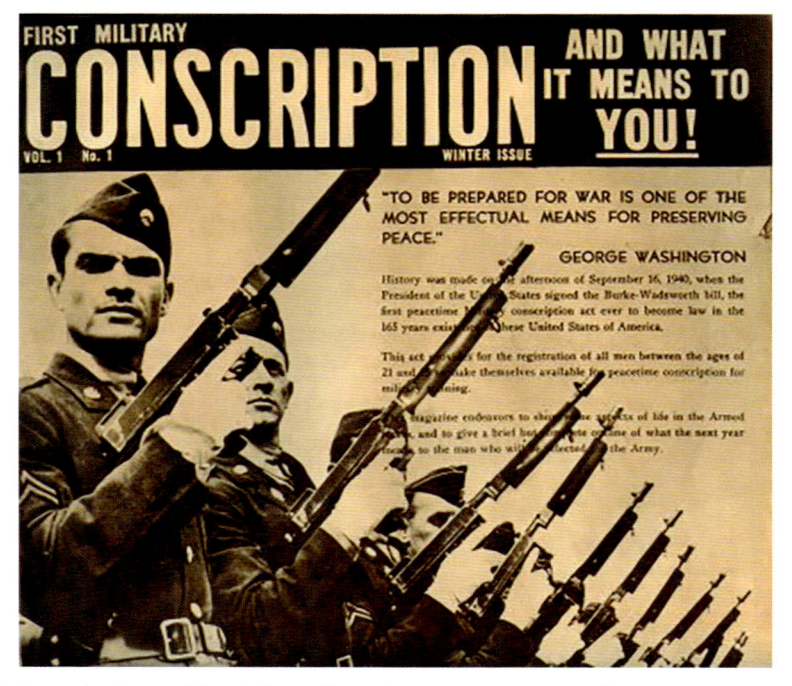

21. A Segunda Guerra Mundial, ou: Como levar jovens rapazes a fazer o que você manda.

22. O genial e o careta: Steve Jobs e Bill Gates em 1991.

23. Líderes do rebanho eletrônico: Stan Druckenmiller e George Soros, 1992.

24. A rede dos que planejaram os ataques do 11 de Setembro, como visualizada por Vladis Krebs em 2002.

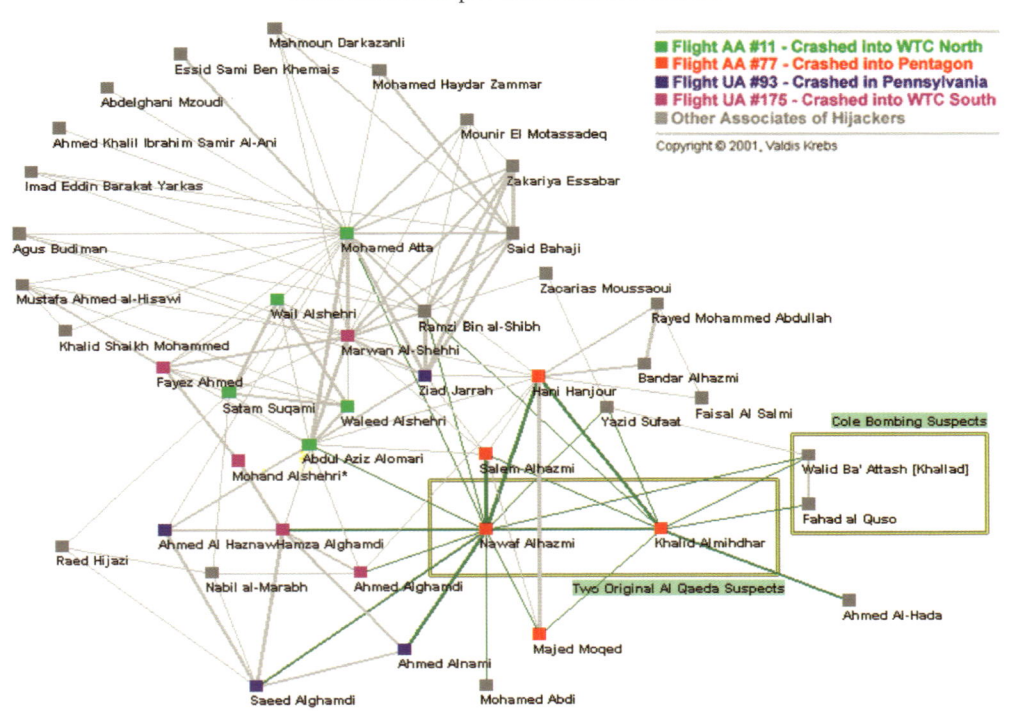

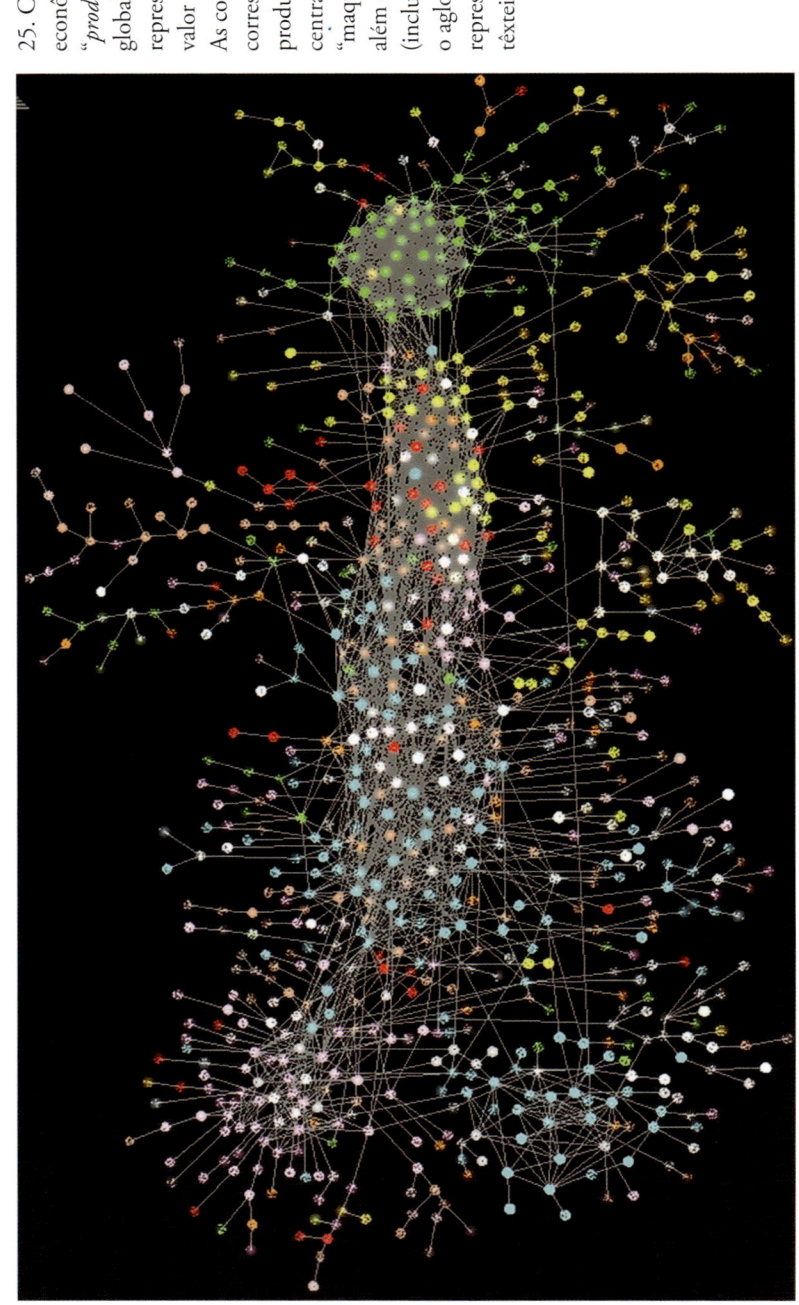

25. Complexidade económica: gráfico do "*product space*" de exportação global, em que cada ponto representa exportações no valor de US$ 100 milhões. As cores dos pontos correspondem aos tipos de produto. O componente central é dominado por "maquinaria e electricidade", além de "transporte" (inclusive automóveis); o aglomerado à direita representa a indústria de têxteis, calçados e chapelaria.

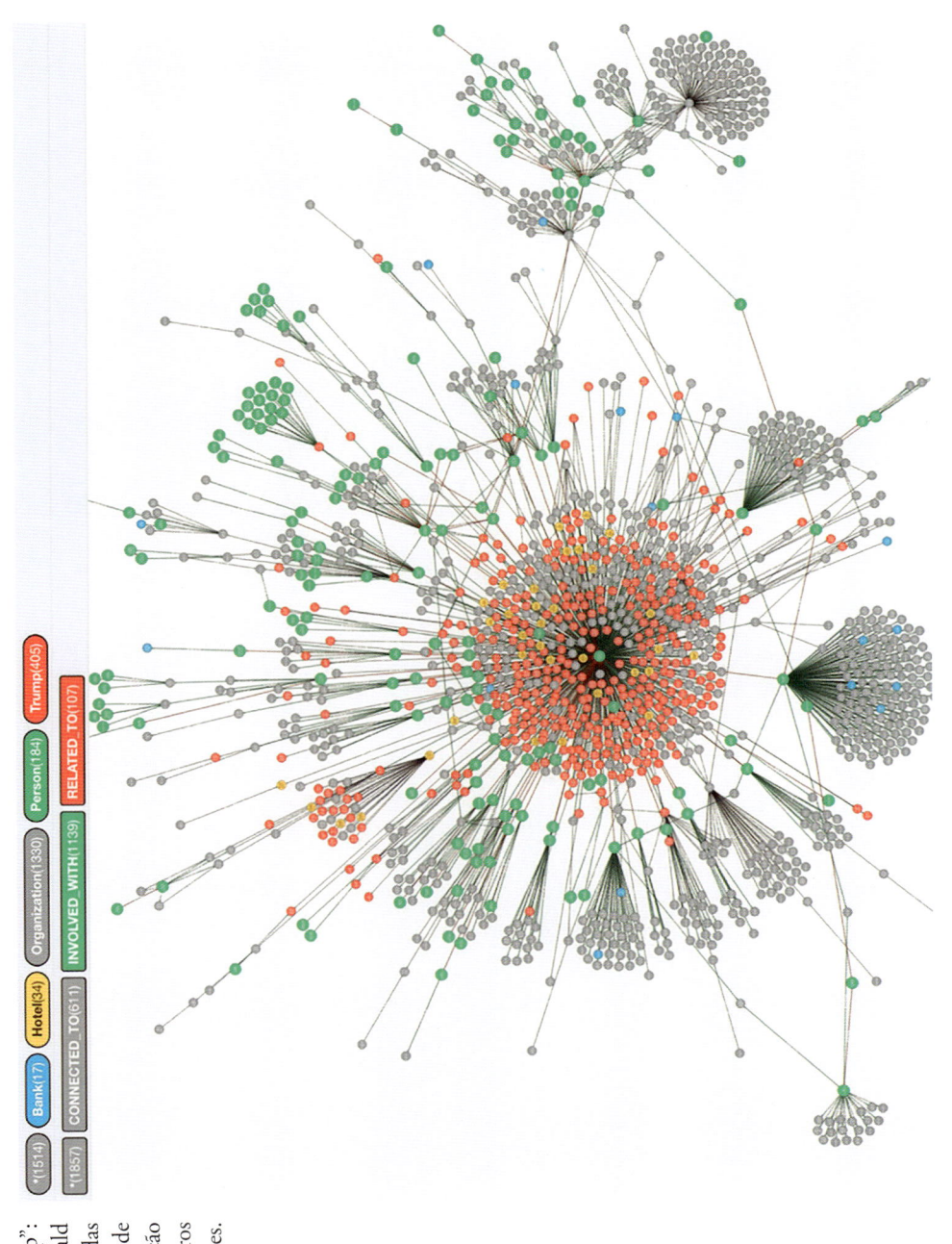

26. "O mundo de Trump": a rede do presidente Donald J. Trump, retraçando todas as conexões conhecidas de Trump e da Organização Trump com outros indivíduos e organizações.

27. A sede do Facebook (*acima*) e a Trump Tower (*à esquerda*).

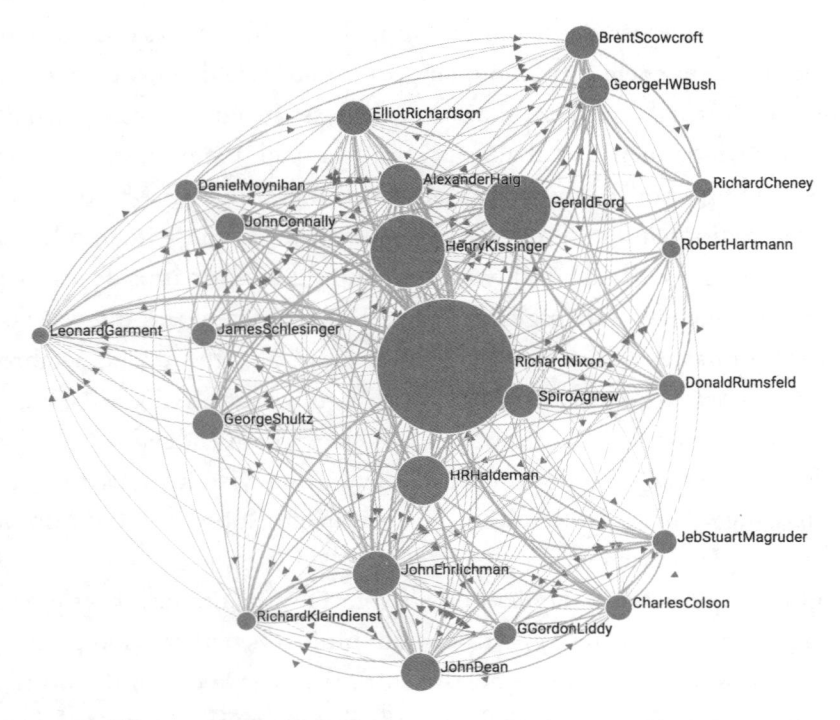

33. Rede dirigida das administrações Nixon e Ford, mostrando direção e frequência de referência de membros entre si em suas memórias.

acreditar que qualquer pessoa que tenha ocupado essas posições previamente fosse tão infatigável viajante e negociador.

Enquanto esteve no cargo, Kissinger apareceu na capa da revista *Time* não menos de quinze vezes. Ele era, de acordo com um dos perfis da revista, publicado em 1974, "o homem mais indispensável do mundo [...] o homem certo no lugar certo na hora certa" – ainda que críticos o condenem por prestar mais "atenção aos chefes e menos aos princípios".[18] A hipótese deve ser que a influência e a reputação de Kissinger foram produto não só de seu intelecto e energia produtiva, mas também de sua sobrenatural conectividade. A *shuttle diplomacy* [diplomacia de viagens] era parte disso. Assim como lisonjear jornalistas, o que Kissinger sabia fazer muito bem, ainda que raramente os cite em suas memórias, a despeito da proximidade de sua amizade com os irmãos Alsop, Stewart e Joseph e com o colunista Tom Braden. Como a revista *Time* publicou, Kissinger "preservou cuidadosamente o ritual esperado de um subordinado que obedece às ordens de um comandante em chefe", mesmo quando a presidência de Nixon colapsava. A relação "formal e correta, mais do que pessoal" com Nixon permaneceu institucionalmente vital até sua renúncia final. Como notou a revista *Time*, Kissinger tinha "um senso apurado de hierarquia".[19] Mas o que importava muito mais eram todas as relações em uma rede – incluindo uma "rede de antigos colegas", velhos participantes dos seminários de verão em Harvard – que envolvia o globo. "Ele sempre busca o cara que vai fazer a coisa", um assessor anônimo contou à *Time*. "Muitas portas se abrem para ele", comentou um "amigo de Washington e admirador". A rede era a precondição para a sua diplomacia de "reação em cadeia" – uma frase usada pelo premiê-adjunto israelense, Yigal Allon. Isso justifica a ideia de que Kissinger "provavelmente teve mais impacto sobre o mundo do que qualquer outra pessoa".[20]

O enfraquecimento da hierarquia e o fortalecimento das redes que caracterizaram a década de 1970 trouxeram muitos benefícios. Do ponto de vista de Kissinger, essas tendências significativamente diminuíam o risco de uma Terceira Guerra Mundial: que, afinal, era o raciocínio central de um diálogo mais frequente com a União Soviética (assim como o começo da comunicação com a República Popular da China). Os contemporâneos de Kissinger frequentemente resumiam sua política externa como "*détente*". Ele preferia falar de "interdependência". Um "novo sistema internacional" havia substituído "a estrutura dos anos imediatamente posteriores à guerra", ele declarou em Londres em dezembro de 1973: um sistema baseado no "paradoxo de crescente dependência mútua e identidades nacionais e regionais em expansão".[21] "A crise da energia", ele sugeriu três meses depois, constituiu "as dores do parto da interdependência global".[22] Em abril de 1974, "O desafio da interdependência" se tornou o título de um discurso; em 1975 a interdependência estava "se tornando o fato central de nossa diplomacia". "Se não obtivermos um reconhecimento de nossa interdependência", Kissinger avisava em outubro de 1974, "a civilização ocidental que conhecemos quase certamente vai se desintegrar".[23] Acadêmicos de sua universidade, como Richard Cooper e Joseph Nye, acataram a ideia e escreveram livros sobre o assunto.[24] A interdependência encontrou expressão institucional no primeiro encontro da Comissão Trilateral* na propriedade de Rockefeller em Pontico Hills, em 1972, e na primeira reunião do "Grupo dos Seis" (Grã-Bretanha, França, Itália, Japão, Estados Unidos e Alemanha Ocidental) em Rambouillet, em 1975. O jornal *The New York Times* escolheu marcar a data do bicentenário da Declaração de Independência com um editorial intitulado "Dia da Interdependência".[25] Foi um conceito entusiasticamente adotado pelo presidente Jimmy Carter e seu conselheiro de segurança nacional, Zbigniew Brzezinski.

Mas havia custos além dos benefícios de habitar um mundo mais interdependente. Como argumentou Brzezinski em seu livro *Entre duas eras*, a nova "cidade global" que estava sendo criada pela "era tecnotrônica" era "uma rede nervosa, agitada, tensa e fragmentada de relações interdependentes".[26] Isso era bem verdade. Durante a primeira metade da Guerra Fria, as superpotências tinham sido capazes de controlar os fluxos de informação através da manufatura ou do financiamento de propaganda, classificando ou censurando qualquer coisa considerada danosa. O sensacionalismo acompanhava todos os escândalos envolvendo espiões e defecções; mas, na maioria dos casos, tudo o que acontecia era que informação classificada passava de um estado de segurança nacional para outro. Isso, também, mudou na década de 1970. Documentos oficiais vazados começaram a chegar ao público através da imprensa livre – começando em 1971 com os chamados "Papéis do Pentágono" entregues por Daniel Ellsberg ao *The New York Times* – e (muito menos) no bloco soviético através da literatura *samizdat*, especialmente o *Arquipélago Gulag* de Alexander Solzhenitsyn. Vazamentos para a imprensa, a seu turno, deram combustível à dramática intensificação de protestos sociais nos *campi* de universidades e bairros centrais, que fizeram o início da década de 1970 parecer tão febril quando comparada com o sedado quarto de século pós-1945. Ao todo, quase quatrocentos grupos diferentes estiveram envolvidos em alguma forma de protesto nos Estados Unidos entre as décadas de 1960 e 1980: o que tinha começado como uma campanha de direitos para afro-americanos logo englobou

---

* No plano original da Comissão Trilateral, o comitê executivo seria formado de 34 delegados: catorze da Comunidade Econômica Europeia (EEC), nove do Japão, nove dos EUA e dois do Canadá. Foi um ato de notável autoapagamento por parte dos norte-americanos, já que a economia norte-americana era substancialmente maior do que a do EEC.

as campanhas pelos direitos das mulheres, das mulheres nativas americanas, dos direitos gays e lésbicos, e as campanhas contra a Guerra do Vietnã, armas nucleares, pobreza e poluição industrial.[27] Como a maioria dos membros da geração que lutou na Segunda Guerra Mundial, Nixon e Kissinger tinham pouca paciência com tais grupos; de fato, Kissinger achava que os estudantes radicais que ele encontrou em Harvard no final da década de 1960 eram parecidos com os estudantes alemães que tinham acorrido às manifestações de Nuremberg no início da década de 1930.[28] Não obstante, na madrugada de 9 de maio de 1970, Nixon saiu da Casa Branca para confrontar um grupo de estudantes que protestavam, acampados no Memorial Lincoln. Foi uma tentativa de contato pouco característica, vinda de um homem notório por sua reclusão e misantropia. Como ele disse aos estudantes:

> Pena que eles tinham perdido [sua entrevista coletiva no dia anterior] pois eu tentei explicar [...] que meus objetivos no Vietnã eram os mesmos que os deles – parar a matança, o fim da guerra, trazer a paz. Nosso objetivo não era entrar no Camboja, mas sair do Vietnã. Parecia não haver resposta – eles não retrucaram. Eu esperava que seu ódio à guerra, que eu podia entender bem, não se transformasse em um amargo ódio contra nosso país e contra tudo o que ele representa. Eu disse, eu sei que provavelmente pensam que eu sou um FDP. Mas saibam que eu entendo como vocês se sentem.[29]

Talvez Nixon entendesse como os manifestantes se sentiam. Mas, como declararam aos repórteres que rapidamente vieram procurá-los, os estudantes nem remotamente entendiam como ele se sentia, ou não se importavam.

Muito antes de Nixon ser vítima da exposição de sua malandragem pelo jornal *Washington Post* – e também de ter sofrido as consequências de sua própria vulnerabilidade, isolado das redes como era, com poucos amigos nas instituições que possivelmente o teriam salvado –, Kissinger entendeu que as redes eram mais poderosas do que as hierarquias do governo federal. Já os estudantes que protestavam, sabia que não valia gastar seu tempo com eles. Mas ele percorreu o país nos anos Ford fazendo discursos para audiências do Meio-Oeste, num esforço para explicar seu conceito estratégico a um público mais amplo – ainda que com sucesso limitado. De certa forma, seu feito mais notável foi se isolar de um componente da rede de Nixon que teria sido fatal para ele: a parte que planejou a invasão de Watergate. Só um gênio das redes saberia exatamente com quais nódulos evitar contato. O poder de Kissinger, ainda baseado em uma rede que cruzava não apenas fronteiras, mas também limites profissionais, resistiu muito tempo depois de sua saída do governo em 1977, institucionalizada na firma de consultoria Kissinger Associates, mantida por quase contínuas viagens, reuniões, encontros e jantares. Em contraste, o braço executivo depois de Nixon teve seu poder diminuído significativamente por escrutínio do Congresso e de jornais corajosos. Nenhum assessor de segurança nacional ou secretário de Estado, não importa quão talentoso, seria capaz de igualar o sucesso de Kissinger.

46
Adentrando o vale

Por que as estruturas de poder hierárquico afundaram na crise na década de 1970? Poderíamos assumir que, como acreditava Brzezinski, a resposta para essa pergunta é tecnológica. É certamente verdade que a década de 1970 foi um período de gênese para o computador e também para a internet. Não obstante, a crise do poder hierárquico antecedeu o espalhamento das redes eletrônicas nos Estados Unidos. De fato, a relação de causa era inversa: foi precisamente o relaxamento do controle central que fez a revolução tecnológica da informação norte-americana possível.

Está claro para todos os países do mundo que as novas redes informacionais, comerciais e sociais da era da internet colocam um profundo desafio, mas a escala de tal desafio apenas gradualmente se torna aparente. Para começar, a criação de tecnologias de rede pretendia aumentar o estado nacional de segurança. A tarefa dada ao pesquisador Paul Baran, da Rand,* em 1964, era desenvolver um sistema de comunicação que pudesse sobreviver a um ataque nuclear soviético. Baran sugeriu três estruturas possíveis para tal sistema. Poderia ser "centralizado", com um centro de conexão ou polo central e múltiplas arestas; "descentralizado", com múltiplos componentes esparsos ligados por elos fracos; ou "distribuído", como uma malha ou treliça. Em teoria, a última opção era a mais resiliente, já que suportaria a destruição de numerosos nódulos, e foi de fato o modelo preferido por

---

* Originalmente estruturada pelo comandante da Força Aérea Norte-Americana em outubro de 1945 para a pesquisa das armas do futuro, a Rand Corporation ("pesquisa e desenvolvimento") nasceu três anos depois a partir da empresa Douglas Aircraft Company, como entidade sem fins lucrativos financiada conjuntamente pelo governo e pelo setor privado. Foi como estrategista-chefe na Rand que Hermann Kahn escreveu seu livro clássico *Sobre a guerra termonuclear* (1960).

Baran para o que se tornou a Arpanet (*Advanced Research Projects Agency Network*) [Rede da Agência de Projetos de Pesquisa Avançada].¹ Na prática, paradoxalmente, tal estrutura só poderia ser mantida através de planejamento central. Como apontou Melvin Conway em 1968 – em um texto seminal intitulado "Como os comitês inventam?" –, havia uma espécie de lei na maneira como os sistemas de comunicação eram desenhados: "Organizações que desenham sistemas (termo aqui usado em sentido amplo) são constrangidas a produzir desenhos que são cópias das estruturas de comunicação dessas organizações".² Assim como Kissinger tinha visto em primeira mão a disfunção da burocracia governamental quando confrontada com desafios estratégicos grandes, Conway – um analista de sistema com experiência em contratos governamentais de defesa – tinha apontado que:

> Durante o desenvolvimento, as estruturas de sistemas grandes tendem a se desintegrar qualitativamente ainda mais do que sistemas pequenos. Essa observação é muito evidente quando aplicada a grandes sistemas militares de informação dos últimos dez anos [...] alguns dos mais complexos objetos criados pela mente humana [...]
>
> Por que sistemas grandes se desintegram? O processo parece ocorrer em três etapas [...] Primeiro, a percepção dos designers iniciais de que o sistema será grande, aliada a certas pressões em sua organização, tornam irresistível a tentação de indicar pessoas demais para o esforço do desenho. – Segundo, a aplicação da sabedoria gerencial convencional em uma grande organização de design faz que sua estrutura de comunicação se desintegre. – Terceiro, o homomorfismo assegura que a estrutura do sistema refletirá a desintegração que ocorreu na organização de design.³

Era muito importante então que o que se tornou a internet *não* fosse desenhado dessa forma, mas que emergisse mais ou menos espontânea e organicamente, com acadêmicos e engenheiros de computação do setor privado mais do que com planejadores militares na liderança.

No dia 29 de outubro de 1969 um computador falou com outro computador pela primeira vez quando uma mensagem incompleta foi enviada via Arpanet, do Instituto de Pesquisas de Stanford, para a Universidade da Califórnia, em Los Angeles.⁴ Dois anos depois, o número de nódulos da rede tinha ultrapassado quarenta, conectando tanto universidades como empresas privadas.

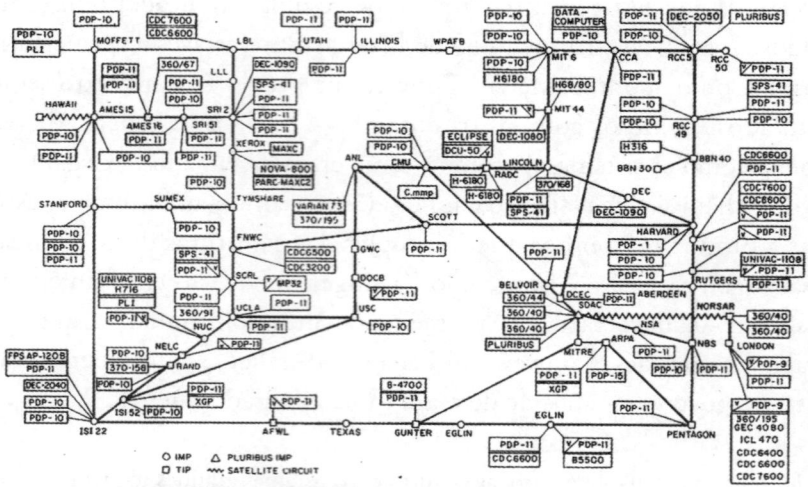

34. Projeto da rede Arpanet, 1969.

Redes semelhantes brotaram em outros lugares (Hepnet, Span, Telenet e outras), de modo que em 1974 o desafio tinha se tornado ligar essas redes em uma só *inter-network* [inter-rede]. A década de 1970 foi uma época de inovação intensa, mas altamente descentralizada, cada novo avanço contribuindo para a integração do processo: o sistema operacional Unix, que mais tarde viria a inspirar o Linux e o FreeBSD, a ideia de separar nomes e endereços com o símbolo @, o primeiro programa de e-mail (MSG) com as opções "responder" e "encaminhar", o primeiro modem. E, é claro, os avanços coincidiam com um crescimento exponencial aparentemente inexorável, segundo a "Lei" de Moore".* O desenvolvimento mais importante, porém, foi que Vinton (Vint)

---

* Foi Gordon E. Moore, um dos cofundadores da Intel, que observou em 1965 que o número de transístores por polegada quadrada em um chip de circuito integrado vinha dobrando a cada ano. Ele previu que essa taxa se sustentaria, mas em 1975 modificou sua previsão, aventando que depois de 1980 a taxa dobraria a cada dois anos. Não há espaço aqui para um relato mais detalhado dos avanços do poder de computação que acompanhou o crescimento da internet; basta dizer que a Lei de Moore basicamente tem valido desde então.

Cerf e Robert Kahn estipularam que a rede das redes não deveria ter controle central nem deveria ser otimizada por nenhum aplicativo em particular ou forma de pacote de dados.[5] Seu protocolo de software TCP/IP previa que todos as redes de computador deveriam ser capazes de se comunicar, a despeito de diferenças em sua estrutura interna. Isso se tornou realidade no primeiro dia de janeiro de 1983, quando a Arpanet mudou para o TCP/IP.[6] Um ano depois vieram os primeiros DNS – *Domain Name Servers* [servidores de nomes de domínio], o que permitia que endereços numéricos IP assumissem nomes mais fáceis de memorizar. Em 1987, havia 30 mil *hosts* [hospedeiros] naquilo que agora estava sendo chamado de "a internet".

A internet não foi planejada; ela cresceu. A vasta infraestrutura global que usamos hoje, com suas linhas-tronco internacionais de fibra óptica, a rede nacional de servidores das vias principais de comunicação (*backbones*) provida por companhias de telecomunicações como a AT&T, sua miríade de provedores de serviços de internet e seus bilhões de usuários, começou modestamente. Nenhuma autoridade central a desenhou, o que explica como se evitaram as armadilhas descritas pela Lei de Conway. Nenhuma permissão era ou é necessária para adicionar um novo caminho ou subtrair um velho.[7] Não há um depositário central onde a estrutura da internet está registrada. Ela não pode ser mapeada. Brinton e Chiang definem três conceitos fundamentais que subjazem à internet:

– troca de pacotes, onde os recursos são compartilhados em vez de designados;
– hierarquia distribuída, onde o controle é espalhado ao longo de diferentes segmentos da rede geograficamente; e
– modularização, onde as tarefas são divididas em diferentes níveis funcionais e gerenciados separadamente.[8]

Como usuários nos acostumamos com a extensão do poder dado a nós pela internet, roteando sem sobressaltos os pacotes de informação que desejamos enviar ou receber pelas rotas mais curtas, usando mensagens de *feedback* para avaliar as condições da rede e evitar congestionamento.[9] Tal sistema complexo não poderia ter sido desenhado por uma única agência.

A World Wide Web, que se desenvolveu na década de 1980 como a principal forma de tráfego da internet, compartilha da mesma característica.[10]

Começou com um acadêmico, Tim Berners-Lee, que trabalhava para a Organização Europeia para a Pesquisa Nuclear (CERN – *European Organization for Nuclear Research*) e criou um programa chamado ENQUIRE para facilitar que físicos gerenciassem suas pesquisas de partículas. Em março de 1989, Berners-Lee publicou a proposta para uma versão global do sistema, que de início quis chamar *Mesh* [Malha], antes que o nome "World Wide Web" lhe ocorresse. Foi Berners-Lee que criou as ferramentas agora universais da comunicação na web: Linguagem de Marcação de Hipertexto (HTML – *HyperText Markup Language*), Protocolo de Transferência de Hipertexto (HTTP – *Hypertext Transfer Protocol*) e Localizador de Recurso Uniforme (URL – *Uniform Resource Locator*). Dentro de alguns anos esse sistema computacional de código aberto permitiu a rápida proliferação de navegadores fáceis de usar, como o Mosaic e o Netscape Navigator. Como a internet onde ela operava, a World Wide Web era o produto de crescimento orgânico, não de planejamento central. É uma rede onde os nódulos são páginas da web criados pelos usuários e as arestas são hiperlinks que nos permitem navegar de uma página para outra, usualmente em uma só direção (isto é, a página de destino não necessariamente tem um hiperlink levando o usuário de volta à página onde começou).[11] Como a internet, é um trabalho de muitas mãos: *cookies*, *plug-ins*, sessões e *scripts* são programas que corrigem softwares, criados para gerenciar a crescente complexidade do sistema. E, como a internet, a World Wide Web é tão grande que não é possível conhecê-la toda, já que nenhum dos buscadores que nos permitem explorar a rede consegue chegar perto de arquivar todas as páginas da web – mas sabemos que seu centro estrutural é um componente gigante densamente interconectado de nódulos mutuamente alcançáveis.[12]

Em seu discurso de despedida à nação em 1960, Eisenhower tinha avisado sobre o poder excessivo do "complexo industrial-militar". Ele não precisava se preocupar. Se tal complexo fosse tão poderoso assim, teria certamente impedido ou pelo menos diminuído o crescimento da internet e da World Wide Web. Talvez a mais impressionante característica dos Estados Unidos na década de 1970 foi simplesmente que a inovação descentralizada era possível, a despeito de todos os problemas econômicos, sociais e políticos que associamos ao período. Os jovens rapazes atraídos para o "Vale do Silício" – como o Vale de Santa Clara foi apelidado em 1971 – levaram suas atitudes antiautoritárias consigo. Quando o Congresso passou o Ato de Decência nas Comunicações de 1996 – sua primeira tentativa de regulamentar as comunicações da internet através de multas, aplicadas nos casos de publicação on-line de linguagem obscena – era apropriado que a resposta do Vale fosse escrita (como um e-mail) pelo ex-letrista do grupo de rock *Grateful Dead*, John Perry Barlow.[13] Sua "Declaração de Independência do Ciberespaço" foi endereçada aos "Governos do Mundo Industrial, seus cansados gigantes de carne e aço":

> Eu venho do Ciberespaço, o novo lar da Mente.
> Em nome do futuro, eu peço a vocês do passado que deixem o futuro em paz. Vocês não são bem-vindos entre nós. Vocês não tem soberania sobre onde nos agrupamos. Não temos governo eleito nem vamos ter, então eu me endereço a vocês com nenhuma autoridade senão aquela com a qual a liberdade sempre fala. Eu declaro o espaço social global que estamos construindo naturalmente, independentemente das tiranias que vocês tentam impor sobre nós. Vocês não tem o direito moral de governar-nos nem possuem nenhum método de punição que realmente nos imponham medo...
> O Ciberespaço não está dentro de suas fronteiras. Não pensem que vocês podem construí-lo, como se fosse um projeto de obra pública. Vocês não podem. Trata-se de um ato da natureza e cresce sozinho através de ações coletivas...
> O Ciberespaço consiste de transações, relações e do próprio pensamento, dispostos como uma onda rolando na rede de nossas comunicações...
> Estamos criando um mundo onde todos podem entrar, sem privilégio ou preconceito relacionados a raça, poder econômico, força militar, ou situação de nascença. Estamos criando um mundo onde todos, de qualquer lugar, possam expressar suas crenças, não importa quão singulares sejam, sem medo de ser coagido ao silêncio ou ao conformismo.
> Seus conceitos legais de propriedade, expressão, identidade, movimento e contexto não se aplicam a nós... [Suas] medidas progressivamente hostis e coloniais nos colocam na mesma posição dos amantes da liberdade e da autodeterminação que no passado rejeitaram as autoridades de poderes distantes e desinformados.[14]

A despeito das visões mais febris dos estudantes radicais da década de 1970, não haveria revolução nos Estados Unidos. Como o famoso e-mail de Barlow deixava claro, a internet *era* a revolução. Ou assim pareceu. A Electronic Frontier

Foundation [Fundação Fronteira Eletrônica] estabelecida por Barlow e outros ciberlibertários obteve sua primeira grande vitória em 1997, quando a Suprema Corte extinguiu o Ato da Decência nas Comunicações por ser uma violação da Primeira Emenda.[15] O governo norte-americano se envolveu minimamente no trabalho da Força-Tarefa de Engenharia da Internet, que era vista por seus criadores como o único governo de que a Interninternet precisava. Nas palavras de David D. Clark, o arquiteto-chefe do protocolo da internet: "Rejeitamos reis, presidentes e a votação. Acreditamos em: consenso básico e fazer código rodar".[16] Naquela brilhante e esperançosa manhã, poucos cientistas da computação ou engenheiros de software pararam para pensar o que fariam exatamente se a internet se tornasse a cena de um crime.

Mas já era óbvio que, como no Jardim do Éden, a Utopia do Ciberespaço tinha sua serpente e seus pecadores: jogadores maliciosos que invadiam "cavernas de múltiplos usuários" para cometer estupro virtual do avatar de outras pessoas, e logo depois vieram os criminosos da vida real, que rapidamente tomaram as oportunidades oferecidas para praticar a fraude assim que o dinheiro pôde trocar de mãos on-line.[17] E o Ciberespaço também não ficou muito tempo sem o governo. Em janeiro de 1998, Jon Postel, o primeiro diretor da Autoridade dos Números Alocados (IANA – *Internet Assigned Numbers Authority*), mandou um e-mail para oito dos doze operadores dos servidores-raiz regionais da internet, instruindo-os para que mudassem o servidor-raiz da zona para aquele do IANA, ao invés de usar o da Network Solutions, Inc., que era o registro DNS original preparado pela Agência de Sistemas de Informação de Defesa (DISA) em setembro de 1991. Em questão de dias, o Departamento das Telecomunicações Nacionais e Administração da Informação do Comércio publicou uma "Proposta para melhorar a gerência técnica dos nomes e endereços da internet".[18] Uma nova corporação sem fins lucrativos chamada Corporação da Internet para Nomes e Números Alocados (ICAAN) foi criada com uma diretoria global e funcionalmente representativa para gerenciar a IANA, mas submetida por contrato ao – e sob a vigilância do – Departamento de Comércio. O que tinha começado como a Arpanet não poderia escapar facilmente da jurisdição de seu criador: o próprio Tio Sam. Nesse sentido, a Declaração de Independência de Barlow virou letra morta dois anos depois de sua aparição.

47
A queda do império soviético

O Instituto de Cibernética se localizava nos subúrbios de Kiev. Era lá que, desde 1972, Viktor Gluchkov tentava desenhar a Internet Soviética – ou, para dar ao projeto o seu nome completo, o "Sistema Automatizado de Todo o Estado para a Coleta e Processamento da Informação para a Contabilidade, Planejamento e Governança da Economia Nacional, URSS". Na Ucrânia controlada pelos comunistas, havia algo do espírito que animava o Vale do Silício. Gluchkov e seus colegas imaginaram uma terra chamada "Cybertonia", que seria governada por um conselho de robôs, com um robô saxofonista como líder supremo. Gluchkov sabia que, para ser aceitável ao Krêmlin, o Sistema Automatizado teria que se adequar à estrutura piramidal de três níveis da economia soviética planejada. Inevitavelmente, teria de haver um polo central em Moscou, que se conectaria a duzentos nódulos de nível intermediário nas grandes cidades soviéticas, que, a seu turno, conectariam 20.000 terminais de computadores distribuídos por lugares-chave de produção. Mas, se por um lado Moscou controlasse quem tinha acesso à rede, Gluchkov previu que qualquer usuário autorizado poderia contatar qualquer outro usuário na rede sem permissão direta no nódulo-mãe.

Será que tal Internet Soviética teria funcionado? Parece duvidoso. De qualquer maneira, o experimento nunca foi tentado – não porque os membros do Politburo em Moscou detectassem a potencial ameaça à sua autoridade colocada pela proposta de Gluchkov, mas simplesmente porque o ministro das finanças, Vassili Garbuzov, cancelou tudo por causa do custo.[1]

Sabendo tudo o que sabemos sobre as patologias de subtração do valor da economia soviética na década de 1970, temos que nos esforçar para lembrar que o consenso em Washington era que o comunismo poderia, em última instância, prevalecer sobre o capitalismo. Na edição de 1961 de seu livro best-seller, o economista Paul Samuelson tinha previsto que a União Soviética ultrapassaria a economia norte-americana em algum ponto entre 1984 e 1997. "A economia soviética", ele ainda podia afirmar na edição de 1989 de seu livro, "é prova de que, ao contrário do que muitos céticos acreditaram no passado, a economia de comando socialista pode funcionar e mesmo florescer". Como um relatório da NSA depois reconheceu, "nenhuma estimativa oficial mencionava o colapso do comunismo como possibilidade distinta até o golpe de 1989".[2] Mas era óbvio para qualquer visitante na União Soviética que havia algo faltante na economia planejada. Os produtos de consumo eram de péssima qualidade e estavam cronicamente em falta. Em fábricas antiquadas, pequenos roubos, alcoolismo e absenteísmo era recorrentes. É difícil acreditar que qualquer domínio de computação teria salvado um sistema tão fundamentalmente falido.

Para a maioria dos cidadãos soviéticos, o sentimento de desmoralização resultante não se traduzia em ação política – apenas fatalismo e mais humor negro. Não obstante, para aquelas partes da Europa Oriental que tinham caído sob o regime soviético, direta ou indiretamente como resultado da Segunda Guerra Mundial, a coisa era diferente. Encorajados pelas promessas (insinceras) que os líderes soviéticos tinham feito de respeitar os direitos humanos nos acordos finais de Helsinque, os dissidentes começaram timidamente a se organizar. Pela primeira vez desde a década de 1930, as pessoas que viviam sob o regime comunista perceberam que podiam formar redes sem automaticamente arriscar suas próprias vidas e as de suas famílias. Em nenhum lugar as associações voluntárias independentes cresceram tão rápido quanto na Polônia. O desafio era construir redes de redes – um tipo de internet política –, que permitiriam a liberais seculares das universidades juntarem forças com os católicos e trabalhadores que se opunham ao regime.[3] Entre 1969 e 1977, a rede de oposição cresceu em tamanho, cerca de 40%, com a adição de seis novos grupos, entre eles os Sindicatos Livres (WZZ), assim como em densidade, quando os grupos civis, liberais, católicos, nacionalistas e radicais cresceram mais estreitamente conectados. Em 1980, estimulados pela impetuosa experiência da visita do Papa João Paulo II no ano anterior, a rede tinha crescido mais uma vez, com o novo sindicato Solidariedade se tornando o polo dominante.[4] Certamente, a imposição da lei marcial em dezembro de 1981 desarranjou a rede, quando diversas personalidades de grande importância foram presas ou fugiram para o exterior. Mas o general Wojciech Jaruzelski não era um Stálin. Quando o governo concordou em realizar conversações com o Solidariedade em fevereiro de 1989, a rede se recompôs e cresceu com velocidade alucinante.

As revoluções, como vimos, são fenômenos de rede. Como cada dia de 1989 passava sem o surgimento da repressão e a determinação dos regimes fraquejava, o número de seus cidadãos decididos a arriscar o protesto aberto subiu. Em Budapeste, em maio, os comunistas húngaros decidiram abrir sua fronteira com a Áustria. Agarrando a oportunidade, 15 mil alemães-orientais rumaram pela Tchecoslováquia para tirar "férias" na Hungria, na realidade uma viagem só de ida para o Ocidente. Em junho, o Solidariedade ganhou as eleições e formou um governo democrático. Em setembro, os comunistas húngaros seguiram o exemplo polonês ao permitir eleições livres. No mês seguinte, enquanto Erich Honecker azeitava os planos para celebrar o quadragésimo aniversário da República Democrática Alemã, centenas, então milhares, então dezenas de milhares, e então centenas de milhares de pessoas saíram às ruas de Leipzig, primeiro gritando *Wir sind das Volk* ("Nós somos o povo"), depois emendando para *Wir sind ein Volk* ("Nós somos um povo"). Aqui também as redes localizadas de oposição – algumas ligadas à Igreja – rapidamente se conectaram, ainda que os componentes de esquerda e de direita da revolução estivessem muito menos ligados do que na Polônia.[5] Em 9 de novembro de 1989, confusos repórteres em Berlim Oriental foram informados de que "[tinha sido tomada] a decisão de fazer o possível para que todos os cidadãos deixassem o país através dos postos fronteiriços oficiais [...] imediatamente", notícias que levaram a um dilúvio de berlinenses-orientais aos postos fronteiriços. Na falta de ordens claras, os guardas optaram por não resistir. Pela meia-noite, todos os postos tinham sido forçados a abrir. As peças do dominó estavam caindo, mas desta vez na direção oposta àquela temida por Eisenhower – e continuaram a cair por quase dois anos. Depois de um golpe abortado em Moscou em agosto de 1991, a União Soviética quebrou, deixando como saldo a Federação Russa, tosquiada dos países bálticos, da Ucrânia e da Bielorrússia, das três repúblicas caucasianas e dos cinco "-stões"* da Ásia Central. No mesmo período de tempo, a Iugoslávia se desintegrou, e

---

* Ou seja, Turcomenistão, Cazaquistão, Quirguistão, Tajiquistão e Uzbequistão. [N.T.]

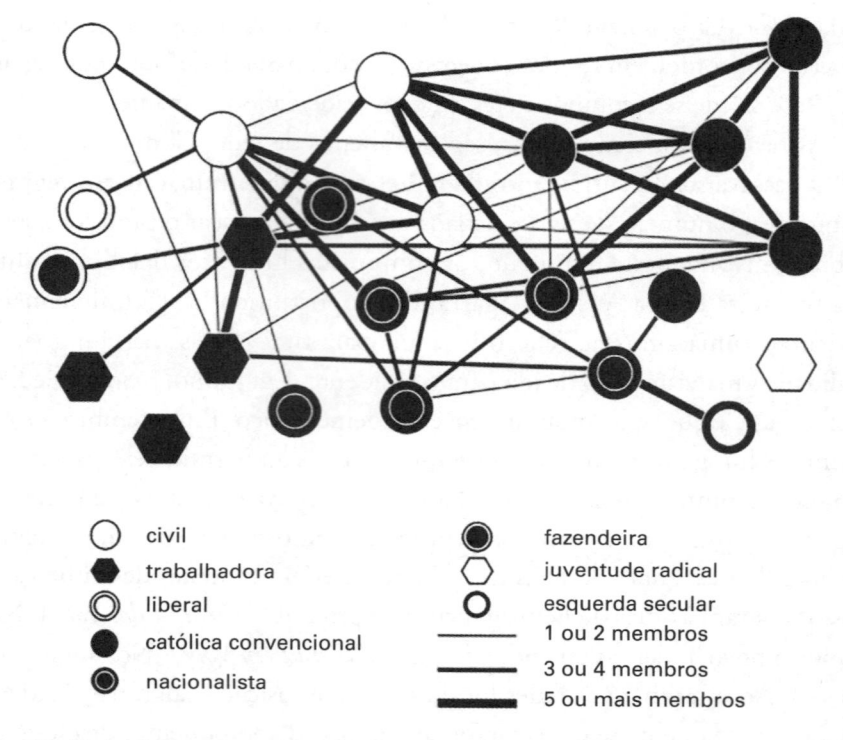

○ civil
⬣ trabalhadora
◎ liberal
● católica convencional
◉ nacionalista
● fazendeira
⬡ juventude radical
○ esquerda secular
— 1 ou 2 membros
— 3 ou 4 membros
▬ 5 ou mais membros

35. Redes da oposição polonesa, 1980-81. O sucesso do sindicato livre Solidariedade (o hexágono preto ao centro e à esquerda) era parcialmente baseado nessa conexão com múltiplas outras associações políticas.

a multiétnica Bósnia e Hezergovina ficou praticamente despedaçada. Apenas na China os comunistas permaneceram no roteiro de 1956 e 1968, enviando tanques para esmagar protestos populares em Pequim em junho de 1989.

Essa vasta reação em cadeia na Eurásia não foi apenas o trabalho das redes de oposição política; foi também impulsionada pelas redes de televisão. Na primeira fase da revolução alemã-oriental, a participação em protestos foi certamente alimentada pela cobertura da televisão alemã-ocidental, que a maioria dos alemães-orientais assistia em suas próprias telas de TV. Apenas em um lugar apelidado de "Vale dos Desavisados" (*Tal der Ahnungslosen*) – da área sudeste ao redor de Dresden ao nordeste do país perto de Greifswald – estavam as pessoas que não recebiam o sinal dos canais ocidentais.[6]

Igualmente perigosas para o sistema soviético, porém, eram as redes financeiras que vinham crescendo exponencialmente ao longo da década de

1980 como resultado da liberalização dos mercados de capital e da introdução da tecnologia computadorizada. Não foi coincidência que os regimes da Europa Oriental (com a exceção da Romênia) entraram em seus estertores apenas alguns anos depois de começarem a tomar emprestado pesadamente de bancos ocidentais. Esses tais bancos estavam entre as primeiras instituições que começaram sistematicamente e em larga escala a explorar as novas tecnologias de informação criadas no Vale do Silício. Esse desenvolvimento é por vezes esquecido nos relatos históricos sobre a década de 1980, que tendem a dar crédito desproporcional ao colapso do comunismo para um punhado de líderes heroicos: Gorbatchev, Reagan, Thatcher, o papa. Esses indivíduos importaram, sem dúvida, mas eles tiveram mais chances de atingir suas metas quanto mais alinhados estivessem com a rede financeira internacional que crescia rapidamente. O mais importante polo da rede não era Washington, nem Londres, muito menos Roma. Era uma pequena estação de esqui no cantão suíço de Graubünden: Davos.

48
O triunfo do homem de Davos

Quando John Perry Barlow enviou na forma de um e-mail sua "Declaração de Independência do Ciberespaço" para a rede de endereços em sua agenda on-line, era apropriado que sua locação física fosse Davos. Como participante do Fórum Econômico Mundial (FEM), Barlow estava formando redes eletrônicas e sociais. O FEM fora fundado em 1971 por um acadêmico alemão que tinha passado por Harvard, chamado Klaus Schwab, com a ideia de criar uma conferência regular de líderes empresariais internacionais para que pudessem realizar sua visão de "corporações como acionistas de uma sociedade global, em conjunto com o governo e a sociedade civil".[1] O resultado foi descrito como o "paraíso do *name-dropper*",* povoado não apenas pelos chefes-executivos de multinacionais e por políticos selecionados, mas também por "banqueiros centrais, capitães de indústria, titãs da alta finança, áugures pessimistas, astrofísicos, monges, rabinos, gênios da tecnologia, curadores de museu, reitores de universidades, *bloggers* de finanças [e] herdeiros virtuosos": "Davos é como o Congresso, a Fábrica, o Tabernáculo Mórmon, o Bohemian Grove**, o "melhor jantar formal do mundo", o sistema financeiro, o Facebook, o festival *Burning Man*, campo de treinamento, universidade, Los Angeles, o balneário de Quoge. Davos é uma cebola, um bolo de camadas, uma boneca russa". Graças a Schwab, Davos agora realmente merece o nome que Thomas Mann deu à montanha que se ergue bem acima da cidade: *der Zauberberg*, a Montanha Mágica. Graças a Davos, Schwab pode agora afirmar

---

* O termo designa um indivíduo que cuidadosamente menciona o nome de pessoas famosas de modo que os outros creiam que ele as conhece pessoalmente. [N.T.]

** Uma espécie de clube de campo de elite para homens, ligado a um clube privado chamado Bohemian Club. [N.T.]

(em sucessão linear a Kissinger) ser "o mais [ou talvez melhor] conectado homem do planeta".²

Aqueles que ironizam o Fórum Econômico Mundial subestimam o poder das redes. Poucos discursos na história do Fórum tiveram importância histórica maior do que aquele de janeiro de 1992, feito por um prisioneiro político recentemente libertado vindo do lado oposto do planeta. "Nossa interdependência", ele declarou aos delegados da conferência, enquanto Schwab escutava atentamente e com aprovação, "demanda que todos nos combinemos para lançar uma ofensiva global para o desenvolvimento, a prosperidade e a sobrevivência humanas". Era necessário, argumentou o orador, "que houvesse uma transferência massiva de recursos do Norte para o Sul" – mas não "como um ato de caridade ou como uma tentativa de melhorar a vida daqueles 'sem nada' empobrecendo aqueles 'que têm'". Ele então passou a listar quatro passos que seu próprio país deveria dar:

> [...] lidar com o problema da dívida, a questão do declínio no preço das commodities que os países mais pobres exportam, e o acesso aos mercados para seus produtos manufaturados.
>
> Assegurar o crescimento da [nossa] economia [...] [que] vai requerer um crescimento rápido e sustentado em termos de formação de capital ou investimento fixo, usando de fontes tanto domésticas quanto externas para financiar tal investimento.
>
> [Estabelecer] um setor público talvez não diferente do de países como a Alemanha, a França e a Itália.
>
> Oferecer ótimas perspectivas para os investidores presentes neste salão, tanto sul-africanos quanto internacionais.³

O orador era Nelson Mandela, e o espírito do que dizia era tão claro quanto surpreendente: para atrair capital externo ao país do qual ele estava prestes a se tornar líder, a figura máxima do Congresso Nacional Africano (CNA), descartaria uma das principais promessas da Carta da Liberdade de 1955: a nacionalização da indústria-chave da África do Sul.⁴

Apesar de ser membro do Partido Comunista Sul-Africano (PCSA) quando foi preso em 1962, Mandela não era um comunista comum. "Devemos estudar cuidadosamente todas as revoluções, inclusive as que fracassaram", ele certa vez escreveu em seu diário, citando livros de autoria do líder israelense Menachem Begin e do guerrilheiro bôer Deneys Reitz, além de Che Guevara e Mao Tsé-tung. A teoria revolucionária do braço armado do CNA (*Umkontho we Sizwe*) era mais Fidel Castro do que Lênin.[5] Durante seus longos anos como prisioneiro em Robben Island, Mandela mudou sua filosofia em muitos aspectos, mas manteve a ideia de nacionalizar o grande panorama da economia. Quando em 1990 o embaixador britânico Robin Renwick tentava dissuadi-lo da nacionalização, Mandela retrucou: "Foi uma ideia de vocês" – uma referência à Cláusula Quatro da Constituição do Partido Trabalhista Britânico, que chamava o partido à "propriedade comum dos meios de produção, distribuição e troca, e ao melhor sistema de administração e controle possível de cada indústria ou serviço".[6]

Por que Mandela abandonou esse último vestígio de socialismo apenas dois anos depois? Ele admitiu a influência de sua viagem a Davos. Como colocou depois: "Eu cheguei em casa para dizer: 'Rapazes, precisamos escolher. Ou mantemos a nacionalização e não ganhamos investimento, ou modificamos nossa atitude e obtemos o investimento'".[7] Mais tarde, em 2000, ele recordava como, ao "viajar ao redor do mundo e ouvir as opiniões de líderes empresariais e economistas acerca de como fazer a economia crescer", foi "persuadido e convencido sobre o mercado livre".[8] Mas outras explicações foram dadas. Para aqueles à sua esquerda no CNA, como Ronnie Kasrils, "a decisão contra a nacionalização era uma 'barganha fáustica' com o mundo branco que traiu os pobres sul-africanos".[9] O jornalista Anthony Monteiro afirmou que Mandela tinha de fato "mantido conversações secretas com o regime branco antes de ser solto", e que havia concordado em abandonar a nacionalização nos estágios iniciais.[10] Uma maneira mais gentil de dizer o mesmo é afirmar que Mandela (e Thabo Mkebi, que depois seria seu sucessor na presidência) ouviu os líderes empresariais sul-africanos, notadamente Harry Oppenheimer, a quem a líder antiapartheid branca Helen Suzman apresentou Mandela.[11] Uma teoria alternativa diz que na verdade foi a pressão do Fundo Monetário Internacional que levou à mudança de política: "por um empréstimo de 850 milhões de dólares [...] a África do Sul se comprometeu com a austeridade, a liberalização e a privatização".[12] De acordo com Naomi Klein, o CNA foi "alimentado com uma dieta contínua de ideias neoliberais", não apenas pelo FMI mas também por "escolas de negócios estrangeiras, bancos de investimentos, institutos de economia política e o Banco Mundial", sem falar nos "advogados, economistas e agentes sociais que perfaziam a rápida expansão da indústria da transição".[13] Segundo outros relatos, foram Margaret Thatcher e o secretário de Estado norte-americano James Baker que desviaram Mandela de seus princípios socialistas. (Sobre a nacionalização, Baker teria dito a Mandela: "Tudo isso é coisa do passado, agora".)[14]

36. Nelson Mandela com Klaus Schwab em Davos em janeiro de 1992, quando Mandela retirou a nacionalização da economia do programa do Conselho Nacional Africano.

A viagem de Mandela a Davos veio em um momento decisivo na história sul-africana. Ele fora solto em fevereiro de 1990 e após seis meses o PCSA tinha sido legalizado e a luta armada do CNA suspensa. Mas, ao fim de 1991, a África do Sul ainda estava longe de ter um governo democraticamente eleito.

O processo de negociação, envolvendo muitos partidos, acabou por produzir uma Constituição só em 1993; as primeiras eleições livres só vieram em abril de 1994. Muitos observadores ainda acreditavam que uma guerra civil era o resultado mais provável do fim do apartheid, mais do que eleições livres. Mesmo assim, não foram políticos ocidentais nem plutocratas que convenceram Mandela a se reposicionar em relação à nacionalização. Nas palavras do futuro ministro do Trabalho, Tito Mboweni (que acompanhou Mandela a Davos), foram os delegados chineses e vietnamitas do Fórum Econômico Mundial. "No momento, estamos tentando privatizar empresas estatais e convidar a iniciativa privada para entrar em nossas economias", eles disseram a Mandela. "Nós somos governos de Partido Comunista, e você é o líder de um movimento de libertação nacional. Por que você fica falando de nacionalização?"[15] Isso faz sentido. Por que Mandela estaria inclinado a ouvir os conselhos do ministro da Indústria holandês, outro delegado em Davos que falou contra o crescimento da propriedade estatal? Ele tinha acabado de passar quase trinta anos cativo dos africânders, que falam holandês.[16] A rede à qual ele havia pertencido durante o período foi uma das de maior sucesso no século XX: a rede internacional dos comunistas. O que fez de Davos crucial foi a integração de redes mais antigas à nova internacional capitalista criada por Klaus Schwab – uma integração possibilitada pelos governos chinês e vietnamita, que abraçaram reformas econômicas baseadas no mercado.

49
Quebrando o Banco da Inglaterra

Há uma falha séria nas narrativas que representam o colapso do comunismo, o declínio do socialismo e a emergência da globalização como uma conspiração sinistra de capitalistas multinacionais e agências multilaterais contra movimentos de libertação do Terceiro Mundo. A falha é que a rede da finança global não tinha nada que fosse tão politicamente coerente como uma "doutrina do choque". Os esforços especulativos seriam tão prováveis contra um governo conservador na Grã-Bretanha quanto contra os socialistas revolucionários sul--africanos – desde que houvesse dinheiro a fazer. Nada ilustra isso melhor do que os eventos que se desenvolveram em Londres apenas oito meses depois da renúncia de Mandela às nacionalizações em Davos. George Soros, gerente de *hedge funds*,* estava ausente do Fórum Econômico Mundial – ele só começou a ir regularmente a ele em 1995. Ainda que estivesse bem adiantado no caminho que o faria o homem mais rico do mundo, o "especulador" era uma figura relativamente obscura. Em setembro de 1992, no entanto, Soros alcançou a fama de ser o homem que "quebrou o Banco da Inglaterra" – e com isso o Mecanismo de Taxa de Câmbio Europeu (ERM – *Exchange Rate Mecanism*).[1]

Não era apenas o socialismo que estava em risco com o crescimento e a maior integração dos mercados globais nas décadas de 1980 e 1990. A combinação de desregulamentação (especialmente da abolição de controles de troca e capital) e a computadorização (especialmente a criação de informação mais rápida e fluxos de transações através de fronteiras) significou que qualquer empresa política subordinada a controles hierárquicos estava vulnerável.

---

* No Brasil, chamados de fundos de investimento livre (altamente especulativos). (N.E.)

A ideia da unidade pan-europeia, como a ideia da fraternidade universal da classe trabalhadora, tinha suas raízes no século XIX. Depois das sombrias experiências de meados do século XX, no entanto, ela tinha evoluído de um sonho utópico para um programa de integração econômica.² Começou com a criação de uma "Comunidade" para regular a produção e a precificação do carvão e do aço em seis países europeus: Alemanha Ocidental, França, Itália, Bélgica, Países Baixos e Luxemburgo. O Tratado de Roma de 1957 então criou a Comunidade Econômica Europeia (CEE), com a redução de tarifas alfandegárias e o estabelecimento da unificação de alfândegas entre esses países. O comércio entre eles vinha aumentando rapidamente antes mesmo da formação da comunidade e continuou a crescer – tal como o comércio global. Em outros aspectos, porém, a integração econômica se deu lentamente. Na agricultura, o desenvolvimento de um mercado integrado foi positivamente impedido pela persistência nacional de subsídios, até que a Política Agrícola Comum se sobrepusesse. Na manufatura, também, os governos nacionais continuaram a resistir à competição pan-europeia, subsidiando setores politicamente sensíveis ou impondo barreiras que não fossem na forma de tarifas. Tais práticas eram menos frequentemente adotadas no caso de serviços, mas só porque os serviços eram mais difíceis de comerciar através de fronteiras do que os produtos. A exceção a essa regra eram os serviços financeiros, um dos quais – a venda de títulos corporativos ou do setor público de longo termo a investidores relativamente ricos – se tornou integrado de uma maneira nova ao longo da década de 1960.³

A emergência do chamado mercado do "Eurobond" foi um dos passos iniciais em direção à globalização financeira.⁴ Mas o nascimento do Eurobond também foi um enorme avanço na história da integração europeia – ainda que não tenha sido prevista em grande parte pelos homens de Estado e tecnocratas que foram depois retratados como os "santos" ou "pais fundadores" dos anos formadores da União Europeia.⁵ Foi o resultado espontâneo da inovação de atores do setor privado, com alguma ajuda das permissivas autoridades monetárias britânicas. Depois de alguns curtos anos, a gênese e o crescimento desse setor transformaram o mercado de capitais europeu, forjando ligações e redes completamente novas, e foram banqueiros, não políticos, que despenderam esforços para isso. Em alguma medida, sem dúvida, seu motivo principal era o lucro. Mas os arquitetos do mercado do Eurobond o consideravam não apenas uma forma de fazer dinheiro, mas também um potente aparato para fazer avançar a integração política da Europa. Em particular, eles compreenderam que a integração do mercado de capitais europeu poderia ser reforçada pela filiação da Grã-Bretanha à CEE. Os franceses temiam acabar tendo que arrimar a libra esterlina caso a Grã-Bretanha se tornasse membro da CEE, dado que se esperava que a filiação tornasse ainda pior a fraca balança de pagamentos do Reino Unido; essa foi uma razão-chave para os dois vetos do presidente Charles de Gaulle ao ingresso britânico em 1963 e 1967. O contra-argumento desenvolvido pelos pioneiros do mercado de Eurobonds era que a França não poderia excluir a Grã-Bretanha do grupo indefinidamente se Londres se restabelecesse como o centro europeu para as transações em moedas que não a libra esterlina.[6]

Assim que a Grã-Bretanha ingressou na CEE, banqueiros como Siegmund Warburg – um dos arquitetos do mercado de Eurobonds – começaram a discutir a possibilidade de integração monetária, começando com a criação de uma unidade de contabilidade (ele sugeriu o nome "*Euro moneta*") baseada em uma cesta de diferentes moedas nacionais.[7] A performance econômica pós-guerra da Grã-Bretanha tinha sido pontuada por crises recorrentes da libra esterlina. Aqueles que favoreciam a integração da Europa para propósitos de serviços comerciais e financeiros consideravam a frequente necessidade de realinhamentos mais do que apenas um inconveniente. Flutuações nas taxas de câmbio pareciam ser apenas outra barreira na estrada para a unidade europeia.

A ideia da união monetária da Europa foi o produto de uma rede de pensadores majoritariamente holandeses, franceses e alemães.* Mas há certa ironia no fato de que uma rede de intelectuais – alguns eram economistas acadêmicos, outros burocratas – pudesse criar um projeto tão hierárquico quanto a criação de um único banco central para os heterogêneos Estados-nação que formavam a CEE. Uma importante explicação para isso é a estrutura peculiarmente estreita da elite governamental: quase todos cursaram as *grandes écoles* (principalmente a École Polytechnique e a École Nationale d'Administration) e foram empregados por *grands corps* (Inspection des Finances, Conseil d'État, Cour des Comptes, Corps des Mines). Aqueles que escolheram trabalhar no setor privado permaneceram estreitamente conectados a uma densa rede de

---

* Visualizações gráficas da "Rede dos Pais Fundadores" serão publicadas em volume a ser lançado com o título *Os pais fundadores do euro: Indivíduos e ideias na história da união monetária europeia*, organizado por Kenneth Dyson e Ivo Maes.

amizades, casamentos cruzados e filiação a clubes como o Le Siècle e lojas maçônicas, muitas delas fundadas antes da Revolução Francesa. Desde a década de 1970, entre um terço e metade de todos os ministros de governo, independentemente de filiação partidária, foram membros do Le Siècle, com um pico de 72% no governo Édouard Balladur (1993-95). O sistema conhecido como *pantouflage* assegurava uma circulação constante do tipo "porta giratória" de funcionários públicos entrando e saindo da indústria e do sistema bancário. As quarenta maiores empresas, a seu turno, eram conectadas por um denso sistema de diretorias casadas, com a maioria dos diretores servindo em mais de uma diretoria.[8] Para essas chamadas *énarques,* a ideia de uma única moeda europeia era irresistível – ainda mais porque elas viam a criação de um banco central europeu como uma forma de conter institucionalmente a crescente predominância alemã. Esse foi o raciocínio por trás do Tratado de Maastricht. Do ponto de vista da Alemanha, a unidade monetária era o preço a ser pago para a França aceitar a reunificação alemã: a prova, como dito repetidamente pelo chanceler alemão Helmut Kohl, de que os líderes alemães agora colocavam a Europa em primeiro lugar, e a Alemanha em segundo.

É claro que a Grã-Bretanha tinha sua elite governamental também. Na década de 1960, os jornalistas Henry Fairlie e Anthony Sampson tinham popularizado o nome desprezível que o historiador A. J. P. Taylor tinha criado: "O Sistema" (*The Establishment*). Não obstante, apesar de ser unida pelos vínculos escolares representados pelas gravatas das antigas escolas e cachecóis de Cambridge, a classe dominante britânica era muito mais heterogênea do que a francesa. Nada ilustra isso melhor que os governos de Thatcher na década de 1980: não apenas a primeira-ministra era uma mulher da província do Lincolnshire (ainda que tivesse um diploma de Oxford) como também havia ministros suficientes de origem judaica para inspirar piadas acerca dos "Velhos Estonianos". Para Siegmund Warburg, cujo banco mercantil S. G. Warburg (juntamente com a mais antiga casa de N. M. Rothschild) foi uma sementeira dos mais brilhantes thatcheristas, era óbvio que, como ele colocou em 1972, "uma união econômica e monetária não pode ser imaginada sem uma união política, eu acho que foi Bismarck que sempre falava de '*das Primat der Politik über die Wirtschaft*'*, e isso é verdade hoje como foi em sua época".[9] Os con-

---

*   "A primazia da política sobre a economia."

servadores tinham sido aqueles que, na década de 1980, haviam liberalizado o setor financeiro do país, a City of London, e trouxeram uma nova vida ao capitalismo britânico. Eles favoreciam a integração comercial da Europa – de fato, eles foram os arquitetos do Ato Único Europeu de 1986, que liberalizava o comércio. Mas se encontravam longe de estar unidos em seu apoio à união monetária. Mesmo o transicional Mecanismo de Taxas de Câmbio (ERM) ia de encontro ao adágio de Thatcher, que afirmava que os governos não deveriam "mexer com o mercado".* Ao lado de tal objeção econômica havia uma de caráter político. Nem os trabalhistas nem os conservadores queriam se associar a um sistema que implicasse a subordinação à política macroeconômica do Banco Central alemão. Mesmo que a Segunda Guerra Mundial tivesse terminado 34 anos antes de Thatcher ter ocupado a residência do primeiro-ministro na Downing Street, 10, a memória "da guerra" persistia. O ministro conservador Nicholas Ridley foi forçado a renunciar em julho de 1990 por ter falado alto o que muitos pensavam privadamente: que o projeto da união monetária era "um esquema fraudulento desenhado para conquistar toda a Europa". A revista *Spectator* ilustrou a entrevista onde figura essa frase com um cartum no qual Ridley desenha um bigode ao estilo de Hitler no retrato de Kohl.

Mesmo assim, em meados da década de 1980, tanto o diretor do Banco da Inglaterra como a Confederação da Indústria Britânica (CBI) pressionavam para que a Grã-Bretanha aderisse ao ERM. De fato, Nigel Lawson, o ministro das Finanças, era visto como se estivesse "sombreando" o marco alemão, tacitamente buscando uma meta de taxa de câmbio. Em junho de 1989, quando Lawson e Geoffrey Howe, secretário das Relações Exteriores, ameaçaram renunciar se a Grã-Bretanha não aderisse ao ERM, Thatcher finalmente cedeu em princípio, mas ela procrastinou a ação até outubro de 1990. A essa altura os defensores do ERM estavam tão ansiosos para ir adiante, antes que Thatcher mudasse de ideia, que não houve consideração séria sobre a taxa de câmbio central com que a Grã-Bretanha entraria no ERM, uma taxa que alguns "eurocéticos" viam como sobrevalorizada (2,95 marcos alemães

---

* Em um discurso sobre "os princípios do thatcherismo", feito em Seul em 3 de setembro de 1992, Thatcher expressou sua visão sucintamente: "Se, ao controlar artificialmente as taxas de câmbio entre os países, você tenta mexer no mercado, logo vai descobrir que os mercados mexem com você – duramente".

para 1 libra esterlina). Tal concessão não foi suficiente para salvá-la. Em 28 de novembro de 1990, ela foi substituída por seu ministro da Economia, John Major, depois de um golpe interno liderado por pró-europeus.

Major e seus apoiadores tinham subestimado a determinação de seus colegas europeus em pressionar pela união monetária – e também política. Eles agora propunham rebatizar a própria entidade de "União Europeia" através da elaboração e assinatura de um novo tratado de fundação. "Durante as negociações do Tratado de Maastricht", o ministro da Economia britânico, Norman Lamont, mais tarde recordou com evidente horror: "pela primeira vez eu ouvia políticos europeus aberta e entusiasticamente argumentando pela criação de um estado europeu".[10] Major não se entusiasmou. "Eu não queria ver uma moeda única", ele escreveu mais tarde. "E não gostava também das implicações políticas da união monetária".[11] Major decidiu que a Grã-Bretanha deveria assinar Maastricht – de outra forma ele se afastaria não apenas da Europa continental mas também da facção pró-Europa de seu próprio Partido Conservador –, mas que, para apaziguar os eurocéticos, insistiria em "opções de saída" para a Grã-Bretanha da moeda única e da proposta Carta Social.[12] As apostas políticas eram altas. Major tinha que encarar uma eleição geral em abril de 1992. Os outros negociadores de Maastricht entenderam isso, mas estavam ainda desapontados com o que ele e Lamont tinham produzido, como mais tarde colocou: "um documento longo, detalhado e preciso na forma da lei que especificava todos os artigos do tratado que não se aplicariam ao Reino Unido e trancava a porta para qualquer outra interpretação alternativa".[13] Lamont e Major simplesmente se recusaram a negociar: ou as outras nações aceitavam as opções de saída britânicas ou a Grã-Bretanha não assinaria. Essa dureza caiu bem no âmbito doméstico. O jornal *Daily Telegraph* saiu com a manchete: "Parlamentares conservadores festejam sucesso em Maastricht".[14] O novo tratado foi assinado em 7 de fevereiro de 1992. Os franceses obtiveram sua promessa de moeda única; eles toleravam viver sem a adesão dos britânicos – e sem os dinamarqueses, que também conseguiram opções de saída – desde que a nova e aumentada Alemanha permanecesse trancada. Major conseguiu uma apertada (e amplamente inesperada) vitória nas eleições britânicas apenas dois meses depois.

O ERM estava assim a meio caminho entre taxas de câmbio livremente flutuantes e uma moeda única que nem todos os países adotariam, quando fosse lançada sete anos depois. Enquanto isso, era tarefa dos doze bancos centrais nacionais manter suas respectivas moedas dentro das bandas ou margens de flutuação acordadas. Mas, em agosto de 1992, a situação de vários membros do ERM despertou dúvidas sobre o que fazer. A essa altura, as consequências da unificação alemã se faziam sentir. Para dar aos alemães-orientais um presente de reunificação, seus "marcos orientais" foram convertidos para os muito mais fortes marcos alemães da Alemanha Ocidental a uma taxa de um para um. O resultado foi aumentar o poder de compra dos alemães-orientais e a oferta de dinheiro alemão a um só golpe, ao mesmo tempo que se tornava quase toda a indústria da Alemanha Oriental desesperadamente não competitiva.[15] Investimentos maciços tiveram que ser feitos na parte oriental para trazer sua infraestrutura industrial ao nível ocidental, assim como grandes pagamentos para aliviar o desemprego e outras transferências do oeste para o leste. O resultado foi um surto de investimentos e gastos governamentais, muitos deles financiados pelo empréstimo. A seu turno, isso fez aumentar preços e salários alemães.

A ameaça da inflação alemã fez contrastar o conflito entre os papéis doméstico e europeu do Bundesbank. Um dos papéis – sua responsabilidade estatutária – era a de protetor do poder de compra do marco alemão; o outro era ser a âncora *de facto* do ERM. Legalmente obrigado a contrapesar a inflação alemã, o Bundesbank respondeu ao *boom* da reunificação elevando taxas de juros-chave que regulavam seus empréstimos a bancos alemães. De uma baixa pré-unificação de 2,5%, a taxa de desconto subiu em etapas ponderadas até chegar a um pico de 8,75% em agosto de 1992. O Bundesbank claramente estava menos preocupado com seu outro papel de âncora do ERM. Isso era ruim para os outros membros do ERM. Em 1990, a maioria deles, incluindo Reino Unido, França e Itália, já tinham eliminado todas as restrições sobre fluxos de capital através de suas fronteiras. Se não aumentassem suas taxas de juros, o capital móvel se mudaria para a Alemanha em busca de maior retorno. O problema era que Reino Unido, França e Itália não experimentavam uma expansão comparável àquela da Alemanha. De fato, a Grã-Bretanha tinha sofrido uma recessão em 1991.

O catalisador para a crise apareceu em 2 de junho de 1992, quando, em um referendo, os eleitores dinamarqueses votaram inesperadamente a favor de rejeitar o Tratado de Maastricht.[16] Em primeiro de julho, o presidente François Mitterrand anunciou que um referendo na França seria realizado a 20 de setembro.[17] Se os franceses também rejeitassem Maastricht, o novo tratado estaria morto.[18] As pesquisas indicavam que isso podia acontecer.[19] Essa incerteza política era ruim para a Grã-Bretanha.

John Major poderia ter optado por sair da moeda única, mas ele tinha investido um capital político muito grande em Maastricht. Ademais, a última coisa que ele queria era que dúvidas surgissem a respeito de seu compromisso com aquela referência monetária. Tanto ele quanto Lamont discursaram negando qualquer possibilidade de desvalorização.[20] Ficaram desapontados com o pouco apoio que receberam em Frankfurt para sua posição. Em quatro ocasiões no verão de 1992, agentes do Bundesbank deram declarações hostis sobre as outras moedas do ERM que eram citadas pela imprensa.[21] Em 10 de junho o presidente do Bundesbank, Schlesinger, deu uma entrevista na qual falou abertamente de um possível realinhamento das moedas do ERM antes do movimento final em direção à unidade monetária.[22] Major e Lamont protestaram junto ao chanceler Kohl, mas sem êxito.[23] Em 16 de julho, em uma recepção de verão na residência do primeiro-ministro britânico na Downing Street, e depois, em um jantar do jornal *Sunday Times,* Major, em uma mistura de "desejo ilusório e bravata", afirmou que em cinco ou dez anos a "libra esterlina estaria entre as moedas mais fortes – mais forte talvez que o marco alemão".[24] No dia seguinte, o Bundesbank aumentou sua taxa de desconto – um passo legítimo para inibir a inflação alemã –, mas ao mesmo tempo ("incrivelmente", como colocou Lamont), um porta-voz do Bundesbank declarou que "as forças do mercado poderiam eventualmente forçar moedas mais fracas a se desvalorizar".[25] Em 26 de agosto, de pé na escadaria do Tesouro em Whitehall, Lamont se esforçou para remover "qualquer sombra de dúvida sobre a libra esterlina" ao se comprometer a "fazer todo o necessário" para manter a posição da libra no patamar do ERM, ou acima dele, que era de 2.778 marcos alemães.[26] Naquela tarde, Ian Plenderleith, diretor do Banco da Inglaterra responsável pelo mercado de dinheiro, convidou executivos seniores de quatro grandes bancos de varejo à Threadneedle Street* para revelar um plano de proteção à libra esterlina, tomando emprestado mais de 7,25 bilhões de libras em moeda estrangeira, principalmente marcos alemães (um plano anunciado publicamente oito dias depois).[27] Mais tarde, no mesmo dia,

---

* Rua da sede do Banco da Inglaterra. [N.T.]

Lamont leu, para seu desgosto, que um membro da diretoria do Bundesbank acreditava que havia potencial "para o realinhamento dentro do ERM".[28] Quatro dias depois, Reuters conseguiu uma cópia adiantada do discurso de um agente do Bundesbank que afirmava que um realinhamento do ERM tinha sido suprimido por anos por "motivos de prestígio", sugerindo que não poderia ser adiado por mais muito tempo.[29]

Para os políticos britânicos, imersos nas memórias populares da década de 1940, era óbvio quem era o inimigo: os alemães.[30] Na primeira semana de setembro, Lamont recebeu os ministros de Finanças europeus para um encontro na cidade de Bath. Talvez encorajado pela locação tão singularmente inglesa, ele decidiu colocar máxima pressão sobre Schlesinger. Este ficou tão furioso com as "lamentações" de Lamont que ameaçou sair da reunião e teve que ser fisicamente impedido de fazê-lo por Theo Waigel, o ministro das Finanças alemão.[31] "Nunca na história do Bundesbank houve tanta pressão sobre nós como você agora exerce", reclamou Schlesinger a certa altura.[32] ("Bem", Lamont refletiu sardonicamente, "talvez ele não tenha vivido a vida muito intensamente".)[33] Ao fim da reunião, quando os ministros já iam embora, Schlesinger retaliou ao presentear a esposa de Lamont com uma caixa contendo trinta marcos alemães de prata. ("Eu confesso", Lamont lembrou mais tarde, "que frases cruéis sobre trinta moedas de prata reverberavam em minha mente".)[34] A guerra de palavras continuou na semana seguinte, quando Schlesinger contradisse duramente a sugestão de Lamont de que um corte na taxa alemã era iminente.[35] Em 15 de setembro o presidente do Bundesbank deu uma entrevista ao jornal financeiro alemão *Handelsblatt* na qual "não desconsideraria a possibilidade de que, mesmo depois do realinhamento e do corte nas taxas de juro alemãs, uma ou duas moedas possam ficar sob pressão antes do referendo na França".[36] O comentário – publicado somente em discurso indireto, pois Schlesinger insistia em aprovar as citações diretas – foi reproduzido logo em seguida nos noticiários. Major insistiu em que Schlesinger fosse convocado da mesa do jantar para desautorizar a reportagem, mas o resultado final foi apenas uma declaração oficial do Bundesbank afirmando que o texto não tinha sido "autorizado".[37]

Ao pôr a culpa nos alemães, porém, Lamont escolheu o inimigo errado. A 10 de setembro os alemães tinham de fato aceitado a necessidade de um realinhamento geral dentro do ERM, combinado com um corte na taxa de juros alemã. Mas essa mensagem não alcançou o governo britânico, principalmente porque (assim parece) o ministro das Finanças francês, Jean-Claude Trichet, estava determinado a evitar tal alinhamento tão perto do referendo sobre Maastricht. O máximo que parecia estar em oferta era que a Grã-Bretanha desvalorizasse juntamente com a Itália, uma opção que Major rejeitou, mesmo quando os italianos foram em frente sozinhos, e isso apenas aumentou a pressão sobre a libra esterlina.[38] Mas não eram apenas as moedas do ERM que estavam sob pressão naquele verão. Em 8 de setembro, a Finlândia flutuou sua moeda, que imediatamente afundou 14%. No dia seguinte o banco central sueco aumentou sua taxa de *overnight* para 75%, para evitar a desvalorização. Mais tarde o banco fez subir a taxa para 500% antes de finalmente desistir.[39] Com as taxas de juro de curto prazo norte-americanas no seu nível mais baixo em trinta anos, o dólar também estava escorregando relativamente para o marco alemão de alto retorno. Mas um funcionário veterano da Casa Branca, que comentou a situação, estava mais perto da verdade que seus colegas ingleses da Downing Street: "Estamos em uma situação desesperada", ele disse, "à mercê dos mercados".[40] Este era o ponto real: não era o que Schlesinger dizia que importava; era como o mercado reagia às suas palavras. "Essa geração no banco nunca tinha visto nada parecido", comentou um funcionário do Banco da Inglaterra. "Era como se uma avalanche estivesse vindo em nossa direção."[41]

Depois da crise, a imprensa britânica engatou na ideia de que um homem tinha quebrado o Banco da Inglaterra: George Soros. Mas isso era errar o alvo tanto quanto Major e Lamont erraram ao culpar outro homem, Helmut Schlesinger.* Crises financeiras não são causadas por indivíduos. Elas são causadas por manadas – como Soros tinha entendido. Nascido na Hungria,

---

* Major reclamou amargamente que o Bundesbank mais tarde combateu especuladores que atacavam o franco "de um jeito que não tinha feito no caso da libra esterlina". O banco não apenas operou uma intervenção massiva na moeda, mas também publicou uma "declaração franco-alemã de que as mudanças nas taxas de câmbio não se justificavam" – coisa que o Reino Unido tinha pedido mas nunca recebeu. Como a revista *Economist* corretamente apontou, porém, de acordo com qualquer medida financeira relevante, o franco não era tão vulnerável à desvalorização quanto a libra. De fato, o franco estava mais subvalorizado do que a libra estava sobrevalorizada.

refugiado do nazismo e graduado na London School of Economics, Soros tinha construído sua empresa Quantum Fund e outros fundos associados, fazendo-os crescer de cerca de 5 milhões de dólares em 1969 para cerca de 5 bilhões em 1992, ao fazer grandes apostas financeiras com retornos proporcionais. Soros sabia muito bem que um sistema de taxas de câmbio fixas viria a estar sob pressão se houvesse significativas e persistentes diferenças na performance econômica dos Estados-membros. Mas ele também sabia que, se seu Quantum Fund e outros fundos de cobertura associados apostassem pesadamente o suficiente contra uma moeda, eles poderiam causar seu enfraquecimento a despeito dos "fundamentos" econômicos. Orgulhosamente pouco ortodoxo em sua abordagem econômica, Soros acreditava que a "reflexividade" desempenhava importante papel nos mercados financeiros. Como colocou em uma fala no Massachusetts Institute of Technology em 1994, "Reflexividade é, na prática, um mecanismo dual de retroalimentação no qual a realidade ajuda a formar o pensamento dos participantes e o pensamento dos participantes ajuda a formar a realidade".[42]

O ponto crucial era que Soros sozinho não poderia fazer isso acontecer. "Na maior parte do tempo, eu sigo tendências", ele observou certa vez, "mas todo o tempo estou ciente de que pertenço a uma manada e fico buscando pontos de inflexão [...] Na maior parte das vezes a tendência prevalece; apenas ocasionalmente erros são corrigidos. Apenas em tais ocasiões é que se deve ir contra a tendência [...] [para estar] à frente da curva."[43] Como vimos, os ativos da Quantum sob gerência alcançavam cerca de 5 bilhões de dólares em 1992. As reservas internacionais do Banco da Inglaterra eram de 44 bilhões de dólares – quase nove vezes maiores –, às quais poderiam ser adicionadas as reservas de quaisquer outros membros do ERM que optassem intervir do lado britânico. Se Soros tivesse enfrentado o Banco da Inglaterra sozinho, ele teria perdido. Por outro lado, o Federal Reserve estimou que o giro diário dos mercados mundiais de câmbio tinha aumentado de 58 bilhões de dólares em 1986 para 167 bilhões em 1992.[44] Nas palavras da *Economist*, "As reservas aparentemente confortáveis do Tesouro Britânico nada significavam quando comparadas com o poder de fogo dos especuladores".[45] A chave do trabalho de Soros era assim conseguir uma massa crítica de investidores para que investissem no negócio que tinha em mente. Não foi difícil, pois Soros já era parte de uma rede de investidores de pensamento similar.

Na verdade foi Robert Johnson, do Bankers Trust, que ajudou Soros e seu parceiro Stan Druckenmiller a criar o negócio.[46] Como Johnson explicou, o ponto crítico residia no fato de que as moedas do ERM eram mantidas dentro de margens relativamente estreitas: o que quer que acontecesse, os valores das moedas não poderiam subir muito alto contra o marco alemão; logo, se especuladores vendessem a libra a descoberto e perdessem, o prejuízo não seria grande*. Se eles apostassem e ganhassem, a recompensa potencial era muito grande: Johnson estimou que a depreciação poderia ser de até 20%.[47] Esse era um argumento para o máximo de compromisso. Druckenmiller tinha certeza de que a libra esterlina seria desvalorizada, mas estava hesitante sobre quanto apostar. "Bem, se você ama isso tanto assim...", disse Soros dissimuladamente. Ele ordenou a Druckenmiller para "pegar na jugular" – tomar emprestado o máximo possível para vender a descoberto a libra.[48] Afinal, como colocou Soros, "a relação risco-recompensa [era] extremamente favorável", então para que se conter?[49] Com crescente entusiasmo, ele e Druckenmiller começaram a tomar emprestado todas as libras que conseguiam alcançar para fazer a maior aposta de suas carreiras. Mas o ponto principal era que, como recordou Johnson, eles não estavam apostando sozinhos: "Eu saí de lá com a certeza absoluta de que iríamos fazer aquilo [e] *eu conhecia outras pessoas nos bancos e contrapartidas que nos imitariam*".[50]

Quando as declarações "não autorizadas" de Schlesinger da tarde de terça-feira se tornaram públicas na quarta-feira, 16 de setembro, a venda a descoberto da libra disparou. Esperando ansiosamente falar com o primeiro--ministro, Lamont lamentava que "estamos perdendo centenas de milhões de dólares a cada minuto". O Banco da Inglaterra tentou em vão estancar a sangria.[51] Às 11 horas da manhã, ele anunciou que a taxa mínima de empréstimo seria aumentada para 12%. Pouco mais de três horas depois, a taxa

---

* Para vender uma moeda a descoberto, você toma emprestado essa moeda através de um intermediário, vende-a ao preço corrente e é creditado com o dinheiro da venda. Se a taxa de câmbio cai subsequentemente, você então compra a mesma quantidade de moeda ao novo preço, mais baixo, e a devolve ao intermediário. A diferença entre o preço mais alto com o qual você foi creditado por vender a moeda e o preço mais baixo que você paga por comprar é seu lucro. Mas, se a moeda aumenta em valor, você tem que comprar a quantidade que tomou emprestado ao novo preço mais alto para retorná-lo ao intermediário, e então perde dinheiro.

subiu para 15%, mas a medida só teria efeito a partir do dia seguinte. Tais medidas desesperadas apenas estimularam Soros.[52] E, quando Lamont anunciou que tomaria emprestado 15 bilhões de dólares adicionais para defender a libra, Soros divertiu-se, "porque era mais ou menos o tanto que queríamos vender".[53] Ele nunca chegou a esse ponto; sua posição tinha alcançado aproximadamente 10 bilhões de dólares quando os mercados fecharam. Naquela noite, enquanto os espectadores (entre eles este autor) assistiam à ópera de Verdi *A força do destino* na English National Opera, Lamont chamou uma entrevista coletiva improvisada no pátio central do Tesouro para anunciar que o Reino Unido estava "suspendendo" sua participação no ERM.[54] A despeito da desvalorização oficial anterior dentro do ERM, a lira também foi eliminada do sistema no mesmo dia.[55]

Que George Soros seja um polo em uma grande e poderosa rede tem sido frequentemente afirmado por teorizadores da conspiração. De acordo com um relato afobado, ele "é o lado visível de uma vasta e maldosa rede secreta de interesses financeiros privados, controlada pelas principais famílias aristocráticas e reais da Europa, centrada na Casa de Windsor britânica [...] e construída sobre as ruínas do Império Britânico depois da Segunda Guerra Mundial". Tal rede, alega-se, se estende da rainha aos Rothschild, descendo até um "indiciado especulador de metais e commodities, o fugitivo Marc Rich de Zug, Suíça e Tel Aviv, o furtivo traficante de armas e commodities Shaul Eisenberg e 'Dirty Rafi' Eytan".[56] Isso é bobagem. A verdadeira rede à qual Soros pertence – a "rede econômica maior e mais intrincada" como se referiu a ela em uma entrevista – é uma rede de fundos de cobertura buscando fazer dinheiro de maneira similar.[57] Como lembrou Druckenmiller: "Nós realmente perseguimos essa coisa e continuamos, continuamos e continuamos, como se fôssemos o coelhinho da *Energizer** [...] Então qualquer um que tenha cérebro vai perguntar a seu corretor: 'Que diabos está acontecendo?' E eu sei que as pessoas ficam falando. 'É a Quantum'". Em alguns casos – notadamente Louis Bacon – Soros e Druckenmiller compartilharam informação pelo telefone. Outros gerentes de fundos de cobertura que estavam no negócio incluíam Bruce Kovner, da Caxton, e Paul Tudor Jones. A telepatia não era necessária.

---

* Trata-se de um ícone do marketing, mascote das pilhas Energizer. [N.T.]

Os esforços dos bancos que estavam emprestando dinheiro para os fundos de cobertura aumentaram a escala da venda a descoberto.[58] Duncan Balsbaugh operava uma mesa de *trading* de renda fixa para Morgan Stanley em Londres. Como depois recordou, o pedido de financiamento de Soros significava que ele "fora recrutado para ajudar a conspirar no assalto a uma velha senhorinha – A Velha Senhora de Threadneedle Street, o Banco da Inglaterra". Soros "armazenava" quase todas as suas *holdings* de obrigações europeias como garantia para o dinheiro que estava tomando emprestado para especular contra a libra no mercado à vista. Além de financiá-lo, nas palavras de Balsbaugh, "Nós andamos na sombra de Soros". Havia, ele recorda, uma "cavalaria atrás (e por vezes à frente) das vendas de libra pela Quantum – fundos de cobertura como Tudor, Bacon e Kovner, sem falar de uma legião de bancos alavancados [...] todos atacando a libra".[59] Outros bancos que seguiram a liderança dos fundos de cobertura eram Citicorp, J. P. Morgan, Chemical Banking, Bankers Trust, Chase Manhattan, First Chicago e BankAmerica.[60] A senhorinha não teve nenhuma chance. Foi um estupro financeiro grupal.

A aguda depreciação de 15% da libra esterlina que se seguiu à capitulação britânica na "Quarta-Feira Negra" rendeu a Soros uma vasta soma de dinheiro,* Em entrevista ao jornalista Anatole Kaletsky, do *The Times*, ele reconheceu – "com um sobressalto embaraçado que não conseguia esconder totalmente alguma autossatisfação travessa" – que seus quatro fundos fizeram cerca de 1 bilhão de dólares no ataque à libra; seus lucros vindos de uma variedade de posições suplementares como futuros de taxas de câmbio e a venda a descoberto da lira italiana renderam outro bilhão.[61] Mais tarde, Soros declararia que a queda da libra "teria acontecido mais ou menos da mesma forma mesmo se eu nunca tivesse nascido".[62] É verdade que, das perdas totais das reservas britânicas – 27 bilhões de dólares –, ele poderia teoricamente ser responsabilizado por 10 bilhões.[63] Mas na realidade foi o esforço coletivo da rede de Soros que quebrou a banca. Como relatou a Kaletsky, ele tinha "o

---

* A aposta de Soros não veio a público antes de 24 de outubro, quando o jornal *Daily Mail* publicou um artigo sob a manchete "Eu fiz 1 bilhão quando a libra quebrou". Acompanhando a reportagem do *Mail* figurava uma fotografia de Soros, sorrindo e segurando uma bebida. A consequente bagunça em frente da sua residência em Londres o persuadiu a contar a sua versão dos eventos para Anatole Kaletsky.

maior fator único do mercado", mas não o mercado como um todo. Ele tinha liderado a tendência.[64] Facilmente, tudo poderia acontecer sem ele, "pois, se eu não tivesse tomado a posição, algum outro teria tomado".[65]

A rede de Soros ganhou. Quem perdeu? Em 1997 o Tesouro Britânico estimou o custo da Quarta-Feira Negra em 3,4 bilhões de libras, mas oito anos depois a cifra foi revisada para 3,3 bilhões. As perdas do Banco da Inglaterra em agosto e setembro foram estimadas em 800 milhões, mas a maior perda para os pagadores de impostos emergiu porque a desvalorização poderia de outra forma ter lhes rendido lucro.[66] Mais duradouro foi o estrago à reputação do Banco da Inglaterra, mesmo que fosse apenas a mais recente organização hierárquica que se dobrava àquilo que o jornalista norte-americano Tom Friedman batizou de "o rebanho eletrônico". Por outro lado, quebrar o câmbio fixo para o marco alemão trouxe alívio para a economia britânica. Taxas de juro de curto prazo foram rapidamente diminuídas de modo que, em janeiro de 1993, estavam abaixo dos 6%, um respiro bem-vindo para uma nação pesadamente exposta a hipotecas de taxas ajustáveis. A economia se recuperou.[67] O desastre não foi econômico, mas político: para começar, a hesitação do governo em entrar ou não no ERM, suas declarações peremptórias ao longo do verão de 1992 de que defenderia a libra até o fim, e sua capitulação final, abjeta, em 16 de setembro – tudo isso danificou permanentemente a reputação de competência financeira dos Conservadores.[68] A taxa de aprovação do governo de Major nas pesquisas de opinião nunca se recuperou, e, no 1º de maio 1997 – a despeito de quatro anos de vigoroso crescimento –, os *Tories* foram derrotados por um Partido Trabalhista rejuvenescido, liderado por Tony Blair, que tinha seguido o exemplo de Nelson Mandela de abandonar "a propriedade comum dos meios de produção" como meta central de política.

Quanto ao projeto de integração europeia, ocorreu uma coisa surpreendente. Alguns economistas norte-americanos deduziram do fracasso da ERM que prosseguir avante ainda mais – em direção à união monetária total – era uma receita de desastre econômico e talvez de conflito europeu. Essa não era a visão de Soros. "A única saída", ele argumentou:

> é não ter nenhum sistema de taxa de câmbio, mas uma única moeda na Europa, como nos EUA. Isso tiraria especuladores como eu do negócio, mas eu adoraria fazer o sacrifício [...] Acredito que teremos um período de tremenda turbulência

na Europa Oriental e essa confusão próxima ao nosso portão vai impulsionar a União Europeia. O nacionalismo agora está tão forte que somente uma Europa unida pode se contrapor a ele. Se a Europa não ficar unida, a guerra vai estourar na maior parte da ex-União Soviética.

Quando perguntado acerca da devoção alemã a seus marcos, ele respondeu: "Se Maastricht for ratificado, talvez eu até aposte contra o Bundesbank".[69] A revista *Economist* também chegou à conclusão de que a crise do ERM era um argumento a favor e não contra a união monetária.[70] Assim, o vencedor da crise de 1992 chegou precisamente à conclusão errada, a partir dela. Os líderes da Europa continental de fato puseram mãos à obra e foram decididamente adiante com a união monetária, de modo que, ao início de 1999 o euro – a moeda europeia gerenciada por um Banco Central Europeu autenticamente federal – era uma realidade. Ao fazê-lo, eles revelaram sua fé indestrutível no poder das estruturas hierárquicas mesmo em uma era de crescimento exponencial das redes. Em 1992 George Soros tinha sido dono da selva, mas a selva tinha possuído os políticos. Nos anos após 1999, a única coisa que mudaria era que a selva cresceria para ficar vastamente maior, mais densa e mais intolerante com os antiquados construtores de pirâmides.

VIII
A Biblioteca de Babel

50
11/9/2001

O século XXI se parece cada vez mais com a realização de um conto de Jorge Luis Borges, "A Biblioteca de Babel". No conto, ele imagina uma biblioteca que contém não apenas todos os livros jamais escritos, mas também todos os livros que poderiam ter sido escritos. Com uma infinidade de informações à sua disposição, os homens rapidamente vão da euforia à loucura. Alguns são tomados por um "furor higiênico e ascético" de "eliminar livros inúteis", levando à "perda sem sentido de milhões de livros". Outros buscam o livro que é "a fórmula e compêndio perfeito de todo o resto" – ou buscam o bibliotecário que leu tal livro e é portanto "análogo a um deus". Em algumas partes da vasta biblioteca, homens "prostram-se diante dos livros e os beijam de maneira bárbara, mas eles não sabem como decifrar nem uma única palavra". Em outras partes, "epidemias, conflitos heréticos, peregrinações que inevitavelmente acabam em bandidagem, dizimaram a população".[1] O século XXI frequentemente se parece com uma vasta realização da visão de Borges.

O evento que definiu os primeiros anos deste século foi um ataque às redes financeira e de transportes dos Estados Unidos por uma gangue islamista que é mais bem compreendida como uma rede antissocial. Apesar de agir em nome da Al-Qaeda, os conspiradores do 11 de Setembro estavam apenas fracamente conectados à rede mais ampla do islamismo político, o que ajuda a explicar como foi possível que evadissem a detecção.

Há um toque de gênio do mal nos ataques de 11 de Setembro de 2001. Essencialmente, eles tomaram como alvos os principais polos da sociedade norte-americana progressivamente conectada, explorando vulnerabilidades de segurança que lhes permitiram contrabandear armas primitivas (cortadores de caixas) para dentro de quatro aviões com destino a Nova York e Washington, respectivamente os polos centrais dos sistemas financeiro e político. Ao sequestrar os aviões, tomando o controle das aeronaves para atingir o World Trade Center e o Pentágono, os agentes da Al-Qaeda conseguiram realizar o maior golpe da história do terrorismo. Não apenas eles geraram uma atmosfera de medo nos Estados Unidos, que persistiu por muitos meses; mais importante, eles precipitaram uma resposta assimétrica da administração do presidente George W. Bush que quase certamente fortaleceu mais do que enfraqueceu, nos anos seguintes, a causa do islamismo salafista.

Tanto o transporte aéreo quanto os sistemas financeiros pareciam alvos perfeitos para tais ataques. Cada um deles tinha crescido no passado recente e se tornado significativamente mais complexo. Cada um desempenhou um papel crucial no processo de globalização que, em 2001, era amplamente considerado uma nova encarnação do imperialismo norte-americano tanto por esquerdistas quanto por islamistas.[2] Os terroristas também tinham razão em esperar que, ao danificar nódulos tão importantes, ao mesmo tempo que geravam pânico junto ao público, poderiam criar uma cascata de perturbação que se espalharia para outras redes.[3]

Os próprios terroristas formavam uma rede. Trabalhando sozinho imediatamente após os ataques, usando um software chamado InFlow, desenhado para analisar redes corporativas, um consultor de Cleveland chamado Valdis Krebs demonstrou que Mohamed Atta era o nódulo crucial da rede no 11/9 (11 de Setembro) (ver gravura 24). Era Atta que tinha contato com dezesseis dos dezenove sequestradores, assim como com quinze outras pessoas conectadas a eles. De todos os indivíduos da rede, Atta era o que tinha a maior centralidade de intermediação, assim como a mais alta atividade (o número de vezes que ele contatou outros) e proximidade (sua habilidade de se conectar diretamente com outros sem intermediário). Mas Nawaf Alhazmi, um dos sequestradores do voo 77 da *American*, vinha em segundo, em seguida a Atta, em termos de centralidade de intermediação, o que indica que ele pode ter sido um dos planejadores da operação. E se Atta por alguma razão fosse preso antes de 11/9, Marwan AlShehhi poderia facilmente ter tomado o papel de liderança.[4] Como observou Krebs, no entanto, a característica distintiva da rede do 11/9 era a falta de vínculos sociais com o mundo em geral. Era um grupo muito coeso, e muitos deles tinham treinado juntos no Afeganistão. Os conspiradores quase não tinham as ligações fracas que caracterizam as redes normais. Ademais, os conspiradores não tiveram muito contato entre si depois de alcançar os Estados Unidos: sua rede era esparsa, as comunicações mantidas ao mínimo. Nesse sentido, era uma rede antissocial – quase invisível, como devem ser as redes para evitar detecção.[5]

Para Krebs, olhando em retrospecto, o que se passava era óbvio. Mas o ataque poderia ter sido detectado antecipadamente? "Para ganhar esta guerra contra o terrorismo", escreveu Krebs, "parece que os mocinhos têm que construir uma rede de informação e compartilhamento de conhecimento melhor do que a dos bandidos".[6] Tal rede era supostamente para existir em 2001, na forma de um projeto do Exército chamado *Able Danger* [algo como "Perigo Possível"], que buscava mapear a Al-Qaeda através dos "vínculos identificadores e padrões em grandes volumes de dados". A questão era que, por causa do problema "Kevin Bacon" – o fato de existirem menos de seis graus de separação entre todo mundo nos Estados Unidos –, o número de pessoas identificadas como potenciais terroristas chegava às centenas de milhares, talvez milhões.[7] Alguns dos gráficos que *Able Danger* produzia tinham 6 metros de comprimento e eram quase ininteligíveis, pois a letra impressa era pequena demais.[8] O próprio Krebs concluiu que não havia substituto para a inteligência humana na guerra contra o terrorismo; a alternativa seria mergulhar na análise de uma grande quantidade de dados (*big data*).[9]

Depois dos ataques de 11/9, o pânico lentamente baixou, e alguns especialistas em rede começaram a argumentar que a Al-Qaeda era, na verdade, relativamente fraca. Precisamente por ser secreta e antissocial, ela não conseguia recrutar e treinar gente nova facilmente.[10] Podemos afirmar que a força da Al-Qaeda reside em parte em sua descentralização,[11] mas, se Osama bin Laden não conseguia ordenar um segundo grande ataque aos Estados Unidos, que serventia tinha essa estrutura de rede?[12] E, depois da invasão norte-americana do Afeganistão e da derrubada do regime do Talibã, a Al-Qaeda estava isolada em algum lugar do Paquistão, bastava rastrear e decapitar a organização.[13] Alguns estudiosos fizeram analogias com redes criminosas secretas, como a rede Caviar, a gangue de traficantes de cânabis e cocaína de Montreal na década de 1990, ainda que tenham notado maior centralização das redes criminosas em comparação às redes terroristas.[14] Uma diferença mais importante era que as gangues criminosas não se uniam por uma ideologia em comum, ao contrário do que os membros da Al-Qaeda claramente faziam. Mesmo que não visivelmente ligadas à rede salafista mais ampla, todos os conspiradores do 11/9 pertenciam a ela intelectualmente e estavam dispostos a morrer por sua fé religiosa. Havia, em outras palavras, uma rede *jihadista* muito maior, dentro da qual a Al-Qaeda era claramente um componente fracamente conectado. Essa rede mais ampla consistia em homens que, como *mujahedeen*, tinham se encontrado e estabelecido vínculos durante a guerra afegão-soviética; os membros do Sudeste Asiático do Jemaah Islamiyah; e apoiadores em comunidades árabes na Europa e no Oriente Médio.[15] O que líderes ocidentais acharam tão surpreendente era que sua retaliatória "guerra ao terror" requeria um foco estreito apenas sobre aqueles islamistas que se envolviam com a violência. Era um fato pouco observado que as pequenas redes de terroristas ativos estavam incrustadas em redes muito mais amplas de pessoas que simpatizavam com eles sem se engajarem com a violência elas próprias.[16] Jovens não se tornam terroristas por capricho. Eles precisam de sustentada exposição à pregação extremista, assim como do enredamento em uma rede de atividade salafista.[17]

Quando uma rede distribuída ataca a hierarquia, esta reage das maneiras que lhe são naturais. Imediatamente após os ataques do 11/9, o presidente George W. Bush e membros-chave de sua administração com responsabilidade sobre a segurança nacional tomaram uma série de decisões que acabaram por fazer a rede islamista crescer. Corretamente, o presidente ordenou que um plano fosse improvisado para derrubar o regime no Afeganistão, que abrigava a Al-Qaeda. Erroneamente, o presidente foi persuadido pelo vice-presidente, Dick Cheney, e pelo secretário da Defesa, Donald Rumsfeld, de que os ataques tinham criado um pretexto para uma segunda intervenção militar, desta vez para derrubar Saddam Hussein no Iraque,* a despeito do fato de que as evidências para uma relação de causa entre o Iraque e o 11/9 fossem inexistentes. Ao mesmo tempo, para combater futuros ataques aos Estados Unidos, Bush criou o novo Departamento de Segurança Doméstica. Escrevendo no jornal *Los Angeles Times* em agosto de 2002, antes que fosse claro que o Iraque seria invadido, John Arquilla, de maneira presciente, apontou as falhas dessa abordagem:

---

* No mesmo dia dos ataques, Rumsfeld argumentou que "a resposta dos EUA deveria considerar uma ampla gama de opções e possibilidades. O secretário disse que seu instinto era atingir Saddam ao mesmo tempo – não apenas Bin Ladin [sic]".

11/9/2001

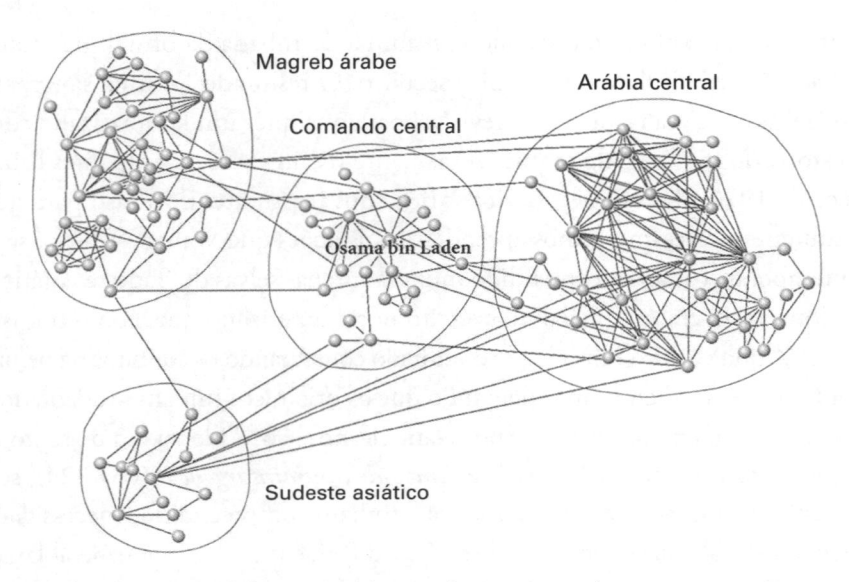

37. A rede global salafista, *c.* 2004: um esboço.

Em uma guerra de redes, como esta em que nos encontramos hoje, o bombardeio estratégico pouco significa, e a maioria das redes não depende de um – ou mesmo muitos – grandes líderes para guiá-las [...] [Criar] um Departamento de Segurança Doméstica [...] é um segundo equívoco. Uma hierarquia é uma ferramenta tosca para usar contra uma rede ágil: só uma rede derrota outra rede, como em guerras anteriores somente tanques podiam vencer tanques [...] O tipo de rede de que precisamos não pode ser formada ou sustentada através de comentários coercitivos como estar "conosco" ou "contra nós".[18]

Talvez isso fosse pessimista demais em relação àquilo que o Estado de segurança nacional conseguiria realizar. Dos 109 planos ligados a jihadistas conhecidos que previam o uso da violência contra o solo norte-americano entre janeiro de 1993 e fevereiro de 2016, apenas treze foram executados, graças a uma combinação de vigilância e informantes.[19] Não obstante, Arquilla estava certo em um aspecto. Ao fim de 2001, a Al-Qaeda parecia uma sociedade secreta que era forçada a operar como uma rede antissocial, capaz de atos de violência apenas ocasionais, ainda que espetaculares. Depois da invasão do Iraque liderada pelos Estados Unidos, porém, sua filiada no Iraque evoluiu para uma rede maior e mais eficaz ao explorar o caos que se seguiu à derrubada da brutal hierarquia de Saddam, estimulando o conflito sectário. O resultado foi uma sangrenta insurreição que era facilmente previsível para qualquer um familiarizado com a história do Iraque. (Algo muito semelhante recaiu sobre os ocupantes britânicos de 1920.) Foram necessários vários anos frustrantes de atraso para que os militares norte-americanos aprendessem as lições que Walter Walker e seus contemporâneos tinham aprendido muito antes nas selvas do Sudeste Asiático.

John Nagl era um oficial do exército norte-americano que, como bolsista Rhodes,* tinha escrito uma tese de doutorado comparando os conflitos na península Malaia e no Vietnã, argumentando que os britânicos tinham se adaptado à existência da guerra na selva, e os norte-americanos não.[20] Ele foi um dos autores daquilo que se tornou o *Manual de campo de contrainsurgência* (FM 324), sob a direção de dois generais visionários que tinham compreendido a necessidade premente de tal guia: o tenente-general David Petraeus e o tenente-general James Mattis. Os trabalhos do manual FM 324 começaram em outubro de 2005, depois que Petraeus retornou de sua segunda missão no Iraque. O manual foi publicado em dezembro do ano seguinte.[21] Sua característica mais marcante era a reiterada discussão sobre a natureza de rede da insurgência. Por exemplo, os autores despenderam muito esforço em distinguir entre insurgências com "uma estrutura formal e hierárquica" e aquelas com "uma estrutura de rede". Cada modelo tinha sua forças e fraquezas, mas a insurgência em rede tendia a "ser resiliente, adaptar-se e rapidamente aprender", e também era mais difícil de persuadir a aceitar uma solução negociada, pois "não há nenhuma única pessoa ou pequeno grupo no comando".[22] De maneira notável, o FM 324 se propunha a educar os militares norte-americanos sobre a teoria das redes, explicando conceitos como densidade de rede, centralidade de grau e de intermediação.[23] Em sua primeira edição, havia até um apêndice intitulado "Análise de rede social".[24]

O FM 324 devia muito ao trabalho de um coronel australiano chamado David Kilcullen, que tinha sido destacado para o Pentágono em 2004. Kilcullen argumentou em seus Vinte e Oito Artigos – "Fundamentos da contrainsurgência em nível de companhia" – que "para construir redes confiáveis" era necessário aplicar "o verdadeiro sentido da expressão 'corações e mentes'":

---

* A Rhodes Scholarship é uma bolsa de prestígio concedida a estudantes para que estudem na Universidade de Oxford.

Ao longo do tempo, se você obtiver sucesso em construir redes de confiança, estas crescerão como raízes em sua população, desalojando as redes do inimigo, trazendo-o para o campo aberto para confrontar você e tomando a iniciativa. Essas redes incluem aliados locais, líderes comunitários, forças de segurança locais, ONGs e outros atores amistosos ou neutros não estatais em sua área, e a mídia [...] Ações que ajudam a construir redes de confiança para servir a sua causa. Ações – mesmo matar alvos de alta visibilidade – que diminuam a confiança em você ou que desarrumem sua rede ajudarão o inimigo.[25]

Uma compreensão chave era que a *jihad* global que os Estados Unidos e seus aliados estavam combatendo estava baseada em uma rede social preexistente de "relações de casamento, fluxos de dinheiro, relações de ex-colegas de universidade e ligações de patrocínio". O terrorismo era "meramente um dos objetivos compartilhados que a rede tem, enquanto ao centro está a rede de apadrinhamento".[26] Ao mesmo tempo, no entanto, por causa da crescente importância da violência organizada, a *jihad* global já estava adquirindo características de Estado:

Em uma insurgência globalizada, a hierarquia paralela do insurgente é o *Estado virtual*: este não controla nenhum território ou população, mas exerce controle sobre sistemas distribuídos que, tomados em seu conjunto, representam muitos elementos do poder estatal tradicional. É também um *Pseudoestado*: um Estado falso, uma entidade governamental que age como um Estado mas não é um em termos legais ou de legitimidade política. Ademais, não se trata de uma única hierarquia mas de uma rede federada de sistemas interligados que funciona como um "Estado insurgente" e compete com governos mundiais.[27]

Entre as táticas recomendadas por Kilcullen para derrotar esse Estado nascente estavam: "cooptar mulheres neutras ou amistosas", por causa de sua importância nas redes de apoio insurgentes; lançar operações de inteligência "antirrede", que "podem gerar um empuxo letal que faz as redes insurgentes colapsarem catastroficamente"; "asfixiar a rede recortando os insurgentes para fora do povo". E interditar elos vulneráveis na rede insurgente.[28] Essa se tornou a base da "Estratégia Sucuri" de Petraeus, buscando cercar e sufocar a rede Al-Qaeda no Iraque.[29]

O Exército norte-americano aprendeu bem a lição, ainda que meio tarde. Durante a fase decisiva do "incremento" no número de tropas no Iraque em 2007, o general Stanley McChrystal resumiu o que se tinha aprendido no Iraque. "Para confrontar [o líder da rede Al-Qaeda no Iraque, Abu Musab al] Zarqawi e sua crescente rede, tivemos que replicar sua dispersão, flexibilidade e velocidade. Com o tempo, 'para derrotar uma rede é preciso outra rede' se tornou um mantra em todo o comando e um resumo de oito palavras de nosso conceito operacional central."[30] Assim, os soldados norte-americanos aprenderam a ser donos das selvas de concreto no Iraque pós-Saddam. No Afeganistão, um processo semelhante e doloroso de aprendizado também estava em andamento. A experiência de Emile Simpson como oficial *ghurka* o convenceu de que, mesmo que guerras convencionais de duas vias ainda possam vir a ocorrer, a tendência geral era na direção de conflitos de múltiplos jogadores, onde o ideal clausewitziano da vitória decisiva no campo de batalha era inalcançável. Vitória em tais conflitos tomava a forma de estabilidade política.[31] A contrainsurgência era tão política que poderia haver casos nos quais assegurar algum nível de consentimento de uma rede insurgente seria preferível a destruí-la.

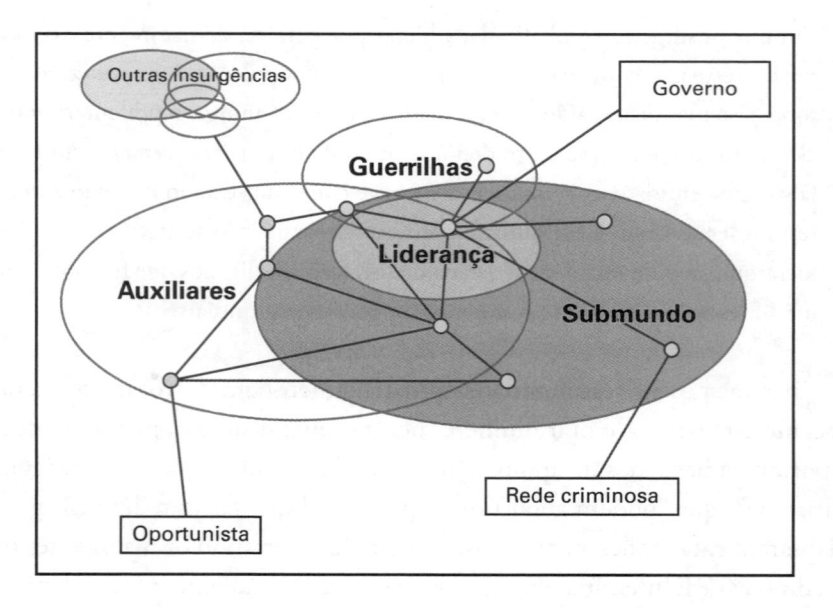

38. Insurgências em rede: diagrama do *Manual de contrainsurgência do Exército* (edição de 2014).

51
15/9/2008

De muitas maneiras, os efeitos do 11/9 foram muito menos disruptivos para os sistemas político e financeiro do que esperava a Al-Qaeda. É verdade que houve interrupção no sistema de pagamentos, o fechamento por uma semana da Bolsa de Valores de Nova York, uma queda aguda no preço das ações e um salto da volatilidade financeira. A suspensão do transporte aéreo também fez ficar mais lentas a compensação de cheques e outras formas não eletrônicas de transação. Mas o impacto econômico foi limitado, pois instituições maiores estavam notavelmente preparadas para uma eventualidade dessa, e o Federal Reserve interveio sem hesitar para manter a liquidez do mercado. Em questão de semanas, a crise financeira tinha se esgotado.[1] O custo total dos ataques em termos de danos à propriedade, limpeza e perdas de ganho foi estimado entre 33 bilhões e 36 bilhões de dólares.[2] Foi a decisão da administração de Bush de invadir o Iraque que a liderança da Al-Qaeda não poderia ter antecipado – e isso aumentou esses custos em até duas ordens de magnitude, se aceitarmos as estimativas mais altas do custo da "guerra ao terror".[3] Em contraste, o que Bin Laden parece ter almejado era mais uma reação em cadeia, onde o choque inicial dos ataques provocasse um efeito cascata dentro do sistema econômico norte-americano. O fato de isso não ter ocorrido demonstra que a rede capitalista norte-americana era mais resiliente do que esperavam os jihadistas.

Interrupções de rede era um conceito familiar em 2001. Em 1996 ocorreu um grande apagão no Oeste dos Estados Unidos, quando uma única linha elétrica falhou no Oregon, atingindo centenas de linhas e geradores e interrompendo o serviço para 7,5 milhões de pessoas. No ano seguinte, toda a operação manufatureira da Toyota parou depois que um incêndio destruiu a fábrica do único fornecedor de um componente crucial de freio, desarranjando as operações de cerca de duzentos outros fornecedores.[4] Apenas meses antes do 11/9, em julho de 2001, um incêndio num túnel ferroviário em Baltimore causou lentidão na velocidade da internet, pois foram queimados os cabos de fibras ópticas pertencentes a um certo número de grandes provedores. Algo semelhante ocorreu em setembro de 2003, quando toda a grade de energia italiana (exceto na ilha da Sardenha) foi derrubada por uma árvore que caiu em uma linha de alta-tensão entre a Itália e a Suíça. Um efeito cascata ainda maior ocorreu em novembro de 2006, quando a falha de um único cabo de força no noroeste da Alemanha causou apagões até em Portugal.[5] O sistema financeiro, parecia, era uma rede mais resiliente do que a grade elétrica europeia, ou mesmo do que a internet.

Isso provou ser uma ilusão. A falência dos Lehman Brothers em 15 de setembro de 2008 iniciou uma das maiores crises financeiras da história, e chegou mais perto do que qualquer outro evento desde a quebra do mercado de ações de Wall Street em 1929 de causar um apagão global no sistema de crédito internacional. Ademais, os custos macroeconômicos da crise financeira global foram certamente maiores do que aqueles da guerra ao terror, especialmente se imaginarmos a produção que teria sido criada se o mundo econômico tivesse continuado no caminho de sua tendência, sem interrupção. (Estimativas plausíveis, só do caso norte-americano, apontam valores entre 5,7 trilhões e 13 trilhões de dólares, comparados a uma estimativa máxima do custo da guerra ao terror em 4 trilhões.)[6] Em suma, o desarranjo do 15/9 foi muito maior do que aquele de sete anos antes, no dia 11/9.

As causas da crise financeira podem ser resumidas em seis pontos. Os grandes bancos ficaram perigosamente descapitalizados, explorando brechas regulatórias para aumentar suas taxas de alavancagem. Os mercados estavam inundados de valores imobiliários garantidos por ativos, tais como obrigações de dívida colateralizadas que as agências de classificação de risco precificaram em flagrante erro. O Federal Reserve permitiu que a política monetária se tornasse solta demais entre 2002 e 2004. Os políticos criaram incentivos economicamente equivocados para estimular que os pobres norte-americanos adquirissem sua casa própria. Derivativos como *credit default swaps* foram vendidos em escala massiva, baseados em modelos de risco não realistas. Finalmente, fluxos de capital de mercados emergentes, especialmente da China, vindo para os EUA, ajudaram a inflacionar a bolha imobiliária norte-americana.[7] Podemos dizer que a crise começou quando essa bolha estourou: preços de imóveis caindo e a inadimplência acumulada no crédito hipotecário

15/9/2008

subprime produziam sinais de tensão financeira, já ao fim de 2006. Mas foi a falência de Lehman – à 1h45 da segunda-feira 15 de setembro – que tornou essa tensão em pânico global. O pedido de falência da sede foi acompanhado de mais ou menos oitenta processos de insolvência envolvendo subsidiárias em dezoito países. No processo de falência maior, cerca de 66 mil processos – totalizando mais de 873 bilhões de dólares – foram abertos contra Lehman. Foi "o maior caso de falência, o mais complexo, multifacetado e de maior alcance aberto nos Estados Unidos".[8] Incrivelmente, no entanto, a equipe econômica do Federal Reserve não viu razão para antecipar a recessão. "Eu não acho que estamos vendo uma mudança significativa do cenário básico", relatou o economista-chefe do Fed, David J. Stockton, ao Comitê Federal de Mercados Abertos (FOMC) a 16 de setembro, "e certamente a história por trás de nossa previsão é [...] que nós esperamos uma retomada gradual do crescimento do PIB ao longo do ano que vem". Os eventos subsequentes fariam essa e outras declarações parecerem ridículas.[9] Apenas algumas pessoas na sala compreenderam, nesse estágio inicial, a natureza verdadeira da posição do Fed. Nas reveladoras palavras de Eric S. Rosengren, do Boston Fed:

> Eu acho que é cedo demais para saber se o que fizemos com a Lehman é correto. Dado que o Tesouro não quis colocar seu dinheiro, o que aconteceu foi que não tínhamos escolha. Mas fizemos uma aposta calculada. Se tentarmos os fundos do mercado de dinheiro ou se [...] o mercado de recompra fecha, essa aposta não será vista como muito boa. Acho que fizemos a coisa certa, dadas as restrições que tínhamos. Eu espero que nos seguremos por uma semana [...] não devemos ficar numa posição em que estejamos apostando a economia em uma ou duas instituições.[10]

Foi só em 29 de outubro que Ben Bernanke, o diretor do Federal Reserve, fez a primeira alusão à possibilidade de uma crise análoga àquela da década de 1930.[11] E só em meados de dezembro outro membro do FOMC chegou a aventar explicitamente "que poderemos ter taxas de inadimplência maiores do que durante a Grande Depressão".[12]

O que o Fed não conseguiu entender foi que, ainda que o chefe-executivo da Lehman, Dick Fuld, se mantivesse meio isolado da rede de Wall Street, desamado por seus pares (entre eles o secretário do Tesouro, Henry Paulson, antigo CEO da Goldman Sachs), o próprio banco era um polo crucial em uma rede financeira internacional que tinha crescido mais do que nunca em tamanho e em densidade no espaço de vinte anos, graças à combinação da globalização e da internet. Um dos poucos banqueiros centrais que compreenderam a importância dessa mudança estrutural foi Andrew Haldane, do Banco da Inglaterra, que argumentou que um sistema adaptativo complexo tinha sido criado, o que tendia a amplificar flutuações cíclicas.[13] O entendimento de Haldane estava baseado na obra de John Holland e outros sobre sistemas complexos que, ao contrário de serem sistemas meramente complicados, têm a tendência de se transformar de maneiras imprevisíveis. Essas "propriedades emergentes" eram a coisa que faltava no modelo do Fed.[14] Simplesmente, a macroeconomia padrão omitia a estrutura de rede. Ninguém tinha percebido que a rede financeira havia se tornado conectada o suficiente para que a tensão cascateasse em um excesso de instituições, mas esparsa o suficiente para que muitas instituições se diversificassem pouco e se preparassem inadequadamente em termos de seguro contra a falência de uma contrapartida.[15]

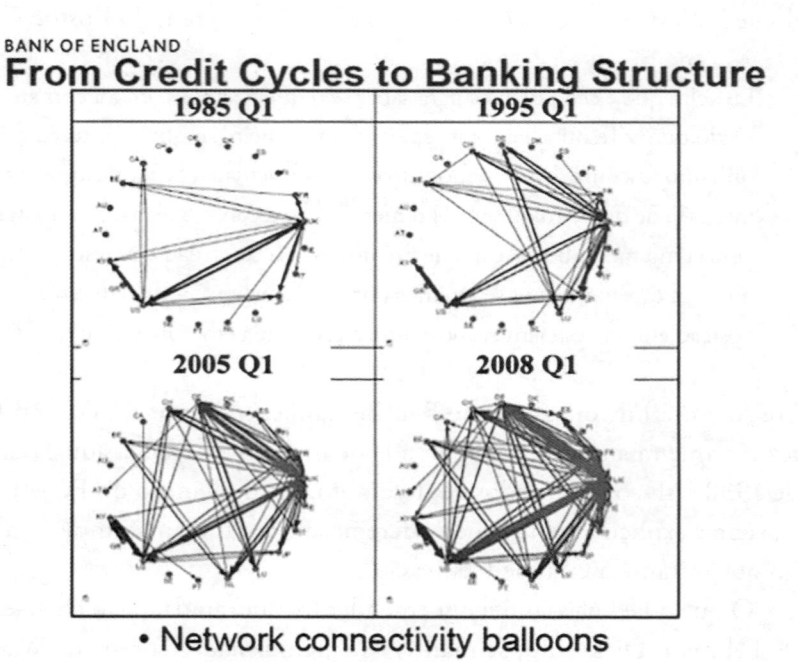

39. Balões de conectividade das redes do sistema financeiro internacional, de uma apresentação de Andrew Haldane em 2011.

15/9/2008

Gabando-se ilusoriamente da "grande moderação" que tinha alcançado alguns anos antes de o desastre acontecer, o Federal Reserve foi um dos arquitetos da crise financeira global. Para crédito do diretor Bernanke, no entanto, a rapidez com que ele aplicou as lições da Grande Depressão assegurou que as consequências econômicas fossem muito menos severas do que na década de 1930. Ao comprar todo o tipo de ativo na primeira fase da "flexibilização quantitativa", e então grandes quantidades de títulos públicos na segunda e na terceira fases, o Fed ajudou a conter a crise. Esse foi um triunfo para o sistema hierárquico de governança monetária, um reconhecimento de que, se deixada à própria sorte, a rede financeira internacional não teria consertado a si mesma. Mas a maior razão pela qual a Grande Depressão não se repetiu foi que, depois de deixar a Lehman pedir falência, o Tesouro norte-americano entrou no jogo e evitou grandes falências financeiras adicionais. Os resgates de firmas como a gigante AIG e outros grandes bancos, que receberam mais de 400 bilhões de dólares do Troubled Asset Relief Program [Programa de Alívio ao Ativo em Apuros], foram cruciais para estancar a reação em cadeia de insolvência iniciada em 15/9. Que tais companhias tenham continuado a pagar seus altos funcionários bônus de sete dígitos provocou críticas de um amplo círculo.[16] O público não deveria se surpreender. Pois o sistema financeiro era de muitas maneiras uma rede.

Fazia tempo que a elite empresarial norte-americana formava um grupo de relações muito estreitas com os bancos, que são a principal fonte de ligações entre diferentes setores da economia, inclusive o reino da política.[17] Uma boa ilustração de como o sistema norte-americano funciona é a carreira de Vernon Jordan Jr., um advogado afro-americano da Geórgia dos anos finais da segregação. Em 1972, Jordan foi convidado a entrar na diretoria da Celanese, uma manufatureira diversificada, cujo diretor, John W. Brooks, então o indicou para o Bankers Trust de Nova York. Através de outro diretor do Bankers Trust, William M. Ellinghaus, Jordan foi recrutado para a diretoria da loja de departamentos J. C. Penney em 1973. Um ano depois, ele foi fazer parte da diretoria da Xerox, onde serviu com Archie R. McCardell, presidente da Xerox, e Howard L. Clark, executivo-chefe da American Express, em cuja diretoria também estava McCardell. Com o aval de McCardell e Clark, Jordan se tornou membro da diretoria da American Express em 1977. Em 1980 ele veio a fazer parte da diretoria da companhia de tabaco R. J. Reynolds e no ano seguinte deixou sua posição na National Urban League para ir ao escritório em Washington da firma de advocacia Akin Gump Strauss Hauer & Feld, de Dallas.[18] A estreita amizade de Jordan com Bill Clinton, que ele conheceu através da NUL em 1973, lhe rendeu força política depois que Clinton se elegeu presidente em 1992, quando Jordan se tornou seu "braço direito" depois de uma série de escândalos, notadamente o caso Monica Lewinsky. Em 1999 Jordan deixou Akin Gump Strauss para se associar à filial de Nova York do Lazard, o banco de investimentos e gerência de ativos.[19]

Em comparação, a carreira de Timothy Geithner seguiu um caminho diferente. Sua mãe, Deborah Moore, descendia dos primeiros colonos europeus que foram para os Estados Unidos no navio *Mayflower*. Ele estudou no Dartmouth College, antes de entrar no funcionalismo governamental, trabalhou na Kissinger Associates. Como presidente do Federal Reserve Bank de Nova York, Geithner veio a se tornar bem conectado social e profissionalmente com membros da elite financeira. Por exemplo, através de pertencimento compartilhado a várias instituições sem fins lucrativos como o Economic Club of New York ou o Council on Foreign Relations, Geithner obteve conexões pessoais com executivos ou diretores seniores de cerca de 21 empresas financeiras. De acordo com um estudo econométrico, tais conexões eram valiosas, já que as companhias que mantinham elos com Geithner viram suas ações saltar em valor quando foi anunciado em 21 de novembro de 2008 que ele seria o secretário do Tesouro de Barack Obama.[20] Isso não quer dizer que se presuma algo impróprio – mas sim que a proximidade do poder é percebida como algo que importa, especialmente em tempos de crise. Tendo desempenhado papel-chave no Fed na fase inicial da crise, Geithner tomou a direção do Tesouro em um momento em que a economia não tinha chegado a seu ponto mais baixo. Investidores estariam sendo ingênuos se não atentassem para a importância das diferenças percebidas de conectividade política entre firmas financeiras. A queda de Dick Fuld aconteceu porque ele era relativamente isolado na rede.

52
O Estado administrativo

A crise revelou outra peculiaridade do sistema financeiro. No papel, os bancos eram as entidades mais rigidamente controladas do sistema. Mas as numerosas agências encarregadas de regulá-los tinham de alguma forma falhado em antecipar a possibilidade de eles caírem como peças de dominó em caso de uma crise de liquidez. Uma explicação para isso é que o governo federal tinha degenerado naquilo que foi chamado de Estado "administrativo" ou "gerencial", hierárquico e burocrático em seu modo de operação, dedicado a gerar sempre mais regulação complicada que produzia exatamente o oposto do intencionado.

O nascimento do Estado administrativo pode ser rastreado até o início da década de 1970, quando o Congresso começou estabelecer novas agências regulatórias, como a Agência de Proteção Ambiental e a Comissão de Segurança do Produto de Consumo. O Código de Regulações Federais (CFR) norte-americano tinha cerca de 23 mil páginas em 1950. Cresceu por volta de 21 mil páginas entre 1951 e 1970, 62 mil entre 1971 e 1990, e mais 40 mil páginas entre 1991 e 2010.[1] Sob George W. Bush, o Congresso expandiu a regulação da educação primária e secundária (no Ato Nenhuma Criança Deixada para Trás, de 2001), das finanças eleitorais (com o Ato Reformador de McCain–Feingold, de 2002), da governança corporativa (no Ato Sarbanes-Oxley, de 2002) e da conservação de energia (pelo Ato de Independência e Segurança Energéticas de 2007). Mesmo assim, nenhuma administração gerou legislação e regulação mais volumosa do que a do presidente Barack Obama em seu primeiro mandato.[2] A história de sua presidência pode ser contada concisamente como uma série de promessas de aumentar o emprego ("o estímulo"), reduzir o risco de crise financeira e prover seguro-saúde universal, o que produziu uma expansão do Estado administrativo. O Ato da Reforma de

Wall Street e Proteção ao Consumidor (Dodd-Frank) tinha 848 páginas e criou duas novas agências, o Conselho de Supervisão da Estabilidade Financeira e o Birô de Proteção Financeira ao Consumidor.[3] O Ato de Proteção ao Paciente e Saúde Acessível (conhecido como ACA) totalizou 961 páginas (juntamente com o Ato de Reconciliação da Educação e da Saúde) e criou o Painel Conselheiro de Pagamento Independente. Ainda mais incômoda era a legislação que foi redigida para realizar a Parceria Transpacífica, um acordo comercial entre os países do Círculo do Pacífico. Este tinha mais de 5.554 páginas, mais de 2 milhões de palavras e, quando impresso, quase 1 metro de altura.

Ademais, tanto o Obamacare quanto o Dodd-Frank criaram muita regulação. Depois que o ACA foi sancionado, as agências governamentais produziram mais de uma centena de regulações finais detalhando como as novas leis deveriam ser implementadas. Dodd-Frank especificamente instruía os reguladores na criação de mais de quatrocentas regras. De acordo com uma estimativa, o ato poderia aumentar as restrições regulatórias na indústria financeira em quase um terço se esse processo um dia fosse completado.[4] Para ter uma ideia da escala da epidemia de regulação, assuma que cada uma das 10.535 páginas das regulações da Saúde no Registro Federal contenha 1.100 palavras. Isso soma mais de 11 milhões de palavras. Comparando, a Magna Carta cabe em um único pergaminho, com menos de 4 mil palavras. A redação inicial da Constituição norte-americana era um pouco mais longa (4.543 palavras, para ser preciso). E a Declaração de Independência consiste apenas em 1.458 palavras.

Quais são as forças responsáveis por tamanho crescimento do Estado administrativo? Por que Washington degenerou em uma versão do Estado burocrático hipertrofiado imaginado por Franz Kafka? A resposta simples pode ser que a culpa é dos advogados e dos burocratas, mas essas pessoas estão por aí faz tempo, como sabem os leitores de Dickens. Uma resposta mais plausível seria que esse é o preço que pagamos hoje por fracassos do passado. Talvez o que tenha matado o governo representativo e o domínio da lei em tantos países no século XX foi a desatenção com o detalhe. Talvez os "terríveis simplificadores" como Hitler, que triunfou porque instrumentos como a Constituição da República de Weimar – ainda que longe de ser breve, com 181 artigos e por volta de 10 mil palavras – não proibiam explicitamente homens austríacos com bigode tipo escova de dentes, antecedentes criminais e tendências genocidas de se tornarem chanceler. Mas uma explicação melhor poderia ser a deterioração fundamental dos padrões, tanto na legislação quanto na governança, que vemos em quase toda democracia, a despeito de suas diferentes histórias no século XX.* A torrente verborrágica existe porque políticos profissionais se preocupam mais com o viés do que com a substância, a mídia nunca cessa de urrar que "alguma coisa" seja feita depois de cada erro, os lobistas asseguram que a letra pequena proteja os interesses escusos daqueles a quem servem e os advogados lucram com toda essa bagunça.[5] As consequências deveriam preocupar-nos mais do que é o caso, pois elas se estendem para além de estatutos ilegíveis e entediantes. Primeiro, há uma vantagem que os *insiders* corporativos têm, pois só eles podem dispor de enormes departamentos de *compliance* [conformidade] que são necessários para navegar pelo mar de jargão. Segundo, há um risco sistêmico de instabilidade, que cresce com todo o aumento na complexidade geral. Quem pensa que o sistema financeiro global está agora mais estável com legislação do tipo Dodd-Frank é um otimista. O oposto pode bem ser verdade, pois nova regulação pode reduzir a habilidade das autoridades de lidar com o problema da contaminação (por exemplo um ataque sobre passivos de curto prazo).[6]

Enquanto isso, como argumentou Francis Fukuyama, a própria legitimidade da política democrática está sendo corroída, pois "grupos de interesse [...] são capazes de efetivamente comprar políticos com contribuições de campanha e fazendo lobby", num processo que ele batiza de "repatrimonização".[7] As instituições políticas são simultaneamente escleróticas e irreformáveis: o colégio eleitoral, o sistema de primárias, as obscuras leis do Senado e assim por diante. Os tribunais estão envolvidos demais em formular políticas e administração. Mas ninguém tem um plano coerente para consertar tudo isso.[8]

A complexidade não é barata, ao contrário, é realmente muito cara. O Estado administrativo encontrou uma solução fácil para o aumento no volume de "produtos" públicos sem realizar aumento proporcional em impostos, e

---

* Um século atrás, de acordo com Andrew Haldane, o Banco da Inglaterra publicou um discurso por ano. Só em 2016, a instituição publicou oitenta discursos, 62 textos de trabalho, perto de duzentos documentos de consulta, pouco menos de cem blogues e mais de cem estatísticas – no total, mais de seiscentas publicações e cerca de 9 mil páginas.

isso é financiar o consumo corrente do governo através de empréstimos. Ao mesmo tempo, enquanto a administração de Obama quase dobrou a dívida federal, as autoridades usaram seus poderes regulatórios para levantar dinheiro de novas maneiras: mais de 100 bilhões de dólares em "acordos" dentro de investigações de práticas bancárias de hipoteca, por exemplo, e 20 bilhões do programa de compensação por derramamento de petróleo da BP Horizon. (Também intervieram nas "falências gerenciadas" da General Motors e da Chrysler em favor de seus aliados políticos.)[9] Mas todos esses expedientes do Estado administrativo impõem uma carga sobre o setor privado que em última instância reduz a taxa de crescimento e a criação de empregos.[10] Desigualdade intergeracional, deterioração do domínio da lei e corrosão de instituições educacionais – tomados em conjunto, esses fatores levaram a uma "grande degeneração", tanto da performance econômica quanto (como veremos) da coesão social.[11] Em resumo, o Estado administrativo representa a última iteração da hierarquia política: o sistema cospe regras, gera complexidade, e solapa tanto a prosperidade como a estabilidade.

53
Web 2.0

Mesmo quando o Estado administrativo datilografava e arquivava em direção à última crise da ordem hierárquica, o mundo conectado estava passando por uma fase dramática de transição. Os profissionais da tecnologia da informação chamaram-na de "Web 2.0" – o título da conferência organizada pelo pioneiro da internet, o editor Tim O'Reilly em 2004. O ideal de O'Reilly era preservar a forma da *open source* [fonte aberta] da World Wide Web inicial. A Wikipedia, com seus verbetes de enciclopédia de autoria coletiva, reteve sua ética. Também qualquer site da internet que se fiava em conteúdo gerado pelos usuários. De acordo com O'Reilly, inovações como RSS e até API tiveram o efeito de "consorciar dados para fora, sem controlar o que acontece quando ela chega do outro lado da conexão [...] um reflexo do [...] princípio do ponta a ponta".[1] Todo software, portanto, deveria estar em um estado de "beta perpétuo", não apenas de fonte aberta, mas aberto à reengenharização por usuários.[2] O padrão-ouro do Linux: "um sistema operacional de nível global" formado "do *hacking* de meio período de muitos milhares de desenvolvedores", nas palavras do programador libertário Eric Raymond, autor do manifesto da fonte aberta, *A catedral e o bazar*.[3] No bazar, um grupo grande, global, de codificadores voluntários trabalha colaborativamente para identificar e consertar defeitos ou imperfeições (*bugs*), e isso paulatinamente melhora o software.[4] Raymond formulou a Lei de Linus, homenagem a Linus Torvalds, o principal desenvolvedor (mas nunca proprietário) do Linux, que afirma: "Dado um testador-beta grande o suficiente e uma base codesenvolvedora, quase qualquer problema será rapidamente caracterizado e a solução será óbvia para alguém". (Mais coloquialmente: "Dados olhos suficientes, todos os *bugs* são rasos".)[5] Na comuna virtual do hacker, "a única medida de sucesso competitivo é a reputação dentre os pares", e não há a tragédia do *commons*,* pois, com software de fonte aberta "a grama cresce mais onde é mais pastada".⁶ Raymond predisse, confiante, que o movimento de software livre "essencialmente terá ganho a partida dentro de três ou cinco anos (isto é, em 2003-2005)".⁷ Ele iria se desapontar.

Depois da inovação e da anarquia criativa vêm a comercialização e a regulamentação. Isso, de qualquer forma, foi o padrão nas revoluções tecnológicas anteriores.⁸ No caso da internet, no entanto, a comercialização tinha acontecido; a regulamentação era ainda pouca. O sonho da fonte aberta morreu com a emergência dos monopólios e duopólios que conseguiram impedir a interferência do Estado administrativo. A Microsoft e a Apple estabeleceram algo próximo de um duopólio em software, a primeira conseguindo uma enorme fatia do mercado de computadores pessoais. Fundadas na primeira fase da revolução das redes, entre 1975 e 1976, as duas empresas responderam diferentemente às oportunidades apresentadas pela internet. A Microsoft buscou associar seu sistema operacional Windows a seu próprio navegador, o Internet Explorer, uma estratégia que quase levou a empresa a quebrar.**

Ainda que seu sistema operacional fosse de muitas maneiras superior ao de Bill Gates, Steve Jobs, da Apple, preferiu competir através da diversificação do hardware que a Apple vendia, adicionando ao computador pessoal Mac um tocador de música (iPod, 2001), o *laptop* (Macbook, 2006), o *smartphone* (iPhone, 2007), o *tablet* (iPad, 2010) e um relógio (Apple Watch, 2014). O gênio de Jobs foi combinar um design atraente com um sistema fechado de software e conteúdo digital lançado exclusivamente pela Apple Store e pela iTunes Store.

---

* A alusão é ao ensaio do ecologista Garrett Hardin, 1968, intitulado "A tragédia do Commons", que argumentava em favor do controle global da população citando o exemplo dos camponeses de uma vila que, ao ter acesso irrestrito à sua terra em comum, logo a tornam infértil e imprestável através do uso excessivo. A ideia na verdade se originou com o economista vitoriano William Forster Lloyd.

** Em 3 de abril de 2000, o juiz Thomas Penfield Jackson sentenciou que a Microsoft tinha formado monopólio, tentado a monopolização e a integração de produtos, em violação ao Ato Antitrust de Sherman. Em junho de 2000, a corte ordenou a quebra da Microsoft. Mas o Tribunal de Apelação do Circuito DC revogou a sentença de Jackson e a empresa fechou um acordo com o Departamento de Justiça que a manteve intacta.

Web 2.0

A segunda fase da revolução de TI veio vinte anos depois da onda de inovação que produziu o MS-DOS e o Mac-OS. As mais importantes empresas fundadas em meados da década de 1990 foram Amazon, eBay e Google. A primeira era uma livraria on-line fundada em Seattle. A segunda, originalmente chamada "Auction Web", era um mercado de leilão on-line em San Jose. A terceira, assim batizada por causa do número *googol* (1 × 100), era uma ferramenta de busca montada em uma garagem em Menlo Park. Cada um dos fundadores era de alguma forma um *outsider*. Jeff Bezos, filho de uma mãe adolescente do Texas, adotado por seu padrasto cubano; Pierre Omidyar, nascido em Paris de pais imigrantes iranianos; Sergey Brin, nascido em Moscou, filho de judeus que tinham emigrado da União Soviética em 1979. Apenas Larry Page começou de dentro da ciência da computação: ambos os seus pais eram professores da área. Mas todos esses homens gravitaram para a Costa Oeste dos Estados Unidos, onde a Universidade de Stanford e o Vale do Silício tinham juntos se estabelecido como um polo de inovação em TI. Será que eles estavam determinados desde o início a se tornar bilionários? Provavelmente não. O sucesso de suas empresas veio como uma surpresa. (Page e Brin quase venderam a Google para a Excite por 750 mil dólares em 1999.) Tendo sobrevivido ao estouro da bolha das ações ponto.com daquele ano, no entanto, todas as três empresas rapidamente se valorizaram imensamente. A oferta pública inicial (IPO) da Google em 19 de agosto de 2004 rendeu uma capitalização de mercado acima de 23 bilhões de dólares. A explicação desta ascensão dramática era simples. Em 2000 a Google começou a vender publicidade associada a palavras-chave de busca, com base em uma combinação de oferta de preço e *click-throughs*.* Em 2011 essa era a fonte de 96% da renda da empresa. O imenso influxo de renda dos anunciantes então permitiu à Google se expandir em múltiplas direções, lançando um serviço de e-mail (Gmail, 2004), um sistema operacional (Android, 2007) e um navegador (Chrome, 2008), além de adquirir um punhado de outras empresas, começando com a Keyhole, que se tornou Google Earth, seguido pela Urchin, que se tornou Google Analytics, e Grand Central, que se tornou

---

* Procedimento pelo qual o usuário em visita a um dado site, ao se interessar por um anúncio, "clica" nele e torna possível medir o sucesso da publicidade on-line a partir daí.

Google Voice. A Youtube foi adicionada em 2006, a Motorola Mobility em 2012 (mas foi vendida depois) e a DeepMind em 2014. A missão original da Google declarava "organizar a informação do mundo e fazê-la universalmente acessível e útil". Seu lema não oficial era "Não seja do mal". Uma descrição mais precisa de seu modo de operar depois de 1999 seria "Faça fortuna com publicidade e invista como um aventureiro".

A discrepância entre o ideal e a realidade era ainda mais marcada no caso da rede social mais exitosa que emergiu da terceira onda de inovação dos meados dos anos 2000. Parecia ter surgido ali a oportunidade de vencer os "seis graus"; seus proprietários tinham a patente original descrevendo um serviço de rede social on-line baseado em convites por e-mail e uma base de dados dos membros conectados. Mas Reid Hoffman, da Friendster e da LinkedIn, e Mark Pincus, da Tribe.net, compraram a patente (por 700 mil dólares) para assegurar que ninguém pudesse monopolizar as redes sociais.[9] Eles não sabiam que iam enfrentar Mark Zuckerberg.

Ao graduando de Harvard nunca faltou a retórica idealista. A declaração da missão do Facebook para quem era recrutado, conhecida como (em homenagem ao Camarada Mao) "O pequeno livro vermelho", dizia: "O Facebook não foi originalmente criado para ser uma empresa. Foi construído para cumprir uma missão social – fazer o mundo mais aberto e conectado".[10] Em 2004, em uma entrevista para o *Harvard Crimson*, apenas cinco dias depois do lançamento do Thefacebook, Zuckerberg disse explicitamente que não tinha criado o site com a intenção de fazer dinheiro. "Eu não vou vender o endereço de e-mail de ninguém", ele declarou. "Os últimos cem anos foram definidos pela mídia de massa", foi sua declaração em 2007. "Nos próximos cem anos, a informação não vai ser empurrada para as pessoas. Ela será compartilhada entre as milhões de conexões que as pessoas têm."[11]

Então por que o Facebook derrotou os outros competidores pela coroa das redes sociais? Primeiro, Zuckerberg alavancou a marca de Harvard. Os primeiros usuários davam seus nomes verdadeiros e endereços de e-mail reais, já que não há incentivo para criar um pseudônimo se você está em Harvard. Foi através da rede de ex-alunos que Zuckerberg foi apresentado a Don Graham, da Washington Post Company, que ofereceu investir na empresa e depois tornou-se membro da diretoria.[12] Segundo, Zuckerberg mostrou que estavam errados aqueles que acreditavam que o site perderia seu apelo se se abrisse para gente de fora da universidade, e depois se esforçou para tornar o site acessível àqueles que não falavam inglês através de uma ferramenta de tradução.[13] Terceiro, ele foi rápido em ver o potencial de atualizações (*add-ons*), como marcação de nomes nas fotos (*photo-tagging*), alertas aos usuários quando eram marcados nas imagens e o muito mais complexo conceito *feed* de notícias baseadas no compartilhamento de informações sobre as atividades de amigos.[14] Quarto, ao contrário do MySpace, o Facebook permitia aos usuários construir aplicativos dentro dele, uma decisão que provou ser imensamente popular, ao mesmo tempo que jogos do Facebook como *Farmville* proliferavam.[15] Isso era fonte aberta, com uma diferença: a nova política permitia aos usuários vender seus próprios anúncios patrocinados.[16]

A busca por renda publicitária de Zuckerberg quase saiu pela culatra com a introdução do Beacon, que dava às empresas acesso à plataforma.[17] Era a tarefa de Sheryl Sandberg fazer a transição para um modelo de renda publicitária de sucesso; isso, afinal, tinha sido seu principal papel na Google entre 2001 e 2008, quando ela se tornou a operadora-chefe. A diferença crucial era que "Enquanto a Google [...] ajudava as pessoas a encontrar as coisas que elas já tinham decidido comprar, o Facebook as ajudaria a decidir o que queriam", permitindo aos anunciantes disparar mensagens direcionadas aos usuários, feitas sob medida para ir ao encontro das preferências que já tinham revelado através de suas atividades no Facebook.[18] De início, a monetização era parca, quando medida por "custo por milheiro" (o custo de cada milhar de visualizações de uma propaganda).[19] Uma vez que os anúncios eram inseridos sem ruído no *feed* de notícias dos usuários no aplicativo de celular do Facebook, no entanto, a empresa estava a caminho de vastos lucros.[20] O *deus ex machina* que fez Zuckerberg bilionário foi a quase imprevisível explosão dos celulares, impulsionados pelo inovador e viciante iPhone da Apple.

O Facebook não inventou as redes sociais. Como vimos, elas são tão antigas quanto o *Homo sapiens* como espécie. O que o Facebook fez, ao criar um serviço que é gratuito para o usuário e sem restrição geográfica ou de língua, foi criar a maior rede social de todos os tempos. Na data deste texto [2017], o Facebook tinha 1,17 bilhão de usuários diários ativos, e 1,79 bilhão que entram pelo menos uma vez por mês. As cifras não incluem o aplicativo de compartilhamento de fotografias e mensagens do Instagram.[21] Nos Estados Unidos, a taxa é de 82% dos adultos que usam a internet entre as idades de 18 e 29, 79% entre 30 e 49, 64% do grupo etário 50-64 e 48% daqueles com 65 anos ou mais. Se há seis graus de separação para a humanidade como um todo, para os usuários de Facebook a média é agora de 3,57.[22] Não é surpresa que a rede do Facebook mostre agrupamento geográfico, já que o círculo de amizade da maioria das pessoas tem um significativo componente local.[23] Mas, de formas muito surpreendentes, o Facebook conquista a distância. A mera proximidade de outros usuários não é a melhor maneira de prever a probabilidade de entrar no Facebook; a "conversão" é uma função da posição que se tem em múltiplas redes sociais existentes.[24] Usuários são caracterizados por homofilia: pássaros de mesma pena, em termos de interesses compartilhados e tipos de personalidades, formam revoadas juntos, como sempre, e pode haver um tipo de retroalimentação que causa usuários similares tornarem-se mais interconectados através do uso do Facebook.[25] Comunidades imigrantes nos Estados Unidos também podem ser identificadas como componentes distintos da rede;[26] é interessante notar que há variação significativa no uso do Facebook entre grupos étnicos.[27] Na Europa, apesar da crescente preocupação com a ressurgência do nacionalismo, o Facebook aumentou a integração mensuravelmente: a cada verão, quando europeus viajam para outros países do continente em férias, o número de amizades na rede social entre pessoas de países diferentes aumenta. A porcentagem de novas amizades internacionais dentro da Europa subiu de menos de 2% em janeiro de 2009 para mais de 4% em agosto de 2016.[28] Também notável é a capacidade da rede Facebook de espalhar contagiosamente ideias, memes e mesmo emoções, por grupos de redes através de vínculos fracos.[29]

Como tudo o que fica muito popular, o Facebook tem seus detratores. "O Facebook vende a atenção dos usuários para os anunciantes de todo o mundo", escreveu o jornalista Jonathan Tepper, pouco antes de apagar sua conta, "e o Facebook sabe quase tudo sobre suas vidas, as de suas famílias e as de seus amigos [...] É também uma plataforma de exibicionismo e voyeurismo, na qual os usuários editam a si mesmos para exibir um lado mais lisonjeiro e silenciosamente espionam os seus amigos". Longe de aumentar a amizade genuína, Tepper argumentou, o Facebook na verdade barateia e desaloja a amizade genuína.[30] Certamente, a prática econômica do Facebook está longe de sua ideologia utópica. Já foi comparado à economia de parceria rural, "que dá aos muitos as ferramentas de produção, mas concentra as recompensas na mão de poucos".³¹ Posto de forma mais tosca, no Facebook "o usuário é o produto".

O Facebook prometeu criar um mundo de cidadãos interconectados da rede. Mas sua estrutura era profundamente desigual. Ele tem 15.724 empregados e quase 2 bilhões de usuários, mas apenas minúsculas frações desses grupos de fato possuem ações do Facebook. Zuckerberg é dono de um pouco mais de 28% das ações B da empresa. Seus cofundadores Dustin Moskovitz, Eduardo Saverin e Chris Hughes juntos possuem apenas um pouco menos de 13%. Investidores da primeira hora, Sean Parker e Peter Thiel são donos de 6,5% do total. E dois outros investidores mais antigos – o Accel Partners, fundo de capital de investimento do Vale do Silício, e a empresa de internet russa Digital Sky Technologies – possuem, respectivamente, 10% e 5,4%. Apenas cinco outras entidades – três firmas de capital de investimento do Vale do Silício, a Microsoft e a Goldman Sachs – possuem mais de 1%.³² Nas palavras de Antonio García Martínez, "qualquer um que diga que o Vale é meritocrático é alguém que lucrou enormemente dele através de meios não meritocráticos como sorte, pertencimento a um grupo privilegiado ou algum ato oculto de absoluta malandragem".³³ A rede social global, em outras palavras, é possuída por uma rede exclusiva de *insiders* do Vale do Silício.

As consequências sociais da tendência pós-fonte aberta na direção de duopólios (Microsoft e Apple) e quase monopólios (Facebook, Amazon e Google) eram tão fáceis de prever como pareciam paradoxais. O mundo está conectado como nunca esteve, como as tietes dessas empresas nunca se cansam de dizer. Mas o mundo é (em alguns aspectos) mais desigual do que um século atrás. Seis dos homens mais ricos do mundo são Bill Gates (com uma fortuna pessoal estimada em 76 bilhões de dólares), Carlos Slim (50 bilhões), Jeff Bezos (45 bilhões), Mark Zuckerberg (45 bilhões), Larry Ellison (44 bilhões) e Michael Bloomberg (40 bilhões). Suas fortunas foram construídas sobre, respectivamente, software, telecomunicações, varejo on-line, redes sociais, software empresarial e dados de negócios.³⁴ A razão pela qual eles se tornaram tão ricos não é que sejam os empreendedores "*superstars*" do mundo, mas sim que cada um estabeleceu algo próximo de um monopólio. Como no caso do Facebook, mais de 1 bilhão de pessoas usam o Microsoft Windows, o Youtube e o Android – sem esquecer o aplicativo de troca de mensagens WhatsApp, adquirido pelo Facebook em 2014. Esses quase monopólios parecem capazes de gerar enormes rendas aos principais patrimônios líquidos até um futuro indefinido.³⁵ Para dar um só exemplo: prevê-se que a Google e o Facebook aumentarão sua parcela combinada de toda a publicidade digital em 2017 para 60%. A Google detém 78% da publicidade de busca nos EUA. O Facebook detém quase dois quintos da publicidade de *display* on-line.³⁶ Essa dominação se traduz em rendas gigantes. Espera-se que o Facebook faça 16 bilhões de dólares da publicidade de *display* on-line em 2017. O negócio é hoje avaliado em cerca de 500 bilhões de dólares, incluindo um vasto butim, que equipa Zuckerberg para comprar qualquer competidor potencial em um estágio inicial (como o Instagram, que hoje tem 600 milhões de usuários, e o WhatsApp, que tem mais de 1 bilhão).³⁷ Ademais, o domínio da publicidade traz outro benefício. Em 25 mil buscas aleatórias do Google, anúncios para produtos do Google apareceram no lugar mais proeminente mais de 90% das vezes.³⁸

É um estado de coisas incrível quando se considera as funções que as empresas desempenham. A Google é essencialmente uma vasta biblioteca global. É para onde vamos quando queremos buscar coisas. A Amazon é um vasto bazar global, onde mais e mais de nós vamos para comprar. E o Facebook é um vasto clube social. As várias funções de contato em rede que essas empresas desempenham não são novas; é só que a tecnologia fez das redes algo tão enorme quanto rápido. A diferença mais interessante, porém, é que, no passado, as bibliotecas e os clubes sociais não faziam dinheiro com publicidade: eram organizações sem fins lucrativos, financiadas por doações e subscrições ou taxas. O fato realmente revolucionário é que nossa biblioteca e nosso clube globais são decorados com outdoors, e quanto mais lhes falamos de nós mesmos mais eficiente se torna a publicidade, levando-nos ao bazar de Jeff Bezos com frequência crescente. Não é por acaso que a sigla dos investidores para o conjunto das empresas Facebook, Amazon, Netflix (a empresa de filmes on-line) e Google seja "FANG" [ferrão, em inglês]. Graças ao efeito "os mais capazes se tornam mais ricos", que faz a tecnologia de informação global não ter limites de escala – isto é, dominada por alguns polos superconectados –, os dividendos dessas empresas não diminuem.³⁹

Não é só a desavergonhada perseguição do domínio do mercado que faz o Facebook entrar em contradição com sua propaganda. A evolução de Zuckerberg, de hacker de dormitório estudantil a Camarada Zuck, foi notavelmente veloz. "De muitas maneiras", ele disse em 2008, "o Facebook é mais como um governo do que como uma empresa tradicional. Temos esta grande comunidade de pessoas, e, mais do que qualquer outra empresa de tecnologia, estamos realmente definindo as políticas".⁴⁰ O "Pequeno livro vermelho" devia mais do que apenas o seu título a Mao; seu tom era conscientemente de uma vanguarda revolucionária: "Os rápidos herdarão a terra". "Grandeza e conforto coexistem". E: "Mudando como as pessoas se comunicam sempre mudará o mundo".⁴¹ Depois de 2008, cartazes nas paredes dos escritórios começaram a ecoar propaganda totalitária: "VÁ ADIANTE E SEJA OUSADO! DESCONTROLE-SE! PROVOQUE IMPACTO!".⁴² Diz-se que Zuckerberg "quer dominar não apenas o Facebook, mas de alguma maneira a infraestrutura de comunicação do planeta que está em evolução".⁴³

Especulou-se que ele consideraria se candidatar à presidência dos Estados Unidos.⁴⁴ Mas a mentalidade do fundador do Facebook parece ser a um só tempo mais global e menos democrática do que se espera daquele que ocupa tal cargo. Como um ex-empregado declarou, recordando-se de quantos funcionários escolhiam usar as camisetas azuis do Facebook no trabalho, "Os 'camisas-marrons'* se tornaram os 'camisas-azuis', e éramos todos parte de uma nova *Sturmabteilung*** da mídia social".⁴⁵ Esta é seguramente a analogia errada, pois Zuckerberg parece sincero em sua visão de uma "comunidade global" interconectada. Em fevereiro de 2017 ele publicou um ensaio argumentando que o papel de sua empresa seria o de promover comunidades locais "que façam sentido", para aumentar a "segurança" (filtrando conteúdo de estímulo ao ódio), promover a diversidade de ideias e cultivar engajamento cívico – mesmo em nível global. "Como maior comunidade global", ele escreveu, "o Facebook é capaz de explorar exemplos de como a governança de comunidades pode funcionar em grande escala".⁴⁶

A questão real é saber quanto essa visão de comunidade global é realista – e até onde alcançam as consequências imprevistas da possibilidade de o Facebook e outros da sua espécie nos levarem na direção oposta.⁴⁷

---

* Designação pela qual eram conhecidos os nazistas.
** SA: Milícia paramilitar da Alemanha nazista. [N.E.]

54
Desmanche

O mundo em 2010 estava à beira de duas revoluções, cada uma delas impulsionada até um certo ponto significativo pelos efeitos da tecnologia da informação. A primeira foi a revolução das expectativas crescentes no mundo em desenvolvimento. A segunda foi a revolução da diminuição das expectativas no mundo desenvolvido. A primeira foi o resultado da decrescente desigualdade no mundo como um todo. A segunda foi o resultado da desigualdade crescente dentro de certo número de países importantes, notadamente os Estados Unidos. Seria errado atribuir toda a mudança à tecnologia, assim como seria errado atribuir tudo à globalização, como se fosse possível separar os dois processos significativamente. Uma análise mais precisa seria que o rápido crescimento de uma super-rede global foi o maior impulso da revolução, pois foi esse fenômeno – uma síntese de mudança tecnológica e integração global – que tornou o mundo simultaneamente mais "plano" e mesmo assim fez a sociedade norte-americana (nas palavras de Charles Murray) "desmanchar".

De acordo com um estudo amplamente citado da ONG antipobreza Oxfam, o 1% mais rico hoje detém mais riqueza que o resto do mundo combinado. Em 2015, de acordo com Oxfam, apenas 62 indivíduos possuem mais dinheiro que 3,6 bilhões de pessoas – a metade de baixo da humanidade. E, desde a virada do século, essa metade de baixo recebeu apenas 1% do aumento total da riqueza global, enquanto 50% desse aumento foi para o 1% do topo.[1] O Crédit Suisse chega a números similares: o banco estima que a fatia da riqueza global nas mãos do 1% no topo chegou a 50% em 2015. Cerca de 35 milhões de milionários hoje detêm 45% de toda a riqueza do globo; 123.800 pessoas têm mais de 50 milhões de dólares cada, 44.900 possuem mais de 100 milhões e 4.500 mais de 500 milhões.[2] Quase metade de todos os milionários vivem nos Estados Unidos, onde o ganho cumulativo em renda real para o 0,01% mais rico desde 1980 foi de 542% (baseado em cálculos dos economistas Emmanuel Saez e Thomas Piketty). Para cada norte-americano nos 90% de baixo, a renda real caiu levemente no mesmo período.[3] A renda média por família nos EUA em 1999 foi de 57.909 dólares (em valores de 2015). Em 2015 era de 56.516 dólares.[4] Eis a máxima hierarquia do mundo hoje: uma hierarquia de riqueza e renda no formato de um edifício com uma base muito larga e um ápice enormemente alto e estreito.

Temos três importantes ressalvas, no entanto. Primeiro, baseado em dados do Levantamento das Finanças do Consumidor dos EUA, os aumentos nas fatias do 1% mais rico e o 0,1% mais rico, tanto em riqueza como em renda, não foram tão grandes quanto Piketty e Saez afirmaram.[5] Segundo, o número de indivíduos na lista Forbes 400 que foram listados por força de riqueza herdada declinou constantemente em nosso tempo: de 159 em 1985 para apenas dezoito em 2009.[6] A rotatividade no topo nunca foi tão alta. Terceiro, o crescimento de classe média global – o que os marxistas preferem chamar de burguesia – traz uma mudança social tão profunda quanto a acumulação de riqueza pelo 1% mais rico. Entre 2000 e 2015, a classe média chinesa cresceu em 38 milhões de pessoas; usando a mesma definição, a classe média norte-americana também cresceu, em 13 milhões. Em todo o mundo, a classe média cresceu em tamanho, desde 2000, em 178 milhões, um aumento de 31%.[7] De acordo com uma estimativa, o coeficiente Gini de desigualdade global declinou de 69 em 2003 para 65 em 2013, e vai declinar mais para 61 em 2035.[8] Em resumo, uma forte evidência é que a distribuição global de renda ficou significativamente menos desigual desde 1970, e a tendência deve continuar.[9] O maior impulso foi o aburguesamento da China, mas isso é apenas cerca de um quinto da história global.[10]

A interpretação convencional é de que a globalização reduziu a desigualdade global, no sentido de que o rápido crescimento da China e de outras economias emergentes não teria sido possível sem os fluxos aumentados de comércio e de capital que ocorreram depois da década de 1970. O aumento na migração internacional no mesmo período de tempo provavelmente também ajudou a reduzir a desigualdade, ao mover pessoas de economias menos produtivas para outras mais produtivas. Mas é inconcebível que tivéssemos tanto comércio e migração sem as inovações tecnológicas discutidas aqui, da mesma forma que os saltos tecnológicos à frente teriam sido menores em número e mais espaçados sem os componentes baratos feitos na Ásia e as cadeias de oferta globais. Foi o mais vasto aumento nos fluxos de informação internacionais que tornou mais eficientes a relocação do capital e o trabalho possível. O ponto crucial é que, para a maioria das pessoas no mundo, houve melhora significativa em termos relativos e também em termos absolutos nos últimos trinta ou quarenta anos. Para explicar as revoluções no mundo em desenvolvimento, as explanações deveriam provavelmente incluir o aumento de expectativas.

Mas a globalização teve implicações bem diferentes para a distribuição de renda e da riqueza *dentro* de muitos países. Pensava-se que o ponto era ilustrado pelo chamado "gráfico elefante" desenhado por Branko Milanovic e Christoph Lakner, que retrata a classe trabalhadora e a classe média em economias desenvolvidas como perdedores da globalização.* Na verdade, o elefante na sala deixa o aposento totalmente se ajustamos os dados para os tamanhos diferentes dos países e omitimos o Japão, a ex-União Soviética e a China da base de dados.[11] Mesmo assim, algo realmente não funcionou para a classe trabalhadora e a classe média norte-americanas, e talvez também a classe média de alguns países europeus.[12] A competição asiática certamente destruiu um número significativo de empregos na manufatura.[13] Essas pessoas nos Estados Unidos que se deram mal durante e depois da crise financeira são altamente suscetíveis ao pessimismo acerca de seu futuro, a despeito do pouco notado sucesso de programas de bem-estar em mitigar os efeitos da "grande recessão" juntos àqueles que ganham os salários mais baixos. Quase dois quintos dos norte-americanos pesquisados pelo McKinsey Global Institute em 2016 concordavam fortemente com uma de duas declarações: "Minha posição financeira é pior do que cinco anos atrás" e/ou "Minha posição é pior que a dos meus pais quando tinham a minha idade". Tais pessoas tinham tendência a ser mais pessimistas sobre o seu futuro financeiro e de seus filhos. E aqueles que eram

---

* O gráfico desenhava o crescimento em média da renda familiar per capita para cada percentual de distribuição global de renda, e se propunha a mostrar que grupos entre o décimo e o décimo sétimo percentuais, juntamente com aqueles do último percentual, tinham se beneficiado significativamente entre 1998 e 2008, mais do que o setuagésimo e o centésimo percentuais. A linha resultante se pareceria com um elefante, com costas curvas, pescoço baixo e tromba ereta.

pessimistas eram muito mais inclinados a culpar a imigração, mercadorias estrangeiras e "trabalho estrangeiro barato", de, respectivamente, "arruinar a coesão e a cultura de nossa sociedade", "levar à perda de empregos em termos domésticos" e "criar competição injusta com empresas domésticas".[14]

Tal pessimismo está enraizado em mais do que rendas reais estagnadas. A mobilidade social pode ou não ter declinado nos Estados Unidos.[15] Mas claramente falta alguma coisa. Por todo o mundo desenvolvido, as taxas de mortalidade estão declinando e a expectativa de vida aumentando, mas não na América branca (não hispânica), e especialmente não entre aqueles norte-americanos de meia-idade cuja educação não se estendeu além da escola secundária. Para tal grupo, de idade entre 45 e 54 anos, a taxa de mortalidade por intoxicação (principalmente overdose de drogas) aumentou mais de quatro vezes entre 1999 e 2013, de 14 para 58 por 100 mil, ao mesmo tempo que a mortalidade por doenças crônicas do fígado e cirrose aumentou em 50%, e o declínio da mortalidade devido a doenças cardíacas estacionou. Se a mortalidade branca tivesse continuado a cair na taxa pré-1999 de 1,8% ao ano, quase 1 milhão de mortes poderiam ter sido evitadas no período 1999-2013. Um em três brancos não hispânicos, entre 45 e 54 anos, relata dor crônica nas juntas, um em cinco relata dor no pescoço e um em sete relata ciática.[16] Tais tendências, que continuaram no curso de 2015, não podem ser explicadas simplesmente em termos econômicos: os perfis de renda para norte-americanos não brancos situados de forma semelhante não estavam melhores, mas eles não tinham sofrido os aumentos de má saúde e mortalidade. A melhor explicação disponível é a "*desvantagem cumulativa* na vida, no mercado de trabalho, nos resultados do casamento e dos filhos e da saúde, disparada por oportunidades do mercado de trabalho progressivamente piores".[17] Presumivelmente, são os norte-americanos brancos mais miseráveis que bebem e se drogam até a morte. Os não suicidas meramente deixam a força de trabalho, optando pelos benefícios da Seguridade Social por Deficiência, o que ajuda a explicar por que a participação da força de trabalho masculina na idade mais produtiva declinou mais vertiginosamente nos Estados Unidos do que em outros lugares.[18] Vista sob essa luz, a turbulência política surgiria nos Estados Unidos em 2016 como uma revolução de expectativas *em queda*.

Talvez a forma correta de entender a relação entre redes e desigualdade seja ver que, nas palavras dos autores de um artigo inovador sobre o tema, "a desigualdade nas redes sociais é reforçada pelos mercados no caso de complementos, mas diminuída no caso de substitutos".[19] Quando a liberalização chegou às redes dos trabalhadores de Bombaim, as redes e o mercado foram substitutos, no sentido de que o mercado empurrava a rede para fora pois oferecia novas opções a indivíduos pouco conectados. O resultado foi desigualdade reduzida. Mas, quando os pescadores em Kerala adquiriram telefones celulares, as redes e o mercado se complementavam quando pescadores mais bem conectados eram mais capazes de tirar vantagem de oportunidades do mercado. Nesse caso, o resultado foi maior desigualdade.[20] Esse esquema se aplica também globalmente. A globalização trouxe o mercado para os trabalhadores e os camponeses da China, que até então estavam desconectados do mundo e presos à rígida hierarquia estabelecida por Mao. Isso reduziu a desigualdade. Mas, nos Estados Unidos, redes e mercados eram complementares, e os norte-americanos mais bem conectados recolhiam a maior parte dos lucros da privatização – um ponto reconhecido por um relatório de 2017 do Banco Mundial.[21] Pode haver razões para duvidar das evidências fornecidas pela Pesquisa Social Geral dos EUA, de um encolhimento drástico de redes sociais tradicionais, que alguns atribuem à emergência das redes eletrônicas e dos dispositivos móveis que encorajam seu uso.[22] De fato, não há evidência convincente de que o uso aumentado da internet leve ao menor engajamento social; o oposto pode bem ser verdade.[23] Não obstante, seria difícil negar que uma característica distintiva das últimas duas ou três décadas é que tem havido um aumento na polarização social e política. Características salientes desse processo têm sido a contração das redes de discussão centrais aos norte-americanos, que contêm menos membros não parentes do que no passado,[24] e um fenecimento das instituições tradicionais de rede, como aquelas centradas nas igrejas e nas associações voluntárias locais.[25]

55
Tuitando a revolução

Como o caso dos pescadores de Kerala mostra, a variável crítica que fez as mudanças sociais do início do século XXI tão explosivas foi o crescimento exponencial da telefonia móvel. As inovações nos telefones celulares foram presentes do céu para as companhias tradicionais de telecomunicações, como AT&T e Verizon (antigamente Bell Atlantic e NYNEX) e seus equivalentes ao redor do mundo.[1] Ainda que houvesse competição entre os produtores de telefones (em grande parte graças à criação do Android pela Google para rivalizar com o iOS da Apple), havia competição apenas limitada entre provedores de rede, então as assinaturas ficaram relativamente altas. A demanda pública as manteve altas. Como mostra a figura 40, sociedades tão economicamente diferentes quanto os Estados Unidos, a China e o Egito já tinham altas taxas de propriedade de telefones celulares em 2010, e, mesmo que o Egito tenha se atrasado na adoção de *smartphones*, o uso de fones para a atividade de rede social e compartilhamento de notícias políticas era mais avançado lá.[2] Com telefones celulares, e mais ainda com *smartphones*, as redes sociais puderam estar on-line todo o tempo.

Se o Facebook inicialmente se satisfez com a necessidade humana de fofocar, foi o Twitter – fundado em março de 2006 – que satisfez a necessidade mais específica de trocar notícias, frequentemente (mas não sempre) políticas. Em 2012, mais de 100 milhões de usuários estavam a postar 340 milhões de *tweets* por dia. Mas seria a revolução tuitada? Refletindo sobre o fracasso da revolução "verde" do Irã em 2009, Malcolm Gladwell achou que não. Segundo ele, a mídia social não era substituta para as redes tradicionais de ativistas que tinham derrubado o comunismo na Europa Oriental.[3] Na Google, Eric Schmidt e Jared Cohen discordavam. Em um artigo presciente publicado em novembro de 2010, eles argumentaram que os governos "seriam pegos de surpresa quando grande número de seus cidadãos, armados com virtualmente nada exceto seus celulares, tomassem parte em minirrebeliões para desafiar sua autoridade".[4] A "ação real" naquilo que chamaram de o "estamento interconectado" podia ser achada em "apertados escritórios no Cairo", assim como nas ruas de Teerã. A partir desses lugares, e de outros, ativistas e nerds da tecnologia estão organizando *flash mobs* políticas que abalam governos repressivos, construindo novas ferramentas para circundar *firewalls* e censores, reportando e tuitando o novo jornalismo on-line, e escrevendo uma declaração de direitos humanos para a era da internet".[5] A Google derrotou Gladwell – talvez não seja surpreendente, pois evidência em apoio à tese de Schmidt–Cohen vinha se acumulando ao longo dos anos, com telefones celulares e mídia social desempenhando importantes papéis em crises políticas tão diversas como as de Moldova, Filipinas, Espanha e mesmo da província chinesa de Xinjiang.[6]

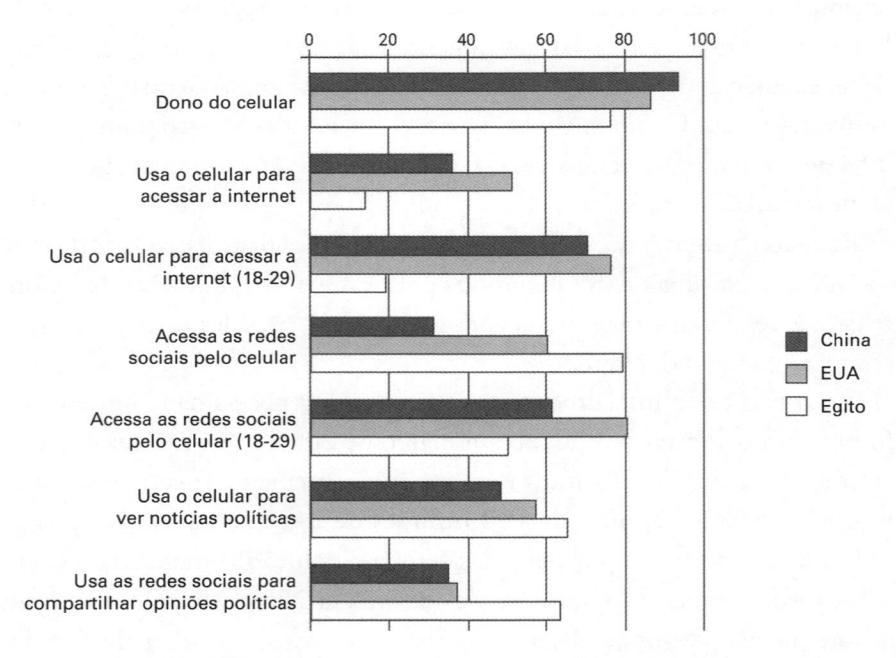

40. Uso de telefones celulares e redes sociais na China, nos Estados Unidos e no Egito em 2010.

A crise financeira e as recessões que ela causou erodiram a legitimidade de governos ao redor do mundo. Mas não foi nos Estados Unidos ou mesmo na Europa que a verdadeira vulnerabilidade da ordem hierárquica estabelecida às novas forças foi exposta pela primeira vez.

Os eventos revolucionários que varreram o Oriente Médio e o Norte da África, começando na Tunísia em dezembro de 2010 – mal chamados de "Primavera Árabe" – foram certamente facilitados por vários tipos de tecnologia da informação, mesmo que tenha sido provavelmente o canal de televisão Al Jazeera, mais do que o Facebook ou o Twitter, que transmitiu as notícias das revoluções para a maioria dos árabes. Como aconteceu na Europa depois de 1917, a revolução se espalhou como uma epidemia, explorando as redes existentes. "Isso é um vírus, e não é parte de nosso patrimônio nem da cultura do povo iemenita", o presidente do Iêmen disse a repórteres antes de ser desalojado do poder. "Trata-se de um vírus que veio da Tunísia para o Egito. E, em algumas regiões, o cheiro da febre é como a gripe. No momento que se senta ao lado de alguém que está infectado, você também será infectado."[7] Monitorar os *hashtags* do Twitter se tornou uma maneira de antecipar manifestações durante os eventos revolucionários que varreram Hosni Mubarak do poder no Egito.[8] De modo semelhante, os revolucionários de Kiev, que em 2014 derrubaram o presidente ucraniano, Viktor Ianukovitch, usaram as redes sociais para organizar seus protestos em Maidan e disseminar suas críticas a Ianukovitch e seus asseclas. Do Parque Taksim Gezi, em Istambul, até as ruas de São Paulo, protestos varreram o mundo. Não importa qual fosse o objeto da ira dos manifestantes, seus métodos seguiram o manual de Schmidt–Cohen.[9] O filósofo Manuel Castells logo celebrou o poder da "sociedade de rede", que criou movimentos populares tão grandes que era simplesmente impossível "deter os suspeitos de sempre".[10] A inferência de alguns foi que, sob tais pressões, mais e mais Estados autoritários e corruptos seriam forçados a se tornar transparentes e acessíveis "governos *smart*", usando a tecnologia para tornarem-se mais eficientes e transparentes. Eventualmente, todos os Estados acabariam como a Estônia, a pioneira da e-democracia.[11]

Mas seria ingênuo assumir que testemunhávamos o raiar de uma nova era de cidadãos da rede (*netizens*) livres e iguais, todos empoderados pela tecnologia para falar a verdade ao poder. A internet teve suas origens no complexo militar-industrial, como vimos. É sempre altamente provável que a segurança nacional tome a precedência sobre o empoderamento de cidadãos quando o assunto é explorar o potencial das redes sociais para servir o governo. Os ataques do 11/9 e as tribulações do governo norte-americano no Iraque criaram um claro incentivo tanto para a administração de Bush quanto para a de seu sucessor. Stan McChrystal tinha aprendido no Iraque que, em contrainsurgência, é preciso uma rede para derrubar outra rede.[12] O mesmo se aplicava ao contraterrorismo. A Al-Qaeda foi entendida por analistas da inteligência como "uma rede de redes", com cerca de sete franquias regionais ou nacionais.[13] Essa rede era "adaptável, complexa e resiliente" – e determinada a infligir mais destruição e terror no "solo pátrio" norte-americano.[14] Políticos norte-americanos tinham fortes incentivos para se vingar da organização através da decapitação e do

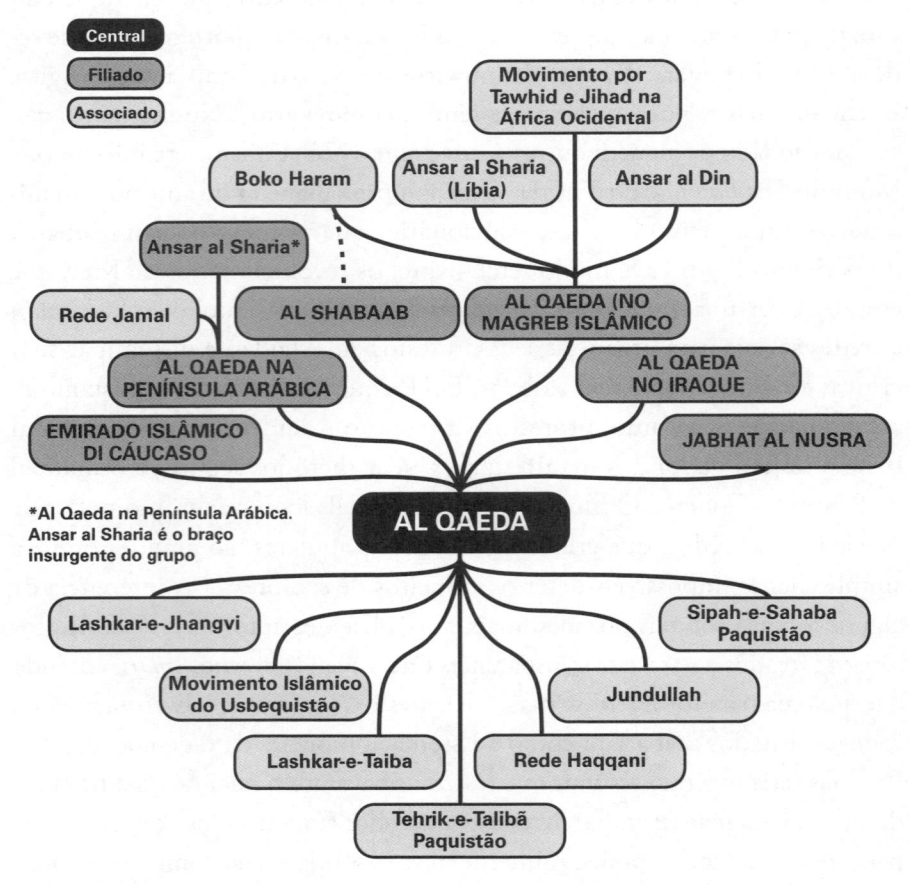

41. A rede da Al-Qaeda pela perspectiva norte-americana, *c.* 2012.

desmanche de sua estrutura, com isso não apenas prevenindo ataques futuros, mas também mostrando força. A partir de 2007, a NSA (Agência da Segurança Nacional) buscou aplicar o princípio de McChrystal em escala global.

A tentativa do Estado hierárquico de cooptar os donos das redes do setor privado na internet foi previsível. Assim também foi a tentativa de expor o fato. Desde 2007, a divisão SSO (Operações de Fonte Especial) da NSA começou a requisitar as comunicações on-line de pelo menos nove grandes companhias norte-americanas como parte de um programa de vigilância de *big data* chamado "PRISM". O trabalho de interceptação foi de fato feito pela Unidade de Tecnologia de Interceptação de Dados do FBI, tirando partido do fato de uma grande proporção da infraestrutura física da internet estar localizada nos Estados Unidos. De acordo com o Ato Proteger a América e com a seção 702 do Ato sobre a Vigilância de Inteligência Estrangeira de 2008, isso era legal e as empresas tinham pouca opção senão obedecer. Formalmente, a vigilância deveria recair sobre estrangeiros que pudessem constituir uma ameaça à segurança dos EUA, mas qualquer cidadão norte-americano em comunicação com uma pessoa dessas poderia ser arrastado na rede da NSA, desde que uma das partes de uma troca de e-mail, de uma chamada no Skype, de uma transferência de arquivos ou troca no Facebook estivesse em território estrangeiro. Participantes do programa PRISM incluíram Facebook, YouTube, AOL, Skype e Apple, mas a maior parte da informação era colhida no Yahoo, Google e Microsoft. Em 2012, o número total de requisições de acesso aos dados de usuários que o Facebook recebeu de agências governamentais ficou entre 9 mil e 10 mil, e diziam respeito a mais ou menos o dobro de contas de usuários. Um programa paralelo, o MUSCULAR, acessava diretamente os dados não encriptados dentro das "nuvens" privadas do Google e do Yahoo. Também cúmplices com a vigilância do NSA eram as empresas de telefonia AT&T e Verizon.[15]

Aos olhos do "Estado de segurança nacional" (na prática uma rede de burocratas meio introvertidos)[16], o PRISM era uma resposta lógica à ameaça na forma de rede, não diferente em qualidade dos grampos das décadas de 1960 e 1970 ou da espionagem rotineira contra governos tanto hostis quanto aliados. Mas seria tolo imaginar que uma intrusão governamental assim maciça não seria detectada na era das redes e que não pudesse, a seu turno, sofrer retaliação de mesma natureza. Já em dezembro de 2006 um site chamado

Wikileaks tinha começado a publicar documentos secretos on-line, majoritariamente relacionados à conduta (ou, como a chamava seu fundador, Julian Assange, "má conduta") nas guerras no Afeganistão ou no Iraque. Como o alvo principal dos primeiros vazamentos foi a administração Bush, os jornais progressistas como o *The Guardian* não hesitaram em promover o WikiLeaks como uma fonte legítima. Entre os "denunciantes" que supriram o WikiLeaks com documentos estava o soldado norte-americano Bradley (depois Chelsea) Manning. Em junho de 2013 uma infração ainda maior ocorreu quando um analista contratado pela NSA, Edward Snowden, começou a vazar uma enorme quantidade de documentos, incluindo detalhes do PRISM, ao *The Guardian* e ao *The Washington Post*. Tentativas do Quartel-General das Comunicações Governamentais do Reino Unido (GCHQ) de destruir os discos rígidos na sede do *Guardian* foram inócuas e apenas ampliaram o sensacionalismo. Parece que o feito de Daniel Ellsberg ao vazar os *Papéis do Pentágono* tinha sido eclipsado. Os progressistas adoraram a exposição da NSA e fizeram pouco da alegação de que a inteligência obtida pelo PRISM tinha prevenido ataques terroristas. Mesmo assim, houve intenso embaraço quanto ao fato de que empresas como Yahoo, Google e Microsoft – sem mencionar a Facebook – estavam mancomunadas com o temido "Estado de segurança nacional", e que toda a operação tinha continuado sem interrupção, a despeito da eleição do queridinho dos progressistas, Barack Obama, como presidente. Sob Obama, a NSA colheu não apenas os metadados de chamadas telefônicas de 120 milhões de assinantes da Verizon, mas também – sob o PRISM – o conteúdo de e-mail, voz, texto e conversas por vídeo de um número desconhecido de norte-americanos. Entre abril de 2011 e março de 2012, de acordo com uma auditoria interna da NSA vazada por Snowden, aconteceram 2.776 infrações das regras que regulamentavam a vigilância governamental de cidadãos.[17] Mark Zuckerberg podia até reclamar que tinha ficado "muito confuso e frustrado pelos relatos insistentes acerca do comportamento do governo norte-americano" e declarar com retidão moral: "Quando nossos engenheiros trabalham sem cansar para aprimorar a segurança, imaginamos que protegemos você contra criminosos, não contra o nosso próprio governo".[18] Mas dificilmente ele não sabia o que estava se passando.

Não ajudou a administração de Obama que as revelações de Snowden coincidiram com a humilhante revelação de sua incapacidade de usar a tecnologia eficientemente em um programa desenhado para beneficiar cidadãos norte-americanos. Como as eleições de 2008 deixaram claro, os políticos e os eleitores ficaram reféns de um vocabulário do pós-guerra em que os primeiros prometeram não apenas prover produtos públicos adicionais mas também "criar empregos" sem aumentar significativamente o custo do governo em termos de taxação. A popularidade do presidente Obama caiu mais rapidamente quando a incapacidade do governo federal de cumprir a promessa eficientemente ficou mais clara. As limitações do site www.HealthCare.gov de muitas formas simbolizaram o problema fundamental: na era do FANG, os consumidores esperam funcionalidade básica dos sites da rede. Dizia-se que tinha custado entre duas e quatro vezes mais dinheiro para criar o site defeituoso do que construir o iPhone original. O âncora do programa *Daily Show*, Jon Stewart, falou por centenas de milhares de usuários frustrados quando provocou a secretária da Saúde e Serviços Humanos, Kathleen Sebelius: "Eu vou tentar baixar todos os filmes jamais feitos, e você vai tentar aderir ao Obamacare, e vamos ver qual acontece antes".[19]

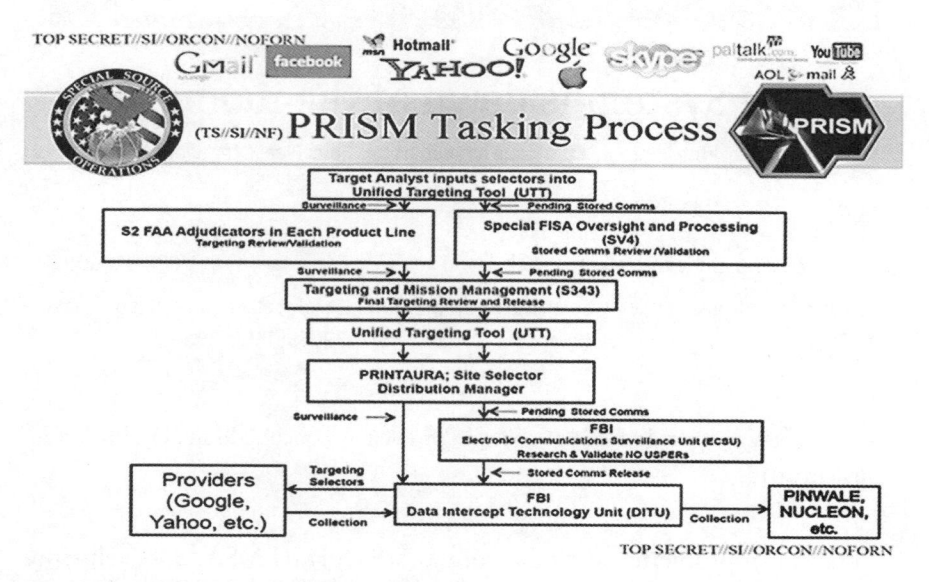

42. *Slide* confidencial publicado pelo WikiLeaks descrevendo o programa de vigilância PRISM, da Agência de Segurança Nacional (NSA). Note a estrutura hierárquica do diagrama.

Tais calamidades impuseram às empresas de tecnologia uma escolha. Deveriam elas se distanciar da hierarquia de Washington? Essa foi a abordagem tomada pelo CEO da Apple, Tim Cook, quando se recusou a atender uma requisição do FBI e um mandado do tribunal para destravar o iPhone de propriedade de Syed Rizwan Farook e Tashfeen Malik, que tinham matado quatorze pessoas em San Bernardino em dezembro de 2015. A abordagem alternativa foi tomada pela Google, que simultaneamente declarou seu compromisso de "promover a livre expressão na rede e proteger a privacidade",[20] ao mesmo tempo que se aproximava mais do braço executivo que qualquer outra empresa de tecnologia. Empregados da Google e de entidades associadas visitaram a Casa Branca 427 vezes durante a presidência de Obama. Altos executivos da Google se reuniram com o presidente pelo menos 21 vezes. Só em 2016, a empresa gastou 15,4 milhões de dólares com lobistas.[21]

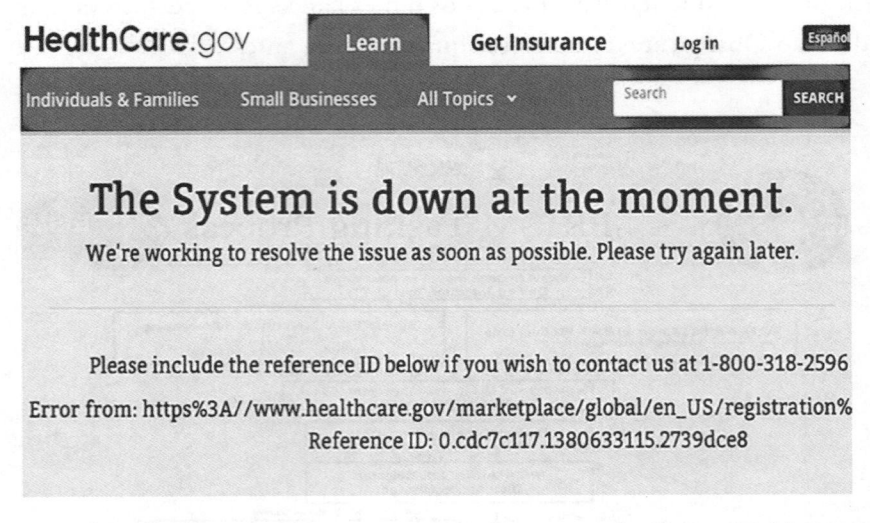

43. Um governo grande com um pequeno problema: a quebra do site HealthCare.gov em 2013.

Havia um problema adicional com a estratégia da NSA. Possivelmente, seu programa de vigilância ajudou a prevenir ataques adicionais da Al-Qaeda. A evidência fornecida por Snowden é insuficiente para concluir que o PRISM era inútil. Mas o dano feito à reputação dos Estados Unidos – especialmente aos olhos de seus aliados – certamente foi mais sério do que quaisquer benefícios que possam ter sido produzidos. Foi no esteio dos vazamentos de Snowden que os Estados Unidos cederam à pressão para acabar com a supervisão do Departamento de Comércio sobre o ICANN, que agora está sob a supervisão de uma "comunidade global de múltiplas partes".[22] De qualquer forma, as redes adaptam-se mais rapidamente do que as hierarquias. Como alguns analistas previram, os jihadistas adaptaram-se a uma estratégia do contraterrorismo organizado desde cima, realizando uma mutação da rede relativamente fechada da Al-Qaeda para algo mais bem descrito como "enxame".[23] O que ninguém viu na primeira onda da "guerra global ao terror" foi que os mais ardentes opositores da visão ocidental de modernidade poderiam aprender a usar as tecnologias do Vale do Silício para fazer avançar a sua causa.

A execução de Osama Bin Laden em maio de 2011 foi celebrada pela administração de Obama como um grande avanço. Na realidade, meramente confirmou a obsolescência da Al-Qaeda. A essa altura, a liderança da organização havia perdido a iniciativa para sua filial no Iraque, que tinha abandonado os ataques diretos a alvos norte-americanos e passara a ter como alvo os iraquianos xiitas, fazendo da "selvageria" (*tawahoush*) uma virtude.[24] Os militares norte-americanos certamente tinham infligido extensos danos à rede de Zarqawi durante o "incremento". Mas, antes que a tarefa pudesse ser completada, a administração de Obama acabou com a presença norte-americana no Iraque. Essa foi a primeira de uma série de trapalhadas desastrosas. A administração apoiou o governo dominado por xiitas do primeiro-ministro Nouri alMaliki, ao mesmo tempo que abanava as chamas do ressentimento sunita. O presidente exonerou McChrystal sem hesitar por causa de comentários indiscretos sobre um subordinado que acabaram na revista *Rolling Stone*. Quando perguntado sobre um novo grupo chamado *Estado Islâmico do Iraque e al Sham* (EI), Obama desprezou-o como uma versão *jayvee* (calouros) da Al-Qaeda. Finalmente, ao recusar-se a intervir efetivamente enquanto a Síria caminhava para a guerra civil, Obama criou um outro vácuo onde o EI poderia se expandir.[25]

O EI era fundamentalmente diferente da Al-Qaeda em quatro aspectos. Sua ideologia se baseava na proclamação de seu líder, Abu Bakr al-Baghdadi, que reestabelecia o califado em 29 de junho de 2014. A linguagem da proclamação de alguma forma ecoava os chamados à *jihad* lançados pelo regime otomano na fase inicial da Primeira Guerra Mundial anos antes. "Não se pode permitir", declarava, "a ninguém que acredita em Alá dormir sem considerar como seu líder aquele que os conquistes pela espada até que se torne *khalī-fah* e seja chamado *Amī-rul-Mu'minī-n* (líder dos crentes)". Tratava-se de um chamado às armas para todos os muçulmanos:

> Vinde, ó muçulmanos, e juntai-vos a vosso *khalī fah*, de modo que possais retornar àquilo que sempre fostes um dia, reis da terra e cavaleiros da guerra. Vinde e sereis honrados e estimados, vivendo como dignos mestres. Sabei que nós lutamos por uma religião que Alá prometeu apoiar. Nós lutamos por uma *ummah* à qual Alá concedeu honra, estima e liderança, prometendo [...] poder e força na terra. Vinde, ó muçulmanos, para vossa honra, vossa vitória. Por Alá, se vós desacreditais da democracia, do secularismo, do nacionalismo, assim como do lixo das ideias do ocidente, acorrei à vossa religião e credo, então, por Alá, vós herdareis a terra, e o oriente e o ocidente submeter-se-ão a vós. Esta é a promessa de Alá para vós [...]
>
> Nós – por Alá – não cremos que haja qualquer desculpa *shar'i* (legal) para justificar vosso não apoio a este Estado [...] se abandonardes o Estado ou guerrear contra ele, ireis feri-lo. Vós apenas ides ferir a vós mesmos [...].
>
> Soldados do Estado Islâmico, Alá (o Exaltado) nos ordenou [lutar] a *jihad* e nos prometeu [...] vitória [...] E, se alguém desertar, rachai sua cabeça com balas e esvaziai suas entranhas, quem quer que seja [...][26]

Ao contrário de 1914, porém, não havia aliados infiéis a serem poupados como parte de uma estratégia regional calculada. Para o EI, o objetivo final era o apocalipse: sua ambição não era vitória convencional mas realizar a profecia de um armagedom em Dabiq.

Segundo, o EI praticava com feroz literalismo o que pregava. Nas palavras de Graeme Wood, sua ideologia constituía "um compromisso sincero e cuidadosamente considerado de fazer a civilização retornar ao ambiente legal do século VII, e finalmente trazer o apocalipse". A realidade, Wood escreveu em março de 2015, era "que o Estado Islâmico é islâmico. Muito islâmico [...] *Ninguém tentou mais tenazmente implementar a Sharia estrita pela violência. É isso que parece*" – isto é, escravizações, amputações, decapitações, apedrejamentos e crucifixões.²⁷ Terceiro, o EI era uma rede de fonte aberta, sistematicamente disseminando não apenas a sua ideologia mas também suas odiosas exibições de violência exemplar através de milhares de contas no Twitter ligadas umas às outras, e ao Facebook e ao Youtube.²⁸ De certa forma, sua operação midiática tornou-se a maior fonte de resiliência contra uma sustentada campanha para assassinar sua liderança.²⁹ Finalmente, o EI era organizado de maneira bem diferente da Al-Qaeda. No Oriente Médio, ele aspirou ser um Estado territorial, autêntico, apagando as fronteiras do acordo centenário de Sykes–Picot.³⁰ Na banda mais ampla de países de maioria muçulmana do Norte da África ao Sul da Ásia, ele criou uma confederação de filiais. No Ocidente, buscou construir uma rede nova e muito mais solta de jihadistas, atraindo mais de 15 mil dos mais ardentes a vir a Mosul e Raqqa,³¹ mas encorajando outros a realizar ataques indiscriminados e destrutivos em cidades ocidentais. O chamado do xeique Abu Muhammad al-Adnani, que pediu aos muçulmanos em países ocidentais que buscassem o infiel e "arrebentassem sua cabeça com uma pedra", resume o primitivo modo de operação no nível da rua.³² Mas os gráficos da rede on-line pró-EI revelam uma grande sofisticação no éter.³³ Um agrupamento de "*mujahedeen* da mídia" usando múltiplas contas constantemente reconfigurou-se como um enxame de abelhas ou uma revoada de pássaros para evadir os fechamentos de conta.³⁴ Algo surpreendente, a análise da centralidade de intermediação dos nódulos da rede do EI revelou o papel crucial desempenhado por mulheres na organização.³⁵

A resposta da administração de Obama ao EI foi a de tentar decapitá-lo, como tinha decapitado a Al-Qaeda. Ninguém considerou a possibilidade de que o inimigo que agora confrontavam fosse uma rede "acéfala" ou sem líderes, que seria tão difícil de matar quanto a Hidra de muitas cabeças da antiga mitologia grega.³⁶ Ao mesmo tempo, o presidente se esforçou para desprezar a ideologia do EI, repetidamente insistindo que não "tinha nada a ver com o islamismo". Convencido de que reconhecer o literalismo da leitura que o grupo fazia do Alcorão seria legitimar a "islamofobia", Obama instruiu seus oficiais a nunca se referir ao islamismo mas sim focar em "combater o extremismo violento". Apenas com a maior relutância foi que ele concordou em ordenar ataques aéreos contra posições do EI depois da reação às sádicas execuções de reféns norte-americanos e britânicos em 2014.³⁷

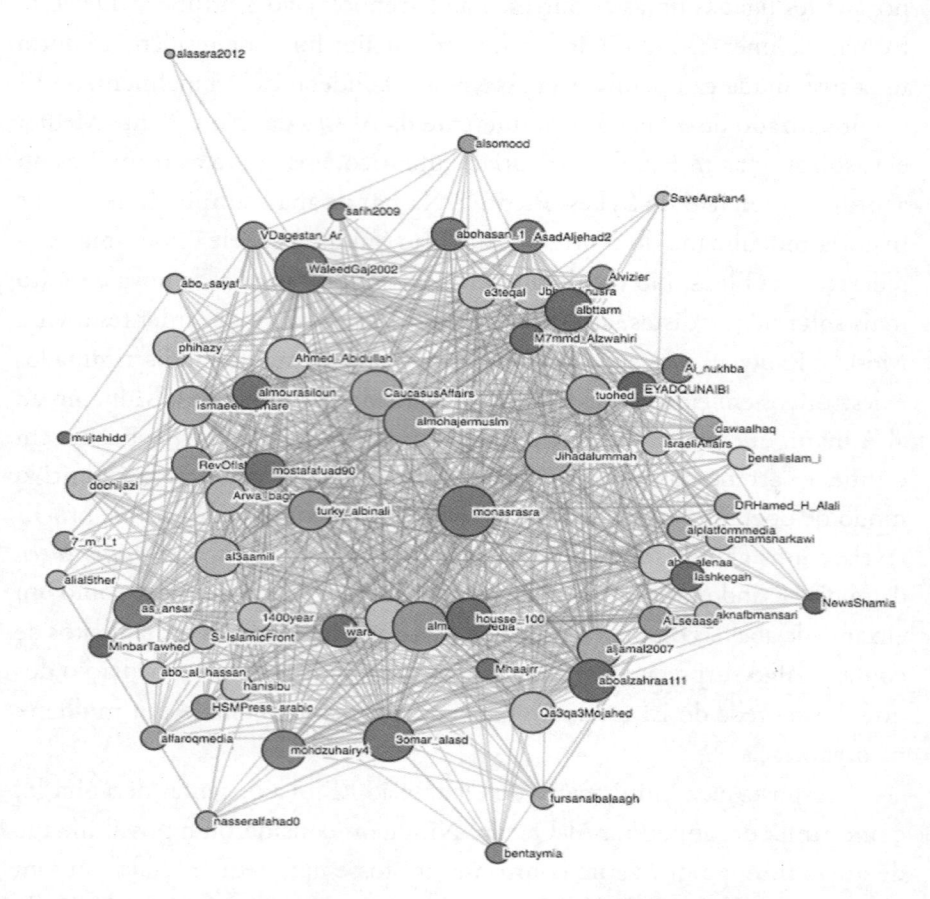

44. Os 66 "mais importantes sites *jihadis* ou de apoio à *jihad* e aos *mujahideen* no Twitter", recomendados pelo blogueiro jihadista Ahmad 'Abdallah em fevereiro de 2013. A densidade da rede no gráfico é de aproximadamente 0,2 – significando que cerca de 20% de todas as conexões que poderiam existir em teoria de fato existem. Esse foi o sistema de entrega para os macabros vídeos lançados pelo EI em 2014.

Como resultado de tais erros, o mundo hoje se encontra nas garras de uma epidemia de terrorismo islâmico. Dos últimos dezesseis anos, o pior ano em ocorrências de terrorismo foi 2014, com 93 países sofrendo ataques e quase 33 mil pessoas mortas. O segundo pior foi 2015, com mais de 29 mil mortes. Naquele ano, quatro grupos islâmicos radicais foram responsáveis por três quartos de todas as mortes do terrorismo: o Estado Islâmico, o Boko Haram, o Talibã e a Al-Qaeda.[38] O EI realizou mais de cem ataques por mês.[39] Ainda que países de maioria muçulmana tenham sofrido a maior parte da violência jihadista, o Ocidente estava progressivamente sob ataque. Foram 64 ataques de grupos afiliados ao EI em países ocidentais em 2015, incluindo os massacres de Paris (130 mortos) e Orlando (40 mortos).[40] Em uma única semana, quando este capítulo estava sendo escrito [2017], houve ataques em Antuérpia, Londres e Paris. Somente a constante vigilância das forças de segurança ocidentais impediu que mais pessoas fossem mortas na última década. Em 2014/15, ocorreram mais detenções relacionadas ao terrorismo no Reino Unido que em qualquer ano desde 2000.[41] Ao todo, foram 135 casos relacionados ao terrorismo na Grã-Bretanha desde 1998, resultando em 264 condenações, e a frequência de atos terroristas mais ou menos dobrou desde 2010.[42] Contudo, esse intenso esforço não pode esperar impedir todo jihadista.

O problema é que a rede do EI desafia as táticas contraterroristas convencionais. Ao contrário do que se acredita em geral, ele não utiliza apenas "lobos solitários", que por natureza são difíceis de detectar. Os ataques de Paris em novembro de 2015 foram uma ação bem planejada envolvendo dezoito pessoas mais os nove terroristas que realizaram o ataque.[43] De qualquer forma, quase ninguém se torna jihadista sozinho, apenas surfando na internet. A *jihad* é sempre precedida da *dawa* – o processo de radicalização não violenta, mas tóxica, que transforma o criminoso menor em um zelote.[44] A rede da *dawa* toma muitas formas diferentes. No Reino Unido, um papel-chave foi desempenhado por uma organização conhecida como *Al-Muhajiroun* (Os Emigrantes). Mas havia muitas outras organizações menos visíveis – centros islâmicos com imãs suspeitos – trabalhando para espalhar o veneno mental.[45] Levantamentos da atitude de muçulmanos britânicos parecem, à primeira vista, tranquilizadores. Ao todo, 90% daqueles pesquisados pelo Policy Exchange em 2016 condenam o terrorismo. Menos de um em cada dez consideraram a islamofobia como um "grande problema", e apenas 7% afirmaram que não tinham um forte senso de pertencimento ao Reino Unido. Porém quase metade dos entrevistados disseram que não queriam se integrar com não muçulmanos em todos os aspectos da vida, preferindo alguma separação no que diz respeito a "educação e leis". Quando perguntados se apoiariam a introdução da lei *sharia*, 43% responderam "sim". Dois quintos afirmaram que favoreciam a educação segregada por sexo. Uma clara maioria daqueles entrevistados no sul do país apoiava tornar a *hijab* ou o *niqab* parte do uniforme para meninas. E um em dez de toda a amostra se opôs à proibição de uma educação que "promova visões extremas ou que seja incompatível com valores britânicos fundamentais". Mais alarmante de tudo, quase um terço (31%) daqueles entrevistados disseram que acreditam que o governo norte-americano era responsável pelos ataques do 11 de Setembro. Mais pessoas culparam "os judeus" pelo 11 de Setembro (7%) do que afirmaram ser um trabalho do EI (4%).[46]

Nenhum estudante sério do islamismo acredita que tais atitudes sejam consequência de privação social que pode ser transformada com a criação de empregos ou uma provisão mais generosa de bem-estar.[47] Nem aqueles envolvidos na luta on-line contra o EI imaginam que pressionar o Twitter para que delete contas pró-EI vá alcançar algo além de um certo limite.[48] Muitas das conversas jihadistas já foram realocadas para o Telegram, o justpaste.it e a Vkontake, a rede social russa.[49] Depois do 7/7, a estratégia antiterrorista do governo britânico, CONTEST, foi voltada ativamente a "prevenir" as pessoas de se tornarem terroristas ou de apoiarem o terrorismo. O ato de antiterrorismo e segurança de 2015 até impôs o dever à polícia, às prisões, às autoridades locais, escolas e universidades de "impedir as pessoas de se atraírem pelo terrorismo", quando a secretária de Estado para Assuntos Internos, Theresa May, prometeu "confrontar sistematicamente e desafiar a ideologia extremista".[50] Por isso ela foi denunciada pelo Conselho Muçulmano da Grã-Bretanha, Hizb ut-Tahrir, o CAGE e a Comissão Islâmica de Direitos Humanos, secundados por apoiadores do Sindicato Nacional dos Professores.[51] Mas a realidade é que o Prevent não fez o suficiente. O problema é que é muito difícil impedir uma rede como essa de florescer quando ela consegue operar até mesmo nas prisões. Cifras publicadas em fevereiro pelo Ministério da Justiça mostram que o número de muçulmanos na prisão (por todo tipo de infração) mais que dobrou para 12.255 entre 2004 e 2014. Um em sete prisioneiros na Inglaterra e no País de Gales é muçulmano.[52]

O problema não vai simplesmente sumir, como a condição da França indica. Pelo menos 8% da população francesa é muçulmana, percentual que é mais ou menos o que o Centro de Pesquisa Pew espera que a Grã-Bretanha tenha em 2030.[53] As autoridades francesas estimam que têm 11.400 radicais islamistas, muito mais do que conseguem vigiar. De acordo com Farhad Khosrokhavar, os muçulmanos são até 70% ou 80% dos prisioneiros nas periferias urbanas da França, e 40% de todos os prisioneiros franceses entre as idades de 18 e 24 anos.[54] De acordo com dados oficiais, 27% da população carcerária francesa observou o ramadã em 2013.[55] A crescente imigração à Europa desde o Norte da África, o Oriente Médio e o Sul da Ásia – em particular com a chegada de milhões que buscam asilo e de migrantes econômicos na Alemanha em 2015 – também não vai ajudar. Grandes maiorias nos países de origem são a favor da lei religiosa: por exemplo, 84% dos paquistaneses e 91% dos iraquianos. Dentre os que apoiam a *sharia*, três quartos dos paquistaneses e mais de dois terços dos iraquianos apoiam também a pena de morte para a apostasia.[56] Mesmo que, como parece provável, o Estado Islâmico seja derrotado na Síria e no Iraque, sua rede no ciberespaço e no Ocidente vai continuar a viver, constituindo um ambiente tóxico onde os memes de *dawa* podem florescer, convertendo um perdedor atrás do outro para a causa do martírio assassino.

56
9/11/2016

A maior parte das pessoas não se conectam à rede para participar de *flash mobs* ou assistir a decapitações. Elas fofocam, compram, compartilham imagens e piadas e assistem a vídeos curtos – de gols de futebol, gatinhos fofos e sexo. Todas essas vias neurais produzidas pela evolução nos tornam irresistivelmente suscetíveis à cascata de estímulos provocados por tuítes e cutucões de nosso grupo eletrônico de amigos. As redes atendem a nosso solipsismo (as *selfies*), nosso limite de atenção (140 caracteres) e nosso apetite aparentemente insaciável por notícias sobre celebridades tornadas famosas por *reality shows*. É isso que dá à democracia moderna sua qualidade distintiva. O que pode focar nossa atenção, mesmo que brevemente, sobre a questão cansativa de como somos governados e por quem. Quando falamos de populismo hoje,[1] por vezes queremos significar nada mais que uma política que é audível e inteligível para o homem na rua – ou, para ser preciso, o homem e a mulher jogados em seus sofás, com a atenção pulando convulsivamente da TV plana ao *laptop*, ao *tablet* e de volta à TV – ou o homem e a mulher no trabalho, sentados à frente do computador na mesa de trabalho mas na real trocando mensagens pessoais sugestivas em seus *smartphones*.

Muitas pessoas em países desenvolvidos estão agora on-line todas as horas em que estão despertos em suas vidas. Mais de dois quintos dos norte-americanos dizem checar suas contas de e-mail, texto e mídia social constantemente.[2] Nos quatro anos anteriores a maio de 2016, a penetração do *smartphone* no Reino Unido saltou de 52% a 81% da população adulta. Nove em dez britânicos entre 18 e 44 anos de idade agora possuem um *smartphone*. Eles checam seus aparatos compulsivamente, em casa, no trabalho ou no caminho entre os dois. Mais de dois terços usam seus *smartphones* mesmo enquanto jantam com a família. Apenas quando dormem eles largam seus dispositivos, e mesmo isso é

9/11/2016

uma separação difícil. Mais de metade dos britânicos que possuem *smartphones* checam o telefone até meia hora depois de apagar a luz de noite, sendo um quarto deles cinco minutos antes, e um em dez imediatamente antes. Essa mesma proporção de pessoas busca seus telefones assim que acorda, enquanto um terço delas checa o celular nos primeiros cinco minutos depois de acordar, e metade em até quinze minutos.[3] Os norte-americanos estão igualmente capturados. Já em 2009, o norte-americano médio fez algum contato por telefone móvel em 195 dias do ano, enviou ou recebeu mensagem de texto 125 dias por ano, mandou e-mail 72 dias por ano, mensagens instantâneas em 55 dias por ano e fez contato por site de rede social 39 dias por ano.[4] Em 2012, os norte-americanos checavam o celular 150 vezes por dia. Em 2016, estavam passando uma média de cinco horas por dia ao telefone. Nenhuma teoria acerca da revolta populista que varreu a Europa e os Estados Unidos logo depois de 2008 está completa se não incluir essa impressionante transformação da esfera pública, que pode ser descrita como uma grande invasão da esfera privada.

Sem dúvida os significativos aumentos súbitos no apoio a populistas tanto de esquerda quanto de direita foram em parte devidos à revolução das expectativas descendentes descritas acima.[5] Sem dúvida uma reação cultural contra o multiculturalismo que complementava a revolta contra a economia da globalização.[6] Porém, como argumentou Renee DiResta, a multidão digital de 2010 era fundamentalmente diferente da multidão da década de 1930, que tanto fascinou e horrorizou Elias Canetti:

1. A multidão sempre quer crescer – e sempre pode, livre que é de limitações físicas.
2. Dentro da multidão há igualdade – mas níveis mais altos de engano, suspeita e manipulação.
3. A multidão adora a densidade – e identidades digitais podem ser mais fortemente adensadas.
4. A multidão precisa de direcionamentos – e a isca de cliques (*clickbait*) torna barato obtê-los.[7]

Aqueles que depositaram suas esperanças na "sabedoria" das multidões, achando que uma política benigna emanaria da multidão, tiveram um desagradável despertar. "Na presença de influência social", como observaram dois acadêmicos das redes, "as ações das pessoas ficam dependentes umas das outras, quebrando a presunção fundamental da sabedoria das multidões. Quando as multidões seguem a sua interdependência, podem ser alavancadas para espalhar informação para as massas, mesmo que esta seja incorreta".[8]

De um ponto de vista de 2017, a eleição presidencial dos Estados Unidos de 2008 parece ter acontecido em um passado distante. John McCain, o candidato republicano derrotado, tinha apenas 4.492 seguidores no Twitter e 625 mil amigos no Facebook. Ele admitiu que não tinha e-mail e que não usava a internet.[9] McCain estava paralisado não apenas por uma crise financeira que seria certamente atribuída a seu próprio partido, mas também pela primeira campanha nas redes sociais. Barack Obama tinha quatro vezes mais amigos no Facebook do que McCain e 26 vezes mais seguidores no Twitter. Seu site (www.barackobama.com) foi obra de Chris Hughes, cofundador do Facebook, e provou ser um motor vital não apenas para espalhar notícias, mas também para levantar fundos. As elites progressistas nas costas Leste e Oeste se gabaram da derrota de McCain: um branco velho e veterano, com anos de experiência em Washington, derrubado por um jovem "organizador de comunidades", afro-americano *cool*, que fora senador por apenas um termo. Poucos notaram duas características inquietantes da campanha. Primeiro, a homofilia em redes sociais parecia resultar em polarização quando o tópico da discussão era político, com os pontos de vista individuais se tornando mais extremos na "câmara de eco" do viés compartilhado.[10] Segundo – ainda que isso não tenha sido formalmente demonstrado até as eleições legislativas para o Congresso de 2010, no meio do mandato presidencial –, o Facebook era uma ferramenta altamente eficaz de mobilização política, especialmente quando usada para atingir redes não digitais.[11]

As implicações não passaram despercebidas por Dominic Cummings, o arquiteto da vitória da campanha *Vote Leave* no referendo de 2016 sobre a saída do Reino Unido da União Europeia. Quase um caso único na classe política britânica, Cummings, que estudou em Oxford, tinha um prolongado interesse não apenas em história, mas também em complexidade e nas redes. Com um orçamento limitado (10 milhões de libras) e tempo limitado (dez meses), Cummings tinha que lutar não apenas contra "os tomadores de decisão no ápice de hierarquias centralizadas", que quase em sua totalidade se opunham ao "Brexit", mas também contra os políticos indisciplinados do seu próprio lado. As maiores chances estavam contra a campanha do *Vote Leave*. Entre as chaves da vitória apertada, argumentou Cummings, estava o "quase 1 bilhão de peças publicitárias dirigidas", uma pesquisa eleitoral experimental, uma equipe de cientistas de dados com "físicos muito inteligentes" e "um taco de basebol onde se lia 'Turquia/NHS*/350 milhões de libras'" – e a alusão aos slogans essencialmente incorretos que "experiências demonstravam ser os mais efetivos" em persuadir as pessoas a votar *Leave*. Para Cummings, o Brexit não foi uma vitória da direita populista, pois sua campanha deliberadamente combinava elementos de esquerda e direita (a ameaça de mais imigrantes muçulmanos se a Turquia se tornasse membro da União Europeia, a promessa de mais dinheiro para a saúde pública se o Reino Unido deixasse a Europa). Como apontara David Goodhart anos antes, a oposição à imigração e o apoio ao Estado de bem-estar social eram de fato posições complementares.[12] Cummings argumentou que o Brexit foi uma vitória do "sistema saudável e efetivo" da "lei comum [*common law*] inglesa, que permite constante e veloz correção de erros" sobre "os sistemas pouco saudáveis e ineficientes como a União Europeia e os departamentos modernos de Whitehall** [...] que são extremamente centralizados e hierárquicos", e portanto incapazes de resolver problemas eficazmente.[13] O Brexit, em resumo, foi uma vitória da rede – e da ciência da rede – sobre a hierarquia do *establishment* britânico. Enquanto David Cameron e George Osborne conduziram uma campanha convencional, concentrando todo o seu fogo nos riscos econômicos envolvidos em deixar a UE, Cummings usou seu "Sistema de Coleta de Intenção de Voto" (VICS) e o Facebook para comunicar a mensagem viral de que valia a pena pagar algum preço econômico para "retomar o controle". Como recorda Cummings, "Nós enviamos muitas versões de anúncios e os testamos, abandonamos os menos eficientes e reforçamos os mais eficazes num processo interativo constante".[14] Foi aventado que tais técnicas foram oferecidas a Cummings pelo gerente de fundos de cobertura Robert Mercer, dono da firma de análise de dados Cambridge Analytica.[15]

 O Brexit foi um ensaio geral para a eleição presidencial dos EUA em 2016. Como na Grã-Bretanha, também nos Estados Unidos o *establishment* político

---

* National Health Service, o Serviço Nacional de Saúde Pública. (N.T.)
** Centro administrativo do Reino Unido, localizado em Londres. (N.E.)

tomou como dado que as velhas maneiras bastariam. Apesar do gasto de centenas de milhões de dólares em publicidade convencional, as campanhas de Jeb Bush e Hillary Clinton lutaram por conseguir qualquer contato com grandes seções dos apoiadores de seu partido. Nos primeiros meses de 2016, foram um magnata imobiliário de má reputação e um ranzinza socialista de Vermont que conseguiram se conectar. Novamente, redes relativamente desestruturadas desafiaram as velhas hierarquias: não apenas os partidos estabelecidos, que os cientistas sociais afirmavam "decidir" tais embates, mas também as dinastias Bush e Clinton, que tinham sido tão dominantes politicamente desde a década de 1980. Significativamente, tanto Donald Trump quanto Bernie Sanders saíram como candidatos de fora do esquema, expressando hostilidade à hierarquia de Washington e articulando ideologias – nativismo, protecionismo e socialismo – há muito consideradas como fora de baralho na democracia norte-americana. Com Sanders neutralizado por um sistema de "superdelegados" projetado para maximizar o controle da elite sobre o Partido Democrata, o palco ficou pronto para um confronto catártico entre Clinton – a personificação da hierarquia política estabelecida – e Trump, a quem o *establishment* "tomava ao pé da letra, mas não levava a sério", na formulação inspirada de Salena Zito.[16] A razão pela qual o número de eleitores necessários o levaram a sério, mas não ao pé da letra, era a rede sem escala de Trump, baseada numa combinação de auto-organização e marketing viral, que derrotou a campanha hierarquicamente organizada mas supercomplicada de Clinton. Não foi que à campanha de Clinton faltassem redes. Ela sofria de quase um excesso delas. Havia uma "rede de doadores, amigos, aliados e conselheiros" – "uma rede monstro de levantamento de fundos" – datada dos melhores dias de seu marido. Havia o "Ready for Hillary", que "construía o entusiasmo das bases [...] e deu a Clinton uma rede espraiada pelos estados".[17] Também havia uma "vasta rede de conselheiros não pagos e céticos profissionais", especialistas em políticas com diplomas da Escola de Direito de Yale, produzindo incessantemente itens de valor eleitoral mínimo.[18] Mas o gerente da campanha de Clinton, Robby Mook, fechou "Ready for Hillary" e cortou diretores sediados nos estados. Mesmo que operadores políticos seniores enviados para preencher os vazios nos estados fossem apelidados de *ubers*, isso exagerou a eficácia total da campanha.[19] Perdida no meio de toda a complexidade estava a simples realidade de que a candidata estava se conectando com eleitores-chave muito menos eficazmente que seu mais perigoso rival.

9/11/2016

Que a mídia social desempenhou papel crucial na eleição de 2016 parece claro, mesmo que a televisão tenha permanecido como um fator importante para o eleitor médio.[20] Cerca de metade dos norte-americanos usaram o Facebook e outros sites de mídia social para obter notícias sobre o assunto, especialmente entre eleitores com menos de 50 anos de idade.[21] E por volta de um terço dos usuários de mídia social comentaram, discutiram ou postaram sobre o tema da política, apesar da visão muito difundida de que as discussões na mídia social fossem menos educadas que a de outros locais.[22] O ponto crucial, porém, foi que na fase final da eleição (depois das convenções partidárias), um candidato tinha presença significativamente maior na mídia social do que a outra candidata. Trump tinha 32% mais seguidores no Twitter que Clinton, e 87% de apoiadores no Facebook.[23] Alguns dias antes da eleição, Trump tinha 12 milhões de *likes*, 4 milhões a mais do que Clinton.[24] Trump também dominou Clinton pela medida mais importante do Facebook, "interesse" – e foi assim em cada um dos estados. (As pessoas no Mississippi estavam quase doze vezes mais interessadas em Trump do que em Clinton, mas mesmo em Nova York as pessoas achavam-no três vezes mais interessante do que ela.) Os cruciais estados marginais (*swing states*) no Meio-Oeste sinalizaram todas as suas intenções claramente através do Facebook. Dados do Twitter contavam uma história semelhante. De 11 a 31 de maio de 2016, os *posts* de Trump no Twitter eram reenviados quase 6 mil vezes na média, enquanto os tuítes de Clinton eram reenviados apenas 1.500 vezes.[25] A campanha de Trump também fez uso efetivo do YouTube – por exemplo, para seu anúncio final de ataque de campanha contra a elite global: Clinton, Soros, Goldman Sachs.[26] Acima de tudo, a campanha de Trump, como a campanha britânica do *Vote Leave,* fez uso intenso da capacidade do Facebook de testar anúncios, experimentando dezenas de milhares de variantes até estabelecer o que funcionava melhor com os eleitores escolhidos.[27]

Essa era uma situação de profunda ironia, pois, desde cedo, o Vale do Silício tinha se alinhado com Clinton. Os empregados do Google doaram 1,3 milhão de dólares para sua campanha, comparados com apenas 26 mil para a de Trump. A empresa *start up* de Eric Schmidt, a Groundwork, forneceu apoio na forma de dados para a campanha de Clinton.[28] Mark Zuckerberg enfrentou uma revolta interna quando Trump postou no Facebook o seu chamado para "um

Social media followers of candidates in two elections: 2008 and 2016

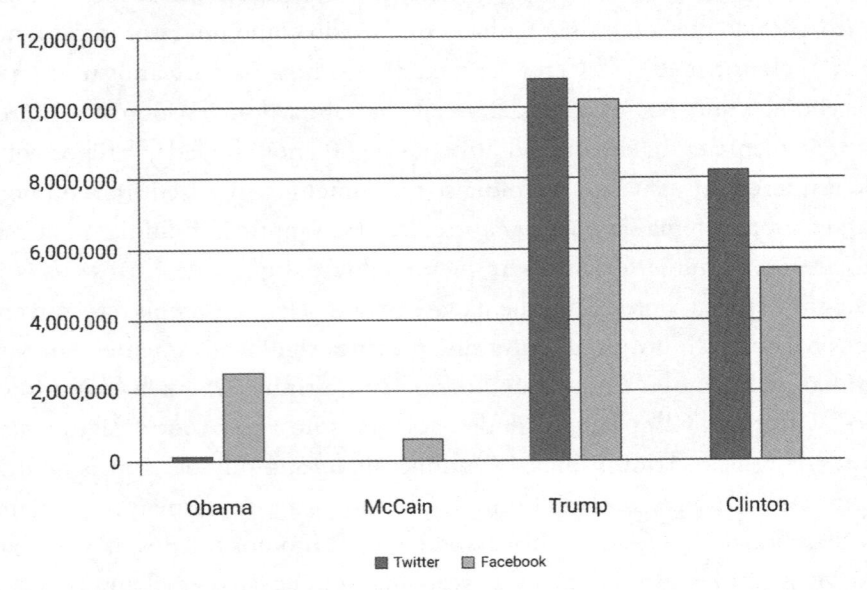

[Bar chart showing Twitter and Facebook followers for Obama, McCain, Trump, and Clinton]

45. Seguidores de mídia social dos candidatos na liderança em duas campanhas presidenciais norte-americanas, 2008 e 2016.

fechamento total e completo para muçulmanos entrando nos Estados Unidos", e o blogue de tecnologia Gizmodo alegou que o Facebook estava manipulando a contagem dos *trending topics* [temas mais comentados] para limitar a proeminência de Trump.[29] O próprio Zuckerberg nunca escondeu seu desdém pessoal pelas opiniões de Trump.[30] Mas as redes que ele e Schmidt tanto trabalharam para construir estavam agora sendo usadas para promover ideias que ambos e seus colegas consideravam inaceitáveis e também para levantar fundos.[31] E, mesmo se Google e Facebook tivessem sido capazes de banir Trump, o tráfego teria sido meramente desviado para outras redes, como o fórum de discussão anônimo de mensagens 4Chan e 8Chan, o nascedouro da *alt-right* [direita alternativa]. Trolls da *alt-right* como Matt Braynard, Charles Johnson e Milo Yiannopoulos, um redator da *Breitbart* que tinha nascido na Grã-Bretanha, mais tarde se gabaram de que eles e suas redes tinham impulsionado Donald Trump através da postagem de *shitposting* [porcarias], de memes como o sapo Pepe, um personagem desenhado, e o insulto *cuck* [abreviação de *cuckold*, corna].[32] Certamente houve estreita coordenação entre a campanha de Trump e a rede da *alt-right*: uma equipe na Trump Tower usou o fórum TheDonald como uma correia de transmissão entre o 4Chan e a web geral. Foi através desses canais que Clinton foi difamada como a "Candidata mais Corrupta de Todos os Tempos" e seu gerente de campanha acusado de envolvimento com uma gangue de pedófilos organizados em uma pizzaria de Washington.[33] Continua aceso o debate sobre o papel desempenhado pela empresa Cambridge Analytica na vitória de Trump.[34] Provavelmente sua classificação "psicográfica" de eleitores individuais foi menos importante do que seu executivo-chefe, Alexander Nix, dava a entender.[35] O que é difícil negar é que o envolvimento da campanha de Trump com a *alt-right* trouxe o antissemitismo de volta à política norte-americana de uma maneira que não era vista desde a década de 1930.[36] Isso, porém, não foi a causa da vitória de Trump.

Talvez o aspecto mais doloroso da eleição de 2016 para os mestres do Vale do Silício tenha sido a maneira pela qual suas redes foram usadas para disseminar histórias falsas – as "*fake news*" de que Trump reclamava repetidamente, ao mesmo tempo que ele próprio espalhava uma miríade de histórias mentirosas. Em setembro, o Facebook repassou a notícia falsa de que Trump tinha recebido o aval do papa.[37] Em novembro, o Google inadvertidamente deu destaque ao fato equivocado de que Trump tinha vencido no voto popular.[38] Isso também ajudou Trump. Das *fake news* conhecidas que saíram nos três primeiros meses antes da eleição, as histórias anti-Trump foram compartilhadas 8 milhões de vezes; as histórias anti-Clinton, 30 milhões.[39] Quase um quarto dos links tuitados por uma amostra de 140 mil usuários em Michigan durante os dez dias antes de 11 de novembro eram notícias falsas.[40]

A eleição de 2016 foi uma das mais apertadas da história norte-americana – e mais apertada que o resultado do referendo do *Brexit* também. Se menos de 39 mil eleitores em três estados marginais (Michigan, Pensilvânia e Wisconsin) tivessem votado em Clinton em vez de em Trump, ela teria ganhado no Colégio Eleitoral, além de no voto popular. Os historiadores vão debater sem cessar qual variável do infinito número de possibilidades foi a decisiva, como se todas as outras coisas teriam permanecido iguais se uma variável fosse mudada. Não obstante, há uma posição persuasiva que diz que, sem canalizar as redes sociais através das plataformas on-line, Donald Trump nunca teria sido eleito presidente dos Estados Unidos. Em uma campanha pré-internet, ele certamente teria lutado para se equiparar a Clinton, pois ele não tinha os recursos financeiros para uma guerra de atrito no velho estilo através da publicidade de televisão. Pode-se dizer que as redes sociais permitiram a Trump desenvolver uma campanha muito mais eficiente, mesmo que sua organização parecesse caótica, mas isso seria não enxergar um ponto crucial. O mapa eleitoral dos Estados Unidos mostra que Trump ganhou na "Trumplândia" – os condados que votaram nele perfazem 85% da superfície terrestre dos EUA –, enquanto Clinton venceu no que podemos chamar de "Arquipélago de Hillary". Seu apoio estava pesadamente concentrado nas maiores áreas metropolitanas das duas costas, ao mesmo tempo que era mais esparso no interior, nas cidades pequenas e comunidades rurais. Isso indica um paradoxo: Clinton deveria ter vantagem em uma campanha em rede, já que seus apoiadores estavam menos densamente concentrados, assim como eram mais jovens.

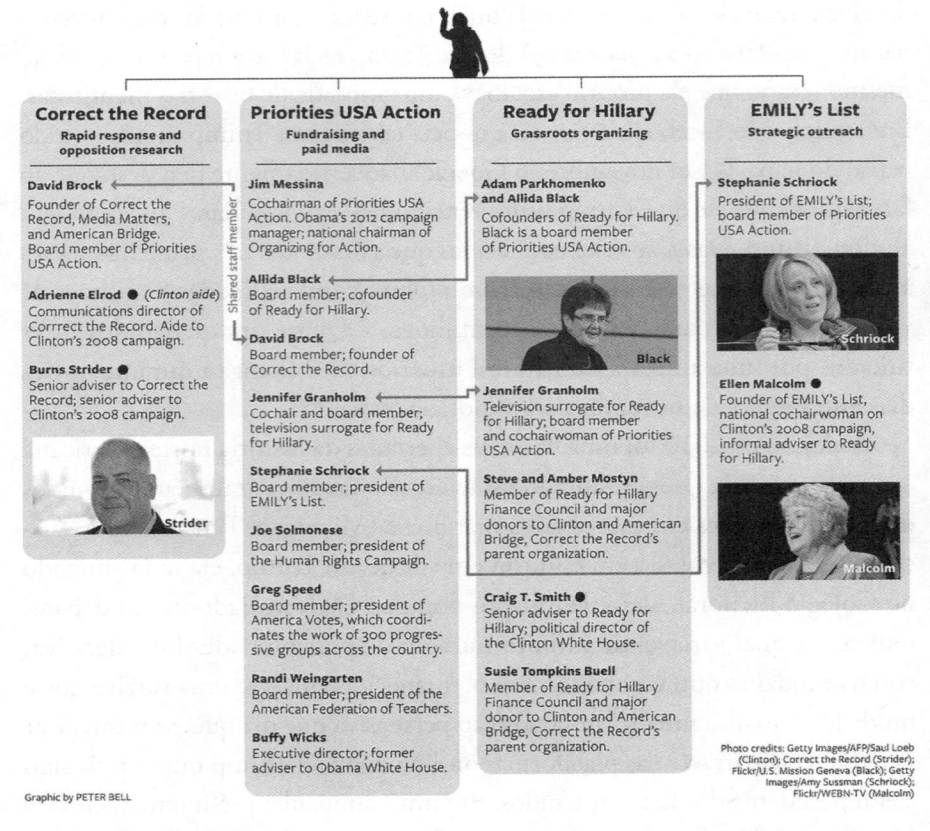

Correct the Record
Rapid response and opposition research

David Brock
Founder of Correct the Record, Media Matters, and American Bridge. Board member of Priorities USA Action.

Adrienne Elrod ● *(Clinton aide)*
Communications director of Corrrect the Record. Aide to Clinton's 2008 campaign.

Burns Strider ●
Senior adviser to Correct the Record; senior adviser to Clinton's 2008 campaign.

Priorities USA Action
Fundraising and paid media

Jim Messina
Cochairman of Priorities USA Action. Obama's 2012 campaign manager; national chairman of Organizing for Action.

Allida Black
Board member; cofounder of Ready for Hillary.

David Brock
Board member; founder of Correct the Record.

Jennifer Granholm
Cochair and board member; television surrogate for Ready for Hillary.

Stephanie Schriock
Board member; president of EMILY's List.

Joe Solmonese
Board member; president of the Human Rights Campaign.

Greg Speed
Board member; president of America Votes, which coordinates the work of 300 progressive groups across the country.

Randi Weingarten
Board member; president of the American Federation of Teachers.

Buffy Wicks
Executive director; former adviser to Obama White House.

Ready for Hillary
Grassroots organizing

Adam Parkhomenko and Allida Black
Cofounders of Ready for Hillary. Black is a board member of Priorities USA Action.

Jennifer Granholm
Television surrogate for Ready for Hillary; board member and cochairwoman of Priorities USA Action.

Steve and Amber Mostyn
Member of Ready for Hillary Finance Council and major donors to Clinton and American Bridge, Correct the Record's parent organization.

Craig T. Smith ●
Senior adviser to Ready for Hillary; political director of the Clinton White House.

Susie Tompkins Buell
Member of Ready for Hillary Finance Council and major donor to Clinton and American Bridge, Correct the Record's parent organization.

EMILY's List
Strategic outreach

Stephanie Schriock
President of EMILY's List; board member of Priorities USA Action.

Ellen Malcolm ●
Founder of EMILY's List, national cochairwoman on Clinton's 2008 campaign, informal adviser to Ready for Hillary.

Photo credits: Getty Images/AFP/Saul Loeb (Clinton); Correct the Record (Strider); Flickr/U.S. Mission Geneva (Black); Getty Images/Amy Sussman (Schriock); Flickr/WEBN-TV (Malcolm)

Graphic by PETER BELL

46. A campanha de Hillary Clinton de 2016: uma estrutura hierárquica fracassada.

9/11/2016

Houve um paradoxo semelhante no caso do Brexit: a vitória foi garantida ao campo anti-UE por eleitores mais velhos, predominantemente no interior da Inglaterra e do País de Gales, não nas grandes cidades. Se as redes sociais fossem a chave para as políticas do populismo, por que os grupos menos propensos ao Facebook – tais como os idosos do interior – foram mais propensos ao voto populista?[41] Há uma explicação. A mídia social foi indubitavelmente usada com mais eficácia por Cummings e seu colega na campanha de Trump, Stephen K. Bannon, do que por seus oponentes. Mas as campanhas populistas não teriam obtido êxito se os memes que disseminaram não tivessem sido espalhados mais ainda nos fóruns não eletrônicos, onde as amizades são mais reais do que falsas (como no Facebook): os *pubs* e os bares. E isso, a seu turno, não teria acontecido se tais memes não tivessem ressoado nas pessoas.

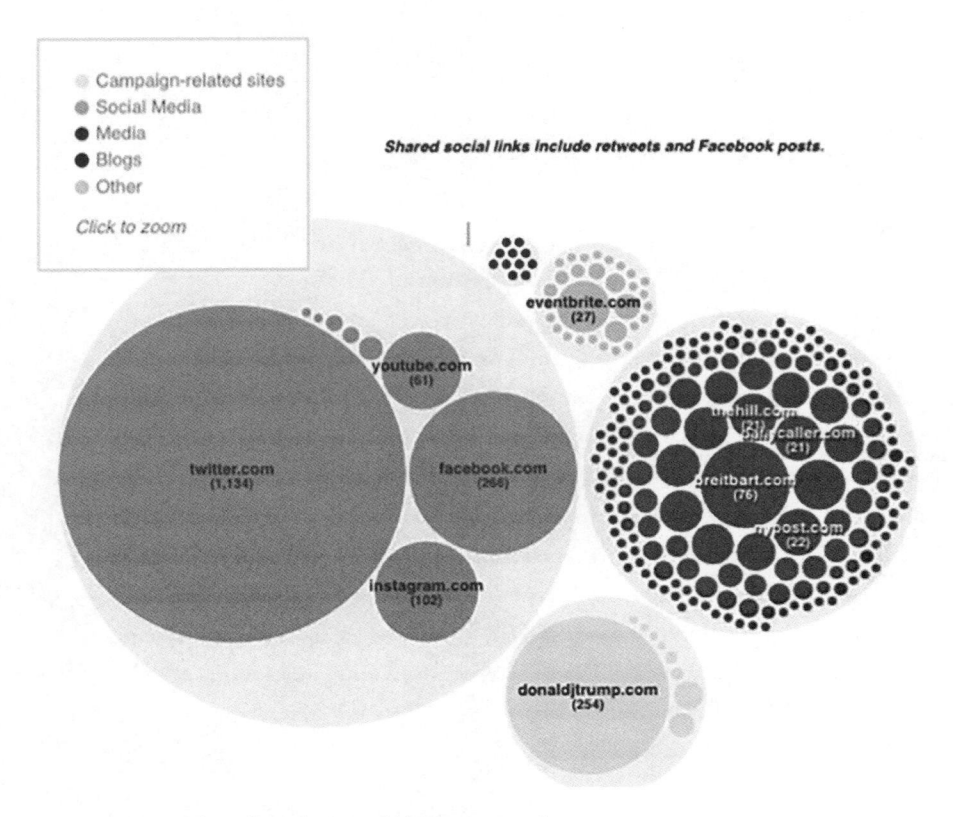

47. A rede social on-line de Donald Trump, 2016.

Na Biblioteca de Babel que é a internet, em muito do que se lê não se pode confiar. É por isso que as redes sociais mais profundas permanecem locais e sociáveis. Assim, as disputas políticas de 2016 foram decididas não na Biblioteca de Babel mas na "Hospedaria Anglófona". A internet propôs; os salões dos bares decidiram.

Mas o que eles produziram?

IX
Conclusão: Enfrentando a Cyberia

57
Metrópolis

O clássico filme mudo de Fritz Lang, *Metrópolis*, de 1927, retrata a queda de uma ordem hierárquica pelas mãos de uma rede insurgente. Metrópolis é uma cidade de altos arranha-céus. No topo, em coberturas palacianas, vive uma elite rica liderada pelo autocrata Joh Fredersen. Embaixo, nas fábricas subterrâneas, trabalha o proletariado. Depois de testemunhar um acidente industrial, o filho playboy de Fredersen desperta para a miséria e o perigo da vida dos trabalhadores. O resultado é uma violenta revolução e um desastre autoinfligido, ainda que inadvertido: os trabalhadores destroem os geradores de força, e sua própria moradia é inundada por causa das bombas que pararam.

Metrópolis é talvez mais memorável por causa do icônico robô fêmea que se torna sósia da heroína, Maria. Lang declarou que o filme fora inspirado em sua primeira viagem a Nova York. Para seus olhos, os arranha-céus de Manhattan eram a expressão arquitetônica perfeita de uma sociedade cronicamente desigual. Seus contemporâneos, notadamente o magnata de direita da mídia Alfred Hugenberg, detectaram um subtexto comunista (mesmo que a esposa de Lang, que coescreveu o roteiro, fosse uma nacionalista alemã radical que mais tarde se filiou ao partido nazista). Visto hoje, porém, *Metrópolis* claramente transcende as ideologias políticas de meados do século XX. Com suas múltiplas alusões religiosas culminando em um ato de redenção, é a modernidade mitologizada. A questão óbvia que o filme propõe hoje é tão relevante quanto fora na época: como pode uma sociedade urbanizada, tecnologicamente avançada, evitar o desastre quando suas consequências sociais são profundamente desiguais?

Mas há uma questão ainda mais profunda nas entrelinhas do filme de Lang: quem ganha no final, a hierarquia ou a rede? Pois a maior ameaça à ordem social hierárquica da cidade é colocada não pela inundação subterrânea, mas pela conspiração clandestina entre os trabalhadores. Nada enfurece Fredersen mais do que a percepção de que tal conspiração possa ter sido realizada nas catacumbas da cidade sem seu conhecimento.

Em termos atuais, a hierarquia não é uma única cidade mas o próprio Estado-nação, a superorganização política verticalmente estruturada que evoluiu das repúblicas e monarquias da Europa no início da era moderna. Ainda que não sejam a nação mais populosa do mundo, os Estados Unidos certamente são o país mais poderoso do mundo, quaisquer que sejam as extravagâncias de seu sistema político. Seu rival mais próximo, a República Popular da China, é normalmente vista como um tipo profundamente diferente de Estado, pois, enquanto os Estados Unidos têm dois grandes partidos, a República Popular tem um, e apenas um. O governo dos Estados Unidos está fundado na separação dos poderes, especialmente a independência de seu judiciário; a China subordina todas as outras instituições, inclusive os tribunais, aos ditames do Partido Comunista. Mas ambos os Estados são repúblicas, com estruturas de administração verticais comparáveis e concentrações de poder não inteiramente diferentes nas mãos de um governo central relativo ao Estado e às autoridades locais. Economicamente, os dois sistemas certamente estão convergindo, com a China cada vez mais considerando mecanismos de mercado, ao mesmo tempo que o governo federal dos EUA em anos recentes tem progressivamente aumentado o poder estatutário e regulatório de agências públicas sobre produtores e consumidores. E, numa extensão que perturba libertários tanto da direita quanto da esquerda, o governo norte-americano exerce controle e pratica a vigilância sobre seus cidadãos de maneira que estão funcionalmente mais próximas da China do que da América dos Pais Fundadores. Nesses quesitos, *Chimérica** não é uma quimera. Antes, estas economias pareciam opostas, com uma delas exportando, a outra importando, uma poupando, a outra consumindo.[1] Desde a crise financeira, porém, tem havido certa convergência. Hoje a bolha imobiliária, o alavancamento excessivo, os bancos suspeitos – sem mencionar os "unicórnios" tecnológicos – podem provavelmente ser encontrados tanto na China quanto nos EUA. Na Chimérica 1.0, os opostos se atraem. Na Chimérica 2.0, o estranho casal se tornara curiosamente parecido, como muitas vezes acontece em um casamento.

---

* Jogo de palavras com "quimera", o termo alude à integração industrial entre China e América, ou seja, o "casamento econômico" da China com os EUA. (N.E.)

Colocadas ao lado dos Estados Unidos da América e da República Popular da China na hierarquia dos Estados-nação estão a República Francesa, a Federação Russa e o Reino Unido da Grã-Bretanha e da Irlanda do Norte. Esses são os cinco membros permanentes do Conselho de Segurança e, assim, estão acima de todos os outros 188 membros das Nações Unidas – uma instituição onde todas as nações são iguais, mas algumas são mais iguais do que outras. Mas claramente isso não é suficiente para descrever a ordem mundial. Em termos de capacidade, há uma outra elite um pouco maior, das potências nucleares, à qual, além do "P5", adicionam-se a Índia, Israel, Paquistão e Coreia do Norte. O Irã aspira juntar-se a elas. Em termos de poder econômico, a hierarquia é de novo diferente: os países do Grupo dos Sete (Canadá, França, Alemanha, Itália, Japão, Reino Unido e Estados Unidos) já foram considerados as economias dominantes do mundo, mas hoje o clube é relativamente menos dominante como resultado da emergência dos BRICS (Brasil, Rússia, Índia, China e África do Sul), os maiores dos chamados "mercados emergentes". O Grupo dos 20 foi formado em 1999 para reunir as maiores economias do mundo, mas com super-representação dos europeus (a própria UE faz parte dele, mas os maiores Estados europeus também são membros do grupo individualmente).

Mas pensar o mundo em tais termos é ignorar sua profunda transformação pela proliferação de redes informais nos últimos quarenta anos. Visualize, em vez disso, um gráfico de rede baseado na complexidade econômica e na interdependência, que delineia a relativa sofisticação de todas as economias do mundo em termos de avanços tecnológicos e também suas conexões através de comércio e investimento que atravessa fronteiras. Tal gráfico mostraria uma arquitetura fortemente hierárquica, por causa da distribuição de recursos e capacidades econômicas no mundo segundo uma lei de poder, e a significativa variação na abertura econômica entre países. Mas seria também sem dúvida uma rede, com a maioria dos nódulos conectada ao resto do mundo por mais de uma ou duas arestas.[2]

A pergunta-chave é quanto esta rede de complexidade econômica agora ameaça a ordem mundial hierárquica dos Estados-nação, é comparável à ameaça que redes de complexidade política recentemente colocaram a hierarquias políticas domésticas estabelecidas – notadamente em 2011 no Oriente Médio, em 2014 na Ucrânia, em 2015 no Brasil e em 2016 na Grã-Bretanha e nos Estados Unidos. Para colocar a questão de maneira mais simples: pode uma rede mundial ter ordem? Como vimos, alguns dizem que é possível.[3] À luz da experiência histórica, eu duvido muito.

58
Apagão da rede

De acordo com o folclore, Mahatma Gandhi teria sido questionado por um repórter sobre o que achava da civilização ocidental. Ele respondeu que podia ser uma boa ideia. Podemos responder o mesmo sobre a ordem mundial. Em livro que tem esse título, *Ordem mundial*, Henry Kissinger argumenta que o mundo está em uma situação perigosa, beirando a anarquia internacional. Quatro visões da ordem mundial competem entre si – a europeia, a islâmica, a chinesa e a norte-americana –, e estão em diferentes graus de metamorfose, se não de decadência. Consequentemente, não há legitimidade real em tais visões. As propriedades emergentes dessa nova desordem mundial são a formação de blocos e o perigo da fricção entre eles, que pode escalar para algum tipo de conflito, comparável em suas origens à Primeira Guerra Mundial. "Estará o mundo caminhando para a formação de blocos regionais que desempenham o papel dos Estados no sistema de Vestfália*?", Kissinger pergunta. "Em caso positivo, será que um equilíbrio se seguirá, ou isso reduzirá o número de participantes a tão poucos que a rigidez se tornará inevitável e os perigos do início do século XX retornam, com blocos construídos inflexivelmente não tentando vencer um ao outro?"[1] Sua resposta a essa questão é carregada de premonição.

> [O que temos a temer] não é tanto uma grande guerra entre Estados [...] mas sim uma evolução em direção a esferas de influência identificadas com estruturas domésticas e formas de governança particulares – por exemplo, o modelo de Vestfália contra a versão radical islamista. Em suas beiradas, cada esfera estaria tentada a testar sua força contra outras entidades de ordens consideradas ilegítimas [...]

---

* Ver a nota de rodapé Sobre a Paz da Vestfália, no capítulo 16, "Quando Gutenberg conheceu Lutero".

Com o tempo, as tensões desse processo degenerariam em manobras para obter status ou vantagens em uma escala continental ou mesmo mundial. A luta entre as regiões poderia ser ainda mais destrutiva do que foi a guerra entre nações.[2]

Essa é uma teoria semelhante àquelas sobre as origens da Primeira Guerra Mundial em 1914, que já vimos. Emergiu uma rede instável de poder que tinha o potencial de "se tornar crítica" mesmo em resposta a uma perturbação menor.

Ao contrário daqueles que afirmam (com base em uma leitura equivocada das estatísticas do conflito) que o mundo está progressivamente se tornando mais pacífico e que "as guerras entre Estados [...] estão obsoletas",[3] Kissinger argumenta que a constelação global contemporânea de forças é, na verdade, altamente inflamável. Primeiro, enquanto "o sistema econômico internacional se tornou global [...] a estrutura política do mundo permaneceu baseada no Estado-nação.* Segundo, estamos permitindo a proliferação de armas nucleares muito além do "clube" da Guerra Fria, assim "multiplicando as possibilidades de um confronto nuclear". Finalmente, também temos o novo reino do ciberespaço, que Kissinger aproxima do "estado de natureza" descrito por Hobbes, onde a "assimetria e um tipo congênito de desordem mundial são construídos para dentro das relações entre [...] potências".[4] Aqui e em recentes entrevistas, Kissinger esboçou quatro cenários que ele considera os mais prováveis catalisadores de uma conflagração em larga escala:

1. uma deterioração nas relações sino-americanas, na qual os dois países tropeçam e caem na chamada "Armadilha de Tucídides"** que a história parece armar para toda potência da hora e para a potência emergente que desafia a primeira;[5]
2. um colapso das relações entre a Rússia e o Ocidente, provocado pela incompreensão mútua;

---

* Essa tensão foi desnudada na crise financeira de 2008, quando (como o diretor do Banco da Inglaterra, Mervyn King, declarou sardonicamente) bancos internacionais eram "globais em vida, mas nacionais na morte".

** A alusão refere-se ao argumento de Tucídides em *A história da Guerra do Peloponeso*, que apresenta a guerra entre o império ateniense e Esparta no século V como de certo modo inevitável, por causa do "crescimento do poder de Atenas, e do alarme que isso provocou na Lacedemônia [Esparta]".

3. um colapso do "poder duro" europeu, devido à inabilidade dos líderes europeus modernos de aceitar que diplomacia sem ameaça crível de força não vale nada; e/ou
4. um crescimento do conflito no Oriente Médio devido à prontidão da administração Obama, aos olhos dos Estados árabes e de Israel, em entregar a hegemonia da região ao ainda revolucionário Irã.

Uma ameaça ou uma combinação delas, na ausência de uma estratégia norte-americana coerente, ameaça transformar mera desordem em conflito de larga escala.[6]

O aviso de Kissinger não pode ser descartado sem mais. O mundo hoje frequentemente se parece com uma rede gigante à beira de um apagão cataclísmico. Em uma semana típica de 2017, o presidente dos Estados Unidos tuitou que suas próprias agências de inteligência estavam vazando ilegalmente informação secreta para o jornal *The New York Times* sobre as comunicações do pessoal de sua campanha com o governo russo, mas insistiu em dizer que a história era *fake news*. Enquanto isso, tendo interferido na eleição presidencial norte-americana, por meio do WikiLeaks e de um exército de trolls e robôs (que poderíamos chamar de Exército LED), o Krêmlin lançou um míssil de cruzeiro em violação do Tratado de Forças Nucleares de Raio Intermediário de 1987, e enviou o navio espião *Viktor Leonov* para fazer o reconhecimento da base de submarinos norte-americana em New London, no estado de Connecticut. Do outro lado do Atlântico, políticos franceses e alemães se alvoroçaram com a hipótese de ocorrer alguma interferência russa em suas futuras eleições. No entanto, apesar de tudo isso, a grande história na Europa naquela semana foi a queda em desgraça do astro do YouTube Felix "PewDiePie" Kjellberg, de 27 anos de idade, cujo flerte com o antissemitismo levou ao cancelamento dos contratos que tinha assinado com Google e Disney.*

Enquanto isso, o autoproclamado Estado Islâmico publicou um guia on-line de propaganda, explicando a seus apoiadores como usar a fome da indústria noticiosa por "cliques" para lançar "projéteis midiáticos" pró-EI.

---

* Pouco depois dessa crise, o canal de PewDiePie no YouTube contava com 50 milhões de assinantes. Apesar de ter nascido na Suécia, PewDiePie vive em Brighton com sua namorada italiana, mas refere-se a seus seguidores como *Bros* [manos], um termo emprestado da música rap afro-americana. Ele não deve ser confundido com Milo Yiannopoulos, ainda que ambos tinjam o cabelo de loiro.

Um relatório sobre as escolas do EI no Iraque e na Síria revelou que os alunos eram instados a calcular o número de muçulmanos xiitas ou "infiéis" que poderiam ser mortos por um homem-bomba suicida. Como que para ajudá-los a responder, um terrorista do EI explodiu a si mesmo dentro de um santuário sufi cheio de gente, em Sehwan, no Paquistão, matando pelo menos 75 pessoas. Na mesma semana, foi relatado que o governo chinês relaxava sua censura da mídia social, mas apenas porque os *posts* lançados sem filtragem a partir de blogues tornariam mais fácil o monitoramento do dissenso pelas autoridades. Em Seul, o herdeiro do império Samsung Eletronics foi preso sob suspeita de suborno, tornando-se a última vítima de um escândalo de corrupção que derrubou a presidente sul-coreana Park Geun-hye, sua misteriosa amiga Choi Soon-sil, filha de um dos fundadores da Igreja da Vida Eterna. Finalmente, no aeroporto internacional de Kuala Lumpur, uma assassina borrifou a substância neurotóxica letal VX na face de Kim Jong-nam, meio-irmão do ditador Kim Jong-un. Em sua camiseta estava escrito o acrônimo dos chats da internet "LOL" [rindo muito, *laughing out loud*].[7]

Rir muito parece ser a reação errada. A globalização está em crise. O populismo, em marcha. Estados autoritários, na ascendente. A tecnologia, enquanto isso, marcha inexoravelmente à frente, ameaçando fazer do ser humano algo redundante ou imortal ou os dois. Como fazer sentido de tudo isso? Na busca de repostas, muitos comentadores recorrem a analogias históricas toscas. Para alguns, Donald Trump é um Hitler que está a ponto de proclamar uma ditadura norte-americana.[8] Para outros, Trump é Nixon, prestes a sofrer o impeachment.[9] Mas não se trata de 1933 ou 1973 acontecerem novamente. Tecnologia facilmente centralizável tornou possível o governo totalitário na década de 1930. Quarenta anos depois, já se tornou muito mais difícil para um presidente democraticamente eleito violar a lei com impunidade. Mesmo assim, a mídia na década de 1970 ainda consistia de redes de televisão, jornais e agências noticiosas. E, em mais da metade do mundo, tais órgãos eram centralmente controlados. É impossível compreender o mundo hoje sem entender quanto ele mudou como resultado da nova tecnologia da informação. Isso se tornou um truísmo. A pergunta crucial é *como* ele mudou? A resposta é que a tecnologia deu um poder enorme para as redes de todos os tipos em relação às estruturas tradicionais hierárquicas – mas as consequências dessas mudanças serão determinadas pelas estruturas, propriedades emergentes e interações destas redes.

Como já vimos, o impacto global da internet tem poucas analogias na história melhores do que o impacto da imprensa na Europa do século XVI. O computador pessoal e o *smartphone* deram poder às redes tanto quanto o panfleto e o livro no tempo de Lutero. De fato, as trajetórias necessárias para a produção e a precificação dos PCs nos Estados Unidos entre 1977 e 2004 são notavelmente semelhantes às trajetórias necessárias para a produção e precificação dos livros impressos na Inglaterra de 1490 e 1630 (ver figura 48).[10] Na era da Reforma e depois, a conectividade aumentou exponencialmente pela crescente alfabetização, de modo que uma parcela maior da população podia ter acesso à literatura impressa de todos os tipos, mais do que ter que depender de oradores e pregadores que lhe transmitiam ideias.

Há três grandes diferenças entre nossa era conectada e a era que se seguiu ao advento da imprensa europeia. Primeiro, e mais obviamente, nossa revolução em rede é muito mais rápida e geograficamente extensa do que a onda de revoluções desencadeadas pela prensa alemã. Em espaço de tempo muito mais curto do que levou para alfabetizar 84% dos adultos do mundo, uma porção notavelmente ampla da humanidade ganhou acesso à internet. Em 1998 apenas 2% da população mundial estava conectada. Hoje a proporção é de duas em cada cinco pessoas. O ritmo de mudança é mais ou menos de uma ordem de magnitude mais rápida do que no período pós-Gutenberg: o que levou séculos depois de 1490 tomou apenas décadas depois de 1990. Como já vimos, a Google começou a vida numa garagem em Menlo Park, na Califórnia, em 1998. Hoje ela tem a capacidade de processar mais de 4,2 bilhões de pedidos de busca todos os dias. Em 2005, o YouTube era uma *start-up* em uma sala em cima de uma pizzaria em San Mateo, também na Califórnia. Hoje, permite que as pessoas assistam a 8,8 bilhões de vídeos por dia. O Facebook foi sonhado em Harvard, em Massachusetts, pouco mais de uma década atrás. Hoje ele tem quase 2 bilhões de usuários que se conectam pelo menos uma vez por mês.[11] E uma centena de vezes esse número de e-mails são enviados todos os dias. O mundo está realmente mais conectado do que antes. A taxa de crescimento global da rede pode estar diminuindo, em termos de número de novos usuários da internet e proprietários de *smartphones* a cada ano, mas não há sinais de que vá parar. De outras formas – por exemplo, na transição de texto para imagem e vídeo, e do teclado para a interface com microfone –, está acelerando. A alfabetização, ao final, cessará de ser uma barreira à conectividade.

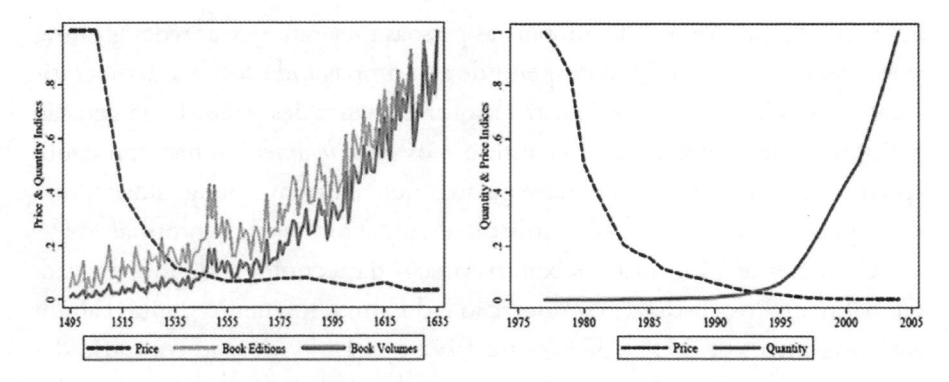

48. Preços e quantidades de livros e computadores pessoais, da década de 1490 à de 1630 e entre 1977 e 2004, respectivamente.

Nem essa revolução tecnológica se manteve confinada aos países desenvolvidos. Em termos de conectividade, mesmo se for só isso, os países pobres do mundo estão rapidamente os alcançando. Dentre os 20% das famílias mais pobres do mundo, mais ou menos sete em dez possuem telefones móveis. A empresa indiana de telecomunicações Bharti Airtel tem uma base de clientes tão numerosa quanto a população norte-americana. De fato, o número de usuários da internet na Índia agora excede o de norte-americanos. Levou oito anos para que todos os domicílios do Quênia possuíssem um telefone celular. Apenas quatro anos foram necessários para que o pioneiro sistema de pagamento M Pesa, da Safaricom, alcançasse 80% dos domicílios.[12] Mesmo a empobrecida e caótica Somália subiu de 5% a 50% em entrada no mundo virtual em apenas cinco anos.[13] Dar aos pobres do mundo telefonia móvel está provando ser mais fácil do que fornecer água potável – um argumento, talvez, para deixar o fornecimento de água limpa ao setor privado em vez de a governos fracos e corruptos.[14]

Segundo, as consequências em distribuição de nossa revolução são bem diferentes daquelas do início da modernidade. A Europa do século XV não era o lugar ideal para aplicar os direitos de propriedade intelectual, que naqueles dias existiam apenas quando as tecnologias podiam ser secretamente monopolizadas por uma guilda. A prensa não criou bilionários: Gutenberg não era Gates (em 1456 ele entrou em falência). Ademais, apenas um subgrupo de mídias engendrado pela prensa – jornais e revistas – buscava fazer dinheiro por meio de publicidade, enquanto as mais importantes mídias engendradas pela internet o fazem. Mesmo assim, poucas pessoas previram que as redes gigantes viabilizadas pela internet, a despeito de sua propaganda sobre a democratização do conhecimento, seriam tão profundamente desiguais. Uma geração majoritariamente protegida do conflito – os *baby boomers** – não conseguiu aprender que não são as redes desreguladas que reduzem a desigualdade, mas sim a guerra, revoluções, a hiperinflação e outras formas de expropriação.[15]

Certamente a inovação baixou os preços da tecnologia da informação. Globalmente, os custos da computação e do armazenamento digital caíram em taxas anuais de 33% a 38% entre 1992 e 2012.[16] Mas, ao contrário das esperanças daqueles que previram um vasto bazar de aplicativos financiados coletivamente, a internet evoluiu para uma vasta rede sem escala, completa, com superpolos hiperconectados.[17] Oligopólios se desenvolveram nos reinos do hardware e do software, assim como na provisão de serviços e redes sem fio. O nexo entre a aparentemente indestrutível T&T e a Apple reinventada ilustra uma antiga verdade: corporações buscarão o monopólio, duopólio ou oligopólio se estiverem livres para fazê-lo. Mesmo aquelas corporações compromissadas com uma rede de "arquitetura aberta" – como a Amazon, o Facebook e a Google – buscam poderes monopolísticos em seus segmentos: respectivamente, comércio eletrônico, redes sociais e buscas on-line.[18] Má governança e regulação explicam os enormes diferenciais no serviço de celular e nos custos da internet em diferentes países.[19] Elas também explicam por que um pequeno número de países domina a indústria da informação e da tecnologia da comunicação (ainda que seja surpreendente que os Estados Unidos estejam em sétimo lugar – atrás de Irlanda, Coreia do Sul, Japão e Reino Unido – em termos de importância relativa da TCI** para sua economia como um todo).[20]

Tais dinâmicas explicam por que a propriedade da rede eletrônica mundial é tão concentrada. No outono de 2017, a Google (ou melhor, sua rebatizada empresa-mãe Alphabet Inc.) valia 665 bilhões de dólares pela capitalização de mercado. Cerca de 11% de suas ações, valendo cerca de 76 bilhões de dólares, eram de propriedade de seus fundadores, Larry Page e Sergey Brin. A capitalização de mercado do Facebook aproximava-se de 500 bilhões de dólares; 28% das

---

* Termo que denota a geração que nasceu na relativa prosperidade dos anos pós-guerra, nas décadas de 1940 e 1950.
** Tecnologia de Informação e Comunicação. (N.E.)

ações, no valor de 71 bilhões de dólares, eram de propriedade de seu fundador, Mark Zuckerberg. Apesar de sua aparência de grandes propiciadoras de igualdade social, as redes sociais são assim "inerentemente injustas e excludentes". Por causa de conexão preferencial – a tendência dos polos bem conectados de se tornarem ainda mais bem conectados –, o máximo "truísmo da rede social" vem do Evangelho de São Mateus (veja a introdução deste livro).[21] Ao contrário do passado, hoje existem dois tipos de pessoas no mundo: aquelas que são donas da rede e as operam e aquelas que meramente as usam. Os mestres comerciais do ciberespaço podem fazer promessas vazias para o mundo virtual dos internautas, mas, na prática, empresas como a Google são hierarquicamente organizadas, mesmo que seus "gráficos .org" sejam bem diferentes dos da General Motors no tempo de Sloan.

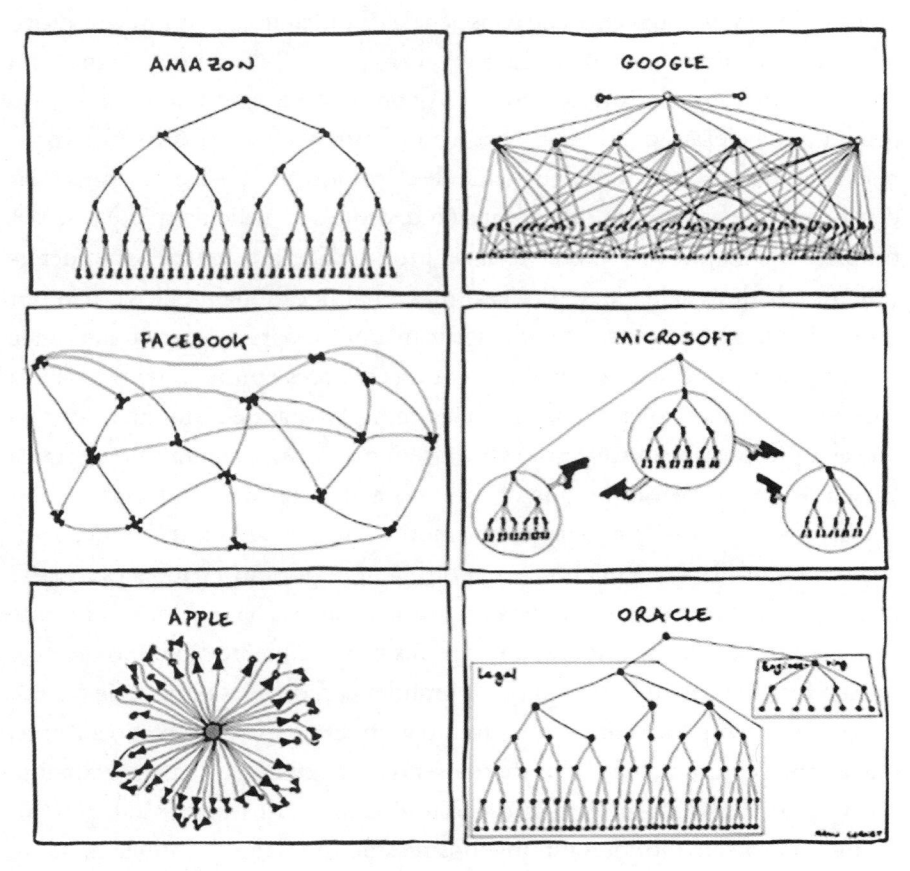

49. Diagramas satíricos em rede das principais empresas de tecnologia norte-americanas.

Em sociedades tradicionais, o advento das forças de mercado frequentemente perturba as redes hereditárias, e como resultado promove a mobilidade social e reduz a desigualdade. A meritocracia prevalece. Mas quando as redes e os mercados estão alinhados, como em nosso tempo, a desigualdade explode ao mesmo tempo que os dividendos da rede fluem majoritariamente para os *insiders* que são os proprietários. É verdade que os jovens e muito ricos que são donos das redes modernas tendem a ter opiniões um tanto de esquerda. (Peter Thiel é uma rara exceção: um libertário que estava disposto a se relacionar com populistas em 2016.) Mas poucos deles abraçariam taxas escandinavas de imposto de renda pessoal, muito menos uma revolução igualitária. Os senhores da internet parecem apreciar ser ricos quase tanto quanto os lobos de Wall Street de antes da crise, uma década atrás, ainda que seu consumo seja menos exibido que suas crises de consciência. É difícil imaginar um banqueiro investidor seguindo o exemplo de Sam Altman, do Y Combinator, que saiu em peregrinação pelo interior dos EUA como que fazendo penitência pelo resultado da eleição de 2016.[22] Mas a San Francisco à qual Altman retorna permanece ainda com a desigualdade de *Metrópolis*, inclusive por causa das distorções que asseguram que habitação decente seja ridiculamente cara. (A propriedade de imóveis só está atrás da propriedade intelectual como determinante da desigualdade de riqueza, mas a habitação mais valiosa, não por acidente, está situada mais perto dos agrupamentos geográficos localizados onde o mais valioso IP é gerado.) E tudo o que as grandes empresas de tecnologia parecem dispostas a oferecer aos milhões de motoristas de caminhão e de táxi que eles pretendem substituir por carros sem motorista é algum tipo de renda básica. O único consolo é que os maiores acionistas das empresas FANG são investidores institucionais norte-americanos que, até onde gerenciam as economias da classe média norte-americana, têm portanto dado a essa classe uma significativa participação nos lucros da indústria TCI. Um importante dado, porém, é que investidores estrangeiros provavelmente são donos de pelo menos 14% do patrimônio líquido de grandes corporações norte-americanas, e, no caso de empresas com vendas muito grandes no exterior (como a Apple, que ganha perto de dois terços de sua renda no exterior), quase certamente muito mais.[23] Nenhum estudante sério dos mercados de capital, porém, atribuiria a tais investidores estrangeiros mesmo um fiapo de influência sobre a governança corporativa dessas empresas.

Terceiro, e finalmente, a prensa teve o efeito de romper a vida religiosa da cristandade ocidental antes de ter rompido qualquer outra coisa. Em contraste, a internet começou a romper o comércio; só muito recentemente começou a perturbar a política e realmente desarranjou apenas uma religião, o islamismo. Como vimos, as redes foram a chave do que aconteceu na política norte-americana em 2016. Havia a rede das bases de apoio que a campanha de Trump construiu e aquelas que construíram a si próprias – nas plataformas do Facebook, do Twitter e do Breitbart. Estes eram os homens e mulheres "esquecidos" que saíram de casa em 8 de novembro para derrotar "interesses especiais globais" e o "*establishment* político corrupto e fracassado" que a oponente de Trump, alegava-se, personificava. A rede jihadista também teve seu papel, quando os ataques terroristas patrocinados pelo EI deram credibilidade às promessas de Trump de "retirar as redes de apoio ao islã radical neste país" e proibir a imigração de muçulmanos.

Como um homem muito rico que mesmo assim desempenharia confiantemente um papel de demagogo, Trump encarnava um paradoxo central da era. Ele era ao mesmo tempo um oligarca menor e uma grande marca. "Nenhum presidente norte-americano", dizia-se, "tomou posse com uma gigante rede de negócios, investimentos e conexões corporativas como aquela reunida por Donald J. Trump", de ligações comerciais conhecidas com 1.500 pessoas e organizações.[24] Ao mesmo tempo, a campanha de Trump obteve sucesso em capturar as redes do Vale do Silício onde seus opositores fracassaram, para o desespero das pessoas que eram donas das redes e achavam que podiam controlá-las. A agonia deles nas semanas após as eleições era palpável. A Google primeiro buscou conquistar a nova administração, para depois denunciar as ordens executivas que limitavam as viagens e a imigração para os Estados Unidos a partir de certos países de maioria muçulmana.[25] Mark Zuckerberg se ausentou de uma reunião com o novo presidente e outros CEOs de tecnologia. Presumivelmente, Zuckerberg tirou algum consolo do fato de que a Marcha das Mulheres Contra Trump foi também organizada através do Facebook.[26] É difícil acreditar que não haverá eventualmente algum tipo de confronto entre a administração de Trump e as grandes empresas de TCI, especialmente se a administração revogar a decisão de 2015 de seu predecessor pela qual a Comissão Federal de Comunicações regula a internet como um serviço público, como as antigas redes telefônicas ou a malha ferroviária. Parece haver um conflito de interesses óbvio entre as empresas de telecomunicação e cabeamento e as plataformas famintas por espaço de banda e os provedores de conteúdo como a Netflix, a respeito do tema "neutralidade da internet" (o princípio de que todos os dados devem ser tratados como iguais, a despeito de seu conteúdo ou valor).²⁷ Uma ação antitruste contra as empresas FANG pode ser o próximo passo de Trump.

Mas, em dois aspectos, há uma clara semelhança entre nosso tempo e o período revolucionário que se seguiu ao advento da imprensa. Como a prensa, a tecnologia da informação moderna está transformando não só o mercado – mais recentemente, facilitando o compartilhamento (isto é, aluguéis de curto prazo) de carros e apartamentos – mas também a esfera pública. Nunca antes houve tantas pessoas conectadas juntas em uma rede instantaneamente responsiva através da qual "memes"* podem se espalhar mais rapidamente do que vírus naturais.²⁸ Mas a noção de que conectar o mundo todo cria uma utopia de *netizens,* todos iguais no ciberespaço, sempre foi uma fantasia – tanto quanto o engano na visão de Martinho Lutero de um "sacerdócio de todos os crentes". A realidade é que a rede global se tornou um mecanismo de transmissão para todo tipo de manias e pânicos, da mesma forma que a combinação de alfabetização e imprensa por algum tempo aumentou a prevalência de seitas milenaristas e surtos contra bruxas. As crueldades do EI parecem menos idiossincráticas quando comparadas com aquelas de alguns governos e seitas dos séculos XVI e XVII.²⁹ Crescentes níveis de violência política parecem concebíveis nos Estados Unidos e talvez em partes da Europa.³⁰ Segundo, como no período depois da Reforma, nosso tempo testemunha a erosão da soberania territorial.³¹ Nos séculos XVI e XVII, a Europa mergulhou em uma série de guerras religiosas porque o princípio formulado na Paz de Augsburgo (1555) – *cuius regio, eius religio*** – foi honrado principalmente

---

* Por exemplo, em setembro de 2009, o seguinte meme pró-Obama foi copiado por centenas de milhares de usuários do Facebook, alguns dos quais (cerca de um em dez) introduziram leves mutações das palavras: "Ninguém deve morrer porque não pode pagar por cuidados médicos e ninguém deve entrar em falência porque adoeceu. Se você concorda, por favor coloque esta mensagem como seu *status* pelo resto do dia".

** "De quem [for] a região, dele [se siga] a religião", ou seja, os súditos seguem a religião do governante. [N.E.]

no rompimento. No século XXI, vemos um fenômeno similar de crescente intervenção nos negócios domésticos de Estados soberanos.

Havia, afinal, uma terceira rede envolvida nas eleições de 2016, e esta era a rede russa de inteligência. Enquanto escrevo estas linhas [2017], está claro que o governo russo fez o máximo que pode para atingir a reputação de Hillary Clinton, o que foi possível devido à segurança relaxada dos e-mails dela e de sua campanha, usando o WikiLeaks como conduíte, através de documentos roubados que foram passados à mídia norte-americana.[32] Visitar o site do WikiLeaks é entrar na sala dos troféus dessa operação. Aqui está "O Arquivo de e-mails de Hillary Clinton", e também "Os e-mails de Podesta". Nem todos os documentos vazados são norte-americanos, certamente. Mas uma busca por vazamentos calculados para envolver o governo russo não achará nada. Pode ser que Julian Assange ainda passe seus dias na embaixada equatoriana em Londres, mas a realidade é que ele vive, como um convidado de honra do presidente Vladimir Putin, no estranho mundo virtual de Cyberia – a *twilight zone** habitada por operadores russos.

Os *hackers* e trolls russos representam uma ameaça aos Estados Unidos semelhante àquela representada pelos jesuítas à Reforma inglesa: uma ameaça vinda de dentro patrocinada de fora. "Estamos no ponto de virada", de acordo com o almirante Michael S. Rogers, chefe da NSA e do Cíber-Comando Norte-Americano.[33] Atividades cibernéticas estão agora no topo da lista de ameaças do diretor da inteligência nacional. Só o Pentágono reporta mais de 10 milhões de tentativas de intrusão a cada dia.[34] Claro, a maioria do que a mídia chama de "ciberataques" são meramente tentativas de espionagem. Para entender todo o potencial da guerra cibernética, é preciso imaginar um ataque que pudesse derrubar boa parte da rede elétrica norte-americana. Tal cenário não é impossível. Algo semelhante foi realizado em dezembro de 2015 contra o sistema elétrico da Ucrânia, que foi infectado por uma forma de *malware* [programa que danifica redes] chamada Blackenergy.

Os cientistas da computação têm entendido o potencial destruidor de uma guerra cibernética desde os primeiros tempos da internet. Primeiro eram *hackers* adolescentes que criavam confusão: nerds como Robert Tappan Morris, que

---

* A dimensão do som, da luz e da mente, em um mundo virtual, de coisas e ideias; realidade virtual. O termo faz alusão à Sibéria, onde foram exilados russos contrários ao poder central dos czares e do governo comunista. [N.E.]

quase derrubou toda a World Wide Web em novembro de 1988 ao lançar um software do tipo *worm* [minhoca] altamente infeccioso,³⁵ ou "Mafia Boy", um canadense de 15 anos que fechou o site da Yahoo em fevereiro de 2000. Blaster, Brain, Melissa, Iloveyou, Slammer, Sobig – os nomes dos primeiros vírus denotam a juventude de seus autores.³⁶ Ainda é o caso que muitos ciberataques são realizados por protagonistas não estatais: vândalos adolescentes, criminosos, "hacktivistas" ou organizações terroristas. (O ataque de 21 de outubro lançado contra o serviço de nomes de domínio Dynamic Network Services Inc., que usava as *webcams* construídas na China como "robôs", foi quase certamente um caso de vandalismo.)³⁷ Contudo, o mais surpreendente avanço de 2016 foi a emergência da Cyberia.

Na condição de país que construiu a internet, era natural que os Estados Unidos também liderassem a guerra cibernética. Começou na primeira administração de Reagan.³⁸ Durante a invasão do Iraque em 2003, espiões norte-americanos penetraram redes iraquianas e enviaram mensagens instando generais a se render.³⁹ Sete anos depois, foram os Estados Unidos e Israel que lançaram o vírus Stuxnet contra a estrutura de enriquecimento de urânio do Irã.⁴⁰ O problema não é só que o jogo pode ter dois jogadores. O problema é que ninguém sabe quantos jogadores podem participar em qualquer número de jogos. Em anos recentes, os Estados Unidos foram atacados ciberneticamente pelo Irã, pela Coreia do Norte e pela China. No entanto, tais ataques eram direcionados contra empresas (notadamente a Sony Pictures), não contra o governo norte-americano. Os russos foram os primeiros a guerrear diretamente contra o governo dos EUA, buscando compensar seu relativo declínio econômico e militar explorando as "amplas possibilidades assimétricas" que a internet oferecia para "reduzir o potencial de luta do inimigo".⁴¹ Eles aprenderam a fazer isso nos ataques contra a Estônia, a Geórgia e a Ucrânia. Em 2017, porém, o Krêmlin lançou um ataque sustentado contra o sistema político norte-americano, usando como procuradores não apenas o WikiLeaks mas também o blogueiro romeno "Guccifer 2.0".⁴²

Deixemos de lado a questão de se houve ou não interferência russa – em oposição à das *fake news* discutida no capítulo anterior – que decidiu a eleição em favor de Trump; basta dizer que ele foi ajudado, ainda que notícias tanto reais como falsas presumivelmente poderiam ter sido disseminadas sem o envolvimento russo. Deixemos de lado também as questões ainda não resolvidas de como membros da campanha de Trump foram cúmplices na operação russa, e de quanto eles sabiam.⁴³ O ponto crítico é que nada segurou Moscou. Para especialistas em segurança nacional, essa é apenas uma das características da guerra cibernética que causam perplexidade. Acostumados às elegantes teorias da "destruição mútua assegurada" que se desenvolveram durante a Guerra Fria, eles estão se esforçando para formular uma doutrina de um tipo inteiramente diferente de conflito, em que há inúmeros agressores potenciais, muitos deles difíceis de identificar, e múltiplas gradações de destrutividade. Como vice-secretário da Defesa, William Lynn observou em 2010: "Enquanto um míssil chega com um endereço de resposta, com um vírus de computador geralmente não é o caso". Para Joseph Nye, da Kennedy School em Harvard, a política de dissuasão pode ser mantida, mas ela só será útil se os EUA estiverem preparados para punir exemplarmente um agressor. As três outras propostas que Nye coloca são: aumentar a cibersegurança, tentar "enredar" agressores potenciais em relações comerciais e outras (de modo a aumentar o custo de um ciberataque), e estabelecer tabus globais contra os ciberataques, parecidos com àqueles que têm (majoritariamente) desencorajado o uso de armas biológicas e químicas.⁴⁴ Tal análise não é reconfortante. Dado o número de agressores cibernéticos, as defesas parecem destinadas a correr atrás dos ataques, em uma inversão da lógica militar convencional. E os russos provaram que são indiferentes a enredamentos e tabus, mesmo que a China seja mais simpática à abordagem de Nye. De fato, o governo russo parece estar disposto a fazer parcerias com criminosos organizados em busca de seus objetivos.⁴⁵

Quão temerosos a respeito da Cyberia devemos ficar? Para Anne-Marie Slaughter, nosso mundo hiperconectado é, no geral, um lugar benigno e os "Estados Unidos [...] gradualmente descobrirão a doutrina do meio-termo do poder das redes".⁴⁶ Verdade, existe um sem-número de ameaças em rede ("terrorismo, drogas, armas, e tráfico humano [...] mudanças climáticas e biodiversidade em declínio [...] guerra pela água e insegurança alimentar [...] corrupção, lavagem de dinheiro, e sonegação de impostos [...] doenças pandêmicas"), mas, se os líderes norte-americanos podem apenas "pensar em termos de traduzir alianças de tabuleiro de xadrez em polos de conectividade e capacidade", tudo ficará bem. A chave, ela argumenta, é converter hierarquias em redes, fazendo da OTAN um "polo de uma rede de parcerias de segurança e um centro de consulta para questões de segurança internacional", e reformar o Conselho de Segurança da ONU, o Fundo Monetário Internacional e o Banco Mundial, abrindo-os para "protagonistas mais novos".[47] As instituições da ordem mundial estabelecidas depois da Segunda Guerra Mundial precisam se metamorfosear em "polos de um sistema mais horizontal, mais veloz, mais flexível, que opere no nível dos cidadãos, para além dos Estados", incorporando "bons protagonistas da web, corporativos, cívicos e o público". Um exemplo que a autora dá é o Pacto de Autarcas pelo Clima e Energia, aliança que conecta mais de 7.100 cidades ao redor do globo.[48] Outro é a Parceria pelo Governo Aberto, lançada pela administração de Obama em 2011, que hoje inclui setenta países compromissados com "transparência, participação cívica e prestação de contas".[49] Ian Klaus, antigo colega de Slaughter no Departamento de Estado, vê o potencial de uma rede global de cidades.[50]

Poderão os "bons atores" se juntar em algum novo tipo de rede geopolítica, usando de sua "artesania em rede" contra os maus protagonistas? Joshua Cooper Ramo duvida. Ele concorda com Slaughter em que "a ameaça fundamental aos interesses norte-americanos não é a China nem a Al-Qaeda ou o Irã. É a própria revolução da rede". Mas ele está menos seguro acerca de quão facilmente a ameaça pode ser combatida. A defesa cibernética está atrasada em dez anos em relação ao ciberataque, também por causa de uma nova versão impossível da trindade: "Sistemas podem ser velozes, abertos e seguros, mas apenas dois desses três fatores de cada vez".[51] A ameaça à ordem mundial pode ser resumida como "redes muito rápidas X inteligência artificial X caixas-pretas X a Nova Casta X compressão do tempo X objetos cotidianos X armas".[52] Em *O sétimo sentido*, Ramos argumenta em favor da construção de "portas" reais e virtuais que impeçam a entrada de russos, criminosos on-line, os vândalos adolescentes da internet e outros malfeitores. Mas ele mesmo cita as três regras de cibersegurança criadas pelo criptógrafo da Agência de Segurança Nacional (NSA) Robert Morris: "REGRA UM: Não possua um computador. REGRA DOIS: Não ligue o computador. REGRA TRÊS: Não o use".[53] Se todos nós continuarmos a ignorar esses novos imperativos – e especialmente nossos líderes, dos quais a maioria nem ativou a autenticação de dois fatores em suas contas de e-mail –, como bloquearmos gente como Assange e Guccifer?

Uma corrida armamentista intelectual está agora em curso para desenhar uma doutrina viável para a cibersegurança. Parece pouco provável que aqueles imersos no pensamento tradicional de segurança nacional vão ganhar. Talvez a meta realista seja não deter ataques nem retaliar contra eles, mas sim regular todas as várias redes das quais nossa sociedade depende, de modo que elas sejam resilientes – ou melhor, "antifrágeis", um termo cunhado por Nassim Taleb para descrever um sistema que fica mais forte quando sob ataque.[54] Aqueles que, como Taleb, habitam o mundo da gerência de risco financeiro, viram em 2008 quão frágil a rede financeira internacional era: o colapso de um único banco de investimentos quase derrubou todo o sistema de crédito global. O restante, agora, chegou ao nível dos banqueiros e corretores – estamos todos tão interconectados quanto eles estavam dez anos atrás. Como a rede financeira, as nossas redes sociais, comerciais e de infraestruturas estão sob constante ataque de loucos e malfeitores, e há realmente muito pouco que possamos fazer para impedi-los. O melhor é desenhar e construir nossas redes de modo que resistam às investidas da Cyberia. Isso significa resistirmos à tentação de construir complexidade quando (como no caso da regulação financeira) a simplicidade for uma opção melhor.[55] Acima de tudo, significa compreender as estruturas das redes que criamos.

Quando metade dos nódulos de um gráfico aleatório do tamanho da maioria das redes do mundo real é removida, a rede é destruída. Mas, quando o mesmo procedimento é aplicado contra um modelo sem escala de tamanho similar, "o componente gigante conectado resiste mesmo depois de remover mais de 80% dos nódulos, e a distância dentro dele [entre os nódulos] é praticamente a mesma do começo".[56] Isso é um reconhecimento de importância vital para aqueles cuja tarefa é desenhar redes antifrágeis quando sob ataque deliberado e específico.

59
FANG, BAT e UE

Em março de 2017, o Comitê de Negócios Internos do Parlamento britânico, liderado por sua diretora, Yvette Cooper, atacou a Google, o Facebook e o Twitter por não fazerem o suficiente para censurar a internet em seu favor. Cooper reclamou que o Facebook tinha falhado em tirar do ar uma página com o título "Proíbam o islamismo". Como ela colocou: "Precisamos que vocês façam mais e tenham mais responsabilidade social para proteger as pessoas".[1] Na mesma semana, o ministro da Justiça alemão Heiko Maas apresentou um projeto de lei que imporia multas de até 50 milhões de euros às redes sociais que não apagassem "discurso de ódio" ou *fake news*. Em suas palavras: "Muito pouco conteúdo ilegal está sendo apagado, e não está sendo apagado suficientemente rápido".[2] Pode-se argumentar a favor e contra a censura de conteúdo odioso. Podemos maravilhar-nos com o fato de que empresas e agências governamentais gastem dinheiro em publicidade on-line tão indiscriminadamente que seus slogans cuidadosamente construídos acabem em sites jihadistas. Porém argumentar que a Google e o Facebook deveriam exercer censura não apenas é abdicar de suas responsabilidades; é evidência de ingenuidade rara. Como se as duas empresas não fossem poderosas o suficiente, os políticos europeus aparentemente querem lhes dar mais poder de limitar a livre expressão de seus cidadãos.

Três são os pontos essenciais para entender a revolução da TI. Primeiro, ela é quase totalmente uma conquista norte-americana, ainda que com a contribuição de cientistas da computação que afluíram ao Vale do Silício de todas as partes do mundo, e das manufaturas asiáticas que fizeram baixar os preços. Segundo, as mais importantes empresas de tecnologia dos Estados Unidos são agora extraordinariamente dominantes. Terceiro, como vimos, essa dominância se traduz em enormes quantidades de dinheiro. Confrontado com essa revolução de rede norte-americana, o resto do mundo tem duas opções: capitular e regular, ou excluir e competir. Os europeus escolheram o primeiro caminho. Será inútil procurar um buscador europeu, uma rede europeia, uma loja de varejo on-line europeia. A maior empresa da internet com sede na Europa é a Spotify, empresa de *streaming* de música e vídeo sediada em Estocolmo e fundada em 2006.[3] O FANG se enraizou com força na UE, e tudo o que a Comissão Europeia pode fazer é assediar os gigantes norte-americanos com acusações de comportamento antitruste, declarações de imposto pré-datadas, e regras mais estritas de privacidade e proteção de dados, sem falar em direitos trabalhistas.[4] Certamente, os europeus foram os primeiros a estabelecer que empresas norte-americanas não poderiam operar em seu território independentemente da lei nacional ou europeia. Foi um francês, Marc Knobel, quem estabeleceu que o Yahoo não poderia anunciar material histórico nazista em seus sites de leilão, porque o servidor através do qual os usuários franceses acessam o site era localizado na Europa (em Estocolmo), e também porque o Yahoo não era (como se dizia) incapaz de distinguir usuários franceses de outros.[5] Certo número de países europeus – não apenas a França, mas também o Reino Unido e a Alemanha – passaram leis que requeriam de provedores de serviço da internet o bloqueio de conteúdo proibido (como pornografia pedófila), de modo que seus cidadãos não pudessem acessá-lo. Mas as elites políticas europeias agora efetivamente dependem de empresas norte-americanas como o Facebook para realizar a censura em seu lugar, indiferentes ao risco de que os "padrões da comunidade" Facebook resultem mais estritos do que a lei europeia.[6]

Os chineses, em contraste, optaram por competir. Esta não foi a resposta prevista pelos norte-americanos, que presumiam que Pequim simplesmente tentaria "controlar a internet" – um esforço que, numa frase famosa, o presidente Bill Clinton definiu como "pregar gelatina na parede".[7] "A internet é uma rede porosa", escreveu um acadêmico norte-americano em 2003, "e se o povo da China [...] quiser obter sua informação em sites no Vale do Silício, mesmo o mais onipotente dos governos terá dificuldades em impedi-lo".[8] Não era bem assim. Certamente houve censura. Desde 2012, quando Lu Wei foi colocado à frente do Grupo Líder Central para Assuntos do Ciberespaço, a China aumentou a eficácia de sua Grande Muralha de Fogo, que bloqueia o acesso a dezenas de milhares de sites ocidentais, assim como seu Escudo Dourado, que faz a vigilância on-line, e seu Grande Canhão, que pode ser usado para atacar sites hostis. Microblogues e redes sociais como Sina Weibo são policiadas agressivamente, com penas de reclusão para aqueles condenados por postar on-line informação falsa ou subversiva. Em setembro de 2016, só para dar um exemplo de como as autoridades operam, a Netease foi forçada pelo governo a fechar todos os seus fóruns on-line, exceto aqueles de assuntos imobiliários e compra e venda de terras.[9] Ainda que grande parte da crítica ao governo seja tolerada, os censores rapidamente fecham todos os chamados para convocações de ação coletiva de qualquer tipo.[10]

Mas a censura não é a chave para a resposta chinesa à era das redes. O coração de sua estratégia tem sido, por meios lícitos e ilícitos, limitar o acesso das grandes empresas norte-americanas de TI ao mercado chinês e encorajar empreendedores locais a construir a resposta chinesa ao FANG. Enquanto Yahoo e Microsoft aceitam a "autodisciplina" ordenada pelo governo,[11] a Google saiu da China em 2010 depois de repetidos contenciosos com as autoridades chinesas sobre a censura e ataques a contas de Gmail de ativistas de direitos humanos. Desde que registrou o nome de domínio www.facebook.cn em 2005, o Facebook tenta se estabelecer na China, mas foi bloqueado em 2009, quando as empresas de mídia social foram acusadas de fomentar a agitação social na região chinesa do Xinjiang, de maioria muçulmana.[12] O resultado foi que a internet é dominada pela BAT: Baidu (o buscador fundado por Robin Li em 2000), Alibaba (a resposta de Jack Ma à Amazon, fundada em 1999) e Tencent (criada um ano antes por Ma Huateng, mais conhecido por seu aplicativo de mensagens WeChat). Tais conglomerados são muito mais do que clones de suas contrapartidas norte-americanas; cada um deles se revelou inovador em seus próprios termos – e, combinados a um valor de mercado de mais de 473 bilhões de dólares e rendas anuais de 20 bilhões, eles são quase tão grandes em escala quanto suas contrapartes nos EUA. O WeChat foi usado por 86% dos usuários da internet e está rapidamente substituindo o antes mandatório cartão de visitas asiático por códigos QR, fáceis de capturar. A renda do Alibaba na China ultrapassou a da Amazon nos EUA em 2015; sua parcela do total do varejo na China (mais de 6%) é o dobro da obtida pela Amazon nos Estados Unidos.[13]

Evidentemente, o Vale do Silício range seus ferrões por ter sido excluído do vasto mercado chinês. Zuckerberg ainda não desistiu, dando entrevistas em mandarim fluente e até mesmo fazendo sua corrida através do *smog* da Praça da Paz Celestial, mas a recente experiência da Uber não dá esperança.

No ano passado, depois de perder mais de 1 bilhão de dólares por ano, a Uber levantou a bandeira branca, aceitando que não conseguiria bater o aplicativo de transporte individual local Didi Chuxing.[14] Tal rendição foi resultado parcialmente da maior agilidade do Didi e de seus bolsos mais fundos, mas em parte também por causa das mudanças regulatórias que pareciam ser desenhadas para colocar a Uber em desvantagem no mercado chinês.[15] A frustração das empresas norte-americanas com essa e outras dificuldades é compreensível. Mas é difícil não se impressionar com a maneira como a China desafiou o Vale do Silício e venceu. Ela não foi esperta economicamente; foi também sagaz política e estrategicamente. Em Pequim, o "Grande Irmão" agora tem o *big data* de que precisa para manter estreita vigilância sobre os *netizens* chineses. Enquanto isso, se o NSA quer recolher metadados da China, tem que ultrapassar a Grande Muralha de Fogo da China.

A sabedoria convencional do Ocidente continua predicando que a Era das Redes é inimiga do domínio do Partido Comunista Chinês, como foi na União Soviética. Mas houve quem discordasse.[16] Para começar, o próprio Partido é uma rede sofisticada, onde os nódulos são interconectados por arestas de apadrinhamento e associação de pares ou colegas de trabalho. Baseado na centralidade de intermediação, por exemplo, Xi Jinping é tão poderoso quanto qualquer líder desde Jiang Zemin, e muito mais poderoso que Deng Xiaoping, com quem ele é algumas vezes equivocadamente comparado por comentaristas ocidentais.[17] A análise de rede está permitindo a estudantes do governo chinês deixarem as teorias simplistas e perceber sutileza no *guanxi* moderno. Cheng Li enfatizou a importância dos laços de mentor/protegido na ascensão de Xi ao poder – aquelas relações entre altas figuras do Partido e seus braços direitos (*mishu*). Aqueles que distinguem um "campo elitista" de Jiang Xi e um "campo populista" de Hu Li estão exagerando a rigidez da facção. O próprio Xi ascendeu de secretário do então ministro da Defesa, Geng Biao, até tomar posições de nível nacional e provincial em Hebei, Fujian, Zhejiang e Xangai, onde ele construiu sua própria rede de protegidos, incluindo figuras tão diferentes quanto o "tecnocrata econômico" Liu He e o "falcão militar conservador" Liu Yuan.[18] Como argumenta Franziska Keller, a China é mais bem compreendida em termos de tais redes de mentores do que em termos de facções. Outras importantes redes incluem uma formada por membros dos principais pequenos grupos de Xi[19] e a que conecta corporações aos bancos através dos mercados de obrigações.[20]

Longe de querer pregar gelatina na parede, a abordagem chinesa para as redes sociais progressivamente tirou partido daquilo que os microblogues revelam acerca das preocupações de seus cidadãos. Quando pesquisadores de Hong Kong, Suécia e Estados Unidos mineravam uma base de dados de mais de 13 bilhões de *posts* em blogs do Sina Weibo entre 2009 e 2013, ficaram surpresos ao descobrir que 382 mil deles aludiam a conflitos sociais e 2,5 milhões mencionavam protestos de massa, como greves. A hipótese foi que as autoridades estão agora usando a rede social para monitorar dissenso, assim como corrupção policial. Significativamente, dos 680 policiais acusados de corrupção no Weibo, aqueles que acabaram formalmente acusados eram mencionados quase dez vezes mais do que os não formalmente acusados.[21]

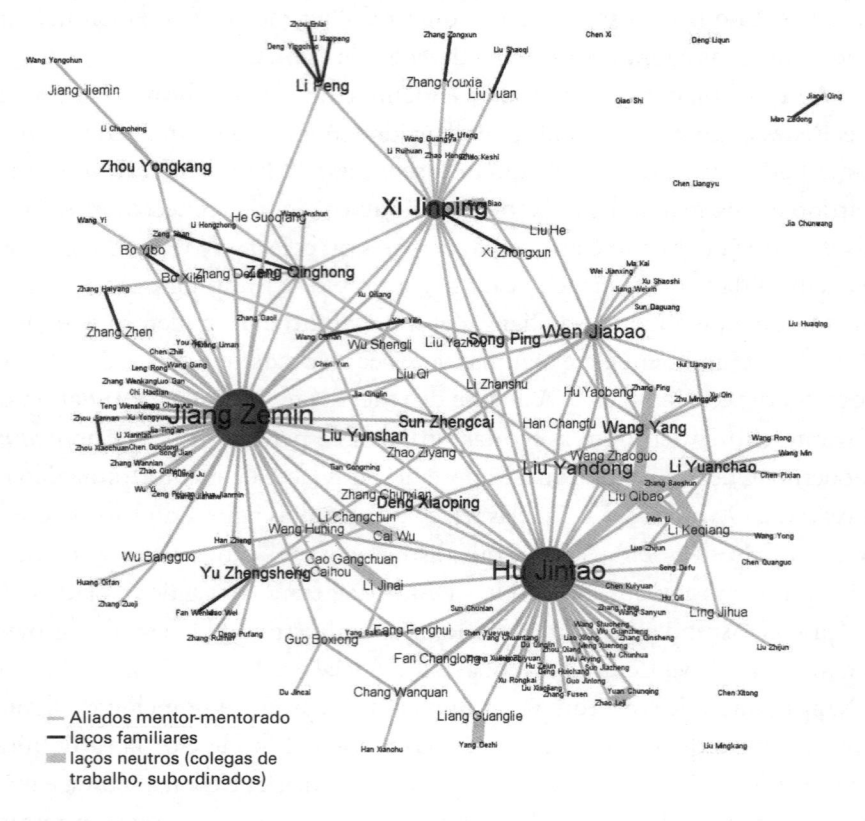

50. A rede dos membros do Comitê Central do Partido Comunista Chinês. O tamanho de um nódulo é proporcional à centralidade de intermediação. Note como as ligações entre mentores e seus protegidos importam muito mais que laços de família.

Outra base de dados – 1.460 policiais investigados por corrupção entre 2010 e 2015 – permite compreensão mais profunda sobre as redes que conduzem a China, nesse caso a rede de "tigres e moscas" (isto é, grandes e pequenos meliantes) cuja má conduta se tornou um alvo-chave do governo de Xi Jinping.[22] Existe a possibilidade de que a informação e a tecnologia da computação permitam a Pequim construir um sistema de "crédito social", análogo ao crédito financeiro no Ocidente, que permitiria (no discurso oficial) "às pessoas confiáveis percorrer qualquer lugar sob o céu ao mesmo tempo que traz dificuldades, àqueles que foram desacreditados, de dar um só passo".[23] A China já tem sistemas estabelecidos de *hukou* (registro de domicílio) e *dang'an* (registros pessoais), assim como esquemas de premiação de trabalhadores excepcionais e quadros do Partido. Integrar isso com dados que as autoridades possam facilmente olhar a partir das empresas BAT permitiria a formação de um sistema de controle social além dos sonhos dos Estados totalitários de meados do século XX.

Ao mesmo tempo, os líderes chineses parecem muito mais adeptos da "artesania da rede" do que suas contrapartes norte-americanas. Enquanto a Parceria Transpacífico parece fadada à morte pela retirada de apoio norte-americano por ordem de Trump, iniciativas chinesas como a do Cinturão e Estrada e a do Banco de Investimento em Infraestrutura da Ásia paulatinamente atraem novos participantes. Um teste fascinante da abordagem chinesa será o quão longe conseguirão saltar à frente dos Estados Unidos no setor de tecnologia financeira, que cresce rapidamente. Desde tempos antigos, os países têm explorado sua habilidade de monopolizar a cunhagem de moeda, sejam moedas impressas com o rosto do rei ou notas de papel retratando presidentes do passado, sejam *inputs* eletrônicos em uma tela. No entanto, as moedas digitais baseadas no *blockchain*, como bitcoin ou ethereum, oferecem muitas vantagens sobre as moedas fabricadas materialmente, como o dólar norte-americano ou o yuan chinês. Como modo de pagamento – especialmente para transações on-line –, o bitcoin é mais rápido e mais barato que o cartão de crédito ou a transferência bancária. Como armazenamento de valor, ele tem muitas características-chave do ouro, notadamente o suprimento limitado. Como unidade de conta, sim, é menos do que estável, mas isso é porque ele se tornou um atraente objeto de especulação: ouro digital. Pior, o bitcoin parece desperdiçar quantidades extraordinárias de recursos computacionais, dado que é "minerado", ou validado com a função *hash* e autenticado.[24] Por outro lado, o registro distribuído do bitcoin parece resolver o problema da autenticação e segurança tão bem que pode também ser usado como tecnologia de comunicação à prova de fraude, enquanto o ethereum pode até automatizar a execução de contratos, sem necessidade de monitoramento caro e burocrático, que é parte integral e custosa do sistema nacional e internacional de pagamentos.[25] Em resumo, "confiança é distribuída, personalizada e socializada [...] sem a necessidade de uma instituição central para verificação".[26] Claro, as autoridades chinesas não estão prontas a entregar seu sistema de pagamentos para o bitcoin, assim como não entregram seu sistema de táxi para a Uber. De fato, eles estão alarmados com o fato de que 40% da rede global do bitcoin já é formada de "mineiros" chineses, enquanto quase três quartos dos negociantes de bitcoin estão no câmbio BTCC (Bitcoin China). De fato, reguladores efetivamente fecharam as operações domésticas das bolsas chinesas de criptomoedas no verão de 2017. Mas Pequim claramente se apropria do potencial do *blockchain* como tecnologia. Eis por que o Banco Popular da China e um certo número de governos provinciais estão prestes a lançar uma "criptomoeda oficial" – o "bityuan", talvez – em uma ou duas províncias no futuro próximo.[27] Cingapura pode bater a China na corrida para introduzir a primeira criptomoeda oficial, mas Pequim certamente o fará antes de Washington.[28] Se os experimentos chineses forem exitosos, isso representaria o início de uma nova era na história monetária, e um sério desafio para o futuro do dólar como principal moeda internacional.

60
A praça e a torre redux

Às vezes, parece que estamos condenados a tentar entender nosso próprio tempo com arquiteturas conceituais que têm mais de meio século. Desde a crise financeira, muitos economistas se reduziram a reciclar as ideias de John Maynard Keynes, que morreu em 1946. Confrontados com o populismo, escritores sobre política norte-americana e europeia repetidamente confundem-no com o fascismo, como se a era das guerras mundiais fosse a única história que eles já estudaram. Os analistas de relações internacionais parecem estar presos a terminologias que datam mais ou menos do mesmo período: realismo ou idealismo, contenção ou apaziguamento, dissuasão ou desarmamento. O "Longo Telegrama" de George Kennan foi despachado apenas dois meses depois da morte de Keynes; *Os últimos dias de Hitler*, de Hugh Trevor-Roper, foi publicado no ano seguinte. Mas tudo isso ocorreu setenta anos atrás. Nossa própria era é profundamente distinta dos meados do século XX. Os Estados quase autárquicos, impositivos e controladores que emergiram da Depressão, da Segunda Guerra Mundial e do início da Guerra Fria existem hoje, se é que sobreviveram, apenas como pálidas sombras do que foram. As burocracias e as máquinas partidárias que os faziam funcionar estão mortas ou em decadência. O Estado administrativo é sua encarnação final. Hoje, a combinação da inovação tecnológica com a integração econômica mundial criou formas inteiramente novas de rede – que vão desde o submundo do crime até o rarefeito "mundo superior" de Davos – que não foram nem sonhadas por Keynes, Kennan ou Trevor-Roper.

Winston Churchill observou, numa frase famosa: "Quanto mais se olha para trás, mais longe se consegue ver à frente". Nós também devemos olhar para trás por mais tempo e perguntar: será que nossa era poderá repetir a experiência do período depois de 1500, quando a revolução da imprensa liberou onda após onda de revolução?¹ Será que as novas redes vão nos libertar dos grilhões do Estado administrativo assim como as redes revolucionárias dos séculos XVI, XVII e XVIII libertaram nossos ancestrais dos grilhões da hierarquia espiritual e temporal? Ou as hierarquias estabelecidas de nosso tempo terão êxito em cooptar as redes mais rapidamente que seus predecessores imperiais e recrutá--las para o seu antigo vício da guerra?

Uma utopia libertária de *netizens* livres e iguais – todos interconectados, compartilhando toda a informação possível com a máxima transparência e o mínimo de configurações de privacidade – tem um certo apelo, especialmente entre os jovens. É romântico imaginar tais *netizens* como os trabalhadores no filme *Metrópolis* de Lang, espontaneamente se sublevando contra as elites corruptas do mundo, para liberar o poder da inteligência artificial e libertar-se da dureza do trabalho também. Aqueles que tentam olhar para a frente sem se voltar para trás muito facilmente caem na armadilha de tal desejo. Desde meados da década de 1990, cientistas da computação e outros têm fantasiado a possibilidade de um "cérebro global" – um "superorganismo planetário" auto-organizante.² Em 1997 Michael Dertouzos desejava uma era de "paz viabilizada por computador".³ "Novas tecnologias da informação abrem novas paisagens de soma zero", escreveu um entusiasta em 2000. Governos que não reagissem rapidamente, descentralizando, seriam "prontamente [...] punidos".⁴ N. Katherine Hayles estava quase eufórica. "Como habitantes de redes globalmente interconectadas", ela escreveu em 2006, "estamos combinados em uma espiral coevolucionária dinâmica com máquinas inteligentes, assim como outras espécies biológicas com quem compartilhamos o planeta". Essa espiral virtual ascendente produziria uma nova "cognisfera".⁵ Três anos depois, Ian Tomlin pintava "formas infinitas de federações entre pessoas [...] que supervisionam [...] diferenças em religião e cultura para propiciar a compaixão global e a cooperação que é vital para a sobrevivência do planeta".⁶ "O instinto social dos seres humanos de se encontrar e compartilhar ideias", declarou, "poderá ser um dia a única coisa que salvará nossa raça de sua própria destruição".⁷ "A informatização", escreveu outro autor, seria a terceira onda da globalização.⁸ A "Web 3.0" produziria uma "versão contemporânea de uma 'explosão cambriana'" e agiria como a "direção assistida para nossa inteligência".⁹

Os mestres do Vale do Silício têm todos os incentivos para romantizar o futuro. Balaji Srinivasan conjura as inebriantes visões dos membros da geração *millenial* colaborando em "nuvens" computacionais, libertos da geografia, e pagando uns aos outros fichas digitais, emancipados de sistemas estatais de pagamento. Falando ao público no Harvard Commencement de 2017, Mark Zuckerberg conclamou os novos graduandos a ajudar a "criar um mundo onde todos têm um senso de propósito: assumindo projetos significativos juntos, redefinindo a igualdade de modo que todos tenham a liberdade de buscar um propósito, e construindo a comunidade por todo o mundo". Mas Zuckerberg personifica a desigualdade da economia das superestrelas. A maioria dos remédios que ele prevê para a desigualdade – "renda básica universal, cuidados à infância acessíveis, saúde não vinculada a uma empresa, [...] educação continuada" – não podem ser obtidos globalmente mas são viáveis somente como políticas nacionais providas pelo velho Estado do bem-estar social do século XX. E, quando fala que "a luta de nosso tempo" é entre "as forças da liberdade, abertura e comunidade global contra as forças do autoritarismo, isolacionismo e nacionalismo", ele parece esquecer quanto sua empresa é útil para os segundos.[10]

Histórias de futurologia não nos dão muito motivo para esperar que a visão utópica do Vale do Silício seja realizada. Certamente, se a Lei de Moore continua valendo, os computadores devem ser capazes de simular o cérebro humano pelo ano de 2030. Mas por que deveríamos esperar que isso produza os resultados utópicos imaginados no parágrafo anterior? A Lei de Moore tem estado em operação, em seu período mais anterior, desde que a "máquina analítica" de Charles Babbage foi (parcialmente) construída antes de sua morte, em 1871, e certamente desde a Segunda Guerra Mundial. Não se pode dizer que houve melhora proporcional de nossa produtividade, menos ainda na nossa conduta moral como espécie. Há uma defesa forte e viável a fazer da ideia de que as inovações das revoluções industriais passadas beneficiaram mais a humanidade do que a revolução mais recente.[11] E uma das principais consequências da robótica avançada e da inteligência artificial vai ser o desemprego em massa,[12] e a probabilidade de que a maioria da humanidade[13] devotará seu tempo a passatempos inofensivos sem reclamar, em troca de alguma renda básica modesta mas suficiente, parece bem diminuta. Somente no totalitarismo baseado em sedativos imaginado por Aldous Huxley se viabilizaria um arranjo social como esse.[14] Um resultado mais provável será a repetição do evento em que violentos levantes jogaram a última grande era conectada no caos: a Revolução Francesa.[15]

Ademais, uma suspeita não pode ser ignorada: a de que, a despeito de toda a celebração utópica, forças menos benignas já tenham aprendido a usar e abusar da "cognisfera" em proveito próprio. Na prática, a internet depende para sua operação de cabos submarinos, fios de fibra óptica, links de satélites e enormes galpões cheios de servidores. Não há nada utópico na propriedade da infraestrutura, nem nos arranjos oligopolistas que tornam a propriedade de grandes plataformas da rede tão lucrativa. Vastas novas redes foram tornadas possíveis, mas, como as redes do passado, elas são hierárquicas em estrutura, com um pequeno número de polos superconectados erguendo-se sobre uma massa de nódulos esparsamente conectados. E não se trata mais da mera possibilidade de que tal rede possa ser instrumentalizada por oligarcas corruptos ou fanáticos religiosos para fazer um novo e imprevisível tipo de guerra no ciberespaço. Essa guerra já começou. Índices de risco geopolítico levam a crer que a guerra convencional ou mesmo a nuclear podem não estar longe.[16] Nem se pode descartar que um "superorganismo planetário" criado pelo Dr. Fantástico* da inteligência artificial possa um dia sair dos trilhos – calculando, não incorretamente, que a raça humana é de longe a maior ameaça de longo prazo ao planeta – e nos extermine.[17]

"Eu pensava que, quando todos pudessem falar livremente e compartilhar informação e ideias, o mundo automaticamente seria um lugar melhor", disse Evan Williams, um dos cofundadores do Twitter, em maio de 2017. "Eu estava errado."[18] A lição da história é que confiar em redes para que façam o mundo funcionar é uma receita para a anarquia: em seu melhor, o poder acaba nas mãos dos *illuminati*, mas o mais provável é que acabe nas mãos dos jacobinos. Alguns hoje estão tentados a dar pelo menos "dois vivas para o anarquismo".[19] Aqueles que viveram as guerras das décadas de 1790 e 1800 aprenderam uma importante lição que deveríamos reaprender: a não ser que se queira colher um furacão revolucionário atrás do outro, é melhor impor ao mundo algum tipo de ordem hierárquica e dar a ela alguma legitimidade. No Congresso de Viena, as cinco grandes potências concordaram em estabelecer tal ordem, e a pentarquia que formaram deu notável estabilidade para a maior parte do

---

* Personagem do filme de mesmo nome, dirigido por Stanley Kubrik. O Dr. Fantástico, interpretado por Peter Sellers, é um cientista louco que aconselha o Estado-Maior norte-americano durante uma crise nuclear. (N.T.)

século que se seguiu. Meros duzentos anos depois, nos vemos confrontados com a mesma escolha que eles enfrentaram. Aqueles que preferem um mundo operado por redes acabarão não interconectados com a utopia de seus sonhos, mas com o mundo dividido entre FANG e BAT, tendendo a todas as patologias descritas atrás, onde as sub-redes malignas exploram as oportunidades da World Wide Web para espalhar memes e hipocrisias virais.

A alternativa é que uma outra pentarquia de grandes potências reconheça seus interesses comuns em resistir ao jihadismo, a criminalidade e o cibervandalismo, para não falar das mudanças climáticas. No esteio do episódio WannaCry,* de 2017, até o governo russo deve ter entendido que nenhum Estado pode querer dominar a Cyberia por muito tempo: que o vírus de rede chamado EternalBlue, desenvolvido pela NSA norte-americana como uma arma cibernética, foi roubado e vazado para um grupo autointitulado Shadow Brokers. Coube a um pesquisador britânico achar o "botão desliga", mas só depois de centenas de milhares de computadores terem sido infectados, entre eles máquinas norte-americanas, britânicas, chinesas, francesas e russas. O que poderia ilustrar melhor o interesse comum das grandes potências em combater a anarquia da internet? Convenientemente, os arquitetos da ordem pós-1945 criaram a base institucional para uma nova pentarquia na forma dos membros permanentes do Conselho de Segurança da ONU, uma instituição que retém o muito importante ingrediente da legitimidade. Se essas cinco potências podem ou não constituir uma causa comum novamente, como fizeram seus antecessores no século XIX, é a grande pergunta geopolítica de nosso tempo.[20]

Seis séculos atrás, em Siena, a Torre del Mangia do Palazzo Pubblico lançava uma longa sombra sobre a Piazza del Campo, o espaço em forma de leque que era alternadamente mercado, ponto de encontro e, duas vezes ao ano, hipódromo. A altura da torre queria frisar um ponto: ela alcançava tão alto quanto a catedral da cidade, que ficava no morro mais alto de Siena, simbolizando a paridade temporal e espiritual das hierarquias.[21] Um século atrás, na Metrópolis de Fritz Lang, o poder hierárquico era simbolizado pelos arranha-céus de Manhattan, que ainda lançavam sombras sobre o sul e o leste do Central Park por largas horas do dia.[22] Quando as primeiras torres foram construídas

---

* Pane do sistema operacional Microsoft Windows que colocou grande parte do mundo "fora do ar", paralisando importantes órgãos de governos. [N.E.]

em Nova York, elas pareciam apropriadamente imponentes para acomodar as corporações hierárquicas que dominavam a economia norte-americana.

Em contraste, as empresas de tecnologia dominantes hoje descartam o vertical. A sede do Facebook em Menlo Park, projetada por Frank Gehry, é um amplo campus de escritórios de plano aberto e áreas de lazer – "um quarto de solteiro que abriga milhares de pessoas", nas palavras de Mark Zuckerberg, ou, talvez mais precisamente, um imenso parquinho para nerds. O prédio principal do novo "Apple Park" em Cupertino é uma nave espacial circular gigante com apenas quatro andares (acima do solo) – "um centro para criatividade e colaboração", desenhado pelo falecido Steve Jobs, Norman Foster e Jonathan Ive, como que para abrigar uma rede treliçada, cada nódulo igual, com um número uniforme de arestas, exatamente como um restaurante.[23] A nova sede da Google em Mountain View, cercada de "árvores, cafés e ciclovias", será feita de "estruturas leves em forma de bloco que podem ser movidas facilmente", como que construída com Lego e localizada em uma reserva natural: um escritório sem fundações ou planta, imitando a rede que abriga, constantemente evoluindo.[24] O Vale do Silício prefere aparecer pouco, e não é só por medo de terremotos. Sua arquitetura horizontal reflete a realidade, que ele é o mais importante polo da rede global: a praça do mundo.

Mas, do outro lado dos Estados Unidos – na Quinta Avenida da cidade de Nova York – há um prédio de 58 andares que representa uma tradição organizacional totalmente distinta.* E nenhum indivíduo no mundo tem uma voz mais poderosa na escolha entre a anarquia conectada e a ordem mundial que o ausente dono da escura torre.

---

*   O andar mais alto está marcado "68", porque o homem cujo nome batizou o prédio insiste, de maneira que lhe é característica, em que se trata de um prédio de 68 andares. Mas os andares de números 6 a 13 da Trump Tower simplesmente não existem.

Posfácio
A praça e a torre originais:
Redes e hierarquias na Siena do *Trecento*

Para explicar por que este livro se chama *A praça e a torre*, o leitor deve vir comigo a Siena. Caminhe através da Piazza del Campo, em forma de concha, até o Palazzo Pubblico, passando sob a sombra do campanário, a majestosa Torre del Mangia. Em nenhum lugar do mundo você verá tão elegantemente justapostas as duas formas de organização humana retratadas neste livro: a seu redor, um espaço público desenhado para atender todos os tipos de interações humanas mais ou menos informais; acima de você, uma torre imponente que quer simbolizar e projetar o poder secular. O tema central deste livro é que a tensão entre redes distribuídas e ordens hierárquicas é tão antiga quanto a própria humanidade. Ela existe a despeito do estado da tecnologia, ainda que a tecnologia possa afetar qual das duas está por cima. Siena exemplifica esse ponto, pois a arquitetura de sua praça e de sua torre pré-data o advento da imprensa na Europa. A Torre del Mangia foi erigida no século XIV ao lado do Palazzo Pubblico, que por sua vez foi terminado em 1312. A *piazza* pavimentada de tijolos também data do *Trecento*.[1]

Muitas pessoas hoje cometem o erro de julgar que foi a internet que fundamentalmente mudou o mundo. Mas, como uma sentença majoritária da Suprema Corte americana notou, a internet é apenas "a praça pública moderna", nas palavras do Juiz Anthony Kennedy.[2] Os problemas de 2017 não são tão inéditos como se possa imaginar. Será que a predileção do presidente pelo autoritarismo é um presságio do fim da república? Será que a divisão social e política pode escalar para fricção social? Será que o desafio colocado por uma potência emergente à potência hegemônica vai levar à guerra? Tais questões não teriam soado estranhas aos homens que erigiram a Torre del Mangia. Se você duvida, entre no Palazzo Pubblico e suba ao segundo pavimento. Ali, nas paredes da Sala dei Nove (Sala dos Nove), você encontrará evidência surpreendente de que a dicotomia entre a rede e a hierarquia é uma ideia antiga.

51. A visão de Lorenzetti: uma hierarquia maligna, com o diabólico Tyrammides entronado. Acima do tirano flutuam a Avareza, a Soberba e a Vaidade. Abaixo está a Justiça, atada e desamparada.

Os afrescos pintados por Ambrogio Lorenzetti na Sala dei Nove estão entre as maiores conquistas da arte italiana do século XIV. Eu os vi pela primeira vez como estudante de graduação de parcos recursos em meados dos anos 1980. Os afrescos me impressionaram tanto que, a despeito de minhas circunstâncias financeiras restritas, adquiri reproduções das duas cenas de Lorenzetti. Creio que foram as primeiras reproduções de obras de arte que comprei, e as mantive fielmente comigo em uma sucessão de moradias — em Oxford, Harvard e Stanford —, a despeito do fato de serem baratas e quase indecifráveis. Inadvertidamente, quase por osmose, elas influenciaram meu pensamento. De fato, elas são provavelmente a razão pela qual Siena me veio à mente quando eu buscava um título para este livro.

Os afrescos foram realizados para inspirar os nove delegados que governavam a república de Siena a cada turno. Cada um deles servia apenas dois meses por vez, mas, durante esse período, os Nove viviam no Palazzo, separados de suas famílias — em outras palavras, separados das redes dinásticas que dominavam as cidades-Estado italianas no tempo da Renascença. Em uma sala maior ao lado, a Sala del Consiglio, se reunia o conselho-geral sienense (na prática, a legislatura). Não obstante, de acordo com a Constituição escrita da cidade, os Nove formavam seu braço executivo e judicial (em casos seculares). Pintados entre fevereiro de 1338 e maio de 1339, os afrescos foram planejados de modo a relembrar o que estava em jogo quando tomavam suas decisões.

Os murais cobrem três das quatro paredes da Sala dei Nove; apenas a parede do lado sul, que tem a única janela, não é decorada.[3] Volte as costas à janela e você verá, à sua esquerda, na parede a oeste, o afresco conhecido por seus contemporâneos como "Guerra". Logo à sua frente, na parede ao norte, está o que os estudiosos conhecem como Alegoria do Bom Governo — claramente localizada como peça central, pois ela recebe a melhor iluminação.[4] E, à sua direita, na parede do lado leste, está a pintura "Paz".

Faz muito tempo que os estudiosos discutem as fontes de inspiração de Lorenzetti. Por muitos anos, acreditou-se que os afrescos pretendiam exemplificar as ideias de justiça tal como figuram na obra de Aristóteles (a *Ética a Nicômaco*) e de São Tomás de Aquino (sua *Summa Theologica*). Uma fonte mais óbvia é *Li Livres dou Trésor* (c. 1260-65), do autor florentino Brunetto Latini, do século XIII, e sua redução chamada *Tesoretto*. Relatos mais recentes identificaram as origens astrológicas de muitas das imagens, assim como revelaram alusões disfarçadas a eventos da então recente história toscana (em particular a rivalidade entre Siena e Pisa).

Descrições mais antigas, como a de Lorenzo Ghiberti, do início do século XV, dão a entender que a intenção original era simplesmente contrastar "as extorsões realizadas durante a guerra" com "aquilo que é da paz, [por exemplo] como os mercadores viajam [...] na maior segurança, como eles deixam suas mercadorias nos bosques, e de como eles retornam para buscá-las". Em um sermão proferido quase noventa anos depois do término dos afrescos, o franciscano São Bernardino referiu-se a eles simplesmente como "*la pace e la guerra*":

Quando me volto para a paz, vejo atividade comercial; vejo danças, vejo casas sendo consertadas; vejo vinhas e campos sendo cultivados e semeados, vejo as pessoas a cavalo a caminho dos banhos, vejo moças indo a seus casamentos, vejo rebanhos de ovelhas etc. E vejo um homem sendo enforcado para manter a sagrada justiça. Por outro lado, quando me volto ao outro [afresco], não vejo comércio; eu não vejo danças, [eu vejo] matança; nenhuma casa recebe reparos, [elas estão] danificadas e queimadas; os campos não estão sendo cultivados; as vinhas foram cortadas; não há semeadura, os banhos não estão em uso nem [há] outros deleites, não vejo ninguém saindo de casa. Ah, mulheres! Ah, homens! O homem está morto, a mulher violada, os rebanhos são presa [de predadores]; os homens traiçoeiramente matam uns aos outros; a Justiça permanece ao chão, sua balança quebrada, ela está atada, suas mãos e pés amarrados. E tudo é feito com medo. Mas o Apocalipse, em seu capítulo treze, apresenta a guerra na figura de uma besta que emerge do mar com dez cornos e sete cabeças, como um leopardo. O que estes cornos significam, se não estar em oposição aos Dez Mandamentos? [A besta] com sete cabeças, por causa dos sete pecados capitais, aparece como um leopardo, por sua natureza traiçoeira; [com as] patas de um urso, que é cheio de desejo por vingança. Não obstante, [por meio do] perdão, acabas com ela e eliminas a guerra.[5]

Mas, como a passagem indica, os termos "paz" e "guerra" precisam ser entendidos de maneira ampla — não no sentido de Tolstói, das relações entre Estados, mas sim da maneira mais antiga, do contraste entre a harmonia cívica e o conflito que provavelmente emergiria de um governo tirânico. A Alegoria do Bom Governo foi resumida como "a realização pictórica do conceito de *civitas* como a forma fundamental de associação humana".[6] As cenas de paz urbana e rural na parede a leste pretendiam retratar todos os benefícios de uma cidade-Estado bem governada. A parede oposta traz sua antítese, retratando todos os custos da má governança.

Lorenzetti deu ao mural alegórico central uma útil inscrição explicativa: "Esta virtude sagrada [a Justiça], onde ela reina, induz à unidade das muitas almas [cidadãos], e eles, reunidos para tal propósito, fazem o Bem Comum [*ben comune*] seu Senhor; e ele, de modo a governar seu Estado, escolhe nunca furtar seus olhos às resplandecentes faces das Virtudes que se encontram sentadas a seu lado. Portanto para ele em triunfo oferecem-se impostos, tributos e soberania sobre cidades; portanto, sem guerra, todos os resultados cívicos resultantes se seguem — úteis, necessários e prazerosos". No lado esquerdo da parede senta-se a Justiça, com a Sabedoria Celestial sobre ela e, ladeando-a, um anjo vermelho e um anjo branco, representando as categorias aristotélicas de justiça comutativa e distributiva. Visível ainda maior do lado direito está um patriarca barbado que claramente busca personificar o bem comum da própria Siena (*ben comune*).[7] Sentada à direita (à esquerda do observador) reclina-se a quase erótica figura da Paz, com o ramo de oliveira em mãos, e as mais severas figuras da Fortitude e da Prudência.[8] A seu outro lado estão a Magnanimidade, a Temperança e (outra) Justiça. Sobre todas flutuam a Fé, a Caridade e a Esperança.[9]

De maior interesse para o olho moderno, porém, são as menos imponentes figuras abaixo dessa fileira de virtudes cívicas. Sentada aos pés da personificação maior da Justiça, à esquerda, está a Concórdia, e em uma fileira próxima a ela estão 24 representantes do *populu grasso* — os cidadãos prósperos dos quais os Nove eram escolhidos. Surpreendentemente, cada um deles está segurando uma corda, feita de dois feixes de fibra, um de cada prato da balança da Justiça, que a concórdia trança para formar uma só. Tal corda é passada por eles na direção da figura do Bem Comum, cujo pulso direito ela amarra.[10] Para Quentin Skinner, isso fecha o caso em favor da interpretação de que o afresco inteiro foi pretendido como uma celebração republicana de autogoverno, uma ilustração da demanda latina de que "o bem do povo" exigia que a "*signorie* deveria ser atributo da própria comuna".[11] Mas também é possível dizer que a imagem de Lorenzetti da corda atando a elite urbana, e conectando-a aos princípios da justiça e do próprio bem comum, foi uma antecipação do moderno conceito de uma rede social e, de fato, política.[12]

Tais interpretações correm o risco de ser anacrônicas. Lorenzetti deixa muito claro que uma força militar efetiva é integral ao bom governo: os cavaleiros de armadura são mais altos não apenas do que os prósperos burgueses mas também do que seus prisioneiros de guerra, que estão amarrados por um tipo diferente de corda. Mesmo assim, o observador moderno não pode deixar de sentir impacto diante da ausência de soldados na parede do lado leste, nas duas imagens da cidade em paz e seu *contado* rural.

Já se discutiu persuasivamente que a paisagem urbana na parede leste é "literalmente uma visão" da figura alegórica da Paz na parede norte.[13] Claramente, a cidade pretende ser Siena: vemos o domo na parte esquerda ao alto, a Porta Romana ao centro, e o porto vizinho de Talamone.[14] Mas trata-se de uma Siena idealizada, exemplificando "a harmonia cósmica da vida comunal". De novo, o artista explicita o que devemos ver:

> Eleva teus olhos para contemplá-la, tu que governas, a ela que está aqui retratada [a Justiça], coroada por causa de sua excelência, que sempre dá a todos seu quinhão. Observa como muitos bens derivam dela e como doce e pacífica é a vida na cidade onde se preserva essa virtude que brilha mais do que qualquer outra. Ela guarda e defende aqueles que a honram, e alimenta e dá sustância [...] poupando aqueles que praticam o bem e dando a devida punição aos maus.

Um olhar casual poderia levar à incorreta inferência de que a prosperidade econômica é o único benefício da justa governança. No entanto, como observou São Bernardino, nem todas as atividades da cidade são comerciais. Também observamos o professor instruindo seus alunos, por exemplo, enquanto o grupo no primeiro plano são dançarinos, quase certamente (a despeito das aparências iniciais) jovens moços participando de uma dança pública — conhecida como *tripudium* — para expressar sua alegria no estado de paz. Da mesma forma, a cena da paz no campo retrata não apenas o comércio e a agricultura, mas também a caça. "Sem temor", lê-se na inscrição da esquerda ao alto, "todo homem pode viajar livremente e pode arar e semear, desde que sua comuna mantenha esta senhora [Justiça] soberana, pois ela subtraiu aos maus todo o poder".

Em acentuado contraste com tudo isso, figura a cidade assolada pela guerra na parede a oeste. Da mesma forma que figuras alegóricas dominam a parede norte, aqui temos Tyrammides, um monstro vesgo de cornos e ferrões, com a adaga na mão direita, o pé sobre um bode. Acima do tirano flutuam a Avareza, o Soberba e a Vaidade. À esquerda estão a Crueldade, a Traição e a Fraude; à direita, a Fúria, a Divisão — imolando a si própria com um serrote de carpinteiro — e a Guerra.[15] Aos pés do tirano está a Justiça, atada e desamparada. Ainda que boa parte da área de baixo do afresco esteja danificada, podemos discernir cenas de assassinato, ataques e destruição de propriedade. "Porque cada um busca apenas seu próprio bem", podemos ler, "nesta terra a Justiça está submetida à Tirania: ao longo desta estrada ninguém passa sem temer pela própria vida [...] já que há roubos fora e dentro dos muros da cidade]".[16] Já se supôs que esta cidade infeliz seria retratada como a rival de Siena, Pisa.[17] É mais provável que a intenção tenha sido retratar tudo o que Siena não era: uma cidade sob dominação autocrática e portanto subtraída de paz e prosperidade. Originalmente havia retratos dos imperadores tirânicos (Nero, Caracala, Geta e Antíoco) na parte inferior do afresco.[18]

Considerando a sua época, a obra-prima de Lorenzetti era surpreendentemente simpática à cidade-Estado autogovernada e hostil tanto à monarquia quanto ao império. Seria demais afirmar que o artista foi um profeta da era das redes que emergiriam um século e meio depois; mas certamente ele estava à frente de seu tempo ao ligar tão explicitamente o governo baseado no império da lei à prosperidade econômica e à coesão social. É preciso lembrar que não apenas a Europa, mas quase toda a Eurásia da época, era dominada por uma variedade de governos despóticos. A era de ouro de Siena estendeu-se de cerca de 1260 até 1348, coincidindo com a ascensão e queda do Império Mongol. Foi o tempo em que os mercadores de Siena viajavam até lugares tão distantes como Tabriz para comprar sedas da Ásia Central, um tempo em que o papa recebia emissários do imperador Yuan Toghon Temur.[19] Ainda que há muito perdida, a outra contribuição de Lorenzetti à decoração do Palazzo foi um *Mappamondo* rotacional, de 4,88 m de diâmetro, que mostra Siena no centro de uma rede comercial se estendendo pela Eurásia.[20]

A tragédia foi que precisamente essa rede de comércio constituiu mais tarde o vetor ao longo do qual a peste bubônica foi transmitida. A chamada "peste negra" atingiu Siena em 1348, menos de uma década depois da execução de *A paz e a guerra*, e provavelmente incluiu Lorenzetti entre suas vítimas. Foi o fim da bonança.[21] Mas os afrescos da Sala dei Nove vêm sobrevivendo por quase setecentos anos, oferecendo-nos uma notável lembrança de que os problemas da guerra e da paz — e da boa ou má governança — não são novos. As tecnologias vêm e vão. O mundo permanece um mundo de praças e torres.

Apêndice

GRÁFICOS DAS REDES SOCIAIS NA ERA NIXON-FORD

No capítulo 45, usei a análise da rede social (SNA) para examinar o papel desempenhado por Henry Kissinger nas administrações Nixon e Ford e, mais genericamente, as relações dentro dessas administrações, usando como fonte primária todas as memórias escritas e publicadas por membros das duas administrações. Leitores interessados na SNA devem querer saber mais sobre as figuras 30 a 33, que são parte de uma pesquisa em andamento sobre as redes sociais em colaboração com Manny Rincon-Cruz, assim como minha pesquisa em andamento sobre a vida de Henry Kissinger.
A maioria dos projetos da SNA mapeiam relações de um modo binário simples – existe ou não uma conexão entre dois atores – frequentemente captados na forma de uma matriz binária. A maioria dos métodos computacionais da SNA são baseados em tais matrizes, dado que, por um longo período, a maioria das bases de dados acadêmicos (aqueles produzidos por sociólogos e cientistas políticos) eram desse tipo e foi só recentemente que as plataformas de rede social, que crescem rapidamente, começaram a prover dados com mais nuances. Mesmo assim, conjuntos de dados complicados são frequentemente simplificados para permitir aos pesquisadores que usem a abordagem binária. Para o historiador isso é problemático, já que estamos muito interessados nos diferentes tipos de relacionamentos que existem entre indivíduos. Ademais, em grupos de tamanho médio, uma abordagem binária tende a revelar que mais ou menos todo mundo é conectado a todo mundo, uma descoberta quase sem nenhum valor. A SNA não consegue facilmente distinguir entre amor e ódio, ainda menos no reino da política, onde amizade e inimizade podem ser difíceis de distinguir. Mas é possível identificar a relativa importância das relações.
Pouco menos de metade dos indivíduos que serviram em cargos importantes nas administrações Nixon e Ford escreveram memórias que cobriam seu período no governo. Para identificar nossas fontes, nós primeiro compilamos uma lista de membros do gabinete na Casa Branca, e então adicionamos um número de indivíduos abaixo do nível de gabinete, subsecretários em departamentos-chave, qualquer um com fontes e escritos listados na Biblioteca do Memorial Nixon, e qualquer membro da administração que tivesse escrito um livro sobre os anos Nixon, se acessível pelo sistema da biblioteca de Stanford, Amazon e WorldCat. A partir dessa lista-mestra novamente usamos Stanford,

Amazon e WorldCat para identificar todos os seus escritos. Então iniciamos o processo de exclusão. As memórias incluídas foram aquelas que cobriam a totalidade do período em que os autores estiveram na Casa Branca. Assim, por exemplo, o livro de Kissinger sobre a Guerra do Vietnã foi excluído. Também excluímos livros que não eram memórias ou recordações, e livros que eram majoritária ou totalmente compilações de fontes primárias.

Usamos esses escritos para aproximar o quanto os protagonistas ou atores se lembravam de outros indivíduos desempenhando um papel na política da época e no seu próprio trabalho com a administração. O fenômeno subjacente que queríamos captar em nossa análise era o número de eventos discretos em que um escritor se lembrava de outro ator histórico. Como um indicador, nos fiamos no cuidadoso trabalho já realizado pelos autores e editores de indexar as memórias. Assim, o bloco fundamental de nosso conjunto de dados era o número de páginas em que um ator era mencionado em cada memória.

Obviamente, havia significativas variações no tamanho das memórias, na cobertura das memórias, e em quantas palavras os editores puseram em média em cada página. Alguns de nossos escritores cobriram todas as suas vidas; outros apenas seu tempo no governo. Para ajustar tais variações, evitamos uma medida absoluta de quão frequentemente um indivíduo aparecia nas memórias, porque o que queríamos saber era quão importante um dado ator era nas memórias de um escritor relativamente a outros atores das administrações Nixon e Ford na rede social.

Assim, tomamos o número de páginas em que um indivíduo era mencionado e o dividimos pela soma do número de vezes em que todos os escritores de memórias das administrações Nixon e Ford eram mencionados. Isso produziu um número entre 0 e 1, e usamos esse resultado para calcular a força de conexão do escritor com o indivíduo mencionado.

A área dos nódulos em nossos gráficos são escalados de acordo com o número de vezes que um indivíduo era mencionado. Para nosso gráfico de rede social (figura 33, p. 321), isso corresponde ao grau de centralidade de chegada daquele indivíduo, que é calculado pela adição dos pesos de todas as conexões de chegada àquele indivíduo. Essencialmente, isso representa uma fatia de frequência normalizada de todas as menções por todos os escritores das administrações na Casa Branca. Centralidade de intermediação foi calculada usando arestas direcionadas, pesadas, e, ao contrário da maioria dos estudos, meramente usando a existência ou não existência binárias como uma aresta de conexão. Nossas visualizações usam um pacote de software 3D. A distância nos três gráficos de ego é proporcional ao tamanho dos nódulos. A distância e o arranjo dos nódulos no gráfico social (figura 33) não têm significado intrínseco, e usam o layout de força direcionada D3. As versões publicadas aqui são imagens de telas de representações dinâmicas de nosso servidor da rede.

Um defeito óbvio de nossa abordagem é que nem todos os membros das administrações de Nixon e Ford escreveram memórias. Uma notável omissão – notável porque ele é mencionado frequentemente pelos outros – é John N. Mitchell, o leal procurador-geral de Nixon. Mitchell é o único procurador-geral na história norte-americana que ficou por algum tempo na prisão, por ter se recusado a fazer acordos com as investigações do escândalo de Watergate. Mitchell também se recusou a escrever suas memórias por causa da mesma lealdade. Mas a surpreendente distribuição de menções não lineares significa que mesmo a adição de numerosas outras memórias "faltantes" pouco faria para mudar quão influente um indivíduo aparece em termos de grau ou de centralidade de intermediação. Como um certo número de outras redes sociais discutidas neste livro, a rede social de Nixon-Ford parece ser governada, em termos gerais, pela lei do poder.

Finalmente, devo sublinhar que os gráficos de Nixon-Ford não são representações da frequência ou intensidade das comunicações entre indivíduos, que são o tipo de medida que os sociólogos e psicólogos usam para examinar um vínculo social. Em outro viés, preferem buscar captar a importância que um indivíduo tem na lembrança de outro – ou, pelo menos, a importância que o escritor das memórias desejou transmitir ao leitor. É bem possível que a distribuição dos valores para frequências e intensidades, se alguém quisesse obter evidência detalhada e fontes para construí-las, seja diferente.

LIVROS USADOS NA ANÁLISE DA REDE NIXON-FORD

Agnew, Spiro T., *Go Quietly... Or Else* (Nova York: Morrow, 1980).
Bush, George H. W., *Looking Forward: An Autobiography* (Garden City, NY: Doubleday, 1987).
_____ e Brent Scowcroft, *A World Transformed* (Garden City, NY: Alfred A. Knopf, 1998).
Cheney, Dick, *In My Time: A Personal and Political Memoir* (Nova York: Simon & Schuster, 2011).
Colby, William E., *Honorable Men: My Life in the CIA* (Nova York: Simon & Schuster, 1978).
Coleman, William T. e Donald T. Bliss, *Counsel for the Situation: Shaping the Law to Realize America's Promise* (Washington, DC: Brookings Institution, 2010).
Colson, Charles W., *Born Again* (Old Tappan, NJ: Chosen Books, 1976).
Connally, John B., *In History's Shadow: An American Odyssey* (Nova York: Hyperion, 1993).
Dean, John W., III, *Blind Ambition: The White House Years* (Nova York: Simon & Schuster, 1976).
Dent, Harry S., *The Prodigal South Returns to Power* (Nova York: John Wiley & Sons, 1978).
Ehrlichman, John D., *Witness to Power: The Nixon Years* (Nova York: Simon & Schuster, 1982).
Ford, Gerald R., *A Time to Heal: The Autobiography of Gerald R. Ford* (Londres: W. H. Allen, 1979).
Garment, Leonard, *Crazy Rhythm: My Journey from Brooklyn, Jazz, and Wall Street to Nixon, Watergate, and Beyond* (Nova York: Times Books, 1997).
Gergen, David R., *Eyewitness to Power: The Essence of Leadership, Nixon to Clinton* (Nova York: Touchstone, 2000).
Gulley, Bill e Mary Ellen Reese, *Breaking Cover* (Nova York: Simon & Schuster, 1980).
Haig, Alexander M. Jr., *Inner Circles: How America Changed the World: A Memoir* (Nova York: Warner Books, 1992).
Haldeman, H. R., *The Haldeman Diaries: Inside the Nixon White House* (Nova York: G. P. Putnam's, 1994).

Hartmann, Robert T., *Palace Politics: An Inside Account of the Ford Years* (Londres: McGraw Hill, 1980).
Helms, Richard M., *A Look Over My Shoulder: A Life in the Central Intelligence Agency* (Nova York: Presidio Press, 2004).
Hill, Clint e Lisa McCubbin, *Five Presidents: My Extraordinary Journey with Eisenhower, Kennedy, Johnson, Nixon, and Ford* (Nova York: Gallery Books, 2017).
Kissinger, Henry A., *White House Years* (Boston: Little, Brown, 1979).
_____, *Years of Renewal* (Nova York: Simon & Schuster, 1999).
_____, *Years of Upheaval* (Boston: Little, Brown, 1982).
Klein, Herbert G., *Making It Perfectly Clear* (Garden City, NY: Doubleday, 1980).
Kleindienst, Richard G., *Justice: The Memoirs of Attorney General Richard G. Kleindienst* (Ottawa, IL: Jameson Books, 1985).
Larzelere, Alex, *Witness to History: White House Diary of a Military Aide to President Richard Nixon* (Bloomington, in AuthorHouse, 2009).
Liddy, G. Gordon, *Will: The Autobiography of G. Gordon Liddy* (Nova York: St. Martin's Press, 1995).
Lungren, John C., *Healing Richard Nixon: A Doctor's Memoirs* (Lexington, KY: University Press of Kentucky, 2003).
Magruder, Jeb Stuart, *An American Life: One Man's Road to Watergate* (Nova York: Atheneum, 1974).
Mollenhoff, Clark, *Game Plan for Disaster: An Ombudsman's Report on the Nixon Years* (Nova York: Norton, 1976).
Moynihan, Daniel P., *A Dangerous Place* (Nova York: Little Brown & Company, 1978).
_____, *A Portrait in Letters of an American Visionary* (Nova York: PublicAffairs, 2010).
Nessen, Ron H., *It Sure Looks Different from the Inside* (Nova York: Playboy Paperbacks, 1979).
Nixon, Richard M., *RN: The Memoirs of Richard Nixon* (Nova York: Simon & Schuster, 1990).
Peterson, Peter G., *The Education of an American Dreamer: How a Son of Greek Immigrants Learned His Way from a Nebraska Diner to Washington, Wall Street, and Beyond* (Nova York: Grand Central Publishing, 2009).
Price, Raymond Kissam, *With Nixon* (Nova York: Viking, 1977).
Richardson, Elliot L., *The Creative Balance: Government, Politics, and the Individual in America's Third Century* (Nova York: Holt, Rinehart, 1976).
_____, *Reflections of a Radical Moderate* (Boulder, CO: Westview Press, 2000).
Rumsfeld, Donald H., *Known and Unknown: A Memoir* (Londres: Penguin Books, 2011).
Safire, William, *Before the Fall: An Inside View of the pre-Watergate White House* (New Brunswick, NJ, e Londres: Transaction Publishers, 2005).
Saxbe, William B., *I've Seen the Elephant: An Autobiography* (Kent, OH: Kent State University Press, 2000).
Seaborg, Glenn T. e Benjamin S. Loeb, *The Atomic Energy Commission under Nixon: Adjusting to Troubled Times* (Londres: Palgrave Macmillan, 1993).
Schlesinger, James R., *America at Century's End* (Nova York: Columbia University Press, 1989).

Shultz, George P., *Economic Policy beyond the Headlines* (Stanford, CA: Stanford Alumni Association, 1977).
_____, *Learning from Experience* (Stanford, CA: Hoover Institution Press, 2016).
Simon, William E., *A Time for Action* (Nova York: Berkley Publishing Group, 1980).
_____, *A Time for Truth* (Nova York: Reader's Digest Press, 1978).
Stans, Maurice H., *One of the Presidents' Men: Twenty Years with Eisenhower and Nixon* (Washington, DC: Brassey's Inc, 1995).
Ulasewicz, Tony, *The President's Private Eye: The Journey of Detective Tony U. from NYPD to the Nixon White House* (Westport, CT: MACSAM Publishing, 1990).
Usery, William J. Jr. *Laboring for America: Memoirs of Bill Usery* (Macon, GA: Stroud & Hall Publishers, 2015).
Walters, Vernon A., *Silent Missions* (Garden City, NY: Doubleday, 1978).
Weinberger, Caspar W., *In the Arena: A Memoir of the Twentieth Century* (Washington, DC: Regnery Publishers, 2001).
Yost, Charles W., *History and Memory: A Statesman's Perceptions of the Twentieth Century* (Nova York: W. W. Norton & Company, 1980).
Zumwalt, Elmo R. Jr., *On Watch: A Memoir* (Nova York: Quadrangle, 1976).

Notas

I. INTRODUÇÃO: REDES E HIERARQUIAS

1. O mistério dos *illuminati*

1. Agethen, *Geheimbund und Utopie*, 72.
2. Markner, Neugebauer-Wölk e Schüttler (orgs.), *Korrespondenz des Illuminatenordens*, xxi.
3. Van Dülmen, *Society of the Enlightenment*, 110f. Krueger, *Czech, German and Noble*, 65.
4. Markner, Neugebauer-Wölk e Schüttler (orgs.), *Korrespondenz des Illuminatenordens*, xiv.
5. Mais de 2 mil segundo algumas fontes, por ex. Krueger, *Czech, German and Noble*, 65. Na verdade, somente 1.343 nomes de *illuminati* são conhecidos ao certo: veja a lista em <https://projekte.uni-erfurt.de/illuminaten/Mitglieder_des_Illuminatenordens> e Schüttler, *Mitglieder des Illuminatenordens*.
6. Van Dülmen, *Society of the Enlightenment*, 105f.
7. Ver mais detalhes sobre os membros aristocratas em Melanson, *Perfectibilists*.
8. Agethen, *Geheimbund und Utopie*, 76.
9. Ibid., 234f.
10. Israel, *Democratic Enlightenment*, 748ff. Ver a contribuição de Bode, sobretudo como arquivista, em Simons e Meumann, "Mein Amt ist geheime gewissens Correspondenz und unsere Brüder zu führen".
11. Israel, *Democratic Enlightenment*, 751.
12. Ibid., 300f.
13. Ibid., 842; Krueger, *Czech, German and Noble*, 66.
14. Ver Hofman, "Opinion, Illusion and the Illusion of Opinion".
15. Ver por ex. Payson, *Proofs of the Real Existence*.
16. Hofstadter, *Paranoid Style*.
17. McArthur, "They're Out to Get Us", 39.
18. Massimo Introvigne, "*Angels & Demons* from the Book to the Movie FAQ – Do the *Illuminati* Really Exist?", <www.cesnur.org/2005/mi_illuminati_en.htm>.
19. Ver <http://illuminati-order.com>; <http://illuminati-order.org/newworldorder>.

20. Robert Howard, "United States Presidents and The Illuminati/Masonic Power Structure", 28 de setembro de 2001: <www.webcitation.org/5w4mwTZLG>.
21. Ver por ex. <http://theantichristidentity.com/ barack-obama-illuminati.htm>.
22. Wes Penre, "The Secret Order of the Illuminati (A Brief History of the Shadow Government)", 12 de novembro de 1998 (atualizado em 26 de setembro de 2009).
23. Ver por ex. Oliver e Wood, "Conspiracy Theories".
24. Ibid., 959.
25. Ibid., 956.
26. Ibid.
27. Ver por ex. <www.infowars.com/ george-soros-illuminati-behind-blm>.
28. Oliver e Wood, "Conspiracy Theories", 964.
29. Knight, "Outrageous Conspiracy Theories", 166.
30. Swami et al., "Conspiracist Ideation in Britain and Austria".
31. Livers, "The Tower or the Labyrinth".
32. Landes, " The Jews as Contested Ground".
33. Massimo Introvigne, "*Angels & Demons* from the Book to the Movie FAQ – Do the Illuminati Really Exist?" <www.cesnur.org/2005/mi_illuminati_en.htm>.
34. Markner, Neugebauer-Wölk e Schüttler (orgs.), *Korrespondenz des Illuminatenordens*; Wäges e Markner (orgs.), *Secret School of Wisdom*.
35. Roberts, *Mythology of the Secret Societies*, vii.

2. A nossa era interconectada

1. Margit Feher, "Probe into Deaths of Migrants in Hungary Uncovers 'Vast Network'", *Wall Street Journal*, 12 de outubro de 2016.
2. Herminia Ibarra e Mark Lee Hunter, "How Leaders Create and Use Networks", *Harvard Business Review*, janeiro de 2007.
3. Athena Vongalis-Macrow, "Assess the Value of Your Networks", *Harvard Business Review*, 29 de junho de 2012.
4. Lauren H. Cohen e Christopher J. Malloy, "The Power of Alumni Networks", *Harvard Business Review*, outubro de 2010.
5. Andrew Ross Sorkin, "Knowledge is Money, But the Peril is Obvious", *The New York Times*, 26 de novembro de 2012. Ver Enrich, *Spider Network*.
6. Ver Andrew Haldane, "On Tackling the Credit Cycle and Too Big to Fail", janeiro de 2011: <www.iiea.com/event/download_powerpoint?urlKey=andrew-haldane-on-fixingfinance>.
7. Navidi, *Superhubs*, esp. xxiv, 83f., 84f., 95, 124f.
8. Ver <www.youtube.com/watch?v=vST61W4bGm8>.
9. "Assessing Russian Activities and Intentions in Recent US Elections", 6 de janeiro de 2016: <http://apps.washingtonpost.com/g/page/politics/the-intelligence-community-report-on-russian-activities-in-the-2016-election/2153>.

10. Donald J. Trump, discurso em 15 de agosto de 2016: <https://assets.donaldjtrump.com/Radical_Islam_Speech.pdf>; discurso no AIPAC (Comitê Norte-Americano-Israelense de Assuntos Públicos), 21 de março de 2016: <http://time.com/4267058/donald-trump-aipac-speech-transcript>.
11. Ito e Howe, *Whiplash*.
12. Ramo, *Seventh Sense*, 92.
13. Adrienne Lafrance, "The Age of Entanglement", *The Atlantic*, 8 de agosto de 2016.
14. Khanna, *Connectography*.
15. Castells, *Rise of the Network Society*, 508.
16. Friedland, "Electronic Democracy". Ver também Boeder, "Habermas's Heritage".
17. Schmidt e Cohen, *New Digital Age*, 7.
18. Grewal, *Network Power*, 294.
19. Anne-Marie Slaughter, "How to Succeed in the Networked World", *Foreign Affairs*, (novembro/dezembro de 2016), 76.
20. Slaughter, *Chessboard and the Web*, KL 2893-4.
21. Khanna, *Connectography*, 139.
22. Ver Kissinger, *Ordem Mundial*, 347.
23. Martin Belam, "We're Living Through the First World Cyberwar—But Just Haven't Called It That", *Guardian*, 30 de dezembro de 2016.
24. Harari, *Homo Deus*, 344, 395.
25. Harari, *Sapiens*, KL 6475.
26. Ver por ex. Vinod Khosla, "Is Majoring in Liberal Arts a Mistake for Students?" *Medium*, 10 de fevereiro de 2016: <https://medium.com/@vkhosla/is-majoring-in-liberal-arts-a-mistake-for-students-fd9d20c8532e>.

3. Redes, redes para todos os lados

1. West, *Scale*. Ver também Strogatz, "Exploring Complex Networks".
2. Watts, "Networks, Dynamics, and the Small-World Phenomenon", 515.
3. West, "Can There be a Quantitative Theory", 211f.
4. Caldarelli and Catanzaro, *Networks*, 23f.
5. Dittrich, *Patient H.M.*
6. Christakis e Fowler, *Connected*, 97.
7. Vera e Schupp, "Network Analysis", 418f.
8. Jackson, "Networks in the Understanding of Economic Behaviors", 8.
9. Liu, King e Bearman, "Social Influence".
10. Henrich, *Secret of Our Success*, 5.
11. Dunbar, "Coevolution of Neocortical Size".
12. Christakis e Fowler, *Connected*, 239.
13. Tomasello, "Two Key Steps".

14. Massey, "Brief History", 3-6.
15. McNeill e McNeill, *Human Web*, 319-21.
16. Jackson, Rodriguez-Barraquer e Tan, "Social Capital and Social Quilts".
17. Banerjee et al., "Gossip".
18. Ver <www.youtube.com/watch?v=nLykrziXGyg>.
19. Ver por ex. *Otelo*, II, 3, e III, 4; *Tudo está bem quando termina bem*, IV, 3.
20. *Oxford English Dictionary*.
21. Ver <www.nggprojectucd.ie/ phineas-finn>.

4. Por que as hierarquias?

1. Massey, "Brief History", 14.
2. Laura Spinney, "Lethal Weapons and the Evolution of Civilisation", *New Scientist*, 2886 (2012), 46-9.
3. Dubreuil, *Human Evolution*, 178, 186, 202.
4. Turchin et al., "War, Space, and the Evolution of old World Complex Societies".
5. Górki, *My Universities*, 69.
6. Ver mais recentemente Acemoglu e Robinson, *Why Nations Fail*.
7. Boisot, *Information Space and Knowledge Assets*.
8. Powell, "Neither Market nor Hierarchy", 271f.
9. Rhodes, "New Governance".
10. Thompson, *Between Hierarchies and Markets*.
11. Boisot e Lu, "Competing and Collaborating in Networks".

5. Das sete pontes aos seis graus

1. Caldarelli e Catanzaro, *Networks*, 9.
2. Ver Heidler et al., "Relationship Patterns".
3. Moreno, *Who Shall Survive?*, xiii, lxvi.
4. Crane, "Social Structure in a Group of Scientists".
5. James E. Rauch, crítica sobre Jackson, "Social and Economic Networks", *Journal of Economic Literature*, 48, 4, (dezembro de 2010), 981.
6. Leskovec, Huttenlocher e Kleinberg, "Signed Networks in Social Media".
7. McPherson et al., "Birds of a Feather", 419.
8. Currarini et al., "Identifying the Roles of Race-Based Choice and Chance". Ver também Moody, "Race, School Integration, and Friendship Segregation".
9. Vera e Schupp, "Network Analysis", 409.
10. Milgram, "Small-World Problem".
11. Watts, *Six Degrees*, 134. Ver também Schnettler, "Structured Overview".
12. Barabási, *Linked*, 29.

13. Jennifer Schuessler, "How Six Degrees Became a Forever Meme", *The New York Times*, 19 de abril de 2017.
14. Jackson, Rogers e Zenou, "Connections in the Modern World".
15. Davis, Yoo, e Baker, "The Small World of the American Corporate Elite".
16. Lars Backstrom, Paolo Boldi, Marco Rosa, Johan Ugander e Sebastiano Vigna, "Four Degrees of Separation", 22 de junho de 2012: <https://research.fb.com/publications/four-degrees-of-separation>.
17. Smriti Bhagat, Moira Burke, Carlos Diuk, Ismail Onur Filiz e Sergey Edunov, "Three and a Half Degrees of Separation", 4 de fevereiro de 2016: <https://research.fb.com/three-and-a-half-degrees-of-separation>.

6. Laços fracos e ideias virais

1. Granovetter, "Strength of Weak Ties".
2. Granovetter, "Strength of Weak Ties Revisited", 202.
3. Ver também Tutic e Wiese, "Reconstructing Granovetter's Network Theory". Pesquisa recente utilizando dados do Facebook em grande parte confirmam a tese de Granovetter: Laura K. Gee, Jason Jones e Moira Burke, "Social Networks and Labor Markets: How Strong Ties Relate to Job Finding on Facebook's Social Network", 13 de janeiro de 2016: <https://research.fb.com/publications/ social-networks-and-labor-markets-how-strong-ties-relate-to-job-transmission-on-facebooks-social-network>.
4. Liu, King e Bearman, "Social Influence".
5. Watts e Strogatz, "Collective Dynamics of 'Small-World' Networks".
6. Watts, "Networks, Dynamics, and the Small-World Phenomenon", 522.
7. Powell, "Neither Market nor Hierarchy", 301, 304.
8. Calvó-Armengol e Jackson, "The Effects of Social Networks on Employment and Inequality".
9. Smith-Doerr e Powell, "Networks and Economic Life".
10. Bramoullé et al., "Homophily and Long-Run Integration"; Jackson e Rogers, "Meeting Strangers and Friends of Friends".
11. Greif, "Reputation and Coalitions in Medieval Trade" e "Contract Enforceability and Economic Institutions".
12. Coleman, "Social Capital".
13. Burt, *Structural Holes*, KL 46-9.
14. Burt, *Brokerage and Closure*, 7. Ver também Burt, *Neighbor Networks*.
15. Burt, "Structural Holes and Good Ideas", 349f.
16. Carroll e Teo, "On the Social Networks of Managers", 433.
17. Harrison ë Carroll, "Dynamics of Cultural Influence Networks", 18.
18. Goldberg et al., "Fitting In or Standing Out?" 2f.
19. Berger, *Contagious*. Ver também Sampson, *Virality*.

20. Para uma boa discussão sobre o tema, ver Collar, *Religious Networks*, 13f.
21. Katz e Lazarsfeld, *Personal Influence*.
22. Hill, "Emotions as Infectious Diseases".
23. Dolton, "Identifying Social Network Effects".
24. Christakis e Fowler, *Connected*, 22.
25. Kadushin, *Understanding Social Networks*, 209f.
26. Nahon e Hemsley, *Going Viral*.
27. Centola e Macy, "Complex Contagions".
28. Watts, *Six Degrees*, 249.

7. Variedades de redes

1. Rosen, "The Economics of Superstars".
2. Barabási e Albert, "Emergence of Scaling in Random Networks".
3. Barabási, *Linked*, 33-4, 66, 68f., 204.
4. Ibid., 221.
5. Ibid., 103, 221.
6. Dolton, "Identifying Social Network Effects".
7. Strogatz, "Exploring Complex Networks".
8. Cassill e Watkins, "Evolution of Cooperative Hierarchies", 41.
9. Ferguson, "Complexity and Collapse".

8. Quando as redes se encontram

1. Padgett e McLean, "Organizational Invention and Elite Transformation".
2. Padgett e Powell, *Emergence of Organizations and Markets*, KL 517f.
3. Loreto et al., "Dynamics and Expanding Spaces".
4. Barabási, *Linked*, 113-8.
5. Ibid., 135.
6. Castells, "Information Technology, Globalization and Social Development", 6.
7. Mayer e Sinai, "Network Effects, Congestion Externalities".
8. Amy Zegart, "Cyberwar", TEDxStanford: <www.youtube.com/watch?v=JSWPoeBLFyQ>.
9. Michael McFaul and Amy Zegart, "America Needs to Play Both the Short and Long Game in Cybersecurity", *Washington Post*, 19 de dezembro de 2016.
10. Ver por ex. Heylighen, "From Human Computation to the Global Brain" e "Global Superorganism".
11. Ver por ex. Bostrom, *Superintelligence*.
12. Slaughter, "How to Succeed in the Networked World", 84f.; Slaughter, *The Chessboard and the Web*, KL 2642-3, 2738.

13. Allison, "Impact of Globalization".
14. Ramo, *Seventh Sense*, 82, 118, 122.
15. Ver por ex. Tomlin, *Cloud Coffee House*.
16. Fukuyama, *Great Disruption*, 224. Ver também Fukuyama, *Origins of Political Order*, 13f., e *Political Order and Political Decay*, 35f.
17. Dominic Cummings, "Complexity, 'Fog and Moonlight', Prediction, and Politics II: Controlled Skids and Immune Systems", publicação em *blog*, 10 de setembro de 2014: <https://dominiccummings.wordpress.com/2014/09/10/complexity-fog-and-moonlight-prediction-and-politics-ii-controlled-skids-and-immune-systems>.

9. Sete conceitos

1. Ver centralidade de autovetor em Cline e Cline, "Text Messages, Tablets, and Social Networks", 30f.
2. Bennett, *History Boys*.

10. Os *illuminati* iluminados

1. Agethen, *Geheimbund und Utopie*, 70f.; Israel, *Democratic Enlightenment*, 828f. Ver Stauffer, *New England and the Bavarian Illuminati*, 142-228.
2. Wäges and Markner (orgs.), *Secret School of Wisdom*, 14.
3. Ibid., 15.
4. Van Dülmen, *Society of the Enlightenment*, 55f.
5. Ver Schüttler, "Zwei freimaurerische Geheimgesellschaften". Essa agitação culminou em 1782 no *Konvent* das lojas alemãs em Wilhelmsbad.
6. Hataley, "In Search of the Illuminati".
7. Israel, *Democratic Enlightenment*, 836.
8. Van Dülmen, *Society of the Enlightenment*, 106ff.
9. Markner, Neugebauer-Wölk e Schüttler (orgs.), *Korrespondenz des Illuminatenordens*, xxiii.
10. Hataley, "In Search of the Illuminati". Ver também Markner, Neugebauer-Wölk e Schüttler (orgs.), *Korrespondenz des Illuminatenordens*, xix.
11. Detalhes do "New Plan for the Order" de dezembro de 1782 estão em Agethen, *Geheimbund und Utopie*, 75f. Cf. Wäges and Markner (orgs.), *Secret School of Wisdom*, passim, e <https://projekte.uni-erfurt.de/illuminaten/Grade_und_Instruktionen_des_Illuminatenordens>.
12. Wäges and Markner (orgs.), *Secret School of Wisdom*, 13.
13. Agethen, *Geheimbund und Utopie*, 112f.
14. Simons e Meumann, "Mein Amt ist geheime gewissens Correspondenz und unsere Brüder zu führen".
15. Wäges e Markner (orgs.), *Secret School of Wisdom*, 31ff.

16. Israel, *Democratic Enlightenment*, 831f.
17. Ibid., 841.
18. Agethen, *Geheimbund und Utopie*, 82.
19. Meumann e Simons, "Illuminati", col. 881.
20. Melanson, *Perfectibilists*, KL 913.
21. Simons e Meumann, "Mein Amt ist geheime gewissens Correspondenz und unsere Brüder zu führen".

II. IMPERADORES E EXPLORADORES
11. Uma breve história da hierarquia

1. Cassill e Watkins, "Evolution of Cooperative Hierarchies".
2. Tomasello, "Two Key Steps".
3. Smail, *Deep History*.
4. McNeill e McNeill, *Human Web*.
5. Dubreuil, *Human Evolution*, 191.
6. Turchin et al., "War, Space, and the Evolution of Old World Complex Societies".
7. Spinney, "Lethal Weapons and the Evolution of Civilisation".
8. Gellner, *Nations and Nationalism*, 10. Ver Ishiguro, *Buried Giant*.
9. Cline e Cline, "Text Messages, Tablets, and Social Networks", 29.
10. Cline, "Six Degrees of Alexander", 68f.
11. Tainter, "Problem Solving", 12.
12. Allen e Heldring, "Collapse of the World's Oldest Civilization".
13. Malkin, *Small Greek World*.
14. Syme, *Roman Revolution*, 4, 7f.
15. Frankopan, *Silk Roads*, KL 118.
16. Christian, "Silk Roads or Steppe Roads?".
17. Scheidel, "From the 'Great Convergence' to the 'First Great Divergence'".
18. Stark, "Epidemics, Networks, and the Rise of Christianity".
19. Harland, "Connections with Elites in the World of the Early Christians", 391.
20. Collar, *Religious Networks*.
21. Fukuyama, *Origins of Political Order*, 273.
22. Ibid.
23. Ibid., 141-5.

12. A primeira era interconectada

1. Jackson, Rogers e Zenou, "Connections in the Modern World".
2. Barnett (org.), *Encyclopedia of Social Networks*, vol. I, 124.

3. Ver mais sobre esse assunto em Ferguson, *Civilization*.
4. Padgett e Ansell, "Robust Action and the Rise of the Medici".
5. Padgett, "Marriage and Elite Structure in Renaissance Florence", 92f.
6. Padgett e McLean, "Organizational Invention and Elite Transformation", 1463, 1467, 1545.
7. Ibid., 1545. Ver também Padgett e Powell, *Emergence of Organizations and Markets*, 810-14, 855-60, 861-7.

13. A arte da negociação da Renascença

1. Cotrugli, *Book of the Art of Trade*, 3f.
2. Ibid., 24.
3. Ibid., 24.
4. Ibid., 5.
5. Ibid., 6.
6. Ibid., 57.
7. Ibid., 7.
8. Ibid., 7.

14. Descobridores

1. Rodrigues e Devezas, *Portugal, o pioneiro da globalização: A herança das descobertas*.
2. Chang, *Sino-Portuguese Trade*, 62.
3. Wills (org.), *China and Maritime Europe*, 336.
4. Wade, "Melaka in Ming Dynasty Texts", 34.
5. Sen, "Formation of Chinese Maritime Networks".
6. Wade, "Melaka in Ming Dynasty Texts", 51.
7. Wills (org.), *China and Maritime Europe*, 39.

15. Pizarro e os incas

1. Smith, "Networks, Territories, and the Cartography of Ancient States", 839f., 845.
2. Garcia-Zamor, "Administrative Practices", 152-64. Ver também Heady, *Public Administration*, 163f.
3. Fukuyama, *Political Order and Political Decay*, 249-51.
4. Burbank e Cooper, *Empires in World History*, 163-6.
5. Morrissey, "Archives of Connection".
6. Barnett (org.), *Encyclopedia of Social Networks*, vol. II, 703f.

7. Katarzyna et al., "Genome-Wide Patterns of Population Structure".
8. Zuñiga, Jean-Paul, "Visible Signs of Belonging".

16. Quando Gutenberg encontrou Lutero

1. Dittmar, "Information Technology and Economic Change".
2. Naughton, *From Gutenberg to Zuckerberg*, 15-21.
3. Pettegree, *Brand Luther*, 334.
4. Dittmar e Seabold, "Media, Markets, and Radical Ideas".
5. Elizabeth Eisenstein, citada em Gleick, *The Information*, 399.
6. Ahnert e Ahnert, "Protestant Letter Networks in the Reign of Mary I", 6.
7. Ibid., 27f.
8. Ahnert e Ahnert, "Metadata, Surveillance, and the Tudor State".
9. Ver um relato novo e abrangente do assunto em Eire, *Reformations*.
10. Adamson, Noble Revolt.
11. Namier, *Structure of Politics*.

III. LETRAS E LOJAS

17. As consequências econômicas da Reforma

1. Owen, *Clash of Ideas in World Politics*, 34f.
2. Cantoni, Dittmat e Yuchtman, "Reformation and Reallocation".
3. Dittmar, "Welfare Impact of a New Good".
4. Dittmar, "Ideas, Technology and Economic Change".
5. Dittmar, "Welfare Impact of a New Good".
6. Schich et al., "Network Framework of Cultural History".

18. Trocando ideias

1. Taylor et al., "Geohistorical Study of 'the Rise of Modern Science'".
2. Hatch, "Between Erudition and Science", 51, 55.
3. Ibid., 55.
4. Edelstein et al., "Historical Research in a Digital Age", 411-13.
5. Lux e Cook, "Closed Circles or Open Networks?".
6. Do Estatuto Real de 1661: <http://royalsociety.org/uploadedFiles/Royal_Society_Content/about-us/history/Charter1_English.pdf>.
7. Rusnock, "Correspondence Networks", 164.
8. Lux e Cook, "Closed Circles or Open Networks?", 196f.

9. Carneiro et al., "Enlightenment Science in Portugal".
10. Lamikiz, *Trade and Trust*, 152.
11. Ver Gestrich e Beerbühl (orgs.), *Cosmopolitan Networks*; e Caracausi e Jeggle (orgs.), *Commercial Networks*.
12. Hancock, "Trouble with Networks", 486-8.
13. Ibid., 489.
14. Erikson e Bearman, "Malfeasance and the Foundations for Global Trade".
15. Erikson, *Between Monopoly and Free Trade*, figura 5.
16. Erikson e Bearman, "Malfeasance and the Foundations for Global Trade", 219.
17. Erikson, *Between Monopoly and Free Trade*, 19.
18. Ibid., 26.
19. Erikson e Bearman, "Malfeasance and the Foundations for Global Trade", 226f.
20. Rothschild, *Inner Life of Empires*.
21. Ibid. Ver também <http://fas.harvard.edu/~histecon/innerlife/index.html>.
22. Ver <http://fas.harvard.edu/~histecon/innerlife/geography.html>.

19. Redes do Iluminismo

1. Edelstein et al., "Historical Research in a Digital Age", 405.
2. Comsa et al., "French Enlightenment Network", 498.
3. Ibid., 502.
4. Ibid., 507.
5. Ibid., 511.
6. Ibid., 513.
7. Goodman, "Enlightenment Salons". Ver também Goodman, *Republic of Letters*, e (para uma opinião um pouco diferente) Lilti, *World of the Salons*.
8. Comsa et al., "French Enlightenment Network", 530.
9. Danskin, "'Hotbed of Genius'", 11.
10. Arcenas e Winterer, "Correspondence Network of Benjamin Franklin".
11. Winterer, "Where is America in the Republic of Letters?"

20. Redes da revolução

1. Starr, *Creation of the Media*.
2. Fischer, *Paul Revere's Ride*, KL 102-4.
3. Ibid., KL 128-33.
4. Gladwell, *Tipping Point*, 32, 35.
5. Ibid., 56f.
6. Ibid., 59f.

7. Wood, *American Revolution*, KL 568-9.
8. Middlekauff, *Glorious Cause*, KL 4437-45. Ver também Borneman, *American Spring*, KL 439-51.
9. Borneman, *American Spring*, KL 81-96.
10. Ibid., KL 1707-14.
11. Ibid., KL 1930-9.
12. Middlekauff, *Glorious Cause*, KL 4800-24.
13. Ibid., KL 4825-31.
14. Borneman, *American Spring*, KL 2096-138.
15. Ibid., KL 2175-81.
16. Han, "Other Ride of Paul Revere".
17. York, "Freemasons", 315.
18. Morse, *Freemasonry and the American Revolution*, 23, 37, 41, 46, 50, 52, 62, 64f.
19. Bailyn, *Ideological Origins*.
20. York, "Freemasons", 318.
21. Ibid., 325.
22. Clark, *Language of Liberty*.
23. York, "Freemasons", 320.
24. Ibid., 320.
25. Ibid., 328.
26. Hackett, *That Religion*, 198f.
27. York, "Freemasons", 323.
28. Hodapp, *Solomon's Builders*, 66f.
29. Sou grato a Joe Wäges por me fornecer as páginas relevantes do livro de atas de 30 de novembro e 16 de dezembro de 1773. A primeira reunião foi adiada "por haver poucos Irmãos presentes (NB: consignantes do chá ocuparam o tempo dos irmãos)". Um desenho contemporâneo da taberna Green Dragon traz uma inscrição que diz: "Onde nos encontramos para planejar a consignação de alguns navios carregados de chá. 16 de dezembro de 1773". Está assinado "John Johnson, 4 Water Street, Boston".
30. York, "Freemasons", 326.
31. Hackett, *That Religion*, 198f.
32. Bullock, *Revolutionary Brotherhood*, 106f.
33. Ibid., 112f.
34. Ibid., 152f.
35. Ibid., 156.
36. Ibid., 301.
37. Alexander Immekus, "Freemasonry", <http://mountvernon.org/digital-encyclopedia/article/freemasonry>.
38. Patterson e Dougall, *Eagle and Shield*.
39. Hamilton, *Complete Works*, KL 84174-8.
40. Ibid., KL 35483-7.

41. Tocqueville, *Democracia na América*, livro I, cap. 2, parte I.
42. Ibid., livro I, cap. 12.
43. Ibid., livro II, cap. 5.

VI. A RESTAURAÇÃO DA HIERARQUIA

21. O vermelho e o negro

1. Stendhal, *O vermelho e o negro*, caps. XXX, XXXIV, XXXVI.

22. Da multidão à tirania

1. Tackett, "La grande peur".
2. Lefebvre, *Great Fear*, 207ff.
3. Ver, em geral, Andress (org.), *Oxford Handbook of the French Revolution*.
4. Roberts, *Napoleon*, KL 1586-91, 2060-5.
5. Ibid., KL 9658-84.
6. Ibid., KL 9645-8.
7. Ibid., KL 9651-7.
8. Ibid., KL 9505-10.
9. Ibid., KL 10215-9.
10. Ibid., KL 9658-84.
11. Ibid., KL 6981-7, 7015-21, 9239-48.
12. Shy, "Jomini".
13. Clausewitz, *On War*, livro 8, cap. 6B.

23. Ordem restaurada

1. Ranke, "Great Powers".
2. Kissinger, *World Restored*, KL 102-19.
3. Ibid., KL 702-8. Ver uma discussão detalhada do suicídio de Castlereagh em Bew, *Castlereagh*, cap. 21.
4. Kissinger, *World Restored*, KL 1606-8.
5. Ibid., KL 5377-8, 5389.
6. Ibid., KL 5396-9.
7. Ibid., KL 6398-400.
8. Ibid., 179.
9. Ibid., 80, 82.
10. Schroeder, *Transformation*, vii.

11. Slantchev, "Territory and Commitment".
12. Clark, *Hegemony in International Society*.
13. Holsti, "Governance Without Government", 156.
14. Clark, *Hegemony in International Society*, 94-6.
15. Holsti, "Governance Without Government", 152ff.
16. Ibid., 155f.
17. Ibid., 157.
18. Ibid., 164. Ver também Levy, *War in the Modern Great Power System*, tabela 4.1.
19. Hinsley, *Power and the Pursuit of Peace*, 214n.

24. A casa de Saxe-Coburgo-Gota

1. "Leopoldo a Vitória", 15 de dezembro de 1843, in Benson e Esher (orgs.), *Letters of Queen Victoria*, vol. I, 511.
2. *The Times*, 16 de março de 1863.
3. Nicholas, diário, 18 de junho de 1893, in Maylunas e Mironenko, *Lifelong Passion*.
4. Ver Corti, *Alexander of Battenberg*.
5. Herbert von Bismarck, memorando, 25 de julho de 1888, in Dugdale (org.) *German Diplomatic Documents*, vol. I, 365.
6. Nicholas, diário, 12 de abril de 1894, in Maylunas e Mironenko, *Lifelong Passion*.
7. Ver Bernstein (org.), *Willy-Nicky Correspondence*.
8. Royal Archives, Windsor, Geo. V., AA. 11, 2, Vitória a Jorge [futuro Jorge V], 26 de junho de 1894.

25. A casa de Rothschild

1. Dairnvaell, *Histoire édifiante et curieuse*, 8.
2. Ver mais detalhes em Ferguson, *World's Banker*, 166f., 207, 294, 404, 409, 411, 530.
3. Anônimo, *Hebrew Talisman*, 28ff.
4. Iliowzi, "In the Pale".
5. Prawer, *Heine's Jewish Comedy*, 331-5.
6. Arquivo Rothschild em Londres (daqui por diante, ARL), T20/34, XI/109/48/2/42, Nathan, Paris, aos irmãos, 4 de setembro, provavelmente de 1844.
7. ARL, XI/109/2/2/149, Salomon, Paris, a Nathan, Londres, 21 de outubro de 1815.
8. ARL, XI/109/2/2/153, Salomon e James, Paris, a Nathan, Londres, 25 de outubro de 1815.
9. ARL, T63 138/2, Salomon e James, Paris, a Nathan, Londres, 22 de outubro de 1817.
10. ARL, T29/181; XI/109/0/7/21, Carl, Frankfurt, a Salomon, 23 de agosto de 1814. ARL, T63/28/1, XI/109/8, Carl, Berlim, aos irmãos, 4 de novembro de 1817.

11. ARL, T5/29, Braun, (secretário de James em) Paris, a James, Londres, 13 de setembro de 1813.
12. Rothschild, *Shadow of a Great Man*, 135-7.
13. Cathcart, *News from Waterloo*.
14. Gille, *Maison Rothschild*, vol. I, 187f.
15. Chateaubriand, *Correspondance générale*, vol. III, 663f.
16. Quennell (org.), *Private Letters of Princess Lieven*, 237.
17. Davis, *English Rothschilds*, 132f.
18. ARL, T27/280, XI/109/7, James, Paris, a Salomon e Nathan, 18 de junho de 1817.
19. Kynaston, *City*, vol. I, 54f.
20. Corti, *Rise*, 242.
21. Serre, *Correspondance du comte de Serre*, vol. IV, 249.
22. Aspinall (org.), *Letters of King George IV*, vol. III, 175.
23. Corti, *Rise*, 424f., 427f.
24. Liedtke, *N. M. Rothschild & Sons*.
25. Fournier-Verneuil, *Paris: Tableau moral et philosophique*, 51-2, 64f.
26. Anôn., *Annual Register*, 1828, 52.
27. Citado em Glanz, "Rothschild Legend in America", 20.
28. Kynaston, *City*, vol. I, p. 90f.
29. Cowles, *The Rothschilds*, 71.
30. Capefigue, *Grandes opérations*, vol. III, 103.
31. Pückler-Muskau, *Briefe*, 441.
32. Rubens, *Anglo-Jewish Portraits*, p. 299.
33. *The Times*, 15 de janeiro de 1821.
34. Schwemer, *Geschichte*, vol. II, 149ff.
35. Balla, *Romance*, p. 191ff.
36. Schwemer, *Geschichte*, vol. II, pp. 149ff.
37. ARL, XI/82/9/1/100, Amschel, Frankfurt, a James, Paris, 30 de abril de 1817.
38. Byron, *Don Juan*, Canto XII, versos 4-10.
39. Reeves, *Rothschilds*, 101.
40. Gille, *Maison Rothschild*, vol. I, 487.

26. Redes industriais

1. Buxton (org.), *Memoirs*, 354.
2. ARL, I/218/I, Nathan a J. A. Matti, Frankfurt, 29 de dezembro de 1802.
3. ARL, I/218/36, Nathan a Sichel & Hildesheimer, Frankfurt, 17 de outubro de 1802.
4. Moon, *Social Networks in the History of Innovation and Invention*, KL 492-4.
5. Pearson e Richardson, "Business Networking in the Industrial Revolution", 659f.
6. Lamoreaux et al., "Beyond Markets and Hierarchies", 16.

7. Moon, *Social Networks in the History of Innovation*, KL 498-504.
8. A ideia vem do historiador econômico Anton Howes: <http://antonhowes.tumblr.com/post/143173119024/how-innovation-accelerated-in-britain-1651-1851>.
9. Moon, *Social Networks in the History of Innovation*, KL 2128-37.
10. Ver um estudo de redes de 1848 que se concentra em signatários de petições na cidade de Esslingen, Württemberg, in Lipp e Krempel, "Petitions and the Social Context of Political Mobilization", 169.
11. Colley, *Britons*.
12. Davis, *Inhuman Bondage*, 235.
13. Drescher, "Public Opinion and Parliament", 64.
14. Davis, *Inhuman Bondage*, 245.
15. Ver a obra seminal de Williams, *Capitalism and Slavery*, hoje desatualizada. Um relato atual mais convincente é Ryden, "Does Decline Make Sense?"
16. Williams, *Capitalism and Slavery*, 150.
17. Loewe (org.), *Montefiore Diaries*, vol. I, 97ff.
18. Buxton (org.), *Memoirs*, 353ff.
19. Dimock, "Queen Victoria, Africa and Slavery".

27. Da pentarquia à hegemonia

1. Os onze eram: Áustria-Hungria, Bélgica, França, Alemanha, Itália, Países Baixos, Portugal, Espanha, Rússia, Reino Unido e Estados Unidos. Cálculos do autor, baseados em dados de *Statesman's Yearbook*.
2. Ver, em geral, Ferguson, *Empire*.

V. CAVALEIROS DA TÁVOLA REDONDA
28. Uma vida imperial

1. Ver, em geral, Lownie, *John Buchan*.
2. Cannadine, "John Buchan".
3. Quigley, *Anglo-American Establishment*, 3.
4. Ibid., 49.
5. Ibid., 4f.

29. Império

1. Cannadine, *Ornamentalism*, 124.
2. Ferguson, *Empire*, 230.

3. Ansell, "Symbolic Networks".
4. Standage, *Victorian Internet*, 97.
5. Gooch (org.), *Diaries*, 26 de julho de 1866, 143f.
6. Ibid., 147.
7. Spar, *Ruling the Waves*.
8. Jackson, *Thief at the End of the World*, 170. Ver também Dean, *Brazil and the Struggle for Rubber*.
9. Klaus, *Forging Capitalism*.
10. Lester, "Imperial Circuits and Networks".
11. Vera e Schupp, "Bridges over the Atlantic".
12. Ingram e Lifschitz, "Kinship in the Shadow of the Corporation".
13. Carnegie, "Wealth".
14. Ver Flandreau e Jobst, "Ties That Divide".
15. Tworek, "Magic Connections".
16. Taylor, Hoyler e Evans, "Geohistorical Study".
17. Heidler et al., "Relationship Patterns".
18. Brudner e White, "Class, Property and Structural Endogmany".
19. Plakans e Wetherell, "Kinship Domain in an East European Peasant Community", 371.
20. Fontane, *Stechlin*, 77.
21. Ver Lipp, "Kinship Networks".

30. Taiping

1. Campbell e Lee, "Kin Networks".
2. Keller, "Yes, Emperor".
3. Kuhn, *Soulstealers*, 220.
4. Ter Haar, *White Lotus Teachings*, esp. 239f.
5. Kuhn, *Soulstealers*, 228f.
6. Duara, *Culture, Power and the State*.
7. Platt, *Autumn in the Heavenly Kingdom*, 43.
8. Taylor, *Five Years in China*. Ver também Cooke, *China*, 106-8.

31. "Os chineses precisam ir embora"

1. McKeown, "Chinese Emigration", tabela 1, 156.
2. Congresso dos Estados Unidos, *Report of the Joint Special Committee*, iv-viii.
3. Gibson, *Chinese in America*, 281-373.
4. Bryce, "Kearneyism", vol. II, 385-406.
5. Ver Lee, *At America's Gates*, cap. 1.

6. Moretti, "Social Networks and Migrations".
7. Lee, *At America's Gates*, 25.

32. A União Sul-Africana

1. Oxford e Asquith, *Memories and Reflections*, 213f.
2. Quigley, *Anglo-American Establishment*, 3.
3. Ferguson, *World's Banker*, cap. 27.
4. Quigley, *Anglo-American Establishment*, cap. 4.
5. May, "Milner's Kindergarten".
6. Ibid.
7. Nimocks, *Milner's Young Men*, 44.
8. Ibid., 18.
9. Ibid., 19.
10. Ibid., 20.
11. Magubane, *Making of a Racist State*, 300f.
12. Louw, *Rise, Fall, and Legacy of Apartheid*, 15.
13. Quigley, *Anglo-American Establishment*, cap. 4.
14. Louw, *Rise, Fall, and Legacy of Apartheid*, 10.
15. Darwin, *Empire Project*, 217-54.
16. Marks e Trapido, "Lord Milner and the South African State", 73.
17. Ibid., 69-71.
18. Louw, *Rise, Fall, and Legacy of Apartheid*, 12.
19. Nimocks, *Milner's Young Men*, viii-ix.

33. Apóstolos

1. Levy, *Moore*, 65-122.
2. Allen, *Cambridge Apostles*, 86.
3. Levy, *Moore*, 22-5.
4. Skidelsky, *Keynes*, vol. I, 118.
5. Ibid., 240.
6. Lubenow, *Cambridge Apostles*, 69; Allen, *Cambridge Apostles*, 21.
7. Allen, *Cambridge Apostles*, 1.
8. Lubenow, *Cambridge Apostles*, 148. Ver tabela 3.1.
9. Ibid., 176.
10. Ibid., 190f.
11. Allen, *Cambridge Apostles*, 20.
12. Levy, *Moore*, 7.
13. Ibid., 296.

14. Skidelsky, *Keynes*, vol. I, 115.
15. Ibid., 127f., 235.
16. Hale (org.), *Friends and Apostles*.
17. Skidelsky, *Keynes*, I, 116.
18. Ibid., 134f.
19. Ibid., vol. I, 181.
20. Ibid., vol. I, 142f.
21. Forster, *What I Believe*.
22. Skidelsky, *Keynes*, vol. I, 239f.
23. McGuinness, *Wittgenstein*, 95f., 118, 146-50.
24. Hale (org.), *Friends and Apostles*, 284.
25. Skidelsky, *Keynes*, vol. I, 319.
26. Lubenow, *Cambridge Apostles*, 194.
27. Skidelsky, *Keynes*, vol. I, 324.
28. Ibid., 243f., 247.
29. Dolton, "Identifying Social Network Effects".
30. Ibid.
31. Forster, *Howard's End*, 199.

34. Armagedom

1. Ver mais detalhes em Offer, *First World War*.
2. Ver um relato recente convincente em Clark, *Sleepwalkers*.
3. Schroeder, "Economic Integration and the European International System".
4. Kissinger, *World Order*, 78.
5. Ibid., 233.
6. Ibid., 80, 82.
7. Thompson, "Streetcar Named Sarajevo", 470.
8. Antal, Krapivsky e Redner, "Social Balance on Networks", 135.
9. Gartzke e Lupu, "Trading on Preconceptions".
10. Vasquez e Rundlett, "Alliances as a Necessary Condition of Multiparty Wars", 15.
11. Maoz, *Networks of Nations*, 38f.
12. Lebow, "Contingency, Catalysts and Non-Linear Change", 106f.
13. Trachtenberg, "New Light on 1914?".
14. Schroeder, "Necessary Conditions", 183, 191f.
15. Lichnowsky a Gabinete de Relações Exteriores, 29 de julho de 1914, citado em Trachtenberg, "New Light on 1914?".
16. Grey a Goschen, 31 de julho de 1914, citado em Trachtenberg, "New Light on 1914?"
17. Karl Kraus, *Die Fackel*, vol. 22 (1920), 23.
18. Buchan, *Greenmantle*, KL 118-37.

VI. PESTES E FLAUTISTAS

35. Greenmantle

1. Chi et al., "Spatial Diffusion of War", 64f.
2. Ver, em geral, Hopkirk, *Like Hidden Fire*.
3. Al Rawi, "Buchan the Orientalist".
4. Keller, "How to Spot a Successful Revolution in Advance".
5. McMeekin, *Berlin–Baghdad Express*, 15-6f.
6. Habermas, "Debates in Islam", 234-5.
7. Berghahn, *Germany and the Approach of War*, 138ff.
8. McMurray, *Distant Ties*, KL 1808-21.
9. Landau, *Pan-Islam*, 94-8.
10. Geiss, *July 1914*, doc. 135.
11. Motadel, *Islam and Nazi Germany's War*, 19f.
12. McMurray, *Distant Ties*, KL 1826-38.
13. Ibid., KL 1850-6.
14. Rogan, *Fall of the Ottomans*, 40f.
15. Rogan, "Rival Jihads", 3f.
16. McMeekin, *Berlin–Baghdad Express*, 87.
17. Ibid., 376, n. 8.
18. Ibid., 124.
19. "The Ottoman Sultan's Fetva: Declaration of Holy War", 15 de novembro de 1914, em Charles F. Horne (org.), *Source Records of the Great War*, vol. III (Nova York: National Alumni, 1923): <www.firstworldwar.com/source/ottoman_fetva.htm>.
20. Motadel, *Islam and Nazi Germany's War*, 19.
21. McMeekin, *Berlin–Baghdad Express*, 125.
22. Schwanitz, "Bellicose Birth", 186-7.
23. Motadel, *Islam and Nazi Germany's War*, 21-5.
24. McMeekin, *Berlin–Baghdad Express*, 135. Ver também Morgenthau, *Secrets of the Bosphorus*, 110.
25. Landau, *Pan-Islam*, 98; Zürcher, *Jihad and Islam in World War I*, 83.
26. McKale, "British Anxiety".
27. Al Rawi, "John Buchan's British-Designed Jihad".
28. McKale, "British Anxiety".
29. Motadel, *Islam and Nazi Germany's War*, 21-5.
30. Gussone, "Die Moschee im Wünsdorfer 'Halbmondlager'".
31. Fogarty, "Islam in the French Army", 25f.
32. Trumpener, *Germany and the Ottoman Empire*, 117f.
33. McMeekin, *Berlin–Baghdad Express*, 283.

34. Zürcher, "Introdução", 24. Ver também Aksakal, "Holy War Made in Germany?" e "Ottoman Proclamation of Jihad".
35. Rutledge, *Enemy on the Euphrates*, 33-7.
36. McKale, "Germany and the Arab Question", 249f., n.13.
37. Ibid., 238f.
38. Al Rawi, "John Buchan's British-Designed Jihad".
39. Schwanitz, "Bellicose Birth", 195f.
40. Fogarty, "Islam in the French Army", 31-3.
41. Ahmad, "Great War and Afghanistan"s Neutrality", 203-12.
42. Rogan, "Rival Jihads", 6-7.
43. Darwin, *Empire Project*, 295-7.
44. McKale, *War by Revolution*, 171.
45. McKale, "British Anxiety".
46. Rutledge, *Enemy on the Euphrates*, 33-7.
47. Cleveland e Bunton, *History of the Modern Middle East*, 132f.
48. Rogan, *Fall of the Ottomans*, 280f.
49. McKale, "British Anxiety".
50. McKale, "Germany and the Arab Question", 246; Rogan, "Rival Jihads", 14-6.
51. Rogan, *The Arabs*, 150f.
52. Ibid., 151f.
53. McKale, "British Anxiety".
54. McKale, "Germany and the Arab Question", 244.

36. A peste

1. McMeekin, *Russian Revolution*, 127-36.
2. Ibid., 206f.
3. Ibid., 155f.
4. Ibid., 163.
5. Ibid., 174.
6. Ibid., 195f.
7. Figes, *People's Tragedy*, 703.
8. McMeekin, *Russian Revolution*, 260ff.
9. Figes, *People's Tragedy*, 630.
10. Volkogonov, *Lenin*, 69f.
11. Figes, *People's Tragedy*, 631.
12. Leggett, *Cheka*, 108.
13. Ferguson, *War of the World*, 206.
14. Service, *Twentieth-Century Russia*, 108.
15. Kotkin, *Stálin*, vol. I, 433.

16. Ferguson, *War of the World*, 152.
17. Applebaum, *Gulag*.
18. Service, *Twentieth-Century Russia*, 117f.
19. Ferguson, *War of the World*, 210.
20. Ibid., 211-4.
21. Kotkin, *Stálin*, vol. II.

37. O princípio do líder

1. Calculado a partir dos dados em Laqueur, *Fascism* tabela 15, e Larsen et al., *Who Were the Fascists?*, tabela 1.
2. Herf, *Jewish Enemy*, KL 463-9.
3. O trabalho definitivo é Falter, *Hitlers Wähler*.
4. O'Loughlin, Flint e Anselin, "Geography of the Nazi Vote".
5. Ferguson, *War of the World*, 239.
6. Burleigh, *Third Reich*, 116.
7. Ibid., 194.
8. Ibid., 259.
9. Ibid., 5.
10. Satyanath, Voigtländer e Voth, "Bowling for Fascism".
11. Herf, *Jewish Enemy*, KL 347-65.

38. A queda da internacional dourada

1. Voigtländer e Voth, "Persecution Perpetuated".
2. Miller Lane e Rupp (orgs.), *Nazi Ideology before 1933*, KL 168-77.
3. Ibid., KL 165-216.
4. Herf, *The Jewish Enemy*, KL 81-9. Ver também Cohn, *Warrant for Genocide*.
5. Friedländer, *Nazi Germany and the Jews*, 77f.
6. Ver, em geral, Mosse, "Die Juden in Wirtschaft und Gesellschaft", e *Jews in the German Economy*.
7. Windolf, " German-Jewish Economic Elite", 137, 157.
8. Valentin, *Antisemitism*, 198f.
9. Windolf, " German-Jewish Economic Elite", 158f. Ver também 152, 155.
10. Meiring, *Christlich-jüdische Mischehe*, tabela 1.
11. Jones, *In the Blood*, 158ff.
12. Ruppin, *Soziologie der Juden*, vol. I, 211f.; Hanauer, "Jüdische-christliche Mischehe", tabela 2; Della Pergola, *Jewish and Mixed Marriages*, 122-7.
13. Ruppin, *Soziologie der Juden*, vol. I, 211f.

14. Burleigh e Wippermann, *Racial State*, 110.
15. Burgdörfer, "Juden in Deutschland", 177.
16. Raab, "More than just a Metaphor".
17. Friedländer, *Nazi Germany and the Jews*, 19.
18. Ibid., 24.
19. Ibid., 234.
20. Ibid., 25-6.
21. Ibid., 259-60; Barkai, *From Boycott to Annihilation*, 75.
22. Barkai, *From Boycott to Annihilation*, 152f.
23. Ibid., 153.
24. Baynes (org.), *Speeches of Adolf Hitler*, vol. I, 737-41.
25. Kopper, "Rothschild family", 321ff.
26. Nicholas, *Rape*, 39.
27. Heimann-Jelinek, "Aryanisation" of Rothschild Assets".
28. Detalhes estão em Nicholas, *Rape*.
29. Ferguson, *Kissinger*, vol. I, 72, 80.
30. Düring, "Dynamics of Helping Behaviour".
31. Fallada, *Alone in Berlin*.

39. O Círculo dos Cinco

1. Cooper, *Diaries*, 274.
2. Ver, em geral, Bloch, *Ribbentrop*.
3. Lord Lothian, "Germany and France: The British Task, II: Basis of Ten Years" Peace", *The Times*, 1o de fevereiro de 1935.
4. Lownie, *Burgess*, 29.
5. Deacon, *Cambridge Apostles*, 103.
6. Lownie, *Burgess*, 34f.
7. Andrew e Gordievsky, *KGB*, 206, 209.
8. Ibid., 193ff.
9. Andrew, *Defence of the Realm*, 169ff.
10. Lownie, *Burgess*, 54.
11. Deacon, *Cambridge Apostles*, 107f.
12. Ibid., 115, 134.
13. Andrew e Gordievsky, *KGB*, 216.
14. Ibid., 221.
15. Macintyre, *Spy Among Friends*, 44ff.
16. Andrew e Gordievsky, *KGB*, 213.
17. Ibid., 184.
18. Ibid., 213.

19. Lownie, *Burgess*, 55.
20. Ibid., 136.
21. Ibid., 96.
22. Andrew, *Defence of the Realm*, 270; Andrew e Gordievsky, *KGB*, 300.
23. Andrew, *Defence of the Realm*, 270.
24. Lownie, *Burgess*, 130; Andrew, *Defence of the Realm*, 272.
25. Andrew, *Defence of the Realm*, 280, 289.
26. Andrew e Gordievsky, *KGB*, 296f.
27. Lownie, *Burgess*, 131, 147.
28. Ibid., 132, 160; Andrew, *Defence of the Realm*, 272, 280.
29. Andrew, *Defence of the Realm*, 219, 261.
30. Ibid., 268.
31. Ibid., 341; Andrew e Gordievsky, *KGB*, 297.
32. Andrew, *Defence of the Realm*, 281, 333.
33. Macintyre, *Spy Among Friends*, 144.
34. Andrew, *Defence of the Realm*, 339ff.
35. Ibid., 343.
36. Ibid., 422.
37. Andrew e Gordievsky, *KGB*, 399f.
38. Andrew, *Defence of the Realm*, 422f.
39. Ibid., 420-4.
40. Ibid., 424.
41. Ibid., 431.
42. Ibid., 432-5, refuta a posição de Peter Wright, que afirma que o abafamento só seria explicável em termos da penetração soviética de alto nível da inteligência britânica.
43. Ibid., 436.
44. Macintyre, *Spy Among Friends*, 291.
45. Andrew e Gordievsky, *KGB*, 6.
46. Andrew, *Defence of the Realm*, 429.
47. Andrew e Gordievsky, *KGB*, 429, 436, 439ff., 707.

40. Breve encontro

1. McSmith, *Fear and the Muse Kept Watch*, KL 5069-70.
2. Ibid., KL 5109-19.
3. Ibid., KL 5138.
4. Ibid., KL 5139-55.
5. Ibid., KL 5158-60.
6. Ibid., KL 5185-97.
7. Berlin, *Enlightening*, KL 2139-42.

8. Berlin, *Letters*, 599f.
9. Para uma detalhada lembrança do encontro por parte de Berlin, escrita 35 anos depois, ver Berlin, *Personal Impressions*, KL 4628-998.
10. Hausheer, "It Didn't Happen".
11. Ignatieff, *Berlin*, KL 3252-79.
12. Ela pode ser ouvida lendo "Cinque" nesta gravação de sua visita a Oxford em junho de 1965, um ano antes de sua morte: <https://podcasts.ox.ac.uk/anna-akhmatova-reading-her-poems-about-isaiah-berlin-oxford-1965>.
13. Dalos, *Guest from the Future*, 7, 86.
14. Akhmatova, *Word that Causes Death's Defeat*, 152.
15. McSmith, *Fear and the Muse Kept Watch*, KL 5271. Absurdamente, Churchill solicitava ajuda a Berlin como tradutor para obter algum gelo para o caviar que tinha adquirido.
16. Dalos, *Guest from the Future*, 67.
17. Ignatieff, *Berlin*, KL 3252-79.
18. Dalos, *Guest from the Future*, 67f.
19. McSmith, *Fear and the Muse Kept Watch*, KL 5354-68.
20. Ibid., KL 5352.
21. Berlin, *Enlightening*, KL 2056-74. Ver também Dalos, *Guest from the Future*, 59-61.
22. Berlin, *Enlightening*, KL 1047-56, 1059-69.
23. Ignatieff, *Berlin*, KL 3284-350; McSmith, *Fear and the Muse Kept Watch*, KL 5399-414.
24. Berlin, *Enlightening*, KL 10773-4, 10783-806, 10818-64,10865-71.
25. Ibid., KL 16680-2; Dalos, *Guest from the Future*, 124-7, 133.
26. Dalos, *Guest from the Future*, 64f.

41. Ella no reformatório

1. MacDougall, "Long Lines".
2. Ver, em geral, Wu, *Master Switch*.
3. MacDougall, "Long Lines", 299, 308f., 318.
4. Wu, *Master Switch*, 8.
5. Ibid., 9.
6. Ibid., 113.
7. Christopher Wolf, "The History of Electronic Surveillance, from Abraham Lincoln's Wiretaps to Operation Shamrock", *Public Radio International*, 7 de novembro de 2013.
8. Starr, *Creation of the Media*, 348.
9. Ibid., 363f.
10. Gambetta, *Sicilian Mafia*.
11. Jonathan Steinberg, "'Capos and Cardinals'", *London Review of Books*, 17 de agosto de 1989.
12. Duggan, *Fascism and the Mafia*.

13. Scotten, "Problem of the Mafia". Agradeço a meu aluno Frank Tamberino por esta referência. Ver Tamberino, "Criminal Renaissance".
14. Lewis, "The Honored Society", *New Yorker*, 8 de fevereiro de 1964, 42-105, e o mais longo *Honoured Society*. Também iluminador, do mesmo autor, *Naples '44*.
15. McAdam, *Political Process and the Development of Black Insurgency*, 90.
16. Ibid., 129
17. Jackson et al., "Failure of an Incipient Social Movement", 36.
18. Ver Kurtz, *Not-God*; White e Kurtz, "Twelve Defining Moments"; Makela et al. (orgs.), *Alcoholics Anonymous*; Kelly e Yeterian, "Mutual-Help Groups".
19. Kurtz, *Not-God*, 64.
20. White e Kurtz, "Twelve Defining Moments", 44f.
21. Ohler, *Blitzed*.

VII. POSSUA A SELVA

42. A longa paz

1. Jackson e Nei, "Networks of Military Alliances", 15279. Ver também Levina e Hillmann, "Wars of the World", Lupu e Traag, "Trading Communities", e Maoz, "Network Polarization".
2. Dorussen e Ward, "Trade Networks".
3. Haim, "Alliance Networks and Trade", 28.
4. Johnson e Jordan, "Web of War".
5. Keller, "(Why) Do Revolutions Spread?".

43. O general

1. Forester, *The General*, 222.
2. Samuels, *Command or Control*; Gudmundsson, *Stormtroop Tactics*.
3. Marston, "Lost and Found in the Jungle", KL 2065.
4. Pocock, *Fighting General*, KL 1537-77.
5. Mumford, *Counter-Insurgency Myth*, 37f.
6. Beckett e Pimlott, *Counter-Insurgency*, 20.
7. Strachan, "British Counter-Insurgency from Malaya to Iraq", 10.
8. Pocock, *Fighting General*, KL 2113-33.
9. Ibid., KL 2204-9.
10. Walker, "How Borneo was Won", 11.
11. Ibid., 9f.
12. Tuck, "Borneo 1963-66", 98f.
13. Walker, "How "Borneo War Won", 19.

14. Ibid., 9f.
15. Ibid., 10.
16. Ibid., 14.
17. Cross, "*Face Like a Chicken"s Backside*", 142f.
18. Ibid., 157.
19. Rosentall, "Confrontation": Countering Indonesian Insurgency", 102.
20. Beckett e Pimlott, *Counter-Insurgency*, 110.
21. Walker, "How Borneo Was Won", 12.
22. Ibid., 9.
23. Ibid., 17.

44. A crise da complexidade

1. "General Sir Walter Walker", *Daily Telegraph*, 13 de agosto de 2001.
2. O'Hara, *From Dreams to Disillusionment*.
3. Scott, *Seeing Like a State*, 348.
4. Bar-Yam, "Complexity Rising", 26.
5. Bar-Yam, *Dynamics of Complex Systems*, 804-9.
6. Citado em Thompson et al. (orgs.), *Markets, Hierarchies and Networks*, 297.
7. Barabási, *Linked*, 201.
8. Lamoreaux et al., "Beyond Markets and Hierarchies", 43f.
9. Ibid., 48f.
10. Chanda, *Bound Together*, 248.
11. Theodore Levitt, "The Globalization of Markets", *Harvard Business Review* (maio de 1983).
12. Powell, "Neither Market nor Hierarchy", citado em Thompson et al. (orgs.), *Markets, Hierarchies and Networks*, 270.
13. Ibid., 271f.
14. Ibid., 273f.
15. Rhodes, "New Governance", 665.
16. Thompson, *Between Hierarchies and Markets*, 133.

45. A rede de poder de Henry Kissinger

1. Ferguson, *Kissinger*, xiv.
2. Ibid., 310.
3. Ibid., 502.
4. Ibid., 728.
5. Ibid., 806.
6. Ibid., 807.

7. Ibid., 841.
8. Ibid., 849.
9. Ver "Principles, Structure and Activities of Pugwash for the Eleventh Quinquennium, 2007-2012": <https://en.wikipedia.org/wiki/Pugwash_Conferences_on_Science_and_World_Affairs>.
10. Evangelista, *Unarmed Forces*, 32f.
11. Ibid., 33.
12. Staar, *Foreign Policies*, 86.
13. Ferguson, *Kissinger*, 505.
14. Ibid., 736.
15. Ibid., 740.
16. Ibid., 746f.
17. Ver Apêndice.
18. "Superstar Statecraft: How Henry Does It", *Time*, 1o abril de 1974.
19. Ibid.
20. Ibid.
21. Sargent, *Superpower Transformed*, 158.
22. Ibid., 159.
23. Ibid., 176.
24. Notadamente Cooper, *Economics of Interdependence*, e Keohane e Nye, *Power and Interdependence*.
25. "Interdependence Day", *The New York Times*, 4 de julho de 1976.
26. Brzezinski, *Between Two Ages*.
27. Bearman e Everett, "Structure of Social Protest", 190f.
28. Henry A. Kissinger, "The Need to Belong", *The New York Times*, 17 de março de 1968.
29. Ver <www.pbs.org/newshour/bb/white_house-july-dec11-nixontapes_1125>.

46. Adentrando o vale

1. Barabási, *Linked*, 147.
2. Conway, "How Do Committees Invent?".
3. Ibid.
4. Caldarelli e Catanzaro, *Networks*, 37.
5. Naughton, *From Gutenberg to Zuckerberg*, 45f.
6. Caldarelli e Catanzaro, *Networks*, 38.
7. Newman, *Networks*, 19f.
8. Brinton e Chiang, *Power of Networks*, 245.
9. Ibid., 297.
10. "On the forerunners to the World Wide Web", ver Hall, "Ever Evolving Web".
11. Castells, *Rise of the Network Society*, 63f. Ver também Newman, *Networks*, 5.

12. Caldarelli e Catanzaro, *Networks*, 39f., 43f.
13. Garton Ash, *Free Speech*, KL 494-496.
14. Ver <w2.eff.org/Censorship/Internet_censorship_bills/barlow_0296.declaration>.
15. Goldsmith e Wu, *Who Controls the Internet?*, 21.
16. Ibid., 24.
17. Ibid., 15.
18. Ibid., cap. 3.

47. A queda do império soviético

1. Benjamin Peters, "The Soviet InterNyet", *Aeon*, 17 de outubro de 2016.
2. National Security Agency, "Dealing with the Future: The Limits of Forecasting", 100: <www.nsa.gov/public_info/_files/cryptologic_quarterly/limits_forecasting.pdf>.
3. Osa, *Solidarity and Contention*, 117f.
4. Ibid., 165.
5. Malcolm Gladwell, "Small Change: Why the Revolution Will Not Be Tweeted", *New Yorker*, 4 de outubro de 2010.
6. Grdesic, "Television and Protest in East Germany's Revolution", 94.

48. O triunfo do homem de Davos

1. Navidi, *Superhubs*, 95.
2. Nick Paumgarten, "Magic Mountain: What Happens at Davos?" *New Yorker*, 5 de março de 2012.
3. Ver <www.weforum.org/agenda/2013/12/nelson-mandelas-addresstodavos-1992>.
4. Paul Nursey-Bray, "The Solid Mandela", *Australian Left Review* (junho de 1992), 12-6.
5. Barnard e Popescu, "Nelson Mandela", 241f.
6. Sampson, *Mandela*, 427.
7. Ibid., 429.
8. Jake Bright, "Why the Left-Leaning Nelson Mandela was such a Champion of Free Markets", 6 de dezembro de 2013: <http://qz.com/155310/nelson-mandela-was-alsoahuge-championoffree-markets>.
9. Ronnie Kasrils, "How the ANC's Faustian Pact Sold Out South Africa's Poorest", *Guardian*, 24 junho de 2013: <www.theguardian.com/commentisfree/2013/jun/24/anc-faustian-pact-mandela-fatal-error>.
10. Anthony Monteiro, "Mandela and the Origins of the Current South African Crisis", 24 de fevereiro de 2015: <https://africanamericanfutures.com/2015/02/24/mandela-and-the-originsofthe-current-south-african-crisis>. Ver também Monteiro, "Nelson Mandela: The Contradictions of His Life and Legacies", *Black*

Agenda Report, 12 de novembro de 2013: <www.blackagendareport.com/content/nelson-mandela-contradictions-his-life-and-legacies>.
11. Sampson, *Mandela*, 428. Ver também Gumede, *Thabo Mbeki*, 81-4.
12. Ken Hanly, "Mandela and Neo-Liberalism in South Africa", 18 de dezembro de 2013: <www.digitaljournal.com/news/politics/opedmandela-and-neo-liberalisminsouth-african/article/364193>. Ver também Danny Schechter, "Blurring Mandela and Neo-Liberalism", 14 de dezembro de 2013: <www..truthdig.com/report/print/blurring_mandela_and_neo-liberalism_20131214>. Ver Schechter, *Madiba A to Z*, KL 1619-61.
13. Klein, *Shock Doctrine*, 216f.
14. Landsberg, *Quiet Diplomacy of Liberation*, 107-10.
15. Andrew Ross Sorkin, "How Mandela Shifted Views on Freedom of Markets", *The New York Times*, 9 de dezembro de 2013. Ver também Barnard e Popescu, "Nelson Mandela", 247.
16. Sampson, *Mandela*, 428f.

49. Quebrando o Banco da Inglaterra

1. Esta seção é baseada em Ferguson e Schlefer, "Who Broke the Bank of England?".
2. Stevenson, "First World War and European Integration".
3. Para mais detalhes, ver Ferguson, "Siegmund Warburg, the City of London and the Financial Roots of European Integration".
4. Para uma introdução, ver Kerr, *History of the Eurobond Market*.
5. Milward, *European Rescue of the Nation-State*.
6. Schenk, "Sterling, International Monetary Reform and Britain's Applications".
7. Ferguson, *High Financier*, 229.
8. Granville, Cruz e Prevezer, "Elites, Thickets and Institutions".
9. Ferguson, *High Financier*, 230.
10. Lamont, *In Office*, 124.
11. Major, *Autobiography*, 271f.
12. Ibid., 275f.
13. Ibid., 284.
14. Ibid., 288.
15. Soros, *George Soros on Globalization*, 131.
16. Eichengreen e Wyplosz, "Unstable EMS", 85.
17. Lamont, *In Office*, 201.
18. Major, *Autobiography*, 313. Ver também "Nearer to No", *Economist*, 29 Agosto de 1992.
19. Major, *Autobiography*, 313-5, 325.
20. Lamont, *In Office*, 212f., 227.
21. Ivan Fallon, "John Major's Days of Pain: The Sterling Fiasco", *Sunday Times*, 20 de setembro de 1992.
22. "Sterling Knocked by EMU Worries", *The Times*, 10 de junho de 1992.

23. Major, *Autobiography*, 316, 325.
24. Stephens, *Politics and the Pound*, 219.
25. Lamont, *In Office*, 216.
26. Ibid., 227f.
27. Peter Kellner, David Smith e John Cassidy, "The Day the Pound Died", *Sunday Times*, 6 de dezembro de 1992.
28. Lamont, *In Office*, 228.
29. Matthew Lynn e David Smith, "Round One to Lamont – Norman Lamont", *Sunday Times,* 30 de agosto de 1992.
30. Lamont, *In Office*, 229.
31. "Schlesinger's Schadenfreude – Diary", *The Times*, 18 de setembro de 1992.
32. Peter Kellner, David Smith e John Cassidy, "The Day the Pound Died", *Sunday Times*, 6 de dezembro de 1992.
33. Lamont, *In Office*, 236.
34. Ibid., 238.
35. Colin Narbrough e Wolfgang Munchau, "Another Innocent Gaffe from the Bundesbank", *The Times*, 10 de setembro de 1992; David Smith, "Lamont's Troubles in Triplicate", *Sunday Times,* 13 de setembro de 1992.
36. Philip Webster, "Bundesbank Chief Raises Spectre of Devaluation", *The Times,* 16 de setembro de 1992; Christopher Huhne, "Inside Story: The Breaking of the Pound", *Independent on Sunday*, 20 de setembro de 1992. Ver Major, *Autobiography*, 329.
37. Lamont, *In Office*, 244f.
38. Peter Kellner, David Smith e John Cassidy, "The Day the Pound Died", *Sunday Times*, 6 de dezembro de 1992; Robert Chote e Nicholas Timmins, "Pound Faces Toughest Test after EC Bows to Markets: German Interest Rate to Fall as Lira is Devalued in ERM Rescue", *Independent,* 13 de setembro de 1992.
39. Eichengreen e Wyplosz, "Unstable EMS", 107.
40. "Forever Falling?" *Economist,* 29 de agosto de 1992.
41. Christopher Huhne, "Schlesinger: A Banker's Guilt", *Independent,* 1o de outubro de 1992.
42. Soros, "Theory of Reflexivity", 7.
43. Soros, *Soros on Soros*, 12.
44. Mallaby, *More Money Than God*, 435.
45. "A Ghastly Game of Dominoes", *Economist,* 19 de setembro de 1992.
46. Mallaby, *More Money Than God*, 156f.
47. Abdelal, "Politics of Monetary Leadership", 250.
48. Duncan Balsbaugh, "The Pound, My Part in Its Downfall and Is It Time to Fight the Central Banks Again?" *IFR Review of the Year 2015*: <www.ifre.com/ the-poundmypartinits-downfall-andisittimetofight-the-central-banks-again/21223291.fullarticle>. Para outros relatos com cifras um pouco diferentes, ver Kaufman, *Soros*, 239; Mallaby, *More Money Than God*, 435. Ver também Drobny, *Inside the House of Money*, 274f.
49. Soros, *Soros on Soros*, 22. Ver também Soros e Schmitz, *Tragedy of the European Union*, 59f.

50. Kaufman, *Soros*, 239. Ênfase de Ferguson.
51. Lamont, *In Office*, 249.
52. Anatole Kaletsky, "How Mr. Soros Made a Billion by Betting against the Pound", *The Times*, 26 de outubro de 1992.
53. Ibid.
54. Mallaby, *More Money Than God*, 160-6.
55. Eichengreen e Wyplosz, "Unstable EMS", 60.
56. Engdahl, "Secret Financial Network".
57. Flavia Cymbalista com Desmond MacRae, "George Soros: How He Knows What He Knows, Part 2: Combining Theory and Instinct", *Stocks, Futures and Options*, 9 de março de 2004.
58. James Blitz, "How Central Banks Ran into the Hedge", *Financial Times*, 30 de setembro de 1992.
59. Balsbaugh, "The Pound, My Part in Its Downfall".
60. Thomas Jaffe e Dyan Machan, "How the Market Overwhelmed the Central Banks", *Forbes*, 9 de novembro de 1992. Ver também Mallaby, *More Money Than God*, 435.
61. Kaletsky, "How Mr. Soros Made a Billion".
62. Soros, *Soros on Soros*, 82.
63. Lamont, *In Office*, 259.
64. Slater, *Soros*, 180.
65. Ibid., 181.
66. Roxburgh, *Strained to Breaking Point*, 163; Matthew Tempest, "Treasury Papers Reveal Cost of Black Wednesday", *Guardian*, 9 de fevereiro de 2005.
67. Johnson, "UK and the Exchange Rate Mechanism", 97f.
68. Major, *Autobiography*, 312, Lamont, *In Office*, 285.
69. Kaletsky, "How Mr. Soros Made a Billion".
70. "Half-Maastricht", *Economist,* 26 de setembro de 1992.

VIII. A BIBLIOTECA DE BABEL

50. 11/9/2001

1. Borges, "Library of Babel".
2. Sobre os poderosos efeitos de desenvolvimento da rede internacional de transporte aéreo, Campante e Yanagizawa-Drott, "Long-Range Growth". Sobre a tendência do sistema norte-americano de produzir atrasos mesmo em condições normais, ver Mayer e Sinai, "Network Effects".
3. Calderelli e Catanzaro, *Networks,* 40f.
4. Thomas A. Stewart, "Six Degrees of Mohamed Atta", *Business 2.0*, dezembro de 2001.
5. Krebs, "Mapping Networks of Terrorist Cells", 46-50.

6. Ibid., 51.
7. Jeff Jonas e Jim Harper, "Effective Counterterrorism and the Limited Role of Predictive Data Mining", *Policy Analysis*, 11 de dezembro de 2006.
8. Patrick Radden Keefe, "Can Network Theory Thwart Terrorists?", *The New York Times*, 12 de março de 2006.
9. Valdis Krebs, "Connecting the Dots: Tracking Two Identified Terrorists", Orgnet, 2002-8: <www.orgnet.com/prevent.html>.
10. Oliver, "Covert Networks".
11. Marion e Uhl-Bien, "Complexity Theory and Al Qaeda".
12. Eilstrup-Sangiovanni e Jones, "Assessing the Dangers of Illicit Networks", 34.
13. Minor, "Attacking the Nodes", 6.
14. Morselli, Giguère e Petit, "The Efficiency/Security Trade-off". Ver também Kahler, Miles, "Networked Politics." Ver também Kenney, "Turning to the 'Dark Side'" e Kahler, "Collective Action and Clandestine Networks".
15. Sageman, *Understanding Terror Networks*, 96f. Ver também 135-71.
16. Berman, *Radical, Religious, and Violent*, 18.
17. Ibid., 17.
18. John Arquilla, "It Takes a Network", *Los Angeles Times*, 25 de agosto de 2002.
19. National Consortium for the Study of Terrorism and Responses to Terrorism (START), "Jihadist Plots in the United States, jan. 1993-fev. 2016: Interim Findings" (janeiro de 2017).
20. Nagl, *Learning to Eat Soup with a Knife*.
21. Army, *U.S. Army/Marine Corps Counterinsurgency Field Manual*.
22. Army, *Insurgencies and Countering Insurgencies*, seção 4, parágrafos 6 e 7.
23. Ibid., seção 4, parágrafos 20 e 21.
24. Army, *U.S. Army/Marine Corps Counterinsurgency Field Manual*, apêndice B.
25. Kilcullen, *Counterinsurgency*, 37.
26. Ibid., 183.
27. Ibid., 200.
28. Ibid., 4f., 10, 40, 197.
29. David Petraeus, "The Big Ideas Emerging in the Wake of the Arab Spring", Belfer Center, Harvard Kennedy School of Government (2017).
30. McChrystal, *My Share of the Task*, 148. Detalhes de como McChrystal e sua equipe caçaram e mataram Zarqawi, destruindo sua rede no processo, estão nos capítulos 11-5.
31. Simpson, *War from the Ground Up*, 106.

51. 15/9/2008

1. Neely, "The Federal Reserve Responds".
2. Ibid., 40.

3. Crawford, "U.S. Costs of Wars".
4. Watts, *Six Degrees*, 23.
5. Caldarelli e Catanzaro, *Networks*, 36f., 42, 95.
6. United States Government Accountability Office, "Financial Crisis Losses".
7. Ver Ferguson, *Ascent of Money*.
8. Financial Crisis Inquiry Commission, *Financial Crisis Inquiry Report*, KL 8518-21.
9. Ver <www.federalreserve.gov/monetarypolicy/fomchistorical2008.htm>: transcrição da reunião do FOMC, 16 de setembro de 2015, 20.
10. Ibid., 51.
11. Ibid., 28-29 de outubro de 2008, 118.
12. Ibid., 15-16 de dezembro de 2008, 12.
13. Andrew Haldane, "On Tackling the Credit Cycle and Too Big to Fail", apresentação do Banco da Inglaterra, janeiro de 2011, slide 13.
14. Ramo, *Seventh Sense*, 136f. Ver também 42-4.
15. Jackson, Rogers e Zenou, "Economic Consequences of Network Structure". Ver também Elliott, Golub e Jackson, "Financial Networks and Contagion".
16. Louise Story e Eric Dash, "Bankers Reaped Lavish Bonuses During Bailouts", *The New York Times*, 30 de julho de 2009.
17. Davis et al., "Small World", 303.
18. Ibid., 320.
19. Michelle Leder, "Vernon Jordan Gets a Big Payday from Lazard", *The New York Times*, 15 de março de 2010.
20. Acemoglu et al., "Value of Connections in Turbulent Times". De acordo com as estimativas dos autores, "Nos próximos dez dias úteis, as empresas financeiras com uma conexão com Geithner tiveram um retorno cumulativo anormal de por volta de 12% (relativo a outras firmas do setor financeiro)".

52. O Estado administrativo

1. DeMuth, "Can the Administrative State Be Tamed?" 125.
2. Patrick McLaughlin e Oliver Sherouse, "The Accumulation of Regulatory Restrictions Across Presidential Administrations", Mercatus Center, 3 de agosto de 2015.
3. Patrick McLaughlin e Oliver Sherouse, "The Dodd–Frank Wall Street Reform and Consumer Protection Act May Be the Biggest Law Ever", Mercatus Center, 20 de julho de 2015.
4. McLaughlin e Greene, "Dodd–Frank's Regulatory Surge".
5. Howard, *Life Without Lawyers*.
6. Scott, *Connectedness and Contagion*.
7. Fukuyama, *Political Order and Political Decay*, 208.
8. Ibid., 35f. Ver, porém, Howard, *Rule of Nobody*, e White, Cass e Kosar, *Unleashing Opportunity*.

9. DeMuth, "Can the Administrative State Be Tamed?", 151.
10. Ver, por ex., McLaughlin e Sherouse, *Impact of Federal Regulation*; Patrick A. McLaughlin, "Regulations Contribute to Poverty", Testemunho diante do House Committee on the Judiciary, Subcommittee on Regulatory Reform, Commercial and Antitrust Law, 24 de fevereiro de 2016.
11. Ferguson, *Great Degeneration*.

53. Web 2.0

1. Naughton, *From Gutenberg to Zuckerberg*, 224.
2. Ibid., 227.
3. Raymond, *The Cathedral and the Bazaar*, 21.
4. Ibid., 57f.
5. Ibid., 30.
6. Ibid., 125.
7. Ibid., 194.
8. Spar, *Ruling the Waves*, 369f.
9. Kirkpatrick, *Facebook Effect*, 74.
10. Ver <http://benbarry.com/project/ facebooks-little-red-book>. Sobre o autor do Pequeno Livro Vermelho, ver <www.typeroom.eu/article/ ben-barry-usedbecalled--facebooksminister-propaganda>.
11. Kirkpatrick, *Facebook Effect*, 247.
12. Ibid., 109.
13. Ibid., 185, 274-7.
14. Ibid., 154-7, 180ff., 188.
15. Naughton, *From Gutenberg to Zuckerberg*, 106.
16. Kirkpatrick, *Facebook Effect*, 222-6.
17. Ibid., 251.
18. Ibid., 259.
19. García Martínez, *Chaos Monkeys*, 275-80, 298f.
20. Ibid., 482-6.
21. Alex Eule, "Facebook Now Has 1.2 Billion Daily Users. Really", *Barron's*, 2 de novembro de 2016.
22. Smriti Bhagat, Moira Burke, Carlos Diuk, Ismail Onur Filiz e Sergey Edunov, "Three and a Half Degrees of Separation", 4 de fevereiro de 2016: <https://research.fb.com/three-andahalf-degreesofseparation>.
23. Lars Backstrom, Paolo Boldi, Marco Rosa, Johan Ugander e Sebastiano Vigna, "Four Degrees of Separation", 22 de junho de 2012: <https://research.fb.com/publications/four-degreesofseparation>.

24. Ugander et al., "Structural Diversity in Social Contagion".
25. Lillian Weng e Thomas Lenton, "Topic-Based Clusters in Egocentric Networks on Facebook", 2 de junho de 2014: <https://research.fb.com/publications/topic-based-clustersinegocentric-networksonfacebook>. Ver também Youyou et al., "Birds of a Feather".
26. Amaç Herdadelen, Bogdan State, Lada Adamic, e Winter Mason, "The Social Ties of Immigrant Communities in the United States", 22 de maio de 2016: <https://research.fb.com/publications/ the-social-tiesofimmigrant-communitiesinthe-united-states>.
27. Jonathan Chang, Itamar Rosenn, Lars Backstrom e Cameron Marlow, "Ethnicity on Social Networks", *Association for the Advancement of Artificial Intelligence* (2010).
28. Ismail Onur Filiz e Lada Adamic, "Facebook Friendships in Europe", 8 de novembro de 2016: <https://research.fb.com/ facebook-friendshipsineurope>.
29. Eytan Bakshy, Itamar Rosenn, Cameron Marlow e Lada Adamic, "The Role of Social Networks in Information Diffusion", 16 de abril de 2012: <https://research.fb.com/publications/ the-roleofsocial-networksininformation-diffusion>; Lada A. Adamic, Thomas M. Lenton, Eytan Adar e Pauline C. Ng, "Information Evolution in Social Networks", 22 de maio de 2016: <https://research.fb.com/wpcontent/uploads/2016/11/information_evolution_in_social_networks.pdf>; Adam D. I. Kramer, "The Spread of Emotion via Facebook", 16 de maio de 2012: <https://research.fb.com/publications/the-spread-of-emotion-via-facebook>.
30. Jonathan Tepper, "Friendships in the Age of Social Media", 14 de janeiro de 2017: originalmente publicado em <http://jonathan-tepper.com/blog>.
31. Naughton, *From Gutenberg to Zuckerberg*, 194f.
32. Dados de <http://whoownsfacebook.com>.
33. García Martínez, *Chaos Monkeys*, 229.
34. "Who Are the 8 Richest People? All Men, Mostly Americans", *NBC News*, 16 de janeiro de 2017.
35. Wu, *Master Switch*, 318.
36. Shannon Bond, "Google and Facebook Build Digital Ad Duopoly", *Financial Times*, 15 de março de 2017.
37. Farhad Manjoo, "Why Facebook Keeps Beating Every Rival: It's the Network, of Course", *The New York Times*, 19 de abril de 2017.
38. Robert Thomson, "Digital Giants are Trampling on Truth", *The Times*, 10 de abril de 2017.
39. Ramo, *Seventh Sense*, 240ff.
40. Kirkpatrick, *Facebook Effect*, 254.
41. Ver <http://benbarry.com/project/facebooks-little-red-book>.
42. García Martínez, *Chaos Monkeys*, 355.
43. Kirkpatrick, *Facebook Effect*, 319.
44. Nick Bilton, "Will Mark Zuckerberg Be Our Next President?" *Vanity Fair*, 13 de janeiro de 2017.
45. García Martínez, *Chaos Monkeys*, 263f.

46. Mark Zuckerberg, "Building Global Community", 16 de fevereiro de 2017: <www.facebook.com/notes/mark-zuckerberg/building-global-community/10154544292806634>.
47. Para uma visão cética, ver Morozov, *Net Delusion*.

54. Desmanche

1. Oxfam, "An Economy for the 1%".
2. Crédit Suisse Research Institute, *Global Wealth Databook 2015* (outubro de 2015).
3. Piketty e Saez, "Income Inequality", com cifras atualizadas para 2015.
4. U.S. Census Bureau, Current Population Survey, Annual Social and Economic Supplements: <www.census.gov/data/tables/ time-series/demo/income-poverty/historical--income-households.html>.
5. Bricker et al., "Measuring Income and Wealth".
6. Agustino Fontevecchia, "There Are More Self-Made Billionaires in the Forbes 400 Than Ever Before", *Forbes*, 3 de outubro de 2014.
7. Credit Suisse Research Institute, *Global Wealth Databook 2015* (outubro de 2015). "Classe média" é definida aqui como aqueles que têm a riqueza entre 50 mil e 500 mil dólares. Para uma classificação diferente, baseada em renda, que alcança uma classe média maior de 3,2 bilhões de pessoas, ver Kharas, "Unprecedented Expansion".
8. Hellebrandt e Mauro, "Future of Worldwide Income Distribution".
9. Salai Martin e Pinkovskiy, "Parametric Estimations".
10. Milanovic e Lakner, "Global Income Distribution".
11. Corlett, "Examining an Elephant".
12. Rakesh Kochhar, "Middle Class Fortunes in Western Europe", Pew Research Center, 24 de abril de 2017.
13. Autor et al., "Untangling Trade and Technology".
14. Dobbs et al., *Poorer Than Their Parents*.
15. Chetty et al., "Is the United States Still a Land of Opportunity?".
16. Case e Deaton, "Rising Morbidity".
17. Case e Deaton, "Mortality and Morbidity".
18. Nicholas Eberstadt, "Our Miserable 21st Century", *Commentary*, 28 de fevereiro de 2017.
19. Gagnon e Goyal, "Networks, Markets, and Inequality", 23.
20. Ibid., 3.
21. World Bank Group, *Digital Dividends*, 3.
22. Paik e Sanchargin, "Social Isolation".
23. Keith Hampton, Lauren Sessions, Eun Ja Her e Lee Rainie, "Social Isolation and New Technology", *Pew Internet & American Life Project* (novembro de 2009), 1-89: <www.pewinternet.org/2009/11/04/ social-isolation-and-new-technology>.
24. Ibid., 70.
25. Ver, em geral, Murray, *Coming Apart*.

55. Tuitando a revolução

1. Wu, *Master Switch*, 250.
2. Pew Research Center, "Global Publics Embrace Social Networking", 15 de dezembro de 2010.
3. Malcolm Gladwell, "Small Change: Why the Revolution Will Not Be Tweeted", *New Yorker*, 4 de outubro de 2010.
4. Schmidt e Cohen, "Digital Disruption".
5. Ibid.
6. Ibid. Ver também Shirky, "Political Power of Social Media", 1. Sobre os limites das redes sociais digitais como agentes de mudança política, ver Shirky, *Here Comes Everybody*, e Tufekci, *Twitter and Tear Gas*.
7. Hill, "Emotions as Infectious Diseases".
8. Hal Hodson, "I Predict a Riot", *New Scientist*, 2931, 21 de agosto de 2013, 22.
9. Debora MacKenzie, "Brazil Uprising Points to Rise of Leaderless Networks", *New Scientist*, 2923, 26 de junho de 2013. Ver, em geral, Barbera e Jackson, "Model of Protests".
10. Ramo, *Seventh Sense*, 105.
11. Sten Tamkivi, "Lessons from the World's Most Tech-Savvy Government", *Atlantic*, 24 de janeiro de 2014.
12. Para a relevância desse pensamento para outros conflitos, ver Staniland, *Networks of Rebellion*.
13. Simcox, *Al-Qaeda's Global Footprint*.
14. Zimmerman, *Al-Qaeda Network*.
15. Wu, *Master Switch*, 250.
16. Glennon, "National Security", 12.
17. Barton Gellman, "NSA Broke Privacy Rules Thousands of Times per Year, Audit Finds", *Washington Post*, 15 de agosto de 2013.
18. Ver <www.facebook.com/zuck/posts/10101301165605491>.
19. Lloyd Grove, "Kathleen Sebelius's Daily Show Disaster: Jon Stewart Slams Obamacare Rules", *Daily Beast*, 8 de outubro de 2013.
20. Schmidt e Cohen, "Digital Disruption".
21. Cecilia Kang, "Google, in Post-Obama Era, Aggressively Woos Republicans", *The New York Times*, 27 de janeiro de 2017.
22. Gautham Nagesh, "ICANN 101: Who Will Oversee the Internet?", *Wall Street Journal*, 17 de março de 2014.
23. Enders e Su, "Rational Terrorists".
24. Scott Atran e Nafees Hamid, "Paris: The War ISIS Wants", *New York Review of Books*, 16 de novembro de 2015.
25. David Ignatius, "How ISIS Spread in the Middle East: And How to Stop It", *Atlantic*, 29 de outubro de 2015.

26. Karl Vick, "ISIS Militants Declare Islamist 'Caliphate'", *Time*, 29 de junho de 2014.
27. Graeme Wood, "What ISIS Really Wants", *Atlantic*, de março de 2015.
28. Berger e Morgan, "ISIS Twitter Census". Ver também Joseph Rago, "How Algorithms Can Help Beat Islamic State", *Wall Street Journal*, 11 de março de 2017.
29. Craig Whiteside, "Lighting the Path: The Story of the Islamic State's Media Enterprise", *War on the Rocks*, 12 de dezembro de 2016.
30. Wood, "What ISIS Really Wants".
31. UN Security Council, "In Presidential Statement, Security Council Calls for Redoubling Efforts to Target Root Causes of Terrorism as Threat Expands, Intensifies", 19 de novembro de 2014: www.un.org/press/en/2014/sc11656.doc.htm. Ver também Spencer Ackerman, "Foreign Jihadists Flocking to Syria on 'Unprecedented Scale' – UN", *Guardian*, 30 de outubro de 2014.
32. Wood, "What ISIS Really Wants".
33. Bodine-Baron et al., *Examining ISIS Support*.
34. Fisher, "Swarmcast". Ver também Ali Fisher, "ISIS Strategy and the Twitter Jihadiscape", CPD Blog, 24 de abril de 2017: <http://uscpublicdiplomacy.org/blog/isis-strategy-and-twitter-jihadiscape>.
35. John Bohannon, "Women Critical for Online Terrorist Networks", *Science*, 10 de junho de 2016.
36. MacGill, "Acephalous Groups".
37. Mesmo os críticos de Obama tiveram dificuldades em oferecer uma resposta coerente ao EI. Para uma estratégia convencional militar/política de contraterrorismo, sem menção do ciberespaço, ver Habeck et al., *Global Strategy for Combating Al-Qaeda*.
38. Institute for Economics and Peace, *Global Terrorism Index 2016: Measuring and Understanding the Impact of Terrorism*, 4.
39. START, *Patterns of Islamic State-Related Terrorism, 2002-2015* (agosto de 2016).
40. Institute for Economics and Peace, *Global Terrorism Index 2016*, 43.
41. Byrne, *Black Flag Down*, 18-20.
42. Stuart, *Islamist Terrorism*.
43. Rukmini Callimachi, Alissa J. Rubin e Laure Fourquet, "A View of ISIS's Evolution in New Details of Paris Attacks", *The New York Times*, 19 de março de 2016.
44. Ali, *Challenge of Dawa*. Ver também Sookhdeo, *Dawa*.
45. Stuart, *Islamist Terrorism: Key Findings*, 2, 9, 11, 18.
46. Frampton et al., *Unsettled Belonging*.
47. Scott Atran e Nafees Hamid, "Paris: The War ISIS Wants, *New York Review of Books*, 16 de novembro de 2015.
48. Berger e Morgan, "ISIS Twitter Census".
49. John Bohannon, "How to Attack the Islamic State Online", *Science*, 17 de junho de 2016. Ver também Berger e Perez, "The Islamic State's Diminishing Returns on Twitter", e Wood, *Way of the Strangers*, 287.
50. Ver <www.bbc.com/news/ uk34568574>.

51. Sutton, "Myths and Misunderstandings".
52. Ver <www.telegraph.co.uk/news/uknews/ terrorismintheuk/11546683/Islamist-extremistsinprison-revolving-doorasnumbers-soar.html>.
53. Pew Research Center, *Future Global Muslim Population*.
54. Laurence e Vaisse, *Integrating Islam*, 40f. Ver também Khosrokhavar, *L'Islam dans les prisons*. Ver também Scott Atran e Nafees Hamid, "Paris: The War ISIS Wants", *New York Review of Books*, 16 de novembro de 2015.
55. Antoine Krempf, "60% des détenus français sont musulmans?". Replay Radio, 26 de janeiro de 2015.
56. Pew Research Center, *World's Muslims*.

56. 9/11/2016

1. Para uma defesa do populismo, ver Roger Kimball, "Populism, X: The Imperative of Freedom", *New Criterion* (junho de 2017).
2. Deena Shanker, "Social Media are Driving Americans Insane", *Bloomberg*, 23 de fevereiro de 2017.
3. Deloitte, *No Place Like Phone*.
4. Hampton et al., "Social Isolation and New Technology".
5. Funke et al., "Going to Extremes".
6. Inglehart e Norris, "Trump, Brexit, and the Rise of Populism". Ver também Daniel Drezner, "I Attended Three Conferences on Populism in Ten Days", *Washington Post*, 19 de junho de 2017.
7. Renee DiResta, "Crowds and Technology", RibbonFarm, 15 de setembro de 2016: <www.ribbonfarm.com/2016/09/15/crowds-and-technology>.
8. Brinton e Chiang, *Power of Networks*, 207.
9. "Mobilising Voters through Social Media in the U.S., Taiwan and Hong Kong", Bauhinia, 15 de agosto de 2016.
10. Pentland, *Social Physics*, 50f.
11. Bond et al., "61 Million-Person Experiment".
12. Goodhart, *Road to Somewhere*.
13. Dominic Cummings, "How the Brexit Referendum Was Won", *Spectator*, 9 de janeiro de 2017.
14. Dominic Cummings, "On the Referendum #20: The Campaign, Physics and Data Science", 29 de outubro de 2016: <https://dominiccummings.wordpress.com/2016/10/29/on-the-referendum-20-the-campaign-physics-and-data-science-vote-leaves-voter-intention--collection-system-vics-now-available-for-all>.
15. Carole Cadwalladr, "Revealed: How U.S. Billionaire Helped to Back Brexit", *Guardian*, 25 de fevereiro de 2017. Simon Kuper, "Targeting Specific Voters Is More Effective and Cheaper than Speaking to the Public on TV", *Financial Times*, 14 de junho de 2017.

16. Salena Zito, "Taking Trump Seriously, Not Literally", *Atlantic*, 23 de setembro de 2016.
17. Allen e Parnes, *Shattered*, KL 256-7, 566-9, 599-601, 804-6.
18. Ibid., KL 2902-4.
19. Ibid., KL 3261-73, 3281-5, 3291-301.
20. Allcott e Gentzkow, "Social Media and Fake News".
21. Shannon Greenwood, Andrew Perrin e Maeve Duggan, "Social Media Update 2016", Pew Research Center, 11 de novembro de 2016. Ver Mostafa M. El Bermawy, "Your Filter Bubble is Destroying Democracy", *Wired*, 18 de novembro de 2016.
22. Maeve Duggan e Aaron Smith, "The Political Environment on Social Media", Pew Research Center, 25 de outubro de 2016.
23. "Mobilising Voters through Social Media in the U.S., Taiwan and Hong Kong", Bauhinia, 15 de agosto de 2016.
24. Erin Pettigrew, "How Facebook Saw Trump Coming When No One Else Did", *Medium*, 9 de novembro de 2016.
25. Pew Research Center, "Election Campaign 2016: Campaigns as a Direct Source of News", 18 de julho de 2016, 15.
26. Ver <www.youtube.com/watch?v=vST61W4bGm8>.
27. Ver <www.wired.com/2016/11/facebook-won-trump-election-not-just-fake-news>.
28. Cecilia Kang, "Google, in post-Obama Era, Aggressively Woos Republicans", *The New York Times*, 27 de janeiro de 2017.
29. "Facebook Employees Pushed to Remove Trump's Posts as Hate Speech", *Wall Street Journal*, 21 de outubro de 2016.
30. Farhad Manjoo, "Algorithms with Agendas and the Sway of Facebook", *The New York Times*, 11 de maio de 2016.
31. Issie Lapowsky, "Here's How Facebook Actually Won Trump the Presidency", *Wired*, 15 de novembro de 2016.
32. Elizabeth Chan, "Donald Trump, Pepe the Frog, and White Supremacists: An Explainer", Hillary for America, 12 de setembro de 2016.
33. Ben Schreckinger, "World War Meme", *Politico*, março/abril de 2017.
34. Hannes Grassegger e Mikael Krogerus, "The Data That Turned the World Upside Down", *Motherboard*, 28 de janeiro de 2017.
35. Nicholas Confessore e Danny Hakim, "Bold Promises Fade to Doubts for a Trump-Linked Data Firm", *The New York Times*, 6 de março de 2017.
36. Issie Lapowsky, "The 2016 Election Exposes the Very, Very Dark Side of Tech", *Wired*, 7 de novembro de 2016.
37. Zeynep Tufekci, "Mark Zuckerberg Is in Denial", *The New York Times*, 15 de novembro de 2016.
38. Richard Waters, "Google Admits Giving Top Spot to Inaccurate Claim on Trump Votes", *Financial Times*, 15 de novembro de 2016.
39. Allcott e Gentzkow, "Social Media and Fake News".

40. David Blood, "Fake News is Shared as Widely as the Real Thing", *Financial Times*, 27 de março de 2017.
41. Boxell et al., "Is the Internet Causing Political Polarization?"

IX: CONCLUSÃO: ENFRENTANDO A CYBERIA

57. Metrópolis

1. O ensaio original sobre este tema está em Niall Ferguson e Moritz Schularick, "Chimerical? Think Again", *Wall Street Journal*, 5 de fevereiro de 2007. Retomamos o assunto em "'Chimerica' and the Rule of Central Bankers", ibid., 27 de agosto de 2015. A ideia inspirou a peça de teatro de mesmo nome, de Lucy Kirkwood, 2013.
2. Até onde eu saiba, isso nunca foi feito. Dados relevantes podem ser encontrados em <http://globe.cid.harvard.edu>.
3. Ver, por ex., Barnett (org.), *Encyclopedia of Social Networks*, vol. I, 297. A opinião otimista é sustentada por Slaughter, *The Chessboard and the Web*.

58. Apagão da rede

1. Kissinger, *World Order*, 93f.
2. Ibid., 371.
3. Steven Pinker e Andrew Mack, "The World is Not Falling Apart", *Slate*, 22 de dezembro de 2014. Para uma crítica ao livro de Pinker, *Better Angels*, ver Cirillo e Taleb, "Statistical Properties". Ver, para uma resposta de Steven Pinker, "Fooled by Belligerence: 'Comments on Nassim Taleb's *The Long Peace is a Statistical Illusion*': <http://stevenpinker.com/files/comments_on_taleb_by_s_pinker.pdf>.
4. Kissinger, *World Order*, 340, 347, 368.
5. Ver Allison, *Destined for War*.
6. Jeffrey Goldberg, "World Chaos and World Order: Conversations with Henry Kissinger", *Atlantic*, 10 de novembro de 2016.
7. Niall Ferguson, "The Lying, Hating HiTech Webs of Zuck and Trump are the New Superpowers", *Sunday Times*, 19 de fevereiro de 2017.
8. Ver, por ex., Snyder, *On Tyranny*.
9. Ver, por ex., (publicado no mesmo dia) Jennifer Senior, "'Richard Nixon', Portrait of a Thin-Skinned, Media-Hating President", *The New York Times*, 29 de março de 2017; Jennifer Rubin, "End the Nunes Charade, and Follow the Russian Money", *Washington Post*, 29 de março de 2017.
10. Dittmar, "Information Technology and Economic Change".
11. McKinsey Global Institute, *Playing to Win*, 11.

12. World Bank, *Digital Dividends*, 95.
13. Ibid., 207.
14. Ibid., xiii, 6.
15. Schiedel, *Great Leveler*.
16. World Bank, *Digital Dividends*, 217.
17. Alexis C. Madrigal, "The Weird Thing About Today's Internet", *Atlantic*, 17 de maio de 2017.
18. Thiel, *Zero to One*.
19. No mundo em desenvolvimento, os serviços de telefonia móvel variam de quase 50 dólares por mês no Brasil até um dígito no Sri Lanka. O preço da internet por megabit por segundo é aproximadamente trezentas vezes mais alto no Chade, que não tem saída para o mar, do que no Quênia: World Bank, *Digital Dividends*, 8, 71, 218.
20. Ibid., 13.
21. Charles Kadushin, "Social Networks and Inequality: How Facebook Contributes to Economic (and Other) Inequality", *Psychology Today*, 7 de março de 2012: <www.psychologytoday.com/blog/ understanding-social-networks/201203/ social-networks-and-inequality>.
22. Sam Altman, "I"m a Silicon Valley Liberal, and I Traveled across the Country to Interview 100 Trump Supporters – Here's What I Learned", *Business Insider*, 23 de fevereiro de 2017: <www.businessinsider.com/sam-altman-interview-trump-supporters-20172>.
23. "As American as Apple Inc.: Corporate Ownership and the Fight for Tax Reform", Penn Wharton Public Policy Initiative, Issue Brief 4, 1: <https://publicpolicy.wharton.upenn.edu/ issue-brief/v4n1.php>.
24. Sandra Navidi, "How Trumpocracy Corrupts Democracy", Project Syndicate, 21 de fevereiro de 2017.
25. Cecilia Kang, "Google, in post-Obama Era, Aggressively Woos Republicans", *The New York Times*, 27 de janeiro de 2017; Jack Nicas e Tim Higgins, "Silicon Valley Faces Balancing Act between White House Criticism and Engagement", *Wall Street Journal*, 31 de janeiro de 2017.
26. Issie Lapowsky, "The Women's March Defines Protest in the Facebook Age", *Wired*, 21 de janeiro de 2017; Nick Bilton, "Will Mark Zuckerberg be Our Next President?" *Vanity Fair*, 13 de janeiro de 2017.
27. World Bank, *Digital Dividends*, 221-7.
28. Lada A. Adamic, Thomas M. Lenton, Eytan Adar e Pauline C. Ng, "Information Evolution in Social Networks", 22-25 de fevereiro de 2016: <https://research.fb.com/wpcontent/uploads/2016/11/information_evolution_in_social_networks.pdf>.
29. James Stavridis, "The Ghosts of Religious Wars Past are Rattling in Iraq", *Foreign Policy*, 17 de junho de 2014.
30. Turchin, *Ages of Discord*.
31. Maier, *Leviathan 2.0*.
32. Mark Galeotti, "The 'Trump Dossier', or How Russia Helped America Break Itself", *Tablet*, 13 de junho de 2017.

33. Fareed Zakaria, "America Must Defend Itself against the Real National Security Menace", *Washington Post*, 9 de março de 2017.
34. Nye, "Deterrence and Dissuasion", 47.
35. Ramo, *Seventh Sense*, 217f.
36. Caldarelli e Catanzaro, *Networks*, 95-8, 104f.
37. Drew Fitzgerald e Robert McMillan, "Cyberattack Knocks Out Access to Websites", *Wall Street Journal*, 21 de outubro de 2016; William Turton, "Everything We Know about the Cyberattack That Crippled America's Internet", Gizmodo, 24 de outubro de 2016.
38. Fred Kaplan, "'WarGames' and Cybersecurity's Debt to a Hollywood Hack", *The New York Times*, 19 de fevereiro de 2016.
39. Nye, "Deterrence and Dissuasion".
40. Ken Dilanian, William M. Arkin e Cynthia Mcfadden, "U.S. Govt. Hackers Ready to Hit Back If Russia Tries to Disrupt Election", NBC, 4 de novembro de 2016.
41. Nathan Hodge, James Marson e Paul Sonne, "Behind Russia's Cyber Strategy", *Wall Street Journal*, 16 de dezembro de 2017.
42. Para ver ao mais recente lançamento do WikiLeaks, Zeynep Tufekci, "The Truth about the WikiLeaks C.I.A. Cache", *The New York Times*, 9 de março de 2017.
43. Bonnie Berkowitz, Denise Lu e Julie Vitkovskaya, "Here's What We Know So Far about Team Trump's Ties to Russian Interests", *Washington Post*, 31 de março de 2017.
44. Nye, "Deterrence and Dissuasion", 44-52, 63-7.
45. Mark Galeotti, "Crimintern: How the Kremlin Uses Russia's Criminal Networks in Europe", European Council on Foreign Relations Policy Brief (abril de 2017).
46. Anne-Marie Slaughter, "How to Succeed in the Networked World", *Foreign Affairs*, (novembro/dezembro de 2016), 80.
47. Slaughter, "How to Succeed", 84f.; Slaughter, *The Chessboard and the Web*, KL 2738.
48. Slaughter, "How to Succeed", 86.
49. Slaughter, *The Chessboard and the Web*, KL 2680-84.
50. Ian Klaus, "For Cities of the Future, Three Paths to Power", *Atlantic*, 19 de março de 2017.
51. Ramo, *Seventh Sense*, 182.
52. Ibid., 233.
53. Ibid., 153. Ver também Clarke e Eddy, *Warnings*, 283-301.
54. Taleb, *Antifragile*.
55. Arbesman, *Overcomplicated*.
56. Caldarelli e Catanzaro, *Networks*, 97.

59. FANG, BAT e UE

1. Daniel Martin, "Shaming of Web Giants", *Daily Mail*, 15 de março de 2017.
2. Guy Chazan, "Germany Cracks Down on Social Media over Fake News", *Financial Times*, 14 de março de 2017.

3. GP Bullhound, *European Unicorns: Survival of the Fittest* (2016).
4. Adam Satariano e Aoife White, "Silicon Valley's Miserable Euro Trip is Just Getting Started", *Bloomberg Business Week*, 20 de outubro de 2016; Mark Scott, "The Stakes Are Rising in Google's Antitrust Fight with Europe", *The New York Times*, 30 de outubro de 2016; Philip Stephens, "Europe Rewrites the Rules for Silicon Valley", *Financial Times*, 3 de novembro de 2016.
5. Goldsmith e Wu, *Who Controls the Internet?*, 5ff.
6. Para uma visão diferente, see Hafner-Burton e Montgomery, "Globalization and the Social Power Politics".
7. Bethany Allen-Ebrahimian, "The Man Who Nailed Jello to the Wall", *Foreign Policy*, 29 de junho de 2016.
8. Spar, *Ruling the Waves*, 381.
9. Guobin Yang, "China's Divided Netizens", Berggruen Insights, 6, 21 de outubro de 2017.
10. King et al., "Randomized Experiment".
11. Goldsmith e Wu, *Who Controls the Internet?*, 96.
12. Emily Parker, "Mark Zuckerberg's Long March into China", *Bloomberg*, 18 de outubro de 2016; Alyssa Abkowitz, Deepa Seetharaman e Eva Dou, "Facebook Is Trying Everything to Re-Enter China – and It's Not Working", *Wall Street Journal*, 30 de janeiro de 2017.
13. Mary Meeker, "Internet Trends 2016 – Code Conference", Kleiner Perkins Caufield Byers, 1o de junho de 2016, 170f.
14. Kirby et al., "Uber in China", 12.
15. William Kirby, "The Real Reason Uber Is Giving Up in China", *Harvard Business Review*, 2 de agosto de 2016.
16. Ver, por ex., Eric X. Li, "Party of the Century: How China is Reorganizing for the Future", *Foreign Affairs*, 10 de janeiro de 2017, e Bell, *China Model*.
17. Keller, "Networks of Power", 32; Keller, "Moving Beyond Factions", 22.
18. Li, *Chinese Politics*, 332, 347f.
19. Jessica Batke e Matthias Stepan, "Party, State and Individual Leaders: The Who's Who of China's Leading Small Groups", Mercator Institute for China Studies (2017).
20. Lin e Milhaupt, "Bonded to the State".
21. "Chinese Censors' Looser Social Media Grip 'May Help Flag Threats'", *South China Morning Post*, 13 de fevereiro de 2017.
22. "Visualizing China's Anti-Corruption Campaign", ChinaFile, 21 de janeiro de 2016.
23. "Big Data, Meet Big Brother: China Invents the Digital Totalitarian State", *Economist*, 17 de dezembro de 2016.
24. Nick Szabo, "Money, Blockchains and Social Scalability", p. s. n., 9 de fevereiro de 2017.
25. Ibid.
26. Haldane, "A Little More Conversation". Ver também Bettina Warburg, How the Blockchain Will Radically Transform the Economy", palestra TED, novembro de 2016.
27. David McGlauflin, "How China's Plan to Launch Its Own Currency Might Affect Bitcoin", Cryptocoins News, 25 de janeiro de 2016; "China Is Developing Its Own Digital

Currency", Bloomberg News, 23 de fevereiro de 2017. Detalhes do plano do PBOC em: <www.cnfinance.cn/magzi/201609/0124313.html> e <www.cnfinance.cn/magzi/201609/0124314.html>.
28. Deloitte e Autoridade Monetária de Cingapura, "The Future is Here: Project Ubin: SGD on Distributed Ledger" (2017). Ver, em geral, Bordo e Levin, "Central Bank Digital Currency".

60. A praça e a torre redux

1. Para uma sugestiva comparação com a Renascença, ver Goldin e Kutarna, *Age of Discovery*.
2. Heylighen e Bollen, "World-Wide Web as a Super-Brain". Ver também Heylighen, "Global Superorganism".
3. Dertouzos, *What Will Be*.
4. Wright, *Nonzero*, 198.
5. Hayles, "Unfinished Work", 164.
6. Tomlin, *Cloud Coffee House*, 55.
7. Ibid., 223.
8. Spier, *Big History and the Future of Humanity*, 138-83.
9. Naughton, *From Gutenberg to Zuckerberg*, 207, 236.
10. Mark Zuckerberg, "Commencement Address at Harvard", *Harvard Gazette*, maio, 25, 2017.
11. Gordon, *Rise and Fall of American Growth*. Para uma visão otimista, ver Schwab, *Fourth Industrial Revolution*.
12. Acemoglu e Restrepo, "Robots and Jobs".
13. World Bank, *Digital Dividends*, 23, 131.
14. Caplan, "Totalitarian Threat".
15. Para uma previsão historicamente baseada de um surto de violência nos Estados Unidos, ver Turchin, *Ages of Discord*.
16. Caldara e Iacoviello, "Measuring Geopolitical Risk".
17. Bostrom, *Superintelligence*. Ver também Clarke e Eddy, *Warnings*, esp. 199-216.
18. David Streitfeld, "'The Internet Is Broken': @ev Is Trying to Salvage It", *The New York Times*, 20 de maio de 2017.
19. Scott, *Two Cheers*.
20. Niall Ferguson, "Donald Trump's New World Order", *The American Interest* (março/abril de 2017), 37-47.
21. Steinhof, "Urban Images", 20.
22. Ver <www.nytimes.com/interactive/2016/12/21/upshot/Mapping-the-ShadowsofNew--York-City.html?_r=1>.
23. Steven Levy, Inside Apple's Insanely Great (Or Just Insane) New Mothership", *Wired*, 16 de maio de 2017.

24. Facebook: <http://mashable.com/2015/03/31/ facebook-new-headquarters--photos/#0dtktL9aMgqH>; Apple: <www.fosterandpartners.com/news/archive/2017/02/apple-park-openstoemployeesinapril>; Google: <https://googleblog.blogspot.com/2015/02/ rethinking-office-space.html>.

Posfácio: A praça e a torre originais: Redes e hierarquias na Siena do *Trecento*

1. Joseph Polzer, "Ambrogio Lorenzetti's 'War and Peace' Murals Revisited: Contributions to the Meaning of the 'Good Government Allegory'", *Artibus et Historiae*, 23, 45 (2002), 64. Para contexto, ver Timothy Hyman, *Sienese Painting: The Art of a City-Republic (1278-1477)* (Nova York: Thames & Hudson, 2003).
2. Charles Duan, "'Internet' or 'internet'? The Supreme Court Weighs In", Motherboard, 22 de junho de 2017.
3. Polzer, "Ambrogio Lorenzetti's 'War and Peace' Murals", 69.
4. Ibid., 70.
5. Nirit Ben-Aryeh Debby, "War and Peace: The Description of Ambrogio Lorenzetti's Frescoes in Saint Bernardino's 1425 Siena Sermons", *Renaissance Studies*, 15, 3 (setembro de 2001), 272-86.
6. Jack M. Greenstein, "The Vision of Peace: Meaning and Representation in Ambrogio Lorenzetti's Salla della Pace Cityscapes", Art History, 11, 4 (dezembro de 1988), 504.
7. As cores branca e negra de sua túnica são aquelas de Balzana, o estandarte de Siena; a loba e os gêmeos que ela amamenta aludem à suposta origem romana de Siena; a inscrição em seu escudo é tirada do selo oficial de Siena: Polzer, "Ambrogio Lorenzetti's 'War and Peace' Murals", 71.
8. Ibid., 86.
9. Quentin Skinner, "Ambrogio Lorenzetti's Buon Governo Frescoes: Two Old Questions, Two New Answers", Journal of the Warburg and Courtauld Institutes, 62 (1999), 1-28.
10. Polzer, "Ambrogio Lorenzetti's 'War and Peace' Murals", 71. Ver também C. Jean Campbell, "The City's New Clothes: Ambrogio Lorenzetti and the Poetics of Peace", Art Bulletin, 83, 2 (junho de 2001), 240-58.
11. Skinner, "Ambrogio Lorenzetti's Buon Governo Frescoes", 14.
12. Polzer, "Ambrogio Lorenzetti's 'War and Peace' Murals", 82.
13. Greenstein, "The Vision of Peace", 498.
14. Ibid., 494; Polzer, "Ambrogio Lorenzetti's 'War and Peace' Murals", 70.
15. Skinner, "Ambrogio Lorenzetti's Buon Governo Frescoes".
16. Diana Norman, "Pisa, Siena, and the Maremma: A Neglected Aspect of Ambrogio Lorenzetti's Paintings in the Sala dei Nove", Renaissance Studies, 11, 4 (dezembro de 1997), 314.

17. Norman, "Pisa, Siena, and the Maremma", 320.
18. Greenstein, "The Vision of Peace", 503f.
19. Roxann Prazniak, "Siena on the Silk Roads: Ambrogio Lorenzetti and the Mongol Global Century, 1250-1350", Journal of World History, 21, 2 (junho de 2010), 177-217.
20. Ibid., 180, 185, 188f.
21. Debby, "War and Peace", 283.

Bibliografia

I. INTRODUÇÃO: REDES E HIERARQUIAS

Acemoglu, Daron e James A. Robinson, *Why Nations Fail: The Origins of Power, Prosperity, and Poverty* (Nova York e Londres: Crown/Profile, 2012).
Agethen, Manfred, *Geheimbund und Utopie: Illuminaten, Freimaurer und deutsche Spätaufklärung* (Munique: R. Oldenbourg, 1984).
Allison, Graham, "The Impact of Globalization on National and International Security", in Joseph S. Nye, Jr. e John D. Donahue (orgs.), *Governance in a Global World* (Washington, DC: Brookings Institution Press, 2000), 72-85.
Banerjee, Abhijit, Arun G. Chandrasekhar, Esther Duflo e Matthew O. Jackson, "Gossip: Identifying Central Individuals in a Social Network", texto de trabalho, 14 de fevereiro de 2016.
Barabási, Albert-László, *Linked: How Everything is Connected to Everything Else and What It Means for Business, Science, and Everyday Life* (Nova York: Basic Books, 2014).
_____ e Réka Albert, "Emergence of Scaling in Random Networks", *Science*, 286, 5439 (15 de outubro de 1999), 509-12.
Bennett, Alan, *The History Boys* (Londres: Faber & Faber, 2004).
Berger, Jonah, *Contagious: Why Things Catch On* (Nova York: Simon & Schuster, 2013).
Boeder, Pieter, "Habermas' Heritage: The Future of the Public Sphere in the Network Society", *First Monday* (setembro de 2005).
Boisot, Max, *Information Space: A Framework for Learning in Organizations, Institutions and Culture* (Londres: Routledge, 1995).
_____, *Knowledge Assets: Securing Competitive Advantage in the Information Economy* (Oxford: Oxford University Press, 1998).
Boisot, Max e Xiaohui Lu, "Competing and Collaborating in Networks: Is Organizing Just a Game?", in Michael Gibbert e Thomas Durand (orgs.), *Strategic Networks: Learning to Compete* (Malden, MA: Wiley-Blackwell, 2006), 151-69.
Bostrom, Nick, *Superintelligence: Paths, Dangers, Strategies* (Oxford: Oxford University Press, 2014).
Bramoullé, Yann, Sergio Currarini, Matthew O. Jackson, Paolo Pin e Brian W. Rogers, "Homophily and Long-Run Integration in Social Networks", *Journal of Economic Theory*, 147, 5 (2012), 1754-86.

Burt, Ronald S., *Brokerage and Closure: An Introduction to Social Capital* (Clarendon Lectures in Management Studies) (Oxford: Oxford University Press, 2007).
_____, *Neighbor Networks: Competitive Advantage Local and Personal* (Oxford: Oxford University Press, 2010).
_____, *Structural Holes: The Social Structure of Competition* (Cambridge, MA: Harvard University Press, 1992).
_____, "Structural Holes and Good Ideas", *American Journal of Sociology*, 110, 2 (setembro de 2004), 349-99.
Calvó-Armengol, Antoni e Matthew O. Jackson, "The Effects of Social Networks on Employment and Inequality", *American Economic Review*, 94, 3 (2004), 426-54.
Carroll, Glenn R. e Albert C. Teo, "On the Social Networks of Managers", *Academy of Management Journal*, 39, 2 (1996), 421-40.
Cassill, Deby e Alison Watkins, "The Evolution of Cooperative Hierarchies through Natural Selection Processes", *Journal of Bioeconomics*, 12, (2010), 29-42.
Castells, Manuel, "Information Technology, Globalization and Social Development", United Nations Research Institute for Social Development Discussion Paper, n. 114 (setembro de 1999), 1-15.
Centola, Damon e Michael Macy, "Complex contagions and the weakness of long ties", *American Journal of Sociology*, 113, 3 (2007), 702-34.
Christakis, Nicholas A. e James H. Fowler, *Connected: The Surprising Power of Our Social Networks and How They Shape Our Lives* (Nova York: Little, Brown, 2009).
Cline, Diane H. e Eric H. Cline, "Text Messages, Tablets, and Social Networks: The 'Small World' of the Amarna Letters", in Jana Mynárová, Pavel Onderka and Peter Pavuk (orgs.), *There and Back Again – The Crossroads II: Proceedings of an International Conference Held in Prague*, 15-18 de setembro de 2014 (Praga: Charles University, 2015), 17-44.
Coleman, James S., "Social Capital in the Creation of Human Capital", *American Journal of Sociology*, 94 (188), S95-S120.
Collar, Anna, *Religious Networks in the Roman Empire: The Spread of New Ideas* (Nova York: Cambridge University Press, 2013).
Crane, Diana, "Social Structure in a Group of Scientists: A Test of the 'Invisible College Hypothesis'", *American Sociological Review*, 34, 3 (de junho de 1969), 335-52.
Currarini, Sergio, Matthew O. Jackson e Paolo Pin, "Identifying the Roles of Race-Based Choice and Chance in High School Friendship Network Formation", *Proceedings of the National Academy of Sciences*, 16 de março de 2010, 4857-61.
Dittrich, Luke, *Patient H.M.: A Story of Memory, Madness and Family Secrets* (Londres: Chatto & Windus, 2016) Dolton, Peter, "Identifying Social Network Effects", texto de trabalho, Departamento de Economia, University of Sussex (2017).
Dubreuil, Benoît, *Human Evolution and the Origins of Hierarchies: The State of Nature* (Cambridge: Cambridge University Press, 2010).
Dülmen, Richard van, *Der Geheimbund der Illuminaten: Darstellung, Analyse, Dokumentation* (Stutgart: Frommann-Holzboog, 1975).

Dunbar, R. I. M., "Coevolution of Neocortical Size, Group Size and Language in Humans", *Behavioral and Brain Sciences* 16, 4 (1993), 681-735.
Enrich, David, *The Spider Network: The Wild Story of a Math Genius, a Gang of Backstabbing Bankers, and One of the Greatest Scams in Financial History* (Nova York: HarperCollins, 2017).
Ferguson, Niall, "Complexity and Collapse: Empires on the Edge of Chaos", *Foreign Affairs*, 89, 2 (março/abril de 2010), 18-32.
Forestier, René Le, *Les illuminés de Bavière et la franc-maçonnerie allemande* (Paris: Hachette, 1915) Friedland, Lewis A., "Electronic Democracy and the New Citizenship", *Media Culture & Society*, 18 (1996), 185-212.
Fukuyama, Francis, *The Great Disruption: Human Nature and the Reconstitution of Social Order* (Nova York: The Free Press, 1999).
_____, *The Origins of Political Order: From Prehuman Times to the French Revolution* (Londres: Profile Books, 2011).
_____, *Political Order and Political Decay: From the Industrial Revolution to the Globalisation of Democracy* (Londres: Profile Books, 2014).
Goertzel, Ted, "Belief in Conspiracy Theories", *Political Psychology*, 15, 4 (dezembro de 1994), 731-42.
Goldberg, Amir, Sameer B. Srivastava, V. Govind Manian, William Monroe e Christopher Potts, "Fitting In or Standing Out? The Tradeoffs of Structural and Cultural Embeddedness", *American Sociological Review*, 81, 6 (2016): 1190-222.
Gorky, Maxim, trad. Ronald Wilks, *My Universities* (Londres: Penguin Books, 1979 [1922]).
Granovetter, Mark, "The Strength of Weak Ties", *American Journal of Sociology*, 78, 6 (maio de 1973), 1360-80.
_____, "The Strength of Weak Ties: A Network Theory Revisited", *Sociological Theory*, 1 (1983), 201-33.
Greif, Avner, "Contract Enforceability and Economic Institutions in Early Trade: The Maghribi Traders' Coalition", *American Economic Review*, 83, 3 (junho de 1993), 525-48.
_____, "Reputation and Coalitions in Medieval Trade: Evidence on the Maghribi Traders", *Journal of Economic History*, 49, 4 (dezembro de 1989), 857-82.
Grewal, David Singh, *Network Power: The Social Dynamics of Globalization* (New Haven: Yale University Press, 2008).
Harari, Yuval Noah, *Homo Deus: A Brief History of Tomorrow* (Nova York: Harper-Collins, 2017).
_____, *Sapiens: A Brief History of Humankind* (Nova York: HarperCollins, 2015).
Harrison, Richard J. e Glenn R. Carroll, "The Dynamics of Cultural Influence Networks", *Computational & Mathematical Organization Theory*, 8 (2002), 5-30.
Hataley, K. M., "In Search of the Illuminati: A Light Amidst Darkness", *Journal of the Western Mystery Tradition*, 23, 3 (2012).
Henrich, Joseph, *The Secret of Our Success: How Culture is Driving Human Evolution, Domesticating Our Species, and Making Us Smarter* (Princeton: Princeton University Press, 2016).

Heylighen, Francis, "From Human Computation to the Global Brain: The Self-Organization of Distributed Intelligence", in Pietro Michelucci (org.), *Handbook of Human Computation* (Nova York: Springer, 2013), 897-909.

_____, "The Global Superorganism: An Evolutionary-Cybernetic Model of the Emerging Network Society", *Social Evolution and History*, 1, 6 (2007), 57-117.

Hofman, Amos, "Opinion, Illusion, and the Illusion of Opinion: Barruel's Theory of Conspiracy", *Eighteenth-Century Studies*, 27, 1 (outono de 1993), 27-60.

Hofstadter, Richard, *The Paranoid Style in American Politics and Other Essays* (Nova York: Alfred A. Knopf, 1965).

Israel, Jonathan, *Democratic Enlightenment: Philosophy, Revolution, and Human Rights, 1750-1790* (Oxford: Oxford University Press, 2011).

Ito, Joi e Jeff Howe, *Whiplash: How to Survive Our Faster Future* (Nova York: Grand Central Publishing, 2016).

Jackson, Matthew O., "Networks in the Understanding of Economic Behaviors", *Journal of Economic Perspectives*, 28, 4 (2014), 3-22.

_____, *Social and Economic Networks* (Princeton: Princeton University Press, 2008).

Jackson, Matthew O. e Brian W. Rogers, "Meeting Strangers and Friends of Friends: How Random are Social Networks?" *American Economic Review*, 97, 3 (2007), 890-915.

Jackson, Matthew O., Tomas Rodriguez-Barraquer e Xu Tan, "Social Capital and Social Quilts: Network Patterns of Favor Exchange", *American Economic Review* 102, 5 (2012), 1857-97.

Jackson, Matthew O., Brian W. Rogers e Yves Zenou, "Connections in the Modern World: Network-Based Insights", 6 de março de 2015.

Jackson, Matthew O. e Brian W. Rogers, "Meeting Strangers and Friends of Friends: How Random are Social Networks?", *American Economic Review*, 97, 3 (2007), 890-915.

Kadushin, Charles, *Understanding Social Networks: Theories, Concepts, and Findings* (Nova York: Oxford University Press, 2012).

Katz, Elihu e Paul Felix Lazarsfeld, *Personal Influence: The Part Played by People in the Flow of Mass Communications* (Nova York: Free Press, 1955).

Khanna, Parag, *Connectography: Mapping the Global Network Revolution* (Londres: Weidenfeld & Nicolson, 2016).

Kleinbaum, Adam M., Toby E. Stuart e Michael L. Tushman, "Discretion Within Constraint: Homophily and Structure in a Formal Organization", *Organization Science*, 24, 5 (2013), 1316-36.

Knight, Peter, "Outrageous Conspiracy Theories: Popular and Official Responses to 9/11 in Germany and the United States", *New German Critique*, 103: conferência sobre *Dark Powers: Conspiracies and Conspiracy Theory in History and Literature* (inverno de 2008), 165-93.

Krueger, Rita, *Czech, German, and Noble: Status and National Identity in Habsburg Bohemia* (Oxford: Oxford University Press, 2009).

Landes, Richard, "The Jews as Contested Ground in Postmodern Conspiracy Theory", *Jewish Political Studies Review*, 19, 3/4 (Fall 2007), 9-34.

Leinesch, Michael, "The Illusion of the Illuminati: The Counterconspiratorial Origins of Post-Revolutionary Conservatism", in W. M. Verhoeven (org.), *Revolutionary Histories: Transatlantic Cultural Nationalism, 1775-1815* (Nova York: Palgrave Macmillan, 2002), 152-65.

Leskovec, Jure, Daniel Huttenlocher e Jon Kleinberg, "Signed Networks in Social Media", *CHI 2010* (10-15 de abril de 2010).

Liu, Ka-Yuet, Marissa King e Peter S. Bearman, "Social Influence and the Autism Epidemic", *American Journal of Sociology*, 115, 5 (2012), 1387-1434.

Livers, Keith, "The Tower or the Labyrinth: Conspiracy, Occult, and Empire-Nostalgia in the Work of Viktor Pelevin and Aleksandr Prokhanov", *Russian Review*, 69, 3 (julho de 2010), 477-503.

Loreto, Vittorio, Vito D. P. Servedio, Steven H. Strogatz e Francesca Tria, "Dynamics and Expanding Spaces: Modeling the Emergence of Novelties", in Mirko Degli Esposti, Eduardo G. Altmann e François Pachet. (orgs.), *Creativity and Universality in Language* (Berlin: Springer International Publishing, 2016), 59-83.

McArthur, Benjamin, "'They're Out to Get Us': Another Look at Our Paranoid Tradition", *History Teacher*, 29, 1 (novembro de 1995), 37-50.

McNeill, J. R. e William McNeill, *The Human Web: A Bird's-Eye View of Human History* (Nova York e Londres: W. W. Norton, 2003).

McPherson, Miller, Lynn Smith-Lovin e James M. Cook, "Birds of a Feather: Homophily in Social Networks", *Annual Review of Sociology*, 27 (2001), 415-44.

Markner, Reinhard, Monika Neugebauer-Wölk e Hermann Schüttler (orgs.), *Die Korrespondenz des Illuminatenordens*, vol. I: *1776-1781* (Tübingen: Max Niemeyer Verlag, 2005).

Massey, Douglas S., "A Brief History of Human Society: The Origin and Role of Emotion in Social Life", *American Sociological Review*, 67 (fevereiro de 2002), 1-29.

Melanson, Terry, *Perfectibilists: The 18th Century Bavarian Order of the Illuminati* (Walterville, OR: Trine Day, 2011).

Meumann, Markus e Olaf Simons, "Illuminati", in *Encyclopedia of the Bible and Its Reception*, vol. 12: *Ho Tsun Shen– Insult* (Berlin e Boston, MA: De Gruyter, 2016), colunas 880-3.

Milgram, Stanley, "Small-World Problem", *Psychology Today*, 1, 1 (maio de 1967), 61-7.

Moody, James, "Race, School Integration, and Friendship Segregation in America", *American Journal of Sociology*, 107, 3 (novembro de 2001), 679-716.

Moreno, J. L., *Who Shall Survive? Foundations of Sociometry, Group Psychotherapy and Sociodrama* (Beacon, NY: Beacon House Inc., 1953).

Moretti, Franco, "Network Theory, Plot Analysis", *Literary Lab*, Pamphlet 2, 1o de maio de 2011.

Nahon, Karine e Jeff Hemsley, *Going Viral* (Cambridge: Polity, 2013).

Oliver, Eric J. e Thomas J. Wood, "Conspiracy Theories and the Paranoid Style(s) of Mass Opinion", *American Journal of Political Science*, 58, 4 (outubro de 2014), 952-66.

Padgett, John F. e Paul D. McLean, "Organizational Invention and Elite Transformation: The Birth of Partnership Systems in Renaissance Florence", *American Journal of Sociology*, 111, 5 (março de 2006), 1463-568.

Padgett, John F. e Walter W. Powell, *The Emergence of Organizations and Markets* (Princeton: Princeton University Press, 2012).

Payson, Seth, *Proofs of the Real Existence, and Dangerous Tendency, of Illuminism: Containing an Abstract of the Most Interesting Parts of what Dr. Robison and the Abbe Barruel Have Published on this Subject, with Collateral Proofs and General Observations* (Charlestown: Samuel Etheridge, 1802).

Pinker, Susan, *The Village Effect: Why Face-to-Face Contact Matters* (Londres: Atlantic Books, 2015).

Ramo, Joshua Cooper, *The Seventh Sense: Power, Fortune, and Survival in the Age of Networks* (Nova York: Little, Brown, 2016).

Roberts, J. M., *The Mythology of the Secret Societies* (Londres: Secker & Warburg, 1971).

Rogers, Everett M., *Diffusion of Innovations*, 5a ed. (Nova York e Londres: Free Press, 2003).

Rosen, Sherwin, "The Economics of Superstars", *American Economic Review*, 71, 5 (dezembro de 1981), 845-58.

Sampson, Tony D., *Virality: Contagion Theory in the Age of Networks* (Minneapolis e Londres: University of Minnesota Press, 2012).

Schmidt, Eric e Jared Cohen, *The New Digital Age: Transforming Nations, Businesses, and Our Lives* (Nova York: Knopf Doubleday, 2013).

Schüttler, Hermann, *Die Mitglieder des Illuminatenordens, 1776-1787/93* (Munique: ars una, 1991).

_____, "Zwei freimaurerische Geheimgesellschaften des 18. Jahrhunderts im Vergleich: Strikte Observanz und Illuminatenorden", in Erich Donnert (org.), *Europa in der Frühen Neuzeit: Festschrift für Günter Mühlpfordt*, vol. IV: *Deutsche Aufklärung* (Weimar, Colônia e Viena: Böhlau, 1997), 521-44.

Simons, Olaf e Markus Meumann, "'Mein Amt ist geheime gewissens Correspondenz und unsere Brüder zu führen'. Bode als 'Unbekannter Oberer' des Illuminatenordens", in Cord-Friedrich Berghahn, Gerd Biegel e Till Kinzel (orgs.), *Johann Joachim Christoph Bode – Studien zu Leben und Werk* [*Germanisch-Romanische Monatsschrift, Beihefte*] (Heidelberg: Winter, 2017).

Slaughter, Anne-Marie, *The Chessboard and the Web: Strategies of Connection in a Networked World* (Henry L. Stimson Lectures) (New Haven: Yale University Press, 2017).

Smith-Doerr, Laurel a Walter W. Powell, "Networks and Economic Life", in Neil Smelser e Richard Swedberg (orgs.), *The Handbook of Economic Sociology* (Princeton: Princeton University Press, 2010), 379-402.

Solé, Ricard V. e Sergi Valverde, "Information Theory of Complex Networks: On Evolution and Architectural Constraints", *Lecture Notes in Physics*, 650 (2004), 189-207.

Stauffer, Vernon L., *New England and the Bavarian Illuminati: Studies in History, Economics and Political Law*, vol. 82, n. 1, 191 (Nova York: Columbia University Press, 1918).

Strogatz, Steven H., "Exploring Complex Networks", *Nature*, 410, 8 de março de 2001, 268-76.

Swami, Viren, Rebecca Coles, Stefan Stieger, Jakob Pietschnig, Adrian Furnham, Sherry Rehim e Martin Voracek, "Conspiracist Ideation in Britain and Austria: Evidence of a

Monological Belief System and Associations Between Individual Psychological Differences and Real-World and Fictitious Conspiracy Theories", *British Journal of Psychology*, 102 (2011), 443-63.

Syme, Ronald, *The Roman Revolution* (Oxford: Oxford University Press, 1960 [1939]).

Taleb, Nassim Nicholas, *Antifragile: Things That Gain from Disorder* (Nova York: Random House, 2012).

Turchin, Peter, Thomas E. Currie, Edward A. L. Turner e Sergey Gavrilets, "War, Space, and the Evolution of Old World Complex Societies", *Proceedings of the National Academy of Sciences*, 23 de setembro de 2013, 1-6.

Tutić, Andreas e Harald Wiese, "Reconstructing Granovetter's Network Theory", *Social networks*, 43 (2015), 136-48.

Van Dülmen, Richard, *The Society of the Enlightenment* (Cambridge: Polity Press, 1992).

Vera, Eugenia Roldán e Thomas Schupp, "Network Analysis in Comparative Social Sciences", *Comparative Education*, 42, 3, Número especial (32): *Comparative Methodologies in the Social Sciences: Cross-Disciplinary Inspirations* (agosto de 2006), 405-29.

Wäges, Josef e Reinhard Markner (orgs.), *The Secret School of Wisdom: The Authentic Rituals and Doctrines of the Illuminati*, trad. Jeva Singh-Anand (Addlestone: Lewis Masonic, 2015).

Waterman, Bryan, "The Bavarian Illuminati, the Early American Novel, and Histories of the Public Sphere", *William and Mary Quarterly*, 3a série, 62, 1 (janeiro de 2005), 9-30.

Watts, Duncan J., "Networks, Dynamics, and the Small-World Phenomenon", *American Journal of Sociology*, 105, 2 (1999), 493-527.

_____, *Six Degrees: The Science of a Connected Age* (Londres: Vintage, 2004).

Watts, Duncan J. e Steven H. Strogatz, "Collective Dynamics of 'Small-World' Networks", *Nature*, 393 (4 de junho de 1998), 400-42.

West, Geoffrey, "Can There Be a Quantitative Theory for the History of Life and Society?" *Cliodynamics*, 2, 1 (2011), 208-14.

_____, *Scale: The Universal Laws of Growth, Innovation, Sustainability, and the Pace of Life in Organisms, Cities, Economies, and Companies* (Nova York: Penguin Random House, 2017).

II. IMPERADORES E EXPLORADORES

Adamson, John, *The Noble Revolt: The Overthrow of Charles I* (Londres: Weidenfeld & Nicolson, 2007).

Ahnert, Ruth e Sebastian E. Ahnert, "Metadata, Surveillance, and the Tudor State", texto não publicado (2017).

_____, "Protestant Letter Networks in the Reign of Mary I: A Quantitative Approach", *ELH*, 82, 1 (primavera de 2015), 1-33.

Allen, Robert e Leander Heldring, "The Collapse of the World's Oldest Civilization: The Political Economy of Hydraulic States and the Financial Crisis of the Abbasid Caliphate", texto de trabalho (2016).

Barnett, George A. (org.), *Encyclopedia of Social Networks*, 2 vols. (Los Angeles e Londres: SAGE Publications, Inc., 2011).
Bryc, Katarzyna et al., "Genome-Wide Patterns of Population Structure and Admixture among Hispanic/Latino Populations", *Proceedings of the National Academy of Sciences*, 107, Suplemento 2: *In the Light of Evolution*, IV: *The Human Condition* (11 de maio de 2010), 8954-61.
Burbank, Jane and Frederick Cooper, *Empires in World History: Power and the Politics of Difference* (Princeton e Oxford: Princeton University Press, 2011).
Chang, T'ien-Tse, *Sino-Portuguese Trade from 1514-1644: A Synthesis of Portuguese and Chinese Sources* (Nova York: AMS Press, 1978).
Christian, David, "Silk Roads or Steppe Roads? The Silk Roads in World History", *Journal of World History*, 11, 1 (2000), 1-26.
Cline, Diane Harris, "Six Degrees of Alexander: Social Network Analysis as a Tool for Ancient History", *Ancient History Bulletin*, 26 (2012), 59-69.
Coase, Ronald, "The Problem of Social Cost", *Journal of Law and Economics*, 3 (outubro de 1960), 1-44.
Cotrugli, Benedetto, *The Book of the Art of Trade*, Carlo Carraro e Giovanni Favero (orgs.), trad. John Francis Phillimore (Londres: Palgrave Macmillan, 2016).
Dittmar, Jeremiah E., "Information Technology and Economic Change: The Impact of The Printing Press", *Quarterly Journal of Economics*, 126, 3 (2011), 1133-72.
_____ e Skipper Seabold, "Media, Markets, and Radical Ideas: Evidence from the Protestant Reformation", texto de trabalho (22 de fevereiro de 2016).
Ferguson, Niall, *Civilization: The West and the Rest* (Londres: Allen Lane, 2011).
Frankopan, Peter, *The Silk Roads: A New History of the World* (Nova York: Knopf Doubleday, 2016).
Garcia-Zamor, Jean-Claude, "Administrative Practices of the Aztecs, Incas, and Mayas: Lessons for Modern Development Administration", *International Journal of Public Administration*, 21, 1 (1998), 145-71.
Geiss, James, "The Chang-te Reign, 1506-1521", in D. C. Twitchett e F. W. Mote (orgs.), *The Cambridge History of China*, vol. VIII, *The Ming Dynasty, 1368-1644, Parte 2* (Cambridge: Cambridge University Press, 1998), 403-39.
Gellner, Ernest, *Nations and Nationalism* (Oxford: Blackwell, 1983).
Gleick, James, *The Information: A History, a Theory, a Flood* (Nova York: Pantheon, 2011).
Harland, Philip A., "Connections with Elites in the World of the Early Christians", in Anthony J. Blasi, Paul A. Turcotte e Jean Duhaime (orgs.), *Handbook of Early Christianity: Social Science Approaches* (Walnut Creek, CA: Altamira Press, 2002), 385-408.
Heady, Ferrel, *Public Administration: A Comparative Perspective* (Nova York: Marcel Dekker, Inc., 2001).
Ishiguro, Kazuo, *The Buried Giant* (Nova York: Knopf, 2015).
McNeill, William H., "What If Pizarro Had Not Found Potatoes in Peru?", in Robert Cowley (org.), *What If? 2: Eminent Historians Imagine What Might Have Been* (Nova York: G. P. Putnam's Sons, 2001), 413-29.

Malkin, Irad, *A Small Greek World: Networks in the Ancient Mediterranean* (Nova York e Oxford: Oxford University Press, 2011).

Mann, Charles W., *1493: Uncovering the New World Columbus Created* (Nova York: Vintage, 2011).

Morrissey, Robert Michael, "Archives of Connection: "Whole Network" Analysis and Social History", *Historical Methods: A Journal of Quantitative and Interdisciplinary History*, 48, 2 (2015), 67-79.

Namier, Lewis, *The Structure of Politics at the Accession of George III*, 2a ed. (Londres: Macmillan, 1957 [1929]).

Naughton, John, *From Gutenberg to Zuckerberg: What You Really Need to Know about the Internet* (Londres: Quercus, 2012).

Padgett, John F., "Marriage and Elite Structure in Renaissance Florence, 1282-1500", *Redes, Revista Hispana para el Análisis de Redes Sociales*, 21, 1 (2011), 71-97.

_____ e Christopher K. Ansell, "Robust Action and the Rise of the Medici, 1400-1434", *American Journal of Sociology*, 98, 6 (maio de 1993), 1259-1319.

Pettegree, Andrew, *Brand Luther: 1517, Printing, and the Making of the Reformation* (Nova York: Penguin Books, 2015).

Rodrigues, Jorge e Tessaleno Devezas, *Pioneers of Globalization: Why the Portuguese Surprised the World* (Lisboa: Centro Atlântico, 2007).

Scheidel, Walter, "From the 'Great Convergence' to the 'First Great Divergence': Roman and Qin-Han State Formation and Its Aftermath", Princeton/Stanford Working Papers in Classics (novembro de 2007).

Sen, Tansen, "The Formation of Chinese Maritime Networks to Southern Asia, 1200-1450", *Journal of the Economic and Social History of the Orient*, 49, 4 (2006), 421-53.

Smail, Daniel Lord, *On Deep History and the Brain* (Berkeley: University of California Press, 2008).

Smith, Monica L., "Networks, Territories, and the Cartography of Ancient States", *Annals of the Association of American Geographers*, 95, 4 (2005), 832-49.

Stark, Rodney, "Epidemics, Networks, and the Rise of Christianity", *Semeia*, 56 (1992), 159-75.

Tainter, Joseph A., "Problem Solving: Complexity, History, Sustainability", *Population and Environment*, 22, 1o de setembro de 2000), 3-40.

Tocqueville, Alexis de, *Democracy in America*, trad. Harvey C. Mansfield e Delba Winthrop (Chicago: University of Chicago Press, 2000).

Turchin, Peter, Thomas E. Currie, Edward A. L. Turner e Sergey Gavrilets, "War, Space, and the Evolution of Old World Complex Societies", *Proceedings of the National Academy of Sciences*, 23 de setembro de 2013, 1-6.

Wade, G., "Melaka in Ming Dynasty Texts", *Journal of the Malaysian Branch of the Royal Asiatic Society*, 70, 1, 272 (1997), 31-69.

Wills, John E. Jr. (org.), *China and Maritime Europe, 1500-1800: Trade, Settlement, Diplomacy, and Missions* (Cambridge: Cambridge University Press, 2011), 24-51.

Yupanqui, Titu Cusi, *An Inca Account of the Conquest of Peru*, trad. Ralph Bauer (Boulder: University Press of Colorado, 2005).

Zuñiga, Jean-Paul, "Visible Signs of Belonging", in Pedro Cardim, Tamar Herzog, José Javier Ruiz Ibáñez e Gaetano Sabatini (orgs.), *Polycentric Monarchies: How Did Early Modern Spain and Portugal Achieve and Maintain a Global Hegemony?* (Eastbourne: Sussex University Press, 2013), 125-46.

III. LETRAS E LOJAS

Arcenas, Claire e Caroline Winterer, "The Correspondence Network of Benjamin Franklin: The London Decades, 1757-1775", texto não publicado.

Bailyn, Bernard, *The Ideological Origins of the American Revolution* (Cambridge: Harvard University Press, 1967).

Borneman, Walter R., *American Spring: Lexington, Concord, and the Road to Revolution* (Nova York: Little, Brown, 2014).

Bullock, Steven C., *Revolutionary Brotherhood: Freemasonry and the Transformation of the American Social Order, 1730-1840* (Chapel Hill, NC: University of North Carolina Press, 2011).

Cantoni, Davide, Jeremiah Dittmar e Noam Yuchtman, "Reformation and Reallocation: Religious and Secular Economic Activity in Early Modern Germany", texto de trabalho (novembro de 2016).

Caracausi, Andrea e Christof Jeggle (orgs.), *Commercial Networks and European Cities, 1400-1800* (Londres e Nova York: Routledge, 2015).

Carneiro, A. et al., "Enlightenment Science in Portugal: The Estrangeirados and Their Communication Networks", *Social Studies of Science*, 30, 4 (2000), 591-619.

Clark, J. C. D., *The Language of Liberty, 1660-1832: Political Discourse and Social Dynamics in the Anglo-American World* (Cambridge: Cambridge University Press, 1994).

Comsa, Maria Teodora, Melanie Conroy, Dan Edelstein, Chloe Summers Edmondson e Claude Willan, "The French Enlightenment Network", *Journal of Modern History*, 88 (setembro de 2016), 495-534.

Danskin, Julie, "The "Hotbed of Genius": Edinburgh's Literati and the Community of the Scottish Enlightenment", *eSharp*, Número especial 7: *Real and Imagined Communities* (2013), 1-16.

Dittmar, Jeremiah E., "Ideas, Technology, and Economic Change: The Impact of the Printing Press", rascunho (13 de março de 2009).

_____, "The Welfare Impact of a New Good: The Printed Book", texto de trabalho (27 de fevereiro de 2012).

Edelstein, Dan, Paula Findlen, Giovanna Ceserani, Caroline Winterer e Nicole Coleman, "Historical Research in a Digital Age: Reflections from the Mapping the Republic of Letters Project", *American Historical Review* (abril de 2017), 400-424.

Eire, Carlos M. N. *Reformations: The Early Modern World, 1450-1650* (New Haven, CT, e Londres: Yale University Press, 2016).

BIBLIOGRAFIA

Erikson, Emily, *Between Monopoly and Free Trade: The English East India Company, 1600-1757* (Princeton e Oxford: Princeton University Press, 2014).

Erikson, Emily e Peter Shawn Bearman, "Malfeasance and the Foundations for Global Trade: The Structure of English Trade in the East Indies, 1601-1833", *American Journal of Sociology*, 112 (2006), 195-230.

Fischer, David Hackett, *Paul Revere's Ride* (Oxford: Oxford University Press, 1995).

Gestrich, Andreas e Margrit Schulte Beerbühl, *Cosmopolitan Networks in Commerce and Society, 1660-1914*. (Londres: German Historical Institute, 2011).

Gladwell, Malcolm, *The Tipping Point: How Little Things Can Make a Big Difference* (Nova York: Hachette Book Group: 2006).

Goodman, Dena, "Enlightenment Salons: The Convergence of Female and Philosophic Ambitions", *Eighteenth-Century Studies*, 22, 3 (1989), Número especial: *The French Revolution in Culture*, 329-50.

———, *The Republic of Letters* (Ithaca, NY: Cornell University Press, 1996).

Hackett, David G., *That Religion in Which All Men Agree: Freemasonry in American Culture* (Berkeley e Los Angeles: University of California Press, 2014).

Hamilton, Alexander, *The Complete Works of Alexander Hamilton*. Henry Cabot Lodge (Amazon Digital Services for Kindle, 2011).

Han, Shin-Kap, "The Other Ride of Paul Revere: The Brokerage Role in the Making of the American Revolution", *Mobilization: An International Quarterly* 14, 2 (2009), 143-62.

Hancock, David, "The Trouble with Networks: Managing the Scots' Early-Modern Madeira Trade", *Business History Review*, 79, 3 (2005), 467-91.

Hatch, Robert A., "Between Erudition and Science: The Archive and Correspondence Network of Ismaël Boulliau", in Michael Hunter (org.), *Archives of the Scientific Revolution: The Formation and Exchange of Ideas in Seventeenth-Century Europe* (Woodbridge: Boydell Press, 1998), 49-71.

Hodapp, Christopher, *Solomon's Builders: Freemasons, Founding Fathers and the Secrets of Washington D.C.* (Berkeley: Ulysses Press, 2009).

Home, John, *Douglas: A Tragedy in Five Acts* (Nova York e Londres: S. French & Son, 1870).

Johnstone, Jeffrey M., "Sir William Johnstone Pulteney and the Scottish Origins of Western Nova York", *Crooked Lake Review* (verão de 2004): <www.crookedlakereview.com/artic les/101_135/132summer2004/132johnstone.html>.

Lamikiz, Xabier, *Trade and Trust in the Eighteenth-Century Atlantic World: Spanish Merchants and Their Overseas Networks* (Londres e Woodbridge: The Royal Historical Society e Boydell Press, 2010).

Lilti, Antoine, *The World of the Salons* (Oxford: Oxford University Press, 2015).

Lux, David S. e Harold J. Cook, "Closed Circles or Open Networks? Communication at a Distance during the Scientific Revolution", *History of Science*, 36 (1998), 179-211.

Middlekauff, Robert, *The Glorious Cause: The American Revolution, 1763-1789* (Oxford: Oxford University Press, 2007).

Morse, Sidney, *Freemasonry in the American Revolution* (Washington, DC: Masonic Service Association, 1924).
Owen, John M., IV, *The Clash of Ideas in World Politics: Transnational Networks, States, and Regime Change, 1510-2010* (Princeton and Oxford: Princeton University Press, 2010).
Patterson, Richard S. e Richardson Dougall, *The Eagle and the Shield* (Washington, DC: US Government Printing Office, 1976).
Rothschild, Emma, *The Inner Life of Empires: An Eighteenth-Century History* (Princeton: Princeton University Press, 2011).
Rusnock, Andrea, "Correspondence Networks and the Royal Society, 1700-1750", *British Journal for the History of Science*, 32, 2 (junho de 1999), 155-69.
Schich, Maximilian, Chaoming Song, Yong-Yeol Ahn, Alexander Mirsky, Mauro Martino, Albert-László Barabási e Dirk Helbing, "A Network Framework of Cultural History", *Science* 345, 558 (2014), 558-62.
Starr, Paul, *The Creation of the Media: Political Origins of Modern Communications* (Nova York: Basic Books, 2004).
Taylor, P. J., M. Hoyler e D. M. Evans, "A Geohistorical Study of 'the Rise of Modern Science': Mapping Scientific Practice through Urban Networks, 1500-1900", *Minerva*, 46, 4 (2008), 391-410.
Winterer, Caroline, "Where is America in the Republic of Letters?", *Modern Intellectual History*, 9, 3 (2012), 597-623.
Wood, Gordon S., *The American Revolution: A History* (Modern Library Chronicles Series Book 9) (Nova York: Random House, 2002).
York, Neil L., "Freemasons and the American Revolution", *The Historian*, 55, 2 (inverno de 1993), 315-30.

IV. A RESTAURAÇÃO DA HIERARQUIA

Andress, David (org.), *The Oxford Handbook of the French Revolution* (Oxford: Oxford University Press: 2015).
Anon., *The Hebrew Talisman* (Londres: W. Whaley, 1840).
Anon., *The Annual Register, Or, A View of the History, Politics, and Literature for the Year 1828* (Londres: Baldwin & Cradock, 1829).
Aspinall, A. (org.), *The Letters of King George IV, 1812-30*, 3 vols. (Cambridge: Cambridge University Press, 1938).
Balla, Ignác, *The Romance of the Rothschilds* (Londres: E. Nash, 1913).
Benson, Arthur Christopher e visconde Esher, *The Letters of Queen Victoria: A Selection from Her Majesty's Correspondence between the Years 1837 and 1861*, vol. I: *1837-1843* (Londres: John Murray, 1908).
Bernstein, Herman (org.), *The Willy–Nicky Correspondence, Being the Secret and Intimate Telegrams Exchanged between the Kaiser and the Tsar* (Nova York: Alfred A. Knopf, 1918).

Bew, John, *Castlereagh: A Life* (Oxford: Oxford University Press, 2012).
Buxton, Charles (org.), *Memoirs of Sir Thomas Fowell Buxton*, 5a ed. (Londres: John Murray, 1866).
Capefigue, Jean Baptiste Honoré Raymond, *Histoire des grandes opérations financières: banques, bourses, emprunts, compagnies industrielles etc.*, vol. III: Emprunts, bourses, crédit public. Grands capitalistes de l'Europe, 1814-1852 (Paris: Librairie d'Amyot, 1858).
Cathcart, Brian, *The News from Waterloo* (Londres: Faber & Faber, 2016).
Chateaubriand, François René, visconde de, *Correspondance générale de Chateaubriand*, vol. III (Paris: H. et E. Champion, 1913).
Clark, Ian, *Hegemony in International Society* (Oxford: Oxford University Press, 2011).
Clausewitz, Carl von, *On War*, org. Beatrice Hauser, trad. Michael Howard e Peter Paret (Oxford: Oxford University Press, 2007).
Colley, Linda, *Britons: Forging the Nation* (New Haven, CT, e Londres.: Yale University Press, 1992).
Corti, Egon Caesar Conte, *Alexander of Battenberg* (Londres: Cassell & Co., 1954).
_____, *The Rise of the House of Rothschild* (Nova York: Cosmopolitan Book Corporation, 1928).
Cowles, Virginia, *The Rothschilds: A Family of Fortune* (Nova York: Alfred A. Knopf, 1973).
Dairnvæll, Georges ["Satan" (pseud.)], *Histoire édifiante et curieuse de Rothschild Ier, roi des Juifs* (Paris: n.p., 1846).
Davis, David Brion, *Inhuman Bondage: The Rise and Fall of Slavery in the New World* (Nova York: Oxford University Press, 2006).
Davis, Richard W., *The English Rothschilds* (Londres: Collins, 1983). Dimock, Liz, "Queen Victoria, Africa and Slavery: Some Personal Associations", texto apresentado para a conferência AFSAAP (2009).
Drescher, Seymour, "Public Opinion and Parliament in the Abolition of the British Slave Trade", *Parliamentary History, 26, 1* (2007), 42-65.
Dugdale, E. T. S. (org.), *German Diplomatic Documents, 1871-1914*, 4 vols. (Londres: Harper, 1928).
Ferguson, Niall, *The World's Banker: The History of the House of Rothschild* (Londres: Weidenfeld & Nicolson, 1998).
Fournier-Verneuil, M., *Paris: Tableau moral et philosophique* (Paris: n.p., 1826).
Gille, Bertrand, *Histoire de la maison Rothschild*, vol. I: Des origines à 1848 (Geneva: Librairie Droz, 1965) Glanz, Rudolf, "The Rothschild Legend in America", *Jewish Social Studies*, 19 (1957), 3-28.
Gould, Roger V., "Patron–Client Ties, States Centralization, and the Whiskey Rebellion", *American Journal of Sociology*, 102, 2 (setembro de 1996), 400-29.
Hinsley, F. H., *Power and the Pursuit of Peace: Theory and Practice in the History of the Relations between States* (Cambridge: Cambridge University Press, 1963).
Holsti, Kalevi, "Governance Without Government: Polyarchy in Nineteenth-Century European International Politics", in Kalevi, *Kalevi Holsti: Major Texts on War, the State, Peace, and International Order* (Nova York: Springer, 2016), 149-71.

Iliowzi, Henry, *"In the Pale": Stories and Legends of the Russian Jews* (Filadélfia: Jewish Publication Society of America, 1897).
Kissinger, Henry, *Diplomacy* (Nova York: Simon & Schuster, 2011).
_____, *World Order* (Londres e Nova York: Penguin Press, 2014).
_____, *A World Restored* (Nova York e Londres: Houghton Miflin/Weidenfeld and Nicolson, 1957).
Kynaston, David, *The City of London: A World of Its Own* (Londres: Chatto & Windus, 1994).
Lamoreaux, Naomi R., Daniel M. G. Raff e Peter Temin, "Beyond Markets and Hierarchies: Toward a New Synthesis of American Business History", NBER Working Paper n. 9029 (julho de 2002), 1-63.
Lefebvre, Georges, *The Great Fear of 1789: Rural Panic in Revolutionary France* (Princeton: Princeton University Press, 2014).
Levy, Jack S., *War in the Modern Great Power System* (Lexington, KY: University Press of Kentucky, 1983).
Liedtke, Rainer, *N. M. Rothschild & Sons: Kommunikationswege im europäischen Bankenwesen im 19. Jahrhundert* (Colônia, Weimar e Viena: Böhlau, 2006).
Lipp, C. e L. Krempel, "Petitions and the Social Context of Political Mobilization in the Revolution of 1848/49: A Microhistorical Actor-Centred Network Analysis", *International Review of Social History*, 46, Supplement 9, (dezembro de 2001), 151-69.
Loewe, Louis (org.), *Diaries of Sir Moses and Lady Montefiore*, 2 vols. (Oxford, 1983).
Maylunas, Andrei e Sergei Mironenko, *A Lifelong Passion: Nicholas and Alexandra, Their Own Story* (Londres: Weidenfeld & Nicolson,1996).
Moon, Francis C., *Social Networks in the History of Innovation and Invention* (Dordrecht: Springer, 2014).
Pearson, Robin e David Richardson, "Business Networking in the Industrial Revolution", *Economic History Review*, 54, 4 (novembro de 2001), 657-79.
Prawer, S.S., *Heine's Jewish Comedy: A Study of His Portraits of Jews and Judaism* (Oxford: Clarendon Press, 1983).
Pückler-Muskau, Hermann Fürst von, *Briefe eines Verstorbenen: Vollständige Ausgabe*, ed. Heinz Ohff (Berlim: Kupfergraben Verlagsgesellschaft, 1986).
Quennell, Peter (org.), *The Private Letters of Princess Lieven to Prince Metternich, 1820-1826* (Londres: John Murray, 1937).
Ranke, Leopold von, "The Great Powers", in R. Wines (org.), *The Secret of World History: Selected Writings on the Art and Science of History* (Nova York: Fordham University Press, 1981 [1833]), 122-55.
Reeves, John, *The Rothschilds: The Financial Rulers of Nations* (Londres: Sampson Low, Marston, Searle and Rivington, 1887).
Roberts, Andrew, *Napoleon: A Life* (Londres: Viking, 2014).
Rothschild, Lord [Victor], *The Shadow of a Great Man* (Londres: publicação particular, 1982).
Rubens, Alfred, *Anglo-Jewish Portraits* (Londres: Jewish Museum, 1935).

Ryden, David Beck, "Does Decline Make Sense? The West Indian Economy and the Abolition of the British Slave Trade", *Journal of Interdisciplinary History*, 31, 3 (2001), 347-74.
Schroeder, Paul, *The Transformation of European Politics, 1763-1848* (Oxford: Oxford University Press, 1994).
Schwemer, Richard, *Geschichte der Freien Stadt Frankfurt a. M. (1814-1866)*, vol. II (Frankfurt am Main: J. Baer & Co., 1912).
Serre, conde Pierre François Hercule de, *Correspondance du comte de Serre 1796-1824, annotée et publiée par son fils*, vol. IV (Paris: Auguste Vaton, 1876).
Shy, John, "Jomini", in Peter Paret (org.), *Makers of Modern Strategy* (Princeton: Princeton University Press, 1986), 143-85.
Slantchev, B., "Territory and Commitment: The Concert of Europe as Self-Enforcing Equilibrium", *Security Studies*, 14, 4 (2005), 565-606.
Stendhal, *The Red and the Black: A Chronicle of the Nineteenth Century*, trad. C. K. Scott Moncrieff (Nova York: Modern Library, 1926 [1830])
Tackett, Timothy, "La grande peur et le complot aristocratique sous la Révolution française", *Annales historiques de la Révolution française*, 335 (janeiro-março de 2004), 1-17.
Williams, Eric, *Capitalism and Slavery* (Chapel Hill, NC: University of North Carolina Press, 1944).

V. CAVALEIROS DA TÁVOLA REDONDA

Allen, Peter, *The Cambridge Apostles: The Early Years* (Cambridge e Nova York: Cambridge University Press, 1978).
Andrew, Christopher, *The Defence of the Realm: The Authorized History of MI5* (Londres: Allen Lane, 2009).
_____ e Oleg Gordievsky, *KGB: The Inside Story of Its Foreign Operations from Lenin to Gorbachev* (Londres: Hodder & Stoughton, 1990).
Ansell, Christopher K., "Symbolic Networks: The Realignment of the French Working Class, 1887-1894", *American Journal of Sociology*, 103, 2 (setembro de 1997), 359-90.
Antal, Tibor, Paul Krapivsky e Sidney Redner, "Social Balance on Networks: The Dynamics of Friendship and Enmity", *Physica D*, 224, 130 (2006), 130-6.
Berlin, Isaiah, "Meetings with Russian Writers in 1945 and 1956", in Berlin, *Personal Impressions* (Nova York: Random House, 2012).
Brudner, Lilyan A. e Douglas R. White, "Class, Property and Structural Endogmany: Visualizing Networked Histories", *Theory and Society*, 26, 26 (1997).
Bryce, James, "Kearneyism in California", in *The American Commonwealth*, vol. II, 2a ed. (Londres: Macmillan and Co., 1891).
Campbell, Cameron, e James Lee, "Kin Networks, Marriage, and Social Mobility in Late Imperial China", *Social Science History*, 32 (2008), 174-214.
Cannadine, David, *Ornamentalism: How the British Saw Their Empire* (Londres: Allen Lane, 2001).

Carnegie, Andrew, "Wealth", *North American Review*, 391 (junho de 1889).
Chi, Sang-Hyun, Colin Flint, Paul Diehl, John Vasquez, Jürgen Scheffran, Steven M. Radil, e Toby J. Rider, "The Spatial Diffusion of War: The Case of World War I", 대한지리학회지, 49, 1 (2014), 57-76.
Clark, Christopher, *The Sleepwalkers: How Europe Went to War in 1914* (Nova York: Harper, 2013).
Collins, Damian, *Charmed Life: The Phenomenal World of Philip Sassoon* (Londres: William Collins, 2016).
Cooke, George Wingrove, *China: Being "The Times" Special Correspondence from China in the Years 1857-58* (Londres: Routledge & Co., 1858).
Darwin, John, *The Empire Project: The Rise and Fall of the British World System, 1830-1970* (Cambridge: Cambridge University Press, 2009).
Deacon, Richard, *The Cambridge Apostles: A History of Cambridge University's Elite Intellectual Secret Society* (Londres: R. Royce, 1985).
Dean, Warren, *Brazil and the Struggle for Rubber: A Study in Environmental History* (Cambridge: Cambridge University Press, 1987).
Dolton, Peter, "Identifying Social Network Effects", texto não publicado, Departamento de Economia, Universidade de Sussex (2017).
Duara, Prasenjit, *Culture, Power and the State: Rural North China, 1900-1942* (Stanford: Stanford University Press, 1998).
Ferguson, Niall, *Empire: How Britain Made the Modern World* (Londres: Allen Lane, 2003).
Flandreau, Marc and Clemens Jobst, "The Ties That Divide: A Network Analysis of the International Monetary System, 1890-1910", *Journal of Economic History*, 65, 4 (dezembro de 2005), 977-1007.
Fontane, Theodor, *Der Stechlin* (Stutgart: Deutscher Bücherbund, 1978 [1899]).
Forster, E. M., *Howard's End* (Nova York: A. A. Knopf, 1921).
_____, *What I Believe* (Londres: Hogarth Press, 1939).
Garton Ash, Timothy, *Free Speech: Ten Principles for a Connected World* (New Haven, CT: Yale University Press, 2016).
Gartzke, Erik e Yonatan Lupu, "Trading on Preconceptions: Why World War I was Not a Failure of Economic Interdependence", *International Security*, 36, 4 (2012), 115-50.
Gibson, Otis, *The Chinese in America* (Cincinnati: Hitchcock and Walden, 1877).
Gooch, Lady Emily Burder (org.), *Diaries of Sir Daniel Gooch, Baronet* (Londres: K. Paul, Trench Trübner & Co., 1892).
Hale, Keith (org.), *Friends and Apostles: The Correspondence of Rupert Brooke and James Strachey, 1905-1914* (New Haven, CT, e Londres: Yale University Press, 1998).
Harvey, William Hope, *Coin's Financial School* (Chicago: Coin Publishing Company, 1894).
Heidler, Richard, Markus Gamper, Andreas Herz e Florian Esser, "Relationship Patterns in the 19th century: The Friendship Network in a German Boys' School Class from 1880 to 1881 Revisited", *Social Networks*, 37 (2014), 1-13.

Ingram, Paul e Adam Lifschitz, "Kinship in the Shadow of the Corporation: The Interbuilder Network in Clyde River Shipbuilding, 1711-1990", *American Sociological Review*, 71 (2003), 334-52.

Jackson, Joe, *The Thief at the End of the World: Rubber, Power, and the Seeds of Empire* (Nova York e Londres: Viking/Duckworth Overlook, 2008).

Jones, Charles, "The Ottoman Front and British Propaganda: John Buchan's *Green mantle* ", in Maximilian Lakitsch, Susanne Reitmair e Katja Seidel (orgs.), *Bellicose Entanglements 1914: The Great War as Global War* (Zurich: Lit-Verlag, 2015), 157-74.

Keller, Franziska Barbara, "How to Spot a Successful Revolution in Advance: Results from Simulations on Protest Spread along Social Networks in Heterogeneous Societies", texto não publicado (s.d.).

_____, "'Yes, Emperor' – Controlling the Bureaucracy in an Authoritarian Regime: On the Appointment of Qing Dynasty Provincial Governors, 1644-1912", texto não publicado (março de 2013).

Kissinger, Henry, *World Order* (Londres e Nova York: Viking, 2014).

Klaus, Ian, *Forging Capitalism: Rogues, Swindlers, Frauds, and the Rise of Modern Finance* (Yale Series in Economic and Financial History) (New Haven: Yale University Press, 2014).

Kuhn, Philip A., *Soulstealers: The Chinese Sorcery Scare of 1758* (Cambridge, MA: Harvard University Press, 1995).

Lebow, Richard Ned, "Contingency, Catalysts and Non-Linear Change: The Origins of World War I", in Gary Goertz e Jack S. Levy (orgs.), *Explaining War and Peace: Case Studies and Necessary Condition Counterfactuals* (Abingdon: Routledge, 2007), 85-112.

Lee, Erika, *At America's Gates: Chinese Immigration during the Exclusion Era, 1882-1943* (Chapel Hill, NC: University of North Carolina Press, 2003).

Lester, Alan, "Imperial Circuits and Networks: Geographies of the British Empire", *History Compass*, 4, 1 (2006), 124-41.

Levy, Paul, *Moore: G. E. Moore and the Cambridge Apostles* (Londres: Weidenfeld & Nicolson, 1979).

Lipp, Carola, "Kinship Networks, Local Government, and Elections in a Town in Southwest Germany, 1800-1850", *Journal of Family History*, 30, 4 (outubro de 2005), 347-65.

Louw, P. Eric, *The Rise, Fall, and Legacy of Apartheid* (Westport, CT, e Londres: Praeger, 2004).

Lownie, Andrew, *Stalin's Englishman: The Lives of Guy Burgess* (Londres: Hodder & Stoughton, 2015).

Lubenow, W. C., *The Cambridge Apostles, 1820-1914: Liberalism, Imagination, and Friendship in British Intellectual and Professional Life* (Cambridge: Cambridge University Press, 1998).

McGuinness, Brian, *Wittgenstein: A Life*, vol. I: *Young Ludwig, 1889-1921* (Londres: Duckworth, 1988).

McIntyre, Ben, *A Spy among Friends: Kim Philby's Great Betrayal* (Nova York: Crown, 2014).

McKeown, Adam, "Chinese Emigration in Global Context, 1850-1940", *Journal of Global History*, 5, 1 (março de 2010), 95-124.

Magubane, Bernard M., *The Making of a Racist State: British Imperialism and the Union of South Africa, 1875-1910* (Trenton, NJ, e Asmara, Eritrea: Africa World Press, Inc., 1996).
Maoz, Zeev, *Networks of Nations: The Evolution, Structure, and Impact of International Networks, 1816-2001* (Cambridge e Nova York: Cambridge University Press, 2011).
Marks, Shula e Stanley Trapido, "Lord Milner and the South African State", *History Workshop*, 8 (outono de 1979), 50-80.
May, Alex, "Milner's Kindergarten (ativo 1902-1910)", *Oxford Dictionary of National Biography* (Oxford: Oxford University Press, 2005).
Moretti, Enrico, "Social Networks and Migrations: Italy 1876-1913", *International Migration Review*, 33, 3 (1999), 640-58.
Nimocks, Walter, *Milner's Young Men: The "Kindergarten" in Edwardian Imperial Affairs* (Durham, NC: Duke University Press, 1968).
Offer, Avner, *The First World War: An Agrarian Interpretation* (Oxford: Oxford University Press, 1990).
Oxford e Asquith, Earl of, *Memories and Reflections, 1852-1927*, 2 vols. (Londres e Boston, MA: Cassell/Little, Brown, 1928).
Plakans, Andrejs e Charles Wetherell, "The Kinship Domain in an East European Peasant Community: Pinkenhof, 1833-1850", *American Historical Review*, 93, 2 (abril de 1988), 359-86.
Platt, Stephen, *Autumn in the Heavenly Kingdom: China, the West, and the Epic Story of the Taiping Civil War* (Nova York: Alfred A. Knopf, 2012).
Potter, Simon J., "Webs, Networks, and Systems: Globalization and the Mass Media in the Nineteenth- and Twentieth-Century British Empire", *Journal of British Studies*, 46, 3 (julho de 2007), 621-46.
Quigley, Carroll, *The Anglo-American Establishment: From Rhodes to Cliveden* (Nova York: Books in Focus, 1981).
Roldan Vera, E. e T. Schupp, "Bridges over the Atlantic: A Network Analysis of the Introduction of the Monitorial System of Education in Early-Independent Spanish America", in J. Schriewer e M. Caruso (orgs.), *Nationalerziehung und Universalmethode – frühe Formen schulorganizatorischer Globalisierung* (Leipzig: Leipziger Universitätsverlag, 2005), 58-93.
Schroeder, Paul W., "Economic Integration and the European International System in the Era of World War I", *American Historical Review*, 98, 4 (outubro de 1993), 1130-7.
_____, "Necessary Conditions and World War I as an Unavoidable War", in Gary Goertz e Jack S. Levy (orgs.), *Explaining War and Peace: Case Studies and Necessary Condition Counterfactuals* (Abingdon, Oxon: Routledge, 2007), 147-93.
_____, "Stealing Horses to Great Applause: Austria-Hungary's Decision in 1914 in Systemic Perspective", in Holger Afflerbach e David Stevenson (orgs.), *An Improbable War? The Outbreak of World War I and European Political Culture before 1914* (Nova York: Berghahn Books, 2007).
Shirky, Clay, *Here Comes Everybody: The Power of Organizing without Organizations* (Londres: Penguin Books, 2009).

Skidelsky, Robert, *John Maynard Keynes*, vol. I: *Hopes Betrayed, 1883-1920* (Londres: Macmillan, 1983).
Spar, Debora L., *Ruling the Waves: Cycles of Discovery, Chaos, and Wealth from the Compass to the Internet* (Orlando, FL: Harcourt, 2003).
Standage, Tom, *The Victorian Internet: The Remarkable Story of the Telegraph and the Nineteenth Century's Online Pioneers* (Londres: Phoenix, 1999).
Taylor, Charles, *Five Years in China, with Some Account of the Great Rebellion* (Nova York: Derby & Jackson, 1860).
Ter Haar, B. J. *The White Lotus Teachings in Chinese Religious History* (Leiden: E. J. Brill, 1992).
Thompson, William R., "A Streetcar Named Sarajevo: Catalysts, Multiple Causation Chains, and Rivalry Structures", *International Studies Quarterly*, 47, 3 (setembro de 2003), 453-74.
Trachtenberg, Marc, "New Light on 1914?" Contribuição para o Fórum H-Diplo/ISSF sobre 1914 (por realizar) Tufekci, Zeynep, *Twitter and Tear Gas: The Power and Fragility of Networked Protest* (New Haven, CT, e Londres: Yale University Press, 2017).
Tworek, Heidi Jacqueline Sybil, "Magic Connections: German News Agencies and Global News Networks, 1905-1945", dissertação de doutoramento não publicada, Universidade de Harvard (2012).
Congresso dos Estados Unidos, *Report of the Joint Special Committee to Investigate Chinese Immigration* (Washington, DC: Government Printing Office, 1877).
Vasquez, John A. e Ashlea Rundlett, "Alliances as a Necessary Condition of Multiparty Wars", *Journal of Conflict Resolution*, (2015), 1-24.

VI. PESTES E FLAUTISTAS

Ahmad, Ali, "The Great War and Afghanistan's Neutrality", in Maximilian Lakitsch, Susanne Reitmair e Katja Seidel (orgs.), *Bellicose Entanglements: The Great War as a Global War* (Zurique: Lit Verlag, 2015), 197-214.
Akhmatova, Anna, *The Word That Causes Death's Defeat: Poems of Memory*, trad. Nancy K. Anderson (New Haven, CT, e Londres: Yale University Press, 2004).
Aksakal, Mustafa, "'Holy War Made in Germany?' Ottoman Origins of the 1914 Jihad", *War in History*, 18, 2 (2011), 184-99.
_____, "The Ottoman Proclamation of Jihad", in Erik-Jan Zürcher (org.), *Jihad and Islam in World War I: Studies on the Ottoman Jihad on the Centenary of Snouck Hurgronje's "Holy War Made in Germany"* (Leiden: Leiden Press, 2016), 53-69.
Al-Rawi, Ahmad, "Buchan the Orientalist: *Greenmantle* and Western Views of the East", *Journal of Colonialism and Colonial History*, 10, 2 (Fall 2009), Project MUSE, doi: 10.1353/cch.0.0068.
_____, "John Buchan's British-Designed Jihad in *Greenmantle*", in Erik-Jan Zürcher (org.), *Jihad and Islam in World War I: Studies on the Ottoman Jihad on the Centenary of Snouck Hurgronje's "Holy War Made in Germany"* (Leiden: Leiden University Press, 2016) 329-46.

Applebaum, Anne, *Gulag: A History* (Nova York: Doubleday, 2003).
Barkai, Avraham, *From Boycott to Annihilation: The Economic Struggle of German Jews, 1933-1943*, trad. William Templer (Hanover, NH, e Londres: University Press of New England, 1989).
Baynes, N. H. (org.), *The Speeches of Adolf Hitler*, vol. I (Londres: Oxford University Press, 1942).
Berghahn, Volker R., *Germany and the Approach of War in 1914* (Londres: Palgrave Macmillan, 1973).
Berlin, Isaiah, *Letters*, vol. I: *1928-1946*, ed. Henry Hardy (Cambridge: Cambridge University Press, 2004).
_____, *Enlightening: Letters*, vol. II: *1946-1960*, ed. Henry Hardy (Nova York: Random House, 2012).
Bloch, Michael, *Ribbentrop* (Londres: Bantam, 1992).
Buchan, John, *Greenmantle* (Londres: Hodder & Stoughton, 1916).
Burgdörfer, Friedrich, "Die Juden in Deutschland und in der Welt: Ein statistischer Beitrag zur biologischen, beruflichen und sozialen Struktur des Judentums in Deutschland", *Forschungen zur Judenfrage*, 3 (1938), 152-98.
Burleigh, Michael, *The Third Reich: A New History* (Londres: Pan Books, 2001).
_____ e Wolfgang Wippermann, *The Racial State: Germany 1933-1945* (Cambridge: Cambridge University Press, 1991).
Cannadine, David, "John Buchan: A Life at the Margins", *The American Scholar*, 67, 3 (verão de 1998), 85-93.
Cleveland, William L. e Martin Bunton, *A History of the Modern Middle East* (Filadélfia: Westview Books, 2016).
Cohn, Norman, *Warrant for Genocide: The Myth of the Jewish World Conspiracy and the Protocols of the Elders of Zion* (Nova York: Harper and Row, 1965).
Cooper, Duff (org. John Julius Norwich), *The Duff Cooper Diaries, 1915-1951* (Londres: Weidenfeld & Nicolson, 2005).
Dalos, György, *The Guest from the Future: Anna Akhmatova and Isaiah Berlin* (Nova York: Farrar, Straus and Giroux, 1999).
Della Pergola, Sergio, *Jewish Mixed Marriages in Milan 1901-1968, with an Appendix: Frequency of Mixed Marriage among Diaspora Jews* (Jerusalem: Hebrew University, 1972).
Duggan, Christopher, *Fascism and the Mafia* (New Haven, CT: Yale University Press, 1989).
Düring, Marten, "The Dynamics of Helping Behaviour for Jewish Fugitives during the Second World War: The Importance of Brokerage: The Segal Family's Case", *Online Encyclopaedia of Mass Violence*, 29 de março de 2016, <www.sciencespo.fr/ mass-violence-war-massacre-resistance/en/document/ dynamics-helping-behaviour-jewish-fugitives-during-second-world-war-importance-brokerage-se>.
Evangelista, Matthew, *Unarmed Forces: The Transnational Movement to End the Cold War* (Ithaca, NY, e Londres: Cornell University Press, 1999).
Fallada, Hans, *Alone in Berlin*, trad. Michael Hoffman (Londres: Penguin Books, 2010).

Falter, Jürgen W., *Hitlers Wähler* (Munique: C. H. Beck, 1991).
Ferguson, Niall, *Kissinger*, vol. I: *1923-1968 – The Idealist* (Londres e Nova York: Allen Lane/ Penguin Press, 2015).
_____, *The War of the World: History's Age of Hatred* (Londres: Allen Lane, 2006).
Figes, Orlando, *A People's Tragedy: The Russian Revolution, 1891-1924* (Londres: Weidenfeld & Nicolson, 1996).
Fogarty, Richard S., "Islam in the French Army during the Great War: Between Accommodation and Suspicion", in Eric Storm e Ali Al Tuma (orgs.), *Colonial Soldiers in Europe, 1914-1945: "Aliens in Uniform" in Wartime Societies* (Nova York: Routledge, 2016), 23-40.
Friedländer, Saul, *Nazi Germany and the Jews: The Years of Persecution, 1933-39* (Londres: Phoenix Giant, 1997).
Gambetta, Diego, *The Sicilian Mafia: The Business of Protection* (Cambridge, MA: Harvard University Press, 1993).
Garfinkle, Adam, *Jewcentricity: Why the Jews are Praised, Blamed, and Used to Explain Just About Everything* (Hoboken, NJ: John Wiley & Sons, Inc., 2009).
Geiss, Immanuel, *July 1914: The Outbreak of the First World War – Selected Documents* (Londres: Batsford, 1967).
Gussone, Martin, "Die Moschee im Wünsdorfer 'Halbmondlager' zwischen Gihad-Propaganda und Orientalismus", in Markus Ritter e Lorenz Korn (orgs.), *Beiträge zur Islamischen Kunst und Archäologie* (Wiesbaden: Reichert, 2010), 204-32.
Habermas, Rebekka, "Debates on Islam in Imperial Germany", in David Motadel (org.), *Islam and the European Empires* (Oxford: Oxford University Press, 2016), 231-53.
Hanauer, Walter, "Die jüdisch-christliche Mischehe", *Allgemeines Statistisches Archiv*, 17 (1928), 513-37.
Hausheer, Roger, "It Didn"t Happen One Night in Leningrad", *Times Higher Education*, 26 de maio de 2000: <www.timeshighereducation.com/books/it-didnt-happen-one-night-in-leningrad-in-1945/156215.article>.
Heimann-Jelinek, Felicitas, "The "Aryanisation" of Rothschild Assets in Vienna and the Problem of Restitution", in Georg Heuberger (org.), *The Rothschilds: Essays on the History of a European Family* (Sigmaringen: D. S. Brewer, 1994), 351-64.
Herf, Jeffrey, *The Jewish Enemy: Nazi Propaganda during the Second World War and the Holocaust* (Cambridge, MA: Harvard University Press, 2006).
Hopkirk, Peter, *Like Hidden Fire: The Plot to Bring Down the British Empire* (Nova York: Kodansha International, 1994).
Ignatieff, Michael, *Isaiah Berlin: A Life* (Londres: Vintage, 2000).
Jackson, Maurice, Eleanora Petersen, James Bull, Sverre Monsen e Patricia Redmond, "The Failure of an Incipient Social Movement", *Pacific Sociological Review*, 3, 1 (1960), 35-40.
Jones, Steve, *In the Blood: God, Genes and Destiny* (Londres: HarperCollins, 1996).
Kahler, Miles, "Collective Action and Clandestine Networks: The Case of Al Qaeda", in Kahler (org.), *Networked Politics: Agency, Power, and Governance* (Ithaca, NY, e Londres: Cornell University Press, 2009), 103-24.

_____, "Networked Politics: Agency, Power, and Governance", in Kahler (org.), *Networked Politics*, 1-22.

Keddie, Nikki R., "Pan-Islam as Proto-Nationalism", *Journal of Modern History*, 41, 1 (março de 1969), 17-28.

Kelly, John e Julie Yeterian, "Mutual-Help Groups for Alcohol and Other Substance Use Disorders", in Barbara S. McCrady e Elizabeth E. Epstein (orgs.), *Addictions: A Comprehensive Guidebook* (Oxford: Oxford University Press, 2013), 500-525.

Kenney, Michael, "Turning to the "Dark Side": Coordination, Exchange and Learning in Criminal Networks", in Kahler (org.), *Networked Politics*, 79-102.

Kharas, Homi, "The Unprecedented Expansion of the Global Middle Class: An Update", Brookings Working Papers in *Global Economy and Development*, 100 (fevereiro de 2017).

Kopper, Christopher, "The Rothschild Family during the Third Reich", in Georg Heuberger (org.), *The Rothschilds: Essays on the History of a European Family* (Sigmaringen: D. S. Brewer, 1994), 321-32.

Kotkin, Stephen, *Stalin*, vol. I: *Paradoxes of Power, 1878-1928* (Londres e Nova York: Allen Lane/Penguin Press, 2014).

_____, *Stalin*, vol. II: *Waiting for Hitler* (Londres e Nova York: Allen Lane/Penguin Press, 2017).

Kurtz, Ernest, *Not-God: A History of Alcoholics Anonymous* (Center City, MN: Hazelden, 1991).

Landau, Jacob M., *Pan-Islam: History and Politics* (Abingdon: Routledge, 2016).

Laqueur, Walter (org.), *Fascism: A Reader's Guide: Analyses, Interpretations, Bibliography* (Aldershot: Scolar Press, 1991).

Larsen, Stein Ugelvik, Bernt Hagtvet e Jan Peter Myklebust, *Who Were the Fascists? Social Roots of European Fascism* (Bergen: Universitetsforlaget, 1980).

Leggett, George, *The Cheka: Lenin's Political Police* (Oxford: Oxford University Press, 1981).

Lewis, Norman, *The Honoured Society: The Sicilian Mafia Observed* (Londres: Eland, 2003 [1973]).

_____, *Naples '44: A World War II Diary of Occupied Italy* (Londres: William Collins, 1978).

Lownie, Andrew, *John Buchan: Presbyterian Cavalier* (Londres: Constable, 1995).

Lüdke, Tilman, "(Not) Using Political Islam: The German Empire and Its Failed Propaganda Campaign in the Near and Middle East, 1914-1918 and Beyond", in Erik-Jan Zürcher (org.), *Jihad and Islam in World War I: Studies on the Ottoman Jihad on the Centenary of Snouck Hurgronje's "Holy War Made in Germany"* (Leiden: Leiden University Press, 2016), 71-94.

MacDougall, Robert, "Long Lines: AT&T's Long-Distance Network as an Organizational and Political Strategy", *Business History Review*, 80 (2006), 297-327.

Macintyre, Ben, A Spy among Friends: Kim Philby and the Great Betrayal (Londres: Bloomsbury, 2014).

McKale, Donald M., "British Anxiety about Jihad in the Middle East", *Orient XXI*, 24 de junho de 2016: <http://orientxxi.info/ l-orient-dans-la-guerre-1914-1918/british-anxiety-about-jihad-in-the-middle-east,0940>.

_____, "Germany and the Arab Question in the First World War", *Middle Eastern Studies*, 29, 2 (abril de 1993), 236-53.

_____, *War by Revolution: Germany and Great Britain in the Middle East in the Era of World War I* (Kent, OH, e Londres: Kent State University Press, 1998).

McMeekin, Sean, *The Berlin–Baghdad Express: The Ottoman Empire and Germany's Bid for World Power 1898-1918* (Londres: Penguin Books, 2011).

_____, *The Russian Revolution: A New History* (Nova York: Basic Books, 2017).

McMurray, Jonathan S., *Distant Ties: Germany, the Ottoman Empire, and the Construction of the Baghdad Railway* (Westport, CT, and Londres: Praeger, 2001).

McSmith, Andy, *Fear and the Muse Kept Watch: The Russian Masters – from Akhmatova and Pasternak to Shostakovich and Eisenstein – under Stalin* (Nova York e Londres: New Press, 2015).

Makela, Klaus et al. (orgs.), *Alcoholics Anonymous as a Mutual-Help Movement: A Study in Eight Societies* (Madison, WI: University of Wisconsin Press, 1996).

Meiring, Kerstin, *Die christlich-jüdische Mischehe in Deutschland 1840-1933* (Hamburg: Dölling und Galitz, 1998).

Miller Lane, Barbara e Leila J. Rupp (orgs.), *Nazi Ideology before 1933: A Documentation* (Austin: University of Texas Press, 1978).

Morgenthau, Henry, *Secrets of the Bosphorus* (Londres: Hutchinson & Co., 1918).

Mosse, Werner E., "Die Juden in Wirtschaft und Gesellschaft", in Mosse (org.), *Juden in Wilhelminischen Deutschland 1890-1914* (Tübingen: Mohr, 1976), 57-113.

_____, *Jews in the German Economy: The German-Jewish Economic Elite, 1820-1935* (Oxford: Oxford University Press, 1987).

Motadel, David, *Islam and Nazi Germany's War* (Cambridge, MA: Harvard University Press, 2014).

Nicholas, Lynn H., *The Rape of Europa: The Fate of Europe's Treasures in the Third Reich and the Second World War* (Londres: Macmillan, 1994).

Ohler, Norman, Blitzed: Drugs in Nazi Germany, trad. Shaun Whiteside (Londres: Allen Lane, 2017).

O'Loughlin, John, Colin Flint e Luc Anselin, "The Geography of the Nazi Vote: Context, Confession, and Class in the Reichstag Election of 1930", *Annals of the Association of American Geographers*, 84 (1994), 351-80.

Raab, Jörg, "More Than Just a Metaphor: The Network Concept and Its Potential in Holocaust Research", in Gerald D. Feldman e Wolfgang Seibel (orgs.), *Networks of Nazi Persecution: Bureaucracy, Business and the Organization of the Holocaust* (Nova York e Oxford: Berghahn Books, 2006), 321-40.

Rogan, Eugene, *The Arabs: A History* (Londres: Allen Lane, 2009).

_____, *The Fall of the Ottomans: The Great War in the Middle East, 1914-1920* (Nova York: Basic Books, 2015).

_____, "Rival Jihads: Islam and the Great War in the Middle East, 1914-1918", *Journal of the British Academy*, 4 (2014), 1-20.

Rubinstein, W. D., *The Left, the Right, and the Jews* (Londres e Canberra: Croom Helm, 1982).
Ruble, Blair A., *Leningrad: Shaping a Soviet City* (Berkeley e Los Angeles: University of California Press, 1990).
Ruppin, Arthur, *Soziologie der Juden*, vol. I: *Die soziale Struktur der Juden* (Berlim: Jüdischer Verlag, 1930).
Rutledge, Ian, *Enemy on the Euphrates: The Battle for Iraq, 1914-1921* (Londres: Saqi Books, 2015).
Satyanath, Shanker, Nico Voigtländer e Hans-Joachim Voth, "Bowling For Fascism: Social Capital and the Rise of the Nazi Party", *Journal of Political Economy* (no prelo).
Schwanitz, Wolfgang G., "The Bellicose Birth of Euro-Islam in Berlin", in Ala Al-Hamarneh and Jörn Thielmann (orgs.), *Islam and Muslims in Germany* (Leiden: Brill, 2008), 183-212.
Scotten, W. E., "The Problem of the Mafia in Sicily", in Università di Catania Facoltà di Scienze Politiche, *Annali 80 del Dipartimento di Scienze Storiche* (Catania: Galatea Editrice, 1981), 622-9.
Service, Robert, *A History of Twentieth-Century Russia* (Londres: Penguin Books, 1997).
Sperry, Earl E. e Willis M. West, *German Plots and Intrigues in the United States during the Period of Our Neutrality* (Washington, DC: Committee on Public Information, 1918).
Staar, Richard Felix, *Foreign Policies of the Soviet Union* (Stanford: Hoover Institution Press, 1991).
Starr, Paul, *The Creation of the Media: Political Origins of Modern Communications* (Nova York: Basic Books, 2004).
Tamberino, Frank, "A Criminal Renaissance: The Postwar Revival of the Sicilian Mafia, 1943-1945", tese, Universidade Harvard (2017).
Trumpener, Ulrich, *Germany and the Ottoman Empire, 1914-1918* (Princeton: Princeton University Press, 2015).
Turchin, Peter, *Ages of Discord: A Structural-Demographic Analysis of American History* (Chaplin, CT: Beresta Books, 2016).
Valentin, Hugo, *Antisemitism Historically and Critically Examined* (Londres: Gollancz, 1936).
Voigtländer, Nico e Hans-Joachim Voth, "Persecution Perpetuated: The Medieval Origins of Anti-Semitic Violence in Nazi Germany", *Quarterly Journal of Economics* (2012), 1339-92.
Volkogonov, Dmitri, *Lenin: Life and Legacy* (Londres: HarperCollins, 1994).
White, William L. e Ernest Kurtz, "Twelve Defining Moments in the History of Alcoholics Anonymous", in Marc Galanter e Lee Ann Kaskutas (orgs.), *Recent Developments in Alcoholism: Research on Alcoholics Anonymous and Spirituality in Addiction Recovery*, vol. XVIII (Nova York: Springer, 2008), 37-57.
Windolf, Paul, "The German-Jewish Economic Elite, 1900-1930", *Journal of Business History*, 56, 2 (2011), 135-62.
Zürcher, Erik-Jan, "Introduction: The Ottoman Jihad, the German Jihad, and the Sacralization of War", in Zürcher (org.), *Jihad and Islam in World War I: Studies on the Ottoman Jihad on the Centenary of Snouck Hurgronje's "Holy War Made in Germany"* (Leiden: Leiden University Press, 2016), 13-29.

VII. POSSUA A SELVA

Abdelal, Rawi, "The Politics of Monetary Leadership and Followership: Stability in the European Monetary System since the Currency Crisis of 1992", *Political Studies*, 46, 2 (junho de 1998), 246-7.

Agnew, Spiro, *Go Quietly... Or Else* (Nova York: Morrow, 1980).

Bar-Yam, Yaneer, "Complexity Rising: From Human Beings to Human Civilization – A Complexity Profile", in *Encyclopaedia of Life Support Systems* (Oxford: United Nations, 2002), 1-33.

_____, *Dynamics of Complex Systems* (Reading, MA: Addison-Wesley, 1997).

Barnard, Rita e Monica Popescu, "Nelson Mandela", in Steven Casey e Jonathan Wright (orgs.), *Mental Maps in the Era of Détente and the End of the Cold War, 1968-91* (Basingstoke e Nova York: Palgrave Macmillan, 2015), 236-49.

Bearman, Peter S. e Kevin D. Everett, "The Structure of Social Protest, 1961-1983", *Social Networks* 15 (1993), 171-200.

Beckett, Ian F. W. e John Pimlott, *Counter-Insurgency: Lessons from History* (Barnsley: Pen & Sword Military, 2011).

Bordo, Michael e Andrew Levin, "Central Bank Digital Currency and the Future of Monetary Policy", texto de trabalho (maio de 2017).

Brinton, Christopher C. e Mung Chiang, *The Power of Networks: Six Principles That Connect Our Lives* (Princeton and Oxford: Princeton University Press, 2017).

Brzezinski, Zbigniew, *Between Two Ages: America's Role in the Technetronic Era* (Nova York: Penguin Books, 1970).

Bush, George H. W., *All the Best, George Bush: My Life in Letters and Other Writings* (Nova York: Scribner, 2014).

_____ e Brent Scowcroft, *A World Transformed* (Nova York: Alfred A. Knopf, 1998).

Caldaray, Dario e Matteo Iacoviello, "Measuring Geopolitical Risk", texto de trabalho, 7 de setembro de 2016.

Caldarelli, Guido e Michele Catanzaro, *Networks: A Very Short Introduction* (Oxford: Oxford University Press, 2012).

Castells, Manuel, *The Rise of the Network Society: The Information Age: Economy, Society, and Culture*, vol. I (Oxford: Oxford University Press, 2000).

Chanda, Nayan, *Bound Together: How Traders, Preachers, Adventurers, and Warriors Shaped Globalisation* (New Haven, CT, e Londres: Yale University Press, 2007).

Conway, Melvin, "How Do Committees Invent?" *Datamation* (abril de 1968): <www.melconway.com/research/committees.html>.

Cooper, Richard, *The Economics of Interdependence: Economic Policy in the Atlantic Community* (Nova York: Council on Foreign Relations, 1968).

Cross, J. P., *"A Face Like a Chicken's Backside": An Unconventional Soldier in South East Asia, 1948-1971* (Stroud: History Press, 2015).

Dorussen, Han e Hugh Ward, "Trade Networks and the Kantian Peace", *Journal of Peace Research*, 47, 1 (2010), 29-42.

Drobny, Steven, *Inside the House of Money: Top Hedge Fund Traders on Profiting in the Global Markets* (Hoboken, NJ: John Wiley & Sons, Inc., 2006).
Eichengreen, Barry e Charles Wyplosz, "The Unstable EMS", *Brookings Papers on Economic Activity*, 24, 1 (1993), 51-144.
Engdahl, William, "The Secret Financial Network Behind 'Wizard' George Soros", *Executive Intelligence Review*, 23, 44 (1o de novembro de 1996), 54-60.
Evangelista, Matthew, *Unarmed Forces: The Transnational Movement to End the Cold War* (Ithaca, NY, e Londres: Cornell University Press, 1999).
Ferguson, Niall, *High Financier: The Lives and Time of Siegmund Warburg* (Londres: Penguin Allen Lane, 2010).
_____, "Siegmund Warburg, the City of London and the Financial Roots of European Integration", *Business History*, 51, 3 (maio de 2009), 364-82.
_____ e Jonathan Schlefer, "Who Broke the Bank of England?" Harvard Business School Case N9-709-026 (8 de janeiro de 2009).
Forester, C. S., *The General* (Londres: Michael Joseph, 1936).
Goldsmith, Jack e Tim Wu, *Who Controls the Internet? Illusions of a Borderless World* (Oxford e Nova York: Oxford University Press, 2008).
Granville, Brigitte, Jaume Martorell Cruz e Martha Prevezer, "Elites, Thickets and Institutions: French Resistance versus German Adaptation to Economic Change, 1945-2015", CGR texto de trabalho 63 (s.d.).
Grdesic, Marko, "Television and Protest in East Germany's Revolution, 1989-1990: A Mixed-Methods Analysis", *Communist and post-Communist Studies*, 47 (2014), 93-103.
Gudmundsson, Bruce I., *Stormtroop Tactics: Innovation in the German Army, 1914-18* (Westport, CT: Praeger, 1995).
Gumede, William Mervin, *Thabo Mbeki and the Soul of the ANC* (Cape Town: Zebra Press, 2007).
Hafner-Burton, Emilie M. e Alexander H. Montgomery, "Globalization and the Social Power Politics of International Economic Networks", in Miles Kahler (org.), *Networked Politics: Agency, Power, and Governance* (Ithaca, NY, e Londres: Cornell University Press, 2009), 23-42.
Haim, Dotan A., "Alliance Networks and Trade: The Effect of Indirect Political Alliances on Bilateral Trade Flows", texto de trabalho, Universidade da Califórnia, San Diego (2015).
Hall, Wendy, "The Ever Evolving Web: The Power of Networks", *International Journal of Communications*, 5 (2011), 651-64.
Hileman, Garrick e Michel Rauchs, "Global Cryptocurrency Benchmarking Study" (Cambridge: Centre for Alternative Finance, 2017).
Jackson, Matthew O. e Stephen Nei, "Networks of Military Alliances, Wars, and International Trade", *Proceedings of the National Academy of Sciences*, 112, 50 (15 de dezembro de 2015), 15277-84.
Johnson, Christopher, "The UK and the Exchange Rate Mechanism", in Christopher Johnson e Stefan Collignon (orgs.), *The Monetary Economics of Europe: Causes of the EMS Crisis* (Londres: Pinter, 1994), 85-102.

Johnson, Dominic e Ferenc Jordan, "The Web of War: A Network Analysis of the Spread of Civil Wars in Africa", *Annual Meeting of the Political Science Association*, 28, 02.09 (2007), 1-19.

Jones, Matthew, *Conflict and Confrontation in South East Asia, 1961-65* (Cambridge: Cambridge University Press, 2002).

Kaufman, Michael T., *Soros: The Life and Times of a Messianic Billionaire* (Nova York: Alfred A. Knopf, 2002).

Kay, John, *Other People's Money: Masters of the Universe or Servants of the People* (Londres: Profile Books, 2016).

Keller, Franziska, "(Why) Do Revolutions Spread?", texto não publicado (2012).

Keohane, Robert e Joseph Nye, *Power and Interdependence: World Politics in Transition* (Boston, MA: Little, Brown, 1977).

Kerr, Ian M., *A History of the Eurobond Market* (Londres: Prentice-Hall, 1984).

Kilcullen, David, *Counterinsurgency* (Londres: C. Hurst & Co., 2010).

King, Gary, Jennifer Pan e Margaret E. Roberts, "A Randomized Experimental Study of Censorship in China", texto de trabalho, 6 de outubro de 2013.

Klein, Naomi, *Shock Doctrine: The Rise of Disaster Capitalism* (Londres: Penguin Books, 2014).

Lamont, Norman, *In Office* (Londres: Little, Brown, 1999).

Lamoreaux, Naomi R., Daniel M. G. Raff e Peter Temin, "Beyond Markets and Hierarchies: Toward a New Synthesis of American Business History", NBER Working Paper n. 9029 (julho de 2002), 1-63.

Landsberg, Christopher, *The Quiet Diplomacy of Liberation: International Politics and South Africa's Transition* (Joanesburgo: Jacana Media, 2004).

Levina, Olga e Robert Hillmann, "Wars of the World: Evaluating the Global Conflict Structure during the Years 1816-2001 Using Social Network Analysis", *Social and Behavioral Sciences*, 100 (2013), 68-79.

Lupu, Yonatan e Vincent A. Traag, "Trading Communities, the Networked Structure of International Relations, and the Kantian Peace", *Journal of Conflict Resolution*, 57, 6 (2013), 1011-42.

Major, John, *The Autobiography* (Londres: HarperCollins, 1999).

Mallaby, Sebastian, *More Money Than God: Hedge Funds and the Making of a New Elite* (Londres: Bloomsbury, 2010).

Maoz, Zeev, "Network Polarization, Network Interdependence, and International Conflict, 1816-2002", *Journal of Peace Research*, 43, 4 (2006), 391-411.

Marston, Daniel, "Lost and Found in the Jungle: The Indian and British Army Jungle Warfare Doctrines for Burma, 1943-5, and the Malayan Emergency, 1948-60", in Hew Strachan (org.), *Big Wars and Small Wars: The British Army and the Lessons of War in the 20th Century* (Abingdon e Nova York: Taylor & Francis e-Library, 2006), Kindle Edition, KL 2045-2786.

Milward, Alan S., *The European Rescue of the Nation-State*, 2a ed. (Londres: Routledge, 2000).

Mumford, Andrew, *The Counter-Insurgency Myth: The British Experience of Irregular Warfare* (Londres e Nova York: Routledge, 2012).
Naughton, John, *From Gutenberg to Zuckerberg: What You Really Need to Know about the Internet* (Londres: Quercus, 2012).
Navidi, Sandra, *Superhubs: How the Financial Elite and their Networks Rule Our World* (Boston, MA, e Londres: Nicholas Brealey, 2016).
Newman, Mark, *Networks: An Introduction* (Oxford: Oxford University Press, 2010).
O'Hara, Glen, *From Dreams to Disillusionment: Economic and Social Planning in 1960s Britain* (Basingstoke: Palgrave Macmillan, 2007).
Osa, Maryjane, *Solidarity and Contention: Networks of Polish Opposition* (Minneapolis e Londres: University of Minnesota Press, 2003).
Pocock, Tom, *Fighting General: The Public and Private Campaigns of General Sir Walter Walker* (Londres: Thistle Publishing, 2013).
Powell, Walter W., "Neither Market Nor Hierarchy: Network Forms of Organization", *Research in Organizational Behavior*, 12 (1990), 295-336.
Raymond, Eric S., *The Cathedral and the Bazaar: Musings on Linux and Open Source by an Accidental Revolutionary* (Sebastopol, CA: O'Reilly Media, 2001).
Rhodes, R. A. W., "The New Governance: Governing without Government", *Political Studies*, 44 (1996), 652-67.
Rosentall, Paul, "'Confrontation': Countering Indonesian Insurgency, 1963-66", in Gregory Fremont-Barnes (org.), *A History of Counterinsurgency*, vol. II: *From Cyprus to Afghanistan, 1955 to the 21st Century* (Santa Barbara e Denver: Praeger, 2015), 95-125.
Roxburgh, H. M. C. (org.), *Strained to Breaking Point: A History of Britain's Relationship with Europe, 1945-2016* (Middlesex: CBY Publishing, 2016).
Sampson, Anthony, *Mandela: The Authorized Biography* (Nova York: Vintage Books, 2000).
Samuels, M., *Command or Control? Command, Training and Tactics in the British and German Armies, 1888-1918* (Londres: Routledge, 1995).
Sargent, Daniel J., *A Superpower Transformed: The Remaking of American Foreign Relations in the 1970s* (Oxford: Oxford University Press, 2015).
Schechter, Danny, *Madiba A to Z: The Many Faces of Nelson Mandela* (Nova York: Seven Stories Press, 2013).
Schenk, Catherine R., "Sterling, International Monetary Reform and Britain's Applications to Join the European Economic Community in the 1960s", *Contemporary European History*, 11, 3 (2002), 345-69.
Schroeder, Paul W., "Economic Integration and the European International System in the Era of World War I", *American Historical Review*, 98, 4 (outubro de 1993), 1130-37.
Scott, James C., *Seeing Like a State: How Certain Schemes to Improve the Human Condition Have Failed* (New Haven, CT, e Londres: Yale University Press, 1998).
Simpson, Emile, *War from the Ground Up: Twenty-First-Century Combat as Politics* (Londres: Hurst, 2012).
Slater, Robert, *Soros: The World's Most Influential Investor* (Nova York: McGraw-Hill, 2009).

Soros, George, "Fallibility, Reflexivity, and the Human Uncertainty Principle", *Journal of Economic Methodology*, 20, 4 (2013), 309-29.

_____, *George Soros on Globalization* (Nova York: Public Affairs, 2002).

_____, "The Theory of Reflexivity", fala ao Departamento de Economia do MIT, 26 de abril de 1994 (Nova York: Soros Fund Management, 1994).

_____, com Bryon Wien e Krisztina Koenon, *Soros on Soros: Staying Ahead of the Curve* (Nova York: John Wiley & Sons, Inc., 1995).

_____ e Gregor Peter Schmitz, *The Tragedy of the European Union: Disintegration or Revival?* (Nova York: PublicAffairs, 2014).

Staar, Richard Felix, *Foreign Policies of the Soviet Union* (Stanford: Hoover Institution Press, 1991).

Stark, David e Balazs Vedres, "The Social Times of Network Spaces: Sequence Analysis of Network Formation and Foreign Investment in Hungary, 1987-2001", *American Journal of Sociology* 111, 5 (2006), 1367-1411.

Stephens, Philip, *Politics and the Pound: The Conservatives' Struggle with Sterling* (Londres: Macmillan, 1996).

Stevenson, David, "The First World War and European Integration", *International History Review*, 34, 4 (2012), 841-63.

Strachan, Hew, "British Counter-Insurgency from Malaya to Iraq", *Royal United Services Institute Journal*, 152, 6 (2007), 8-11.

Stubbs, Richard, "From Search and Destroy to Hearts and Minds: The Evolution of British Strategy in Malaya 1948-60", in Daniel Marston e Carter Malkasian (orgs.), *Counterinsurgency in Modern Warfare* (Oxford e Long Island City, NY: Osprey Publishing, 2008), 101-19.

Taylor, Ian, *Stuck in Middle GEAR: South Africa's post-Apartheid Foreign Relations* (Westport, CT, e Londres: Praeger, 2001).

Thompson, Grahame F., *Between Hierarchies and Markets: The Logic and Limits of Network Forms of Organization* (Oxford: Oxford University Press, 2003).

_____, Jennifer Frances, Rosalind Levacic e Jeremy Mitchell (orgs.), *Markets, Hierarchies and Networks: The Coordination of Social Life* (Londres e Thousand Oaks, CA: SAGE Publications/The Open University, 1991).

Tuck, Christopher, "Borneo 1963-66: Counter-insurgency Operations and War Termination", *Small Wars and Insurgencies*, 15, 3 (2004), 89-111.

Walker, General Sir Walter, "How Borneo was Won", *The Round Table*, 59, 233 (1969), 9-20.

VIII. A BIBLIOTECA DE BABEL

Acemoglu, Daron, Simon Johnson, Amir Kermani, James Kwak e Todd Mitton, "The Value of Connections in Turbulent Times: Evidence from the United States", NBER Working Paper n. 19701 (dezembro de 2013).

Allen, Jonathan e Amie Parnes, *Shattered: Inside Hillary Clinton's Doomed Campaign* (Nova York: Crown/Archetype, 2017).
Ali, Ayaan Hirsi, *The Challenge of Dawa: Political Islam as an Ideology and How to Counter It* (Stanford: Hoover Institution Press, 2017).
Allcott, Hunt e Matthew Gentzkow, "Social Media and Fake News in the 2016 Election", NBER Working Paper n. 23089 (janeiro de 2017).
Army, Department of the, *Insurgencies and Countering Insurgencies*, FM 3-24/MCWP 3-33.5, 13 de maio de 2014.
_____, *The U.S. Army/Marine Corps Counterinsurgency Field Manual:U.S. Army Field Manual No. 3-24: Marine Corps Warfighting Publication No. 3-33.5* (Chicago: University of Chicago Press, 2007).
Autor, David H., David Dorn e Gordon H. Hanson, "Untangling Trade and Technology: Evidence from Local Labour Markets", *Economic Journal*, 125 (maio), 621-46.
Barbera, Salvador e Matthew O. Jackson, "A Model of Protests, Revolution, and Information", texto de trabalho (fevereiro de 2016).
Bell, Daniel, *The China Model: Political Meritocracy and the Limits of Democracy* (Princeton: Princeton University Press, 2015).
Berger, J. M. e Heather Perez, "The Islamic State's Diminishing Returns on Twitter: How Suspensions are Limiting the Social Networks of English-Speaking ISIS Supporters", Program on Extremism Occasional Paper, George Washington University (fevereiro de 2016).
Berger, J. M. e Jonathon Morgan, "The ISIS Twitter Census: Defining and Describing the Population of ISIS Supporters on Twitter", The Brookings Project on U.S. Relations with the Islamic World Analysis Paper n. 20 (março de 2015).
Berman, Eli, *Radical, Religious, and Violent: The New Economics of Terrorism* (Cambridge MA, e Londres: MIT Press, 2009).
Bodine-Baron Elizabeth, Todd C. Helmus, Madeline Magnuson e Zev Winkelman, *Examining ISIS Support and Opposition Networks on Twitter* (Santa Monica: Rand Corporation, 2016).
Bond, Robert M., Christopher J. Fariss, Jason J. Jones, Adam D. I. Kramer, Cameron Marlow, Jaime E. Settle e James H. Fowler, "A 61-Million-Person Experiment in Social Influence and Political Mobilization", *Nature*, 489 (setembro de 2012), 295-8.
Borges, Jorge Luis, "The Library of Babel", in *Collected Fictions*, trad. Andrew Hurley (Nova York: Viking Penguin, 1998), 112-18.
Boxell, Levi, Matthew Gentzkow, Jesse M. Shapiro, "Is the Internet Causing Political Polarization? Evidence from Demographics", NBER, texto de trabalho n. 23258 (março de 2017).
Bricker, Jesse, Alice Henriques, Jacob Krimmel e John Sabelhaus, "Measuring Income and Wealth at the Top Using Administrative and Survey Data", Brookings Papers on Economic Activity Conference Draft, 10-11 de março de 2016.
Brinton, Christopher C. e Mung Chiang, *The Power of Networks: Six Principles That Connect Our Lives* (Princeton e Oxford: Princeton University Press, 2017).
Byrne, Liam, *Black Flag Down: Counter-Extremism, Defeating ISIS and Winning the Battle of Ideas* (Londres: Biteback Publishing, 2016).

Bibliografia

Campante, Filipe e David Yanagizawa-Drott, "Long-Range Growth: Economic Development in the Global Network of Air Links", NBER, texto de trabalho n. 22653 (setembro de 2016), 1-34.

Case, Anne e Angus Deaton, "Mortality and Morbidity in the 21st Century", Brookings Papers on Economic Activity Conference Drafts, 23-24 de março de 2017.

_____, "Rising Morbidity and Mortality in Midlife among White Non-Hispanic Americans in the 21st Century", *Proceedings of the National Academy of Sciences*, 17 de setembro de 2015.

Chetty, Raj, Nathaniel Hendren, Patrick Kline, Emmanuel Saez e Nicholas Turner, "Is the United States Still a Land of Opportunity? Recent Trends in Intergenerational Mobility", NBER texto de trabalho n. 19844 (janeiro de 2014).

Corlett, Adam, "Examining an Elephant: Globalisation and the Lower Middle Class of the Rich World", Resolution Foundation Report (setembro de 2016).

Crawford, Neta C., "U.S. Costs of Wars through 2014: $4.4 Trillion and Counting. Summary of Costs for the U.S. Wars in Iraq, Afghanistan and Pakistan", texto de trabalho, 25 de junho de 2014.

Davis, Gerald F., Mina Yoo e Wayne E. Baker, "The Small World of the American Corporate Elite, 1982-2001". *Strategic Organization* 1, 3 (2003), 301-26.

Deloitte LLP, *There's No Place Like Phone: Consumer Usage Patterns in the Era of Peak Smartphone*, Global Mobile Consumer Survey 2016: UK Cut (Londres: Deloitte LLP, 2016).

DeMuth, Christopher, "Can the Administrative State be Tamed?" *Journal of Legal Analysis*, 8, 1 (primavera de 2016), 121-90.

Dobbs, Richard, Anu Madgavkar, James Manyika, Jonathan Woetzel, Jacques Bughin, Eric Labaye, Liesbeth Huisman e Pranav Kashyap, *Poorer Than Their Parents? Flat or Falling Incomes in Advanced Economies* (McKinsey Global Institute, julho de 2016).

Eilstrup-Sangiovanni, M. e Calvert Jones, "Assessing the Dangers of Illicit Networks: Why al-Qaida May be Less Threatening Than Many Think", *International Security*, 33, 2 (2008), 7-44.

Elliott, Matthew, Benjamin Golub e Matthew O. Jackson, "Financial Networks and Contagion", *American Economic Review*, 104, 10 (2014), 3115-53.

Enders, Walter e Xuejuan Su, "Rational Terrorists and Optimal Network Structure", *Journal of Conflict Resolution*, 51, 1 (fevereiro de 2007), 33-57.

Ferguson, Niall, *The Ascent of Money: A Financial History of the World* (Londres: Penguin Books, 2008).

_____, *The Great Degeneration: How Institutions Decay and Economies Die* (Londres: Penguin Books, 2013).

_____, *Kissinger*, vol. I: *1923-1968 – The Idealist* (Londres e Nova York: Allen Lane/Penguin Press, 2015).

Financial Crisis Inquiry Commission, *The Financial Crisis Inquiry Report, Authorized Edition: Final Report of the National Commission on the Causes of the Financial and Economic Crisis in the United States* (Nova York: PublicAffairs, 2011).

Fisher, Ali, "Swarmcast: How Jihadist Networks Maintain a Persistent Online Presence", *Perspectives on Terrorism*, 9, 3 (junho de 2015): <www.terrorismanalysts.com/pt/index.php/pot/article/view426>.

Frampton, Martyn, David Goodhart e Khalid Mahmood, *Unsettled Belonging: A Survey of Britain's Muslim Communities* (Londres: Policy Exchange, 2016).

Funke, Manuel, Moritz Schularick e Christoph Trebesch, "Going to Extremes: Politics after Financial Crises, 1870-2014", *European Economic Review*, 88 (2016) 227-60.

Gagnon, Julien e Sanjeev Goyal, "Networks, Markets, and Inequality", *American Economic Review*, 107, 1 (2017), 1-30.

García Martínez, Antonio, *Chaos Monkeys: Inside the Silicon Valley Money Machine* (Londres: Ebury Press, 2016).

Glennon, Michael J., "National Security and Double Government", *Harvard National Security Journal*, 5, 1 (2014), 1-114.

Goodhart, David, *The Road to Somewhere: The Populist Revolt and the Future of Politics* (Oxford: Oxford University Press, 2017).

Habeck, Mary, James Jay Carafano, Thomas Donnelly, Bruce Hoffman, Seth Jones, Frederick W. Kagan, Kimberly Kagan, Thomas Mahnken e Katherine Zimmerman, *A Global Strategy for Combating Al-Qaeda and the Islamic State* (Washington, DC: American Enterprise Institute, 2015).

Haldane, Andrew G., "A Little More Conversation, a Little Less Action", discurso dado na conferência Federal Reserve Bank of San Francisco Macroeconomics and Monetary Policy, 31 de março de 2017.

Hellebrandt, Tomas e Paolo Mauro, "The Future of Worldwide Income Distribution", Peterson Institute for International Economics, texto de trabalho (abril de 2015), 15-7.

Hill, Alison L. et al., "Emotions as Infectious Diseases in a Large Social Network: the SISa Model", *Proceedings of the Royal Society B: Biological Sciences* (2010), 1-9.

Howard, Philip K., *Life Without Lawyers: Liberating Americans from Too Much Law* (Nova York: W. W. Norton, 2009).

_____, *The Rule of Nobody: Saving America from Dead Laws and Broken Government* (Nova York: W. W. Norton, 2015).

Inglehart, Ronald F. e Pippa Norris, "Trump, Brexit, and the Rise of Populism: Economic Have-Nots and Cultural Backlash", Harvard Kennedy School, texto de trabalho RWP16-026 (agosto de 2016).

Keller, Franziska Barbara, "Moving Beyond Factions: Using Social Network Analysis to Uncover Patronage Networks among Chinese Elites", texto de trabalho (s.d.).

_____, "Networks of Power: Using Social Network Analysis to Understand Who Will Rule and Who is Really in Charge in the Chinese Communist Party", texto de trabalho (novembro de 2015).

Khosrokhavar, Farhad, *L'islam dans les prisons* (Paris: Balland, 2004).

Kirkpatrick, David, *The Facebook Effect: And How It is Changing Our Lives* (Londres: Virgin, 2010).

Krebs, Valdis, "Mapping Networks of Terrorist Cells", *Connections*, 24, 3 (2002), 43-52.
Laurence, Jonathan e Justin Vaisse, *Integrating Islam: Political and Religious Challenges in Contemporary France* (Washington, DC: Brookings Institution Press, 2006).
McChrystal, Stanley, *My Share of the Task* (Nova York: Penguin Books, 2013).
MacGill, V., "Acephalous Groups and the Dynamics from a Complex Systems Perspective", *Proceedings of the 56th Annual Meeting of the ISSS – 2012* (San Jose, CA, 2013), 1-20.
McLaughlin, Patrick A. e Robert Greene, "Dodd–Frank's Regulatory Surge: Quantifying Its Regulatory Restrictions and Improving Its Economic Analyses", *Mercatus on Policy* (fevereiro de 2014).
McLaughlin, Patrick A. e Oliver Sherouse, *The Impact of Federal Regulation on the 50 States* (Arlington, VA: Mercatus Center, George Washington University, 2016).
Milanovic, Branko e Christoph Lakner, "Global Income Distribution: From the Fall of the Berlin Wall to the Great Recession", World Bank Policy Research Working Paper (dezembro de 2013).
Minor, T., "Attacking the Nodes of Terrorist Networks", *Global Security Studies*, 3, 2 (2012), 1-12.
Marion, R. e M. Uhl-Bien, "Complexity Theory and Al-Qaeda: Examining Complex Leadership", *Emergence: A Journal of Complexity Issues in Organizations and Management*, 5 (2003), 56-78.
Mayer, Christopher e Todd Sinai, "Network Effects, Congestion Externalities, and Air Traffic Delays: Or Why All Delays are Not Evil", NBER, texto de trabalho n. 8701 (janeiro de 2002).
Morozov, Evgeny V., *The Net Delusion: How Not to Liberate the World* (Londres: Allen Lane, 2011).
Morselli, Carlo, Cynthia Giguère e Katia Petit, "The Efficiency/Security Trade-Off in Criminal Networks", *Social Networks*, 29, 1 (janeiro de 2007), 143-53.
Murray, Charles, *Coming Apart: The State of White America, 1960-2010* (Nova York: Crown Forum, 2012).
Nagl, John A., *Learning to Eat Soup with a Knife: Counterinsurgency Lessons from Malaya and Vietnam* (Chicago: University of Chicago Press, 2002).
Neely, Christopher J., "The Federal Reserve Responds to Crises: September 11th was Not the First", *Federal Reserve Bank of St. Louis Review*, 86, 2 (março/abril de 2004), 27-42.
Oliver, Kathryn, "Covert Networks, Structures, Process, and Types", Mitchell Centre, texto de trabalho, 25 de junho de 2014.
Oxfam, "An Economy for the 1%: How Privilege and Power in the Economy Drive Extreme Inequality and How This Can Be Stopped", 210 Oxfam Briefing Paper, 18 de janeiro de 2016.
Paik, Anthony e Kenneth Sanchargin, "Social Isolation in America: An Artifact", *American Sociological Review*, 78, 3 (2013), 339-60.
Pentland, Alex, *Social Physics: How Good Ideas Spread – The Lessons from a New Science* (Melbourne e Londres: Scribe, 2014).

Pew Research Center Forum on Religion & Public Life, *The Future Global Muslim Population: Projections for 2010-2030* (Washington, DC: Pew Research Center, 2011).

_____, *The World's Muslims: Religion, Politics and Society* (Washington, DC: Pew Research Center, 2013).

Piketty, Thomas e Emmanuel Saez, "Income Inequality in the United States, 1913-1998", *Quarterly Journal of Economics*, 118, 1 (fevereiro de 2003), 1-39.

Raymond, Eric S., *The Cathedral and the Bazaar: Musings on Linux and Open Source by an Accidental Revolutionary* (Beijing e Cambridge: O'Reilly Media, 1999).

Sageman, Marc, *Understanding Terror Networks* (Filadélfia: University of Pennsylvania Press, 2004).

Sala-i-Martin, Xavier e Maxim Pinkovskiy, "Parametric Estimations of the World Distribution of Income (1970-2006)", NBER, texto de trabalho n. 15433 (2010).

Schmidt, Eric e Jared Cohen, "The Digital Disruption: Connectivity and the Diffusion of Power", *Foreign Affairs*, (1o de novembro de 2010), 75-85.

Scott, Hal, *Connectedness and Contagion: Protecting the Financial System from Panics* (Cambridge, MA: MIT Press, 2016).

Shirky, Clay, "The Political Power of Social Media: Technology, the Public Sphere, and Political Change", *Foreign Affairs*, 90 (2011) 1-12.

Simcox, Robin, *Al-Qaeda's Global Footprint: An Assessment of al-Qaeda's Strength Today* (Londres: Henry Jackson Society, 2013).

Simpson, Emile, *War from the Ground Up: Twenty-First-Century Combat as Politics* (Oxford: Oxford University (Press, 2012).

Sookhdeo, Patrick, *Dawa: The Islamic Strategy for Reshaping the Modern World* (McLean, VA: Isaac Publishing, 2014).

Spar, Debora L., *Ruling the Waves: Cycles of Discovery, Chaos, and Wealth from the Compass to the Internet* (Orlando, FL: Harcourt, 2003).

Staniland, Paul, *Networks of Rebellion: Explaining Insurgent Cohesion and Collapse* (Ithaca, NY, e Londres: Cornell University Press, 2014).

Stuart, Hannah, *Islamist Terrorism: Analysis of Offences and Attacks in the UK (1998-2015)* (Londres: Henry Jackson Society, 2017).

_____, *Islamist Terrorism: Key Findings and Analysis* (Londres: Henry Jackson Society, 2017).

Sutton, Rupert, "Myths and Misunderstandings: Understanding Opposition to the Prevent Strategy", Henry Jackson Society Centre for the Response to Radicalisation and Terrorism, trabalho policial n. 7 (2016).

Tomlin, Ian, *Cloud Coffee House: The Birth of Cloud Social Networking and Death of the Old World Corporation* (Cirencester: Management Books, 2009).

Ugander, Johan, Lars Backstrom, Cameron Marlow e Jon Kleinberg, "Structural Diversity in Social Contagion", *Proceedings of the National Academy of Sciences*, 109, 16 (17 de abril de 2012), 5962-6.

United States Government Accountability Office, "Financial Crisis Losses and Potential Impacts of the Dodd-Frank Act", GAO-13-180 (janeiro de 2013).

Watts, Duncan, *Six Degrees: The Science of a Connected Age* (Londres: Vintage, 2004).
White, Adam J., Oren Cass e Kevin R. Kosar (orgs.), *Unleashing Opportunity*, vol. II: *Policy Reforms for an Accountable Administrative State* (Washington, DC: National Affairs, 2017).
Wood, Graeme, *The Way of the Strangers: Encounters with the Islamic State* (Londres: Allen Lane, 2017).
World Bank Group, *Digital Dividends* (Washington, DC: International Bank for Reconstruction and Development/World Bank, 2016).
Wu, Tim, *The Master Switch: The Rise and Fall of Information Empires* (Nova York e Londres: Alfred A. Knopf/Atlantic, 2010).
Youyou, Wu, H. Andrew Schwartz, David Stillwell e Michal Kosinski, "Birds of a Feather Do Flock Together: Behavior-Based Personality-Assessment Method Reveals Personality Similarity among Couples and Friends", *Psychological Science* (2017), 1-9.
Zimmerman, Katherine, *The Al-Qaeda Network: A New Framework for Defining the Enemy* (Washington, DC: American Enterprise Institute, 2013).

IX. CONCLUSÃO: ENFRENTANDO A CYBERIA

Acemoglu, Daron e Pascual Restrepo, "Robots and Jobs: Evidence from US Labor Markets", NBER, texto de trabalho n. 23285 (março de 2017).
Allison, Graham, *Destined for War: America, China, and Thucydides's Trap* (Boston, MA, e Nova York: Houghton Mifflin Harcourt, 2017).
Arbesman, Samuel, *Overcomplicated: Technology at the Limits of Comprehension* (Nova York: Current, 2016).
Bostrom, Nicholas, *Superintelligence: Paths, Dangers, Strategies* (Oxford: Oxford University Press, 2014).
Brynjolfsson, Erik e Andrew McAfee, *The Second Machine Age: Work, Progress, and Prosperity in a Time of Brilliant Technologies* (Nova York: W. W. Norton, 2014).
Caplan, B. (2006), "The Totalitarian Threat", in N. Bostrom e M. M. Cirkovic (orgs.), *Global Catastrophic Risks* (Oxford: Oxford University Press, 2008), 504-18.
Cirillo, Pasquale e Nassim Nicholas Taleb, "On the Statistical Properties and Tail Risk of Violent Conflicts", Tail Risk, textos de trabalho, 19 de outubro de 2015.
Clarke, Richard A. e R. P. Eddy, *Warnings: Finding Cassandras to Stop Catastrophes* (Nova York: HarperCollins, 2017).
Dertouzos, Michael, *What Will Be: How the New World of Information Will Change Our Lives* (Nova York: HarperEdge, 1997).
Goldin, Ian e Chris Kutarna, *Age of Discovery: Navigating the Risks and Rewards of Our New Renaissance* (Nova York: St. Martin's Press, 2016).
Gordon, Robert J., *The Rise and Fall of American Growth: The U.S. Standard of Living since the Civil War* (Princeton: Princeton University Press, 2016).
Hayles, N. Katherine, "Unfinished Work: From Cyborg to Cognisphere", *Theory Culture Society* 23, 159 (2006), 159-66.

Heylighen, Francis e Johan Bollen, "The World-Wide Web as a Super-Brain: From Metaphor to Model", in R. Trappl (org.), *Cybernetics and Systems '96* (Vienna: Austrian Society for Cybernetics, 1996), 917-22.

Keller, Franziska Barbara, "Moving Beyond Factions: Using Social Network Analysis to Uncover Patronage Networks among Chinese Elites," texto de trabalho (s.d.).

_____, "Networks of Power: Using Social Network Analysis to Understand Who Will Rule and Who is Really in Charge in the Chinese Communist Party", texto de trabalho (novembro de 2015).

Kirby, William C., Joycelyn W. Eby, Shuang L. Frost e Adam K. Frost, "Uber in China: Driving in the Grey Zone", *Harvard Business School*, Case 9-316-135, 2 de maio de 2016.

Kissinger, Henry, *World Order* (Londres e Nova York: Allen Lane/Penguin Press, 2014).

Li, Cheng, *Chinese Politics in the Xi Jinping Era: Reassessing Collective Leadership* (Washington, DC: Brookings Institution, 2016).

Lin, Li-Wen e Curtis J. Milhaupt, "Bonded to the State: A Network Perspective on China's Corporate Debt Market", texto de trabalho (2016).

McKinsey Global Institute, *Playing to Win: The New Global Competition for Corporate Profits* (San Francisco: McKinsey & Co., 2015).

Maier, Charles S., *Leviathan 2.0: Inventing Modern Statehood* (Cambridge, MA: Belknap Press, 2014).

Nye, Joseph, "Deterrence and Dissuasion in Cyberspace", *International Security*, 41, 3 (inverno de 2016/17), 44-71.

Pinker, Steven, *The Better Angels of Our Nature: Why Violence Has Declined* (Nova York: Viking, 2011).

Schiedel, Walter, *The Great Leveler: Violence and the History of Inequality from the Stone Age to the Twenty-First Century* (Princeton: Princeton University Press, 2017).

Schwab, Klaus, *The Fourth Industrial Revolution* (Colônia e Genebra: World Economic Forum, 2016).

Scott, James C., *Two Cheers for Anarchism: Six Easy Pieces on Autonomy, Dignity, and Meaningful Work and Play* (Princeton e Oxford: Princeton University Press).

Slaughter, Anne-Marie, *The Chessboard and the Web: Strategies of Connection in a Networked World: The 2016 Henry L. Stimson. Lectures* (New Haven, CT: Yale University Press, 2017).

Snyder, Timothy, *On Tyranny: Twenty Lessons from the Twentieth Century* (Nova York: Tim Duggan Books, 2017).

Lista de ilustrações

Figuras

p. 27: "A conspiração para governar o mundo." (Fonte: <http://illuminutti.com/2012/04/16/finally-mapped-conspiracy-to-rule-the-world>.)
p. 37: Teia alimentar parcial da plataforma continental escocesa, no Atlântico noroeste.
p. 41: N-grama do Google mostrando a frequência com que as palavras *network* (rede) e *hierarchy* (hierarquia) apareceram em publicações de língua inglesa entre 1800 e 2000. (Fonte: Google.)
p. 48: A figura 1 de *Solutio problematis ad geometriam situs pertinentis* (1741), de Euler.
p. 49: Grafo simplificado do problema das pontes de Königsberg, de Euler.
p. 56: Os conceitos fundamentais da teoria de redes.
p. 60: Uma rede simples (mas trágica): *Hamlet*, de Shakespeare. (Fonte: Moretti, "Network Theory, Plot Analysis".)
p. 61: Variedades de redes. (Fonte: Solé e Valverde, "Information Theory of Complex Networks", 192.)
p. 62: Hierarquia: um tipo especial de rede.
p. 88: A rede dos Médici. (Fonte: Padgett e Powell, *Emergence of Organizations and Markets*, fig. 2a.)
p. 102: Uma rede de "conquistas": os casamentos entre os conquistadores e as famílias das elites asteca e inca. (Fonte: Mann, *1493*.)
p. 107: A rede protestante inglesa logo antes e depois da execução de John Bradford, em 1o de julho de 1555. (Fonte: Ahnert e Ahnert, "Protestant Letter Networks in the Reign of Mary I", 27.)
p. 121: A rede de comércio da Companhia Britânica das Índias Orientais, 1620-1824. (Fonte: Erikson, *Between Monopoly and Free Trade*, 114.)
p. 125: A rede de correspondentes de Voltaire. (Fonte: <https://web.stanford.edu/group/toolingup/rplviz/rplviz.swf>.)
p. 128: Paródia de *Escola de Atenas*, de Rafael, feita por James Scott, no estilo de Sir Joshua Reynolds (1751).
p. 134: A rede revolucionária em Boston, *c.* 1775. (Fonte: Han, "Other Ride of Paul Revere".)

p. 161:   A Casa de Saxe-Coburgo-Gota.
p. 172:   A "rede do vapor": James Watt, Matthew Boulton e a rede social da tecnologia do motor a vapor, *c.* 1700-1800. (Fonte: Moon, *Social Networks in the History of Innovation*, KL 492-4.)
p. 192:   Redes da prática científica do século XIX. (Fonte: Taylor, Hoyler e Evans, "Geohistorical Study".)
p. 204:   "O Polvo Inglês: alimenta-se apenas de ouro!" Caricatura anti-Rothschild, 1894. (Fonte: Harvey, *Coin's Financial School*.)
p. 209:   O mito da rede de lorde Milner.
p. 219:   O Grupo de Bloomsbury em torno de 1925.
p. 224:   A evolução das maiores alterações nos relacionamentos entre os protagonistas da Primeira Guerra Mundial, 1872-1907.
p. 256:   *Die Ausgesaugten* ("os definhados").
p. 262:   Sozinhos em Berlim: Otto Hampel e sua esposa, Elise, executados em 8 de abril de 1943 por "solapar o moral militar" e por realizar "preparativos para alta traição".
p. 280:   A organização soviética da ciência sob Stálin ("Sistema de Pesquisa da Academia de Ciências das Repúblicas Soviéticas"). (Fonte: Ruble, *Leningrad*, 130.)
p. 282:   "Estudo de Organização" para a General Motors, de Alfred Sloan (1921).
p. 300:   O general Sir Walter Walker, herói do *Konfrontasi* em Bornéu, pioneiro da contrainsurgência. Sua máxima era "Possua a Selva".
p. 307:   William Phillips com o MONIAC – Monetary National Income Analogue Computer [Computador Analógico da Renda Monetária Nacional], um modelo hidráulico da economia do Reino Unido construído em 1949 na Inglaterra.
p. 318:   Rede do ego de Richard Nixon, com base em suas memórias.
p. 319:   Rede do ego de Henry Kissinger, com base em suas memórias.
p. 320:   Rede dos egos das administrações Nixon e Ford, com base nas memórias de todos os membros.
p. 321:   Rede dirigida das administrações Nixon e Ford.
p. 328:   Projeto da rede Arpanet, 1969.
p. 336:   Redes da oposição polonesa, 1980-81. (Fonte: Osa, *Solidarity and Contention*, 165.)
p. 341:   Nelson Mandela com Klaus Schwab em Davos em janeiro de 1992, quando Mandela retirou a nacionalização da economia do programa do Congresso Nacional Africano.
p. 365:   A rede global salafista, *c.* 2004: um esboço. (Fonte: Sageman, *Understanding Terror Networks*.)
p. 368:   Insurgências em rede: diagrama do *Manual de contrainsurgência do Exército* (edição de 2014). (Fonte: Exército dos Estados Unidos, *Insurgencies and Countering Insurgencies*, figura 4-3.)
p. 372:   Balões de conectividade das redes do sistema financeiro internacional, de uma apresentação de Andrew Haldane em 2011. (Fonte: Banco da Inglaterra.)
p. 394:   Uso de telefones celulares e redes sociais na China, nos Estados Unidos e no Egito em 2010. (Fonte: Pew Research Center.)

LISTA DE ILUSTRAÇÕES

p. 396: A rede da Al-Qaeda pela perspectiva norte-americana, c. 2012. (Fonte: American Enterprise Institute.)

p. 399: *Slide* confidencial publicado pelo WikiLeaks descrevendo o programa de vigilância PRISM, da Agência de Segurança Nacional (NSA).

p. 400: Um governo grande com um pequeno problema: a quebra do site HealthCare.gov, em 2013.

p. 404: Os 66 "mais importantes sites *jihadis* ou de apoio à *jihad* e aos *mujahideen* no Twitter", recomendados pelo blogueiro jihadista Ahmad 'Abdallah em fevereiro de 2013. (Fonte: <http://wandrenpd.com/Graphs/66jihadi/Graph.html>.)

p. 414: Seguidores de mídia social dos candidatos na liderança em duas campanhas presidenciais norte-americanas, 2008 e 2016.

p. 416: A campanha de Hillary Clinton de 2016: uma estrutura hierárquica fracassada. (Fonte: *National Journal*.)

p. 417: A rede social on-line de Donald Trump, 2016. (Fonte: Buzzfeed.)

p. 429: Preços e quantidades de livros e computadores pessoais, da década de 1490 à de 1630 e entre 1977 e 2004, respectivamente. (Fonte: Dittmar, "Information Technology and Economic Change".)

p. 431: Diagramas satíricos em rede das principais empresas de tecnologia norte-americanas. (Fonte: <www.bonkersworld.net/organizational-charts>.)

p. 444: A rede dos membros do Comitê Central do Partido Comunista Chinês. (Fonte: Keller, "Moving Beyond Factions", figura 6.)

p. 454: *A alegoria do bom e do mau governo*, 1338-39, de Ambrogio Lorenzetti (Palazzo Pubblico, Siena/De Agostini Picture Library/G. Dagli Orti/Bridgeman Images)

Índice remissivo

'Abdallah, Ahmad, 404n
Aberdeen, lorde, 165
absolutismo e autocracia na história antiga, 82-5
   como fonte de coesão social, 44
   ditadores modernos, 65, 151, 245-6, 281
   e os deuses, 82
   e os mercados 44-5
   hierarquias do século XVI, 108-10
   iluminista, 151
   medo de um golpe de Estado, 63, 83
   no período pré-moderno, 85-6
   Rússia de Putin, 65
Academia Francesa, 125
Academia Real de Ciências, 125
açúcar, comércio de, 174-5
Adal, emirado muçulmano de, 108
Adamovitch, Gueorgui, 275
aeronáutica, 172
Aeschbach, Annemarie, 77n
Afeganistão, 235, 297, 244, 362-4, 368
África do Sul
   constituição (1910), 211
   descobertas de ouro em, 206
   e a Primeira Guerra Mundial, 221
   e Cecil Rhodes, 207-8
   e Milner, 207-12, 221
   "escravatura chinesa" na, 211
   Guerra dos Bôeres (1899-1902), 182, 210-1
   "Incursões de Jameson" (1897), 208
   Mandela abandona a nacionalização, 339-42
   sistema do *apartheid*, 210, 305
   situação política no início da década de 1990, 341
Aga Khan, 237
Agência de Segurança Nacional (NSA), EUA, 284, 334, 397-9, 400, 435, 438, 443, 451
Agência de Sistemas de Informação de Defesa (DISA), 332
Akhmatova, Anna, 274-9, 290, 314
al-Adnani, xeique Abu Muhammad, 403
alBaghdadi, Abu Bakr, 401
Albert, Réka, 58
Alberto, príncipe consorte, 159, 165, 173, 176
álcool e drogas, uso abusivo de, 290-1
Alcóolatras Anônimos, 290
Aleksandrov, Gueorgui, 278
Alemanha
   Confederação Germânica, 167-8
   dinastias empresariais judias, 16, 162-9, 254-60
   a Primeira Guerra Mundial, 221-2, 224-7, 230-44
   e a Rússia de Putin, 425-6
   e as teorias conspiratórias sobre os ataques de 11/9, 28
   e a união monetária europeia, 345-52, 357-8

e o retorno de Lênin à Rússia (1917), 241-4
fornecendo armas para a Irlanda (Primeira Guerra Mundial), 241
fundação do Reich (1871), 156-7, 193-4, 222
industrialização na, 191-4
judeus e a economia da (1830s-1930s), 254-7
língua alemã, 105
maçonaria na, 72-3
reunificação, 346-50
tribos germânicas na era romana, 83-4
universidades, 147, 191-2
ver também Alemanha nazista
Alemanha nazista
apoio da aristocracia britânica, 263
erradicação de redes, 260-3
hierarquias na, 252-3
nazistas viralizam (1930-33), 251-2
Schutzstaffel (SS), 251-2
sucesso eleitoral do Partido Nazista, 250-1
ver também Hitler, Adolf
Alexandre, o Grande, 83
Alexandre I, czar, 154, 158
Alexandre II, czar, 159
Alexandre III, czar, 44, 159
Alexandre de Battenberg, 160
Alexandria, grande biblioteca de, 86
Alhazmi, Nawaf, 362
Alibaba (varejista on-line chinês), 442
Al Jazeera, canal de televisão, 395
Allison, Graham, 19, 67
Allon, Yigal, 322
Almagro, Diego de, 100
alMaliki, Nouri, 401
Almeida, Simão d', 98
Al Muhajiroun, 405
Al-Qaeda, 67, 361-5, 367-9, 396, 400-1, 403, 438

Alsop, Stewart e Joseph, 321
Altman, Sam, 432
Al Tunisia, Salih al Sharif, 234
Alumbrados (movimento do século XVII na Espanha), 72
Álvares, Jorge, 94n
Amazon, 381, 385-6, 430, 442
América do Sul
chegada portuguesa ao Brasil, 94
Guerra da Tríplice Aliança (1864-70), 196-7
imperialismo espanhol, 99-103, 109--10, 189-90
sistema de educação monitorial na, 189-90
anabatistas, 110
anarquismo, 185, 207, 449-50
Anderson, James, *The Constitutions of the Free-Masons* (1723), 135-6, 138
Andrade, Fernão Peres de, 94
Andrade, Simão de, 94, 97
Andronikova, Salome, 275
Angell, Norman, 222
Angleton, James, 271
Anglo-Persian Oil Company, 237
Angoulême, França, 123
Annan, Noel, 213
Anrep, Boris, 275
Antal, Tibor, 223
AOL, 397
Apple, 380, 383, 385, 393, 397, 400, 430, 432
Archer, Jane, 269
"Armadilha de Tucídides", 425
armas nucleares, 295, 324, 425
arquivos, 11-2, 29, 76
Arquivos do Estado de Hamburgo, 16
Arquilla, John, 364-5
Asquith, Herbert, 207
Assange, Julian, 398, 435, 438

assassinatos terroristas em San Bernardino, 33, 400
Associação Para o Avanço das Pessoas de Cor, 289
associações, 43, 89, 133-4, 429
AT&T, 283, 329, 393, 397
ataques do 11/9 28, 361, 364, 396, 406
Atahualpa (governante inca), 99, 100-1
Athlone, conde de, 263
Ato das Organizações Corruptas e Influenciadas pelos Esquemas Ilegais (RICO Act, 1970), 289
Ato de Antiterrorismo e Segurança (2015), 406-7
Ato de Exclusão Chinesa (EUA, 1882), 202
Atta, Mohamed, 362
Augsburgo, Paz de (1555), 111n, 434
Augusta de Saxe-Coburgo, 159
Augusto, imperador romano, 84
Austrália, 96, 186, 211, 221, 229n
Áustria, 28, 57, 154-4, 159n, 167-8, 225, 230-1, 234, 259, 335
  e pentarquia do século XIX, 146-7, 153, 156, 177-8, 222, 232, 282
Ayala, Felipe Guaman Poma de, 101

Babbage, Charles, 449
Bacon, Kevin, 51, 363
Bahadur, Nawab, de Dacca, 237
Bahrdt, Karl Friedrich, 75
Baidu (buscador de internet chinês), 442
Baker, Herbert, 208
Balladur, Édouard, 346
Ballin, Albert, 258
Balsbaugh, Duncan, 356
Banco Mundial, 341, 392, 438
Bannon, Stephen K., 417
Bar-Yam, Yaneer, 19, 308
Barabási, Albert-László, 58-9, 65
Baran, Paul, 326
Barlow, John Perry, 331-2, 338

Barruel, Augustin de, 25, 76
Basílio III, grande príncipe de Moscou, 108
Baticaloa, Sri Lanka, 120
Baviera, 24-5, 29, 71, 73, 75-7, 155, 251
Becker, Carl Heinrich, 232-3
Begg, Sir Varyl, 305
Begin, Menachem, 340
Bélgica, 156, 159, 225, 230, 344
Bell, Andrew, 190
Bell, Clive, 218-9
Bell, Gertrude, 237
Bell, Vanessa (sobrenome de solteira, Stephen), 218
Belmont, August, 166
Bennett, Alan, 70
Bentham, Jeremy, 285n
Bentine, Michael, 305
Bentley, reverendo William, 138
Beria, Lavrenti, 248
Berlin, Isaiah, 274-6, 277-9, 290, 314
Berliner Handels-Gesellschaft (banco), 255
Bernanke, Ben, 371, 373
Berner, Augustine, 107
Berners-Lee, Tim, 330
Bernoulli, Johann, 119
Berry, duque de, 165
Bey, Urgüplü Hayri, 233
Bezos, Jeff, 381, 385-6
Bharti Airtel, 429
Bhowmik, Dilip, 48
bin Laden, Osama, 363, 369, 401
biologia evolucionária, 37-8
Birô Federal de Investigação (FBI), 271, 284, 397, 401
Bismarck, Herbert von, 160
Bismarck, Otto von, 155, 222-3, 346
Birmânia, 298
bitcoin, 66, 445-6
Bizâncio, 85, 87
Black, Joseph, 171
Blair, Tony, 357

Blake, George, 273
Bloomberg, Michael, 385
Bloomsbury, Grupo de, 218-9, 221, 276, 279
Blunt, Anthony, 264-6, 268-9, 271-2, 279
Bockelson, Jan (João de Leiden), 110
Bode, Johann Joachim Christoph, 24, 75-7
Boisot, Max, 45
Boko Haram, 396, 405
bolcheviques, 241-5, 247, 252
  ver também União Soviética
Borges, Jorge Luis, 361
Bormann, Martin, 252
Börne, Ludwig, 167
Bornéu, *Konfrontasi* em, 300-4
Bósnia e Herzegovina, 225, 230, 335-6
Boston, Massachusetts, 50, 119, 129--34, 136-7, 229n
Botel, Heinrich, 104
Botha, Louis, 211
Boulliau, Ismaël, 117
Bowra, Maurice, 264
Braden, Tom, 321
Bradford, John, 106-7
Braynard, Matt, 414
Brasil, 94, 99, 175, 189, 196, 231, 287, 308, 343n, 423
Breitbart, 414, 433
Brett, Reginald, 208
Brejnev, Leonid, 320
BRICS, 423
Bright, Charles, 186
Brin, Serguei, 381, 430
Britânia *ver* Grã-Bretanha
Brooke, Rupert, 216-7
Brooks, John W., 373
Brougham, Henry, 173
Brown, Dan, *Anjos e demônios* (2000), 26
Browning, Oscar, 213, 216
Brusca, Giovanni, 287
Bryan, William Jennings, 205
Brzezinski, Zbigniew, 323, 326

Buchan, John, 181-2, 185, 189, 208, 226, 231, 234, 240
budismo, 195-6
Buderus, Karl, 163
Bulgária, 156, 159-60, 231
Burgess, Guy, 264-71
Burke, Edmund, 25, 148
Burns, Robert, "Naebody" (música), 39-40
Burr, Aaron, 122-3
Burt, Ronald, 54
Burton, Richard, 291
Buscetta, Tommaso, 287
Bush, George H. W., 318
Bush, George W., 362, 364, 369, 375, 396, 398
Bush, Jeb, 412
Buxton, Thomas Fowell, 170, 174-5
Byron, Lord, *Don Juan*, 168, 275

Cabral, Pedro Álvares, 94-5
CAGE, 406
Caillaux, Joseph, 211
Cairncross, John, 266-7, 270, 272
Cajamarca, Batalha de (1532), 99, 100
Califado Abássida, 83
Calvino, João, 118
calvinistas, 106n, 110, 115, 126
Calvo, Diogo, 94
Cambridge Analytica, 411, 415
Cameron, Sir Donald, 184, 411
campanhas militares
  "contrainsurgência", 296, 299-303, 366-9, 396-7
  e Napoleão, 151-2
  FM 3-24 (manual do Exército Norte-Americano), 366-7, 368-9
  guerra britânica de selva na península Malaia/ Bornéu, 299-303, 366-7
  hominídeos pré-históricos, 81-2
  industrialização das, 177, 225-6
  insurgência conectada, 366-9, 395-7

nas sociedades medievais, 44
no século XVIII, 156-7
o mundo não está se tornando mais pacífico, 425
riscos geopolíticos dos dias de hoje, 449-50
Campbell-Bannerman, Henry, 212
Canadá, 122, 182, 186, 211-2, 221, 260, 323n, 423
Canetti, Elias, 409
Canning (clube conservador de debate), 13
Canning, George, 165
Cantão (Guangzhou), 120, 197
Careless, John, 106
Caribe, 174
Carlos I, rei da Inglaterra, 108, 111
Carlos II, rei da Inglaterra, 111
Carlos V, sacro imperador romano--germânico, 105
Carlos Teodoro, príncipe eleitor palatino, 24, 75, 77
Carnegie, Andrew, 190-1, 222
Carrington, Dora, 218, 219
Carter, Jimmy, 323
cartografia, 47, 96
Castells, Manuel, 33, 395
Castlereagh, lorde, 154-6, 164, 225
Castro, Fidel, 286, 340
catolicismo, 71-2 84-5, 87, 95
　Contrarreforma, 111, 115
　Dieta de Worms (1521), 105
　Grande Cisma (1054), 85, 136
　jesuítas, 71-2, 96, 198, 435
　período dos papas rivais (1378-1417), 110
Carlota, princesa, 158, 159n, 162-3, 165
cérebro humano, 449
Cerf, Vint, 328-8
Chanute, Octave, 172
Charleston, fazenda em Sussex, 218
Chateaubriand, visconde de, 165

Cheney, Dick, 364
Cheng Li, 443
China
　Banco de Investimento em Infraestrutura da Ásia, 444-5
　cisão sino-soviética, 312-7
　confucionismo, 85-6, 195-6
　conhecimento médico no século XVI, 95
　contato português com a (1517-23), 94-99
　convergência com os EUA, 421-2
　crescimento da classe média, 388-9
　e globalização, 391-2
　e o Conselho de Segurança da ONU, 281-2
　estrutura política atual, 421-2
　exportação britânica de ópio e armamentos à, 197-8
　governo Ming, 95, 97-8
　Grande Muralha de Fogo, 441-3
　império Qing, 195-9
　império Qin-Han, 83-4
　impressão em, 104
　iniciativa do Cinturão e Rota da Seda, 444-5
　mercado de Guangdong, 94, 98
　minoria étnica Zhuang, 196-9
　missionários protestantes em, 197-9
　monitoramento de dissenso na mídia social, 426-7, 441, 443-5
　pânico do "roubo de almas", 195-7
　Rebelião Taiping (1851-65), 196-9
　redes familiares, de clãs ou tribais, 85-7, 195-6
　resposta à revolução digital, 441-5
　Segunda Guerra do Ópio (1856-60), 199
　setor de tecnologia financeira, 444-6
　sistema de exames de serviço civil, 85-6, 195-6
　sistema imperial na, 84-6, 96-8, 195-7

sobrevivência do comunismo, 335-6,
    442-4
visita de Nixon (1972), 315-7
Choi Soon-sil, 427
Christakis, Nicholas, 38, 56
Chrysler, 378
Chtchepkin, Nikolai, 245
Churchill, Randolph, 278
Churchill, Winston, 268, 319, 447
ciência, 46-9, 104, 117-9, 124-5, 146-7
    biologia evolucionária, 37-8
    conferências Pugwash, 313-5
    organização da ciência sob Stálin, 280
    redes do século XIX, 191-3
cinema ocidental, 40, 283
Cingapura, 188-9, 300, 446
citas, 84
Cixi, imperatriz viúva da China, 197
Clark, David D., 332
Clark, Howard L., 373
Clausewitz, Carl von, 151-2
Clayton, Gilbert, 239
Clemente XIV, Papa, 72
Clinton, Bill, 182n, 374, 441
Clinton, Hillary, 32-3, 412-3, 415-6, 435
Clive, Robert, 121
Coase, Ronald, 53
Coburgo, ducado de, 158
Cohen, Jared, 33, 393-4
Coleridge, Samuel Taylor, 41
Comissão Islâmica de Direitos Humanos, 406
Comissão Trilateral, 26, 323
Comitê Democrático Nacional (DNC), 33
Companhia das Índias Orientais (EIC), 120-2, 197
Companhia dos Telégrafos Anglo--Americana, 187-8
Companhia Holandesa das Índias Orientais, 120
companhia marítima Hamburg--Amerika, 258

Companhia Oriental de Telégrafos,
    188
competição, 54-5, 190-1
Comte, Auguste, 47
comunidades rurais, 39, 43-4, 82, 191-4,
    242-3
comunismo
    bolcheviques, 229-31, 241-9, 252-3
    colapso do Leste Europeu, 333-7
    na década de 1930 em Cambridge,
        264-7
    refomas baseadas no mercado na década
        de 1990, 342-3
    Segunda Internacional, 255-6
    ver também China; União Soviética
conectividade da rede
    a emergência do mercado de eurobonds,
        345
    balões, 372
    rede dos "velhos amigos", 32
    "reflexividade" de Soros, 353
    vendendo uma moeda a descoberto,
        354n
    ver também família Rothschild
Confederação da Indústria Britânica (CBI),
    347
Conferência de Casablanca (janeiro de 1943),
    268
Connally, John, 318
Conselho Muçulmano da Grã-Bretanha, 406
Conway, Melvin, 327, 329
Cook, Tim, 400
Cooper, Duff, 263
Cooper, Milton William, 28
Cooper, Richard, 322
Cooper, Yvette, 440
Copenhague, 117, 160
Coreia do Norte, 423, 436
Coreia do Sul, 430
Cornford, John, 265, 267
Costello, Frank, 286

ÍNDICE REMISSIVO

Cotrugli, Benedetto, *Il libro dell'arte di mercatura*, 90-2
Coutinho, Martim, 95
Crafts, Thomas, 137
Cranach, Lucas, 105
Cready, Sir Herbert, 267
Credit Suisse, 388
crise financeira, global (2008)
　causas da, 369-71
　e redes complexas, 32, 370-3, 438-9
　e teorias conspiratórias, 26-8
　Mervyn King sobre a, 425n
　resgate dos bancos, 373
crise na Síria, 401-2
cristianismo
　ameaça ao Império Romano, 83-6
　e era ibérica de exploração, 95
　e Iluminismo, 24, 71, 74-5
　"Estado" anabatista em Münster, 110-1
　"Grande Despertar" na Nova Inglaterra, 137-8
　hierarquia na iconografia de, 43
　hierarquias eclesiásticas, 15, 43
　igrejas negras do Sul dos EUA, 289-90
　"Kirk" escocês, 126-7
　missionários protestantes na China, 197-9
　Paz de Augsburgo (1555), 105,110n, 434
　Questão das Investiduras, 84-5
　Reforma, 104-12, 115-6, 432-4
　ver também catolicismo; protestantismo; Reforma
Cromwell, Oliver, 111
Cromwell, Thomas, 108
Cross, J. P., 301-2
Crowley, Aleister, 77n
Cuba, 174-5, 231, 286
Cummings, Dominic, 67, 410-1, 417
Cunard, Nancy, 263
Curtis, Lionel, 208, 210

Curzon, lorde, 185
Cusco (cidade inca), 100

Dalberg, Carl Theodor von, 24, 77, 163
D'Alembert, Jean-Baptiste le Rond, 124
Danat-Bank, 255
Davos, Suíça, 337-43, 447
Dawes, William, 131-2
Dawit II, imperador da Etiópia, 108
Defoe, Daniel, 121
de Gaulle, Charles, 305, 345
Delitsch, Johannes, 47
democracia, 33, 44, 66, 408, 435
　ateniense, 83, 425
　"e-democracia", 395-6
　e Reich alemão, 193-4
　Estado "administrativo" ou "gerencial", 375-8, 380, 394, 447-8
　na África do Sul, 341
　no início dos Estados Unidos, 46-7, 139-41, 285
　Solidariedade, Polônia, 335-6
　tirania da maioria, 140-1
democracia ateniense, 83, 425
Deng Xiaoping, 443
derramamento de petróleo da BP Horizon, 378
Dertouzos, Michael, 448
"desejo mimético", 146
Deutsch, Arnold, 265-7
Deutsche Bank, 255
Dewey, Thomas E., 286
Dias, Bartolomeu, 94
Dias, João, 96
Dickens, Charles, 31, 173, 221, 376
di Costanzo, marquês Costanzo, 73
Didi Chuxing, 443
Dinamarca, 156, 159-60, 226
diplomacia europeia, século XIX
　Congresso de Viena (1814-15), 146-7, 153-4

e a instituição da monarquia, 158-60
equilíbrio de poder, 146-7, 153-6,
    449-51
pentarquia de cinco grandes potências,
    146-7, 153-6, 177, 221-2, 229-30,
    449-51
Quádrupla Aliança (novembro de 1815),
    155-8
"Questão do Oriente", 156-7, 231-2
ruptura da, 221-5, 229-30
"Santa Aliança", 181-2
Tratado Secreto de Resseguro, 155-6,
    222
DiResta, Renee, 409
Dittmar, Jeremiah E., 116
Dobb, Maurice, 265
Dobrinin, Anatoli, 320
Dodd–Frank Act, 376-7
doenças, 36-7, 55-7, 83-4
    falta de resistência dos nativos
    americanos a, 93, 99-100, 109-10
Dolton, Peter, 19, 218
Donne, John, "Devoções para Ocasiões
    Emergentes", 40
Döring, Christian, 105
Douglas Aircraft Company, 326n
Dove, John, 208, 210
Dresdner Bank, 255
Druckenmiller, Stan, 354-5
Dubreuil, Benoît, 43
Dunbar, Robin, 38
Duncombe, Thomas, 166
Dwight, Timothy, 25
Dyson, Kenneth, 345n
Dzerjinski, Felix, 245

Eanes, Gil, 93
Eastwood, Clint, 81
eBay, 381
Eckartshausen, Franz Carl von, 75

Eco, Umberto, *O pêndulo de Foucault* (1988),
    26
economia, 12
    autocracia e o mercado, 44-5
    crescimento global das classes médias,
        388-9
    custos de transação, 53-4
    dicotomia de Hayek entre o Estado e o
        mercado, 45
    dinamismo pós-Reforma no Ocidente,
        115-6
    diversificação de riscos, 92
    duopólio dos telégrafos, 188-9
    economia atlântica do século XVIII,
        119-23
    e estruturas de rede, 53-5, 371-2
    emergência dos BRICS, 423
    empresas de sociedade anônima, 190-1
    Fórum Econômico Mundial (Davos), 12,
        32, 337-42, 447
    "grande divergência" entre Ocidente e
        Oriente, 87-8, 115
    Grupo dos Sete, 295-6, 423
    Grupo dos 42, 423
    grupos de *keiretsu* no Japão, 45
    hierarquias de medos do século XX,
        281-3
    hiperinflação da década de 1920, 229-30,
        250-1
    ideia de unidade pan-europeia, 343-6
    impacto da peste negra, 85-6
    Mandela abandona a nacionalização,
        339-42
    mercados emergentes, 369-70, 388-9,
        423
    planejamento centralizado do pós-guerra,
        306-10
    plantações de borracha na Malásia, 186-
        7, 189-90
    políticas inclusivas e desenvolvimento
        sustentado, 44

privatização, 310, 340, 342
proliferação de redes informais, 423
"segunda revolução do mercado" (década de 1970), 309-10
Single European Act (1986), 346-8
sistema de impostos na Grã-Bretanha de 1815, 175-6
vantagem comparativa, 309
ver também sistema financeiro; desigualdade; comércio
Edimburgo, 122-3, 126-8, 135-6, 192, 283
Edison, Thomas, 129
educação, superior *ver* vida acadêmica; Universidade de Cambridge; Universidade de Oxford
Eduardo VIII, rei da Grã-Bretanha, 160
Egito, 107, 184, 207, 233, 235, 237, 239, 393-5
Eisenhower, Dwight D., 296, 311, 319, 330, 335
Eisenstein, Serguei, 242
Electronic Frontier Foundation, 331-2
Elgin, lorde, 197
elites, 11
　adaptação britânica na era industrial, 173-6, 185
　aristocracia hereditária britânica, 175-6, 191-2
　banqueiros e empresários, 177, 338, 373-4
　classe *Junker* prussiana, 191-4
　corporações industriais, 177, 206
　de Vilfredo Pareto, 17
　e avanço da esquerda política, 207
　elite de potências nucleares, 423, 425
　EUA, 373-4
　futuro na Era das Redes, 67-8
　na França, 345-7
　na história antiga, 82
　no Reino Unido (o *establishment*), 346-7

　real e plutocrática pós-Napoleão, 177
Ellinghaus, William M., 373
Elliott, Nicholas, 271-2
Ellison, Larry, 385
Ellsberg, Daniel, 323, 398
Emelianov, Stanislav, 315
Engel, Leopold, 77n
Enver, Ismail, 233, 236
epidemia de gripe (1918), 229-30
"era conectada", segunda (da década de 1970 aos dias atuais), 17
　colapso do comunismo no Leste europeu, 333-7
　diferenças com a primeira "era conectada", 428-34
　e a crise do Mecanismo de Taxa de Câmbio Europeu (ERM), 343-4, 347-58
　e liberalização dos mercados de capitais (década de 1980), 337, 343-4, 346-8
　emergência do mercado de eurobonds, 344-6
　Fórum Econômico Mundial, 338-40
　história intelectual europeia (entre as décadas de 1600 e 1700), 117-9
　prevendo o futuro, 66-8
　semelhanças com a primeira "era conetada", 434-7
　transição para a, na década de 1970, 295, 308-10, 320-3, 326
　ver também tecnologia digital; internet; telefonia móvel; redes de mídia social
Erasmo, 118
Erdös, Paul, 51, 58n, 59
Erlichman, John, 319
Ernesto II, duque de Saxe-Gota-Altenburgo, 24, 75
Escócia, 72, 85-6, 106, 109, 111, 121-2, 126, 170, 173, 181, 190, 307
　escoceses no comércio de vinho da Madeira, 120

escravatura e comércio de escravos, 119, 122-3
  movimentos aboliconistas, 173-6
  no sul dos Estados Unidos, 175-6
  revolta em São Domingos, 149, 174-5
Espanha
  conquistadores, 99-103
  expulsão dos mouros e dos judeus, 96, 101
  imperialismo nas Américas, 99-103, 109-10, 189-90
Estados, 17
  burocracias, 43, 45, 193-7, 311-3, 327-8
  dicotomia de Hayek entre o Estado e o mercado, 45
  hierarquias do século XVI, 108-10
  no mundo cristão ocidental, 84-5
  no período pré-moderno, 43-4, 82, 85-6
  novos Estados na Europa do século XIX, 156-7
  "o Estado cristão", 110-1
  redes familiares, de clãs ou tribais, 85-7, 195-6
  sistema de Vestfália, 110n, 424
  ver também Estados-nação, tempo atual
  Weishaupt sobre a formação dos, 74
Estado "administrativo" ou "gerencial", 375-80, 447-8
Estado Islâmico (rede terrorista islâmica), 33
Estados-nação, atualmente, 33-4, 421-3, 425, 434-7
  Estado "administrativo ou "gerencial", 375-8, 380, 421-2, 447-8
  "Estado de segurança nacional", 326, 395-9, 400-1
  perspectivas futuras para, 67-8
Estados Unidos da América
  acordo com a China (1972), 315-7
  antissemitismo nos, 203-5, 254
  cíbervulnerabilidades, 66, 436-9
Constituição, 138-9
convergência com a China, 421-2
crença do público em teorias conspiratórias, 26-8
e a crise econômica de 1992, 352
eleição presidencial (2008), 410-11
eleição presidencial (2016), 32-3, 65, 390-1, 411-8, 433
e o Conselho de Segurança da ONU, 281-2
era dourada, 190-1
Estado "administrativo" ou "gerencial", 375-8, 380, 421-2
"estilo paranoico" na política, 25-6
Grande Selo dos, 138-9
Guerra de Secessão (1861-65), 196-7, 198-9
início da democracia nos, 46-7
o Estado mais poderoso do mundo, 421-2
progressiva desigualdade nos, 388-92
reação negativa contra a imigração chinesa, 200-4
reações aos ataques do 11/9, 360, 364-7, 369, 400-2
rede de tráfego aéreo, 59-60, 66
rede elétrica em 1990, 65-6
rede nacional de estradas, 59-60
redes durante a Revolução Industrial, 171-2
tempo dispendido on-line nos, 409
Tocqueville sobre os, 46-7, 139-40, 285
vida em associações nos primeiros anos, 139-41, 149, 285
vigilância do governo sobre as comunicações, 283-4, 397-9, 421-2
Esterházy, príncipe, 164
Estônia, 346, 395, 436
"Estratégia Sucuri" de Petraeus, 367
estruturas hierárquicas de poder, 11-3, 17
  Brexit como derrota das, 411

ÍNDICE REMISSIVO

crise das, na década de 1970, 306-10, 326
críticas ao Estado hierárquico, 44
desintegração rápida de, 44, 63, 69, 84-5
dominação pela maior parte da história registrada, 39-41
futuro na Era das Redes, 67-8
hierarquia como um tipo especial de rede, 61-2, 69, 108, 146-7
história das, 81-6
Império Romano como verdadeira hierarquia, 83-5
meados do século XX como zênite das, 281-2
na história antiga, 43, 82-6
na Inglaterra dos Tudor, 108
nas sociedades rurais medievais, 43-4
necessidade atual de legitimidade 449-51
no período pré-moderno, 43
planejamento centralizado do pós--guerra, 306-8, 310
reafirmação no século XIX, 146-7, 177, 185, 449-51
similaridades no século XVI entre, 108-10
títulos e precedência no Império Britânico, 184-5, 188-9
ethereum (moeda digital), 445-6
Eudokal (derivativo da morfina), 291
Euler, Leonhard, 46, 48-9, 119
euro (moeda única europeia), 358
Evans, Oliver, 171
Executiva de Operações Especiais (SOE), 267
Exner, Judith Campbell, 286
exploração marítima
  alastramento das doenças eurasianas, 93, 99, 100, 109-10
  era ibérica da, 93-103, 105-6, 109-10
  imperialismo espanhol, 99-103, 109--10, 189-90
  inovações portuguesas, 96

instrumentos náuticos, 96, 109-10

Facebook, 32, 382-7, 397-9, 429-30
  bloqueado na China, 441-3
  e a eleição presidencial de 2008, 410-2
  e a eleição presidencial de 2016, 412-8, 433
  e a vitória do "Vote Leave" no referendo de 2016, 411
  estrutura desigual, 384-6, 430, 448-9
  Marcha das Mulheres contra Trump, 433
  pedidos de censura ao discurso do ódio, 440-1
  sede em Menlo Park, 452
  uso pelo EI, 402-3
Fairlie, Henry, 346
Falcone, Giovanni, 287
Fallada, Hans, 261
Fawkener, Sir Everard, 124
Fay, Bernard, 133
Feder, Johann Georg Heinrich, 75
feminismo, 185
Ferguson, Adam, 122, 127n
ferrovia Berlim-Bagdá, 232
ferrovias, 41, 186, 191, 201-2, 299
feudalismo, 86
Finlândia, 242, 352
Fitzgerald, Ella, 285
flexibilização quantitativa, 373
Flórida, 122
Fontane, Theodor, *Der Stechlin* (1899), 199
Ford, Gerald, 18, 317-8, 320-1, 324
Ford Motor Company, 309
Forester, C. S., *The General*, 297-8, 304
Forster, E. M., 215, 217-20, 264
Fórum Econômico Mundial (Davos), 12, 32, 338-9, 342-3
Foster, Norman, 452
Four Seasons, restaurante em Nova York, 32
Fournier-Verneuil, Vincent, 166
Fowler, James, 38, 53

Fox News, 12, 32
Foxe, John, *Atos e monumentos*, 106
França
  a estrutura fechada da elite governante, 345-7
  a rede de Voltaire, 123-6, 128
  e a Primeira Guerra Mundial, 222, 224-6, 238-9
  e a Rússia de Putin, 425-6
  e o Conselho de Segurança da ONU, 281-2, 421-3
  e pentarquia do século XIX, 222, 229-30
  fazendeiros e mercadores de pele em Illinois, 101
  Massacre da Noite de São Bartolomeu (1572), 148
  população muçulmana, 406-7
  referendo de Maastricht (1992), 349-51
  Restauração dos Bourbon, 145-7, 177
  Revolução Francesa (1789), 25, 75-7, 148-9, 449-50
  revoluções do século XIX, 145-6, 165-6
Francisco I, rei da França, 108
Franklin, Benjamin, 127-8, 133n, 138
Frankopan, Peter, 84
Frederico, o Grande, 119, 151
Frederico Guilherme da Prússia, 25, 159
Freeman, Edward Augustus, 41
Freeman, Linton, 49
Freisler, Roland, 261
Friedman, Tom, 357
Friedrich Heinrich Jacobi, 24
Frobenius, Leo, 236
Fry, Roger, 218-9
Fukuyama, Francis, 19, 67, 377
Fuld, Duck, 371, 374
Fundo Monetário Internacional (FMI), 340, 457
fundos de cobertura (*hedge funds*), 343, 353, 355-6, 411
Fürstenberg, Carl, 255

Gama, Vasco da, 94-5
Gambetta, Diego, 287
Gambino, Carlo, 286
Gandhi, Mahatma, 424
Garbuzov, Vasily, 333
Garfield, Eugene, 47
Garnett, David, 218-9
Gates, Bill, 380, 385, 429
Gehry, Frank, 452
Geithner, Timothy, 374
Gellner, Ernest, 83
General Motors, 282, 378, 431
Genesee Tract (estado de Nova York), 121-2
Geng Biao, 443
Gentz, Friedrich, 156
Georges-Picot, François, 239n
Gertler, Mark, 218-9
Giancana, Sam, 286
Girard, René, 146
Girs, Nikolay, 222
Gladwell, Malcolm, 51, 130-1, 393-4
globalização, 309, 343-4, 409, 409, 425, 448-9
  a visão de futuro do Vale do Silício, 448
  como em crise, 326-7
  e desigualdade, 388-92
  emergência do mercado de eurobonds, 344-6
  e o imperialismo ocidental, 203-4, 206, 222
  e tecnologia digital, 371-2, 388-92
  "gráfico do elefante", 389-90
Gluchkov, Viktor, 333
Go-Kashiwabara, imperador do Japão, 109
Goebbels, Joseph, 252, 259, 262, 263, 283
Goethe, Johann Wolfgang, 24, 75
Gois, Francisco, 96
Goldman Sachs, 14, 32, 371, 385, 413
Goldschmidt, Jakob, 255
Golitsin, Anatoli, 271

Gooch, Daniel, 187-8
Goodhart, David, 411
Google, 33-4, 40-1, 392-4, 425-6, 430-1
   e a campanha de Clinton (2016), 413-4
   e censura do discurso de ódio, 440
   e o programa PRISM da NSA, 397-401
   e Trump, 413-6, 433
   fundada em uma garagem em Menlo Park (1998), 381, 429
   oferta pública inicial (2004), 381
   renda publicitária, 381, 383-7
   sai da China (2010), 441-2
   sede em Mountain View, 452
Gordon, Charles 'Chinês', 199
Göring, Hermann, 258
Górki, Maksim, 44
Goschen, George, 207
Gosto de sangue (*Blood Simple*, filme dos irmãos Coen de 1984), 40
Gouzenko, Igor, 269
Graham, Don, 382
Granovetter, Mark, 52, 54
Grant, Duncan, 218-9
Grã-Bretanha
   colapso de Estado centralizado na década de 1970, 306
   como sociedade desigual no período de 1815, 175-6
   crença do público em teorias conspiratórias, 28
   e a dinastia de Saxe-Coburgo, 158-60
   e a pentarquia do século XIX, 147, 153-6, 229-30
   e a Primeira Guerra Mundial, 221, 254-6
   elite governante (o *establishment*), 346-7
   e o Conselho de Segurança da ONU, 281-2, 421-3
   e o Iluminismo, 127
   estratégia antiterrorista, 406-7
   exportação de ópio e armas para a China, 197-9
   falta de revoluções políticas na era da industrialização, 172-6
   indústria têxtil, 170-1, 174-6
   Revolução Gloriosa (1688-9), 111-2
   serviços de inteligência da Segunda Guerra Mundial, 267-70
   tempo dispendido on-line na, 408-9
   ver também Império Britânico, Inglaterra; Escócia
Great Eastern (navio a vapor), 187
Grécia, 156, 158, 161, 231
   antiga, 23, 40-1, 72, 90, 182
Gregório VII, Papa, 85
Greif, Avner, 54
Grey, Sir Edward, 224-5
Grimm, Jacob e Wilhelm, 193n
Gromiko, Andrei, 320
Grupo Bilderberg, 12, 26
"Grupo dos Seis", 323
Guangzhou (Cantão), 120, 197
Guare, John, *Seis grau de separação* (peça de teatro, 1990), 51
"Guccifer 2.0", 436, 428
guerra cibernética
   ataques de atores não estatais, 66, 435-6, 451
   como guerra entre redes, 34
   e os Estados Unidos, 66, 436-8, 451
   Eternal Blue, 451
   necessidade de uma nova pentarquia, 451
   opções de dissuasão/defesa, 437-9, 439
   pleno potencial da, 435-8, 449-50
   ransomware (vírus que trava um sistema e exige resgate) WannaCry (maio 2017), 66, 451
   russos contra os EUA, 33, 65, 425-6, 435-8,
   simplicidade das redes como defesa, 439
   vírus Stuxnet, 436-7
Guerra Civil Espanhola, 266-7
Guerra da Coreia, 270

Guerra da Crimeia (1853-6), 157, 222
Guerra do Vietnã, 317n, 324, 454
Guerra dos Sete Anos, 157
Guerra dos Trinta Anos, 106, 110n, 111, 198
Guerra Fria, 281-2, 284-5, 295-6
   conflito no Terceiro Mundo, 295-7
   controle de fluxos de informação, 322-4
   distensão, 304, 320-3
   "efeito dominó", 295-7
   teorias da "destruição mutuamente assegurada", 436-8
Guevara, Che, 340
Gulag, 245-7, 275, 279
Guilherme II, *kaiser* alemão, 160, 161, 231-2
Gumilev, Liev, 274-5, 279
Gumilev, Nikolai, 274
gurkhas, 298-9
Gutenberg, Johannes, 104-11, 424n, 428-9
Gutman, Herbert, 255
Guzana ou Gozan (antiga cidade-Estado dos arameus), 234n

Habibullah, Amir, rei afegão, 235
Habsburgo, dinastia, 108, 152, 159, 224, 230, 281
Hackett, David, 131
Hahn, Ulrich, 104
Haig, Alexander, 318-9
Haldane, Andrew, 372, 377n
Haldeman, H. R., 318-9
Halley, Edmond, 118
Hallowell, Benjamin e Robert, 137
Hamberg, Theodore, 198
Hamilton, Alexander, 122, 139
Hampel, Otto e Elise, 261-2
Harari, Yuval, *Homo Deus*, 34-5
Hardin, Garrett, 380n
Harvard, Universidade de, 12-3, 15, 214, 437-8
   e Kissinger, 311-3, 320-1, 323-4
   e Zuckerberg, 382-3, 429, 448-9
   Harvard Business Review, 31, 309

Harvey, William H., 205
haxemitas, 239-40
Hayek, Friedrich, 45, 308
Hayles, N. Katherine, 448
He Ao, 97
Heaton, Ronald E., 133
hedge funds, *ver* fundos de cobertura
Heiden, Konrad, 252
Heine, Heinrich, 46n, 163
Helphand, Alexander ("Parvus"), 241
Helsinque, acordos finais de, 334
Helvétius, Claude Adrien, 71, 75
Henninger, Ernst Christoph, 71
Henri, Ernst, 265, 267
Henrich, Joseph, 38
Henrique, o Navegador, infante dom 93
Henrique VIII, rei da Inglaterra, 107-8
Hentig, Werner Otto von, 235
Herder, Johann Gottfried, 24
Herries, John Charles, 163-4
"hierarquia" (palavra/termo), 19, 41
hierarquias militares, 15, 43-4
   elites guerreiras hereditárias, 82
   Segunda Guerra Mundial, 65, 281-3, 298-9
Himmler, Heinrich, 252
Hiram Abif, 135, 137
história antiga, 43, 82-5
Hitler, Adolf, 250-2, 255, 257-8, 260-3, 265, 267, 281, 316, 347, 376, 427, 447
   antissemitismo, 254, 258-60
   Führerprinzip, 252
   sob o "caos policrático", 253
Hizb ut-Tahrir, 406
Hobbes, Thomas, 34, 425
Hobhouse, Arthur, 216
Hoffman, Reid, 382
Hofstader, Richard, 25
Holanda, *ver* Países Baixos
Holbach, Paul-Henri Thiry, barão de, 71, 74-5
Holderness, T. W., 237

Holland, John, 372
Hollis, Roger, 269, 273
Holz, Georg von, 104
Home, John, 126, 127n
homossexualidade, 213, 215, 264, 305-6
Honecker, Erich, 335
Hong Rengan, 198
Hong Xiuquan, 197-8
Hooker, Joseph, 189
Hoover, Herbert, 284
Hoover, J. Edgar, 284, 290
Howard's End, 216, 219
Howe, Geoffrey, 347
Huayna Capac, governante inca, 100, 107
Hugenberg, Alfred, 421
Hughes, Chris, 385, 410
Huiyuan (monge budista), 195
Hume, David, 122, 126-7
Hungria, 335
Hunos (Xiongnus), 84
Hus, Jan, 105
Hussein bin Ali, xerife de Meca, 238
Hutchins, Edwin, 38
Huxley, Aldous, *Admirável Mundo Novo*, 291, 449

Iagoda, Guenrikh, 248
Ianukovitch, Viktor, 395
Ickstatt, barão Johann Adam, 71, 76
Iêmen, 395
Igreja Anglicana, 112
Igreja da Escócia, 126
Illuminatenorden (Ordem dos *Illuminati*), 23-5, 29, 71-53
  e teorias conspiratórias, 25-6, 28-9, 75-7, 211
  infiltração das lojas maçônicas alemãs, 72-3
imperialismo ocidental
  América Espanhola, 99-103, 109-10, 163
  cinco grandes impérios no início da década de 1900, 221-2
  colonos franceses em Illinois, 101
  e globalização, 203-4, 206, 222
  imperialismo "liberal" ou "social", 207
  império alemão, 191-2
  impérios no período de 1900, 177-8
  oposição populista ao, 206
  tecnologias da comunicação, 185-90, 200, 202-4, 225-6, 241
  ver também Império Britânico
Império Austro-Húngaro, 222-4
Império Britânico
  administração e guarnição leve, 178, 184-5, 189-90
  colônias norte-americanas, 121
  conclamação alemã à *jihad* (Primeira Guerra Mundial), 226, 230-40
  e Cecil Rhodes, 207-8
  e estruturas de poder local, 184-5, 189-90
  e globalização, 203-4
  e rede de cabos globais, 186-90, 225-6, 241
  meta-hierarquia imperial, 184-5
  plantações de borracha da Malásia, 186-7, 189-90
  redes ferroviárias no, 186-7
  regime de Milner na África do Sul, 207, 208-12, 221
  Revolução Americana, 122-3, 132-8, 149
  serviço colonial africano, 178, 184, 207-8
  teoria de Lugard de "governo indireto", 184
  tipos raciais da hierarquia de Buchan, 181, 189-90
  títulos e precedência no, 184-5, 188-9
Império Inca, 99, 100

Império Otomano, 107-8, 153-4, 156-7,
    165-6, 195-6
  e a Primeira Guerra Mundial, 230-40,
    401-3
  e nacionalismo árabe, 230-3, 237-40
  genocídio armênio, 232-3
  Jovens Turcos, 232-3, 237-8
imprensa, 104, 126, 151, 262, 271, 283, 314,
    323, 350, 352, 428, 434, 447
Índia
  como potência nuclear, 423
  Companhia das Índias Orientais (EIC),
    120-3, 197-8
  conectividade digital na, 429
  e a Primeira Guerra Mundial, 221, 231-
    3, 234-5; 236-8, 241
  hierarquias do século XVI, 109-10
  liberalização econômica, 391-2
  meta-hierarquia imperial na, 184-5
  rebelião (1857), 186-7
  redes ferroviárias na, 186-7
  Serviço Civil da Índia (ICS), 178, 215-6
  vida rural na, 39
individualismo, 40
Indonésia, *Konfrontasi* em Bornéu, 300-4
indústria têxtil no Reino Unido, 170-1, 174-6
Inglaterra
  Commonwealth (meio do século XVII),
    110-2
  direito jurisprudencial (*common law*),
    84-5, 411
  e a Revolução Científica, 117-8
  e Benjamin Franklin, 127-8
  e cartas particulares, 123-5, 127-8
  e maçonaria, 72
  espírito empreendedor, 14, 54-5, 171,
    188-90
  falta de mão de obra após a Peste Negra,
    87
  filósofos, 123-4
  Guerra Civil (1640s), 110-2

imprensa na, 104115-6, 428
Iluminismo, 29, 71, 74-7, 104, 117,
    146-7
  na Escócia, 126-8
  perseguição de Maria I aos protestantes,
    105-7
  redes sociais da, 123-6
Reforma Inglesa, 105-8
Ingolstadt, Universidade de, 24, 71, 76
Iniciativa Global Clinton, 32
inovação, 45-8,54-5, 64-5, 69, 96, 379-87
  e custos da tecnologia da informação,
    116, 430
  redes durante a Revolução Industrial,
    171-4
  Revolução Cinetífica, 104, 117-9, 124-5,
    146-7, 191-2
  ver também tecnologias de comunicação;
    tecnologia digital; Iluminismo;
    Revolução Industrial
instituições corporativas, 12, 14
  administração corporativa, 45
  busca do monopólio, 430
  corporação de estrutura multidivisional,
    281-2
  educação para negócios, 54-5, 90-1
  futuro na Era das Redes, 67-8
  influência judaica na Alemanha (anos
    1830 e 1930), 254-7
  redes dentro de, 15-7, 31-2, 45
  ver também redes de negócios
Instituto de Estudos Estratégicos, 315
Instituto de Tecnologia de Massachusetts,
    32, 50
Internet
  apagões da rede, 369-70
  Ato da Decência nas Comunicações
    (1996), 330-2
  Autoridade dos Números Alocados da
    Internet (IANA), 331-2
  BAT na China, 441-2

comercialização sem regulação, 380-7, 430-1
Comissão Federal das Comunicações, 433-4
Corporação da Internet para Nomes e Números Alocados (ICANN), 331-2, 400-1
e a União Soviética, 332-3
e-mail de Barlow (1996), 330-2, 338
e Obamacare, 398-401
e segurança nacional, 326-8, 395-9, 400-1
imprensa como análogo histórico, 428-30, 432-3
lado escuro da, 331-2
origens/desenvolvimento, 295, 326-30, 395-6
pedidos de censura ao discurso do ódio, 440-1
programa de vigilância "PRISM", 397-401
propriedade da estrutura, 449-50
questão da "neutralidade" da internet, 433-46
tentativa do Estado hierárquico de cooptar, 396-9
"Web 2.0", 379-81
World Wide Web, 329-30
Ipi, Faquir de, 298
Irã, 33, 67-8, 107, 423, 425-6, 436, 438-9
e a Primeira Guerra Mundial, 234-6
revolução "verde" (2009), 392-3
Iraque
contrainsurgência de rede, 366-9, 396-7
e a Primeira Guerra Mundial, 234-5
escolas do EI no, 426-7
"estratégia da Sucuri" de Petraeus, 367-8
fim da presença militar norte-americana, 401-2
insurgência da Al-Qaeda, 365-9, 395-7, 401-2

invasão liderada pelos EUA (2003), 364-7, 369, 436-7
Irlanda, 111, 128, 183, 186, 241, 304, 423, 430
Irlanda do Norte, 304, 423
Ironside, Edmund, 181n
Ishiguro, Kazuo, *The Buried Giant*, 83
Islamismo
apoiadores da xaria na Europa, 406-8
Atitudes dos muçulmanos britânicos, 405-7
"conspiracionismo" desde os ataques do 11/9, 28
e a Primeira Guerra Mundial, 226, 230-40
populações carcerárias europeias, 406-8
surgimento no século VI, 84-5
Tribos xiitas do médio Eufrates, 235-6
visão de ordem mundial, 424
Ismail, Safavid Shah, 107
Israel, 423, 426, 436
Itália, 83, 93, 116-8, 150, 156, 224, 231, 250, 285-7, 288, 323, 339, 344, 349, 352, 370, 423
Ive, Jonathan, 452

Jaime II, rei da Inglaterra, 112
Jaime V, rei da Escócia, 109
Japão, 45, 109, 223, 231, 296, 323, 390, 423, 430
Jaruzelski, Wojciech, 335
Jdanov, Andrei, 275, 278
Jemaah Islamiyah, 364
Jena, 71, 117, 191
jesuítas, 71-2, 96, 198, 435
Jiang Zemin, 443
Joana, rainha de Castela, 109
João Paulo II, Papa, 334
Jobs, Steve, 380, 452
Johann Heinrich Pestalozzi, 24
Johann Joachim Christoph Bode, 24, 75-6

Johnson, Charles, 414
Johnson, Lyndon, 318-9
Johnson, Robert, 354
Johnstones, de Westerhall, 121-3
Jomini, Antoine-Henri de, 151-2
Jones, Alex, 28
Jones, Paul Tudor, 355
Jordan, Jr., Vernon, 373-4
Jorge IV, rei da Grã-Bretanha, 158
jornais, 185, 190-2, 283, 429-30
Jowett, Benjamin, 207
Judeus
  antissemitismo da era populista, 206, 254
  antissemitismo no sistema financeiro, 203-5, 254-5, 258-60
  antissemitismo nos EUA, 203-5, 413-4
  campanha de emancipação na Grã--Bretanha, 175-6
  dinastias empresariais judaico-alemãs, 16, 162-9, 254-60
  e a economia alemã (1830s-1930s), 254-7
  e maçonaria, 135-6
  expulsão da Espanha (1492), 96, 101
  gângsteres nos EUA, 286
  migração da Alemanha nazista para os EUA, 259-61
  migração da Rússia para os EUA, 203-4
  perseguição nazista, 253-5, 257-60
  taxas de casamentos fora da religião, 257
Jungjong, da dinastia Joseon (Coreia), rei, 109
Júpiter Doliqueno, 85
Jurin, James, 118-9

Kahn, Hermann, 326n
Kahn, Robert, 329
Kaletsky, Anatole, 356
Kant, Immanuel, 46

Kaplan, Fanny, 245
Karinthy, Frigyes, "Láncszemek" ("Cadeias", história, 1929), 51
Kaskaskia, Illinois, 101
Kasrils, Ronnie, 340
Katz, Elihu, 55
Kaufman, Micki, 19, 317n
Kearney, Denis, 201-3
Keate, George, 124
Kell, Sir Vernon, 269
Keller, Franziska, 19, 443
Kennan, George, 447
Kennedy, John F., 286, 319
Kennedy, Robert F., 284
Kerênski, Aleksandr, 242-3
Kesküla, Alexander, 241
Kew, Jardins Botanicos Reais em, 189
Keynes, John Maynard, 215-9, 221, 225, 447
Khanna, Parag, 33-4
Khaz'al, Sheikh, 226-7
Khosrokhavar, Farhad, 407
Khvostov, Vladímir, 314
Kilcullen, David, 366-7
Kim Jong-nam, 427
Kimberley, lorde, 184
King, Martin Luther, 284, 289
King, Mervyn, 425n
Kipling, Rudyard, 181, 265, 304
Kirov, Serguei, 247
Kissinger, Henry, 14
  A World Restored, 153-4
  como conselheiro de segurança nacional de Nixon, 311-4
  conferências Pugwash, 313-5
  e a rede do ego de Nixon, 317-8
  encontros com Šnejdárek, 314-7
  formação de, 259-60, 311
  quatro cenários de conflagração, 435-6
  rede de, 17-20, 313-21, 324-5
  rede do ego de, 317-21
  sobre a burocracia, 311-3, 327-8

sobre a difusão das redes, 34
sobre a Europa do século XIX, 153-6, 222-3
sobre estudantes radicais, 323-4
sobre o ciberespaço, 425
World Order, 424-5
Kitchener, lorde, 238
Klauda, Berna, 246
Klaus, Ian, 438
Klein, Friedrich, 235
Klein, Naomi, 340
Klugmann, James, 265-7
Knigge, Adolph Franz Friedrich Ludwig, barão de, 72-5
Knobel, Marc, 441
Kochen, Manfred, 51
Kohl, Helmut, 346-7, 350
Königsberg, 46, 49, 119, 192
Kornilov, general Lavr, 242-3
Kovner, Bruce, 355-6
Krapivsky, Paul, 223
Kraus, Karl, 225, 283
Krebs, Valdis, 362-3
Krishnadevaraya, imperador de Vijayanagara, 109

Lafrance, Adrienne, 33
Lakner, Christoph, 390
Lamont, Norman, 348, 350-2, 354-5
Lancaster, Joseph, 190
Lansky, Meyer, 286
Lara Croft: Tomb Raider (filme, 2001), 26
Lassalle, Ferdinand, 178
Laurier, Wilfrid, 212
Lawrence, T. E., 239-40
Lawson, Nigel, 347
Lazarsfeld, Paul, 55
Leão X, Papa, 108
Leeuwenhoek, Antonie van, 118
Lehman Brothers, falência de, 369-73
Leiden, 110, 117, 119, 192, 198

Leipzig, Batalha de (1813), 77, 151n
Lênin, Vladímir Ilitch, 241-7, 272, 316, 340
Leopoldo de Saxe-Coburgo, 158-60, 162-3
Le Siècle (clube de elite francês), 346
Levitt, Theodore, 309
Lewis, Norman, 289
Líbia, 237
Liddell, Guy, 270
Li Fuzhong, 199
linguagem, 38, 198, 203, 245
    escrita, 35, 39, 100
    habilidade de ler e escrever na história antiga, 83
Linux, 328, 379
Liu He, 443
Liu Yuan, 443
Livingston, Robert, 138
Livônia, província bática russa, 193
Lloyd, George, 183-4
Lloyd George, David, 212
Lloyd, William Forster, 380n
Londonderry, Charles William Stewart, terceiro marquês de, 164
Londres, 87, 117, 127-8, 190-1, 226
Long, Leo, 265-6, 268
Longfellow, Henry Wadsworth, 129-30
Lopokova, Lydia, 218-9
Lothian, marquês de, 263
Loyola, Santo Inácio de, 96, 118
Luce, R. Dunca, 50
Luciano, Salvatore "Lucky", 286, 288
Lugard, Frederick, 184
Luís Filipe, rei da França, 140
Lurié, Artur, 275
Lutero, Martinho, 104-12, 115-6, 118, 424n, 428, 434
Lu Wei, 441
Lynn, William, 437

Maas, Heiko, 440

Maastricht, Tratado de (1992), 346, 348-50, 352, 358
Macau, 98
MacCarthy, Desmond, 216
Machu Picchu, 100
Maclean, Donald, 266, 269-72
Macnamara, John "Jack", 267
maçonaria, 72-3, 75-6, 133-8, 146-7
Madeira, 120
Madras, 120
Maes, Ivo, 345n
Máfia, 285-9
Magón, José Joaquín, 103
Mahmud Shah, rei de Malacan, 98
Maiakóvski, Vladímir, 274
Maidan, revolução de, na Ucrânia (2014), 395
Major, John, 348, 350-2, 357
Makaiev, Valeri, 270
Malaca, 94-5, 97-8
Malaia, Federação e península 299, 301, 366
mameluco, sultanato, 107
Manchester, 197-8, 200-2, 214
Mandela, Nelson, 339-43, 357
Mandelstam, Osip, 275
Mann, Thomas, 338
Manning, Bradley (Chelsea), 398
Maomé XII, monarca nasrida, 104
Mao Tsé-tung, 340
Maria I, rainha da Inglaterra, 106
Markham, Sir Clements, 189
Martínez, Antonio García, 385
Marx, Karl, 17, 185, 207
Massachusetts colonial, 132-4, 136-8
massacre em Orlando (2015), 33, 405
massacres em Paris (2015), 405
Mattis, James, 366
Maurice, Frederick Denison, 213
Mauvillon, Jacob, 76
Maximiliano José, príncipe eleitor palatino, 71, 75

May, Alan Nunn, 269-70
May, Theresa, 406
Mbeki, Thabo, 340
Mboweni, Tito, 342
McCain, John, 410
McCardell, Archie R., 373
McChrystal, Stanley, 368, 396-7, 401
McMahon, Sir Henry, 238-9
McNeil, Hector, 268
McNeill, J. R., 38
McNeill, William H., 38
McTaggart, J. Ellis, 214
Meca, 85, 238
Mecanismo de Taxa de Câmbio Europeu (ERM), 343, 347-55, 357-8
Médici, família, em Florença, 64, 88-90, 108
Medina, 85, 235, 238
Mehmed Reshad V, sultão, 233-4
Meiners, Christoph, 75
Mercer, Robert, 411
Merton, Robert K., 58
Mesopotâmia, 83, 108, 238-9
Metcalfe, Robert, 55
Metrópolis (filme de Fritz Lang, 1927), 421-3, 432, 448, 451
Metternich, príncipe, 154, 156, 164-5, 168, 173
Metzger, Hermann Joseph, 77n
México, 166, 241
Michelet, Jules, 168
Microsoft, 380, 385, 397-8, 442, 451n
Migração
 após a Rebelião Taiping, 196-7
 da Europa para a América do Norte, 119, 200, 203-4
 de muçulmanos para a Europa, 407-8
 e declínio nos custos dos transportes, 200, 202-4
 e desigualdade, 388-91
 e uso do Facebook, 384-5

legislação dos EUA sobre a imigração chinesa (1875-1924), 202
na era romana, 83-5
padrões de, 38
reações nativistas e populistas a, 200-4, 411
redes de migrantes nas cidades do mundo, 203-4
transatlântica, 119, 203-4
três êxodos em massa (1840-1940), 200-1
Milanovic, Branko, 390
Milgram, Stanley, 50-1, 56
Mill, John Stuart, 47
Milne, William, 197-8
Milner, Alfred, 182, 207-13, 221, 263
Mirabeau, Honoré Gabriel Riqueti, conde de, 76
mistérios eleusinos, 72
Mitford, Diana, 263
Mitford, Unity, 263
Mitterrand, François, 349
Modin, Iuri, 271-2
Moltke, Helmuth von, 233
Monarquia
  dinastia Saxe-Coburgo, 158-61, 163, 169
  e a Reforma, 105-12, 117
  medieval do início da era moderna, 84-5, 87, 421-2
  medo de um golpe de Estado, 63, 83
  na Inglaterra do século XVII, 111-2
  no período pré-moderno, 43
  relegitimada após Napoleão, 158-60, 169, 177
  Restauração dos Bourbon na França, 145-7, 177
mongóis, invasores, 88
MONIAC (modelo hidráulico da economia britânica), 307
Monteiro, Anthony, 340

Mook, Robby, 412
Moore, Deborah, 374
Moore, G. E., 215, 217, 219, 328
Moore, Gordon E., 328n, 449
Moreno, Jacob, 47
Mori, Cesare, 288
Morning Post, 212
Morrell, Ottoline, 218-9
Morris, Robert Tappan, 435, 437
Morris Sr., Robert, 438
Morrison, Robert, 197
Morse, Sydney, *Freemasonry in the American Revolution* (1924), 133
Morton, Perez, 137
Moskovitz, Dustin, 385
Mosley, Oswald, 263
motor a vapor, 171-2
movimento *alt-right*, 414-5
movimento cartista, 173
movimento dos direitos civis, US, 289-90
movimentos fascistas europeus, 229-30, 250-1
  ver também Hitler, Adolf; Alemanha nazista
movimentos populistas
  dias de hoje, 408-18, 426-7, 447
  fim do século XIX, 203-6
movimento sindical, 147
movimento Sionista, 239
Mozart, Wolfgang Amadeus, *A flauta mágica* (1791), 24
Mubarak, Hosni, 395
muggletonianos, 110
Muhammad Kadhin, 236
multiculturalismo, 409
mundo em desenvolvimento 369-70, 388-90, 423, 429
Münster, Vestfália, 110
Münzenberg, Willi, 265
Murray, Charles, 388

Musil, Alois, 236
Mussolini, Benito, 250, 288

nacionalismo
   árabe, 230-3, 237-40
   e Metternich, 153-4
   e Napoleão, 151-2
   fin de siècle, 207
   fraternidades estudantis alemãs, 147
   movimentos fascistas, 229-30, 250-1
   na Polônia comunista, 333-4
   radical do século XIX, 185
   ressurgência atual do, 384-5
   romântico, 191-2, 274
nacionalismo árabe, 230-3, 237-40
Nações Unidas, 272, 282, 315, 423
Nagl, John, 366
Namier, Lewis, 17
Nanjing (Nanquim), China, 197-9
Napoleão Bonaparte, 77, 145, 150-5, 158, 162, 164, 171, 177, 189, 232
National Review, 212
Navidi, Sandra, *Superhubs*, 32
navios a vapor, 185-6, 202
negócios e comércio
   cidades portuárias como polos, 119-23
   comércio de açúcar, 174-6
   comércio intra-asiático do século XVI, 95
   economia atlântica do seculo XVIII, 119-23
   era da Renascença, 89-92
   era ibérica de explorações, 93-103, 105-6, 109-10
   frota do tesouro do almirante Zheng, 96-7
   novas rotas oceânicas de comércio, 93-6
   proibição do comércio exterior pelos Ming, 97-8
   rede da Companhia das Índias Orientais, 120-3, 197-8

rede mercantil global, 122-3
rede portuguesa, 93-9, 105-6
redução nos custos de frete no século XIX, 185-7
rotas de comércio da Eurásia na era pré-moderna, 83-4, 87
seu crescimento reduz conflito, 295-6
ver também globalização
nematódeos, vermes, 36
Nesselrode, condessa, 165
Netease, 442
New York Times, The 31, 323, 426
Nguyen Van Thieu, 320
Nicolau II, czar, 159-61, 232, 241
Nicolson, Harold, 219
Niedermayer, Oskar Ritter von, 235
Nixon, Richard, 311, 313-4
   fala a estudantes que protestavam (maio de 1970), 323-5
   "rede direcionada" da administração, 319-20
   rede do ego de, 317-21
Nova York, 12-3, 47, 122, 138, 159, 166, 186, 205, 260, 270-1, 285-6, 361, 369, 373-4, 413, 421, 452
Nova Zelândia, 221, 229n, 307
NSA, *ver* Agência de Segurança Nacional (NSA), EUA
Nye, Joseph, 322, 437

Obama, Barack, 26, 374, 400-1, 438-9
   eleição presidencial de 2008, 410-1, 412-3
   e o Estado administrativo, 375-6, 378
   e o "Estado de segurança nacional", 398-401
Obamacare, 376, 398-401, 434n
política para o Oriente Médio, 401-4, 425-6
reação ao EI, 401-4

termina presença militar no Iraque, 401-2
O bom, o mau e o feio, filme de Sergio Leone, 81
Oldenburg, Henry, 117-8, 251
Olmstead, Roy, 284
Omidyar, Pierre, 381
Oppenheim, Max von, 232-7, 239-40
Oppenheimer, Harry, 340
Orbay, Kazim, 235
ordem mundial
  "luta entre regiões" de Kissinger, 424-5
  necessidade de uma nova pentarquia, 449-51
  política de interdependência de Kissinger, 320-3
  quatro cenários de conflagração, 425-6
  quatro visões que competem entre si, 424
  redes e estabilidade global, 34
  sistema de Vestfália, 110n, 424
  ver também Guerra Fria; diplomacia europeia, século XIX; imperialismo ocidental
O'Reilly, Tim, 379
Oriente Médio, 364, 395-6, 402-5, 407-8, 423
  fundação no contexto da Primeira Guerra Mundial, 238-9
  política de Obama para o, 401-7
Orléans, família, 145, 159, 164
Orwell, George, *1984*, 291
OTAN, 437
Oxfam, 388
Oxford, Universidade de, 12-4, 29, 83, 117, 182-3, 207-9 213-4, 221, 264, 267, 274-5, 279, 3-6, 346, 410
  Bolsas de Estudos Rhodes, 208n, 366n
  simpatizantes nazistas na, 263

Pachacamac (cidade inca), 100
Pacioli, Luca, 91, 116

Pacto de Autarcas pelo Clima e Energia, 410
Pacto Ribbentrop-Molotov (23 agosto de 1939), 267
Padgett, John, 64
padrão-ouro, 206, 379
padrões de assentamento, 38
Pádua, Itália, 117, 192
Page, Larry, 381, 430
Países Baixos, 98, 108, 231, 304, 344
Palfrey, William, 137
Palmerston, Lorde, 199
panopticon, 285n
"Papéis do Pentágono", 323, 398
Paquistão, 363, 423, 427
Parceria Transpacífica, 376
Paris, 76, 116-7, 124, 126-8, 149, 151, 163-5, 167, 174, 244, 271, 405
Park Geun-hye, 427
Parker, Sean, 385
Partido Conservador
  assassinato de Kennedy, 286
  crença do público em, 26-8
  e a integração comercial da Europa, 346-8
  e o ERM (Mecanismo de Taxas de Câmbio), 343-4, 347-58
  e os ataques de 11/9, 28, 406-7
  illuminati conspiradores *Ur*, 25-6, 28-9, 75-7, 211
  maçonaria e a Revolução Americana, 136-8
  relacionado a George Soros, 354-6
  Távola Redonda ("Jardim da Infância" de Milner), 26, 182-3, 208-12, 221
  teorias conspiratórias, 16
  thatcherismo, 346-8
Partido dos Homens Trabalhadores da Califórnia, 201
Partido Trabalhista britânico, 313, 330
Pasternak, Boris, 274, 276-7, 279
Paulson, Henry, 371

Pegnitzer, Hans, 104
Pender, John, 188-9
Pennsylvania Gazette, 127
Perestrello, Rafael, 94n
período pré-moderno, 43-4, 82-7
Perry, Albert, 50
Pervitin (metanfetamina), 291
Peste Negra, 87
Petraeus, David, 366-7
PewDiePie, 426n
Philby, Kim, 265-72
Phillips, Bill, 307
Philpot, John, 106
Piatnitski, Osip, 266
Piketty, Thomas, 389
Pincus, Mark, 382
Pinkus, Felix Lazerus, 77n
Pinochet, Augusto, 310
Pires, Tomé, 94-5, 97
Pizarro, Francisco, 99, 100-1
Pizarro, Hernando, 100-1
planisfério de Cantino (1502), 96
plantadores do oeste da Índia, 174-6
Plataforma Continental Escocesa, Atlântico noroeste, 37
Plenderleith, Ian, 350
política, 12, 14-6
  curtos períodos de atenção, 408
  eleição presidencial norte-americana (2008), 410-1
  eleição presidencial norte-americana (2016), 32-3, 65, 390-1, 311-8, 433
  legitimidade, 151-4, 169, 177, 449-51
  lobby de grupos de interesse, 377
  mídia social durante crises media, 392-6
  multidões digitais da década de 2010, 409-11
  polarização crescente, 391-2
  referendo da UE no Reino Unido (2016), 410-1, 416-7
  teoria política clássica, 83-4, 149

  terrenos intermediários de redes, 45
  ver também elites; Estados-nação; tempo atual; Estados; ordem mundial
Política Agrícola Comum, 344
Polônia, 117, 230, 268, 315, 334-5
Pool, Ithiel de Sola, 51
Pope, Alexander, 124
Portugal, 93-4, 96-9, 111, 159, 223, 231, 370
postais, serviços, 163-5, 185
Postel, Jon, 332
Powell, Enoch, 305
Powell, Walter, 45, 309
Primavera de Praga, 315
pré-história, 38, 51
presbiterianismo, 126-7, 135-6, 181
Prescott, dr. Samuel, 132
"Primavera Árabe", 395
Primeira Guerra Mundial, 217-9, 221, 229-31
  avanço em direção ao Ocidente do bolchevismo (1918), 242-4
  campanha de Gallipoli (1915), 235-6, 238-9
  chamamento alemão aos muçulmanos do Império Britânico, 226, 230-40
  como um triunfo da hierarquia sobre as redes, 225-6
  e nacionalismo árabe, 230-3, 237-40
  e sistemas globais de comunicações, 225-6
  Kut al-Amara, 238-9
  origens da, 157-8, 221-6, 229-30, 425
  subterfúgio alemão durante, 226, 230-41
Pröbster, Edgar, 235
Projeto Able Danger, 335
prosopografia (biografia coletiva), 17
protestantismo, 105-10, 126-7, 135-6, 181, 434
  "despertamentos" e "revivificações", 147
  e rede da cultura europeia, 116, 428

seitas após a Reforma, 106, 110
Prüfer, Carl, 235
Prússia, 46, 147, 150, 153, 155, 167, 191-2, 251
Pückler-Muskau, príncipe, 167
Punin, Nikolai, 274, 279
Punt, William, 107
Putin, Vladimir, 33, 65, 435
Puzo, Mario, *O poderoso chefão*, 285-6, 289

Qing, império, 195-9
Qin-Han, império, 84
Qiu Dao-long, 97
quakers, 110, 173
Quênia, 429
Quesnay, François, 127
Quigley, Carroll, 182-3, 208-9, 212
quinto-monarquistas, 110

raça e etnicidade
   antissemitismo, 167-8, 203-6, 254-5, 258-60, 413-4
   autossegregação nas escolas dos EUA, 49-50
   classificações da *casta* espanhola, 101-3
   e uso do Facebook, 384-5
   nos EUA do pós-guerra, 284-5, 289-90
   regime de Milner na África do Sul, 210
   teorias raciais sobre os judeus, 254, 259-60
   teóricos raciais vitorianos, 181, 189-90
radicais, estudantes (fim de 1969-década de 1970), 324, 331
rádio, 283-4, 301
Ragusa (Dubrovnik), 90-1
Raikes, Thomas, 167
Rakhlin, Gennady, 275
Ramo, Joshua, 33-4, 67, 438
Ramsay, Andrew Michael, 135n
Rand Corporation, 326n
Ranke, Leopold von, 153-4, 156, 222, 232

Ranters, 110
Raposo, Agostinho de Góis, 96
Rathenau, Emil, 255
Rauch, James E., 48
Raymond, Eric, 379-80
Real Sociedade, 118, 128
rede Caviar, Montreal, 363
Rede da Agência de Projetos de Pesquisa Avançada (ARPANET), 327-9, 332
redes, 12, 15-7
   atacando uma a outra, 64-5
   cérebro humano construído para, 38
   com poder enorme na era digital, 426-8
   crescimento durante as décadas de 1970 e 1980 na Europa Oriental, 333-7
   e redundância/extinção humana, 34-5
   estudo de Delitsch de, 46-7
   fracassos com representação exagerada na história, 211
   hierarquia como um tipo especial de rede, 61-2, 69, 108, 146-7
   lunáticos atraídos pelo assunto, 29
   não sendo um fenômeno novo, 35
   negligenciadas por historiadores, 11, 16-7, 29, 45
   "o efeito Mateus", 58
   pequenas pela maior parte da história registrada, 39
   "propriedades emergentes" de, 62-3
   redes dos egos das administrações Nixon/Ford, 317-9
   regime de "os mais capazes se tornam mais ricos", 58-60
   "sabedoria" das multidões, 409-11
   transmissão de estados emocionais, 55-7
redes comerciais
   Companhia das Índias Orientais (EIC), 120-3, 197-8
   "comportamento organizacional", 54-6

crescimento a partir da década de 1970, 309-10
dinastias empresariais alemão-judaicas, 16, 162-9, 254-60
elites, 177, 338, 373-4
geração de capital social, 54-5
grupos de *keiretsu* no Japão, 45
Il libro dell'arte di mercatura (Livro da arte do comércio), de Cotrugli, 90-2
redes de "velhos amigos", 31-2
redes de energia e força, 65-6, 369-70
teorias conspiratórias, 26
redes de mídia social
  como desigual, 384-7, 430-2
  durante crises políticas, 392-6
  e a eleição presidencial de 2008, 410-1
  e a eleição presidencial dos EUA de 2016, 32-3, 65, 412-8, 433
  emergência e expansão das, 382-5
  fake news, 414-5
  monitoramento chinês das, 426-7, 441-5
  paradoxo das vitórias do Brexit e de Trump, 414-8
  uso por parte do EI das, 402-7, 425-7
  ver também Facebook; Twitter
redes familiares, 15, 38, 85-9, 195-6
redes mundiais naturais, 35-8, 42, 60-2
Redner, Sidney, 223
Rees, Goronwy, 267
Reforma, 104-8, 118, 146-7, 428-9, 432-4
  consequências econômicas, 115-6
  e rede da cultura européia, 116, 428
  fissiparidade de, 109-11
  guerras religiosas, 105-6, 109-12
regimes totalitários, 17, 67-8, 263, 274, 278-9, 283, 290-1, 295, 426-7
  ver também Alemanha nazista; União Soviética
regulação
  da internet, 330-1, 380, 430, 433-4, 438-9, 441-3

da transmissão televisiva e radiofônica, 284
desregulamentação da finança (décadas de 1980 e 1990), 343-4
do mercado de trabalho, 207
e crise financeira (2008), 369-70, 375, 439
e Napoleão, 150
Estado "administrativo" e "gerencial", 375-8, 380, 421-2, 447
redes mundiais naturais, 36, 60-1
Reino Unido *ver* Grã-Bretanha
Reitz, Deneys, 340
relações internacionais *ver* ordem mundial
religião
  e governantes absolutos, 82
  e homofilia, 49-50
  elites de sacerdotes na história antiga, 82
  e o Império Romano, 83-5
  e usura, 91-2
  ver também catolicismo; cristandade; islamismo; protestantismo
Renascença, era da, 44, 89, 90-1, 93, 118
Renwick, Robin, 340
Rényi, Alfréd, 58n, 59
Reuss, Theodor, 77n
Revere, Paul, 129-34, 137-8, 173, 178
Revoltas de Gordon (1780), 173
Revolução Americana, 68, 122, 133, 137-9, 149
Revolução Científica, 104, 117-9, 124-5, 146, 191
Revolução Industrial
  alemã oriental, 349-50
  centralização do setor industrial no fim do século XIX, 190-2
  coeficiente Gini, 388-9
  como produto das redes, 147, 171-4
  complementos e substitutos da desigualdade, 391-2
  dentro de países, 388-92

e as empresas de TCI norte-americanas, 384-8, 429-32, 448-9
e expectativas decrescentes no mundo desenvolvido, 388, 390-1, 409
empresas de sociedade anônima, 190-1
e redes, 390-2
e urbanização, 177
global, 388-90
"gráfico do elefante", 389-90
indústria têxtil do Reino Unido, 170-1, 174-6
indústria têxtil do século XIX, 170-1
na Alemanha, 191-4
nova elite social e política, 177, 206
novas tecnologias de comunicações, 185-7, 200
planejamento centralizado do pós-guerra, 306-9
redes de capital durante a, 171
Revolução Russa (1917), 229-31, 241-5
revolucionário, período (1848), 173-4
Revolucionários Socialistas (partido russo), 242-5
Rhodes, Cecil, 207-8
Ridley, Nicholas, 106, 347
Roberts, Issachar Jacox, 198
Robertson, Pat, *New World Order* (1991), 25
Robison, John, 25, 75
Rockdale, Geórgia, 36
Rockefeller, Nelson, 311, 313, 323
Rodésia, 181, 305, 317n
Rogers, Everett, 48
Rogers, Michael S., 435
Romênia, 156, 161, 223, 231, 337
Roma antiga, 83-5
Roma, Tratado de (1957), 295-6, 344-5
Roosevelt, Franklin D., 267-8, 319
Roper, Hugh Trevor, *Last Days of Hitler*, 447
Rosenberg, Alfred, 260
Rosengren, Eric S., 371
Rosicrucianismo, 73

Rotas da Seda, 84
Rothschild, família, 14, 16-7, 26, 162-4, 170-1, 190-1, 354-5
  agentes assalariados, 163, 166-7
  como flexível politicamente, 167-9, 173-4
  e antissemitismo, 167-8, 204-5, 258-60
  e thatcherismo, 346-7
  perseguição nazista, 258-9
  poder e influência, 162-9
  serviço postal e de mensageiros, 163-5
Rothschild, Nathan, 162-5, 167-8, 170-1, 175-6
Rothschild, Nathaniel, primeiro barão Rothschild, 175-6, 208
Rothschild, Victor, 267-70, 272-3
Rousseau, Jean-Jacques, 75, 124-6
RT (rede de televisão russa), 33
Rumsfeld, Donald, 363
Ruppin, Arthur, 257
Russell, Bertrand, 214
Russell, Lorde John, 156
Rússia
  absolutismo no século XIX, 44
  Academia Imperial Russa de Ciências, 119
  e a Primeira Guerra Mundial, 222, 224--6, 242-3
  e pentarquia do século XIX, 147, 153-6, 229-30
  governo provisório (1917), 241-3
  vida rural no século XIX, 193
Rússia, pós-soviética
  e Conselho de Segurança da ONU, 421-3
  e "conspiração liderada pelos norte--americanos", 28
  e eleição presidencial norte-americana (2016), 33, 65, 425-6, 435-7
  guerra cibernética contra os EUA, 33, 65, 425-6, 435-8

"*ransomware*" WannaCry (maio 2017), 66, 451
rede de inteligência, 33, 65, 425-6, 435-8
Ryukyu, Reino de, 109

Sackville-West, Vita, 219
Sacro Império Romano-Germânico, 85, 87, 105, 106n, 108, 110n, 158
Sadat, Anwar, 320
Saez, Emmanuel, 389
Safaricom, 429
safávida, império, 107
samizdat, literatura, 323
Sampson, Anthony, 346
Samsung Electronics, 427
Samuelson, Paul, 334
San Francisco, baía de, 36
San Francisco, migração chinesa para, 200-3, 205
Sandberg, Sheryl, 383
Sanders, Bernie, 412
Sanders, general Liman von, 233
Saud, Ibn, da Arábia Saudita, 236, 265
Saverin, Eduardo, 385
Saxe-Coburgo, dinastia, 158-63, 169
Schaw, William, 134-5
Schiller, Friedrich, 24, 156
Schlesinger, Helmut, 350-2, 354
Schmalkalden, Liga de, 105
Schmidt, Eric, 33, 393-5, 413-4
Schwab, Klaus, 338-9, 341-2
Scotten, W. E., 288-9
Sebelius, Kathleen, 399
Segunda Guerra Mundial, 48, 65, 77n, 281-2, 286, 324, 334, 347, 355, 438, 447, 449
Segel, Erna, 260-1
Segurança Doméstica, Departamento de, 364-5
seitas utópicas, *fin de siècle*, 207
Selborne, Lorde, 211

Seleta Sociedade, clube de Edimburgo, 126
Selim I, sultão otomano, 107
Sérvia, 156, 223-4, 234
Serviço Secreto de Inteligência (SIS, MI6), 267-71
setor de tecnologia financeira, 445
Shadow Brokers, 451
Shakespeare, William, 41, 60
Shawish, 'Abd al-'Aziz, 234
Shove, Gerald, 218
Shukman, Harry, 279
Shultz, George, 318
Sicília, 287-9
Sidgwick, Henry, 213, 216
Siegel, Benjamin 'Bugsy', 286
Siena, 45, 451
Sigismundo I, rei da Polônia, 109
Simpson, Emile, 19, 368
Sina Weibo, 442, 444
Sinatra, Frank, 286
Sindicato Nacional dos Professores, 406
Síria, 85, 107, 234-5, 238-9, 401, 407, 427
sistema educacional, monitorial, 189-90
sistema financeiro
    Banco Central Europeu, 345-7, 357-8
    centralização no fim do século XIX, 190-1
    crédito e débito, 53-5, 91-2, 166-71
    criptomoeda chinesa, 446
    crise do ERM, 343-4, 347-58
    e antissemitismo, 167-8, 203-5, 254-5, 258-60
    e Cotrugli, 91-2
    elites bancárias e empresárias, 177, 338, 373-4
    e o colapso do comunismo no Leste Europeu, 337
    e o Estado administrativo, 375-8
    e teorias da conspiração, 26-8, 353-5

flexibilidade da Grã-Bretanha no século XIX, 173-4
governo dos Médici em Florença, 88-9
impacto dos ataques de 11/9, 369
informações privilegiadas ou de manipulação da taxa de juros, 32
liberalização do mercado de capitais (década de 1980), 337, 343-4, 346-8
Londres como um polo indiscutível, 190-1, 226
progressiva complexidade do, 409, 370-3
sistema de rede complexa adaptativa, 371-2
Skype, 397
Slaughter, Anne-Marie, 34, 66, 437-8
Slessor, Sir John, 305
Slim, Carlos, 385
Sloan, Alfred, 282, 431
Smith, Adam, 44-5, 122, 126-7, 308
Smith, Iain, líder rodesiano, 305
Smith, Robert ("Dr. Bob"), 290
Smuts, Jan, 211
Smyth, George W., 285
Šnejdárek, Antonín, 315-6
Snowden, Edward, 398, 400-1
social-democratas, 207
socialismo, 17, 185, 207, 213, 225-6, 339-44
socialismo cristão, 213
"Sociedade do Lótus Branco", China, 195
Sociedade Filosófica, 126-7
Sociedade Filosófica Americana, 127
Sociedade John Birch, 25
Sociedade Lunar de Birmingham, 171
Sociedade para a Difusão de Conhecimentos Úteis, 173-4
Sociedade Missionária de Londres, 197
Sociedade Real Geográfica, 189
sociedades tradicionais, 39, 184, 197-9, 431-2
Solidariedade (sindicato polonês), 334-6
Soljenitsin, Aleksandr, *Arquipélago Gulag*, 291

Solomon, Flora, 271
Somália, 429
Sony Pictures, 436
Soros, George, 26, 28, 343, 352-8, 413
Sousa, Leonel de, 98
Spotify, 441
Srinivasan, Balaji, 448-9
Stálin, Iosif, 44, 62, 245-9, 252, 263-4, 267, 274-6, 278-81, 283, 308, 314, 316, 319, 335
Stead, William T., 208
Stendhal, *O vermelho e o negro* (1830), 145-6, 150
Stephani, Joachim, 106
Stephen, Adrian, 218-9
Stewart, Jon, 399
Stimson, Henry L., 284
Stockton, David J., 371
Stolberg-Rossla, conde Johann Martin zu, 75
Storrs, Ronald, 237-8
Strachey, James, 216, 218
Strachey, Lytton, 215-6, 218-9
Straight, Michael, 265-7, 272, 279
Strogatz, Steven, 52-3
Sukarno, presidente da Indonésia, 300
Sumenson, Ievguênia, 241n
Suzman, Helen, 340
Suécia, 111n, 156, 226, 444
Swift, Jonathan, 124
Sykes, Sir Mark, 239n
Syme, Ronald, 17, 83-4

Taalat, Mehmed, 233
tabaco, 291, 373
Taleb, Nassim, 439
Talibã, 396, 405
Tamm, Igor, 314-5
Tanganica, 184
Távola Redonda ("Jardim da Infância de Milner"), 26, 182, 183-4, 209, 211-2, 221
Taylor, A. J. P., 346

Taylor, Charles, 198
Tchecoslováquia, 260, 335
Tcheká (polícia política bolchevique, depois NKVD, KGB), 245, 247n, 248, 264n
tecnologias, novas
   facilitação do impulso de se conectar, 38
   indústrias têxteis do início do século XIX, 170
   marítimas portuguesas, 96
   militar, 44, 82, 93, 177
   papel desempenhado nas eras de redes dinâmicas, 12, 17, 93, 96, 104-5, 116, 295, 326, 447-8
   redes durante a Revolução Industrial, 171-4
   ver também comunicação; tecnologias; tecnologias digitais; internet; redes de mídia social
tecnologias de comunicação
   cabos submarinos, 186-9, 255-6, 241
   e controle centralizado, 185-8, 283-4
   redes de transporte aéreo, 408-9
   redes imperialistas, 185-90, 200, 202-4, 255-6, 241
   redução nos custos de transporte no século XIX, 185-7, 200, 202-4
   Revolução Industrial, 185-7
   ver também tecnologia digital; internet; mídia social; redes
   vigilância governamental das, 283-4, 397-9, 421-2, 426-7, 441-4
tecnologias digitais
   1970 como uma década de gênese, 326, 328-9
   como desigual, 384-7, 429-32, 448-50
   como uma conquista baseada nos EUA, 440
   conectividade no mundo em desenvolvimento, 429
   declínio do preço da, 116, 430
   discrepância entre o ideal e a realidade, 381-7
   dominação dos EUA na, 440-1
   e a eleição presidencial de 2008, 410-1
   e a vitória de "Vote Leave" no referendo de 2016, 410-1, 416-7
   e globalização, 371-2, 388-90, 391-2
   e liberalização do mercado de capitais (década de 1980), 337, 343-4
   estouro da bolha ponto.com (1999), 381
   Kissinger no ciberespaço, 425
   Lei de Moore, 328n, 448-9
   monopólios e duopólios, 380-7, 430-1
   movimento de fonte aberta, 379-80, 430
   multidão digital da década de 2010, 408-11
   reações chinesas à, 441-5
   redes ganhando enormes poderes, 426-8
   segunda fase da revolução de TI, 379-80
   tecnologia *blockchain*, 444-6
   tempo despendido on-line, 408-9
   terceira onda de inovação (meados de 2000), 382-7
   utopia de "*netizens*" (cidadãos conectados), 384-5, 395-6, 431, 434, 448-50
   ver também guerra cibernética; internet
vírus de computador, 55-6
telefone, 31, 42, 185, 225, 242, 279, 283-4, 289, 355, 392-4, 409, 429
telefonia móvel, 391-4, 429
   crescimento exponencial da, 383-4, 392-3
   penetração do *smartphone*, 392-3, 408-9
telégrafo, 185-9, 200, 203, 226, 243
televisão, 31, 33, 42, 283, 413, 416, 427
   e colapso do comunismo na Europa Oriental, 336
   e "Primavera Árabe", 395
templários, cavaleiros, 72
Tencent (a resposta chinesa ao Facebook), 442

Tennyson, Alfred, 213
teoria de redes
"a força dos laços fracos", 52-4, 69, 118-20, 126, 132-3
agrupamentos, 52-5, 56-7
"apego preferencial", 58-60
Brexit como a confirmação de, 411
"buracos estruturais", 54-5, 69, 88
centralidade, 49-51, 68, 366-7
centralidade de grau, 49-50, 57, 68, 218-9
centralidade de intermediação, 49-51, 62, 68, 105-6, 108, 132-3, 218-9, 362, 366-7, 403-4, 442-4
centralidade de proximidade, 49-51, 53-4, 62
coeficientes de "agrupamento", 50-1, 53-4
comparações entre o Ocidente e o Oriente depois de 1500, 87-8, 115
"comportamento organizacional", 54-6
conceito de "mundo pequeno", 51-4, 58, 69, 83
conceitos fundamentais, 46-51, 54-5
clichê de "tornar-se viral", 55-7, 69
"densidade" da rede, 50-1, 69, 366-7, 404-5
desafio duplo para as hierarquias (a partir do início da década de 1500), 104-12
despercebida por historiadores, 45
diferenças da segunda "era conectada", 428-34
difusão de ideias ('memes'), 55-7, 69, 384-5, 413-4, 416-7, 434, 451
distribuições como as de Pareto, 58
distribuições "sem escala", 58-62, 65, 69, 190-2, 386-7, 412, 430, 439
dominação mundial pela Europa, 93-4
e a revolução da imprensa, 104-5, 115-6, 428-9, 432-3, 447-8

"era conectada", primeira (fim do século XV ao fim do século XVIII), 17
era ibérica das explorações, 93-103, 105-6, 109-10
estudo de redes aleatórias, 58n, 59-62
falta de impérios monolíticos, 87
"fluxo de dois passos do modelo de comunicações", 55-6
"heterofilia ideal", 48-50
"homofilia" (assortatividade), 48-50, 52, 68-9, 384-5, 410-1
interação de redes diferentes, 64-9
inventada por Euler (1735), 46-7, 119
lei de Metcalfe, 55-6
nódulos "porteiros", 56-7
polos, 50-1, 55-7, 59-60
pontes de redes, 46-51, 52, 54-5, 68, 119
problemas das pontes de Königsberg, 46-50, 119
"rede" (palavra/termo), 11, 31, 40-2
rede europeia contra a hierarquia não europeia, 96-8, 99-101
redes modulares, 60-2, 69, 329
revoluções do fim do século XVIII, 68, 76-7, 128-34, 136-41, 148-9, 449-50
"seis graus de separação", 51-2
seis conceitos para historiadores, 68-70
semelhanças com a segunda "era conectada", 434-7
sociogramas, 46-7, 285
trabalho integrativo de intermediários, 54-6, 69, 126
tríade impossível, 146-7
tríades balanceadas, 47-8
"tríades proibidas", 48-9
variedades de estrutura de redes, 58--41, 39, 47
ver também Iluminismo; Reforma
Tepper, Jonathan, 384

Terceiro Mundo, 295, 343
terrorismo islâmico 28, 361-4, 426-7
  Al-Qaeda, 361-9, 296-7, 401-4
  ataque em Orlando, 33, 405-6
  ataque em San Bernardino, 33, 371
  ataques do 11/9, 28361-4, 369, 395-6, 406-7
  adaptação de rede fechada para "enxame", 400-4
  diferenças entre Al-Qaeda e EI, 401-4
  e a campanha presidencial dos EUA de 2016, 33, 433
  e a "guerra ao terror" ocidental, 362, 364-7, 369, 400-2
  e comunidades árabes, 364
  epidemia de ataques atual, 403-6
  Estado Islâmico do Iraque e al-Sham (EI), 401-6
  insurgência em rede, 366-9, 395-7
  jihad global, 364-9, 396-7
  processo da *dawa* (radicalização), 405-6
  rede salafista global, 364
Thacher, Ebby, 290
Thatcher, Margaret, 310, 337, 341, 346-7
The Fall and Rise of Reginald Perrin (série de televisão), 305
The Guardian, jornal, 398
Thiel, Peter, 385, 432
Thomas, Isaiah, 137-8
Thomson, James, 190
Tietz, lojas de departamento, 255, 258
Tocqueville, Alexis de, 47, 140-1, 285
Tolstói, Liev, *Guerra e paz*, 152, 275
Tomlin, Ian, 448
Torcello, ilha de, 43
Tordesilhas, Tratado de (1494), 99
Torvalds, Linus, 379
Toynbee, Arnold, 207
Toynbee, Philip, 270
Toyota, 369

Trench, Richard Chevenix, 215
Trichet, Jean-Claude, 352
trilogia *Illuminatus* (Shea e Wilson, década de 1970), 26
Tripp, Brenda, 275
Trollope, Anthony, 16, 41, 189
Troppau, Congresso de (1820), 154
Trótski, Leon, 242, 244
Truman, Harry S., 319
Trump, Donald
  A arte da negociação, 90
  analogias com Hitler e Nixon, 426-7
  campanha da eleição presidencial dos EUA de 2016, 32-3, 65, 411-8, 425-6, 433
  como paradoxo central da era, 433
  e a rede *alt-right*, 413-4, 433
  e grandes empresa de TCI, 433-4
  Trump Tower, 452
Tunísia, 234, 395
Turchin, Peter, 44
Twitter, 395-6, 410-11, 440, 449-50
  e a campanha de Trump, 32, 412-3, 417-8, 433
  e o terrorismo islâmico, 402-7
  fundação do (março 2006), 392-3

Uber, 442-3, 446
Ucrânia, 333, 335, 423, 435-6
Ungat, Meinard, 104
União Europeia (UE, antiga CEE), 344-6, 423, 441
  referendo de 2016 no Reino Unido, 410--1, 416-7
  União Monetária Europeia, 345-58
União Soviética
  cisão sino-soviética, 314-7
  destruição das redes privadas, 274-81, 313-4
  disintegração da, 295, 335-6
  economia na década de 1970, 332-4

e o Conselho de Segurança da ONU, 281-2
os espiões de Cambridge, 64, 264-73
redes de oposição nas nações do Leste Europeu, 333-7
tirania de Stálin, 245-9, 274-81
Universidade de Cambridge, 12, 64, 117, 131-2, 221, 230, 306-7, 346, 411
Os Espiões de Cambridge, 264-9, 272-4, 279, 291
"Sociedade *Conversazione*" ("Apóstolos"), 213-21, 264-6, 274
universidades *ver pelo nome, ex.* Cambridge, Universidade de
Ur, terceira dinastia de, 83

Vail, Theodore, 283
Valachi, Joseph, 286-7
Vale do Silício, 17, 329-31, 381-7
　alinhado com Hillary Clinton, 413-6, 433
　arquitetura horizontal, 452
　impedido de acessar o mercado chinês, 441-3
　natureza não meritocrática do, 385-6, 432
　romantização do futuro, 379-80, 382-3, 387, 448-50
　ver também tecnologia digital; redes de mídia social media
Valentin, Hugo, 255
Valmy, Batalha de (1792), 151n
Vaziristão, 298n
Vega, Garcilaso de la, 101
Venona, programa da inteligência norte-americana, 271
Verizon, 393, 397-8
Verona, Congresso de (1822), 155
Vestfália, Paz da (1648), 110, 111n, 424
vida acadêmica, 12-4, 43
　e Kissinger, 311-7

estruturas de poder hierárquicas, 14-5, 43, 165
judeus na Alemanha, 255-6
redes de ex-alunos de faculdade, 12-3, 382-3
ver também Universidade de Cambridge, Universidade de; Harvard, Universidade; Oxford, Universidade de
Viena, Congresso de (1814-15), 146, 154-6, 163, 165, 167, 173, 192, 221, 223, 257, 259, 265, 282, 315, 450
Vieyra, Christovão, 98
Viktor Leonov (navio-espião russo), 426
Villari, Pasquale, 288
Vitória, rainha, 159-61, 165, 173, 175, 187, 368
Voegelin, Eric, 252
Volkov, Konstantin, 269
Voltaire, 124-6, 128

Waigel, Theo, 351
Walker, Walter Colyear, 298-9, 300-6, 366
Wallach, Eli, 81
Wang Hong (almirante Ming), 95
Wangenheim, Hans Freiherr von, 233, 236
Warburg, Max, 16-7, 255, 258
Warburg, Siegmund, 14, 345-6
Ward, Frederick Townsend, 198-9
Warren, dr. Joseph, 132-4, 136-7
Washington, George, 138-9
Wassermann, Oskar, 255
Wassmuss, Wilhelm, 235-6
Watergate, escândalo, 317-8, 325
Waterloo, Batalha de (1815), 155, 157, 164
Watson, Alister, 265-6
Watt, James, 171
Watts, Duncan, 52-3, 57
Weber, Max, 194
Weill, Alexandre, 168
Weinberger, Caspar, 318
Weishaupt, Adam, 71-7

Weisskopf, Victor, 314
Weisweiller, Daniel, 166
Wertheim, lojas de departamentos, 255
West, Geoffrey, 36
Western Union, 188
Westminster, duque de, 182, 263
Whitehead, A. N., 214
Wickham, Henry, 189
WikiLeaks, 33, 398-9, 426, 435-6
Wikipédia, 379
Wilberforce, William, 173
Williams, Evan, 450
Williams, Joseph, 138
Wilson, Harold, 305, 308
Wilson, William ("Bill W."), 290-1
Windolf, Paul, 256-7
Witkowitz, 260
Wittenberg, 105, 107, 117, 192,
Wittgenstein, Ludwig, 217
Wolsey, Cardeal Thomas, 108
Wood, Graeme, 402
Woolf, Leonard, 215, 216, 218-9
Woolf, Virginia (sobrenome de solteira, Stephen), 218-9
Wurster, Hans, 104
Wylie, Tom, 267

Xi Jinping, 443, 445
Xian Feng, imperador Qing, 197
Xiongnus (hunos), 84

Yahoo, 397-8, 436, 441-2
Yang Xiuqing, 197-8
Yazdi, grão-mujtahid, 236
Yiannopoulos, Milo, 414, 426n
Yongle, imperador, 96-7
Yoshiki, Ashikaga, 109
YouTube, 383, 385, 397, 403, 413, 426, 428
Yueh-kang, China, 97

Zachary, Wayne, 49
Zacuto, Abraão, 96
Zegart, Amy, 66
Zheng, almirante, 96
Zhengde, imperador, 94, 07, 107
Zhou Enlai, 320
Zito, Salena, 412
Zochtchenko, Mikhail, 278
zoroastrismo, 72
Zuckerberg, Mark, 382-7, 398-9, 413-4, 430, 433, 452
 e o mercado chinês, 441-3
 romantizando o futuro por, 448-9
Zwackh, Franz Xaver, 72, 77
zwinglianistas, 110

Sobre o autor

Nascido em 1964, Niall Ferguson é um dos mais renomados historiadores da Grã-Bretanha. Leciona na Universidade de Harvard e é pesquisador na Universidade de Stanford. Escreve regularmente para jornais e revistas do mundo inteiro e apresentou uma série de documentários de grande sucesso na TV britânica – sendo que um deles, *A ascensão do dinheiro*, ganhou o Emmy. É autor de catorze livros, muitos deles best-sellers. Ferguson divide seu tempo entre o Reino Unido e os Estados Unidos. Para mais informações, acesse o site www.niallferguson.com.

LEIA TAMBÉM OUTROS TÍTULOS DO AUTOR
PUBLICADOS PELO SELO CRÍTICA:

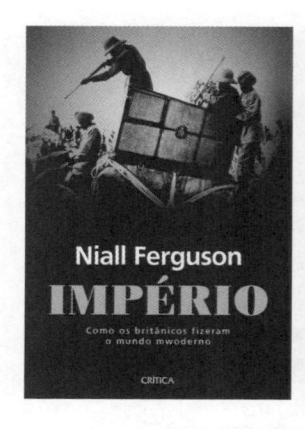

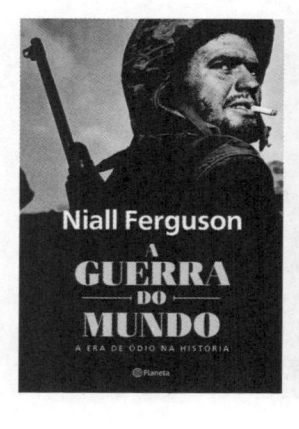

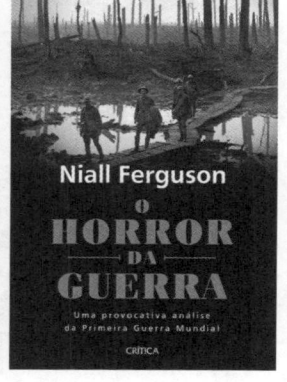

Este livro foi composto em Adobe Garamond Pro e impresso pela RR Donnelley
para Editora Planeta do Brasil em janeiro de 2019.